Erinnerungen aus den ersten sechs Dezennien dieses Jahrhunderts – Erinnerungen eines Mannes, der gern lebt, obwohl es ihm die Anfeindungen der Bornierten zuweilen schwergemacht haben. In seinem Buch »wird eine vielfältige Welt wachgerufen. Dichter, Schauspieler, Politiker – große Namen und auch namenlose Leute aus dem Alltag, Gewinner und Verlierer ziehen vorüber, bewegt und umhegt von Zuckmayers Temperament: Der Erzähler wird zu einem packenden Zeugen, der mit unvergeßlicher Stimme seine Antwort gibt auf unsere so neugierig wie beklommen gestellten Fragen: ›Wie war es denn? Wie ist es dazu gekommen?‹« (Werner Weber)

Carl Zuckmayer wurde am 27. Dezember 1896 in Nackenheim am Rhein geboren. Nach dem Abitur in Mainz meldete er sich als Kriegsfreiwilliger und wurde an der Westfront eingesetzt. 1918 begann er ein kurzes Studium der Geistes- und Naturwissenschaften in Frankfurt a. M. und Heidelberg; wichtiger als alle Theorie waren ihm jedoch die in diesem Umfeld geschlossenen Freundschaften. 1920 ging er nach Berlin. Erste Stücke blieben ohne Erfolg, obwohl sie ihn »dichterisch legitimierten«. – *Der fröhliche Weinberg* brachte ihm 1925 den Durchbruch und den Kleist-Preis. 1933 verhängten die Nationalsozialisten ein Aufführungsverbot über ihn. Er zog sich daraufhin mit seiner Familie nach Henndorf bei Salzburg zurück; dort besaß er seit 1926 ein Haus. 1938 floh er in die Schweiz, ein Jahr später emigrierte er in die USA, wo er bis 1946 als Farmer in den ›Grünen Bergen‹ (Vermont) lebte. Von 1947 bis 1957 hielt er sich abwechselnd in der Schweiz und in den USA auf; 1958 kehrte er endgültig in die Schweiz zurück und wurde in Saas-Fee (Wallis) ansässig, seit 1966 als Schweizer Bürger. Am 18. Januar 1977 ist er als einer der über Jahrzehnte erfolgreichsten deutschsprachigen Autoren in Visp (Wallis) gestorben.

Carl Zuckmayer
Als wär's ein Stück von mir
Horen der Freundschaft

Fischer Taschenbuch Verlag

Einmalige Sonderausgabe
Veröffentlicht im Fischer Taschenbuch Verlag GmbH,
Frankfurt am Main, November 1996

Lizenzausgabe mit Genehmigung
des S. Fischer Verlags GmbH, Frankfurt am Main
© Carl Zuckmayer 1966
Gesamtherstellung: Clausen & Bosse, Leck
Printed in Germany
ISBN 3-596-13543-5

Horen (lat. Horae), in der griechischen Mythologie die Göttinnen der Jahreszeiten in ihrer natürlichen Folge und Ordnung, welche Gedeihen und Fruchtbarkeit verleihen. Bei Homer, der weder ihre Namen noch ihre Eltern nennt, stehen sie in enger Verbindung mit Zeus. Sie heißen seine Dienerinnen, öffnen und schließen den Olymp, führen die Wolken herauf und zerstreuen sie; auch füttern sie die Pferde der Hera und spannen sie ein. Man kannte ursprünglich nur zwei, dann drei Horen, da man den Winter nicht immer mit einbezog, später wurden sie als vier jugendliche Göttinnen dargestellt, welche auch die Harmonie der Welt symbolisieren. Hesiod nennt sie die Töchter der Themis von Zeus und ihre Namen *Eunomia* (Gesetz), *Dike* (Recht) und *Eirene* (Friede) – Namen, aus denen hervorgeht, daß die Witterungsgottheiten schon eine sittliche Bedeutung erlangt hatten...

Horen war auch der Titel einer von Schiller 1795 bis 1797 herausgegebenen Zeitschrift.

Horae canonicae – in der katholischen Kirche die Stunden des Tages, welche, seit der Ordensregel des hl. Benedikt, zu Gebeten und Lobgesängen bestimmt sind und in den Klöstern durch Geläute verkündigt wurden... Sie sind in sieben, über Tag und Nacht verteilte Zeitabschnitte gegliedert.

Aus ›Meyers Konversationslexikon‹,
Ausgabe von 1896

1926–1934   Ein Augenblick,
             gelebt im Paradiese...

Wo ist man daheim? Wo man geboren wurde oder wo man zu sterben wünscht? Damals glaubte ich es zu wissen – glaubte mit einer Stecknadel auf dem Globus den winzigen Punkt geographisch bestimmen zu können, der mir selbstgeschaffene, selbsterwählte Heimat war und wo ich mein irdisches Dasein auszuleben hoffte: es war der Ort Henndorf bei Salzburg, genau gesagt Haus Wiesmühl, im Grundbuch Neumarkt-Köstendorf als ›Fenning Nr. 3‹ mit anderthalb Joch Land und Wasserrecht eingetragen. Wenn man mich damals gefragt hätte, wo das Paradies gelegen sei, so hätte ich ohne Zögern geantwortet: in Österreich, sechzehn Kilometer östlich von Salzburg an der Reichsstraße, dicht beim Wallersee. Vielleicht erstreckte es sich von da bis in den Thalgau und nach Mondsee hinüber, einerseits, und auf der anderen Seite bis gegens Innviertel hin, soweit man es halt auf einer Tageswanderung zu Fuß durchmessen kann. Es war keine Stätte der Wunschlosigkeit, doch barg es den Kern des Glücks: denn die einzige dauerhafte Form irdischer Glückseligkeit liegt im Bewußtsein der Produktivität. Heut arbeite ich, in anderer Landschaft, wieder an dem gleichen Tisch mit der schweren, langgestreckten Eichenholzplatte, der in meiner Henndorfer Stube stand, liege nachts im gleichen, buntbemalten Bauernbett, in dem mich der Wiesmühlenbach so oft in Schlaf sang. Aber wenn man mich fragt, wo ich zu sterben wünsche, so muß ich sagen: ich weiß es nicht. Ich weiß nur: wir lebten einmal im Paradies, und es macht keinen Unterschied, ob es zwölfeinhalb Jahre dauerte oder so lange wie man braucht, um die Augen zu schließen und wieder aufzuschlagen.

Als ich, nach dem Erfolg des ›Fröhlichen Weinbergs‹, all meine Schulden bezahlt hatte und von all meinen Freunden angepumpt worden war, hatte ich, zu meinem Staunen, immer noch Geld – mehr, als man in der Tasche tragen konnte. Aber der österreichische Dichter Richard Billinger, von dem damals erst ein dünner Band mit berückend schönen Gedichten ›Über die Äcker‹ erschienen war, hatte keines. Er saß in Berlin, hatte alle Vorschuß- und Anleihemöglichkeiten erschöpft und mühte sich mit dramatischen Versuchen. So lud ich ihn ein, den Frühling – es war das Jahr 1926 – mit uns auf der Ostsee-Insel Hiddensee zu verbringen, wo wir ein kleines Haus in den Dünen gemietet hatten, unweit von Gerhart Hauptmanns damaligem Besitz. In einer stürmischen Nacht, in der ein kalter Seewind brauste und wir uns mit Unmengen von Grog etwas eingeheizt hatten, erzählte Billinger von jener einsam gelegenen Mühle bei Henndorf im Salzburgischen, die, wie er wußte, leer stand und zu verkaufen war, und zwar durch den Erben und Besitzer des berühmten Henndorfer ›Kaspar-Moser-Bräu‹, eines der ältesten Gasthäuser in Österreich. Er beschrieb die Mühle und ihre Umgebung so poetisch, so verwunschen, so märchenhaft, daß man sie nie danach hätte erkennen, geschweige denn finden können, und alle exakten Angaben (oder was er dafür hielt) über Lage, Größe, Beschaffenheit waren restlos falsch. Was er aber erzählte, erregte uns ungeheuer, und je mehr er sprach, desto verlockender schien der Besitz. Meine Frau stammte aus Österreich, und mich zog es vom Meer weg, ins Bauernland, in Wald- und Bergnähe, auch wußte ich genau, daß Billingers Schilderung, obwohl nichts von seinen Angaben korrekt war, doch im Grunde einer echteren Wirklichkeit entsprach. Nach ein paar weiteren Grogs wußte er sogar den Preis – er stimmte natürlich auch nicht –, aber mir schien alles vollständig gelöst. Mitten in der Nacht gaben wir ein Telegramm auf, an jenen mir unbekannten Gasthausbesitzer Carl Mayr, mit dem Inhalt: »Kaufe Wiesmühl, sendet sofort Kontrakt«. Am nächsten Tag kam das Antwort-Telegramm: »Besser erst anschaun. Mayr Carl«.

Bei Tageslicht und ohne Grog besehen, schien das auch wirklich vernünftiger zu sein, und so fuhren wir prompt von der Ostsee weg an die Salzach.

Nie werde ich vergessen, wie uns Herr Carl Mayr, Besitzer des alten Kaspar-Moser-Gasthofs zu Henndorf, unter den schattigen Kastanien seines erhöhten Wirtsgartens, jenseits der Straße, empfing. Es war, als wäre man beim letzten Großherzog eines der alten, höchst kultivierten Duodezhöfe zu Gast geladen. Seltsam mischte sich in seinem schon leicht ergrauten Kopf das Derbe mit dem Zarten. Es überwog jedoch, in allen seinen Zügen, eine natürliche Vornehmheit. Hals, Nacken und Nase zeugten von bäurisch robustem Einschlag, Mund und Kinn, Stirn, Augen und Hände von einer musisch beschwingten, im romantischen Sinne androgynen Verfeinerung. Seine jugendlich schlanke Gestalt, in eine von ihm selbst entworfene, elegant stilisierte Spielart der einheimischen Tracht gekleidet, bewegte sich auf Haferlschuhen aus grauem Wildleder mit Silberspangen in einer fast tänzerischen Leichtigkeit und Grazilität zwischen Küche, Gasthoftischen und der kleinen bezaubernden Gartenvilla wie die eines freundlichen Souveräns, während von seinen immer lachbereiten Lippen gelegentlich die deftigsten Schimpf- und Scheltworte ländlicher Provenienz erschallen konnten, wenn sich etwa ein Gast zur Unzeit besoffen oder sonstwie schlecht aufgeführt hatte. Es war eine Art von Aufgabe oder Prüfung, sein Gast zu sein, die nicht jeder bestand. Paßte ihm einer nicht, so kam es vor, daß er ihn mit den Worten: »Zahlen brauchens nix, aber wiederkommen brauchens auch net!« vom Tisch wies. Dabei gehörte er durchaus nicht zur Gattung der groben Wirte. Im allgemeinen hatte er für jeden ein freundliches Wort, verbreitete Heiterkeit und gute Laune in der schönen holzgetäfelten Gaststube, und besonders für die Kinder, die dort mit ihren Eltern die Sommerferien verbrachten, war er so etwas wie ein abenteuerlicher Märchenkönig. Seine Persönlichkeit hatte der ganzen Henndorfer Welt etwas von einem Märchenreich aufgeprägt, in dem wie im Sommernachtstraum Elfe und

Poltergeist neben dummschlauen und kauzigen Handwerkern zu Hause waren, und der von ›draußen‹ kommende Besucher mußte erst die Märchenprobe bestehn, um seine Schwelle überschreiten zu können. So war es zunächst noch keineswegs sicher, ob wir die Wiesmühl kaufen und Carls Nachbarn werden könnten: es hing nicht so sehr davon ab, ob uns das Haus gefiel, sondern ob wir ihm gefielen. Seine Vorfahren, eine Dynastie von Gastwirten und Bierbrauern, hatten es zu beträchtlichem Wohlstand gebracht, und er selbst wie sein Bruder Richard hatten sich in ihrer Jugend, nach der Gymnasialzeit, künstlerischen Studien gewidmet und mancherlei Reisen unternommen: so mischte sich auch in seinem Wesen und seiner Lebensart das Eingesessene, herkömmliche Rustikale mit dem Weltläufigen. Immer wieder, seit ich aus Amerika zurückkam und ihn nicht mehr am Leben fand, zieht es mich zu seinem Grab in der Familiengruft auf dem Salzburger Petersfriedhof, auf dessen flachem Stein in zierlicher, von ihm selbst entworfener Schrift zu lesen steht: »Herr Carl Mayr, Akademischer Kunstmaler«.

Denn das Malen, Zeichnen, Sticken und Weben, in dem er es zu großer Kunstfertigkeit brachte, empfand er als seinen Hauptberuf, während er den Gasthof mehr als eine Art von Erbgut oder Stammschloß mit einer spielerischen Großzügigkeit, doch niemals leichtsinnig, verwaltete. Küche und Keller waren dementsprechend von exquisiter Qualität, und es war eine Lust, ihm zuzuschauen, wenn er mit der gleichen zierlichen, doch großlinigen Hand, in der er später seine Grabinschrift entwarf, die täglichen Menus für das Wirtshaus ausschrieb. Einmal habe ich ihm in der Frühzeit unserer Freundschaft ein solches Menu in Verse gesetzt, leider ging das Original verloren, aber ich erinnere mich noch des Beginns und einiger weiterer Verse:

O Sonntagsschmaus, o Gaumenwonne!
Frühherbstlich strahlt die Pflaumensonne.
In Mittagsbläue schwimmt der See.
Die Suppe schwimmt voll Milzpürée.   Milzpüréesuppe: S –.30
Ein halbes Brathuhn wählt ein Mann,   ½ Brathuhn: S 2.50

Der sich zweifünfzig leisten kann.

Doch wer ein halbes Backhuhn sehr   ½ Backhuhn: S 3.00
Begehrt, zahlt fünfzig Groschen mehr!

Und so weiter. Die Metaphern und Epitheta, die ich für Forelle, Schill und Waller, Natur- oder Wiener Schnitzel, Schweinsstelze, Paprikarostbraten, verschiedene Salate und Erdäpfelspezien und schließlich die Gleichgewichtstorte oder die Linzerschnitten, das Gösser Bier, die Dürnsteiner, Kremser und Vöslauer Schoppenweine fand, kann ich mir nicht ins Gedächtnis zurückrufen.

Herr Carl Mayr war Junggeselle, und hinter der noblen Heiterkeit und gelassenen Grazie seiner Lebenshaltung spürte man einen Hauch von tragischer Einsamkeit, die abseitige Schwermut des Spätgeborenen, des Erben hofmannsthalscher Prägung – die, grade durch ihre sensible, aber niemals kalte Distanz, seine Freundschaft noch kostbarer und liebenswerter machte. Obwohl Stimmungen stark unterworfen, hatte sein Wesen nichts Launisches oder gar Unzuverlässiges. Seine Stimmungen waren die eines ungewöhnlichen Instrumentes, das eine falsche oder grobe Hand nicht zum Klingen bringt. Und wer auf der Welt könnte einen jemals noch mit soviel Freude am Gegenstand, am Material, am Schönen, am Originellen und: am Freudebereiten, mit soviel Kenntnis und Geschmack beim Einrichten einer Wohnung, beim Kauf eines Möbelstücks, bei der Planung einer Gartenlandschaft beraten und helfen? Weit über den Verlust des ›Henndorfer Paradiesgärtleins‹, weit über seinen Tod hinaus bedeutete sein Dasein für uns eine bleibende Bereicherung der eigenen Existenz, so wie die Begegnung mit einem unvergeßlichen Kunstwerk, in dessen Betrachtung und Nähe man eine gute, vielleicht die beste Zeit des Lebens verbringen durfte. Die Tränen sind mir nah, wenn ich seiner in der unbekannten Transfiguration der Ewigkeit gedenke. Aber es sind Tränen einer beglückenden Bewegtheit, einer dankbaren Ahnung von Schönheit und Harmonie.

Hier muß ich, über eine Flut von Jahren hinweg, ein Erlebnis einschalten, dem nichts ›Übernatürliches‹ anhaftet, das aber für mich in den Bereich des Wunderbaren gehört. In Carl Mayrs kleiner Villa, gegenüber dem Wirtshaus und mit der Rückseite an den Gastgarten anschließend, befand sich, zu ebener Erde, ein sogenanntes ›Gartenzimmer‹, dessen Glastür und große Fenster wie eine durchsichtige Wand auf seinen in gepflegtem Wildwuchs strotzenden Privatgarten hinausgingen. Die rückwärtige, oval geformte Wand dieses Zimmers hatte er mit einer ihre ganze Breite einnehmenden, handgemalten Tapete verziert, die eine sicher sehr wertvolle Rarität darstellte: sie stammte nämlich aus dem amerikanischen Biedermeier und zeigte in einem freskenhaften Figurenreichtum Landschaften, Gestalten, Volksgruppen und Merkwürdigkeiten aus dem amerikanischen Leben des neunzehnten Jahrhunderts in idyllischer Anordnung und romantischer Verklärung: Damen und Kavaliere, von weißer und schwarzer Hautfarbe, in vornehmer oder volkstümlicher Gewandung, Reiter und Ausflugs- oder Postkutschen, die Umrisse des alten New York und die Segel auf der lichtblauen Bucht, die spielzeughaft primitive erste Eisenbahn, von einer Lokomotive mit Trichterschornstein und hohen Speichenrädern über eine Flußbrücke gezogen, weiße Säulenhäuser vor Wolken von hängendem Laub, ferne wetterumzuckte Gebirgszüge und in der Mitte die gleichsam im Sturz gefrorenen, eisschimmernden Wassermassen des Niagarafalls – an dessen Seite in einer dämmerigen Märchengrotte, mit phantastischem Federkopfschmuck und vielen Goldreifen geziert, die schöne Häuptlingstochter träumte. Die ganze Komposition, genannt ›Le Voyage en Amérique‹, in äußerst kurzweiliger Anordnung, so daß man nie müde wurde, sie zu betrachten, weil man immer neue, immer amüsantere Details darauf entdeckte, war von einem französischen Künstler der Zeit entworfen und in freundlich abgetönten Farben ausgeführt. Carl Mayr hatte die Tapete in München, Wien oder Paris erstanden und so kunstvoll in seinem Gartensalon angebracht, daß sie wie ein eigens dafür geschaffenes Wandgemälde wirkte. Ich erinnere mich gut, wie er zwischen

16

Kaffee und Likör mit Pinsel und Farbe an der Ausbesserung ihrer schadhaften Flecke zu arbeiten pflegte: hier einen Glanzpunkt auf die Stiefelspitze des mit Kratzfuß scharmuzierenden Negerkavaliers, dort einen Tupfen Rot in die Federkrone der Indianerprinzessin. Abends, wenn die Kerzen angezündet wurden oder das Mondlicht durch die Glasscheiben fiel, schimmerte die ›Reise in Amerika‹ in vielen phantastischen Facetten, und wir sahn in mancher Nacht unsre eignen Schatten darauf tanzen. Einige Jahre später, nachdem Carl das Wirtshaus aufgegeben und sich ganz ins Privatleben zurückgezogen hatte, schien es ihm wohl vorteilhaft, die Tapete zu verkaufen, vielleicht hatte er sich auch daran sattgesehen – kurz, eines Tages wurde sie vorsichtig abgelöst und eingerollt, um bald darauf durch eine ebenso minuziös von ihm ausgebesserte, aber weniger phantastische Empiretapete ersetzt zu werden. In unsrer Erinnerung aber war das ›Gartenzimmer‹ immer noch von den Figuren und Farbträumen der ›amerikanischen Reise‹ belebt.

Viele Jahre nach meiner Flucht aus dem besetzten Österreich, schon gegen Ende des Kriegs – in einer Zeit, in der man jede Postverbindung, jeden direkten Kontakt mit den Ländern hinterm ›Atlantik-Wall‹ verloren hatte –, wurde ich drüben in Amerika einmal von Freunden aus meiner Vermonter Farm- und Waldeinsamkeit weggeholt, um einen amerikanischen Schriftsteller kennenzulernen, der sich einige kleine Autostunden weit in einer Ortschaft des alten, kolonialen Neu-England angesiedelt hatte. Charles Jackson war sein Name, er hatte grade mit seinem auch in Europa später bekanntgewordenen Buch ›The lost Weekend‹ einen sensationellen Erfolg gehabt: der Mann wußte, wovon er schrieb – es war die Geschichte eines Trinkers, nämlich seine eigene.

Vom Erlös des Filmverkaufs hatte er sich dann ein wunderschönes, frühamerikanisches Haus gekauft. Er war das, was wir einen ›Stock-Amerikaner‹ nennen, von heller und wacher Sensibilität, aber ohne jede Beziehung zu europäischem Wesen oder dem, was wir als europäische Kultur empfinden. Man zeigte mir das Haus mit seinem Säulenvorbau und seinen großangelegten, eingebauten Kaminen, die – es war im Winter – seine einzige Heizmöglichkeit bildeten und in denen heftige Feuer prasselten. Eingerichtet war es so, wie ein moderner Amerikaner von einigem Geschmack sich einrichten würde, im Schlafzimmer des Hausherrn schmückten Collegewimpel und Fußballembleme die Wand. Auf künstlerische Begegnungen war ich also nicht vorbereitet, als man mir sagte, es gäbe noch ebenerdig einen besonders schönen Raum, eine Art ›Gartenzimmer‹, der aber nicht heizbar sei und daher jetzt nicht bewohnt werde. Ohne besondere Neugier, aber gleichsam von einer Fährte gezogen, bestand ich darauf, ihn zu sehen. Als wir eintraten, wurde mir kalt – aber nicht weil der Raum ungeheizt war: ich stand in Carl Mayrs Gartenzimmer. Zwar fehlte die Einrichtung – aber die rückwärtige, oval geformte Wand war in ihrer ganzen Breite von einer freskenhaften, gemalten Tapete bedeckt, im ersten Augenblick traute ich mich kaum, sie genau zu betrachten. Dann, in einem leisen Zweifel, ob ich das nicht nur träumte, trat ich näher heran und erkannte in allen Details, mit all den vertrauten Figuren, die ›Reise in Amerika‹ – als hätte Herr Carl Mayr eben den letzten Farbtupfen aufgesetzt. Der Hausherr, den Grad meiner Fasziniertheit nicht ahnend, aber wohl des besonderen Interesses gewahr, das ich der Wand widmete, begann zu erklären: »Das ist eine Seltenheit – amerikanisches Biedermeier, in der ersten Hälfte des vorigen Jahrhunderts von einem französischen Maler als Auftragsarbeit gemacht.« – »Heißt: ›Le Voyage en Amérique‹«, sagte ich. »War die schon immer hier?!« – »Nein«, sagte Jackson, »mein Vorgänger hat sie gekauft und hier angebracht, weil sie ganz genau auf die Wand paßt.« – »So gab es wohl mehrere Abzüge von diesem Stück?« – »Nur drei im ganzen, ein Original und zwei vom Maler selbst hergestellte Kopien. Diese da war nach Europa verkauft worden und wurde durch einen Kunsthändler vor ein paar Jahren nach Amerika zurückverkauft. Zuletzt kam sie aus Österreich.« – Ich war nah herangetreten, und ich glaube nicht, daß ich mir einbildete, die Farbstriche und Linien zu erkennen, die ich Herrn Carl Mayr selbst mit seinem feinen Malpinsel hatte nachziehen sehn.

Dies ereignete sich ungefähr um die Zeit, in der Carl Mayr in Henndorf starb. Mir aber ist, als hätte ich ihn vorher noch in seinem Gartenzimmer besucht.

Wir verbrachten den ersten Henndorfer Abend in der holzgetäfelten Wirtsstube des Gasthauses, das dort, an der großen Landstraße, seit etwa tausend Jahren stand, einige Male abgebrannt und wieder aufgebaut war und mit seinen mächtigen dicken Mauern und den großen Räumen mehr wirkte wie ein altes Schloß. Es hatte auch ein ›Geisterzimmer‹, in dem es spukte – in Henndorf glaubte man fest daran –, und wir haben selbst etwas davon erlebt. Im Lauf des Abends kamen Bauern herein und setzten sich mit ihrem Krügl Bier oder Viertel Wein und ihren Pfeifen an die schweren Holztische. Plötzlich begann im gewölbten Vorhaus draußen eine Zither zu spielen, und ein dicker Mann, der mitten unter den Bauern saß und wie einer der ihren ausschaute, stimmte mit einem wundervollen Baß einheimische Lieder an, in die dann die andren einfielen. Das war der Bruder des Hausherrn – der berühmte Kammersänger Richard Mayr, erster Bassist der Wiener Staatsoper, als Ochs von Lerchenau, den er kreiert hatte, als Leporello oder Rocco musikalisch und darstellerisch wohl heute noch unerreicht. – Die Stunden vergingen, der Abend rückte vor, und etwa um Mitternacht meinte unser Wirt, jetzt sei es die richtige Zeit, die Mühle anzuschauen. Mit brennenden Laternen zogen wir alle hinunter, die Wiesen lagen in tiefer Stille, der Bach rauschte und sang, der Brunnen im Hof plätscherte. Das Haus, hinter einer Wand dunkler Fichten, war seit zwanzig Jahren unbewohnt. In den oberen Räumen standen noch prächtige Bauernschränke und -betten, buntbemalt, aus dem Besitz der früheren Müller, aber die große Wohnstube unten war kahl und leer, das Gras wuchs im Eingang und bis auf die Dielen. Es war kein Licht im Haus, wir stellten unsere Laternen auf den Ofensims und setzten uns auf die angebaute Bank. Wein hatten wir mitgebracht, der Krug ging herum, und es wurde uns immer heimischer in dem leeren, kerzendurchflakkerten Raum. Nach einiger Zeit belebte ihn unsere Phantasie, von den kundigen Vorschlägen des Herrn Carl Mayr gelenkt und befeuert, mit Tischen und Stühlen, Möbeln, Geräten. »Da muß die Kredenz her! Hier der Eßtisch! Dort wäre eine alte Standuhr schön, vielleicht so eine große, mit gemaltem Zifferblatt, wie man sie in alten Wirtshäusern findet – und ein Wandgestell mit Krügen und vielen Zinntellern – und als Deckenlampe einen eisernen Radreifen oder ein hölzernes, bemaltes Pferdekummet, an dem man die Birnen anbringt, wo man früher die Kerzen aufsteckte – und so müssen die Stühle sein, und so die Vorhänge, und so die Tischtücher, und so das Geschirr…«

Genau so, wie man's in dieser Nacht unter Staub und Spinnweben erdachte, sah es nach ein paar Wochen wirklich aus.

Für die Übergangszeit, bis wir die vielfach reparaturbedürftige Wiesmühl beziehen konnten und in der es für uns galt, in der Henndorfer Umwelt heimisch zu werden, hatte uns Herr Carl Mayr in jenem ›Geisterzimmer, in dem es spukte‹, einquartiert – denn es war mit seinen angedunkelten alten Bildern, seinen hochlehnigen, samt- oder gobelinbezogenen Sesseln und seinem mächtigen, von einer Holzstufe umlaufenen und mit einem Brokathimmel überdachten Renaissancebett das schönste und ruhigste Zimmer des Hauses: man hörte von dort weder das gelegentliche Singen aus der Wirtsstube noch das – damals sehr seltene – Vorbeifahren eines Autos auf der Straße. Auch machte es ihm Spaß, phantasieverdächtige Leute dort wohnen zu lassen, um zu erfahren, was ihnen darin begegnen oder was ihre Einbildungskraft ihnen dort begegnen lassen werde. Da wir zu zweit waren und nach den angeregten Abenden im Gastgarten oder in der Wirtsstube gewöhnlich leicht beschwipst zu Bett gingen, fürchteten wir uns nicht – aber meine Frau war damals in Hoffnung (mit unserer nachmals in etwas infantiler Laune ›Winnetou‹ benannten Tochter), und dieser Zustand machte sie wohl besonders empfänglich für parapsychologische Einflüsse: jede Nacht, in der tiefen Dunkelheit, die dem ersten Dämmern vorausgeht, erwachte sie mit einer so lähmenden Beklemmung, daß sie die Hand nicht nach dem Lichtschalter oder nach mir auszustrecken wagte, in der Vorstellung, auf etwas Kaltes oder Leichenhaftes zu greifen. Ich muß zugeben, daß ich selbst, als ich später das Zimmer allein bewohnte, öfters gegen Morgen ähnliche Sensationen empfand, von denen mich dann der erste Hahnenschrei aus dem nächstgelegenen Bauernhof befreite. Die alten Bilder mochten das Ihre zu einer gewissen reizvollen Unheimlichkeit des Zimmers beitragen – ein verschollener Habsburger mit greisenhaften Zügen bekam in der schummrigen Beleuchtung durch die altmodischen Lampenschirme grelle, stechende Augen, und es gab da eine Madonna, in deren erhöhtem Leib man, wenn das Licht darauffiel, wie hinter einem durchsichtigen Gewebe das bereits von einer Aura umstrahlte und ein Kreuzlein haltende Christuskind sehen konnte: kein entspannender Anblick für eine schwangere Frau. Den traditionellen Spuk – daß nämlich eine im sechzehnten Jahrhundert angeblich in diesem Bett von ihren beiden Söhnen ermordete alte Frau durch eine längst vermauerte Tür erschien, unterm Bett nach ihrem Geldkasten suchte und dann durch die von innen verschlossene Eingangstür wieder verschwand – haben wir nicht erlebt (der österreichische Dichter Franz Karl Ginzkey behauptete, ihm sei das in dem Zimmer passiert), auch jene blutige Gestalt, die manchmal hinterm Ofenschirm auftauchen und mit dem Kopf wackeln sollte, haben wir nie gesehen. Doch glaubte man öfters in dem vermauerten Gang Tritte oder Klopfen zu hören – Gott weiß durch welche Naturgeräusche hervorgebracht –, auch wehte manchmal in warmen Augustnächten ein unerklärlich kühler Luftzug durch den Raum. Und eines Morgens wurden wir wach, da ein Wind ins Zimmer pfiff und die schweren Plüschgardinen fast bis zur Deckenhöhe emporfliegen machte; dabei fiel mir ein, daß ich die mit bleigefaßten Fenstern versehene Balkontür am Abend geschlossen hatte. Als ich aufstand und sie öffnete, herrschte draußen vollständige Windstille, auch nicht der Hauch eines aufkommenden oder abflauenden Sturms war zu spüren, es waren noch Sterne am Himmel, der erste Dämmerstreif stand im Osten, und der erste Hahn krähte... Beruhigt schlief ich wieder ein und machte mir keine Gedanken darüber, ob das nun ›spukhaft‹ oder physikalisch zu erklären sei.

Aber man gewöhnte sich daran, wie Herr Carl Mayr selbst, mit seinen Hausgeistern in friedlicher Koexistenz zu leben. Für ihn hatten sie nichts Übernatürliches, sie waren angestammte Mitbewohner und gehörten gleichsam zum ererbten Mobiliar, wie die schönen alten Kachelöfen, und wer weiß, ob in einem solchen Bau, in dem so viele Ahnen gelebt hatten und gestorben waren und so viele Enkel geboren wurden, nicht noch ein Wehen von ihrem Fluidum, ihren Gedanken und ihrer anima lebendig war. Dabei war er keineswegs abergläubisch, eher zu einer heiter-rationalen Ironie geneigt, und man wußte manchmal nicht genau, ob er sich nicht beim Erzählen seiner Geistergeschichten über den Zuhörer oder über sich selbst ein wenig lustig machte. So behauptete er einmal – mit ganz ernstem Gesicht, aber einem merkwürdig koboldischen Augenzwinkern –, ein Gespenst müsse sich erkältet (in Österreich sagt man: verkühlt) haben; in seinem kleinen Kabinett habe es, während er seine Rechnungen schrieb, dreimal hinter ihm geniest. Er habe »Gesundheit« gesagt, und darauf hätte es noch ein bißchen geschnüffelt und sei still geworden. Einmal jedoch saß ich an einem späten Januarabend, an dem draußen lautloser Schnee fiel, allein mit ihm in der Gaststube, die schon geschlossen war, auch in der Küche befand sich niemand mehr. Er stickte, was er abends besonders gern tat, an einem Gobelin nach alter Vorlage, auf der Judith dem Holofernes das Haupt abschlug, und ich las bei einem Krug Wein in einem Buch. Plötzlich pochte es in einer halbdunklen Ecke des großen Raums dreimal laut und heftig, so wie wenn jemand mit einem Stock auf den Boden schlagen würde. »Guten Abend, Großmutter«, sagte Carl, ohne von seiner Arbeit aufzusehen, mit gleichmütiger Stimme. Ich sagte nichts und beobachtete die Zimmerecke und gleichzeitig sein Gesicht von der Seite. Er sah nicht anders aus, als ob ein später Gast noch einmal an die Tür geklopft hätte. Nach kurzer Zeit pochte es wieder dreimal aus der gleichen Ecke, wie mir schien, etwas heftiger, ungeduldiger. »Ja, ja«, sagte er mit derselben gleichmütigen Stimme, »es ist alles recht, und 's Geschäft geht gut. Jetzt geb scho Ruh.« – »Mit wem«, fragte ich nach einer Pause, »hast du jetzt eigentlich gesprochen?« – »Mit meiner Großmutter Moser«, sagte er, wie wenn das selbstverständlich wäre, »heut ist der elfte Jänner, ihr Todestag, da meldet sie sich fast immer. Dort in der Ecke hat sie die letzten paar Monat in ihrem Lehnstuhl gesessen, sie war gelähmt und hat immer mit dem Krückstock aufgehaut, um zu hören, was los is. Das macht's halt jetzt noch. A rechte G'schaftlhuberin.« Damit war der Vorfall erledigt, und wir gingen zu Bett.

Diese leichtmütige Gespensterei gehörte zu Henndorf und seinem Zauber wie das Sternsingen am Dreikönigstag und das wüste ›Maskenlaufen‹ in den Rauhnächten. Auch in unserer Wiesmühl, sagte man uns halb scherzhaft, halb warnend, solle es spuken und umgehn: im Jahre 1806, als die Franzosen im Land waren, habe die Müllerin, deren Mann eingerückt war, einen zudringlichen Grenadier erschlagen und unterm Keller verscharrt. Der lasse sich manchmal sehen, und zu bestimmten Zeiten käme, in den herbstlichen Quatembernächten, sein altes Regiment angerückt und wolle ihn einholen. Herr Carl Mayr bemalte für unsere Wohnstube einen pergamentenen Lampenschirm, auf dem die ganze Geschichte einschließlich der Geistererscheinung abgebildet war. Erschienen ist er aber nie, wenn auch der Mühlbach in manchen Nächten wie mit Glocken läutete, so daß man glauben konnte, es sei Feuer im Ort und es stürme vom Kirchturm, oder wenn er auf den alten Holzborden unter dem steinernen Radbogen trommelte und lärmte wie ein heranmarschierendes Regiment – ja, man konnte sich sogar einbilden, in seinem vieltönigen Brausen ferne Clairon-Signale zu vernehmen, während sich der Nebel in bizarren Gestalten aus dem nachtkalten Wasser hob. Uns war das alte Haus, hinter seinen hohen Bäumen an den grasigen Hügel geschmiegt, ein heimlicher Ort, und sollte es darin Geister gegeben haben, so hatten wir sie wohl durch unser lebhaftes und gar nicht spökenkiekerisches Dasein vergrämt und vertrieben. Vielleicht auch war es ihnen durch den klaren, taghellen Strom der Arbeit, der das Haus in all den Jahren durchzog, verleidet.

Zwar war Berlin mein berufliches Zentrum, in dem alle meine Uraufführungen und Proben stattfanden, in dem meine Verleger hausten und viele meiner Freunde lebten, in dem das – damals noch phantastische – Experiment des ›Tonfilms‹ und manche andere Tätigkeit und Geselligkeit lockten, aber schreiben konnte ich immer nur auf dem Land und hatte mich auch schon früher dazu, wenn es irgend anging, in eine möglichst abgelegene Nisthöhle verkrochen. Jetzt hatte mir ein unerhörter Glücksfall, ein Überraschungserfolg, wie es – außer Brechts Dreigroschenoper – in dieser Zeit keinen gab, die Möglichkeit verschafft, einen Horst zu beziehen (und ein altbürgerlicher, oder bäuerlicher, Instinkt sagte mir, daß ein Haus besser sei als Geld und vielleicht das einzige, was man in schwierigen Zeiten halten kann – solang man es kann). So hockte ich nun, jahraus, jahrein, wie ein Brutvogel auf meinen Eiern, die ich auch selbst gelegt hatte.

Wir lebten den größten Teil des Jahres dort. Im Anfang mußte man noch das Wasser aus dem mit einem zierlichen Schindeldach geschützten Brunnen ins Haus tragen, es dauerte geraume Zeit, bis ich mir eine richtige Wasserleitung und ein Badezimmer leisten konnte. Die Kinder wuchsen dort auf, sie spielten mit den Bauernkindern und gingen, als sie größer wurden, in die Dorfschule. Für die Einheimischen waren wir ›die Wiesmüller‹ – man nannte dort alle Leute nach ihrem Haus oder Hof –, und manche wußten in all den Jahren nicht, wie ich eigentlich hieß. Sie fragten auch nicht danach, was man ›draußen‹, außerhalb des Dorfes tat, ob man dort in der Welt einen Namen hatte, ob man Stücke schrieb, malte oder Opernpartien sang. Man sprach mit ihnen über Wind und Wetter, über Gras und Vieh und über ihre alltäglichen Sorgen, man holte sich den Fisch beim Roider-Fischer, der sein einsames Haus in der Waldlichtung hatte, und das duftende Schwarzbrot frisch vom Backofen des Göpfringer Bauern, man nahm an Hochzeiten, Kindstaufen, Begräbnissen teil, trank und tanzte mit ihnen auf ihren Festen, lernte ihre Bräuche kennen und ihre Lieder singen. Zu Weihnachten wurde in unsrer Wohnstube, in deren Ecke der frisch aus dem Wald geholte Baum und die Krippe mit den Holzfiguren standen, von den Bauernkindern ein altes Christgeburt-Spiel aufgeführt, in dem viele salzburgische Volkslieder eingestreut waren, die gleichen, die Mozart in seiner Jugend gehört haben mochte. Es wirkten manchmal bis zu dreißig Kinder zwischen vier und fünfzehn Jahren mit, die meine Frau wie halbwilde Fohlen zureiten oder wie junge Hunde abrichten mußte, wobei es nicht immer ohne Kopfnüsse oder Watschen abging. Dann gab es die Bescherung und das Karpfenessen, und um Mitternacht stapfte man mit der Laterne über den hartgefrorenen Schnee zur Christmette in der hell erleuchteten Kirche. Die Dorfmusik blies laut, falsch und feierlich, die Lehrerin kämpfte mit dem Falsett ihrer Sopranstimme und mit ihrem Kirchenchor, Tonart gegen Tonart, es dampfte feucht von den schweren Schuhen und Mänteln, es stank auch ein wenig, und es war alles so schön, so ernsthaft und so freudevoll, wie es nur sein konnte. Spät nach der Mette noch saß man in Herrn Carl Mayrs bezauberndem und wohlbeheiztem ›Gartenzimmer‹ bei Weißwürsteln und Wein oder Bier, manchmal bis in die Morgenfrühe.

Es gab drei Vereine im Dorf, von denen jeder an den Feiertagen seine eigene Fahne trug: die Feuerwehr, die ›Schützen‹, die mit ihren messingbeschlagenen Stutzen bei kirchlichen und ländlichen Festen einen ungeheuren Lärm machten, und die ›Heimkehrer‹, das waren die Überlebenden aus dem Ersten Weltkrieg, die sich jedes Jahr am Tag des ehemaligen Kriegsausbruches sternhagelvoll tranken – denn, so folgerten sie, wäre der Krieg damals nicht ausgebrochen, so hätten sie ihn auch nicht überleben können. Eine Gelegenheit zum Feiern ließ man sich in Henndorf ungern entgehen. Das Temperament der Leute war leicht, heiter, gelöst. Sie waren lebensfroh, arbeitsam, neugierig und vor allen Dingen begabt. Laut hörte man den Fischer singen, wenn er gegen Abend mit seiner Plätte auf den hechtgrauen See hinausfuhr, und bei gewissen Arbeiten, etwa dem Einschlagen der Eckbalken für einen Neubau, wurden in einem rituellen Singsang, mit Vorsprecher und Chor, uralte Handwerkerverse hergesagt, wie sie schon im Mittelalter Takt und Rhythmus der Bewegung anleiteten. Wenn unser junger Gärtner den Steingarten am Bach aufbaute, wenn der Schreiner einen neuen Zaun machte, alles hatte seinen Stil und eine Art von künstlerischem Schwung. In dieser Gegend, in der jede Stalltür und jeder Dachfirst an die Formfreude des hohen Barock erinnert, lebten noch der Sinn und die Liebe fürs echte, gediegene Handwerk. Die Bäuerinnen freuten sich an den Blumen in ihren Fenstern, ›Hinterglasbilder‹ schmückten die geweißten Wände, und in den Küchen blitzte das Kupfer und schimmerte das Zinn. Selbst die schmutzige alte Lena, eine achtzigjährige, immer noch mannstolle Närrin, behängte sich mit schönen bunten Ketten und Silbermünzen, die sie sich bei Carl Mayr auszuleihen pflegte, und wenn sie mit ihrem braunen verrunzelten Gesicht vor sich hinmurmelnd und mit dem Krückstock aufklopfend durchs Dorf schlurfte, schaute sie aus wie der aufgeputzte Schamane oder Medizinmann eines Indianerstammes. Die Menschen in diesem Dorf hatten noch Gesichter, persönliche, ausgeprägte, eigenwillige, wie man sie auf den Bildern der mittelalterlichen Meister, bei den Holzfiguren der Pacher und Riemenschneider, findet.

Selten ist mir ein so heiterer, ausgeglichener und zuverlässiger Charakter begegnet wie unser Hausmeister, Josef Eder, der mit seiner helläugigen Frau Justina bei den schweren Arbeiten half. Er war, im Nebenberuf, der Totengräber des Ortes. Aber der vertraute Umgang mit den Toten und den Gräbern hatte ihm keinen unheimlichen oder makabren Zug verliehen, sondern eher eine Art von unbewußter Würde und milder Freundlichkeit. Dabei war er ein starker, gesunder Mann, der bei der Arbeit, beim Tanz, auch beim Raufen, kräftig zupacken konnte. Das Verhältnis zum Tod war bei diesen katholischen Bauern sehr einfach und natürlich, er gehörte zum Vorgang des Lebens, zum Ablauf der Welt, zu den Jahreszeiten der Erde, zum Wandel der Generationen und war durch die Vorstellung der Transzendenz und der Ewigkeit seines dumpfen Schreckens beraubt. Man respektierte ihn, beklagte ihn, zollte ihm den Tribut des feierlichen Rituals, aber man scheute und fürchtete ihn nicht, und schon die Kinder waren an den Anblick der friedlich aufgebahrten Leichen gewöhnt, vor denen man, wenn auch nicht ohne den Reiz des Gruselns, beim letzten Besuch sein Kreuzlein schlug. So war die Beziehung, die unser häuslicher Totengräber zu seinem Gewerbe hatte, völlig unsentimental, aber keineswegs roh oder herzlos. Im Dorf rief man ihn, mit scherzhafter Selbstverständlichkeit, den ›Dodey‹, das heißt ›das Tödchen‹, und auch seine Frau redete ihn nicht anders an. »Herr Jesus!« rief er, als er uns einmal eine neue Dunggrube ausheben sollte und wir uns über die schmale längliche Form wunderten, »da ist mir aus Versehen ein Grab draus geworden! Das ist halt die Gewohnheit...« Oder, wenn die verrückte alte Lena vorbeihumpelte, sagte er leise und gutmütig vor sich hin: »Dich grab ich auch bald ein.« Und zu einem kranken Freund, als es ihm etwas besser ging: »Du bist mir wieder von der Schaufel gerutscht!« – »Mein schönster Tag wird sein«, sagte er oft zu mir, den er immer ›den Herrn‹ nannte, »wenn ich amol den Herrn eingraben tu...« Es klang ungeheuer beruhigend. Dabei war er fast zehn Jahre älter als ich und mußte sterben, bevor es dazu kam.

In Scherz und Ernst, in Ruhe und Tätigkeit waren sein starkes, einfaches Gesicht mit dem roten Schnurrbart und seine kraftvolle Gestalt stets ebenso locker und gelassen wie wachsam und aufgeräumt. Mit ihren herben Zügen und ihrem bäurischen Wesen wirkten die beiden, Josef und Justina, in ihrer Weise schön, und man freute sich ihres Anblicks, weil sie natürlich waren, stolz und mit sich selbst im Einklang. Je länger man dort lebte, desto mehr wuchs man mit den Menschen und dem Land zusammen, und es gab keinen Zwiespalt und Mißton. Da, eines Nachts, im Sommer 1934, wurde das Dorf von einem dumpfen Krachen und Knallen aufgeweckt, das auch bei uns im Haus die Fensterscheiben klirren machte, und das war kein Gewitter oder

Bergrutsch, sondern es war die erste Bombe, die erste Brückensprengung der Nationalsozialisten.

Die meisten Dorfbewohner waren ehrlich aufgebracht und entrüsteten sich über die ›Rotzbuben‹ – viele beteiligten sich, unter
Führung des tapferen Junggendarmen Lackner Hans, an der
Suche nach den Verbrechern. Denn unter den eingesessenen
Bauern hatte die Haßpropaganda noch wenig Boden gefunden,
eher unter jenem ländlichen Mittelstand, der mehr sein wollte,
als er war, den Krämern, Handlungsvertretern, kleinen Beamten. Die Leute in dieser Gegend waren nicht sehr reich und nicht
sehr arm, es gab keinen Großgrundbesitz, sondern durchweg
recht gut situierte Landwirte, sie saßen auf eigenen Höfen, hielten ein paar, patriarchalisch behandelte und familiär gesinnte,
Knechte oder Mägde, und die zerrüttende Arbeitslosigkeit, die
dem Extremismus in Deutschland den Boden bereitet hatte, war
so gut wie unbekannt. Ganz anders lag das schon in bestimmten
Gebieten des österreichischen Alpenhochlands, in denen die Not
herrschte, oder in den größeren Städten und Industriezentren.
Aber davon wußten die Bauern des gemäßigten ›Flachgaus‹
nicht viel. Sie schielten unter sich oder grinsten verlegen, wenn
am Biertisch jemand anfing, sie ›politisch aufzuklären‹. Im Februar des gleichen Jahres hatte man in Wien den aus Verzweiflung geborenen Aufstand der Sozialisten blutig unterdrückt.
Zwar hatte das Ende des linken Bauernführers Koloman Wal-
lisch, den die Sieger nach einer Hetzjagd gefangen und aufgehängt hatten, da und dort einen gewissen Unwillen erregt, doch
im großen und ganzen hatte man wenig Sympathie für die ›Roten‹, von denen es hieß, sie wollten die Kirchen verbrennen und
den Bauern ihr Land wegnehmen. Da waren ihnen die ›Hahnen-
schwänz‹, wie man die Heimwehr des Fürsten Rüdiger von
Starhemberg nannte, schon lieber, die machten Musik oder Fak-
kelzüge und ließen alles beim alten. Die staatsmännische Klugheit, mit welcher der an Gestalt kleine Kanzler Dollfuß, nach
›Wiederherstellung der Ordnung‹, ausländische Beziehungen

pflegte und im Inland eine Befriedungspolitik versuchte, ließ das ›neue Regime‹ in einem freundlichen Licht erscheinen – wenn es auch eine, österreichisch gemilderte und keineswegs terroristische, Spielart des Faschismus bedeutete: sein Aushängeschild war das Wort ›Ständestaat‹, das man in jedem Leitartikel lesen konnte und unter dem sich keiner, die Verfasser eingeschlossen, etwas vorstellte. Aber auch für Intellektuelle und nicht zuletzt für die Flüchtlinge aus Hitlerdeutschland schien dieses ›unabhängige Österreich‹ das kleinere Übel zu sein – und später, unter dem klugen und liberalen Kurt von Schuschnigg, der eine ›Öffnung nach links‹ anbahnte, sogar eine Möglichkeit, wieder zu demokratischen Verwaltungsformen überzugehen, die keineswegs völlig ausgeschaltet waren. Gewiß wurde schon seit Hitlers ›Machtergreifung‹ viel geflüstert und geredet, daß ›im Reich draußen‹ jetzt alles viel besser ginge und daß es nur Schädlinge und Volksverderber seien, die er vertrieben oder eingesperrt hatte. Der ›großdeutsche Gedanke‹, der Wunsch nach Zusammenschluß mit dem stärkeren Bruder, war altes österreichisches Phrasengut: mit ihm war der erfolglose Postkartenmaler und Anstreichergehilfe Adolf Hitler einst nach Deutschland gezogen, um es, und später auch sein liebes Österreich, bis zum Weißbluten zu beglücken. Zugleich aber hatte man vor dem ungeheuren Lärm und dem Waffengerassel, das ›die da draußen‹ vollführten, im ausgeglichneren, durch jahrhundertealte Völkergemeinschaft politisch abgeklärteren Österreich eine gewisse Scheu, die gefühlsmäßige Abneigung gegen alles allzu Stramme und Organisierte. Man wartete ab und hatte lieber Butter und Rahm statt Ehre und Ruhm – so sah das wenigstens vorläufig aus; denn die eigentlichen Scharfmacher und Ambitionisten, die sich vom Nationalsozialismus Karriere und Macht versprachen, mußten, ganz im Gegensatz zu Deutschland, wo sie unter dem Schutz der freiesten Demokratie jahrelang gegen diese toben und hetzen konnten, hier noch ein geheimes Verschwörer- und Konspiranten-Dasein führen. Oder sie waren über die Grenze gegangen und standen dort, ohne daß man viel davon erfuhr, als ›österreichische Legion‹ zum Überfall bereit. In Henndorf selber und den ländlichen Nachbargemeinden gab es wenig Verräter, Unzufriedene, Neidische – und genau unter diesen, nirgends anders, hatte man die Träger der ›nationalen Freiheitsbewegung‹ zu suchen. Natürlich kannte man fast jeden, der dazugehörte: in der engen Gemeinschaft eines Dorfs und des bäuerlichen Lebens spiegelte sich deutlich die Entwicklung und die Struktur der ›völkischen Erhebung‹. Da war der Käserei-Besitzer, ein ehrgeiziger, engstirniger Bursche, aus dem Allgäu stammend, der sich ärgerte, daß man ihn nicht als richtigen Fabrikanten oder Wirtschaftsführer betrachtete, wie ihm das im Zug des ›deutschen Aufschwungs‹ vielleicht zugefallen wäre. Er gab sich im Dorf jovial und haßte alles, was ihm an Bildung, Niveau, Erziehung überlegen war. Da war ein mittelstarker Bauer, der auf seinen Schwager, den Bürgermeister, eifersüchtig war, davon träumte, ihn abzusetzen und selbst als Erbhofbauer, wie man das ›draußen‹ nannte, die führende Rolle zu spielen. Da war der Aufseher der Schwimmanstalt am See, zweiter Sohn eines Großbauern, verärgert, weil er nicht Haupterbe war, arbeitsscheu, versoffen, streitsüchtig – ein rechter Fallott, wie es dort heißt – und noch dazu durch einen kleinen Beinschaden in seiner Selbstachtung gekränkt. Seinen Posten als Bademeister hatte er wegen Unzuverlässigkeit bald verloren, dann wurde er eingesperrt, weil er seine Invalidenrente doppelt erhoben hatte, und von da an lebte er ganz der ›Bewegung‹. Denn sie verhieß ihm Rache und unbeschränkte, aber gesetzlich untermauerte Gewalt: genau der Typus, aus dem sich die berüchtigten KZ-Schinder rekrutierten, und den man, wenn man ihn sucht und sammelt, in jedem Land finden kann.

Der Antisemitismus war natürlich der raffinierteste, weil wirksamste psychologische Schachzug der Nationalsozialisten, an den ihre Führer und Wegbereiter aber auch wirklich glaubten: denn man bilde sich nicht ein, daß je eine Propaganda Erfolg habe, von der ihre Initiatoren nicht selbst überzeugt sind. Alle politischen Extremisten meinen das, was sie sagen und herausschreien – ob rechts oder links –, sie werden auch immer das ausführen, was sie in ihren wildesten Proklamationen verkündet haben; denn wenn sie das nur zum Zweck des Stimmenfangs oder aus purer politischer Berechnung täten, würden sie niemals die Massen fanatisieren und mitreißen: das ist eine Lehre, die wir in peinlichen Lektionen gelernt haben.

Auch die ›Rassentheorie‹, völlig verblödet in einem Reich, dessen élan vital ebenso wie seine Nobilität der fortgesetzten Durchdringung des deutschen Elements mit slawischen, magyarischen, romanischen, sogar asiatischen Völkerschaften entsprang (um nur die Hauptgruppen zu nennen), auch die Rassenlehre und damit der Antisemitismus, obwohl es beiderlei Unfug auch in anderen Völkern gibt, hatten ihren Motor im alten Österreich, wo der unverzeihliche Herr Schönerer, ein Scharlatan auf jedem Gebiet, ihm eine vulgärpolitische Basis geschaffen hatte, etwa zur selben Zeit, in der – gleichfalls in Österreich – Theodor Herzl den Zionismus geistig fundierte. Im Bauernland des westlichen Österreich aber, ganz im Gegensatz zu Wien und den östlichen Grenzländern, kannte man keine oder fast keine Juden. Sie waren dort nicht, wie in Deutschland, zu einem Ferment des wirtschaftlichen, sozialen und geistigen Lebens geworden, und soweit sie es vielleicht doch waren, nahm man keine Notiz davon, und es spielte in der Öffentlichkeit keine Rolle. ›Der Jud‹ war etwas, wovon man in Märchenbüchern gelesen hatte, wie vom Zauberer und von der Hexe. »Is der Schuschnigg a Jud?« fragte mich einmal einer der ›Waldbauern‹, die einige Kilometer oberhalb Henndorfs am Fuß oder in den Tälern der bewaldeten Bergzüge ihre abgelegenen Höfe hatten und die ich auf meinen Wanderungen gern besuchte. »Warum glaubst du das?« fragte ich zurück. »Weil die Hütler« – so nannte man dort, vereinfachend, die Nazis –, »weil die Hütler so auf ihm herumschimpfen.« Ich erklärte ihm, daß der Schuschnigg kein Jud sei, sondern ein Katholik wie er selber. Er schien beruhigt. Aber dann grübelte er weiter: »San die Juden wirklich so schlimm?« Ich beruhigte ihn auch darüber. »Aa'mol«, sagte er nachdenklich, »aa'mol möcht i an sehn.«

Daß die Leute, die im Salzburger Festspielsommer so schön Theater spielten und Musik machten, zum Teil Juden waren und

31

die zahlungskräftigen Fremden, die sie damit ins Land lockten, teilweise auch, interessierte keinen Menschen dort auf dem Land. Aber der propagierte Antisemitismus tat seine Wirkung, indem er jedem Trottel den Genuß verschaffte, jemanden ›unter ihm‹ zu verachten. Da gab es den schiefen Anderl, einen etwas verwachsenen, halbidiotischen Metzgerburschen, mit Sabbermaul, Rinnaugen und einer impotenten Lüsternheit: er kletterte an Häuserwänden hoch, um Liebesleute bei ihrer nächtlichen Zärtlichkeit zu belauschen oder durchs Fenster den Blick auf eine halbnackte Magd zu erhaschen. Der durfte sich jetzt als eine bessere Sorte Mensch, eine ›edlere Rasse‹ empfinden als Max Reinhardt, Bruno Walter oder Stefan Zweig. So fraß das langsam um sich und verbreitete sich wie eine heimliche Seuche, ohne daß wir selbst viel davon bemerkten. Im Gegenteil: als nach dem Begräbnis des von einer Nazibande roh ermordeten Kanzlers Dollfuß in allen Städten Österreichs und auch auf dem Land draußen am Abend die elektrischen Lichter erloschen und in jedem Fenster brennende Kerzen aufgestellt wurden, die Kirchen überfüllt waren, die Menschen sich zu Trauerprozessionen auf den Straßen sammelten, glaubte man in dieser Stunde, die natürlich etwas Ergreifendes hatte, ganz Österreich in der Abwehr gegen die Gewalt von außen und innen geeinigt und die ärgste Gefahr gebannt. Sogar die Gendarmerie wurde, vorübergehend, aktiv, man holte einige Rädelsführer ab, darunter unseren großmächtigen Käser, um sie dann allerdings, wenn ihnen nichts ›nachzuweisen‹ war, nach kurzem Verhör wieder zu entlassen: sie fühlten sich daraufhin als Märtyrer und waren doppelt erpicht auf ihre spätere Entlohnung.

Aber die Menschen, die man liebte und achtete, wie die Familie Mayr, wie unsere Hausmeistersleute, wie eine Mehrheit des einfachen Landvolks, waren und blieben unbestechlich. Sie scharten sich immer enger um den Pfarrer, einen kleinen, unscheinbaren, mutigen Mann, der jeden Sonntag von der Kanzel mit seiner allzeit heiseren Stimme gegen die ›neuen Heiden‹ wetterte und sich nichts daraus machte, wenn ihm ein paar Lausbuben die Fenster einwarfen. Er träumte von dem Tag, an dem der babylonische Turm da draußen einstürzen werde, und von einem christlichen Sozialismus. Außerdem wußte man, daß Mussolini bewaffnet am Brenner stand, weil er seinen späteren Zwangsgenossen Hitler nicht als Nachbarn haben wollte und die Unabhängigkeit Österreichs, wie man so leichthin sagt, garantierte.

In der Zeit nach jener ersten Brückensprengung, mit der man die große Reichsstraße nach Wien zerstört hatte, wurde der Willy, ein Müllersohn, der bei uns und den Mayrs Gärtner war, immer blasser, verstörter, ruheloser. Er war ein prächtiger Bursche, schlank, hochgewachsen, mit federndem, geschmeidigem Gang, er machte seine Arbeit so geschickt und so phantasievoll, daß es eine Lust war, ihm zuzuschauen oder etwas Neues mit ihm zu planen. In den Tagen des mißglückten Putschversuchs und der Dollfußermordung war er so verwirrt und niedergeschlagen, daß er einem nicht mehr ins Auge sehen konnte – und eines Morgens war die Polizei da und verhaftete ihn als den Hauptschuldigen an der Brückensprengung. Jetzt ging es um seinen Kopf; denn auf Sprengstoffvergehen stand, unter dem herrschenden Standrecht, die Todesstrafe. Wir bangten alle um ihn, obwohl er ein Nazi war. Denn – weshalb war er ein Nazi? Es war ziemlich einfach. Seine Braut war bei jenem Käser, der ein paar Dutzend Leute beschäftigte, angestellt. Der Käser war der ›lokale Führer‹, und die Leute, die von ihm abhängig waren, mitsamt ihren Angehörigen, mußten ihm wohl oder übel Gefolgschaft leisten. So hatte es angefangen. Und unser Willy, der etwas phantastisch veranlagt war, mochte vom Abenteuerlichen, Verbotenen, vom Indianer- und Räuberspiel der illegalen Verschwörung gereizt und verlockt worden sein. Darin bestand ein großer Teil der Faszination auf die Jugend: man redete ihnen den Kopf voll, was für Kämpfer, Helden, Volksbeglücker sie wären – und ließ auch gleich ein bißchen Drohung mit einfließen: wer da nicht mitmachte, der könne sich später wundern. Zunächst war es eher eine Spielerei – es war ja ein Spaß, auf einem Berg ein Hakenkreuzfeuer abzubrennen und dann, in einem Baumwipfel versteckt, zuzuschauen, wie der Gendarm nach Spuren suchte. Die Jugend neigt natürlich immer zum Illegalen (und manchmal hat sie damit auch recht). An den Ernstfall, an Mord und Gewalttat, dachten die meisten nicht. Aber dann gab es kein Zurück mehr: eines Tages kam ›der Befehl‹.

In den Wochen, in denen der Willy auf seine Aburteilung wartete und jede Stunde mit einem sofort vollstreckbaren Todesurteil durch den Strang rechnen mußte, bekam ich von ihm einen Brief, dem eine kleine, genau gezeichnete Planskizze unseres Gartens beigefügt war. Er hatte kurz vor seiner Verhaftung eine neue, unterirdische Wasserleitung zum Gemüsegarten angelegt, und niemand außer ihm wußte, wo sie an- und abzustellen war. Das ließ ihm keine Ruh – denn falls er sterben müßte, hätten wir unser Wasser nicht mehr regulieren können und beträchtlichen Schaden gehabt. Daß ich selbst einer der von den Nazis bestgehaßten Leute war, dessen Stücke und Bücher im ›Reich‹ verbannt und verbrannt worden waren, daß unser Haus auf der Liste derer stand, die im Fall eines Umsturzes zuerst gesprengt oder besetzt werden sollten, machte für sein kindlich-rechtliches Denken keinen Unterschied.

Er mußte nicht sterben. Er wurde zu langjährigem schweren Kerker begnadigt, wir waren von Herzen froh darüber, und ich schickte ihm manchmal Bücher in seine Haft. Zum Dank dafür malte er uns zu Weihnachten ein reizend primitives Bild von unserer Wiesmühl, das heute noch, da ich es nach dem Krieg wiederfand, in meinem Zimmer hängt.

Später erfuhr ich, als ich schon aus Österreich hatte fliehen müssen, daß er in den Tagen des ›Anschlusses‹, durch den er freigekommen war, eine entfesselte Pöbelbande, die mein Haus – da sie meiner selbst nicht mehr habhaft werden konnten – zu plündern begann, mit der Pistole bedroht und von der Schwelle gejagt hat. Aber das war nun zu spät. Die Treue hatte ihren Sinn verloren, und was er den Plünderern verwehrt hatte, besorgte die Gestapo.

Rückblickend kann ich sagen, daß ich von den Menschen, mit denen man dort gelebt hatte, keinerlei Enttäuschung erfuhr: sie verhielten sich alle so, wie man's von ihnen erwarten durfte. Am besten hat das unsere gute Ederin, die Hausmeisterfrau, ausgedrückt, in einem Brief, den sie mir dann in die Schweiz schickte: »April is, bal regnets bal scheind di Sun bal schneids, wie das Weter so die Leit. Die vorher lästig warn san jetz ers recht lästig, und die anständig warn san jetz noch anständiger.«

Damals aber, als wir das große Fest feierten, war jene ländliche Gemeinschaft, die im Grunde unzerstörbar ist, noch in voller Blüte. Es war nur ein halbes Jahr, bevor der Unstern über Deutschland aufging, und im siebten Sommer, den ich in Henndorf verlebte, genau gesagt: der ›Frauentag‹, das ist der 15. August, des Jahres 1932.

Schon längst hatten mich die Schützen – der älteste Verein im Dorf, dessen Präsident noch dazu unser hausmeisterlicher Totengräber war – geplagt, ich solle ihnen eine neue Fahne stiften. Denn die alte, hundertjährige, so ehrwürdig sie war, ging schon langsam in Fetzen. Man stellte mir die begehrenswertesten Vorteile in Aussicht, falls ich die Anschaffung einer neuen Fahne ermögliche, so zum Beispiel, daß über meinem Grab drei Ehrensalven geschossen würden. Aber ich kannte die Bauern und wußte, daß man ihnen nicht zu rasch nachgeben darf, besonders in materiellen Dingen, will man nicht ihren Respekt verlieren und als Trottel oder Verschwender gelten. Jetzt aber, als eine Art von Opfergabe für sieben glückliche Jahre in diesem Ort, entschloß ich mich, ja zu sagen. Der Jubel war unbeschreiblich. Die Fahne wurde beim besten Fahnenmacher in Wien bestellt, sie mußte handgestickt sein, in den rot und weißen Landesfarben, aus schwerer Seide, goldgesäumt, und in der Mitte mit einem Bild der Landschaft verziert. Die Hauptsache aber war das Fest, auf das sich das ganze Dorf schon monatelang freute und dem es in den letzten Wochen geradezu entgegenfieberte. Es wurde in unendlichen Besprechungen und umständlichen Beratungen vorbereitet, alles wurde bedacht, die Einladungen an die Nachbargemeinden, die Schmückung des Dorfes, die Illumination, die kirchliche Feier, der Umzug, die Speisen und Getränke. Es sollte drei Tage und Nächte dauern. Von diesem Fest, sagten die Henndorfer, soll man noch dreißig Jahre sprechen. Und das hätte man auch getan – wenn es nicht in der Zwischenzeit so viel anderen Gesprächsstoff gegeben hätte...

Am Vorabend gab es kein Haus mehr in der Umgebung, das nicht im Schmuck von Blumen und Girlanden und Lichtern prangte. Tagelang hatte man die Pferde geputzt und gekämmt, die die Festwagen zu ziehen hatten, ihre Mähnen und Schweife waren kunstvoll geflochten und mit rot-weißen Seidenbändern durchwirkt. Auch in unserem Haus herrschte festliche Erregung. Alle Fenster und Türen standen auf, die warme Sommerluft strich herein, der Aufgang zur Küche draußen war weit geöffnet und unsre Wohnstube in ein ländliches Schlaraffenland verwandelt. Überall, auf den schweren Holztischen, den Fenstersimsen, der Kredenz, waren rustikale Eßwaren verteilt, dort stand ein ganzer Schinken, frisch angeschnitten, hier ein kompletter Käse, die Würste hingen an Stricken von den Deckbalken herab, die Butterstriezel waren groß und lang wie Brotlaibe, und das mächtige runde Schwarzbrot lag auf flachen Holztellern. Unser ›Dodey‹ verzapfte ohne Pause Bier aus einem Faß, das vor der Haustür im Hof stand, sein roter Schnurrbart triefte vor Schaum, denn er fühlte sich verpflichtet, den Gästen vorzukosten. Ein Fäßchen mit Lagrein Kretzer, der, wenn er echt sein soll, einen fast hellbraunen Farbton haben muß, war in der Stube aufgebaut, und für die, welche rasch eine Hilfe brauchten, war altersgoldener slowenischer Sliwowitz in großen Glaskrügen bereit.

Sechzehn Gäste waren damals im Haus, und es kamen immer noch mehr, denn in Salzburg war Festspielzeit, und es wimmelte von Freunden und Bekannten. Ein Teil wohnte auch bei uns, und wie sie alle einen Platz fanden, ist mir heut noch ein Rätsel. Die meisten Damen, besonders die jüngeren und hübscheren, hatten sich in die ländliche Tracht gehüllt, und je weiter sie herkamen, desto landes- und traditionsgerechter hatten sie sich bei Lanz in Salzburg eingekleidet. Unsere Gäste waren bunt zusammengewürfelt und hatten doch eine Art von geheimer Harmonie. Traumgefährten – wo seid ihr hin? Da war Schaljapin, der große russische Sänger, mit seiner Frau, ein paar Freunden, seinen entzückenden Töchtern, der brünetten Dasja und der weizenblonden Marina – ein ganzes russisches Dorf! Da war ein holländischer Privatgelehrter, der damals der Stadt Wien ein kostbares Musikarchiv eingerichtet hatte. Da war der Leiter eines oberbayrischen Bauerntheaters, der jüngst erst mit neunzig Jahren verstorbene Schultes Bertl, mit seinen Lederhosen und seinem Policinellgesicht. Da war mein väterlicher Freund Friedrich von Erxleben, genannt Petrus, katholischer Prälat, der aus Deutschland herübergekommen war, um die Feldmesse zu lesen, mit seinem flammenden weißen Haar, seinen lodernden Augen und seinem von Erden- und Himmelsliebe strahlenden schönen Gesicht. Und dann ein paar Damen und Herren von den Landhäusern der Salzburger Umgebung, und ein paar Schriftsteller, Schauspieler und Künstler mit ihren Frauen oder Bräuten oder was sie so nannten. – Aber die Hauptpersonen waren die Bauern, und der Inhalt und Sinn des Festes war das Dorf. Tag und Nacht hörte man das Singen aus den Wirtshäusern, das Stampfen der Tanzschritte, das Schmettern der Musik. Auch die Kinder wirkten mit – die Locken der kleinen Mädchen waren seit einer Woche mit Zuckerwasser und Schweineschmalz präpariert und über Nacht in Papier eingedreht. Als sie aber am Vorabend des Festtags mit ihren weißgestärkten Battistkleidchen in langer Reihe in unseren Hof einrückten, um zu Ehren der Hausfrau, die als Stifterin die Fahnenmutter hieß, einen vom Dorflehrer einstudierten historischen Reigen zu tanzen, da brach genau mit dem ersten Takt der Blockflöten das unvermeidliche Gewitter los – und mit dem ersten Donnerschlag floh das Ballett auseinander, wie eine Schar aufgestörter Feldhühner. Dieser Anblick war für unsere Gäste, die sich an allen Fenstern als Zuschauer verteilt hatten, bestimmt viel amüsanter, als der historische Reigen gewesen wäre. Und das Gewitter gehört zum ländlichen Fest, wie das Salz in die Suppe. Auch der große nächtliche Fackelzug fand noch unter Blitz und Donner statt, und der Regen trommelte uns aufs Haar, als wir, am Kriegerdenkmal, zu Ehren der Gefallenen, drei Minuten die Hüte abnehmen mußten. Dann aber troff plötzlich das grelle Mondlicht durch die Wolken, die rasch zerstoben, es roch nach Laub und nach der nassen Erde, und es zeigte sich nicht der Schatten einer Wolke mehr, solang das Fest dauerte.

Was Bauern bei einem solchen Fest leisten können, ist kaum zu glauben, und wir alle taten unser möglichstes, um mit ihnen Schritt zu halten. Aber, nachdem wir erst gegen drei ins Bett gekommen waren, standen nur wenige mit mir auf, als um vier schon wieder die Blechmusik anrückte, um nach einer halben Maß Bier das Morgenständchen zu bringen. Um sechs begann der Aufmarsch der befreundeten Vereine: aus zweiunddreißig anderen Gemeinden Österreichs waren sie herbeigekommen, um die neue Henndorfer Fahne zu ehren, und es dröhnte und schmetterte, daß die Gäule stiegen. Vor dem Ehrenwagen, mit dem wir zur Feldmesse und feierlichen Weihung der Fahne gefahren wurden, waren zwei junge Hengste eingespannt, die schönsten im Dorf, und wir können von Glück sagen, daß wir wieder lebendig herausgekommen sind. Die Messe fand auf einer großen baumumhegten Wiese unter freiem Himmel statt, mein Freund Petrus sang den lateinischen Text mit seinem italienischen Akzent, den er sich bei den Jesuiten in Rom angewöhnt hatte. Meine Frau, von zwei mächtigen Bäuerinnen flankiert, die Bänder zur Fahne gestiftet hatten – ein buntgesticktes für Hochzeiten, ein schwarzes für Leichenzüge –, hatte einen Vers aufzusagen und mehr Lampenfieber als eine Schauspielerin, die zum ersten Male die Jungfrau von Orleans spielen soll. All die zweiunddreißig Fahnen der Besucher neigten sich und ›küßten‹ zur Begrüßung die neue, frisch geweihte. Sie sollte von nun an bei allen, ernsten und frohen, Feiern in der Mitte des Volkes getragen und geschwenkt werden, sie sollte die Menschen froh machen mit ihrem hellen Tuch und ihnen das einfache und starke Gefühl des Zusammengehörens, das Bewußtsein gegenseitigen Vertrauens und gegenseitiger Hilfe verleihen. Sie sollte sie daran erinnern, daß sie nicht nur eigensüchtige und kleine Menschen seien, sondern daß über ihnen ein Himmel und unter ihnen die harte Erde der Bauern allen gemeinsam ist, so daß jeder für den andren zu stehen habe, weil auf dieser Welt jeder den andren braucht. So ungefähr sagte es mein Freund Petrus in seiner Ansprache, die am Schluß immer rascher wurde, denn er hatte seit Mitternacht nüchtern bleiben müssen, und es wurde schon bald wieder Mittag.

Das Fest dauerte von Samstag abend bis tief in die Montagnacht, es wurden einige zehntausend Liter Bier und Wein verzapft, und es gab keinen Armen, der hungrig blieb. Die Musik spielte, wir wurden alle zusammen photographiert, und keiner verließ das Fest, oder wenn, dann nur, um unter den Bäumen draußen der Natur zu opfern oder ein Mädchen zu küssen. Getanzt wurde ohne Unterlaß. Die Hofbäuerin, mit der ich den Ehrenwalzer zu überstehen hatte, wog zweieinhalb Zentner und schwitzte wie ein Gaul. Aber die schönen Frauen und Mädchen schwangen sich leicht herum, sie legten den Kopf schief beim Tanzen und schlossen die Augen halb.

Am dritten Abend, während einer Kaffeepause, die in unsrem Hause stattfand, kam ein atemloser Bub als Bote vom Wirtshaus hergerannt und meldete: die Musik spielt nimmer, der Holzmeister (das war unser dörflicher Dirigent) ist vom Podium gefallen. – Das bedeutete aber keinen tragischen Unglücksfall, sondern nur eine unvermeidliche Erschöpfungspause, denn der Holzmeister trank zu jedem Walzer ein ›Krügl‹ und zu jeder Polka eine Maß. Alles wollte weiter tanzen, und ich ließ der Musik sagen, daß es im Brunnen kaltes Wasser gäbe, für den Fall, daß sie das über dem Fest vergessen hätten, und in der Gasthofküche schwarzen Kaffee. Eine Stunde später war dann wieder ein Bote da, noch mehr außer Atem, und meldete strahlend: Er steht wieder droben, sie spielen wieder! Da zogen wir alle wieder hinauf. Um Mitternacht aber fiel der Holzmeister nun endgültig steif wie ein Stock vom Podium und wurde unter feierlichen Gesängen von den Schützen nach Hause getragen. Auch zum Tanzen war alles zu müde oder zu voll, die Lichter gingen aus, es wurde ganz plötzlich sehr still im Ort, und der Vollmond schien hell über den Wiesen und schüttete Silber in die Wirbel der Bäche. Nur wir und unsre Gäste waren noch wach und munter, rechte Nachtvögel und durch die ungewöhnliche Laune dieses Festes verzaubert und angeregt. Wir standen auf der breiten Dorfstraße vor dem geschlossenen Wirtshaus und versuchten, den taumelnden Theaterdirektor, der seinen Zimmerschlüssel verloren hatte, durchs Fenster zu heben, von dem er immer wieder herabfiel. Da hörten wir plötzlich ein sonderbares Getöne in der Nacht, ein Zirpen und Trillern, das mehr wie von Tieren klang, von unbekannten Grillen oder Vögeln – und plötzlich kamen zwei Schatten heran auf der einsamen hellen Landstraße, auf der jetzt nach Mitternacht kein Wagen mehr fuhr. Es waren zwei wandernde Musikanten – der eine blies eine Art altertümlicher Klarinette, der andere hatte sich die Geige unters Kinn geklemmt. Sie hätten zu Eichendorffs oder Schuberts Zeiten nicht anders daherziehen können wie in dieser Nacht. In Frankenmarkt, sechsundzwanzig Kilometer entfernt, hatten sie erfahren, daß hier ein Fest im Gang sei, und da waren sie losgewandert, zu Fuß, um etwas zu verdienen. Jetzt waren sie bitter enttäuscht, zu spät zu kommen. Uns aber kamen sie recht. Ich zeigte ihnen den Weg, sie schritten spielend voran, und ganz von selbst formierte sich ein Zug, eine Art Polonaise aus unsren Gästen, so wanderten wir mit Musik der Mühle zu, nach Hause. Als wir über die dunkle Bachbrücke auf unseren Grund einrückten, setzten sich die Musikanten auf eine Bank vors Haus und stimmten unaufgefordert einen Walzer an. Weil aber die Wiese dalag, wie aus glatt gescheuerten weißen Bohlen im Mondschein, fingen wir plötzlich alle auf der Wiese zu tanzen an. Der Tau näßte die Stiefel, das Gras kitzelte die Knöchel der Damen, aber wir tanzten auf der Wiese und spielten und sangen, bis der Frühnebel aufdampfte und der helle Morgen schien. Dann saßen wir, verträumt und beseligt, in den ersten Sonnenstrahlen beim Kaffee.

Die Musikanten hatten ihr Lager unterm Dachboden im Heu bekommen, dort schliefen sie lang und gut, bis am nächsten

Mittag der Ortsgendarm sie aufweckte, um sie wegen nächtlicher Ruhestörung und Ausübung eines Gewerbes ohne Lizenz festzunehmen. Das tat er natürlich nur, weil sie von einem anderen Ort waren. Die armen Kerle kamen zu mir und sagten, sie müßten entweder zwölf Schillinge Strafgeld zahlen, was ihr Ruin sei – oder für drei Tage ins Gefängnis. Natürlich gab ich ihnen die zwölf Schillinge. Der ältere von ihnen wiegte das Geld lange in der Hand, bedankte sich höflich, dann steckte er es ein und sagte: »Wenn der Herr nix dagegen hat – dann gehen wir *doch* lieber ins Gefängnis...« Ich hörte sie noch spielen, als sie mit dem Gendarmen davonzogen. Und so hör ich sie immer noch. Es klingt nach Heimweh und Freude, nach Jugend und Alter, nach all den Jahreszeiten der Erinnerung, nach Zeit und Ewigkeit – nach Österreich.

1934–1939   Austreibung

In jeder menschlichen Existenz ereignet sich, früher oder später, die Katastrophe der Austreibung oder Verstoßung, mit der in der biblischen Geschichte alle irdische Mühsal beginnt. Vielen Menschen tritt sie kaum ins Bewußtsein – oder sie empfinden erst später, daß sie einmal, bei einem äußerlich unbedeutenden Anlaß vielleicht, einer Umschulung, einem Orts- oder Wohnungswechsel, einem familiären Zerfall oder einem Bruch im Berufsgang, diese zwangsläufige Wiederholung, Nachspielung eines Urvorgangs durchgemacht haben – so zwangsläufig für die Gestalt des Menschen wie die Metamorphose für die vieler Tiere.

In manchen Lebensläufen und Zeitläufen spielt sich die Austreibung in einer krassen, daseinsbedrohenden Härte ab, unter dem Zeichen der Ächtung, Verfolgung, Heimzerstörung. Wer Glück hat, erlebt das in einem Alter, in dem es noch nicht ihn selbst zerstört, sondern vorhandene Widerstands- und Verwandlungskräfte in ihm wachruft. Wer die Freundschaft liebt, erfährt in solchen Zeiten ihre besondere Gnade: sie erweist sich stärker als jeder Haß, und selbst als der große Widersacher, der Tod.

Als wir Henndorf verlassen mußten, glaubten wir, alles verloren zu haben, was uns lieb und teuer war, und was das Leben lebenswert machte: denn es bedeutete gleichzeitig den Verlust aller empfangenen und erworbenen Zusammenhänge, der natürlichen Zugehörigkeit, wie sie Abstammung, Erziehung, Tradition, Arbeitsgemeinschaft, auch Stil und Gewohnheit des täglichen Lebens in uns gegründet hat. Mehr noch – den Verlust der Sprache, für den Schreibenden das Element und Material seiner gesamten Tätigkeit, also auch ihres Ertrags, und für jeden Menschen die eigentliche Substanz, Quelle und Wurzel aller Erkenntnis, Erfahrung, Kommunikation – des Humanen schlechthin.

Aber wir wußten noch nicht, daß man in Wahrheit nichts verlieren kann, was man je wesentlich erfaßt und besessen hat, weder Glück noch Schmerz. Ich saß einmal, mit meinem Freund Hans Schiebelhuth und meiner Mutter, damals eine rüstige Sechzigerin, die uns auf unseren Wanderungen oft begleitete, an einem meiner Lieblingsplätze, dem Rand einer einsamen Waldwiese auf dem Henndorfer Hausberg ›Zifanken‹. Man erreichte ihn über lange Feldwege von Hof zu Hof, und schließlich auf einem steilen, verwilderten Pfad durch den dichten Mischwald. Diese Gipfelwiese gab den gesamten Blick auf die Bergketten von Osten über Süden bis weit nach Westen frei, nur das Flachland im Norden war durch die Baumwipfel verdeckt. Man sah an klaren Tagen den Stauffen, Watzmann und Untersberg, auch den Gaisberg bei Salzburg, dann das Tennengebirge, das Steinerne Meer, die Kuppen des Dachsteins, über den Thalgau weg die spitze Nase des Schafbergs am Wolfgangsee, und hinter dem Mondsee, der von dort wirklich wie ein opalisierender Halbmond wirkte, die Abhänge der Drachen- und Herzogenwand. Aber im Gegensatz zu diesen bekannten Landmarken und Ausflugsorten kam dorthin, auf den Zifanken, kein Mensch, es sei denn ein Holzknecht im Winter oder ein Jäger im Herbst. Plötzlich, während wir still dasaßen und über die Gräser hinschauten, trabte ein schöner, roter Fuchs auf uns zu, er lief mit dem Wind und sah uns erst im letzten Moment, so daß er vor Schreck hochsprang und in langen Sätzen dem Gebüsch zueilte. Solche Begegnungen mit scheuen, selten frei anzutreffenden Tieren, sei's in Europa mit einem Fischotter, Marder oder Dachs, sei's in Vermont drüben mit einer Wildkatze oder gar mit einem Bären, lösten immer ein spontanes Entzücken in mir aus, als hätte ich etwas von den Geheimnissen der Schöpfung erblickt. Gleichzeitig ergriff mich damals eine merkwürdige, mir selbst unerklärliche Emotion, obwohl ich nicht wußte oder glaubte, daß dies einer unserer letzten Gänge in der mir ganz vertraut gewordenen, heimatlich zugehörigen Landschaft war. Da sagte der Dichter Schiebelhuth, als hätte er gespürt, was – unbewußt – in mir vorging: »Diesen Fuchs und diesen Waldrand, die wirst du immer haben, wo du auch hingehst. Die gehören dir, das kann uns keiner wegnehmen. Das innere Bild bleibt bestehn. «

Waren wir schon seit 1926, als ich die Wiesmühl gekauft hatte, mehr oder weniger in Henndorf zu Hause, so wurde es ab 1933, nach Hitlers ›Machtergreifung‹ in Deutschland, unser dauernder Wohnsitz. Erst in den letzten zwei Jahren hatten wir dann auch eine Wohnung in Wien. Die Nähe der Stadt Salzburg, die durch Reinhardt und Hofmannsthal ebenso wie durch ihre hohe Musikpflege in den Sommermonaten ein Weltzentrum geworden war, bewahrte uns vor allzu großer Verbauerung, und unser Bekannten- und Freundeskreis in diesen Jahren war von einer kaum beschreiblichen Vielfalt und Reichhaltigkeit. Er ging von den großen Künstlern, Weltleuten, kurzum ›Persönlichkeiten‹, wie sie als rare Zugvögel, teils schwarmweise, teils im Einzelflug, vorübergehend dort einfielen, bis zu den Standnistern und Bodenbrütern der einheimischen Bevölkerung. Vom ›Herrn Professor‹ (das war damals nur Max Reinhardt, während es heute fast ein Vorname für jede Art von ›Kulturträgern‹ geworden ist) und seinen berühmten oder vornehmen Besuchern, bis zu den jungen Damen aus England und Amerika – die zum Entsetzen der Eingeborenen rotlackierte Fußnägel in zierlichen Sandalen zeigten –, vom Herrn Erzabt des St. Peter-Stifts bis zum Kellner Franz im Café Bazar, oder dem alten Portier im ›Österreichischen Hof‹, und der ›Pflegerwirtin‹ in der Kaigasse, in deren behaglicher Gaststube mit dem Tiroler Krötenofen ich viele Nachmittagsstunden, in denen sie leer war, mit meinem Arbeitsheft gesessen und dann meinem immer aufgeschlossenen, empfangsbereiten Freund Kapsreiter beim Abendschoppen daraus vorgelesen habe.

Im Anfang konnten wir Salzburg, wenn man kein eigenes Fahrzeug besaß, nur erreichen, indem man sich über den eine Viertelstunde von unsrem Haus gelegenen See rudern, ›überführn‹, ließ und dort in der Station Wallersee einen langsam durchs Land krabbelnden Bummelzug bestieg. Später gab es dann den Post-Autobus, der selten fuhr und immer überfüllt war. Es war zwar lustig, ihn zu benutzen und den derben Witzen der sich darin herumstoßenden Bauern und Marktleute zuzuhören, aber manchmal fuhr er auch in den Graben oder blieb, immer gerade bei einem Wirtshaus, deren es auf einer Strecke von sechzehn Kilometern ein halbes Dutzend gab, wegen Motorschadens stecken. So ging ich am liebsten zu Fuß, und zwar, dreieinhalb Stunden lang, über die ›Straß‹, den Heuberg und den verwachsenen Jagersteig auf der ›Waldleiten‹, der auf einem offenen Wiesenhang über dem Vorort Gnigl endete. Dort gab es ein altes Gasthaus, von Kastanien und Linden umstanden, es hieß ›Dachsluег‹, und es führte nur ein Landweg hinauf, für Autos nicht befahrbar. Und von da sah man dann die ganze Stadt, wie sie zwischen der Festung, dem Kapuzinerberg, Mönchsberg und Nonnberg eingebettet liegt, bis zu dem freien Hügel und den Türmen der Wallfahrtskirche Maria Plain, gewöhnlich von einem flimmernden Dunst berieselt, der nach den notorischen Regentagen dort dem spätsommerlich klaren Wetter vorausgeht. Auf einmal schütterte die Luft von einem ungeheuren Dröhnen, es war Mittag, alle Glockentürme sind aufgewacht, und von ihrem tiefen brummenden Anschlag und hellen heftigen Gebimmel reißt der Dunst entzwei, auch jene leichte bräunliche Wolke aus Herdrauch und Menschenbrodem, die immer wie das flache Wasser einer Moorlache über alten, enggebauten Städten liegt. Dann ging man rasch zur Stadt hinunter, schlenderte durch die belebte Linzergasse, trat in das oder jenes Geschäft ein und traf sich zu einer Verabredung mit den Freunden.

Unter diesen gab es zwei Gruppen, eben jene Durchzügler und Paradiesvögel, die hauptsächlich in der Festspielzeit dort ihre privaten künstlerischen Gastspiele gaben, und dann den festen Bestand der ansässigen Dauerfreunde. Zu denen zählten wir unseren Henndorfer Totengräber und seine Schützenbrüder ebenso wie Stefan Zweig, der inmitten seiner unschätzbaren Sammlungen von Autographen und Reliquien (Briefe und Partituren von Mozart und Beethoven gab es darunter, auch dessen wackliges Schreibpult und sein letztes Klavier!) auf dem Kapuzinerberg saß, wie Lernet-Holenia, Österreichs vornehmsten Dichter seit Hofmannsthal, wie die großen deutschen Schauspieler Werner Krauß und Emil Jannings, der eine mit seiner irritierend hübschen Frau, der jungen, begabten Schauspielerin Maria Bard in seinem braven Häuslein ›Spätzle‹ am Mondsee, der andere mit seiner Gattin Gussy Holl, einst Deutschlands brillantester und ebenso gescheiter wie schöner ›Diseuse‹, dem Rang einer Yvette Guilbert nicht nachstehend, in seiner Villa mit Park, Seegrund, Bootshaus, Geflügelhof und Schweinestall in Gschwend. Emil war dollarschwer aus Hollywood heimgekehrt, als ihn der Tonfilm, dem er sich in der fremden Sprache nicht ausliefern wollte, von dort vertrieb, und ich hatte dann nach Heinrich Manns Roman ›Professor Unrat‹ das Manuskript und die Dialoge zu seinem ersten und heute noch faszinierenden Sprechfilm ›Der Blaue Engel‹ geschrieben. Hierzu eine Randbemerkung, die nur Literaten und Kulturkritiker interessieren mag: Heinrich Mann, den ich verehrte, war mir gegenüber von einer gütigen und sympathisierenden Camaraderie, und alles, was ich persönlich zu diesem Film beitrug, geschah in fortgesetztem Kontakt mit ihm und mit seinem ausdrücklichen Einverständnis. Nur hatte er eine unerfüllbare Marotte, daß nämlich Trude Hesterberg, Leiterin und Grande Vedette des Berliner Kabaretts ›Wilde Bühne‹ – der er damals in einer von ihm offen und souverän zur Schau getragenen Hörigkeit anhing –, die weibliche Hauptrolle spielen solle, was er in unzähligen Botschaften mit seiner kleinen, korrekten Handschrift der UFA vorschlug. Sie wäre gewiß als Typ der in seinem genialischen Frühwerk gezeichneten ›Künstlerin Fröhlich‹ ähnlicher gewesen, hätte aber in ihrer reiferen Jugend niemals das Kinopublikum betört und hingerissen, wie es der eigentlich damals erst entdeckten Marlene Dietrich gelang, womit sie nicht nur für sich selbst den Welterfolg begründet, sondern eine Gestalt kreiert hatte, die dann in tausend Spielarten, bis auf den heutigen Tag, immer wieder – aber nie mehr mit der selben Originalität und Rasse – nachgebildet wurde. Dies zu den Akten.

Mit den ›Janningsen‹ tauschten wir regelmäßige Besuche aus,

von denen wir, wenn sie dort stattfanden, immer etwas überfressen heimkehrten, denn Frau Gussy verstand es, aus einem Sauerbraten, einer Gans, einer Schlachtschüssel oder einem Rindfleisch mit ›Grüner Soße‹ (sie stammte aus Frankfurt) pantagruelische Festmähler zu gestalten. Emil seinerseits war eine rahmensprengende Figur, auf die, auch körperlich, normale menschliche Maße nicht anlegbar waren. Er wirkte auf seinem Gut wie ein Renaissancefürst in seinem Castello – Geld bedeutete für ihn Macht, und Macht hieß ihm Leben, nämlich aus dem vollen und mit voller Freiheit für das, was sein wirklicher Lebensinhalt war: die Hauptrolle. Es trat auch in seiner Schauspielkunst, ganz gleich ob er den ›Letzten Mann‹, Portier eines Grand-Hotels und schließlich Toilettendiener, den Mephisto, einen Berliner Ganoven, einen Zirkusakrobaten, eine Gerhart-Hauptmann-Gestalt oder Heinrich den Achten oder den Dorfrichter Adam spielte, stets etwas unvergleichlich Mächtiges, Gewaltiges zu Tage, das ihn in dieser gewaltigen Generation von Schauspielern, ich nenne nur Krauß, Steinrück, George, Bassermann, Kayßler, Klöpfer, Wegener, Moissi, Pallenberg, Kortner, Granach, Deutsch, Forster, und es gab noch ein Dutzend andere, in die erste Reihe stellte, und ihm sogar internationalen Ruhm und Erfolg eintrug. Seine liebenswürdigsten und unwiderstehlichen Qualitäten offenbarte er in der Geselligkeit, als Gastgeber und Tischgenosse, mit geistig und leiblich konkurrenzfähigen Freunden, die er alle an Appetit, aber auch an realistischem Witz und exzessivem Humor übertraf. Niemals, wenn ich von dem Prager Maler Maxim Kopf, dem späteren Gemahl der großen amerikanischen Publizistin Dorothy Thompson, absehe, kannte ich einen Menschen, dem es gegeben war, die unanständigsten, manchmal unaussprechlichsten Worte und Wendungen mit einer so gelassenen Grazie und Selbstverständlichkeit zu produzieren, daß selbst wohlerzogene junge Mädchen nicht zu erröten brauchten, sondern freimütig lachen konnten, und es für niemanden peinlich war: es kam eben aus der Fülle einer sinnlich-saftigen, aber auch von allen möglichen Geistern und Teufeleien durchfunkelten Mannsnatur. Ich selbst bin überaus empfindlich gegen Obszönität, besonders den Sexualwitz, wo er aus einem vitalen Mangel und Ersatzbedürfnis, aus Angeberei oder zerebraler Lüsternheit resultiert: das Kraftwort, das nicht einer Kraft entspringt, wirkt beschämend. Emils rabelaisische Urwüchsigkeiten aber waren völlig echt, trotz seiner sensiblen und sogar hypochondrischen Züge – der Quell seiner Phantasie lag tief in seinem Bauch und sprudelte aus den Drüsen.

Ganz anders gelagert waren die Phantasiekräfte seines Kollegen und Jugendfreundes Werner Krauß, den ich heute noch für den größten Schauspieler dieses Zeitalters halte. Er war ein Zauberer. Er war und lebte in allem, was märchenhaft ist, magisch, geheimnisvoll, an den Grenzen der Wirklichkeit und darum ihr eigentlicher gesteigerter Ausdruck. Er begann mit dem Skurrilen, Zeichnerischen, Exzentrischen, und er drängte mit aller Macht seiner genialen Persönlichkeit nach dem Klassischen, Umfassenden, nach der großen Form. Erst waren es die Randfiguren und Chargen, zwielichtige Gesellen bei Hauptmann, wie der Quaquaro in den ›Ratten‹, unheimliche bei Strindberg und Wedekind, die er mit seiner Dämonie erfüllte – denn bei ihm ist das viel mißbrauchte Wort wahrhaft am Platz –, dann kamen die großen Gestalten des Welt-Theaters. Unvergeßlich sein Kleistscher Kurfürst, sein Wallenstein, sein alternder Faust, sein Lear. In der Jugend ein fetter, hüpfender, geiler, vor Bosheit stinkender Franz Moor, im Alter ein hagerer, weiser, von Gottesvision durchleuchteter Kaiser Rudolf in Grillparzers ›Ein Bruderzwist im Hause Habsburg‹. Doch wenn mir einfällt, wie er – als St. Just in Büchners ›Danton‹ – aufstand, mit schiefgelegtem Kopf, dünnen Lippen, die Hornbrille in der Hand, und mit durchdringend leiser Stimme sagte: »Es gibt in dieser Versammlung einige, die das Wort – ›Blut‹ – nicht hören können...«, dann läuft's mir heute noch kalt über den Rücken.

Er war ein vom Spiel, vom Spielen Besessener, auch im Leben, und das ›Spielen‹ war bei ihm sowohl der Ausdruck einer unablässig gestaltenden Phantasie als einer echten Naivität, eines im wahren Sinn kindlichen Charakters. Ganz im Gegensatz zu Jannings, der ein hellwaches Gespür für den steigenden und fallenden Druck, die Normen und Schwankungen in dieser Welt hatte, vom Börsenkurs bis zur modernen Kunst, war Krauß recht eigentlich weltfremd, bis zu einem Grad, daß er zeitweilig ganz treu an den ›Führer‹ glaubte und an die Reinheit seiner Ziele, was Emil niemals tat, ihm imponierte nur der Erfolg, und den hatte der Mann schließlich aufzuweisen (bis er ihn überzog).

Ich muß, um etwas von seiner künstlerischen Dämonie ahnen zu lassen, eines kleinen Vorfalls gedenken, der sich in meinem Haus in Henndorf abgespielt hat, wo Krauß mich öfters von seinem Wohnsitz am Mondsee aus besuchte. Ich besaß eine sogenannte ›schieche Perchtenmaske‹, ein sehr seltenes und merkwürdiges Stück, etwas über zweihundert Jahre alt, wie sie in österreichischen Gebirgsdörfern bis in die heutige Zeit hinein beim ›Rauhnachteln‹, bei Faschings- oder Adventsumzügen, bei allerlei urheidnischen Volksbräuchen als eine Art Gespensterschreck (Bannung, Beschwörung, Teufelsabwehr durch seine Darstellung) getragen werden. Ich hatte sie auf dem Dachboden eines alten Wirtshauses gefunden und erstanden. Es war ein schauerliches Ding – ein großes, aus glattpoliertem Holz geschnitztes Gesicht, mit Lederbändern hinterm Kopf zu befestigen, fast wie eine Negerteufelsmaske: übertrieben lange Nase, schielende böse Schlitzaugen, gräßlich bezahntes Maul, ein Haarschopf aus fahlem Flachs, wie man sich einen blutsaufenden, kinderfressenden Troll vorstellen könnte. Sie war so beängstigend, daß niemand in meinem Haus sie sehen wollte. Mir ging es ähnlich, und ich hielt sie auf dem Dachboden in einer Kiste verborgen, so wie es auch ihr früherer Besitzer getan hatte. Kramte ein Dienstmädchen oder eine Putzfrau dort oben und stieß zufällig darauf, so hörte man gewiß einen gellenden Angstschrei und das Gepolter einer kopflosen Flucht.

Im Verlauf eines langen, gemeinsamen Nachmittags, an dem uns zwischen hell und dunkel der Wein nicht ausging, kam Krauß im Gespräch auf den Begriff der ›Mimik‹ – den mimischen Ausdruck des Schauspielers auf der Bühne und im Film, wo die Großaufnahme ihm neue, detaillierte Wirkungsmöglichkeiten geschaffen habe. Das, sagte Krauß, sei ihm im Grunde am

Film verhaßt. Denn er wolle ja nicht durch einen wie mit dem Fernglas zu beobachtenden Gesichtsausdruck wirken. Dafür – sei er nicht Schauspieler geworden. Er wolle ja… (er dachte lange nach und sagte dann mit einem merkwürdig eigensinnigen Tonfall): zaubern. Ja, zaubern. Er verachte Schauspieler, sagte er, die es mit der ›Mimik‹ schaffen müßten. Das seien Fratzen-schneider. Dazu seien auch die Dichtungen nicht geschrieben. Die große dramatische Dichtergestalt – die müsse man eigent-lich mit einer Maske spielen können. Das sei das Wahre. Er habe gelernt, daß man im klassischen Altertum mit Masken gespielt habe, auch die großen menschlichen Schicksalsgestalten, den Agamemnon, den Ödipus, nicht nur die Götter – und das habe er sich heimlich immer gewünscht. Er sei sogar überzeugt, daß es im Publikum niemand merken werde – falls er wirklich ganz ›in seiner Rolle drin sei‹ –, ob er eine Maske trage oder sein wirk-liches Gesicht so und so maskiere. Denn das sei ja der eigentliche Sinn des Sich-Schminkens, das man auch ›Maske-Machen‹ nennt. Erst hinter der Maske könne man eben – zaubern. Ich kam plötzlich auf die Idee, eine Probe mit ihm zu machen, und holte rasch die gräßliche Perchtenmaske vom Dachboden her-unter. Krauß war ganz fasziniert. Er drehte die Maske hin und her, hielt sie manchmal wie prüfend vor sein Gesicht und mur-melte vor sich hin, während am Tisch die Unterhaltung der an-deren weiterging – aber plötzlich setzte er sie auf und band sie sich hinter den Ohren fest, und sofort wurden alle ganz still. Eine Zeitlang wiegte er den Kopf, man sah nur die Maske und seine aus den Hemdsärmeln ragenden, sonderbar nackt wirken-den und ausdrucksvollen Hände. Auf einmal sagte er: »Ach, ich bin ja so traurig. Ich kann es nicht überwinden. Ich muß ja wei-nen. In mir ist alles voll Schmerz. Mein Leben lang könnte ich weinen.« Seine unheimlich starke Stimme war dabei fast mono-ton. Wir aber sahen alle die Maske weinen. Er fuhr noch eine Zeitlang so fort, er erzählte eine Geschichte, wie ihm die Ge-liebte gestorben sei, er verteidigte sich in einem Dialog mit einem Unsichtbaren, der ihm zumute, dies sei seine eigene Schuld gewesen, er bekannte die Schuld – »ja, ich weiß es doch,

53

es ist meine Schuld, ich hab es getan« –, und die Maske bekam den Ausdruck tiefster Verzweiflung und schrecklichen, unheimlichen Unglücks. Dann kicherte er plötzlich verlegen und nahm die Maske ab, schien aber selbst kein Gesicht zu haben. Seine Augen, sonst strahlend blau und ein wenig verschlagen, waren wie ausgedunkelt und schauten niemanden an. »Weiter«, sagte ich und gab ihm ein neues Glas. Er leerte es, lehnte sich zurück, setzte die Maske wieder auf und schlug sich plötzlich – ohne zu lachen, ohne Laut – auf den Schenkel. Nur den Atem zog er ein, wie jemand, der sich so amüsiert, daß ihm das Lachen im Halse stecken bleibt. »Kinder«, keuchte er dazwischen, »ist das komisch!« Ich kann es beschwören, und alle die dabei waren, könnten es ebenfalls: die Maske grinste und lachte übers ganze Gesicht.

Es ging lange so weiter. Er spielte Szenen der Komik, des Glücks, der Lüge, der Gier, des Zorns, des unversöhnlichen Hasses, des Mißtrauens und der Furcht, mit den sparsamsten Bewegungen der Hände – und mit der Maske –, immer nur von ganz primitiven, stichworthaften Texten begleitet. Wenn er den Kopf schief legte und plötzlich sagte: »Jetzt bin ich böse!« – mit einem fast kindisch manierierten Tonfall wie manchmal bei seinem Franz Moor –, war es zum Fürchten. Wenn er lachte oder den Tölpel spielte, mußten wir uns den Bauch halten. Es war wie bei einer hypnotischen oder magischen Séance. Ich habe dann die Maske wieder weggesperrt.

Werner Krauß hatte das ursprüngliche Empfinden eines Kindes, er war verschlagen und selbstbezogen wie ein Kind, er liebte wie ein Kind. Er war sich seiner umschmeißenden Wirkung auf Frauen – ich erlebte einmal, daß eine auf einer Gesellschaft in Ohnmacht fiel, die er begehrlich anschaute – kaum bewußt. Er spielte damit. Auch sein Humor, auch seine Haltung der Umwelt und den Ereignissen gegenüber, kam aus der Quelle einer aufrichtigen, doch seltsam hintergründigen Einfalt. Man mußte ihn in seinem Berlicher Lieblingskreis gesehen haben, zu dem Asta Nielsen, die Magierin und Astarte der frühen Stummfilmzeit, und ihr mit allen moskowitischen Grazien gesegneter Gatte Grigori Chmara, aber auch Kuddeldaddeldu, der immer alkoholselige oder -unselige Joachim Ringelnatz gehörte – wie Krauß in der Weinlaune ganze Fortsetzungsromane, einen von ihm erträumten ›Fliegenden Holländer‹ zum Beispiel, dramatisch improvisierte – man mußte die Eulenspiegeleien und Fallstaffiaden erlebt haben, die er sich auf Proben, und manchmal sogar auch bei Aufführungen, mit seinen Kollegen leistete, um zu wissen, bis zu welchen Bocksprüngen, aber auch zu welcher Absurdität diese Spielbesessenheit führen konnte; die Einfälle aktueller Surrealisten kommen mir dagegen ausgetüftelt und künstlich vor. Und wenn er so naiv war, daß er den Führer unter seinen Gangstern, nachdem er einmal auf dem Obersalzberg eingeladen war, mit Jesus unter den Jüngern verglich – ich lachte ihn aus, aber er sagte nur: »Du mußt ihm begegnen!« –, hielt er gleichzeitig eine ebenso kindliche Treue zu seinen jüdischen, jüdisch ›versippten‹ oder auch politisch verfolgten Freunden: so versteckte er, nach der Besetzung Österreichs durch die Nazis, den arg verhaßten und wie eine bösartige Karikatur aus dem ›Stürmer‹ aussehenden Journalisten Siegfried Geyer in seinem Häuschen in Grinzing, bis er über die Grenze entkommen konnte, und ich selbst habe etwas davon zu erzählen.

Ich konnte es nämlich in diesen ersten Jahren der Naziherrschaft nicht lassen, obwohl ich vor der ›Machtergreifung‹ öffentlich gegen Goebbels gesprochen hatte und auf seiner ›Liste‹ stand, obwohl ich ein ›Verbotener‹ und, schon seit dem ›Fröhlichen Weinberg‹, Verfemter war, obwohl ich – das schlimmste Verbrechen, das damals ein Deutscher begehen konnte – eine ›nichtarische‹ Mutter hatte, von Zeit zu Zeit noch aus Österreich hinüberzufahren, nicht aus Heroismus, denn ich konnte ja damit gar nichts besser machen, keinem meiner im KZ gequälten Freunde helfen, höchstens selber hineinkommen – eher aus einer unbewußten Art von selbstmörderischer Verzweiflung, und dann aus Neugier: ich wollte diese falschen Jakobiner einer auf Hartspiritus aufgekochten ›Revolution‹ noch aus der Nähe sehen, bevor es für mich – oder für sie – zu spät war; und es gelang mir, in einer Billinger-Uraufführung im Deutschen Theater

Berlins, gleichzeitig Goebbels, Göring, Himmler und einige heut vergessene, damals dick aufgeplusterte Unterläufer in freier Wildbahn zu beobachten – sie mich vermutlich auch, und das Gewehr hatten *sie*. Das war im Jahr 1936. Käthe Dorsch, die in der Aufführung die Hauptrolle spielte, sagte mir zwar: »Wenn sie dich hopp nehmen, dann lauf ich zu Göring« (der für sie eine alte Schwäche hatte) »und heule so lang, bis sie dich wieder rauslassen« – aber ich war mir der Wirksamkeit ihrer Tränen, obwohl sie oft Gefängnistüren aufgetaut hatten, nicht ganz sicher. Werner Krauß aber wich in diesen Tagen einfach nicht von meiner Seite. Er saß neben mir in jener Premiere – »denn wenn ich, als Staatsrat, dabei bin«, sagte er stolz, »kann dir nichts passieren« –, und als ich am nächsten Tag von Scherler, einem Vertrauensmann aller Anti-Nazis im Propagandaministerium, informiert wurde, daß dort über mein Hiersein geklatscht worden und ich in höchster Gefahr sei, falls ich nicht sofort abhaute, bestand Werner Krauß darauf, mit mir im Schlafwagen – er hatte an diesem Abend spielfrei – bis Prag zu fahren, wo er mich in Sicherheit wußte. Er brachte in diesen Schlafwagen Berlin-Prag-Wien, für den er vorsichtshalber auf seinen Namen zwei Erster-Klasse-Abteile belegt hatte, eine volle Flasche Kognak mit, und der Schlafwagenschaffner mußte uns ohne Unterlaß mit Bier versorgen, dabei vollführte er einen solchen Krach, daß die vermutlich mitfahrenden SS-Leute in Zivil, denn solche wurden damals am laufenden Band in Wien eingeschleust, sicher sehr schlecht geschlafen haben. Andererseits machte das einen Eindruck von Unbefangenheit, den ein lautlos in seinem Abteil verkrochener Flüchtling nie erweckt hätte. So wurden wir von den Grenzbeamten kaum kontrolliert, denn Krauß deklamierte gerade: »Lenore fuhr ums Morgenrot / Empor aus wirren Träumen«, und bei »Hurre Hurre hopp hopp hopp« ging der Zug schon weiter. Um acht Uhr früh, als wir in Prag anlangten, taumelte er über den Bahnsteig, um in den Speisewagen des Gegenzugs nach Berlin zu wanken, wo er abends Richard den Dritten spielen mußte. Aber sein Gewissen war rein, er hatte seinen Freund sicher hinübergebracht, und später habe ich meine Getreuen nicht mehr durch solch leichtsinnige Exkursionen belastet.

Auch wir trieben, in den Jahren unserer sommerlichen Nachbarschaft, ein Spiel miteinander, nämlich Scout und Indianer. Unsere Wohnorte lagen zwar einige Autostunden entfernt, da man den Umweg über Salzburg nehmen mußte, und mit der altehrwürdigen ›Ischler Bahn‹ dauerte es noch länger. Über die dazwischenliegenden, mittelhohen Waldberge hinüber, die den Mondsee vom Wallersee trennen, war es für einen guten Fußgänger etwas kürzer. Eines unserer Spiele bestand darin, daß jeder sein Haus in der Frühe zu einer gegenseitig abgemachten Zeit verließ und daß wir uns dann in den unbegangenen Wäldern, in denen man Ort und Zeit, wann und wo der andere erscheinen mußte, nie genau wissen konnte, aufspürten und womöglich ›beschlichen‹. Wir gingen, wenn wir das vorhatten, bei jedem Wetter und trugen bei Regen den sogenannten Holzfällerkragen oder Wetterfleck, lange, fast bis zum Schuh herabfallende Lodencapes, unter denen man auch einen Rucksack tragen konnte. Unser Erkennungszeichen für den Fall des Verfehlens war das ›Coyotengeheul‹, wie wir uns das vorstellten, oder der Kriegsschrei der Arrapahoes, ein schriller trillernder Laut, den wir beide recht schauerlich ausstoßen konnten. Manchmal erschien er auch unerwartet in Henndorf, wo mein Arbeitszimmer nach rückwärts lag, so daß ich nicht hören konnte, was vor dem Haus und auf der Spielwiese der Kinder vor sich ging. Dann stand plötzlich unsere Köchin ganz aufgeregt in meiner Tür und sagte: »Herr Zuckmayer, draußen heult der Herr Krauß!« Denn zu schellen oder am Tor zu klopfen widersprach unseren Stammesgebräuchen. Wir redeten uns sogar mit Häuptlingsnamen an, ich hieß je nach Bedarf, der ›Schwarze Mustang‹ oder die ›Wasserschlange‹, Krauß war ›der weiße Büffel der Prärie‹. Das war er wirklich, er sah aus wie ein skandinavischer Troll – seine sehr helle Haut wurde von der Sonne nicht braun, sondern krebsrot, und seine buschigen Haare, auch seine Brauen über den tiefblauen, trotz ihrer Klarheit seltsam undurchsichtigen Augen, damals noch blond, wirkten immer silbrig, fast weiß.

Unsere Freundschaft vertiefte sich und bekam neue Akzente, nachdem er, Anfang der dreißiger Jahre, die Uraufführung meines ›Hauptmann von Köpenick‹ gespielt hatte, auch ihn als eine wahre Märchenfigur, den umgetriebenen Schuster, der schließlich den Teufel auf den Leim bannte, unübertrefflich, so viele fast Ebenbürtige inzwischen diese Rolle erfüllt haben. Ich hatte das Glück, nach mancherlei Irren und Wirren, ihn zwanzig Jahre später am Burgtheater in Wien und dann genau ein Vierteljahrhundert nach der Uraufführung auch in Berlin darin wiederzusehn.

Für unsere Kinder, die sich vor Jannings fürchteten, besonders für die damals noch recht junge Winnetou, war Krauß ein reines Glück: es konnte eben kein anderer so aus Herzensgrund und ohne die Distanz des Erwachsenen mit ihnen spielen. Ich glaube, es war für Winnetou ein Höhepunkt ihrer Kindheit, als wir ihr einmal erlaubten, ganz allein mit ihm nach Mondsee zu fahren, wo er sie auf den Rücken nahm und weit mit ihr in den See hinausschwamm, während sie sich an seinen langen Klabautermannshaaren festhielt. Nie konnte er dem Drang oder auch der Versuchung widerstehen, ›mitzuspielen‹. Daraus läßt sich manches erklären, was auf seine späteren Jahre einen Schatten warf. Doch gelang es ihm, richtig abzugehen, nämlich in den Sielen, wie er sich's gewünscht hatte – nach einer Aufführung des ›Lear‹ im Burgtheater, die er kaum mehr zu Ende spielen konnte.

Wieder eine ganz andere, aber ebenso erinnerns- und dankenswerte Freundschaft verband uns mit Stefan Zweig. Er war von Natur aus kein Gefühlsmensch, oder aber er konnte und wollte die Herzlichkeit seiner Empfindungen nicht unmittelbar ausdrücken und zur Schau tragen. Wem er sich aber einmal verbunden fühlte, dem brachte er eine unbegrenzte liebevolle Brüderlichkeit entgegen, und ich glaube, daß Freundschaft zu seinen höchsten Glücksmöglichkeiten zählte. Vor allem aber war er ein Mensch von einer ganz ungewöhnlichen, vielleicht einmaligen Generosität und Hilfsbereitschaft. Er stammte aus reichem Haus und hatte von Kindheit auf, auch in seiner Laufbahn als Schriftsteller, nie materielle Sorgen und Nöte gekannt. Desto größer – und tatkräftiger – war sein Verständnis für die Nöte und Sorgen der anderen, besonders der jungen Schriftsteller und Künstler, von denen er unzählige, und zwar nicht aus eitler Mäzenatensucht oder in herablassender Wohltätigkeit, sondern mit einer selbstverständlichen Kameradschaft, in ihren Anfängen, andere auch in ihrem Alter unterstützte. Er tat das unauffällig, mit aller Diskretion, die geringste Publizität wäre ihm ein Greuel gewesen, und Dank versetzte ihn in Verlegenheit. Wo er irgend konnte, half er über das Materielle hinaus mit Empfehlungen, Ratschlägen, Verbindungen – kein Brief, kein Ferngespräch oder selbst keine Reise wäre ihm zuviel gewesen, um einem jungen Autor, den er für förderungswürdig hielt, den Weg zu ebnen. Ich hatte das, als wir uns kennenlernten, Gottseidank nicht mehr nötig, doch der Beginn unserer Freundschaft war ähnlichen Ursprungs. Kaum hatte er erfahren, daß ich mich in der Nähe von Salzburg niederzulassen gedachte, da suchte er, der Ältere und Weltbekannte, von sich aus die Begegnung, lud mich in sein Haus, fuhr nach Henndorf, um sich das unsere noch im Rohzustand anzuschauen, und zog mich in seinen Kreis von bedeutenden, mir damals noch kaum zugänglichen, Persönlichkeiten. Dabei hatte ich noch nichts aufzuweisen als zwei durchgefallene Stücke, einen wilden Skandal an einem Provinztheater, ein schmales Gedichtbändchen und den allerdings sensationellen Erfolg des ›Fröhlichen Weinberg‹, der sich aber genau so gut hätte als Eintagsfliege erweisen können und außerdem ein bewaffnetes (nämlich mit Druckerschwärze, Stinkbomben, Gummiknüppeln und Schlagringen) Heer von Gegnern auf den Plan gerufen hatte. Aber gerade das entsprach seiner Ritterlichkeit und war ihm genug, um die Freundeshand auszustrecken: ein junger, umstrittener, Lob und Widerspruch provozierender Autor, an dessen Talent und Entwicklung er einfach bedingungslos glaubte. Das Geben und Schenken gehörte so sehr zu seinem Wesen, daß er sich damit nicht auf Notleidende beschränkte: er empfand das als eine Form des menschlichen Zusammenlebens. Nie hätte er gezögert, einem Autor, der mit der

Konstruktion und dem Plan einer Arbeit in Schwierigkeiten war, mit seiner Erfahrung, seinem Wissen und seinen Einfällen beizustehn, ohne wie andere, wenn sie nur einen Darmwind zu einem produktiven Werk beigesteuert haben, sich als ›Mitarbeiter‹ zu brüsten. Umgekehrt kam er mit einem Stück zu mir, dessen Vorspiel ihm nicht recht von der Feder ging, da es unter dem ›Volk‹, nicht sein gewohnter Gegenstand, und noch dazu in meiner engeren Heimat spielen sollte, und akzeptierte mit der gleichen selbstverständlichen Bereitschaft, daß ich ihm die Szene in einer guten Stunde völlig umschrieb. Es ist dabei weiter nichts Besonderes, es sollte unter schaffenden Leuten überhaupt so sein und ist auch wohl in guten, unbefangenen Zeiten immer so gewesen. Als er zum ersten Mal nach Henndorf kam, standen wir gerade vor dem Problem, einen neuen Ofen in unserer Wohnstube setzen zu lassen, da der alte zusammengebrochen war und wir den ganzen Raum in einem einheitlichen, dem Charakter des Hauses und der Landschaft entsprechenden Stil einzurichten wünschten: es kam dafür nur ein echter, ländlicher Kachelofen in Frage, und der war, wenn man neufabriziertes Kunstgewerbe ausschloß, nicht leicht zu beschaffen. Stefan strahlte. Er ließ sich die Maße geben und zog sich geheimnisvoll zurück. Am nächsten Tag kamen Transportarbeiter mit einem genau in seine Ecke passenden, altsalzburgischen, dunkelgrün getönten und besonders reizvoll ornamentierten Kachelofen, von dem er dann behauptete, er habe ihn unbenutzbar in seiner Wohnung auf dem Kapuzinerberg in der Rumpelkammer entdeckt; ich bin heut noch nicht sicher, ob er nicht stundenlang in Salzburg herumgelaufen ist, um ihn zu finden und ihn uns als ›Einstand‹, wie er das nannte, zu verehren. Sein zweites, für mich noch schöneres Geschenk waren die Hunde. Er besaß ein ganz außergewöhnlich prächtiges Exemplar von einem (im Gegensatz zu den Cockers, die ich nicht sehr gern mag) hochbeinigen, langohrigen und wunderbar proportionierten Springer- oder Wasserspaniel, Vater vieler Hundegeschlechter, an dessen Namen ich mich zu meiner Schande nicht mehr erinnere: es ist so, als ob man den Namen Abraham vergessen hätte. Oder

Adam. Jetzt fällt es mir plötzlich ein: er hieß schlichtweg Kaspar. Stefan gesellte ihm dann, auch darin generös, damit der Hund für seine vitalsten Triebe nicht weit zu suchen habe, eine ebenso reinrassige (bei Hunden gibt es das) und wunderschöne Gefährtin bei. Dieser amourösen Ehe entsprang dann in den gesetzten Abständen ein Wurf – und ich weiß aus Erfahrung, wie schwer es ist, dessen Resultate, wenn man Hunde liebt und nicht einfach damit handelt, an den richtigen Mann zu bringen. Trotzdem werde ich es Stefan nie vergessen, daß er mir im zweiten Jahr unserer Henndorfer Menage das schönste Pärchen schenkte, Flick und Flock benannt, das es unter so vornehmen Tieren überhaupt geben kann: weiß und dunkelbraun gefleckt, mit Ruten wie Straußenfedern, die ich natürlich, der Konvention zum Trotz, nicht kupieren ließ, und von einem geradezu unvergleichlichen Hundeverstand: unter vielen Hunden meines Lebens habe ich mit Ausnahme eines Bernhardiners und einer Dackelhündin, die aber schon ein Mittelding zwischen Kind und Engel war, ähnliche Tierpersönlichkeiten nicht gekannt. Sie vermehrten sich in lieblichem und beneidenswertem Inzest, was in der ersten Verbindung keineswegs zu Degenerationserscheinungen führen muß: ihre Nachkommenschaft, die ich ihnen allerdings nur einmal im Jahr vergönnte, war untadelig. Eine kleine ehepsychologische Studie haben mir die beiden auch vermittelt: im dritten oder vierten Jahr ihrer Lebensgemeinschaft erwies sich der Rüde Flock, der sonst während ihrer Läufigkeit vor Sehnsucht halb rasend war, als völlig uninteressiert und springfaul, die dauernde Nähe und Vertrautheit mit ihr hatte offenbar seine Libido abgekühlt, und ich mußte erst einen, an der Kette festgehaltenen, Nachbar-Rüden herbeiholen, um ihn durch Eifersucht zu stimulieren: dann natürlich sprang er sofort und war verliebter als je.

Stefan Zweig war ein ausgesprochener Katalysator: unerschöpflich seine Freude, Menschen, von denen er etwas hielt, zusammenzubringen. So habe ich erst durch ihn Joseph Roth, den er besonders liebte, auch Bruno Walter und Toscanini kennengelernt, und später in London den aus Ekel und Abscheu emigrierten Dichter der ›Unwiederbringlichen Zeit‹, den Hamburger Joachim Maaß, mit dem mich dann im amerikanischen Exil eine enge, bis heute weiterwirkende Freundschaft verband. Auch das gehörte zu Stefans Gebefreudigkeit. Ansonsten war er ein komischer Vogel – mir fällt dieses Bild ein, weil er tatsächlich kleine und dunkle, scharf blitzende Knopfaugen hatte, in denen man die Wärme, auch die Melancholie, erst durch längere Vertrautheit erkannte. Er liebte Frauen, verehrte Frauen, sprach gern von Frauen, aber ›in the flesh‹, – es gibt auf deutsch keinen gleichwertigen Ausdruck dafür – ging er ihnen eher aus dem Weg. Wenn er zum Tee bei mir in Henndorf war und meine Frau oder eine Freundin uns Gesellschaft leisten wollte, wurde er leicht nervös, ging auf keine richtige Unterhaltung ein, wehrte höflich ab, wenn man ihm etwas anbieten oder ihn bedienen wollte, so daß man uns dann verständnisvoll allein ließ: sofort taute er auf und überließ sich, unter Männern, seiner intensiven und immer anregenden Beredsamkeit. Dabei ließ er gern, mit listigem Zwinkern, kleine Andeutungen über erotische Erlebnisse fallen, zu denen er aber nie Zeit hatte, und am liebsten sprach er über die Stoffgebiete, die ihn gerade beschäftigten; es war eine Lust zuzuhören, was er da – auch hierin verschwenderisch – aus seinen abundanten Kenntnissen hervorsprudelte.

Einmal fragte meine Frau, als er nach einem solchen intimen Zwiegespräch gegangen war: »Was hat dir der Stefan heute so aufgeregt erzählt?« – »Den letzten Klatsch aus der Französischen Revolution«, sagte ich nur; denn er arbeitete gerade an seiner ›Marie Antoinette‹ und wußte über jede Phimose, Lues oder Gonorrhoe der Akteure so genau Bescheid, als sei er damals Hautarzt in St. Germain gewesen. Auch erwähnte er solche Dinge mit dem gleichen, diskreten Lächeln, die Hand etwas vor den Mund gelegt, wie es jener Arzt unter Freunden wohl getan hätte.

Einer seiner sonderbarsten Wesenszüge, in dem wohl schon die Tragik seines Freitodes ihren Schatten vorauswarf, war seine unerklärliche Angst vor dem Altern. Ich habe das bei keinem anderen Menschen, auch bei keiner Frau, in einer solchen Gradstärke kennengelernt. Als er fünfzig wurde, das war noch vor Ausbruch der Gewaltherrschaft in Deutschland und er selbst ein durchaus gesunder, rüstiger, durch keinerlei Unmäßigkeit, noch nicht einmal die seiner Arbeit, geschwächter Mann, verfiel er in eine tiefe Depression, die ihn wochenlang ruhelos machte, er trug sich mit Reiseplänen, die aber eines begonnenen Werkes wegen nicht zur Ausführung kamen – und schließlich bat er mich um einen, wie er es nannte, Freundschaftsdienst: er wollte jeder Art von Gratulation, Feier, Ehrung oder was für einen berühmten und beliebten Mann mit einem solchen Fest verbunden ist, entfliehen und allein mit mir, ohne Hinterlassung einer Adresse, nach München fahren, um den Tag dort fern von Mitwissern in einem kleinen, nur von Kennern besuchten jüdischen Restaurant zu begehen. Er liebte, gut zu essen, und hatte herausgefunden, daß man nirgends anders den blauen Karpfen, die gedämpfte Gänsekeule und alle Beilagen so vollendet zubereiten könne. Er gab sich, mit mir allein, diesem recht mächtigen Festessen mit vollem Behagen hin, plauderte lustig und angeregt über dies und das und ahnte nicht, daß die Wirtsleute, die ihn verehrten, über sein Geburtsdatum genau Bescheid wußten, nur aus Diskretion und Respekt davon keine Notiz nahmen. Zum Schluß, bei einem Schnaps, den diese Mahlzeit unbedingt nötig machte, sagte er plötzlich: »Eigentlich hätte man jetzt genug vom Leben. Was noch kommen kann, ist doch nichts als Abstieg.«

Da ich fünfzehn Jahre jünger war, widersprach ich nicht weiter, sondern hielt das mehr für eine Redensart. Ich hörte ihn fast dasselbe noch einmal sagen, als er mich, ein halbes Jahr vor seinem sechzigsten Geburtstag, bei einem kurzen Besuch in New York in ein französisches Lokal einlud. Er fügte hinzu: »Wie auch immer der Krieg ausgeht – es kommt eine Welt, in die wir nicht mehr hineingehören.« Auch damals war er noch ein völlig gesunder Mann, von keinem physischen Leiden und auch nicht von der materiellen Not, welche die meisten von uns Exilierten bedrückte, heimgesucht. Es verging nicht viel Zeit, bis wir dann aus Brasilien die Nachricht von seinem Selbstmord erhielten.

Er mußte, im Frühling 1934, während der Kämpfe zwischen der Dollfuß-Regierung und den Wiener Sozialisten, unter denen er einige nahe Freunde besaß, eine Haussuchung durch die österreichische Polizei über sich ergehen lassen. Am nächsten Tag packte er seine Koffer und fuhr nach London, um nie mehr zurückzukommen. Ich traf ihn dort kurz darauf, wo ich mein Brot durch Filmarbeit für Alexander Korda verdiente, aber nur, um es dann in Henndorf verzehren und Freiheit für meine eigne Arbeit finden zu können. Er beschwor mich, nicht wieder heimzufahren, sondern meine Familie nachkommen zu lassen und in England zu bleiben. Ich umgekehrt fand es unbegreiflich, daß er jetzt, nachdem Österreich sich politisch beruhigt hatte und keine unmittelbare Gefahr zu drohen schien, nicht in sein geliebtes Heim, das noch von seiner Gattin Friderike betreut wurde, und zu seinen Sammlungen zurückkehrte. Aber die waren schon wohlverpackt unterwegs und sein Vermögen bereits transferiert. »Ich könnte dort nicht mehr schlafen«, sagte er mir, »ich habe nachts, von der deutschen Grenze her, immer das Rollen von Panzern gehört.« Er warnte mich eindringlich, fast verzweifelt. »Du gehst in eine Falle zurück«, sagte er, »die früher oder später zuschnappt. Es kann gar nicht anders kommen. Warum willst du nicht jetzt, wo du dein Hab und Gut noch mitnehmen könntest, ins Ausland gehen, statt auf die Flucht zu warten – falls sie dir dann noch glückt?« – Natürlich hatte er recht, und mein Standpunkt war kurzsichtig, oder, besser gesagt, eine Dummheit. Aber manchmal haben die Götter die Dummheit über die Vorsicht gesetzt. Ich segne sie heute, die Götter sowohl wie die Dummheit, denn sie hat mir noch vier gute, erfüllte Jahre beschert, und vielleicht haben gerade die in uns die seelischen Kraftreserven gespeichert, um das Furchtbare, das dann kam, zu ertragen.

Diese letzten paar Jahre in Österreich erweiterten und vertieften noch unsere freundschaftlichen Verbindungen: es kam ja nach Salzburg und in unser Henndorfer Heim nicht nur die ›Prominenz‹ – Franz Werfel mit seiner lebens- und machtvollen Gemahlin Alma Mahler, Gerhart Hauptmann, Thomas Mann, Bruno Frank, um nur die hervorragendsten zu nennen –, sondern es fanden sich viele vom Glück weniger Begünstigte, wie der in größter Armut lebende und rastlos schaffende Dichter Johannes Freumbichler, oder bereits der Heimat Beraubte ein, die dort ihre erste Station machten. Für uns bestand das Glück darin, daß wir schon vorher hier heimisch geworden waren und daher noch nicht in der Fremde lebten, sondern in deutschem Sprachgebiet, das man, außer gerade noch dem engeren Umkreis der deutschen Schweiz, als die letzte Enklave einer, in Deutschland verlorenen, geistigen Freiheit betrachten durfte. Natürlich wußte man, was sich unter den Spießbürgern des Landes zusammenbraute, aber man war nicht unmittelbar davon berührt, man kannte diese Menschen zu wenig, nahm sie nicht ernst und glaubte – trotz unserer Erfahrungen in Deutschland, die uns hätten eines besseren belehren müssen –, man könne das weglachen. Manchmal sah es so aus. An einem Sommernachmittag, während er in Salzburg den ›Mephisto‹ probte – es war ein Jahr, bevor er bei einem Flugzeugabsturz ums Leben kam –, besuchte uns der große, geist- und witzsprühende, aber im Gegensatz zu solchen Instinktkünstlern wie Krauß oder Jannings eher intellektuelle, scharf denkende und formulierende Max Pallenberg. Man nannte ihn einen Komiker, womit aber seine Kapazität viel zu sehr eingegrenzt wird; er war eher das, was man in den Zeiten Nestroys und Raimunds einen ›Volksschauspieler‹ genannt hätte, und als solcher hätte er vermutlich selbst gedichtet, bissig, satirisch, zeitkritisch-populär oder wenigstens – worin er sich ohnehin bei Reinhardt ausleben durfte – improvisiert. Ihn gelüstete es an diesem Nachmittag, einen richtigen, volkstümlichen Salzburger Biergarten kennenzulernen, und wir fuhren mit ihm ins ›Müllner Bräustübl‹, die ausgedehnte, weiträumige Schankwirtschaft des in einem westlichen Vorort von Salzburg gelegenen Augustinerklosters. Im Sommer saß man dort unter alten Kastanien auf einer mächtigen, mehrere hundert Holztische mit Bänken fassenden Freiterrasse, holte sich das unvergleichlich frische, in der Klosterkellerei gebraute Bier in Tonkrügen, die man vorher in einem klaren Brunnenstrahl ausspülte, selbst vom Faß und den Leberkäs, das Geselchte, die Gurken oder den Liptauer und die immer knusprigen Brote oder Salzstangen von den Verkaufsständen in dem gewölbten Säulengang. Gegen Abend, nach Geschäftsschluß, war dieser Biergarten stets überfüllt, ist es auch heute noch, und wer in anderen Ländern gelebt hat, findet eine so allgemein zugängliche und wenig kostspielige, aber, was Trank und Speise anlangt, keineswegs anspruchslose Quelle der Erholung jedem Stadtvolk herzlich zu gönnen. Von den Professoren des Mozarteums bis zu den Handlungsgehilfen der Getreidegasse hockte dort, klassenlos, alles Backe an Backe beieinander, und ließ es sich wohl sein. Auch Pallenberg ließ es sich eine Zeitlang ganz offenbar wohl sein. Aber allmählich wurde er unruhig, halb gereizt, halb beklommen. Ich spürte, was in ihm vorging. Auf einem Münchner Oktoberfest, zwanzig oder zehn Jahre früher, hätte er nichts dergleichen empfunden. Jetzt, da Hitler vor den Toren stand, vor den Toren der Welt sozusagen, empfand er das Dumpfe, Kleinbürgerliche, oder auch: die ›Gemütlichkeit‹, aus der jederzeit das Ungemütlichste, Haß, Neid, Kälte, Roheit, hervorbrechen könnte, als etwas Unerträgliches, als die Verschleierung eines Abgrunds, in den sich die Masse, einmal verführt, nur allzu willig hineinstürzen würde. »Sind das nicht alles Nazis?« fragte er mich. »Wenn man so will«, sagte ich, immer zur bona fides geneigt, »ein Teil davon. Aber die stellen sich nichts Böses drunter vor und sind ungefährlich.« – »Das werden wir sehen«, sagte Pallenberg. Und im nächsten Moment, bevor meine Frau oder ich ihn hätte daran hindern können, war er schon auf unseren, von etwa zwanzig Personen besetzten Holztisch gesprungen, kämmte sich mit einem Griff die Haare auf einer Seite in die Stirn und hielt sich zwei Finger, schnurrbartartig, unterhalb der Nase auf die Oberlippe, so daß er plötzlich, in einer chaplinesken Verwandlung, auf ebenso erschreckende wie zwerchfellerschütternde Weise einer Karikatur des ›Führers‹ glich. »Salzbürger und Salzbürgerinnen!« begann er mit der sonor kreischenden

66

Stimme, die damals jeder aus dem Radio kannte – und nun folgte, fünf Minuten lang, eine so wahnwitzig ins Absurde hochgepulverte Imitation einer Hitler-Rede (und ich muß wieder sagen, dagegen kommen mir die heute klassischen ›Absurden‹ etwas lahm vor), daß uns, meiner Frau und mir, um eine – in diesem Fall angängige – Phrase zu gebrauchen, das Blut in den Adern stockte. Wir hatten das Gefühl, daß sich im nächsten Augenblick der ganze Biergarten wie eine Steinlawine über uns drei Vereinzelte, Wehrlose, herstürzen müsse.

Doch es passierte gar nichts. Ein paar Leute lachten, ohne genau zu wissen, warum, wie wenn sich ein Clown in einem Zirkus, die ›lustige Person‹ in einer Volkskomödie, produziert. Ein paar andere brummten, in ihrer Gemütlichkeit belästigt, vor sich hin. Die übrigen, also die meisten, glotzten verständnislos und wandten sich dann wieder ihren Bierkrügeln zu. Derjenigen, welche sich Notizen machten, wurden wir nicht gewahr. Pallenberg, von dem Mangel an Wirkung ein wenig enttäuscht, aber dann auch erleichtert, daß seine Eskapade keine bedrohlichen Folgen hatte, begann sich ohne Übergang wieder an seinem Leberkäs zu freuen. Und für uns war das, in unserer notorischen Kurzsichtigkeit (wishful thinking nennt man das in der angelsächsischen Welt), ein Beweis, daß die Leute in Österreich ihre Ruh haben wollten und daß es nur auf die ›Besseren‹ ankomme, auf jene Sonderklasse und Bildungsschicht, mit der man vertraut und befreundet war.

Der ausgedehnte Verwandtenkreis des Hauses Mayr umschloß auch die kultivierte Familie Kapsreiter zu Schärding im Innviertel, wo heute noch – unter der Patronage von Gustav Kapsreiter, der ein Leben lang Wirtschaftsführung, Politik und Wohlhabenheit mit enthusiastischem Kunstverstand zu vereinen wußte, einem Lebenskünstler in jedem Betracht – die sehr produktive ›Innviertler Künstlergilde‹ am Werk ist. – Unter seiner besonderen Betreuung und in seiner Nähe – in Zwickledt – hauste, bis zu seinem Tod vor wenigen Jahren, der große Maler-Zeichner, auch Dichter, Alfred Kubin, ein Magier und Sterndeuter unter den Künstlern seiner Zeit. Sein Werk ist ein vollkommener Ausdruck der urtümlichen und unheimlichen Seltsamkeit, der spintisierenden Clairevoyance, der Irrlichterei und des hintergründigen Charakters dieser besonderen Landschaft und ihrer ›anderen Seite‹. Auch Richard Billinger stammte aus dieser Ecke, in der es, außer dem brausenden Gefälle des Inn, weite moorige Einöden gibt und in deren engen Dörfern Hysterie, Veitstanz und Besessenheit zu Hause sind. Dort gab es die ›Schneider-Bub'n‹, mediale Handwerkersöhne, die alles konnten, durch die verdunkelte Stube fliegen, Astralplasma aus Mund, Nase, Ohren hervorbringen, schwere Möbel tanzen lassen, und die dem berühmten Spiritistenprofessor Schrenck-Notzing als Studienobjekte dienten, bis sie eines offensichtlichen Betrugs überführt wurden. Unweit, bei Braunau, dem Ort, der uns den ebenso ›medialen‹ Führer schenkte, lag das alte Schloß Ranshofen, Geburtshaus und Eigentum meines Heidelberger Studienfreundes Egon Wertheimer. Da aber dieser sich der Politik ergeben hatte, die ihn fast immer im Ausland hielt, exzellierte das schöne Haus mit Kreuzgang und Schloßkapelle in einem Zustand gepflegten Verfalls. In diesem Zustand befanden sich damals die meisten solcher alten Herrensitze, denn Österreichs eingesessene Aristokratie, auch sein Finanz-Adel, war seit 1918 größtenteils verarmt. Zu dem reizvollen Schloß der uns gleichfalls befreundeten Grafen Uiberakker in Sighartstein, das wohl schon im frühen Mittelalter dort gestanden hatte, von sehr eigenartigen ruinenhaften Verliesen umgeben, war es von Henndorf aus nur ein Spaziergang von wenigen Stunden. Man hatte das Gefühl, man könne dort in den Berg gehen und darin verschwinden wie die Kinder von Hameln. Aus St. Wolfgang kam öfters Alexander Lernet-Holenia auf dem Fahrrad zu uns herüber, damals hatten die Dichter noch keine Autos, auch ich konnte mir erst nach dem ›Hauptmann von Köpenick‹ einen kleinen Ford leisten, und die Straßen im Salzkammergut, am Wolfgangsee, Mondsee, Fuschlsee entlang waren wenig belebt, vor allem nicht von Gesellschafts-Reise-Autobussen…

Nach Osten erstreckte sich das Netz unserer nachbarlichen

Beziehungen bis zum Schloß Kammer am Attersee, dessen einen Flügel damals die schöne Eleonora von Mendelssohn mit ihrem Gatten Jessenski bewohnte (er saß so prachtvoll zu Pferde, ehemaliger k. u. k. Husarenrittmeister, schlank und jugendlich, mit weißem Haar, in einer rotseidenen Reitbluse!), den anderen Flügel bewohnte Raimund von Hofmannsthal, ein Sohn des Dichters. Was sich dort bei nächtlichen Festen, nach einer Plättenfahrt mit Zitherspiel auf dem grundklaren See, alles zusammenfand – man könnte sagen: ganz Österreich und die halbe Welt. Dort lernten wir unsere holländischen Freunde Eep und Annie Roland-Holst kennen – eine traumhaft schöne Frau und begabte Zeichnerin –, die uns dann nach Rotterdam aufs Schiff brachten, als wir Europa verließen.

Eleonora, die etwas kurzsichtig war, mußte sich immer wieder einen Teil ihrer Gäste neu vorstellen lassen – was ihr, der Schauspielerin, besonders von Wiener Kritikern verübelt und bös angekreidet wurde. Auch begrüßte sie einmal den in voller Uniform mit Ordensschmuck erschienenen General des österreichischen Bundesheeres als Vorstand des einheimischen Feuerwehrvereins. Man traf dort die Brüder Ledebur, Friedrich und Eugen, der erstere, auch Frédéric genannt, mit seiner Riesengestalt, seinem markanten Kopf und seiner Jacke aus amerikanischem Bisonleder ein – auch der Größe nach – wahrer Gipfel für die flirtbedürftige Damen-Internationale der Festspielzeit, sein Bruder Eugen ein ingeniöser Tierzeichner, der ein entzückendes Hundebuch herausgebracht hatte und – mit Text von seinem Freund Ferdinand Czernin – ein recht maliziöses Bestiarium der Salzburger Saisongesellschaft. Grete Wiesenthal, die begnadete Tänzerin, sonst auf ›Gesellschaften‹ kaum anzutreffen und ihren eignen, erlesenen Freundeskreis pflegend, ließ sich dort zum beschwingtesten Walzer hinreißen. Der Attersee gehört schon zu Oberösterreich, und wir begegneten dort dem damals noch jungen Landeshauptmann Heinrich Gleißner aus Linz, der dann nach seiner Absetzung und vorübergehenden Inhaftierung durch die Nazis in Berlin ein enger Verbündeter deutscher Widerstandskreise war, später jedoch wieder Landeshauptmann von Oberösterreich wurde und es heute noch ist – eine Lebensfreundschaft entsprang dieser Begegnung.

Nie kam man von solchen Einladungen nach Haus, bevor der Morgen dämmerte. Überhaupt scheint es mir heute, als hätten die Salzburger Nächte, darin den Berliner Nachtsitzungen ähnlich, kein Ende gehabt: auch wenn es dort keine ›weißen Nächte‹ gibt, wie in Stockholm oder Oslo, so schienen sie doch von einer unermüdlichen Festlichkeit durchhellt und wandelten sich, ehe man's merkte, ins Tageslicht. Einem Empfang bei Max Reinhardt, in seinem prächtigen Schloß Leopoldskron, war fast immer ein beglückendes Kunstereignis vorausgegangen – eine Aufführung unter Bruno Walter oder Toscanini im Festspielhaus, ein Liederabend der Lotte Lehmann, eine Mozart-Serenade in der Salzburger Residenz oder auch eine Reinhardt-Premiere mit den besten Schauspielern seines Berliner und Wiener Ensembles –, die Künstler, Schriftsteller, Theaterleute trafen sich dort mit allen möglichen Trägern berühmter oder aristokratischer Namen; es wurde Mitternacht, bis man in den nur von Kerzen erleuchteten Sälen zu Tisch ging. Die Witze, die darüber erzählt wurden, sind weltbekannt, und trotzdem beruhten sie auf wahren Geschichten. Ich glaube, es war der Filmmagnat Louis B. Meyer aus Hollywood, der beim Anblick der tausend flimmernden Kerzen ganz erschreckt den Hausherrn fragte: »Kurzschluß, Mister Reinhardt?« Derselbe, so erzählte Max Reinhardt, saß ganz vernichtet, mit Schweißperlen auf der Stirn, neben ihm in einer Aufführung des ›Jedermann‹, der den Untertitel trägt: Ein Spiel vom Sterben des reichen Mannes. »Das kann man in Amerika nicht spielen«, sagte er dann, immer noch tief erschrocken, zu ihm, »dort gibt's zu viel reiche Männer.« Einem anderen Filmmagnaten aus Hollywood, der sich von den Namen der bei einem Souper anwesenden Erzherzöge, Fürsten, Grafen und Barone übermäßig beeindruckt zeigte, flüsterte der Dichter Franz Molnár, mit dessen geistvollen Bosheiten man Bände füllen könnte, ins Ohr, das seien in Wirklichkeit alles nur Statisten aus Reinhardts Theatern, auf ihre Aristokratenrolle eingedrillt, und die Fräcke und Orden stammten aus dem Fundus. Worauf der Mächtige enttäuscht die ›gestellte‹ Party verließ. In Wahrheit ergab diese Mischung aus echten Künstlern und echten Aristokraten, die ja immer einen wesentlichen Anteil am kulturellen Leben ihrer Zeit bestritten hatten und durch die Snobs nur schwer ersetzbar sind, ein höchst ergötzliches Amalgam: bei Champagner und Kaviar, bei Rehrücken und Burgunder verstand sich der Revolutionär mit dem Monarchisten ausgezeichnet. Denn Politik wurde in dieser Welt einer letzten Verzauberung nicht groß geschrieben – obwohl oder weil jeder wußte, daß er ihrem Griff nach seinem Hals und seinem Leben nicht werde entgehen können. Es war ein wenig wie im Versailles vor den Tagen der Bastille – nur wacher, nur bewußter, nur geistig klarer und lichter, wie es einer musisch bestimmten Elite geziemt. Denn das war es, was in Salzburg damals den Ton angab und seinen Tagen und Nächten den einmaligen Reiz verlieh.

Immer wurde es zwei oder drei in der Frühe, bevor an der Freitreppe des Schlosses Leopoldskron die ersten Wagen vorfuhren, um die Gäste nach Haus oder in ihre Hotels zu bringen – in den zwanziger Jahren waren es oft noch prächtig bespannte Kutschen oder einfache Pferdedroschken –, aber dann kam das Schönste, die wahre Licht- oder auch Geisterstunde einer solchen Nacht. Während des allgemeinen, ziemlich chaotischen Aufbruchs mit endloser Verabschiedung fand Reinhardt Gelegenheit, dem einen oder anderen seines inneren Zirkels leise zu sagen: »Sie bleiben doch noch ein Stündchen« oder »Ich erwarte Sie noch in der Bibliothek.«

Diese Stunde, die sich manchmal bis um fünf oder sechs Uhr morgens ausdehnte, in dem kleinen, nur halb erhellten Raum über der barocken Galerie und der Treppe zu dem schon verdunkelten Bibliotheksaal, bei altem Cognac und edlen Importen, gehörte dem Gespräch, der Anekdote, der Erzählung, der Improvisation, den inspirierten Einfällen, der Parodie, der kontemplativen Heiterkeit in einer ganz privaten, ganz persönlichen Sphäre, die durch das gemeinsame Medium, die Kunst, die Dichtung, das Theater bestimmt war. Reinhardt konnte Tränen

71

lachen, wenn die Schauspieler ihre Garderobenwitze erzählten, oder aber mit einer ungeheuer wachen Intensität, die Zunge ins Backeninnere gestemmt, zuhören, wenn etwa der kleine, skurrile und weise Wladimir Sokoloff von seiner russischen Theaterjugend und von Stanislawski sprach oder wenn auf seine Bitte ein Schauspieler etwas Ungewöhnliches rezitierte, ein Autor aus einer neuen Arbeit las. Diese produktive Kunst des Zuhörens, bei der einem viel mehr einfiel, als man selbst vorher gewußt hatte, war bei ihm einzigartig. Manchmal begann auch er von seinen Arbeitsplänen zu reden, und ich glaube, daß er oft in solchen späten Frühstunden entscheidende Ideen für seine Inszenierungen konzipierte. Schöne Frauen aber wurden in diesem Kreis wie Göttinnen gefeiert.

Auch der Maestro, wie man damals nur Toscanini nannte, war ein Langaufbleiber, wenn er eines seiner großen Konzerte oder eine Opernaufführung hinter sich hatte. Er war auch ein Nachtarbeiter; so erfuhr ich zum Beispiel, daß er in Amerika, als er sich entschloß, Gershwins ›Rhapsody in Blue‹ zu dirigieren, in einer Nacht die ganze Partitur ›auswendig gelernt‹ hatte und dann nie mehr hineinschaute. Um ihn scharte sich ein kleiner Kreis, gewöhnlich in einer der stilleren, aber unbegrenzt geöffneten Weinstuben. Er diskutierte dann, auf italienisch, englisch, französisch und in gebrochenem Deutsch, mit unermüdlichem Temperament, und gegen Morgen mußten ihm, dem Siebziger, der womöglich um zehn schon wieder eine Probe hatte, seine total erschöpften jugendlichen Trabanten noch auf einem Spaziergang im Geschwindschritt an den Ufern der Salzach folgen.

Die letzten Morgenstunden vor der Heimfahrt – der erste Autobus nach Henndorf ging um halb acht – verbrachte man dann im Restaurant des Bahnhofs, das noch oder schon wieder offen war, bei Gulasch und Bier, und manchmal dehnte sich ein solches Frühstück – ich erinnere mich an ein besonders anregendes mit Remarque und Thornton Wilder im Sommer 1937 – bis zum Mittag aus. Manchmal auch wurde ich von einem oder einer

Unermüdlichen nach Henndorf hinausbegleitet, wo man sofort durch den taufeuchten Wald zu meiner einsam gelegenen Badehütte hinunterging, um, vor dem Kaffee, in dem kühlen See zu schwimmen und zu tauchen.

Einige meiner persönlichen und literarischen Freunde, so Franz Theodor Csokor, Ödön von Horváth, Dr. Albrecht Joseph oder der Darmstädter Dichter Hans Schiebelhuth, lebten und arbeiteten wochen-, ja monatelang in unsrem kleinen Gästehäuschen oder im nahen Mayr-Wirtshaus. Manche Freundschaften schossen so plötzlich auf wie Raketen in einer Silvesternacht, aber sie platzten nicht, sondern schwebten dann jahrelang. Als Schaljapin zum erstenmal bei uns erschien, von seiner Tochter Marina hergebracht, kam er um fünf Uhr nachmittags zum Tee und blieb bis um zehn am nächsten Morgen. Tief in der Nacht begann er sogar zu singen, obwohl ihm das unter Rauchen und Alkohol streng verboten war, aber er sang trotzdem und ohne Selbstschonung – »Mais Fedor«, mahnte seine Frau, »tu ne *dois* pas chanter maintenant!« – »Chérrie«, sagte er mit seinem rollenden russischen Akzent, »je chante pourr mes amis quand il me *faut* chanter!« – und wir glaubten, unser Dach müsse von der Gewalt seiner Stimme zusammenfallen. Unsere Töchter, damals noch zu frühem Schlafengehn verurteilt, schlichen sich in ihren Nachthemden auf die Treppe und hörten zu.

Eines besonderen Zusammentreffens muß ich gedenken, das – von heute aus gesehen – den dunkelsten Schatten der späteren Tragödie, aber auch den Glanz späterer Größe heraufbeschwört. Es war in unsrer Henndorfer Frühzeit, im Sommer 1927. Da begegneten sich in der ›Wiesmühl‹ zum erstenmal meine deutschen sozialistischen Freunde, Carlo Mierendorff und Theodor Haubach, auch der tapfere Schweizer Sozialist Joseph Halperin, mit einem jüngeren, erst kurz vorher durch die verehrte Lehrerin und Schuldirektorin meiner Frau, Dr. Eugenie Schwarzwald, zu uns gestoßenen Freund: dem Grafen Hellmuth James von Moltke. Moltke, seiner Tradition und Erziehung gemäß eher christlich-konservativ gebunden, war damals schon dem Sozialismus zugeneigt, während die deutschen Jung-Sozialisten sich lebhaft für die Gedankengänge und Konzepte der englischen Jung-Konservativen interessierten. Bei dieser Zusammenkunft, in den Gesprächen dieser Nacht, kündete sich bereits an, was später als ›Kreisauer Kreis‹ in die Geschichte des deutschen Widerstands gegen Hitler einging. Haubach und Moltke wurden Anfang 1945 gemeinsam von Hitlers ›Volksgerichtshof‹ zum Tod verurteilt und aufgehängt. Mierendorff fiel, nach fünfjähriger Leidenszeit in deutschen Konzentrationslagern, mitten in der Vorbereitung zur Erhebung gegen die Tyrannei, einer englischen Bombe zum Opfer. Ihre Lebensgeschichte wird zum Herzstück dieser Erzählung gehören.

Einmal, ein Jahr vor dem Ende Österreichs, erschien bei Reinhardt zu einer noch vorabendlichen Stunde ein reizender Herr in der Salzburger Landestracht, der sich als Baron Trapp einführte, mit seiner Frau, einem Orgelpfeifenarsenal von Kindern und einem dirigierenden Hauskaplan: was und wie da gesungen wurde, weiß heute die Welt. Damals, vor der Austreibung, war das noch ein rein innersalzburgisches Privatereignis – wie so vieles, wie so viel Ungewöhnliches und Inspiriertes in dieser Zeit.

War die ›Saison‹ vorüber, die eleganten Autos mit den ausländischen Nummern und das verwirrende Sprachengemisch von der Staatsbrücke verschwunden, dann kamen auch die Standnister und Bodenbrüter, die einheimischen Salzburger wieder hervor, die man vor lauter ›Persönlichkeiten‹ gar nicht mehr gesehen hatte, bevölkerten die Märkte, Gassen und Wirtshäuser und unterhielten sich in ihrer eigenen Melodie. Diese Zeit war eigentlich die schönste in der Kleinstadt und auf dem Land. Im Frühling fauchten und knurrten die Spielhähne im Seekirchner Moos, im Herbst war Rebhuhn- und Fasanenjagd, im Winter konnte man auf Skiern, ohne Seilbahn, Lift und Pistengewimmel, durch ungespurten Schnee gleiten – und fast an jedem Tag ging die Arbeit weiter; denn die langen Nächte und geselligen Tage, von denen hier erzählt wurde, waren ja nur die Ausnahmen. Man lebte, man dankte Gott, daß man lebte und daß er das Leben gab und die Kunst.

War dies unser Goldenes Zeitalter, war es ›besonnte Vergangenheit‹? Ich glaube, so etwas gibt es gar nicht. Man kann zwar einen Augenblick im Paradiese leben, aber niemals aus seiner Zeit heraus. Alle Vorboten des kommenden Unheils gingen in dieser Gnadenfrist schon um, alle Problematik und alle Konflikte einer nahen Auflösung, Umschichtung, Weltwandlung waren in uns schon wirksam. Und vielleicht blieben uns nur deshalb diese Jahre so traumhaft lebendig. Als Max Reinhardt, am 9. September 1933, seinen sechzigsten Geburtstag feierte – er beging den Tag sehr still mit seiner Gattin Helene Thimig in den Bergen –, hatte er schon sein ›Deutsches Theater‹ in Berlin verloren und wurde dort von der gleichgeschalteten Presse als ›der Jude Goldmann‹ verhöhnt. Die großen Dirigenten wie Bruno Walter, Otto Klemperer, auch der Feuerkopf Toscanini, der nach einem skandalösen Vorfall sogar seine Heimat, das faschistische Italien, mied, konnten oder wollten nicht mehr nach Deutschland.

Und doch ging das Salzburger Zauberspiel noch weiter – ein halbes Jahrzehnt. Ich hörte Reinhardt einmal zu später Stunde, fast genußvoll, sagen: »Das Schönste an diesen Festspielsommern ist es, daß jeder der letzte sein kann.« Und er fügte nach einer Pause hinzu: »Man spürt den Geschmack der Vergänglichkeit auf der Zunge.«

Spät im Herbst des Jahres 1937 wurde bei Eleonora von Mendelssohn und Jessenski auf Schloß Kammer ein stiller Abend für eine kleinere Gesellschaft veranstaltet, bei der der wundervolle Geiger Arnold Rosé mit seinem Wiener Streichquartett musizierte. Zum Abschluß spielten sie aus dem Kaiser-Quartett von Haydn jenen Satz, der die Melodie der österreichischen Kaiserhymne schuf, welche dann auch die des Deutschlandliedes wurde.

Die Wiener Künstler spielten das so, wie es von Haydn gemeint war, als eine schlichte, fromme Melodie – fast ein Gebet. Den meisten Zuhörern traten die Tränen in die Augen. Und ein halbes Jahr später waren die meisten, von denen hier die Rede war, in alle Winde zerstreut.

Wie und wieso es zum Ende Österreichs kam, kann man heute in jedem Schulbuch lesen. Bei seinem Verhandlungsversuch auf dem Obersalzberg waren dem Kanzler Schuschnigg von Hitler Bedingungen gestellt worden, die einer Kapitulation gleichkamen. Schuschnigg rief daraufhin zu einem Volksentscheid auf, durch den die Österreicher selbst bestimmen sollten, ob sie den Anschluß an das nationalsozialistische Deutschland wünschten oder die Unabhängigkeit. Diese Wahl war für Sonntag, den 13. März 1938 angesetzt. Trotz der gewaltigen Nazipropaganda und der Unzufriedenheit vieler Kreise mit den bestehenden Verhältnissen war es ziemlich gewiß, auch für Hitler, daß das Wahlergebnis eine klare Mehrheit für das unabhängige Österreich ergeben und damit die westlichen ›Garantiemächte‹ auf den Plan rufen würde. Daher ließ er es nicht dazu kommen. Am 11. März überschritten deutsche Truppen die österreichische Grenze, gleichzeitig wurde in einer wohlvorbereiteten, verräterischen Aktion die Wiener Regierung gestürzt und, ebenso wie alle zuverlässigen Behörden im Land, verhaftet. Soweit die Tatsachen.

Aber wie das in der Wirklichkeit, das heißt: in den gelebten Träumen, die man so nennt, ausschaute und vor sich ging, das wissen nur wir, die dabei waren.

Eine Reihe von Zeichen ging der Katastrophe voraus. Einige Wochen vorher erschien ein Nordlicht über ganz Österreich. Nordlichter sind in diesem Teil der Welt ungemein selten, die meisten Leute kennen sie nur vom Hörensagen. Man behauptete, seit dem Jahr 1866, in dem die Österreicher von den Preußen besiegt wurden, hätte sich keins mehr gezeigt. Dieses – im Jahr 1938 – flammte so stark und flackerte so grell, daß es aussah wie eine mächtige Feuersbrunst. Es erschien um Mitternacht, und in Henndorf rückte die Feuerwehr aus, weil man ernstlich glaubte, es brenne im nächsten Ort.

Um die gleiche Zeit wurde in Wien der ›Pestvogel‹ gesehen,

sein Auftauchen sogar von Ornithologen bestätigt: eine albino-
hafte Spielart des Sperlings, mit seltsamen fahlen Tupfen und
Flecken im Gefieder. Angeblich soll er sich nur vor großen Seu-
chen oder vor einem Kriegsausbruch zeigen.

Das Wetter in dieser Zeit war ebenso ungewöhnlich. Wochenlang fiel weder Schnee noch Regen, der Himmel strahlte
tagaus, tagein, man konnte mitten im Winter auf der nackten
Grasnarbe in der Sonne liegen, und die Sonne brannte sommerlich in diesem unheilvollen März, so daß alle Vegetation, Obst,
Wein, Fliedergesträuch, um Wochen verfrüht zu knospen und
blühen begann. Später, in einem rauhen Mai, schoß der Frost
mit schwerem Geschütz und schlug die ganze Pracht unbarmherzig zusammen.

Die Atmosphäre in Wien war sehr merkwürdig in diesen Vor-
frühlingstagen. Äußerlich hatte sie etwas von einem Fastnachts-
treiben. Denn die Leitung der Nazipartei hatte von Deutschland
aus einen unerhört raffinierten Befehl erhalten: Kinder auf die
Straße! Erwachsene bleiben daheim. So füllten sich in diesen
letzten Tagen des damaligen Österreich, in denen schon die
deutschen Einmarschtruppen an der Grenze zusammengezogen
wurden, die Straßen Wiens mit immer größeren Scharen von
Jugendlichen aller Altersstufen, die Hakenkreuzfähnchen trugen. »Heil Hitler« riefen und in dichten Gruppen und Verbänden die Hauptverkehrsadern der Stadt blockierten. Die Polizei
war hilflos – ein für die Polizei in solchen Situationen vermutlich
willkommener Zustand. Sie stand mit scharfer Waffe und durfte
sie nicht gebrauchen. Man konnte ja die neue ›Sozialversöh-
nung‹, wie sie die Regierung proklamiert hatte, nicht damit beginnen, daß man auf Kinder schoß. Und man wußte sehr wohl:
ein toter Zwölfjähriger auf einer Wiener Straße wäre der willkommene Anlaß für Berlin, um ›Ordnung zu schaffen‹, wie man
heute noch sagt, wenn eine Großmacht ein schwächeres Land
verschlucken möchte. Ganz friedlich ging es auch unter den Kindern nicht zu. »Dein Vater war gestern noch a Schuschnigg,
meiner war immer a Hitler!« – »A wos! Z'Neujahr war deiner
noch a rotzerter Starhemberg!« – »Un dem seiner war damals

bei die Rot'n!« – Schon rollten sich ein paar mitsamt ihren Fähnchen im Rinnstein, ein würdiges Spiegelbild ihrer Eltern und Erzieher. Sonst geschah nichts, die Kinder zogen herum und schrien, die Erwachsenen standen schweigend da, teils belustigt, teils erbittert, teils in hämischer Erwartung.

Eine ähnliche Zerfallserscheinung, in Wahrheit ein geplanter Trick der Umstürzler, war das maßlose Anschwellen der Bettlerscharen, die – in kleinerem Ausmaß – schon vorher in der Hauptstadt ein Problem waren. Jetzt bekamen sie, wie man später erfuhr, von der illegalen Partei ein Tagesgeld, wenn sie in möglichst jammervollem und zerlumptem Zustand besonders die noble, von Ausländern bevorzugte Innenstadt, den ersten Bezirk zwischen Ring, Kärntner Straße, Stephansplatz, Graben, Kohlmarkt, massenweise bevölkerten und die Passanten beunruhigten. Offenbar hatten die Nazis etwas aus der ›Dreigroschenoper‹ gelernt.

Dabei gab es wohl immer noch eine gewisse Mehrheit in der Stadt, die an den Wahlsieg Schuschniggs und damit eine Sicherung gegen Hitler glaubte: man rechnete mit Mussolini, der schon einmal, im Jahr 1934, Österreich gerettet hatte, jetzt aber bereits ein Gefangener der aufschwellenden deutschen Militärmacht war. Frankreich hatte, nach einer Krise der ›Front Populaire‹, damals keine Regierung. England hatte eine, die aber Hitler gegenüber das übte, was man als staatsmännische Klugheit bezeichnet. Darüber gab man sich keine Rechenschaft. Auch wir gehörten zu den Gutgläubigen, ja wir hielten es für unsere Pflicht, in diesem Augenblick weder zu zweifeln noch davonzurennen, und ich war darin so weit gegangen, daß ich alles Geld, das ich für Filmszenarios in England verdiente, auf die österreichische Nationalbank hatte überweisen lassen. Denn, so sagte ich mir, wenn man den Bestand eines wirtschaftlich kämpfenden Staates wünscht und für sich selbst darauf hofft, kann man ihm sein Geld nicht durch Sicherung im Ausland entziehen. Jeder gewiegte Dialektiker würde mich auslachen – und doch hätte er unrecht. Ich erzähle auch diese Geschichten nicht als Warnung oder Lehre: noch nie haben Menschen etwas aus den

Erfahrungen anderer gelernt, schon gar nicht aus denen früherer Generationen. Ich erzähle sie nur, um im Niederschlag oder in der Spiegelung etwas darzustellen, das man nicht festhalten kann, da es fließt und flieht: Leben.

Etwa drei Wochen vor dem Ende hatte mir die Regierung Schuschnigg die österreichische Bürgerschaft verliehen, und wir feierten diesen Anlaß noch in dem schönen Haus Mahler-Werfel auf der Hohen Warte, in dem damals die Spitzen des Staates verkehrten; es waren unter diesen einige Persönlichkeiten von besonderem Rang, wie die Minister Pernter und von Hammerstein-Equordt, vor allem unser lieber Freund Guido Zernatto, ein in die Politik verschlagener Lyriker, der dann viel zu früh in New York – man kann hier fast sagen: an gebrochenem Herzen – gestorben ist. Den mit der Einbürgerung verbundenen neuen Paß allerdings hätte ich erst später erheben können, denn er lag auf dem Polizeipräsidium in Salzburg, wo ich zuständig war, und ich hatte mit der Vorbereitung einer Theaterpremiere in Wien zu tun. Das war vermutlich, wie spätere Ereignisse zeigen werden, mein Glück. Übrigens lag dieser Paß nach dem Krieg und dem Zusammenbruch immer noch auf dem Salzburger Polizeipräsidium, mit dem von der Gestapo angehefteten Vermerk: bei Erhebung sofort zu verhaften. Diese Herren waren offenbar so naiv zu glauben, daß ich es auch nach dem Anschluß noch für ratsam gehalten hätte, Bürger Österreichs zu werden, was es de facto gar nicht mehr gab.

In diesen Tagen begegnete ich gegen Mittag auf der Kärntner Straße unserem Freund Egon Friedell, dem Kulturphilosophen, der nebenbei auch Schauspieler war, und zwar bestand darin, obwohl er es selbst ironisierte und sich übers Theater lustig machte, sein besonderer Ehrgeiz, wohl auch ein Teil seines Lebensunterhaltes – denn seine ›Kulturgeschichte der Neuzeit‹, ein heute wieder viel beachtetes Werk, brachte ihm zu seinen Lebzeiten vermutlich mehr Bewunderung als Tantiemen. Er lebte in seiner Wiener Wohnung allein mit einer Haushälterin und einem kleinen Hund unbestimmbarer Rasse, von ihm mit ›Herr Schnack‹ und immer per Sie angeredet, der darauf dressiert war,

Zeitungen mit törichten Artikeln oder gar ärgerlichen Kritiken in kleine Fetzen zu zerreißen. Für seinen originellen, charmant boshaften, aber niemals billigen Witz wurde er ebenso geschätzt und bewundert wie für seinen universalen Geist. Es gab auch damals schon wenige Personen, heute sind es noch weniger, die auf umfassende Bildung Anspruch erheben durften. Egon gehörte zu diesen, und er verbarg es, da ihm alles Professorale zuwider war, hinter einem souveränen Humor. Die ›Grotesken‹, die er zum Teil gemeinsam mit Alfred Polgar verfaßte, ich nenne nur den bekannten ›Goethe im Examen‹, aber auch die von beiden gelegentlich herausgegebenen Wiener Faschingszeitungen, wurden wohl noch kaum von einem heutigen Satiriker oder Kabarettisten übertroffen, besonders in der Leichtigkeit und Eleganz des Ausdrucks. Er war ein dicker, breitschultriger Mann mit einem mächtigen Kopf, Stirn und Nase gingen ineinander über wie auf Cäsaren- oder Feldherrnporträts antiker Münzen, seine Lippen über dem starken Kinn wirkten weich, wenn auch sarkastisch, und um Augen und Mund lag immer ein Zug von Verspieltheit. Er selbst glaubte auszusehen wie Ludwig der Fünfzehnte, den er auch gern imitierte, aber für mein Gefühl glich er mehr einem der Enzyklopädisten. Ich kannte ihn seit meiner ersten Zeit im Berliner ›Deutschen Theater‹, und mit meiner Frau verband ihn, von ihren Jugendjahren im Hause Schwarzwald her, eine besondere Art von Freundschaft: kaum trafen sie irgendwo zusammen, so begannen sie Stücke aufzuführen – nämlich irgendeinen komisch-trivialen Anlaß, das Zuspätkommen eines Gastes oder das Anbrennen einer Suppe, im Stil und in der Sprache eines allbekannten oder auch eines für unser Gefühl abgeschmackten Dramatikers abzuhandeln, und sie verständigten sich darüber nur mit einem Stichwort: heute Grillparzer. Oder Ibsen. Oder Schönherr. Oder Sudermann. Oder Strindberg. Oder einen Pariser Boulevardkomödienschreiber. Sie spielten auch im Moment ausgedachte Szenen, Situationen, einen Ehekrach, eine Kindesverstoßung oder dergleichen, auf dieselbe Art. Diese Improvisationen, an denen ich mich manchmal als Charge zu beteiligen versuchte, waren ebenso amüsant wie anspruchsvoll. Wen er mochte, konnte sich mit ihm aufs köstlichste unterhalten, wen er nicht mochte, hatte es schwer mit ihm, denn er konnte, irgendeiner Dummheit oder Platitüde wegen, aggressiv und zornig werden, manchmal sogar unleidlich, wenn er gesoffen hatte. Denn er soff. Das Wort ›trinken‹ wäre dafür eine Verharmlosung. Es wäre auch eine unerlaubte Distanzlosigkeit, das irgendwie humorvoll oder psychologisch erklären zu wollen. Er tat es, und es ging nur ihn selbst an. Von Zeit zu Zeit schüttete er unwahrscheinliche Mengen eines möglichst starken Getränkes in sich hinein, ohne Rücksicht auf seine oft angegriffene Gesundheit, welches war ihm egal, am liebsten hochprozentigen Schnaps, und das führte manchmal zu einer luziden Helligkeit und Wachheit des Bewußtseins, manchmal zu totaler Betäubung.

An diesem Tag im frühen März 1938 hielt er mich auf der Straße an; er hatte gehört, daß im Theater in der Josefstadt von mir ein neues Stück, der ›Bellman‹, uraufgeführt werden sollte, und interessierte sich für eine Rolle darin. Ich wurde daheim zum Mittagessen erwartet und wollte ihn mitnehmen, aber vergebens, denn er gehörte zu jenen Trinkern, die nicht mehr essen. Er lockte mich in die nahegelegene und von Künstlern viel besuchte ›Reiß-Bar‹ am Neuen Markt – nur für einen Schluck, wie er sagte. Nach zwei Stunden und entsprechend vielen Schlucken rief ich zu Hause an, um zu sagen, daß ich zu dem längst wieder abgetragenen Mittagsmahl etwas später käme. Man hatte mich schon lang nicht mehr erwartet, und so blieb ich dann mit ihm sitzen. An diesem Nachmittag ergab sich, aus einer zunächst heiter und witzig angelaufenen Unterhaltung, ein für mich unvergeßlich erschütterndes Gespräch. »Was tust du«, fragte er mich plötzlich, mitten aus einer Paraphrase über Reinhardts Theater heraus, »wenn die Nazis kommen?« – »Sie kommen nicht.« – »Und wenn sie doch kommen?« – »Dann«, sagte ich, »wird wohl nichts anderes übrigbleiben, als über die Grenze zu gehn.« – Er schüttelte den Kopf. »Ich gehe nicht«, sagte er störrisch und verzagt zugleich, »was soll ich in einem anderen Land? Da bin ich doch nur ein Schnorrer und eine lächerliche Figur.«

Und dann beugte er sich – wie in einer Art von Beichtbedürfnis – nah zu mir und vertraute mir, unter dem Siegel einer Verschwiegenheit, die heute Sinn und Gültigkeit verloren hat, etwas an, was er wohl sonst allein mit sich herumtrug. Man hatte ihm, dem Juden, dessen Werke aber in Deutschland als antimaterialistisch, also auch antimarxistisch, aufgefaßt wurden und daher nicht verboten waren, von dort aus für den Fall der kommenden Gleichschaltung eine ›Sonderbehandlung‹ angeboten und zugesagt – er hatte drüben hohe Gönner und Verehrer, die bei den führenden Gewalthabern gehört wurden. »Ich könnte«, sagte er mehrere Male, »ich könnte zurückgezogen und unbehelligt leben und arbeiten, hat man mich wissen lassen. Allerdings nicht mehr in Wien. – Aber ob ich das kann« – auch das wiederholte er einige Male –, »ob ich das kann, das weiß ich nicht.« Ein unbeschreiblicher Zug von stoischer Tragik war dabei in seinem Gesicht. Dann bat er mich, das zu vergessen, bestellte neuen Schnaps und wechselte das Thema. Am späteren Nachmittag stieß meine Frau zu uns und gegen Abend Alma Werfel mit Anna, ihrer Tochter von Gustav Mahler, einer begabten Bildhauerin.

Wir saßen bis spät in die Nacht. Als wir gingen, betrug die Rechnung für ihn und mich (ich habe sie aufbewahrt) 38 Glas Barack – ein ungarischer Schnaps – und 26 kleine Pilsner. Aber ein lustiger Abend, wie Alma Mahler in ihrem Buch sich erinnern zu dürfen glaubt, war das nicht gewesen. Zehn Tage nach der Besetzung Österreichs, wir erfuhren es erst in der Schweiz, sprang er aus dem Fenster seiner Wohnung, als zwei SA-Leute, die gar nicht zu ihm gewollt hatten, das Haus betraten, und starb auf dem Straßenpflaster.

In der Nacht vor dem 11. März kam ein sehr heftiger Südwind auf, ein Föhnsturm, heiß und trocken, als wehe er von der Wüste. Er wehte, bei wolkenlosem Himmel, den ganzen nächsten Tag und trieb die unzähligen Flugblätter, die zur Wahl aufforderten, wie welkes Laub durch die Straßen. Überall wirbelte

Papier. Gebündelt, zerknüllt, glatt oder in Fetzen – die ganze Stadt war von Papier durchfegt. Es fiel wie ein verschmutzter Schnee von den Lastwagen, auf denen Arbeitergruppen aus Wiener Neustadt langsam durch die Stadt rollten, um in unsicheren Sprechchören gegen Hitler und für die Regierung zu demonstrieren. Es war bekanntgeworden, daß auch die sozialistische Arbeiterschaft bereit war, für Schuschnigg und Österreich zu stimmen, obwohl sie den blutigen Februar von 1934 noch nicht vergessen hatte. Aber Schuschnigg suchte Versöhnung, hatte politische Freiheit versprochen, und alles schien besser als Hitler. »Rot-Weiß-Rot – Bis in den Tod!« Häuserecken und Trottoirs wurden mit der österreichischen Devise bemalt. In den Wirtshäusern wurde debattiert oder gestritten. Eine fiebrige Erregung verbreitete sich in der papierdurchflatterten Stadt.

Am Vormittag dieses 11. März erlebte ich etwas, das nichts mit der Politik zu tun hatte, desto mehr mit der Phantasie, und in der Erinnerung tragikomisch wirkt. Es war die erste Arrangierprobe meines neuen Stückes, das mit Wiens besten Schauspielern, Paula Wessely, Attila Hörbiger, Anton Edthofer, unter der Regie von Ernst Lothar, in Szene geben sollte. Und so geschah es, am Morgen des Katastrophentags, daß im Dämmer eines schwach beleuchteten Bühnenhauses eine Handvoll Menschen die Welt draußen, die Lage, die Gefahr, die Krise, von der unser aller Schicksal abhing, völlig vergaß und für ein paar Stunden ganz und gar jenem unwiderstehlichen Zauber erlag, den das Theater ausübt; daß über Striche, Stellungen, Änderungen diskutiert und gekämpft wurde, als gäbe es nichts Wichtigeres, nichts Bedeutsameres auf der Welt. Als wir am Nachmittag das Theater verließen und aus seinem künstlichen Licht unter grellen, immer noch strahlenden, immer noch von Papier durchwirbelten Frühlingshimmel traten, war alles vorbei. Zwei Stunden später, als die Sonne sank, sprach Schuschnigg seine letzte Botschaft ins Radio: »Ich weiche der Gewalt. Gott schütze Österreich!« Er stand, wie man später erfuhr, bereits zwischen zwei mit Hakenkreuzbinde gezierten Wachleuten seiner eigenen Leibgarde, die ihn dann in Haft nahmen.

An diesem Abend brach die Hölle los. Die Unterwelt hatte ihre Pforten aufgetan und ihre niedrigsten, scheußlichsten, unreinsten Geister losgelassen. Die Stadt verwandelte sich in ein Alptraumgemälde des Hieronymus Bosch: Lemuren und Halbdämonen schienen aus Schmutzeiern gekrochen und aus versumpften Erdlöchern gestiegen. Die Luft war von einem unablässig gellenden, wüsten, hysterischen Gekreische erfüllt, aus Männer- und Weiberkehlen, das tage- und nächtelang weiterschrillte. Und alle Menschen verloren ihr Gesicht, glichen verzerrten Fratzen: die einen in Angst, die andren in Lüge, die andren in wildem, haßerfülltem Triumph. Ich hatte in meinem Leben einiges an menschlicher Entfesselung, Entsetzen oder Panik gesehen. Ich habe im Ersten Weltkrieg ein Dutzend Schlachten mitgemacht, das Trommelfeuer, den Gastod, die Sturmangriffe. Ich hatte die Unruhen der Nachkriegszeit miterlebt, die Niederschlagung von Aufständen, Straßenkämpfe, Saalschlachten. Ich war beim Münchener ›Hitler-Putsch‹ von 1923 mitten unter den Leuten auf der Straße. Ich erlebte die erste Zeit der Naziherrschaft in Berlin. Nichts davon war mit diesen Tagen in Wien zu vergleichen. Was hier entfesselt wurde, hatte mit der ›Machtergreifung‹ in Deutschland, die nach außen hin scheinbar legal vor sich ging und von einem Teil der Bevölkerung mit Befremden, mit Skepsis oder mit einem ahnungslosen, nationalen Idealismus aufgenommen wurde, nichts mehr zu tun. Was hier entfesselt wurde, war der Aufstand des Neids, der Mißgunst, der Verbitterung, der blinden böswilligen Rachsucht – und alle anderen Stimmen waren zum Schweigen verurteilt. Revolution wird wohl immer grauenvoll sein, doch mag das Grauen ertragen, verstanden, überwunden werden, wenn es aus einer echten Not geboren wurde, wenn es Überzeugung und Geist war, vom Geiste kam, was die Materie zum Aufruhr trieb. Hier war nichts losgelassen als die dumpfe Masse, die blinde Zerstörungswut, und ihr Haß richtete sich gegen alles durch Natur oder Geist Veredelte. Es war ein Hexensabbat des Pöbels und ein Begräbnis aller menschlichen Würde.

Merkwürdigerweise – ich kann das heute noch schwer erklären, aber der Wahrheit gemäß, ohne Gedächtnisfälschung, bezeugen – empfand ich in diesen Stunden und Tagen keine Angst. Sondern nichts als Zorn, Abscheu, Verzweiflung und eine völlige Gleichgültigkeit gegenüber dem eigenen Leben. Und ich hatte die Angst des einzelnen vor einer Mehrheit Andersgesinnter, vor einer fanatisierten Masse, bei früheren Gelegenheiten wohl kennengelernt: bei einer Nazi-Wahlversammlung im Berliner Sportpalast 1932, bei der ich erkannt und beschimpft wurde und mit ein paar Freunden nur mit knapper Not der Verfolgung entkam. Mehr noch, als ich, von Henndorf aus, schon während der Hitlerherrschaft zu einer Wahl über die Grenze nach Freilassing fuhr, um gegen Hitler zu stimmen – völlig sinnlos, denn die ganze Wahl war eine Farce; ich war damals nicht bedroht, sondern in einer Gruppe von ›Auslandsdeutschen‹ unbehelligt und anonym, aber als ich allein in der Wahlzelle stand und auf meinem Zettel das Ja auskreuzte und das Nein unterstrich, lief mir der kalte Angstschweiß herunter – mir war, als ob ich von einem unsichtbaren Auge beobachtet sei und jeder mir draußen ansehen müsse, was ich getan hatte, obwohl Orwells ›1984‹ damals noch lange nicht geschrieben war.

Jetzt war ich von einer Kälte erfüllt, die die natürliche Empfindung der Furcht völlig auslöschte: etwas in mir, das sonst zum menschlichen Wesen gehört, war erstarrt oder erstorben. Ich habe einen solchen Zustand von unbeteiligter Fremdheit und Verachtung niemals vorher oder nachher erlebt. Anders erging es meinem Freund Dr. Franz Horch, Dramaturg bei Reinhardt und Lektor des Zsolnay-Verlags, der an diesem Abend mit mir im Taxi durch die Stadt fuhr, da wir uns mit einigen Schicksalsgenossen in einer neutralen Wohnung verabredet hatten, um die Lage zu besprechen. Er war ein nervenschwacher Mensch, zitterte am ganzen Leib und mußte dauernd die Tränen unterdrükken. Nun war es in jener Stunde kein Vergnügen, mit einem Taxi durch Wien zu fahren. Die Straßen waren derart von brüllenden und tobenden Menschen überfüllt, daß man kaum weiterkam und an manchen Plätzen, zum Beispiel der ›Sirk-Ecke‹ bei der Oper, einfach in der Menge steckenblieb. Dann drängten sich wüste Kerle, typische Schlägergestalten, an die Fenster des Mietwagens und starrten bösartig hinein. Sie witterten in jedem Taxi bereits einen Flüchtling oder einen ›Aussauger‹. »Im Taxi fahrn – dös san polnische Juden – holts'es raus – schlagts'es zsamm'!« Ich drehte, während meinem Freund vor Angst fast übel wurde, die Glasscheibe herunter und stieß meinen Arm, mit erhobener Hand, ruckartig heraus, den Kerlen fast ins Gesicht, dazu brüllte ich etwas, das wie »Hei'tler!« klang, und zwar mit scharfem, reichsdeutschem Akzent, wie ein Oberfeldwebel vor der Truppe. Ich hatte bereits herausgespürt, daß das die einzige wirksame Methode war. So kamen wir schließlich zu jener Wohnung. Dort saß schon ein Häuflein beisammen, fast alle, seit einer Stunde, verlorene Existenzen, und wie oft habe ich noch in der Emigration dieses Zusammenhocken der vom bösen Wind Verschlagenen erlebt, wie Schiffbrüchige auf einem Wrack oder einer Klippe. Ödön von Horváth war dabei, Franz Theodor Csokor, unser Freund Albrecht Joseph, auch Alexander Lernet-Holenia, der – ohne selbst direkt bedroht zu sein – sich uns zugehörig fühlte. Sehr bald gewann eine Art von Galgenhumor die Oberhand. Es ging zwar ums Leben oder um die Frage, wie man es retten könnte, aber diese letzte Gemeinsamkeit ließ uns mit einigem Witz und Anstand darüber wegjonglieren. Csokor plädierte für eine Flucht nach Osten: die Westgrenzen würden bestimmt viel schärfer bewacht. Er trat sie dann auch an, und sie ging immer weiter, bis er über Polen, Ungarn, Rumänien, Belgrad und jugoslawische Partisanenverstecke gegen Ende des Krieges bei den Amerikanern in Italien landete. Auch Horváth wollte zuerst nach Budapest, wohin er als gebürtiger Ungar ohne besonderes Aufsehen gelangen konnte, und von dort hatte er immer noch die Flugverbindungen nach den westlichen Hauptstädten. Joseph zunächst nach Südtirol, wo bereits seine Mutter lebte, ihm schien, wie vielen, und zwar mit Recht, die italienische Grenze die sicherste zu sein. Für Lernet-Holenia blieb gar nichts anderes übrig, als hierzubleiben, aber er betrauerte schmerzlich nicht nur den Verlust seiner liebsten Freunde und den schmählichen Untergang seines Landes, sondern auch die bevorstehende Abwanderung der jüdischen Frauen und Mädchen, die er für die einzig begehrenswerten hielt. Er mußte umlernen.

Mir selbst war noch ungewiß, was ich tun sollte. Als wir uns trennten, hatten wir alle das Gefühl: für immer. Und doch haben sich fast alle der hier Erwähnten später wiedergesehen.

Einige meiner Freunde fuhren noch in derselben Nacht. Das war auch klüger, denn die Grenzsperre setzte erst in den nächsten Tagen ein. Ich wollte nicht. Vielleicht war es ein Art von Lähmung, von Trotz oder Scham – auch dies vermutlich eine Form des Nervenschocks. Ich erklärte plötzlich meiner Frau, daß ich nicht daran dächte, zu emigrieren. »Ich steige in keinen Flüchtlingszug.« Ich redete das sinnloseste Zeug zusammen, das sich in einer solchen Situation erdenken läßt. Ich hätte ein Anrecht auf meine Heimat. Ich hätte ja ›nichts getan‹ (was ich doch getan hatte, meine Berliner Rede gegen Goebbels und meine damalige Zugehörigkeit zur ›Eisernen Front‹, der Abwehrformation gegen die Nazis, schien ich verdrängt zu haben), ich hätte ›nichts verbrochen‹, was eine Verfolgung berechtigte. Dabei war das Recht schon über alle Berge. Und die Verfolgung geschah blindwütig, barbarisch, wenn auch unter dem Deckmantel von ›Ordnung und Disziplin‹. Es war gar nicht nötig, daß man etwas gegen die Gewaltherrscher, es genügte schon, wenn man nichts für sie getan hatte. Über die politischen und rassischen Prinzipien hinaus genügte es, daß man ihnen nicht paßte. Daß man anders roch als sie. Und in diesem Augenblick war man vogelfrei, das heißt einer Vernichtung ausgesetzt, welche viel schlimmer ist als die des Todes. Die Angst, mit der die Diktatur ihre Untertanen in Schach hält, ist ja keineswegs die Todesangst. Ein Mensch, der in einer Zeit des Umsturzes dagegen ist, muß damit rechnen, getötet zu werden, und das wäre für mein Gefühl nicht das Schlimmste gewesen, wenn alles, was man für menschenwürdig hielt, um einen her zum Teufel ging. Aber körperlich und seelisch zerschlagen zu werden, niedergetreten, zerbrochen, durch Demütigung und Folter verkrüppelt, und so weiterleben zu müssen, als Sklave, ohne Identität, zum Weiterleben gezwungen zu sein, in seiner qualvollsten und hoffnungslosesten Form, unabsehbar und ohne Aussicht auf Erlösung, um dann schließlich doch, elender als ein Tier im Schlachthof, zu krepieren – das war der eigentliche Schrecken, der uns bevorstand und den das Regime verbreitete. Ich erwähne das für solche, die diese Zeit nicht erlebt haben oder – und auch das scheint es zu geben – sich nicht mehr daran erinnern. Auch für die Bewohner anderer Länder, besonders der westlichen Zivilisationen, überstieg das damals die Grenzen der Vorstellungskraft. Es überstieg in diesem Augenblick der Verwirrung vielleicht auch meine eigene, obwohl ich genug davon wußte.

Aber ich hatte noch einen anderen Wahnsinn im Kopf. Ich wollte nach Henndorf zurück, in mein Haus. Dort lag in einer Schublade ein alter Armeerevolver aus dem Ersten Weltkrieg und etwas Munition. »Wenn sie mich holen wollen«, sagte ich, »dann müssen einige mitgehen, vorher.« Meine Frau war verzweifelt. Sie wußte, daß ich in diesem Zustand temporären Irreseins zu derartigem fähig gewesen wäre, mit andern Worten, zu einer Form von Selbstmord. Sie war entschlossen, alles daranzusetzen, um mich zur Flucht zu bewegen. Wäre es ihr nicht schließlich gelungen, so wäre ich heut nicht mehr am Leben.

Die nächsten Tage, vom 12. bis zum 15. März, an dem ich über die Grenze ging, waren von einer solchen Spannung erfüllt, daß sich das im Rückblick wie zu einem Aktschluß zusammendrängt.

Am Samstag, dem 12. März, um die Mittagsstunde, wurde ich von Emil Jannings angerufen, der sich zu einem Erholungsaufenthalt im Wiener Cottage-Sanatorium befand. Wir hatten in der letzten Zeit, seiner Kompromisse mit den Machthabern wegen, gewisse Differenzen. Jetzt war er in ernstlicher, ehrlicher Besorgnis um mich und bat mich, ihn gleich zu besuchen, um zu beraten, wie er mir helfen könne. Da er ›an höchster Stelle‹ großes Ansehen genoß, glaubte er, dazu fähig zu sein. Das Gefühl der Freundschaft war in diesem Augenblick stärker als alle Gegensätze. Er sah meinen Konflikt: wie sich alles in mir gegen die Flucht wehrte, wie aber alle Logik und die sich überstürzenden Ereignisse dafür sprachen. In meiner Gegenwart rief er die deutsche Botschaft in Wien an, deren Chef damals noch jener zwielichtige Herr von Papen war, um zu erkunden, wie man dort die Lage beurteile: ob einem Mann wie mir unmittelbare Gefahr drohe oder nicht.

Und nun kam eines der sonderbarsten, absurdesten Gespräche in dieser absurden Zeit. Natürlich kannte man mich auf der deutschen Botschaft. Auch den Botschafter hatte ich da und dort bei offiziellen Anlässen in Wien getroffen. Man grüßte einander und tat, als ob nichts wäre. Der Attaché aber, den Jannings an diesem Tag ans Telephon bekam, war mir etwas besser bekannt. Ein Träger seines Namens war mit meiner Vaterstadt Mainz aufs innigste verknüpft: der ›Volksbischof‹ Freiherr von Ketteler, dessen Fühlungnahme mit dem Sozialisten Ferdinand Lassalle in die Geschichte eingegangen ist: es war das erste Mal, daß Kirche und Arbeiterschaft eine Annäherung versuchten. Das war im vorigen Jahrhundert. Aber der junge Attaché von Ketteler mochte, als Katholik und kultivierter Mann, in diesen Tagen mit den Verteidigern Österreichs mehr sympathisiert haben als mit seinem Führer. Er hatte den offiziellen Informationsdienst der deutschen Botschaft inne. Dieser Herr, der an jenem Samstag ununterbrochen mit der neuen Wiener Regierung und mit Berlin in Verbindung stand, versicherte uns nach bestem Wissen und Gewissen: es sei keine Gefahr für mich. Es werde in Österreich alles ganz anders laufen. Man werde hier, schon aus diplomatischen Gründen dem Ausland gegenüber, eine ›liberale‹ Version des Faschismus praktizieren und auch die Rassengesetze nicht radikal zur Anwendung bringen. Ich sei ja katholisch, und es würden mit der Kirche bestimmte Vereinbarungen zum Schutz ihrer Angehörigen vorbereitet. Das Klügste, was ich tun könne, sei dazubleiben und abzuwarten. Zwei Stunden später war dieser Mann tot.

Als er die Botschaft verließ, um essen zu gehen, wurde er von einem ›Rollkommando‹ abgefangen. Man schaffte ihn mit einem Auto in den Modenapark, eine kleine Gartenanlage mitten in der Stadt, um ihn dort zu erschlagen. Seine Leiche wurde später aus der Donau gefischt. Die Hintergründe dieses Mordes blieben dunkel, wie so vieles in dieser Zeit. Der Hauptgrund war vermutlich seine ›politische Unzuverlässigkeit‹.

Am Sonntag, dem 13. März, landeten Hunderte von schweren deutschen Bombern auf dem Wiener Flughafen Aspern. Den ganzen Tag hindurch donnerten die Motore. Geschwader kreisten unablässig über der Stadt, niedrig, wie zornige Hornissen. Mit dem Geschrei von den Straßen und dem Brüllen der Lautsprecher, die Hitlers letzte Kundgebungen bis zur Erschlaffung wiederholten, mit dem sogenannten ›Sägen‹, »Sssieg-Heil, Sssieg-Heil, Sssieg-Heil«, das pausenlos, aus schon heisergeschrienen Kehlen, die Stadt durchzischte, ergab das einen unsagbar enervierenden, wahrhaft teuflischen Lärm. Man empfand das nicht mehr als menschliche Laute oder technische Geräusche. Das Getöse des Weltuntergangs durchhallte die Luft.

›Schlagartig‹ – eine der beliebtesten Vokabeln dieser Schlagzeit – hatten inzwischen die Verhaftungen eingesetzt. Schon trieb man Juden, aber auch Aristokraten – manche, weil sie für die Unabhängigkeit Österreichs eingetreten waren, andere einfach zum Spaß – auf den Straßen herum und ließ sie die noch überall sichtbaren Wahlparolen vom Pflaster waschen. Ich selbst sah, als ich in der Frühe des Dienstag zur Bahn fuhr, einen zarten alten Herrn mit Schrubbeimer und viel zu kleiner Bürste am Boden, im Straßenschmutz, von einer SA-Wache angetrieben, von Pöbelhaufen umstanden. Aber selbst bei diesem Haufen erregte der Anblick kein reines Wohlgefallen. Sie standen nur herum und schauten zu, wie bei einem Verkehrsunfall. Einige mochten sich vielleicht schämen. Oder aber es wurde ihnen doch schon ein wenig bange.

Die Rollkommandos zogen nun bereits in der Stadt umher und suchten die Wohnungen unliebsamer oder von bösartigen Nachbarn denunzierter Personen heim. Wie es dabei zuging, war bekannt. Leute wurden entführt, manche fand man dann, grauenvoll mißhandelt oder verstümmelt, in Krankenhäusern wieder, andere nie. Wenn sie es zu arg getrieben, einen Falschen erwischt oder zu viel gestohlen hatten, hieß es dann in Kundmachungen der Polizei, es seien ›als Sturmtrupps verkleidete Kommunisten‹ gewesen. Niemand glaubte an solche karnevalistischen Ausflüchte. Man glaubte an nichts mehr als an das, was herrschte: die nackte Gewalt.

Während am Vortag unser Telefon ununterbrochen gegangen war, und zwar mit Anrufen wohlmeinender Bekannter, die mich warnen wollten, wurde es jetzt ganz still. Es stand in seiner Ecke, ein kleines, schwarzes, unheildrohendes Instrument, von dem die bösen Geister schon Besitz ergriffen hatten: nahm man den Hörer auf, vernahm man ein seltsames Knacken. Die Abhorchstationen waren bereits am Werk.

In dieser Nacht hatte ich ein Gespräch mit meiner Frau, wie es im Lauf eines Lebens nur einmal geführt wird. Ich erinnere mich an jedes Wort, und doch kommt es mir vor, als hätte ich es in einem Märchen oder einer Legende gelesen. Ich hatte jetzt eine neue Wahnvorstellung: man müsse nach Deutschland hinüber, um dort ›unterzutauchen‹ und sich an der Vorbereitung eines Aufstandes gegen Hitler zu beteiligen – der in diesem Augenblick weniger Aussichten hatte als je. Die ihn damals gewünscht hätten, saßen im KZ oder warteten auf den Henker.

Statt mich mit der, an sich unwiderleglichen, Logik der Tatsachen überreden zu wollen, sagte sie nur: »Ich habe jetzt eine Bitte an dich. Schenke mir ein Jahr deines Lebens. Versuche durchzukommen und dieses Jahr im Ausland abzuwarten. Wenn du dann immer noch so denkst wie heute, dann geh zurück und tue, was du glaubst tun zu müssen. Ich verspreche, mich dann nicht zu widersetzen, auch mitzugehn, wenn die Kinder in Sicherheit sind. Aber um dieses Jahr bitte ich dich.«

In diesem Augenblick kehrten Vernunft, Klarheit, ruhige Überlegung in meinen Denkbereich zurück. Es wurde mir in einer Sekunde deutlich, daß meine abrupte Halsstarrigkeit und fatalistische Haltung kein Heroismus, sondern nichts anderes war als die Angstzustände meines Freundes Horch mit umgekehrtem Vorzeichen – eine Psychose, ein Versagen der Nervenkräfte. Daß es die größere Feigheit wäre, sein Leben jetzt wegzuwerfen, als es mit Mühsal und Geduld für eine vielleicht doch noch kommende bessere Stunde und größere Aufgabe zu bewahren. Daß es keine andere Entschlossenheit gab, auch im Sinne des Widerstandes gegen die Sieger von heute, auch in dem der Ethik und der Humanität, als zu überleben.

Und es war, buchstäblich, der letzte Moment. In Henndorf hatten sie bereits – wir wußten es noch nicht – unser Haus besetzt und den treuen Jung-Gendarmen Lackner, einen unentwegten Nazigegner, der so oft am Abend bei uns die Zither gespielt hatte, halb totgeschlagen. In unsrer Wiener Wohnung erschienen sie am Tag nach meiner Flucht, und da sie mich nicht mehr fanden, schleppten sie alles fort, was unser war: darunter eine Bibliothek von einigen tausend Bänden, mit Widmungsexemplaren von den meisten in dieser Zeit schaffenden Dichtern und Literaten: von Gerhart Hauptmann bis Brecht. Ich habe sie nie mehr wiedergesehn.

Ums Abschiednehmen war uns nicht zumute. Am liebsten hätten wir, außer vom praktisch Notwendigen, gar nicht davon gesprochen, sondern uns so verhalten, als träte man irgendeine vorübergehende Reise an. Aber wir hatten ja Menschen, die zu uns gehörten. In solchen Augenblicken wird es offenbar, wer wirklich zu einem gehört. In unserem Fall war es die Köchin, die seit vielen Jahren in Stadt und Land unsren Haushalt betreute und sich ewig mit uns stritt, was wohl ein Ausdruck ihrer besonderen Verbundenheit und Liebe war: ihr Name gehört in dieses Kompendium der echten Freundschaft, sie hieß Anna Buchendorfer. Sie und ihre siebzehnjährige Nichte, die noch als halbes Kind in unser Haus gekommen war, halfen mit beim Packen und schwammen in Tränen. Gegen Abend kam unsere liebste Freundin in Wien – Grete Wiesenthal –, auch sie glaubte ich nach diesem Abend nie mehr wiederzusehn, und dann haben wir nach dem Krieg das herrlichste und schönste Wiedersehn gefeiert und leben noch heute in einer zärtlichen und beglückenden Verbundenheit – und der in unsren Herzen verankerte Alfred Ibach, damals Dramaturg bei Hilpert, später Direktor des ›Theaters in der Josefstadt‹. Er blieb über Nacht und begleitete mich am nächsten Morgen zur Bahn, um mir, falls es nötig wäre, bis zur Abfahrt zur Seite zu stehn. Ich bat die Mädchen, ein paar kalte Eßwaren, die man im Kühlschrank hatte – an Kochen hatte an diesem Tag niemand denken können –, hereinzubringen und bei uns zu bleiben. Ich hatte etwas Champagner im Keller und holte ihn herauf. Ich beobachtete mich selbst und fand mich ziemlich ruhig und ungerührt. Die Erschütterung war zu groß, um sentimentale Empfindungen aufkommen zu lassen. Ich forderte die Mädchen zuerst auf, mir einen großen Gefallen zu tun, nämlich das Heulen sein zu lassen. Sie versuchten das auch tapfer und schnoben nur noch mit der Nase. Dann goß ich den Champagner ein, und wir tranken jeder ein Glas. Beim zweiten Glas wurden wir ganz heiter, und sprachen von allen möglichen gemeinsam erlebten Dingen. Wir hatten uns, zwei Jahre vorher, die ehemaligen Dienerwohnungen in dem schönen, alten Salmspalais gemietet und mit viel Sorgfalt eingerichtet. Die meine, da ich in Arbeitszeiten gern allein lebe, lag im Parterre, neben dem Eingangstor, die der Familie oben unterm Dach. Vorsichtshalber blieb ich in dieser Nacht oben. Wir fielen todmüde ins Bett, in der Nacht vorher hatten wir kaum Ruhe gefunden. »Es ist das Schlimmste«, murmelte meine Frau schon halb im Schlaf, »das Schlimmste, was Menschen passieren kann. Aber wir müssen es –« – und dann schnarchte sie plötzlich röchelnd, mit offenem Mund, wie ein überanstrengter Jagdhund. Ich hielt ihre Hand, und auch diese Nacht ging vorüber.

Ich reiste allein, mit dem direkten Zug Wien–Zürich, der Anschluß nach London hatte. Dies war der einzige vernünftige Gedanke, der mir in diesen Tagen gekommen war. Eine ausreisende Familie, das sah nach Landesflucht aus. Meine einzige Chance, ungehindert über die Grenze zu kommen, bestand darin, daß ich die Ausreise nicht als Flucht, sondern nur als eine vorübergehende Entfernung erscheinen ließ, und ich hatte kurz vorher ein Telegramm von Alexander Korda bekommen, in dem er mich bat, baldmöglichst zur Besprechung eines neuen Filmplans nach London zu kommen. Das hatte ich als eine Art Alibi in der Tasche. Meine Familie sollte sich mit dem Flugzeug nach Berlin begeben, wo ja, im Gegensatz zu Wien, geordnete Verhältnisse herrschten und wo unsere Freunde, vor allem Peter Suhrkamp, Hilpert, Gründgens, bereitstanden, sich ihrer anzunehmen. ›Sippenhaft‹ war damals in solchen Fällen noch nicht üblich, und man konnte damit rechnen, daß in Deutschland die Grenzkontrolle noch von der korrekten Beamtenschaft und nicht von Parteiorganen durchgeführt wurde. Sie sollten erst abwarten, ob ich glücklich durchgekommen sei, um mir dann zu folgen. Mein Paß war, Gottseidank, noch der deutsche – ein brandneuer österreichischer hätte Verdacht erwecken können –, und er war ›in Ordnung‹: auf Grund irgendeiner, mir damals wie heute ebenso unerforschlichen wie gleichgültigen Auslegung der Nürnberger Gesetze gehörte ich trotz meiner mütterlichen Abstammung nicht in die Kategorie, in deren Pässe man ein großes J stempelte, was Jude oder ›Judenstämmling‹ bedeutete. Ich hatte also eine gewisse Aussicht, ungeschoren zu bleiben, obwohl man nicht wissen konnte, welche Namen auf den Steckbriefen der Grenzer standen. Die Chancen waren so etwa halb und halb.

Die Strecke von Wien zur Schweizer oder Liechtensteiner Grenze bei Feldkirch-Buchs führt durch das ganze mittlere und westliche Österreich. Es war ein strahlender Vorfrühlingstag, selten hatte ich das Land schöner gesehen. Die Berge hatten noch Schnee, an den Waldrändern grünte es bereits. Gegen Mittag fuhr der Zug am Wallersee entlang, auf dessen anderer Seite Henndorf lag. Ich stand auf dem Gang des D-Zugs und schaute hinaus. Der blaue Himmel spiegelte sich im See. Ich sah meine Badehütte, die in einer Waldlichtung lag. Ich glaubte meine Hunde bellen zu hören.

Dann schob sich langsam und mit schwerem Geratter ein Truppentransportzug vor das Bild, der auf dem Nebengleis ostwärts stampfte. Es waren deutsche Batterien, die nach Wien transportiert wurden. Die Kanoniere hockten neben ihren leichten Feldhaubitzen auf den offenen Wagen, in ihrer feldgrauen Uniform, und waren jung und frisch, wie wir, als wir im Jahre 14 nach Frankreich zogen. Die Leute in meinem D-Zug-Wagen ließen die Fenster herunter, winkten ihnen zu, viele schrien ›Heil Hitler‹ und deuteten auf das Hakenkreuz, das sie aus echter oder geheuchelter Begeisterung im Knopfloch trugen. Die deutschen Soldaten, die aus dem eigenen Land mehr beklommenes Schweigen und verbissene Gesichter gewohnt waren, statt solcher – längst abgeklungener – Ausbrüche von Jubel, lachten ein wenig und erwiderten die Grüße, wie mir schien, etwas verlegen. Manche löffelten ihre Suppe und schauten gar nicht auf.

Der Salzburger Bahnhof glich einem Heerlager, überall kampierten die Einmarschtruppen, die einen ruhigen, disziplinierten, soldatischen Eindruck machten. Sie hatten weder im Aussehen noch im Wesen irgend etwas mit jenen Parteibanden gemein, welche die Polizei- und Staatsgewalt jetzt im Lande übernommen hatten und gegen die auch die höchste Militärcharge machtlos war. Der gleiche Mob, den ich von Wien her kannte, belagerte die Bahnhofshalle, sagte ›Sssieg-Heil‹ oder sang das Horst-Wessel-Lied, die Parteihymne, in der es wie zum Hohne hieß: »Die Zeit für Freiheit und für Brot bricht an!« und an die, erst recht wie zum Hohn, das gute alte Deutschlandlied des einstigen 48ers Hoffmann von Fallersleben, nach der Melodie von Haydn, angehängt wurde. Ich wollte mir Zigarren kaufen, aber die Tabaktrafikantin, die mich jahrelang bedient hatte, eine fünfzigjährige Witwe, rannte hinter ein paar deutschen Soldaten her, um ihnen Zigaretten in die Taschen zu stecken. »Daitsche Brieder«, kreischte sie und verdrehte die Augen ekstatisch. Der Schaum schien ihr vorm Mund zu stehn. Sie soll sich, als die erste deutsche Einheit einrückte, auf die Straße gekniet haben. Vor einigen Wochen hatte ich sie noch beim Aufmarsch der ›Vaterländischen Front‹ »Treu-Österreich« rufen hören. Der Gedanke, dieses Land zu verlassen, wurde mir immer leichter.

Als der Zug endlich weiterfuhr, merkte ich, wie sehr mein Herz klopfte. Einige Stunden später hielten wir in Innsbruck. Von dort sind es noch etwa drei Stunden bis zur Grenze. Hier aber kam die erste Nazikontrolle in den Wagen. Ein dicker Mann in Zivil, mit Hakenkreuzbinde und Polizeiabzeichen, stand plötzlich in meinem nicht allzu besetzten Kupee. Hinter ihm zwei Braunhemden, den Revolver am Koppel.

»Paß vorzeigen!«

Er nickte zuerst wohlgefällig, als er den reichsdeutschen Adler sah, dann schaute er sich die Personalien genauer an. »Schriftsteller«, las er meinen Beruf (und ich dachte mir, warum hab ich nicht Landwirt angegeben oder Hundezüchter) und starrte mir mißtrauisch ins Gesicht.

»Steigen Sie aus mit Gepäck.«

»Warum?« fragte ich.

»Unser Führer liebt die Presse nicht«, sagte er unwirsch.

»Ich bin nicht von der Presse«, sagte ich.

»Das wird sich herausstellen«, schnitt er mir jedes weitere Wort ab, »steigen Sie aus.«

Ich versuchte noch zu protestieren: »Ich werde in London erwartet, ich kann den Anschluß nicht versäumen –«

»Steigen Sie aus!« brüllte er mich an. Die beiden Braunhemden traten einen Schritt näher.

Auf dem Bahnsteig war ein Häuflein anderer Delinquenten oder Verdächtiger zusammengetrieben, zu denen man mich hinführte. Alle, auch Frauen, trugen wie ich ihr Gepäck.

»Vorwärts – Marsch!« kommandierte jemand.

Ich sah, während wir den Bahnhof verließen, meinen noblen D-Zug weiterfahren.

Man führte uns über den Innsbrucker Bahnhofsplatz, wir gingen im Gänsemarsch, die Leute schauten uns nach. Ich sah das schöne Hotel ›Tirolerhof‹, in dem ich oft gewohnt und heitere Stunden verbracht hatte. Und empfand einen enormen Durst nach einem Liter Rotwein. Eine ungeheure Wut saß mir in der Kehle.

Als man uns im Polizeigebäude die breite Treppe hinaufgehen ließ, kam ein gleichfalls aus dem Zug geholter alter Herr an meine Seite und flüsterte mir plötzlich durch die Zähne eine Zahl zu. Sie hieß: »A-16023«. Ich habe sie später notiert, hätte sie aber auch ohne das nicht mehr vergessen. »Bitte dort anrufen«, flüsterte er, ohne die Lippen zu bewegen, »falls Sie herauskommen, sagen, daß hier verhaftet. Ich bin gesucht, ich heiße –« Er kam nicht dazu, seinen Namen zu sagen, aber mir fiel plötzlich ein, daß ich sein Gesicht aus einer Geschichte der österreichischen Sozialdemokratie kannte. Ich nickte ihm zu und wiederholte leise die Nummer. Als man ihn später abführte, grüßte er mich mit den Augen.

Stundenlang saßen wir in dem kahlen Gang auf unsren Gepäckstücken. Eine Wache beobachtete uns unausgesetzt, damit wir nicht miteinander sprachen. Es ging unruhig zu im Polizeigebäude, ein dauerndes Hin und Her. Immer wieder wurden, zwischen zwei Braunhemden, blaß aussehende Menschen hereingebracht, verschwanden hinter irgendeiner Tür. Es war der Tag, an dem man dort die Vaterländische Front ›aufrollte‹, die Organisation Schuschniggs.

Mein Hunger, mein Durst und mein Zorn wurden immer größer. Als ich endlich zum Verhör in ein Büro gebracht wurde, war mir schon alles gleich, ich wußte, worum es ging, und ich hatte nichts zu verlieren. Außerdem kannte ich den Typus des ›Unterbeamten‹ nur allzu gut und war entschlossen, mich wie ein ›Oberer‹ zu benehmen.

Kaum betrat ich das Büro, begann ich sofort zu brüllen. »Das ist unerhört!« schrie ich in schärfstem Kommißdeutsch den diensttuenden Polizisten an, der mit einigen SA-Chargen zusammen an einem Tisch saß, »ich werde hier ohne Grund festgehalten und versäume meinen Anschluß! Man wird mir den Schaden ersetzen müssen –« und so weiter.

Dabei warf ich meinen deutschen Paß, diesen gebrechlichen Rettungsanker, auf den Tisch und versuchte noch lauter zu schreien: »Überzeugen Sie sich selbst, ob gegen mich etwas vorliegt!« Ich fühlte sofort, daß meine Methode wirkte. Die Uniformierten waren lauter Österreicher, für die das ganze noch neu war und denen vor einem Deutschen, der sie anschrie, in diesen Tagen sofort das Herz in die Hose sank. Ich zeigte mein Telegramm aus London, das sie nicht lesen konnten, weil es englisch war, schimpfte noch etwas über den Zeitverlust bei dringenden Geschäften und wurde dann gnädiger.

Der Mann, der mich aus dem Zug geholt hatte, stand dabei, sah mich unsicher und feindlich an.

»Er ist Schriftsteller«, sagte er, »das ist verdächtig. Unser Führer liebt die Presse nicht.«

»Aber ich schreibe für den Film«, sagte ich, »den liebt der Führer.«

»Ja«, sagte der Diensthabende, »den liebt er. – Ich kenne Ihr Haus in Henndorf«, sagte er dann freundlich zu mir, »ich habe dort im See gebadet. Ein schöner Fleck Erde.« – »Das stimmt«, sagte ich, »was wollen Sie jetzt von mir?« Der Mann stand auf. Ich hatte ihn offenbar völlig überzeugt. »In solchen Tagen«, sagte er, »kommen Irrtümer vor. Wir tun ja nur unsere Pflicht. Gehen Sie rasch – aber durch die Hintertür. Die da draußen« – er wies mit der Hand zum Gang, wo noch ein Teil meiner Schicksalsgenossen wartete – »kommen nicht so leicht weg. Dös san Jud'n«, fügte er im Dialekt hinzu – »Heil Hitler!« Damit war ich entlassen.

Als ich die Hintertreppe hinunterging, hörte ich Schritte – tapp tapp tapp –, die mir auf den Fersen folgten. Ich drehte mich nicht um. Plötzlich legte sich eine Hand auf meine Schulter – es war ein SA-Mann in brauner Uniform. Mir wurde kalt. Er zog ein kleines Buch aus der Tasche, ich erkannte den Einband einer Novelle, die ich vor einem Jahr publiziert hatte. Sie hieß: ›Ein Sommer in Österreich‹.

»Das hab ich gerade gelesen«, sagte er und lächelte zutraulich, »würden Sie mir nicht Ihren Namen hineinschreiben?« Ich tat es mit der Füllfeder, die er mir reichte.

Plötzlich beugte er sich dicht zu mir.

»Jetzt gibt's kein ›Sommer in Österreich‹ mehr«, sagte er leise, »leben Sie wohl, und kommen Sie ja nicht wieder. Passen's auf an der Grenze«, sagte er noch, klappte die Hacken zusammen und verschwand. Das Hakenkreuz leuchtete an seiner Armbinde.

Als ich zum Bahnhof zurückkam, war ich in Schweiß

gebadet, nicht nur weil ich meine Koffer selber trug. Ich ging noch rasch aufs Postamt und gab ein Telegramm nach Berlin auf, wo meine Frau in der Wohnung von Mirl und Peter Suhrkamp auf meinen Anruf aus Zürich wartete (ich hätte jetzt schon dort sein sollen): »Manuskript eintrifft mit Verspätung«. Ohne Unterschrift.

Es war dunkle Nacht, als ich auf dem Bahnsteig stand, wo der nächste Zug zur Grenze einlief: er kam zu spät und war überfüllt, wohl hauptsächlich mit Flüchtlingen, die Trittbretter von Wachen in brauner und schwarzer Uniform besetzt.

Ich versuchte, mich in eines der überfüllten Kupees zu drängen, und hatte, da mir heiß war, zum ersten Mal an diesem Tag meinen Trench-Coat geöffnet. Und jetzt ereignete sich etwas Unerwartetes und äußerst Peinliches. Es wurde bei meinem Eintritt in das Abteil, in dem vorher lebhaft geredet worden war, plötzlich ganz still, und gleich darauf erhob sich ein älterer, unverkennbar jüdisch aussehender Herr, deutete auf seinen Platz und sagte, mit einer gewissen Demut in der Stimme:

»Herr – wollense sich nicht setzen?«

»Aber das ist doch Ihr Platz«, sagte ich, »behalten Sie ihn doch bitte!« Er weigerte sich, und auch die anderen rückten auseinander und versuchten, mir Platz zu schaffen.

Plötzlich begriff ich, was da los war.

Es trug nämlich in diesen Tagen jedermann in Österreich, der sich keinen Unannehmlichkeiten auf der Straße aussetzen wollte, das Hakenkreuz im Knopfloch, man konnte es für zehn Groschen an jedem Zeitungsstand kaufen. Wer keines trug, setzte sich dem Verdacht aus, ›dagegen‹ zu sein, und mußte darauf gefaßt sein, belästigt – das heißt im besten Falle angepöbelt zu werden. Jeder starrte dem andern zuerst aufs Knopfloch. Ein Hakenkreuz konnte und wollte ich selbstverständlich nicht tragen, auch nicht zum Schein. Um aber meine Ausreise nicht unnötig zu gefährden, hatte ich etwas anderes auf meinem Rockaufschlag befestigt: die Schnalle mit meinen Kriegsauszeichnungen und die Nadel mit dem ›EK I.‹. Man mag das als veraltete Romantik bezeichnen, aber ich hatte diese Dinge aufbewahrt;

für mich bedeuteten sie, fernab von aller Politik, eine Erinnerung an ernste, schwere, an der Seite unvergeßlicher Kameraden durchlebte und überstandene Jahre, auch an manche Gefahr und Bedrohung meines damals noch jungen Lebens – ohne zu ahnen, daß sie mir noch einmal das Leben retten sollten.

Jetzt aber hatte ich ganz vergessen, daß ich diese Dekorationen, die wir selbst im Krieg respektlos als Klempnerladen bezeichnet hatten, sozusagen wie schützende Amulette unter dem Mantel auf dem Rock trug, und bemerkte erst an den ängstlich verstörten Augen meiner Mitreisenden die Wirkung: als Österreicher wußten sie nicht genau, was das war, aber sie sahen etwas Schwarz-Weißes und Schwarz-Weiß-Rotes und hielten mich offenbar für einen besonderen Berserker und Wüterich. Bald bot man mir einen Schnaps an, und als ich höflich akzeptierte und ein Gespräch begann, wurden sie zutraulicher und schienen zu denken, ich sei auch ein Mensch. Ihnen bangte vor der Grenze, und an ihren Reden bemerkte ich, daß sie mich um meiner vermeintlichen Sicherheit willen beneideten. Wieviel unsicherer ich selber war und wieviel Grund ich dazu hatte, ahnten sie nicht.

Es war eine Fahrt von drei Stunden, mitten in der Nacht, und je näher wir der Grenze kamen, desto hektischer, unheimlicher, exaltierter wurde die Stimmung. Patrouillen drängten sich dauernd durch die mit Passagieren überfüllten Gänge, kamen in die Kupees, kontrollierten die einzelnen Reisenden, fragten sie nach Namen, Reiseziel und Geldbestand. Man durfte nicht mehr als zehn Reichsmark oder zwanzig österreichische Schillinge bei sich tragen – das war auch der ganze Reichtum, mit dem ich abgefahren war –, und auf dem kleinsten Überbetrag stand schwerste Strafe, auf dem Schmuggel größerer Summen sogar der Tod. Natürlich bestand der Verdacht, daß manche Flüchtlinge versuchen würden, höhere Beträge durchzubringen, und es waren für die Beamten besondere Belohnungen ausgesetzt worden, falls sie Geld oder Wertsachen entdeckten. Aber es war außerdem bei der ganzen, fortgesetzten und eigentlich unnötigen Kontrolle, denn die entscheidende fand ja erst an der Grenze statt, eine Art von kalter Schikane im Spiel. Es war im kleinen Abbild des ganzen Diktatursystems, das auf planmäßiger Einschüchterung aufgebaut ist: jeder einzelne soll das Gefühl haben, in jedem Augenblick beobachtet zu sein und ›erfaßt‹ werden zu können.

Meine Mitreisenden waren durchweg Leute, die wohl persönlich noch nicht verfolgt waren, aber – mit gutem Grund – die kommenden Verfolgungen ihrer Rasse oder ihrer Gesinnung fürchteten. Einige von ihnen mögen auch zu der Sorte von üblen und skrupellosen Geschäftemachern gehört haben, zu den notorischen Hyänen der politischen und ökonomischen Schlachtfelder. Mir ging dabei durch den Kopf, wie leicht braven und anständigen Menschen der Satz heruntergehen mußte: »Gemeinnutz geht vor Eigennutz« – wie viele Gutgläubige wohl auf diese so rechtlich klingende Parole des Nationalsozialismus hereingefallen seien und wie abscheulich sie durch den Mißbrauch getäuscht waren und enttäuscht werden sollten. Ich empfand, als Flüchtling, fast eine Art von Mitleid mit den ahnungslosen Mitläufern, die zurückblieben.

Die meisten in meinem Kupee wirkten harmlos und verstört. Da saß ein kleiner, muskulöser Mensch mit kugeligem, blondem Kopf – er hieß Baldur mit Vornamen und war so ›arisch‹ wie sein Namenspatron. Sein Beruf war, wie er erzählte, Mittelstürmer. In einem Wiener Fußballteam. Aber er flüchtete mit seiner jüdischen Braut, Rebekka, die zwei Köpfe größer war als er und eine Brille trug. Denn sie fürchteten, mit Recht, das Verbot der ›Rassenschande‹, die – von der Trennung der Liebenden abgesehen – mit den grausamsten Strafen belegt wurde. Sie saßen da wie Hühner auf der Stange und zogen, wenn eine Kontrolle nahte, die Hälse ein, als käme die Köchin mit dem Messer. Immer wieder beratschlagten sie, nervös und unsicher, was sie denn auf der Grenze sagen sollten. Ich gab ihnen den guten Rat, gar nichts zu sagen und so zu tun, als ob sie sich nicht kennen würden und nur zufällige Reisegefährten seien. Als aber gleich darauf ein martialischer SS-Mann noch im fahrenden Zug hereinkam, um die Pässe einer Vorkontrolle zu unterziehen, machten sie sich sofort durch Blicke und gegenseitiges Zunicken verdächtig. »Kennen Sie diesen Herrn?« fragte der SS-Mann abrupt. »Ja«, stotterte sie, »er ist mein Verlobter.«

Der SS-Mann nahm beiden die Pässe ab, steckte sie in die Tasche und ging hinaus auf den Gang, wo er sich verträumt eine Zigarette anzündete. Zu Tod erschrocken saßen die beiden da, ihre Gesichter waren bleich und schuldbewußt. Er, Baldur, schüttelte immer wieder den Kopf und sagte grüblerisch vor sich hin: »Mein Verlobter! Es ist mir ein psychologisches Rätsel. Wir sind ja gar nicht – das heißt – wir haben doch sonst nie das Wort gebraucht... Wir – wir gehen halt miteinander. Und jetzt sagt sie plötzlich: mein Verlobter! Zu dem Kerl!«

»Ich kann ihm doch nicht sagen«, stammelte sie, »daß wir Lebensgefährten sind... Unsere Beziehung ist ja mehr seelischer Natur«, fügte sie hinzu und wurde schrecklich rot. Die beiden waren so rührend in ihrer Not und ihrer unbewußten Komik, daß man es kaum aushalten konnte – und ich will, allen Gesetzen der Spannung zum Trotz, vorwegnehmen, daß sie durchkamen und hoffentlich heute noch konstante ›Lebensgefährten‹ sind, vielleicht auch die Eltern vieler ›Mischlinge‹.

Ein anderer Mensch saß in diesem Kupee, es war der, welcher mir den Schnaps angeboten hatte. Er trank selbst sehr viel aus einer Feldflasche und rutschte immer nervöser auf seinem Sitz hin und her. »Mein Vater war e kommandierender General«, sagte er öfters laut, »was kann *mir* schon passieren!« Er schwitzte, seine Stirn war rot angelaufen. Bei den verschiedenen Kontrollfragen im Zug hatte er wie alle anderen angegeben, daß er nicht mehr als zehn Mark bei sich trage. Fünf Minuten vor der Grenze aber, als der Zug schon sein Tempo verlangsamte, wurde er plötzlich grün, als würde ihm übel, sprang auf, riß das Fenster herunter, zerrte ein Bündel Banknoten aus irgendeiner inneren Rocktasche heraus und warf es in die Nacht. Es war ein recht dickes Bündel. Wenn man es gefunden hätte, wäre es ihm schlecht ergangen. Jetzt ließ er sich auf seinen Sitz zurückfallen und atmete schwer. Er hatte, buchstäblich, sein Geld zum Fenster hinausgeworfen.

Dies waren nur ein paar kleine Beispiele von all den verhetzten, durcheinandergewürfelten Menschenschicksalen, die in dieser Nacht an mir vorbeizogen. Es wurden auch dann und wann auf kleineren Stationen gewisse Namen aufgerufen, und ihre Träger, wenn man sie fand, aus dem Zug geholt. Auch mein Name wurde plötzlich gerufen, und ich zuckte zusammen, obwohl es eine weibliche Stimme war. Dann erschien eine polnische Dame, die mich vom Gang her gesehen hatte: sie kenne mein Gesicht von einer Wiener Premiere und illustrierten Blättern, und sie wollte wissen, wie die künstlerischen Pläne Max Reinhardts seien, den sie so sehr verehrte, und ob denn nun wohl der ›Jedermann‹ noch in Salzburg gespielt werde. Sie war selbst auf der Flucht, aber ein Gespräch über Theater und Literatur schien für sie aufregender zu sein als die ganze Situation, und sie redete von Kunst, Kultur und Gesellschaft, als ob es das alles noch gäbe. Ich mußte an die Marquisen in den Kerkern der Französischen Revolution denken. Aber das gegenwärtige Erlebnis erschien mir wie eine ordinäre Parodie. Denen von damals mag das ihre ähnlich erschienen sein. Romantisch werden solche Ereignisse immer erst, wenn sie vorbei sind. Frisches Blut riecht gemein.

Als der Zug langsam in Feldkirch einfuhr und man die grellen Kegel der Scheinwerfer sah, hatte ich wenig Hoffnung. Ich empfand eigentlich nichts und dachte in diesem Moment auch nichts. Eine kalte Spannung hatte mich erfüllt. Aber alle Instinkte waren auf die Rettung konzentriert. Ich denke heute: ob es dem Fuchs so zumute ist, wenn er die Meute hört?

»Alles raus, mit Gepäck! Der Zug wird geräumt.«

»Träger!« rief ich.

»Selber schleppen«, schrie eine Stimme, »gibt keine Träger für euch.«

Man war, als Insasse dieses Zugs, bereits nur noch in der Mehrzahl vorhanden. So ergriff ich meine zwei Koffer, in denen alles verstaut war, was ich hatte mitnehmen können: das Notwendigste für kurze Zeit.

Ich sah zu meinem Schrecken, daß der Grenzdienst fast ausnahmslos von Hitlertruppen in brauner und schwarzer Uniform ausgeübt wurde. Der Bahnhof wimmelte von Menschen. Überall waren große Tische aufgestellt, auf die man die Koffer und Taschen der Passagiere einfach umleerte. Man kippte sie oder stellte sie auf den Kopf, dann wurde der völlig geleerte Koffer auf doppelten Boden abgeklopft, dann jedes einzelne Stück des Inhalts untersucht, jedes Paar Strümpfe aufgerollt, die Leisten aus den Stiefeln gezogen, jedes gefaltete Hemd auseinandergeschüttelt, jedes Schmink- oder Puderdöschen geöffnet. Und das bei Hunderten von Passagieren, von denen dann noch jeder einzelne körperlich visitiert, das heißt in einer Zelle bis auf die Haut entkleidet und sozusagen selbst wie ein Koffer umgestülpt wurde. Ich sagte mir, daß dieses Beispiel deutscher Gründlichkeit viele Stunden lang dauern müsse, und machte mich auf eine lange Folter gefaßt. Dabei fiel mir ein, daß ich in einem meiner Gepäckstücke eine Menge handschriftlicher Manuskripte von Gedichten und entworfenen Arbeiten verwahrt hatte, es war eine Gedankenlosigkeit sondergleichen, derartiges mitzunehmen, aber mir war es einfach das Wichtigste gewesen. Geschriebenes war bekanntlich besonders suspekt. Wenn die jedes einzelne Blatt lesen wollen, dachte ich voll Entsetzen, dann komme ich nie mehr hier weg.

Während eben ein Mann mit klobigen Händen meinen ersten Koffer umschüttelte, verlangte ein anderer, in schwarzem Hemd, meinen Paß. Ich reichte ihn harmlos hin und beobachtete die Reaktion unter den Lidern.

Der Mann schaute lange auf meinen Namen, dann hob er plötzlich ruckartig den Kopf, als habe er Witterung genommen.

»Zuckmayer?« fragte er. Ich nickte.

»*Der* Zuckmayer?«

»Was meinen Sie damit?«

»Ich meine: der berüchtigte.«

»Ob ich berüchtigt bin, weiß ich nicht. Aber es gibt wohl keinen anderen Schriftsteller meines Namens.«

Seine Augen wurden spitz, wie wenn jemand Ziel nimmt und seines Treffers gewiß ist.

»Kommen Sie mit«, sagte er.

»Ich muß bei meinem Gepäck bleiben«, erwiderte ich.

»Das müssen Sie nicht«, sagte er und lächelte spöttisch, als wolle er sagen: Du brauchst kein Gepäck mehr.

Ich wurde über den langen Perron des Bahnhofs geführt, während mein Gepäck zurückblieb und der Gründlichkeit anheimfiel. Ganz am Ende des Bahnhofs, wo es stockdunkel wurde, waren einige Baracken sichtbar. Es roch knoblauchartig nach feuchtem Karbid, und der kreidige Schein einer Fahrradlampe schwankte über dem Barackeneingang.

In der Baracke saß ein blonder magerer Mensch in der Uniform der SS hinter einem Tisch, er trug eine Stahlbrille und sah überanstrengt und unterernährt aus. Vor dem Tisch stand ein Mann mit aufgeschlagenem Mantelkragen und gesenktem Kopf, der offenbar gerade verhört worden war.

»Ins Revier zum Abtransport«, hörte ich die Stimme des Beamten, »wenn überfüllt, ins Ortsgefängnis. Der nächste Herr bitte.« Zwei SA-Leute führten den völlig gebrochenen Mann hinaus, er schien zu weinen.

Dann trat ich, der nächste Herr, vor meinen Richter. Mein Häscher hatte mit ihm geflüstert, und nun schaute der andere auf.

»Carl Zuckmayer«, sagte er. – »Aha.«

Er starrte in den Paß, blätterte darin herum, sein Gesicht wurde nachdenklich. Immer wieder starrte er auf die erste Seite. Ich merkte, daß ihn die fünfjährige Gültigkeit irritierte: Juden bekamen damals nur noch Pässe für sechs Monate, wenn überhaupt. Meiner war früher im deutschen Konsulat in Salzburg ausgestellt worden, wo man korrekt verfuhr und mir wohlwollte.

Dann ließ er sich eine gedruckte Liste reichen, wohl die der politisch Verfolgten, schlug den Buchstaben Z auf, fand mich nicht, starrte wieder in den Paß. »Komisch«, sagte er und schüttelte den Kopf, »ich habe doch mal irgendwas über Sie gehört, aber ich weiß nicht mehr genau. Sie sind also gar kein Hebräer.«

Er lachte jovial, und ich grinste ein wenig. Daß meine Mutter

eine geborene Goldschmidt war, brauchte ich ihm ja nicht anzu-
vertrauen.

»Katholisch«, las er. »Na ja. Die Pfaffen werden wir auch
noch drankriegen.«

»Ich lebe nicht im Zölibat«, sagte ich, mit einem Versuch zu
lachen. Er lachte mit, stand auf, kam auf mich zu, den Paß in der
Hand, als wolle er ihn mir wiedergeben.

»Wo fahren Sie hin?«

»Nach London, um einen Film zu schreiben.«

»Film? Das ist interessant. Haben Sie schon mehr Filme geschrieben? Solche, die man kennt?«

»Der letzte hieß ›Rembrandt‹«, sagte ich.

»Oh – den hab' ich gesehen. Der war politisch einwandfrei. Er
ist in Wien gelaufen, als ich letzten Winter zum SS-Schulungs-
kurs abkommandiert war. Illegal natürlich«, sagte er vertraulich. Dann beugte er sich zu mir vor.

»Sind Sie Parteigenosse? Haben Sie einen Parteiausweis mit?«

»Nein«, sagte ich, »ich bin kein Parteigenosse.«

Im selben Augenblick war alle Jovialität verschwunden, der
Mann riß meinen Paß, nach dem ich schon die Hand ausge-
streckt hatte, wieder an sich.

»So«, sagte er scharf, »ein deutscher Schriftsteller und nicht
Parteigenosse? Aber Sie sind doch Mitglied der Reichsschrift-
tumskammer?«

»Nein«, sagte ich, »auch das nicht.« Denn zu lügen, hätte keinen Sinn gehabt, da ich ja keine Ausweise dieser Art besaß, die
sonst jeder bei sich trug.

»Und weshalb nicht?«

Sein Gesicht wurde starr und drohend.

Was ich jetzt antwortete, habe ich mir nicht für den Bruchteil
einer Sekunde überlegt. Ich tat es ganz automatisch, und ich
wußte nicht, warum ich es tat und was daraus folgen würde.
Aber ich verstehe seitdem, daß Menschen an die Einflüsterun-
gen von Schutzengeln oder guten Geistern glauben.

»Ich kann nicht Parteigenosse sein«, antwortete ich prompt,
»weil meine Werke in Deutschland verboten sind. Sie stimmen

nicht mit der nationalsozialistischen Weltanschauung überein. Deshalb arbeite ich ja in London, wo ich auch den ›Rembrandt‹-Film gemacht habe. Daß ich beliebig ins Ausland reisen kann, sehen Sie aus meinem Paß, sonst hätte ich ihn nicht. Das muß Ihnen doch genügen.«

Ich streckte wieder die Hand nach meinem Paß aus.

Aber der Sturmführer starrte mich nun ganz sonderbar an. Sein Mund klaffte auf, seine Augen waren rund geworden. Plötzlich ergriff er meine ausgestreckte Hand und schüttelte sie.

»Fabelhaft!« rief er. »Diese offene Aussage! Diese Ehrlichkeit!«

»Glauben Sie denn«, sagte ich, meinen Vorteil wahrnehmend, »jeder, der hier hereinkommt, ist ein Lügner?«

»Die meisten schon«, rief er aus, »aber Sie – Sie sind halt ein deutscher Mann! Das hätt' ich nie geglaubt, daß am heutigen Tag einer offen zugibt, er ist kein PG, er ist verboten! Sie – aus Ihnen wird noch ein Parteigenosse, das garantier ich Ihnen!«

»Danke schön«, sagte ich und nahm meinen Paß entgegen. »Kann ich jetzt zu meinem Gepäck?«

»Ich komme mit«, rief er, »ich brauche auch mal eine Ablösung. Fabelhaft. Vor Ihnen hab' ich Respekt. Ihr Gepäck ist ja einwandfrei, hoffe ich?«

Er zog die Brauen hoch und bekam wieder Falten ins Gesicht. Ich dachte an meine Manuskripte, und der Gedanke an ein neues Katz-und-Maus-Spiel machte mir heiß. Außerdem sah ich draußen den Kerl stehen, der mich hereingebracht hatte, und bösartig zu mir herstarren.

Jetzt – dachte ich nun ganz bewußt und berechnend – ist es an der Zeit. Ich öffnete meinen Mantel, schlug ihn zurück, als suche ich in der Hose nach meinem Taschentuch, und zwar auf der linken Seite, wo die Kriegsorden steckten. Sofort hefteten sich seine Augen darauf wie gebannt.

»Sie waren an der Front?« fragte er.

»Natürlich«, sagte ich lässig, »fast vier Jahre lang.«

»Offizier gewesen?«

Ich nickte.

»Ist das nicht – das Eiserne Kreuz Erster Klasse?«

»Ja.«

»Und das?«

»Die hessische Tapferkeitsmedaille. Ich stamme aus Mainz. Die bekam jeder, wenn er eine Zeitlang dabei war.«

»Aber das hier – mit den Schwertern?«

Es war der ›Zähringer· Löwe mit Eichenlaub und Schwertern‹, eine Auszeichnung, die Offiziere bekommen konnten, wenn sie bei einer badischen Formation gestanden und sich dort verdient oder beliebt gemacht hatten. Ich erklärte es ihm.

»Dann sind Sie ja ein Held«, sagte er und bekam Fischaugen.

»Das nicht«, sagte ich barsch, »aber immerhin kann man sich die Dinger nicht für zehn Groschen auf der Straße kaufen.« Diese Anspielung war schon ziemlich frech, aber sie tat ihre Wirkung.

»Prachtvoll«, rief er und lachte übermäßig. – »Sie meinen die Mitläufer! Die Opportunisten! Das ist deutscher Humor. Großartig!«

Er nahm seine Mütze ab und wischte sich den Schweiß. Ich sah, daß er die Haare am Hinterkopf abrasiert hatte, vorne war sein Schopf ›vorschriftsmäßig‹ zugestutzt.

»Wir von der jüngeren Generation«, begann er, als wolle er eine Rede halten, »die nicht mehr das Glück hatten, am Krieg teilzunehmen, wissen trotzdem, was wir unseren Helden schuldig sind. Achtung!« schrie er plötzlich nach draußen. »SA und SS angetreten!«

Wir verließen die Baracke, und seine Leute spritzten heran. Und nun ließ er sie, inmitten der ganzen Zolluntersuchung und all der angstverstörten Flüchtlinge, vor mir antreten. »Wir ehren einen Helden des Weltkriegs 14–18«, brüllte er. »Heil Hitler!«

Eine Reihe von Braun- und Schwarzhemden hatte sich vor mir aufgebaut wie vor einem kommandierenden General, klappte die Hacken zusammen, daß der Dreck spritzte, und schrie mir ihr ›Heil Hitler!‹ ins Gesicht, als sei ich der Führer persönlich. Ich war plötzlich der große Mann der Grenzstation und kam mir vor wie der ›Hauptmann von Köpenick‹ in meinem eigenen Stück.

»Wo ist das Gepäck dieses Herrn?« kommandierte er. »Zuschließen. In den Schweizer Zug bringen!« Ich brauchte keine Hand mehr zu rühren. Der Koffer mit den Gedichten wurde gar nicht erst aufgemacht.

»Der Herr war noch nicht bei der Leibesvisitation«, sagte ein SA-Mann.

»Der Herr braucht nicht zur Leibesvisitation«, rief mein Beschützer, »der Herr ist abgefertigt!«

»Sie können in die Bahnhofswirtschaft gehen«, wandte er sich dann zu mir, »mit den andern haben wir noch stundenlang zu tun.«

So mußte ich als einziger von allen Passagieren nicht zu jener Prozedur, die, wie ich dann hörte, besonders für die Damen überaus peinlich war und von den Frauen der Wachleute oder Beamtinnen mit großer Roheit durchgeführt wurde.

Diese Geschichte hätte ich vielleicht nie genau erzählt, ich zögerte sogar, meiner Frau, als wir uns dann wieder trafen, die Einzelheiten zu berichten, weil mir das allzusehr nach einem Husarenstück, nach Aufschneiderei, nach selbsterfundener Bravour und Courage klang – wenn ich nicht einen Zeugen gehabt hätte. Es näherte sich mir nämlich plötzlich, während mein ›Freund‹ mich zur Bahnhofswirtschaft begleitete und diensteifrige Nazis mein Gepäck in den Zug trugen, um mir dort einen Platz zu belegen, ein mir unbekannter Herr und flüsterte mir zu: »Ich bin mit Ihrer Frau ins Ferienheim der Schwarzwaldschule gegangen, sie kennt mich gut. Meine Frau liegt mit einem gebrochenen Bein noch im anderen Zug, ich weiß nicht, wie wir hier wegkommen, sie ist Jüdin. Vielleicht können Sie mir helfen!« – Ich wandte mich an meinen Sturmführer, der gerade mit seiner Ablösung gesprochen hatte. »Ich kenne diesen Herrn«, sagte ich ihm, »er ist politisch einwandfrei. Seine Frau hat ein Bein gebrochen und kann nicht zur Kontrolle. Würden Sie mir den Gefallen tun, den Herrschaften behilflich zu sein?« – »Wenn Sie für die Leute gutsagen«, erklärte mein Gönner, »dann geht das in Ordnung.« Er gab einige Weisungen, und ich sah kurz darauf, wie eine Frau mit geschientem Bein, von ihrem Mann und einem Bahnbeamten gestützt, in den Schweizer Zug gebracht wurde.

Dieser Herr begegnete uns einige Tage später auf der Bahnhofstraße in Zürich und bedankte sich überschwenglich bei mir. So erfuhr meine Frau zum ersten Mal das Nähere von meinem Grenzabenteuer.

Jetzt war es noch nicht zu Ende. Ich saß in der Bahnhofswirtschaft. Die Stunden schlichen. Immerhin war ich endlich zu meinem Rotwein gekommen, und ich fühlte, daß ich seit Wien nichts mehr gegessen hatte. Aber ich hatte keinen Appetit. Ich war auch nicht müde, obwohl ich seit Tagen kaum mehr geschlafen hatte. Der Tag dämmerte bereits. Mein Puls klopfte mit dem Ticken der Uhr. Wenn man nur schon 'raus wäre. Jede Sekunde kann irgendeine neue Wendung bringen, jede neue Ablösung eines Grenzbeamten eine neue Verdächtigung, und die ganze Komödie war umsonst. Jetzt, wo ich schon fast gerettet war, spürte ich Todesangst.

Mein Nazi-Freund saß neben mir, vertrank meine letzten zwanzig Schillinge und schaute glasig. Immer wieder drückte er sein Bedauern aus, nicht mehr im Krieg gewesen zu sein, wo er sich hätte ›bewähren‹ können.

»Es wird schon noch einen geben«, tröstete ich ihn.

»Ja«, rief er begeistert, »trinken wir drauf!«

Ich sah ihn plötzlich, ohne Haß, aber auch ohne Mitleid, in einer Blutlache liegen, mit fahlem Gesicht, wie ich so viele gesehen hatte. Von Zeit zu Zeit kam ein SA-Mann hereingestürzt und meldete, daß sie wieder einen erwischt hätten, der zehntausend Schillinge im Schuh oder einen Brillanten im Hintern versteckt gehabt hatte.

»Na – hunzen wer' ma den! So an Saukerl!

»Geht's nicht bald weiter?« fragte ich.

»Nicht so bald. Wir machen groß gründlich heute.«

»Dann bleiben wir noch gemütlich beisammen«, sagte mein Kumpan.

Der Himmel war glasgrün und wolkenlos, die Sonne flimmerte auf dem Firnschnee, als der Zug die Grenze passierte. Die Schweizer Zollbeamten kamen herein und stießen freundliche Rachenlaute aus. Alles war vorbei. Ich saß in einem Zug, und er ging nicht Richtung Dachau.

Ich saß am Fenster und dachte: Jetzt solltest du dich wohl freuen. Oder wenigstens so etwas spüren wie Erleichterung. Aber ich spürte nichts. Nicht einmal Schmerz. Ich dachte nur: ich werde mich nie mehr freuen. Mir ist alles vollkommen gleichgültig – ob ich hier bin oder sonstwo in der Welt. Es wird nie mehr anders werden.

Doch es wird immer anders. Es wird immer anders, solange man lebt. Zwar heilt die Zeit keineswegs alle Wunden. Doch sie lehrt uns eine Dialektik der Metamorphose, des Sich-Verwandeln-Müssens. Ihre These ist: der Lebenswille! Ihre Antithese: die Verzweiflung. Ihre Synthese ist die Freundschaft.

Man hörte damals oft die Anekdote von einem vielgereisten Engländer, der gefragt wurde, welches Volk er am liebsten möge: die Franzosen? »No«, sagte der Mann. Dann die Deutschen? Die Italiener? Vielleicht die Inder? Die Russen? Oder gar die Amerikaner? – *Nur* die Engländer? – »No«, sagte der Mann. »I like my friends.«

An diesen Satz kann man sich halten – obwohl ich für meine Person gestehen muß, daß ich die Deutschen, sogar für ihre Fehler (ich spreche hier nicht von den Verbrechen, mit denen die Helfer und Knechte der Tyrannei unser Volk befleckten), eine unüberwindliche Schwäche habe, und daß ich mich immer und ohne Einschränkung ihnen zugehörig fühle. Aber was hilft einem das, wenn man nicht mehr bei ihnen zu Hause ist? Man soll die Emigration nicht für einen Ausflug halten. Es gibt keine leichte Achsel, auf die sie zu nehmen wäre. Ist je ihre wirkliche, innere Misere geschildert worden? Daß Gott erbarm – wieviel Selbsttäuschung, vergebliche Hoffnung, falsche Zuversicht, zerbrochene Lebensmitte! Dabei hatten wir ein gutes Beispiel, wie man es nicht machen soll: das waren die Russen, die nach der Oktober-Revolution von 1917 geflüchtet waren und nun in allen Großstädten der Welt herumsaßen, ununterbrochen einander Gerüchte über den fortschreitenden Zerfall des Bolschewismus und sein baldiges Ende zutragend, und jedes Osterfest mit dem Trinkspruch begingen: zu Weihnachten sind wir daheim! Bis sie allmählich vergreisten. Aber diese russischen Emigranten waren überall ein wohlgelittenes Element. Aus dem Berlin der zwanziger Jahre, von dem ich mein Teil noch zu erzählen habe, sind sie gar nicht wegzudenken. Sie hatten etwas Vornehmes, auch als arme Teufel, und es ging eine gewisse tragische Würde von ihnen aus – sie wirkten wie verbannte Edelleute aus dem Dixhuitième, selbst wenn sie daheim nur Pferdepfleger, Kaffeehausmusikanten oder Kammerdiener gewesen waren.

Davon konnte bei unserer Emigration gar keine Rede sein. Von ihr ging nichts Nobles oder Bestechendes aus. Wir waren ungern gesehen, erweckten allenfalls Mitleid, mit einer leisen Verachtung gemischt, wenigstens als Kollektivum – denn die Welt hatte, bis in den Krieg hinein, vor Hitlers blendenden Erfolgen einen heillosen Respekt –, und wir brachten, als Kollektivum, ganz gleich ob Christ oder Jude, das alte deutsche Laster mit: die Zwietracht.

In Hollywood hieß es: wenn beim Beginn einer Filmproduktion ein Ungar dabei ist, dann sind am Schluß nur noch Ungarn dabei. Wenn aber am Anfang zehn Deutsche im Team sind, ist am Schluß nur noch einer drin. Gewisse Bindungen politischer Gruppen, der Kommunisten zum Beispiel, hielten sich vielleicht lebendig, nationale kaum. Dabei möchte ich behaupten, daß kein Deutscher seine Heimat vergessen kann, ganz gleich ob sie an der Oder und der Weichsel lag oder am Rhein und an der Donau. Selbst die, welche im fremden Land reüssierten und dort geblieben sind, tragen immer den Sprung im Herzen und die unsichtbare Last auf dem Genick. Und wir anderen werden die Folgen der Exilzeit nie ganz verwinden, ja, wir pflegen sie, ob wir es wissen oder nicht, wie eine gewohnte, nicht mehr entbehrliche Krankheit. Die einzige Heilkraft, die es dagegen gibt, der einzige Halt in diesem lockeren Treibsand, ist die Existenz der Freunde. Der alten, angestammten, von denen es auch über Jahrzehnte hinweg keine Entfremdung gibt, und solcher, die plötzlich da sind, als hätte man sie schon immer gekannt, als wäre man schon vor der Geburt, in einem früheren Leben, mit ihnen verbunden gewesen.

Durch das Dunkel der Zeiten, durch Geschichte und Vorgeschichte des Menschengeschlechtes, ist die Sage der Freundschaft gesprengt wie die Lichterketten bewohnter Ortschaften und Straßen durch eine nächtliche Landschaft. Kastor und Pollux sind unter die Sterne versetzt. Der Gesang von Achill und Patroklos durchwärmt die blutige Kälte des zehnjährigen Ringens um Ilion. Das finstere Lied vom Untergang der Nibelungen im Hunnenland wird von der Freundschaftsballade der jungen Giselher und Volker erhellt. Aus dem Turmverlies in der Wachau hört Richard Löwenherz die Stimme des Sängers Blondel. Es ist die Stimme, die reiner und klarer zu Herzen geht als der betörende Laut der Liebeswerbung, der Wohlklang des Minnelieds. Denn sie ist ohne Begierde. Die Leidenschaft ihrer Empfindung ist mehr als sinnliche Passion. Ihr Ziel ist nicht Besitz oder Erfüllung, sondern Beständigkeit, im fortgesetzten Vollzug der Treue. Die Geschlechterliebe kennt Treue nur in ihrer Heiligung durch den Ehebund, also durch ein Gelöbnis, eine Verpflichtung, ein geprägtes Sittengesetz, nicht aber aus ihrer ursprünglichen Natur. Die Freundschaft ist mit der Treue gleichbedeutend, sie ist ihr natürlicher Nährboden, das Blut in ihrem Aderngeflecht. Und wo sie versagt – nicht im Geschlechterkampf – steckt die Wurzel der Tragödie.

Denke ich an die hellsten und an die schwärzesten Stunden in meinem Leben und im Leben derer, die mir nahestanden, so ist die Freundschaft wie ein festes, sichtbarliches, unzerreißbares Band hindurchgeschlungen. In den guten Zeiten war sie eine Steigerung im gegenseitigen Geben und Empfangen. In den Zeiten der Not wurde sie zu einem Anker, dem letzten, an den man sich hielt, zur Lotsenschaft, manchmal zum Rettungsring, und immer, auch in den Niederbrüchen, auch im Geschlagensein, blieb sie ein irdisches Fanal, ein Feuerschiff, ein Signal im Nebel. Selbst wenn der Tod die Freunde von meiner Seite riß – ich habe das allzu früh erleben müssen, und es geschieht immer wieder –, so war und ist es jedes Mal, als wär's ein Stück von mir.

Da gibt es die hohe Freundschaft, die mit Verehrung beginnt und auf wechselseitigem Erkennen, Anerkennen beruht. Es gibt die zaghafte oder die stürmische Annäherung, zwischen Persönlichkeiten von verschiedenem Talent und Charakter, jene Anziehung der Gegensätze, die erst ihre Prüfung bestehen muß und sich daran erhärtet. Es gibt die variablen Stufen der Kameradschaft, wie sie sich im Zug gemeinsamer Erlebnisse oder Gefährdung ergeben, manchmal mit ihren Gezeiten wieder verebbend, manchmal über den Anlaß hinaus zu echter Verbindung wachsend. Solche Begegnungen scheinen fast im Bereich des Zufälligen zu liegen – dessen, was uns im Wechsel der Lebensumstände zufällt – und ohne Norm zu sein, während in der verschworenen Brüderschaft mit Gleichgesinnten eine feste Regel, ähnlich der eines Ordens, besteht. Es gibt die kometenhafte Epiphanie neuer Freunde im rechten Augenblick, und es gibt die Abschiede. Die schmerzlichen und beinah festlichen Abschiede, wie wir sie erlebten, als wir Auswanderer wurden und uns von den zurückbleibenden Freunden, von manchen für immer, trennen mußten. Wie ein Herdfeuer, über dem man sich in einer Herbstnacht die Hände wärmt, ist die Freundschaft mit einfachen Menschen, mit Handwerkern, Holzfällern, Farmern, wie sie mir drüben im Land der ›Grünen Berge‹ zuteil wurde – mit denen uns kein geistiges Band vereint, sondern nur das gegenseitige Vertrauen, die männliche Achtung und damit auch die natürliche Distanz, in der eine große Gewähr von Haltbarkeit und Zuverlässigkeit beschlossen ist.

»Freunde in der Not« – man hört diese Sentenz mit dem ironischen Tonfall der Verbitterten, dem Gezeter der Enttäuschten, die nicht merken, daß sie sich selbst getäuscht hatten, und die Schuld bei dem andern suchen. Ich habe aus der Zeit, in der Teufelei und Verrat gang und gäbe waren und aus der von den meisten nur die schwarze Erinnerung an das Niederträchtige und Gemeine behalten wurde, eine WEISSE LISTE bewahrt, derer, welche im Schmelzofen der Prüfung bestanden wie gutes Erz und die mit ihrem Leben und Sterben dafür gezeugt haben, daß es Bestand und Verlaß, Treue und Glauben gibt, über Völker, Klassen und Rassen, über alle Trennung und Spaltung hinweg.

Der Kanon im großen Chor gehört den toten Freunden. Wir haben sie verloren und hören nicht auf, zu trauern um sie, aber sie stehen immer mitten in unserem Lebenskreis: oft vernehmen wir ihre Stimmen, im Schlaf oder im Wachen; oft spüren wir den festen, gelassenen Druck ihrer Hand, mit keiner anderen Hand zu verwechseln oder zu vertauschen. Selbst wenn wir ihre Gräber nicht kennen, halten wir sie immer frisch. Sie sind mit uns, sie trinken aus unsrem Glas, und sie gehen durch unsere Stuben. Denn die Freunde sterben nicht.

»Die Schweiz« – so steht es in einer Erinnerung von Friedrich Engels aus den Sturmjahren 1848/49 – »zeigte damals den Emigranten ihre rauhe Seite.« Neunzig Jahre später, anno 1938/39, war diese Seite nicht zarter geworden. Ich werde nicht vergessen, wie ich in Zürich bei meiner ersten Anmeldung als politischer Flüchtling, dem die Schweiz ja traditionsgemäß Asylrecht gewährt, von der Fremdenpolizei in biederer Mundart angeschnauzt und behandelt wurde, als sei ich ein potentieller Betrüger, Schwindler, Scheckfälscher oder womöglich gar ein Kommunist. Wieviel Geld ich habe, ob ich ein Bankkonto nachweisen könne? Im Augenblick konnte ich das keineswegs. Solche Leute habe man hier nicht gern, warum ich denn nicht geblieben sei, wo ich hingehöre? Was ich verbrochen hätte (wörtlich), daß ich hätte weglaufen müssen? Ich sagte (da man mit politischen Bekenntnissen sehr vorsichtig sein mußte), daß meine Mutter jüdischer Abstammung sei. Das wäre kein Grund, hieß es, wenn man nicht selber Jude ist. Und die Juden würden auch nur aus Feigheit wegrennen oder um draußen Geschäfte zu machen, denen passierte dort gar nichts, wenn sie sich anständig aufführten, es werde ihnen nur endlich einmal auf die Finger gesehen. Ich erwähnte die Besetzung Österreichs und die dort herrschenden Zustände. Aber ich sei ja gar kein Österreicher, hieß es, was meinem Paß nach auch stimmte – dann hätte ich doch ins Reich zurück sollen, wo es jetzt so gutgeht, anstatt hier zur Last zu fallen. Ich werde niemandem zur Last fallen, sagte ich, und meinen Unterhalt schon verdienen. Aber nicht hier! schrie man mich an, hier hätte ich kein Recht zu verdienen! Da könne ja jeder herkommen und den Einheimischen das Brot wegnehmen! Ausweisen könne man mich vorläufig nicht, aber eine Aufenthaltserlaubnis könne ich nur kurzfristig und auf Widerruf erhalten. Dann werde man weitersehen; aber ich solle mir nur nicht einbilden, daß ich mich hier niederlassen dürfe! Damit war ich ungnädigst entlassen.

Nun, das war eine gewisse Beamtenschaft; auch in Bern haben wir später bei der Paßbehörde unverhohlene Ausbrüche von Antisemitismus und Sympathie für die Nazis erlebt. Im Waadtland, in der Suisse Romande, machten wir bessere Erfahrungen, allerdings dann schon unter Nachweis einer, in England verdienten, Geldsumme. Aber die Wege zu den Behörden, auch zu den verschiedenen Konsulaten, die ich wegen Hin- und Rückreise nach London oder Paris aufsuchen mußte, waren jedesmal Bitt- und Bußgänge.

Ganz anders, ganz entgegengesetzt, verhielten sich die einzelnen von Rang und Niveau, wie zum Beispiel der Schweizer Schriftsteller Caesar von Arx, den ich persönlich nicht kannte, der mir aber sofort alle Unterstützung und Hilfe anbot, die ihm sein Ansehen und Einfluß hier ermöglichten. Er hat dann auch den Dramatiker Georg Kaiser, der – obwohl längst unter Aufführungs- und Schreibverbot – immer noch in Potsdam lebte, herübergebracht. Auch der Schweizer Literaturprofessor Robert Faesi setzte sich rückhaltlos für die vertriebenen deutschen und österreichischen Dichter ein, die jetzt in der Schweiz Zuflucht suchten – und dann gab es den Kreis um das Zürcher Schauspielhaus, damals noch unter der Leitung des Weinhändlers Rieser, mehr noch seiner Frau, einer Schwester Franz Werfels, die alles taten, um den in Deutschland ausgestoßenen oder unerwünschten Künstlern neuen Boden zu bereiten. Unter dem späteren Direktor Oskar Wälterlin und seinem, selbst aus Deutschland emigrierten, Dramaturgen Kurt Hirschfeld – beide nicht mehr am Leben – wuchs dieses kleine Haus am ›Pfauen‹, mit seinen engen Sitzreihen und seinen bescheidenen Garderoben, weit über alles Provinzielle hinaus und wurde zur letzten Heimstätte freien deutschen Theaters. Dort fragte man nicht, ob einer rechts oder links, Katholik oder Kommunist, Christ oder Jude, nur ob er ein guter Künstler sei, und das Schweizer Publikum bewies, durch seine Liebe und Anhänglichkeit zu diesem Ensemble, daß seine Intelligenz und gewiß auch seine Mehrheit auf der richtigen Seite standen.

Wunderbar bewährten sich nun die Freunde. Kaum hatte ich Alexander Korda, dem Grandseigneur unter den Glücksrittern des Weltfilms, mitgeteilt, daß ich nach Zürich durchgekommen sei und dort meine Familie erwarte, als er mir – ohne daß ich ihn darum gebeten hatte oder daß er mir etwas schuldete, denn wir sollten uns über eine neue Arbeit erst verständigen – telegrafisch eine stattliche Summe in englischen Pfunden anweisen ließ. Wir würden das, sagte er am Telefon, später einmal verrechnen, aber erst auf den übernächsten Vertrag – ich solle nicht fürchten, daß er mir das beim nächsten sofort abziehen werde. Ohne das hätte ich tatsächlich auf dem trockenen gesessen und nicht einmal meine Hotelrechnung bezahlen können; denn mein Verleger Bermann Fischer war selbst aus Österreich geflohen und nach Schweden unterwegs, um den Verlag neu aufzubauen. Am selben Tag erhielt ich ein Telegramm von Elisabeth Bergner, damals in London auf der Bühne und im Film gefeiert wie vorher in Berlin; sie hatte wohl durch Korda von unsrem Verbleib erfahren und fragte mich an: ob ich Geld brauche und wieviel. Diese unverzügliche Bereitschaft der Freunde, denen es besser ging, war in diesem Augenblick unendlich wohltuend. Natürlich machte ich mir nichts darüber vor, daß so etwas immer nur eine ›erste Hilfe‹ sein könne wie ein Notverband bei einem Unfall

– wir hatten noch mehr solche Beweise der Hilfsbereitschaft –
und daß es nun galt, einen ganz neuen Existenzkampf auf sich zu
nehmen und zu bestehen. Dieses erste Jahr nach der Austreibung, von allem Emotionellen ganz abgesehen, war für mich
eines der härtesten Arbeitsjahre meines Lebens: denn es handelte
sich ja nicht um jene Arbeit, die mir Lebensinhalt ist, sondern
um eine hartnäckige und hastige Fron für die Selbsterhaltung
und das Weiterkommen. Ich habe in diesem einen Jahr – zumal
es mir schließlich klarwurde, daß wir weiter mußten, daß in der
schönen Schweiz unsres Bleibens nicht sei, daß ich die Mittel zur
Überfahrt für eine fünfköpfige Familie, vier Menschen und
einen mitgeschleppten uralten Hund, nach dem Land aller Hoffnung, Amerika, benötige – außer einer eigenen schriftstellerischen Arbeit sechs Filmszenarios geschrieben, drei für London, eins für Paris, zwei für Amsterdam – und daß ich die Kraft
und innere und äußere Ruhe zu dieser rasanten Arbeit fand, verdanke ich nur einem anderen Glücksfall – den ich vorher als die
»Epiphanie neuer Freunde im rechten Augenblick« gekennzeichnet habe –, nämlich der Begegnung mit Pierre und Françoise Pelot, den Besitzern und Wirten des alten, herrlich altmodischen und traditionell gepflegten Gasthauses ›Belle-Vue‹ in
Chardonne bei Vevey, etwa dreihundert Meter oberhalb des
Genfersees. Wir kamen dahin auf Empfehlung des emigrierten
Berliner Schriftstellers Ulrich Becher, dessen Mutter Schweize-
rin, dessen reizende Frau eine Tochter des alt-österreichischen
Humoristen Roda-Roda war, des ›Herrn mit der roten Weste‹,
die er zu jeder Art von Kleidung ostentativ zu tragen pflegte.
Wir hatten ein Dutzend solcher Empfehlungen von ruhig gelegenen Orten in der Westschweiz, wo man damals noch verhältnismäßig billig leben konnte, und während ich ›auf Arbeits-
suche‹ nach Paris, London und Amsterdam fuhr, zu Ophüls,
Korda und Ludwig Berger, sah sich meine Frau nach einer passenden Unterkunft für uns um. Denn in Zürich konnten wir,
von dem ›urschigen‹ Verhalten der Behörde abgesehen, nicht
bleiben, obwohl wir rasch aus dem komfortablen Hotel in eine
billige Pension übergesiedelt waren: dort war ein teures Pfla-

ster. Dieses Pflaster, auf dem man täglich den Schicksalsgenossen, den jüngst eingetroffenen Flüchtlingen begegnete, war die Bahnhofstraße – und wem allem ist man da begegnet! Jedesmal war es fast ein Aufschrei; denn keiner wußte ja vom andern genau, was in diesen verwirrten Tagen aus ihm geworden, wo er abgeblieben sei, und jedesmal erfuhr man eine Schreckensnachricht: Auernheimer ist in Dachau. Friedell hat sich umgebracht. Louis Rothschild sitzt im Gefängnis. Rudolf Beer, Direktor des Wiener Volkstheaters, wurde zum Krüppel geschlagen, halb tot gequält und hat dann im Krankenhaus Gift genommen. Der und der ist an der Grenze verhaftet worden. Desto größer war die Freude über jeden einzelnen, der entkommen war. Zu den ersten gehörte Alfred Polgar mit seiner Frau. Dann kamen Hans Jaray und Lili Darvas, die schöne, elegante Reinhardtschauspielerin. Der große Albert Bassermann, den man mit allen möglichen Versprechungen hatte in Berlin halten wollen, war seiner jüdischen Frau wegen nun endgültig ausgewandert und schritt mit seiner geliebten Else in gelassener Traurigkeit zwischen dem See und dem Paradeplatz umher. Franz Werfel und Alma Mahler waren schon da und luden uns manchmal in eins der noblen Restaurants zum Essen ein. Jüdische oder politisch verfolgte Schauspieler tauchten auf, wie Karl Paryla aus Wien und, nach harten KZ-Jahren, Wolfgang Langhoff, der damals sein Buch ›Die Moorsoldaten‹ schrieb. Es war eine fortgesetzte Springprozession des Wiedersehens und der Begrüßung, was wir da auf der vornehmen Bahnhofstraße vollführten, und die Einheimischen, immer mit etwas verdrossenen Mundwinkeln, da sie gar keine Sorgen hatten, auf ihre Trambahn wartend, schauten befremdet zu, wie wir uns da umarmten und laute, aufgeregte Gespräche führten. Man hörte dort schon fast kein Züridütsch mehr, sondern nur noch reichsdeutsche oder österreichische Laute, ähnlich wie in manchen Cafés von Paris, in dem Londoner Vorort Hampstead und später in gewissen Gegenden von New York. Diese Emanation des gemeinsamen Schicksals war zunächst tröstlich und ergreifend, sie hatte aber auch etwas Belastendes, Depressives. Wir wollten keine ›Russen‹ werden, deren

Gespräche immer um denselben Gegenstand kreisten, und deshalb, nicht nur aus Finanzgründen, galt es andere Gefilde aufzusuchen.

An Amerika dachten wir zuerst noch nicht. Damals hätte man das Einwanderungsvisum noch ohne besondere Schwierigkeit haben können, die Quote war noch nicht überfüllt. Unser Freund Franz Horch, in wohlbegründeter Furcht vor dem, was in Europa kommen werde, hatte sich bereits ein solches Visum beschafft und gleichzeitig die Eingabe für Franz Werfel und mich auf dem US. Consulate vormerken lassen. Als er aber um elf Uhr vormittags, wie vereinbart, in eine Bar kam, es war die alte Züricher ›Bodega‹ in der Fraumünsterstraße, um uns zum ›Anstellen‹ ins Konsulat abzuholen, fand er uns unter dem Einfluß von trockenem Sherry und gegenseitiger Aufmunterung völlig taub für seine Vorstellungen. Werfel deklamierte gerade mit seinem schwingenden Baß das Gedicht ›Die Auswanderer‹ von Freiligrath:

>»Ich kann den Blick nicht von euch wenden;
>Ich muß euch anschaun immerdar:
>Wie reicht ihr mit geschäft'gen Händen
>Dem Schiffer eure Habe dar...«

Nein, sagten wir, wie störrische Kinder. *Eine* Flucht genügt. Wir sind Europäer und bleiben in Europa. Was sollen wir in einem Land, wo man Ketchup aufs Rindfleisch schüttet. Und wo unsere sprachliche Höchstleistung in dem Satz bestehen werde: »I am not able to express myself.«

Noch wiegten wir uns in dem Märchen von der uneinnehmbaren Maginot-Linie, die Hitler erst gar nicht angreifen werde, da die drohende und wachsende Sowjetmacht in seinem Rücken für ihn einen Krieg mit dem Westen unmöglich mache. Es war ein halbes Jahr vor dem ›Münchner Abkommen‹, in dem England und Frankreich die Tschechoslowakei preisgaben und damit Rußland alleinließen, es waren nicht ganze anderthalb Jahre vor dem zweideutigen ›Nichtangriffspakt‹ zwischen Moskau und Berlin. Jetzt wollten wir lieber, als letzte Bollwerke der europäischen Kultur, in der Bodega sitzenbleiben, statt uns schon wieder auf eine Flucht zu begeben, zu der wir vielleicht gar nicht gezwungen wären.

Für diese Fahrlässigkeit mußten wir beiden später den Preis zahlen: ich durch eine komplizierte Einwanderung über Kuba, Werfel mit einem gehetzten Sechstagerennen durch ganz Frankreich und über die Pyrenäen.

So kamen wir, im Mai dieses Jahres, in das hübsche, anheimelnde Dörfchen Chardonne, das, zwischen steil ansteigenden Weinbergen und unter der bewaldeten Höhe des Mont Pèlerin gelegen, auf den Genfer See herabschaut. Als ich mit zwei verschiedenen Filmverträgen, einem Kilo Dunhill-Tabak und einem unvorstellbaren Arbeitspensum von meiner Reise zurückkam, hatte meine Frau schon im Gasthaus Belle-Vue zwei behagliche Zimmer gemietet, deren eines einen alten Steinkamin in der Ecke hatte. Vor jedem gab es eine geräumige Holzterrasse, von Glyzinien umrankt, und auf der meinen stand der Schreibtisch bereit. Es war ein großes, längliches Steinhaus, in keiner Weise mit Schweizer Fremdenhotels vergleichbar, eher mit alt-französischen Provinzgasthöfen – in meinem Zimmer hängt noch heute ein Stich davon aus dem achtzehnten Jahrhundert, der es, nur mit niedrigerem Baumbestand, genauso zeigt, wie wir es damals fanden. Von den Terrassen der Gästezimmer aus sah man, zwischen mächtigen Pinien und Zedern hindurch und über den in Licht und Färbung täglich wechselnden See hinüber, die Kuppen des Dent-du-Midi und die Berge der Haute-Savoie, auch den durch Hodlers prächtiges Gemälde berühmten ›Grammont‹.

Wieso es zwischen dem Ehepaar Pelot, den Wirtsleuten, etwa zehn Jahre jünger als wir, und uns zu einer so explosiven, frenetischen und ebenso haltbaren Freundschaft kam, und zwar innerhalb weniger Tage oder vielleicht nur Stunden, kann ich noch jetzt nicht erklären. Das sind Naturereignisse. Dabei sprach nur sie einige Worte Deutsch, er keine Silbe, und unser Französisch war keineswegs auf der Höhe. Erst später, nach dem Krieg, war mein Freund Pierre gezwungen, da er auf der Basler Messe die ›Caves Vaudoises‹, die waadtländische Weinproduktion vertrat, etwas Deutsch zu lernen, aber er gestand uns, daß er nur auf dem Klo Zeit habe, sich mit der deutschen Grammatik zu beschäftigen. Als ich einmal, nach seiner Rückkehr von einer solchen Geschäftsreise, erstaunt fragte, wieso er plötzlich einen deutschen Satz fast korrekt zustande bringen könne, antwortete er: »Ich 'abe Verstopfung ge'abt.«

Jetzt aber, im Mai 1938, schoß da etwas ins Kraut, von dessen Fruchtbarkeit und Dauer wir alle vier noch keine Ahnung hatten. Wir waren, nach kurzer Zeit, mehr als Freunde, nämlich Verwandte geworden, und unsere Beziehung blieb durch all die Zeit wie die zu Bruder und Schwester. Die schöne Françoise – ihr Vater war Herrenschneider in Vevey, und ihre Familie stammte aus Sizilien – war damals guter Hoffnung, und zwar im letzten Stadium. Am 31. Mai brachte sie ihr zweites Kind zur Welt, Anne-Françoise, von ihrem Vater »Tit'anne« (Petite Anne) gerufen – aber man konnte auch denken, es bedeute ›Titania‹ die Elfenkönigin. Sie war als Säugling so hübsch, daß ich mich in ihren ersten zahnlosen Wochen in sie verliebte, und obwohl man oft erlebt, daß allzu hübsche Kinder später häßlich werden, ist sie heute noch schöner. Wenn immer ich Zeit hatte, fuhr ich sie in ihrem Babywagen die Gartenwege entlang und sang ihr rheinhessische ›Kinderliedcher‹ vor. Kurz vor der Geburt, im neunten Monat, war ihre Mutter Françoise, mit ihrem hohen Leib und ihren vollen Brüsten, für meinen Begriff, den nicht jeder teilen mag, ein Bild vollkommener Fraulichkeit: ich hätte sie malen mögen. Dabei, wie ihr Gatte Pierre, immer heiter, mit einer sublimen Herzlichkeit für jeden Gast, und niemals müde, oder aber sie zeigte es nicht. Die beiden führten ihr Gasthaus, obwohl sie einiges Dienstpersonal und in der Hochsaison auch einen Koch hatten, größtenteils selbst – im Herbst, Winter und Vorfrühling besorgten sie auch die Küche, und sie trugen gemeinsam in dem freundlichen, lichten Speisesaal mit seinen großen Fenstern zur Landschaft das Essen auf. Die Gäste wurden auf patriarchalische Weise vom ›Patron‹ nach ihren Wünschen bedient, und Pierre schenkte den einheimischen Weißwein in so hohem Bogen ein, ohne je einen Tropfen zu verschütten, daß er wie Champagner in den Gläsern perlte. Dabei pfiff oder sang er ohne Unterlaß, ja er ging oft, in völliger Unbefangenheit, laut pfeifend durchs Restaurant und durch die Hausgänge, aber niemand fühlte sich dadurch gestört, auch nicht durch das hemmungslose Freudengeschrei, mit dem der dreijährige Sohn, »Jaquie Trésor« genannt, früh am Morgen über Flure und Treppen seinem Vater entgegenlief. Bald teilten wir schon bei besonderen Gelegenheiten die Mahlzeiten mit der Familie – zu der auch die unvergeßlich liebe und kluge Mère Pelot und zwei Schwestern des Hausherrn, Madeleine und Annie, die eine Gärtnerin und ›Vigneronne‹, die andere Diakonissin, gehörten – in der ›Lingerie‹, die eigentlich zum Plätten der Hauswäsche bestimmt war, an deren langgestrecktem Tisch man aber wie an einer Herrschaftstafel beisammensaß. Das unbekümmert laute, immer gutgelaunte Treiben im Haus ging uns keineswegs auf die Nerven, es hatte für mich sogar, auch bei der Arbeit, etwas Beruhigendes, wie wenn Vögel zwitschern oder Kuhglocken läuten. Uns lag es damals nicht, sehr viel von Henndorf, unserem verlorenen Paradies, und unserer Austreibung zu erzählen, aber die beiden ahnten und wußten alles. Als ich dann aus London eine mir von einer liebenswürdigen Dame geschenkte, gute Gitarre mitbrachte – meine alte, ein wertvolles Instrument, war bei der ›Haussuchung‹ in Henndorf aus Bosheit zerschlagen worden –, saßen wir lange Abende musizierend beisammen, Pierre sang, zweistimmig mit seiner Frau oder seiner Schwester Madeleine, die schönen französischen Volkslieder des Landes – und es kehrte in unser verstörtes Leben eine Heiterkeit, Zuversicht, ja ein ›Sich-zu-Hause-Fühlen‹ zurück, wie wir es kaum hätten erwarten dürfen. So wurde dieses erste Jahr der Emigration, vor der Ausfahrt über das große Meer, ein Rückhalt und eine Stärkung aller inneren Kräfte: noch waren wir nicht entwurzelt – und noch nicht ›vis-à-vis de rien‹. Das sollte uns erst für später vorbehalten sein.

Nun hatten wir ja in dieser Gegend viele Ahnen – die Ufer des

Genfer Sees waren ein traditioneller Boden, fast eine Heimat der europäischen Emigrationen. Es gab, durch die Jahrhunderte hindurch, kaum ein Volk – Franzosen, Engländer, Iren, Italiener, Deutsche, Russen –, dessen Flüchtlinge hier nicht einmal für längere oder kürzere Zeit Rast und Zuflucht gefunden hätten. In Vevey ist eine Tafel an dem Haus, in dem Rousseau gewohnt hat, und Victor Hugo hat sogar in seinen Emigrationsjahren in dem gleichen Gasthaus ›Belle-Vue‹ in Chardonne gehaust, in dem wir jetzt lebten, und einen alten Koffer dort zurückgelassen. Während des Ersten Weltkriegs saßen die französischen Pazifisten, Barbusse, Marcel Martinet und der in Frankreich zum Tod verurteilte Henri Guilbaux, in Genf, auch Lenin und Trotzkij waren eine Zeitlang dort, dann die von ihnen verjagten Führer der Menschewisten und Sozialrevolutionäre. Man hatte Schicksalsgenossen und Vorfahren fast über ein Jahrtausend hinweg. Bei einem meiner ersten Spaziergänge von Chardonne durch die Weinberge zu dem altertümlichen Dörfchen St. Saphorin fand ich, am Eingang des Ortes, das in Stein gemeißelte Wappenschild des Kanton Vaud, mit den grün und weißen Landesfarben bemalt und mit dem Wahlspruch: ›Liberté et Patrie‹ – der waadtländischen Kantonsdevise. Ich stand lange davor. Freiheit und Vaterland, dachte ich, wo das vereint wäre, wo man beides zusammen hätte, dort könnte man leben. Und vielleicht wird diese Vereinigung doch eines Tages auch dem unglücklichen Deutschland zuteil. Ich schäme mich nicht zu sagen, daß mir die Tränen kamen – ich glaube, zum ersten Mal seit meiner Flucht.

Der Höhepunkt dieses arbeitsreichen Sommers war die Goldene Hochzeit meiner Eltern. Jahre hindurch hatten sie sich darauf gefreut, diesen Tag mit uns in unserem Henndorfer Heim feiern zu können, dessen Gästehäuschen ja für sie gebaut war. Das gab es nicht mehr. Jetzt versuchten wir alles, um ihnen die Einreise für einen Besuch in der Schweiz zu verschaffen – was auf große Schwierigkeiten stieß. Man hatte damals mehr Angst vor neuen Emigranten als heute vor Tollwut- oder Typhusbazillen; und auch dafür muß man Verständnis aufbringen, denn es ist ja für ein kleines Land, das im Kriegsfall für seine eigenen Bürger die größten Versorgungsprobleme hat, nicht so einfach, außerdem noch für einen Strom von Flüchtlingen aufkommen zu müssen. Meine Eltern, dies sei hier eingefügt, wollten unter keinen Umständen emigrieren. Natürlich hatte ich es ihnen angeboten. Mit meinen zweiundvierzig Jahren empfand ich die Kräfte und die Entschlossenheit, auch noch für ihre Existenz mit aufzukommen, zumal ich nicht ahnte, wie schwer das dann in Amerika gewesen wäre. Aber mein Vater wollte nicht mittellos und vom Sohne abhängig in die Fremde gehn, selbst wenn ich in besseren Verhältnissen gewesen wäre; er hing mit allen Fasern an seiner Heimat, und es war ihm ein unerträglicher Gedanke – er war damals ein Siebziger –, im Ausland zu sterben. Dennoch hätte er es vielleicht meiner Mutter wegen getan – aber die wollte erst recht nicht. Sie hatte die unbrechbare Zuversicht, daß ihr nichts passieren werde, obwohl sich kurz vorher einer ihrer Brüder, wie sie selbst christlicher Religion und ein angesehener Jurist, Amtsgerichtsrat, in Mainz das Leben genommen hatte, als man ihn, einen Junggesellen, aus seiner Wohnung und zum Abtransport zwecks ›Umsiedlung‹ in ein Massenquartier verwies. Sie aber fühlte sich durch die fünfzigjährige Ehe mit einem ›Arier‹ geschützt, was sich dann auch bewährte; aber was ihr hätte geschehen können, wenn mein Vater die Schreckenszeit nicht mit ihr überlebt hätte, ist mir noch heute ein Alptraum. Ein anderer Bruder von ihr war im Ersten Weltkrieg, 1914, für Deutschland gefallen, und der dritte hatte das Glück, an einer Krankheit zu sterben, bevor ihm Demütigung oder Schlimmeres hätte widerfahren können. Vor allem wollte sie meinen Vater, der damals schon fast erblindet war, nicht dem ungewissen Schicksal der Landesflüchtlinge aussetzen und war fest entschlossen, mit ihm zu Hause auszuhalten – was auch kommen möge. Die Trennung von beiden Söhnen – mein Bruder lebte schon seit einigen Jahren als Leiter der staatlichen Musikschulen in der Türkei – war für sie unerträglich; aber so war, für Unzählige, das ganze Leben in dieser Zeit. Mit Hilfe jener bewährten und auch der neu gewonnenen Schweizer Freunde gelang es uns tatsächlich, die Behörden zu überzeugen, daß sie nur als ›Touristen‹ und nicht als Asylverlangende einreisen wollten.

Nie werde ich die Feier vergessen, die wir für sie, allein durch die Liebe, die Zartheit, die unbegrenzte Herzensbereitschaft unserer Freunde Pelot, in Chardonne veranstalten konnten. Und dabei kannten wir sie erst seit weniger als zwei Monaten! Pierre, der Gastwirt, wußte ziemlich genau, wie es um meine Kasse stand. Ich bin überzeugt, daß er mir für die Köstlichkeiten, die er aus Küche und Keller zur Tafel in dem kleinen ›Fumoir‹, einem intimen Salon, aufgeboten hatte, höchstens die Hälfte seiner eigenen Unkosten berechnete, obwohl er das heftig bestritt. Aber ich wußte ja, was frische Langusten, Filet de Boeuf, Burgunder und Champagner kosteten. Es war recht eigentlich eine Einladung, die sie uns gaben. Mein Bruder war aus der Türkei gekommen, am Morgen sangen wir mit den Kindern vor der Schlafzimmertür des ›goldenen Paars‹ einen von ihm komponierten Kanon. Die beiden Stühle, die zum Festmahl für meine Eltern bestimmt waren, hatten die Pelots mit vergoldeten Kornähren und mit Rosen geschmückt. Nichts fehlte als die Heimat. Und die hatten wir an diesem Tag alle in unseren Herzen. Spät am Abend stand mein Vater, der sonst nicht gern Reden hielt, mit einem Glas in der Hand auf und wandte sich an seine Söhne, meinen Bruder und mich. Seine kurze Rede war die schönste, die ich je gehört habe. »Ihr Buwe«, so ungefähr sagte er in seinem Mainzer Dialekt, »seid heute ohne eure Schuld aus eurem Land vertrieben. Laßt euren Mut nicht sinken, und bewahrt euren Stolz und eure Zuversicht, denn ihr seid gute Buwe. Ihr habt das nicht um euer Land verdient. Aber behaltet es lieb, trotz allem. Und jetzt sage ich euch, das weiß ich in diesem Augenblick, es wird alles wieder anders werden, ihr werdet eure Heimat wiedersehn und geehrt und geachtet sein, wie euch das gebührt. Darauf wollen wir trinken.«

Wir umarmten einander und wußten nicht, daß es ein Abschied war – für lange Jahre.

Was alles sich an Erlebnissen und Ereignissen in einem einzigen Jahr zusammendrängen kann, ist kaum zu fassen. Wollte ich die Spanne vom Frühling 1938 bis zum nächsten, von unserer Austreibung aus Österreich bis zu der endgültigeren aus Europa, mit all ihren Tief- und Höhepunkten, mit allem Hin und Her, mit allen Erschütterungen und Erhebungen, allen Begegnungen, all meinen, manchmal recht abenteuerlichen, Zwischenstationen in Paris und London schildern, es würde allein zwei dicke Bände, mindestens, in einer unendlichen Geschichtenserie füllen. Aber hier geht es nicht um eine ›recherche des temps perdus‹, auch nicht um ›les neiges d'antan‹. Es geht um die Horen der Freundschaft, um die geheiligte Erinnerung an das, was unvergänglich bleibt und was, auch wenn der Teufel hineinspuckte, für mich zu einem Quell des Glaubens und des Vertrauens geworden ist – trotz alledem. Und der Teufel unterließ nichts, um kräftig und ausführlich hineinzuspucken.

Dazu gehörte der katastrophale und, wenn man das sagen darf, da man es besser nicht weiß, völlig sinnlose Tod unseres Freundes Ödön von Horváth. Ich habe dazu keine Sentenzen irgendwelcher Art anzubieten, er ist für mich keinerlei Beweis, weder für existentielle Ausweglosigkeit noch für das Gegenteil. Ich kann nur berichten, was geschah, und ich will es genau tun, da so viele falsche oder halb wahre Darstellungen darüber verbreitet worden sind.

Für mich beginnt die Geschichte am Freitag vor Pfingsten, nachmittags. Wir hatten schon eine Woche vorher Ödöns Besuch erwartet, er wollte eine Zeitlang hierbleiben, um sich dann entweder in dieser Gegend oder in der Nähe von Zürich einen passenden Ort zum Arbeiten zu suchen. Wir hofften, daß ihm Chardonne zusage, daß er, wie in Henndorf, wo er während der letzten Jahre die meisten seiner größeren Arbeiten geschrieben hatte, wieder in unsrer Nähe bleiben werde, und freuten uns auf seinen Besuch. Dann bekamen wir von ihm ein Telegramm, aus Amsterdam, er müsse zuerst nach Paris und werde am Pfingstsonntag bei uns eintreffen. Das Zimmer für ihn war bereit.

An diesem Freitag – es war die Zeit der wilden Narzissen, die droben auf den stillen Waldwiesen des Mont Pèlerin in Massen blühten und dufteten – war ich am frühen Nachmittag mit meiner Tochter Winnetou auf den Berg gegangen, um Blumen für die Sonntagstafel, auch für Ödöns Zimmer, zu pflücken. Das Wetter war gut, wenn auch etwas drückend, wie manchmal vor Gewittern, doch ohne besondere Anzeichen für einen Sturm. Ich war mit dem Kind allein mitten auf einer größeren, waldumsäumten Wiese, als plötzlich, von Westen, also von Frankreich her, mit unheimlicher Eile schwarzes Gewölk heranbrauste, und nach kaum einer Minute pfiff, heulte, tobte ein Regensturm über uns her, daß man im Wald die Bäume krachen hörte und sein eignes Wort nicht mehr verstand. Ich bin sonst durch Naturgewalten nicht leicht zu erschrecken, und ein kräftiges Gewitter, auch wenn ich mitten hindurch muß, erfüllt mich eher mit einer gewissen Lustigkeit. In diesem Fall, vielleicht weil ich das Kind bei mir hatte, bekam ich's fast mit der Angst, und wir rannten, so rasch es ging, zu einem geschützt gelegenen Heustadel, um dort Unterschlupf zu finden. Es ist keine nachträgliche Einbildung, daß ich bei diesem Sturm mit seinen jähen Blitzen und hart fallenden Donnerschlägen ein merkwürdiges Gefühl von Bedrohnis, von einer unheimlichen Gefährdung hatte, obwohl wir in verhältnismäßiger Sicherheit waren. Dies war der gleiche Sturm, der vom Atlantik her über ganz Frankreich hingegangen war und etwa eine Stunde oder eine halbe Stunde vorher Paris heimgesucht hatte. Kurz nachdem wir in unser Hotel zurückgekommen waren, wurde ich ans Telefon gerufen. Der Anruf kam aus Paris, von einem der gemeinsamen Freunde, der mir mitteilte, Ödön sei tot. Er müsse während des Gewitters auf der Straße verunglückt sein und sei in die Morgue verbracht worden, Näheres wisse man noch nicht. Seine Eltern seien verständigt.

Die Vorgeschichte dieses Unfalls war sehr seltsam. Die Reise nach Paris war eigentlich von ihm nicht geplant, er wollte direkt von Amsterdam, wo er mit den Emigrationsverlegern Landshoff und Landauer wegen seines neuen Romans verhandelt hatte, in die Schweiz fahren. In diesen Tagen machte in Amsterdam ein Hellseher (nicht, wie geschrieben wurde, eine Wahrsagerin) viel von sich reden, und es war eine Art von Mode geworden, besonders unter Intellektuellen, ihn aufzusuchen, wenn auch nur aus Neugier oder zum Spaß. Für Ödön, dem ein besonderer Sinn für alles Skurrile und Absonderliche innewohnte, der keinen Jahrmarkt unbesucht ließ und ein Stück unter Liliputanern angelegt hatte, war das natürlich ein Fressen, er erwartete sich wohl so etwas wie den ›Zauberkönig‹ in seinen ›Geschichten aus dem Wiener Wald‹, und er ging, gemeinsam mit einem Bekannten, am Tag vor seiner geplanten Abreise dorthin. Nun sei der Hellseher, ich erfuhr das von jenem Augenzeugen, beim Eintritt Ödöns in eine ganz eigentümliche Erregung verfallen, die sich zu einer Art von Trance steigerte, und habe ihm in diesem Zustand immerzu wiederholt: »Sie müssen nach Paris. Sie müssen unbedingt nach Paris, und zwar sofort. Es erwartet Sie dort« – was, konnte er nicht sagen, aber er wiederholte auch das immer wieder – »das entscheidende Ereignis Ihres Lebens.«

Damals stand Ödön gerade in Korrespondenz mit dem Filmregisseur Siodmak, der seinerseits auf dem Weg nach Hollywood in Paris Station gemacht und Interesse an einer Verfilmung von Ödöns Roman ›Jugend ohne Gott‹ bezeigt hatte. Auch er hatte ihm nahegelegt, wenn möglich zu einem Gespräch nach Paris zu kommen. Ödön hatte das bisher nicht allzu ernst genommen, Filmleute wollen immer mit jemandem über etwas sprechen, was nachher doch nicht zustande kommt, und es stand noch kein festes Angebot dahinter. Jetzt aber war er durch die Ekstase dieses Hellsehers fasziniert. Vielleicht sieht er wirklich hell, sagte er zu seinen Amsterdamer Bekannten, vielleicht ist es das, was er meint – eine Verfilmung in Hollywood könnte tatsächlich das entscheidende Ereignis im Leben eines emigrierten Schriftstellers bedeuten. So fuhr er hin.

Ich habe wenige Tage nach seinem Tod, als ich zu seinem Begräbnis nach Paris kam, also noch aus der unmittelbaren Erinnerung, seine verschiedenen Freunde erzählen hören, daß er an diesem Tag, wie von einer unerklärlichen Unruhe getrieben, bald den, bald jenen aufsuchte, nirgends blieb, ohne besonderen

Grund gleich wieder weiterging und im Lauf des Vormittags fast die ganze Stadt durchmaß. Mit Siodmak und dessen Frau war er zu einer frühen Nachmittagsvorstellung in einem Kino der Champs Elysées verabredet, wo man den gerade in Europa anlaufenden Disney-Film ›Schneewittchen‹ gab. Die Siodmaks hatten bereits die Karten genommen und erwarteten ihn an der Kasse. Draußen hatte der Sturm eingesetzt. Er erschien, völlig durchnäßt, im letzten Moment vor Beginn der Vorstellung, aber nur, um zu sagen, er könne nicht mit ins Kino gehn, sie möchten seine Karte zurückgeben, er habe etwas Dringendes vor. Gleich darauf lief er wieder in den peitschenden Regen hinaus. Er muß dann rasch die breite Straße überkreuzt haben und am ›Rond Point‹, einem von hohen Bäumen umstandenen Rondell, entlanggegangen sein. Dort krachte der schwere Ast eines im Sturm geborstenen Baumes auf ihn herab, traf ihn am Hinterkopf und im Nacken – er war auf der Stelle tot. Es handelte sich nicht, wie es in Berichten hieß, um eine Kastanie. Damals standen am Rond Point noch einige Ulmen, ich habe dann selbst die noch nicht weggeräumte, halb entwurzelte Ulme gesehen, die ihn erschlagen hatte. Ulmen sind Bäume, denen ein Hauch von Verhängnis anhaftet. In Europa waren sie schon seit einiger Zeit durch eine rätselhafte Erkrankung, die sogenannte Ulmenpest, zum Aussterben verurteilt, nur wenige haben sich inzwischen erholt und neue Bestände gezeitigt. Im östlichen Amerika umstehen sie düster und feierlich die einsam gelegenen Farmhöfe.

Auch erinnern sich alle näheren Freunde Ödöns, daß er schon immer eine Phobie vor möglicherweise auf ihn herabfallenden Gegenständen hatte. In den Städten schlug er große Bögen um jeden Neubau. Er hatte öfters geäußert, er werde einmal von einem Dachziegel erschlagen werden. Was an alledem zufällig, was ursächlich ist, entzieht sich menschlicher Beurteilung.

Doch übten diese Vorzeichen, besonders in der verschatteten Atmosphäre der Emigration, eine sinistre, verstörende Wirkung aus. Jeder fühlte sich von diesem Schicksal eines der Hoffnungsvollsten betroffen, als sei ihm selbst wieder ein Stück Hoffnung geraubt. Und wenige Menschen waren so geliebt, von Frauen, Freunden, Kindern, kaum einer hatte so wenig persönliche Feinde wie dieser mit kaum siebenunddreißig Jahren Hinweggeraffte. Wenn diese Niederschrift nur den paar Dutzend Literaten und Theaterleuten in die Hand käme, die Bescheid wissen – was ich nicht hoffen will –, so müßte ich die in Umrissen bekannte Geschichte hier nicht erzählen. Aber ich fürchte, daß der Name dieses Dichters, der sich nicht vollenden durfte, heute in weiten Kreisen unbekannt ist. Er war, nach Brecht, die stärkste dramatische Begabung in dieser Zeit. Und doch ist von ihm kein Werk zurückgeblieben, das auf die Dauer zum klassischen Bestand der deutschen Literatur zählen wird. Er gehörte nicht zu den Früh-Vollendeten, wie Kleist oder Büchner, von deren Genius er den Keim in sich trug. »Alles an ihm« – so sagte ich in meiner Rede an seinem Grab – »war Anfang, Anstieg, versprechendes Beginnen. Das Werk, das er uns hinterließ, war die Skizze, der Entwurf, die geheime Planung zu einem größeren Werk von haftender Schönheit und Bedeutung, das ihm zu schaffen nicht mehr erlaubt wurde.«

Seine Eltern, die wir vor Jahren schon in Berlin kennengelernt hatten, waren der Anlaß, daß wir – trotz schwieriger Umstände – nach Paris fuhren. Sie hatten mich von dort, durch seinen Bruder Lajos, bitten lassen, an seinem Grab zu sprechen, und da ich dachte, daß es ihnen ein Trost sei, sagte ich zu. Wir wurden am Bahnhof von Walter Mehring abgeholt – einem meiner liebsten Freunde aus den frühen Berliner Jahren, dessen für das politische Kabarett konzipierten Verse weit über Brettl-Dichtung hinausgingen und etwas Genialisches hatten –, auch er war mit Ödön eng verbunden; er war einer der Letzten, die mit ihm gesprochen hatten. Mehring brachte uns in das kleine, in seiner Schäbigkeit pittoreske und sehr ›pariserische‹ Hotel im Quartier Latin, in dem er selbst und einige Bekannte wohnten, in dem auch Ödön – und jetzt seine Eltern und sein Bruder – Quartier genommen hatten. Es lag in einer Gasse des damaligen Marokkaner- und Araberviertels, in den Souterrains der Nebenhäuser sah man durch die offenen Ladentüren Orientalen verschiedenen

Alters und Geschlechts beim Teppichknüpfen oder sonstigen fremdartigen Tätigkeiten. Das Zimmer ging auf einen Hof hinaus, in dem Arbeiter mit blauen Blusen unablässig an irgendwelchen Kanalisationsröhren herumhämmerten. Man mußte auch bei Tag die schwache elektrische Birne einschalten, die ohne Schirm an der Decke hing. Ebenso makaber, aber durchaus im Stil einer Horváthschen Komödie, waren verschiedene kleine Vorfälle, die diese Trauertage umrankten. So hatte sich ein schwarzgekleideter Herr bei den Leidtragenden als ›Bestattungs-Spezialist‹ eingeführt und einige Vorschüsse für die nötigen Arrangements kassiert, der sich dann als ein von der Polizei gesuchter Schwindler entpuppte und prompt verhaftet wurde, da er keinerlei Berechtigung besaß, dieses Geschäft auszuüben: aber tatsächlich hatte er schon einige der von ihm versprochenen Vorbereitungen in die Wege geleitet.

Wir sahen den toten Freund noch einmal, aufgebahrt im Sarg. Da ihn der Schlag von rückwärts gefällt hatte, war sein Gesicht unverändert, nur gelblich bleich. Doch er sah schön aus, furchtbar still, und schien etwas ironisch zu lächeln. Die Mutter beugte sich, bevor der Sarg geschlossen wurde, mit ausgestreckten Händen zu ihm nieder, als wolle sie ihn herausholen – eine Geste, die ich oft vor mir sehe und die mir immer gegenwärtig blieb.

Auf groteske Weise mischte sich bei diesem Begräbnis die Tragödie mit dem Satyrspiel. Wir fuhren, nach den Exequien in einer katholischen Kirche der Innenstadt, in einem langen Zug von Taxis zu dem weit entfernten, in der Nähe des Nordbahnhofs gelegenen Friedhof – die ganze in Paris lebende Emigration, von der die meisten heillos untereinander zerstritten und verfeindet waren. Es hatten sich schon bei unserer Ankunft die verquertesten Gespräche abgewickelt, wobei es um die Reihenfolge der Grabredner ging: denn außer den von der Familie ausdrücklich dazu aufgeforderten, das waren Werfel, Mehring und ich, wollten alle zu Wort kommen, die fanden, bei einer solchen Gelegenheit gehört werden zu müssen. Es war eine beträchtliche Menge, und unter ihnen ging es darum, wer wem den Vortritt zu lassen hatte oder wen wer zu beleidigen fürchtete, wenn er zuerst redete. Ich schlug alphabetische Reihenfolge vor – für mich am günstigsten, weil ich dann zuletzt kam, denn ein Zweig, Stefan oder Arnold, war nicht anwesend. Es war nur noch ein Grabplatz am äußersten Ende des Friedhofs frei gewesen, und so bewegte sich nach dem Verlassen der Taxis die ganze Trauergesellschaft durch den weitläufigen Gottesacker, bis dahin, wo er kahl und baumlos wurde. Hinter dem Sarg schritten die Eltern, ein ernstes, würdiges Paar, der Vater und Ödöns einziger Bruder, den er sehr geliebt hatte, stützten die fast zusammengebrochene Mutter. Dann kam, neben dem französischen Priester, ein ungarischer Kaplan, mit der Familie befreundet, der aus Budapest hergeflogen war. Dahinter zwei junge Frauen, die sich um den Rang als Ödöns letzte Geliebte stritten. Und dann kamen wir – eine jammervolle Schar zerzauster Vögel, auch soweit wir noch gute Kleidung und ungeflickte Halbschuhe trugen. Da hinkte Rudolf Leonhardt, ein heute ziemlich vergessener Autor des frühen Expressionismus, an einem Stock, da gingen viele mit jenen undefinierbaren verschabten Schals um den Hals, wie sie den Beginn der Verelendung kennzeichnen, da wankte Joseph Roth, der verehrte Dichter, total betrunken, wie gewöhnlich in dieser Zeit, mit bekleckertem Anzug, auf zwei jugendliche Bewunderer gestützt. Und auf alles das troff unablässig der Pariser Regen, den man so gern als silbrig bezeichnet. Doch war er nur naß und schmutziggrau.

Dort, wo das Grab aufgeschaufelt war, an der fernsten Ecke des Friedhofs, führten draußen die Gleise eines Rangierbahnhofs vorbei; und während nun die längeren oder kürzeren Reden abrollten, hörte man ohne Unterlaß das Rattern und Bremsenkreischen verschobener Güterwagen und das laute Rufen und Schreien von Bahnarbeitern, die einander Weisungen gaben, aber auch lachten, ihre Witze rissen oder über Distanzen ihre Verabredungen trafen: »Où vas-tu, Gaston?« – »Au Bistro! Viens pour un verre!« – »Entendu«, – und so weiter, mit hallenden Stimmen, welche die weniger stimmbegabten Redner übertönten. Ödön, dachte ich, würde sich, wenn er noch am Leben wäre, totlachen. Zum Schluß trat der kleine, unscheinbare Kaplan ans Grab, nahm ein Papiersäckchen aus der Tasche, schüttete den Inhalt auf den Sarg hinunter und sagte mit leiser Stimme: »Erde aus Ungarn.« Aber jeder hörte ihn. Es schien, als sei es auf den Rangiergleisen plötzlich ganz still geworden.

Wir feierten das Weihnachtsfest, unser erstes, seit wir kein eigenes Heim mehr hatten, in der ›Belle-Vue‹ zu Chardonne; aber die frohe Stimmung und das häusliche Glück der Familie Pelot ließen bei uns keine Wehmut oder Trauer aufkommen: wir nahmen an dem ihren teil, als sei es das unsere, und mir begann zu dämmern, daß es unter Menschen, wie im religiösen Bereich, eine Art von ›Stellvertretung‹ gäbe, im Schmerz und in der Freude, die mehr bedeutet als Mitgefühl oder Teilnahme. Daß diese Stellvertretung, nicht die bare Interessengemeinschaft, die eigentliche Wurzel aller humanen Evolution sei, sowohl im Sinn des sozialen Kontrakts wie in dem des Völkerfriedens. Auch die Silvesternacht und die Jahreswende begingen wir zusammen. Es lag recht viel Schnee, ich ging mit Pierre skilaufen, wann immer wir etwas Zeit hatten, und in der frühen Dunkelheit rodelten wir mit den Kindern die damals noch wenig, bei Schnee fast gar nicht befahrene, kurvenreiche Hauptstraße hinunter, bis zur Station der ›Funiculaire‹ in Vevey, mit der wir dann wieder hinauffuhren.

Zu Anfang des Herbstes hatte ich in Zürich, wo man die Aufführung meines Bellman-Stücks vorbereitete, die ›tschechoslowakische Krise‹ erlebt, die sich dann matt und schwächlich in jener ominösen ›Münchner Konferenz‹ auflöste, von welcher Chamberlain, Englands Premierminister, mit dem Ausruf »Peace for our time!« nach Hause kam, wobei er ein Papier mit Hitlers und Mussolinis Unterschriften schwenkte. Dies war das erste, folgenschwere ›appeasement‹. Man hatte Hitler freie Hand gegeben, und er steckte sie nicht in die Tasche, wenigstens nicht in seine eigene.

Es waren beklommene Tage. In Zürich wurde, probeweise,

eine Verdunkelung der Stadt angeordnet, die Sirenen heulten, die Lichter gingen aus, und die einheimische Jugend empfand das alles als einen kolossalen Jokus, man zog lachend und johlend in den Straßen herum oder nutzte die Finsternis, wie sollte man auch anders, zu amourösen Lustbarkeiten. Aber selbst mir, der ich bisher immer noch zu Illusionen geneigt hatte, wurde jetzt klar, daß die Lawine, wenn auch mit Verzögerung, im Rollen war. ›Mit Verzögerung‹ bedeutet bei Haubitzgranaten, daß sie sich erst in die Erde eingraben, um dann mit um so größerer Sprenggewalt zu explodieren. Zwar kamen Freunde aus Deutschland und erzählten, daß in Berlin bei der während der Krisentage angeordneten Teil-Mobilmachung die Reservisten geschimpft und die Leute sich äußerst niedergedrückt und widerborstig gezeigt hätten, daß von Kriegswillen oder -begeisterung im deutschen Volk keine Rede sei. Uns konnte das jetzt nicht mehr täuschen. Wir wußten, daß die Stimmung des Volkes für die Diktatur im Ernstfall keine Rolle spielt, und daß die Propaganda die Menge schon auf Trab und Vordermann bringen würde, wenn es soweit sei. Ich zweifelte nicht daran, als mein Stück ›Bellman‹ in Szene ging, daß dies meine letzte Aufführung an einem deutschsprachigen Theater sei – vielleicht überhaupt die letzte. Es war, mit Wälterlin, Hirschfeld, dem Regisseur Leopold Lindtberg und den Schauspielern, noch eine schöne, beschwingte Theaterarbeit. Am Sonntag vor der Premiere veranstalteten wir im Zürcher Schauspielhaus eine Matinee, wobei der Berner Professor Hans Fehr, mir von der Heidelberger Studienzeit wohlbekannt und gewogen, einen Vortrag über den ›Villon des schwedischen Rokoko‹ hielt und ich zur Gitarre, die ich damals noch recht gut spielte, Bellmans anakreontische Lieder, aus den ›Gesängen‹ und den ›Episteln‹, vortrug. Else Lasker-Schüler (ihre Dichtungen sind unvergessen), die auch als Emigrantin in Zürich lebte und schon bei meiner ersten Uraufführung in Berlin dabeigewesen war, kam hinter die Bühne und war von diesen Liedern so entzückt, daß ich ihr den ganzen Nachmittag weiter vorspielen mußte. Man feierte und genoß noch das Zusammensein mit den Freunden, wo und wann immer es sich bot, so in der Nacht nach der Premiere, bis in die Morgenfrühe, und war sich dabei bewußt, daß dieser symposionale Tanz auf dem Vulkan stattfand.

Auch hatte ich bei meinen verschiedenen Besuchen in Paris und London während dieses Jahres erfahren müssen, was für eine laxe, gleichgültige, zynische Haltung man dort in tonangebenden Kreisen, auch unter Politikern, Intellektuellen, Journalisten, dem ›Phänomen‹ Hitler und seinen Eskapaden, Drohkanonaden und Übergriffen gegenüber einnahm. Man muß ihn nur machen lassen, dann beißt er nicht. Oder: man darf ihn ja nicht reizen, sonst beißt er vielleicht doch. Viele waren von seinen Erfolgen und seiner pompösen Machtentfaltung narkotisiert, fast neidisch darauf, und das ›Volk‹ läßt sich überall leicht verblenden, in allen Nationen. In den Pariser Pissoirs fand man das Hakenkreuz an die Wände geschmiert, wie einst im NS-Mai, und las da in dicken Kreidebuchstaben: LA MORT AUX JUIFS! Man fühlte sich fast wie zu Hause. Und in England hatte mir, als ich zum ersten Mal nach der Besetzung Österreichs hinkam, noch unfähig darüber zu schweigen, ein distinguierter Herr, der noch dazu Mitglied des Unterhauses war, nachsichtig auf die Schulter geklopft: »This man Hitler«, sagte er dazu, »why, isn't he quite a good chap? I think we need him, all of us, as a bulwark against Communism.«

Nach kurzer Zeit hatte man sich abgewöhnt, diesen Mister Bollwerk für »quite a good chap« zu halten – statt dessen aber gleich alle Deutschen für blutrünstige Hunnen. Dies schien schon jetzt Lord Vansittart zu tun, in dessen Haus mich Alexander Korda mitnahm, und der mich sofort fühlen ließ, daß ihm ein Deutscher, ganz gleich welcher politischen Kategorie, höchst unwillkommen sei. Einige Jahre vorher, nach dem Blutbad des 30. Juni 1934, soll er noch deutschen Hitlergegnern, zum Beispiel dem gesinnungsfesten Politiker Treviranus, in großzügiger Weise beigestanden haben. Jetzt wollte er offenbar von der ganzen Bagage nichts mehr wissen. Vermutlich hatte ihn die Willfährigkeit hoher deutscher Militärs, mit der sie sich auf Hitler einschwören ließen, als sie noch die Macht gehabt hätten, ihn zu stürzen, enttäuscht. Als ich beim Whisky meine Freunde in Deutschland erwähnte, jene Männer, die – ob rechts oder links – sich der Diktatur nicht beugten und täglich ihren Kopf riskierten, wurde er ärgerlich bis zum Grade der Unhöflichkeit. Die Deutschen, erklärte er brüsk, seien geborene Feinde aller Zivilisation und ewige Störenfriede jeder humanen Weltordnung. Auf die persönliche Haltung weniger einzelner käme es dabei nicht an, das seien unerhebliche Nuancen. Man könne mit diesem Volk nichts anderes tun, als was schon die Römer mit den Germanen tun mußten, nämlich es unterwerfen oder hinter einen Limes verbannen. Wir setzten das Gespräch nicht fort, zumal Korda, der fürchtete, daß ich nun meinerseits in Rage kommen könne, und der mich schließlich hier eingeführt hatte, mir fortgesetzt auf den Fuß trat.

Das war nun ein britischer Nationalist. Aber selbst Bernard Shaw, der alte sozialistische Fabianer, hatte nach der Besetzung Österreichs die leichtfertige Äußerung getan: ein großer Diktator sei besser als einige kleine. Mit dem ›einen großen‹ könne man sich verständigen. – Das war die Ansicht des sogenannten ›Clivedon-Set‹, einer leicht versnobten Clique von Aristokraten, Politikern, Intellektuellen, der er damals nahestand. Zwei Jahre früher, als ich von ihm sehr freundlich zu einem höchst unterhaltsamen Lunch eingeladen war (denn er hielt den auf englisch erschienenen ›Hauptmann von Köpenick‹ für »the best continental play«, aber er kannte wenig andere), hatte ich ihn anders reden hören. Damals empfand er Stalin als »genialen Räuberhauptmann« und Hitler als eine Laus. Mit dem Ende des unabhängigen Österreich und dem, was daraus folgen mußte, setzte man sich dort erst gar nicht auseinander, ebensowenig wie mit der Besetzung Prags und der Errichtung des ›Protektorats‹ im Frühjahr 1939. Österreich war für den Durchschnitt jener devisenstarken westlichen Touristen, die im Sommer Salzburg, im Winter Kitzbühel oder St. Anton überschwemmten, ein Amüsierland gewesen, man fand es dort »gay and funny«, die Damen hatten ihren Flirt mit dem Skilehrer und die Herrn mit dem Trachtendirndl, und niemand nahm Kenntnis von der Not, die in den Alpenländern herrschte, oder von der verzweifelten Lage in Wien: dort gab es immer noch Fasching, Bälle und die Staatsoper. Auch dachte man nicht daran, dem um seine Existenz ringenden Land wirtschaftlich zu helfen. Statt dessen saßen die Botschafter, mit Ausnahme des klugen François-Poncet äußerst beeindruckt, auf der Tribüne bei den Aufmärschen des ›Nürnberger Parteitags‹. Die westlichen Mächte, die dann mit gutem Gewissen über die deutschen Kriegsanstifter zu Gericht saßen, hatten ihr gerüttelt Maß von Mitschuld sowohl am Aufstieg Hitlers wie am Zustandekommen des Krieges – womit nichts, was von deutscher Seite geschehen ist, entschuldigt werden kann. Nur soll man auch das nicht vergessen.

Natürlich gab es andere, Wissende und Warnende, sowohl in Frankreich wie in England. Den großen Churchill habe ich leider nie kennengelernt. Aber eine Oase bester britischer Tradition und Kultur war das Haus des damaligen Innenministers Duff Cooper, in das ich durch seine Frau, die schöne Lady Diana Manners – sie hatte früher bei Reinhardt in Salzburg eine pantomimische Rolle im ›Mirakel‹ gespielt –, eingeführt wurde. Er war ein großer Kavalier, nicht ›alter‹, sondern überzeitlicher Schule, ein Mann von hohem geistigen Rang und politischer Weitsicht, der sich durch seinen ›Talleyrand‹ auch als Literat und Historiker von Format ausgewiesen hatte. Er und andere Persönlichkeiten, wie der Schriftsteller und Diplomat Harold Nicolson und sein Kreis, waren und blieben für mich überzeugende Beispiele für das, was das ›Empire‹, seit den Tagen der ersten Elizabeth und ihrer Dichter, an dauerhaften, noch längst nicht abgewerteten Valuten für Europa und für die Welt hervorgebracht hat.

Mit Nicolson traf man sich im ›Café Royal‹ in der Regent-Street, mit anderen in den ungarischen, griechischen, skandinavischen Lokalen von Soho, mit den französischen Literaten und Theaterleuten in Paris bei Fouchet oder in den kleinen Restaurants der ›Rive Gauche‹, mit Friedrich Sieburg im eleganten ›Maxim‹. Eine unwahrscheinliche Zeit – von heute aus gesehen. Es war, als ob man jeden Tag Weltgeschichte erleben und – nur durch sein Dasein – mit hervorbringen würde. Ich erinnere mich eines Abends, im März 1939, an dem ich mit dem früheren Intendanten des Leipziger Schauspiels, Detlev Sierk, einem Auswanderer um seiner ›nichtarischen‹ Frau und seiner Gesinnung willen, über einen – dann von mir bearbeiteten – holländischen Filmstoff redend, in Paris den Boul' Mich' entlangschlenderte. Plötzlich dröhnte und hallte die Stadt von den Glocken sämtlicher Kirchen. Wir gingen auf die ›Isle‹ zu, näherten uns der Kathedrale Notre-Dame und hörten von ihren Türmen, zwischen Posaunenklängen, den Chorus jugendlicher Stimmen: »HABEMUS PAPAM«.

Es war der Tag, an dem Kardinal Pacelli, der frühere päpstliche Nuntius in Berlin, wo ich ihn im Hause Solf getroffen hatte, zum Heiligen Vater der römisch-katholischen Kirche gewählt worden war – eine Sendung, die ihm die Last unendlicher Problematik und unendlicher Mißverständnisse auferlegt hat. Obwohl Sierk protestantisch war, wurden wir beide von der Schicksalsgewalt dieses Augenblicks ergriffen. Wir nahmen, wie unzählige Leute, die Hüte ab und knieten, als der Pariser Bischof von einer Estrade herab den Segen gab, auf der Straße nieder.

Kurz darauf hatte ich in Paris ein entscheidendes Erlebnis. Ich hatte mich, von London kommend, mit meiner Frau dort getroffen, da ich für den Regisseur Ophüls eine Filmarbeit vollenden mußte; ich brauchte dazu eine Woche mehr als vorgesehen und als unser Visum datiert war. Da man für die Verlängerung eine besondere Empfehlung nötig hatte, besuchte ich den mir von Berlin bekannten Dichter Jean Giraudoux in seinem Bureau; er war Erster Staatssekretär des Auswärtigen Amtes. Er empfing mich mit großer Liebenswürdigkeit und fragte mich, ob ich nicht überhaupt in Frankreich bleiben wolle, wo ich doch andere Arbeitsmöglichkeiten und kulturelle Verbindungen hätte als in der Schweiz und nur eine Flugstunde nach London. Was – fragte ich zurück – wird hier mit den Emigranten geschehen, wenn der Krieg ausbricht? Wird man uns einsperren? Oder könne nicht jetzt schon eine andere Alternative erwogen werden? – »Aber mein lieber Herr«, sagte Giraudoux, mit einer lächelnden Anspielung auf den Titel seines berühmten Stücks über den Krieg um Troja – »*dieser* Krieg findet nicht statt.«

Er war ein Mann, der in die geheimsten Dossiers der Weltpolitik Einsicht hatte. Ich verließ seinen Amtssitz mit der – zum ersten Mal klaren – Entschlossenheit, Europa baldmöglichst zu verlassen.

Am nächsten Tag gingen wir, mit Giraudoux' Empfehlung versehen, in die Präfektur. In einem Warteraum saßen dichtgedrängt eine Menge von Ausländern, größtenteils Flüchtlinge aus Spanien, viele mußten stehen. Hinter einem Tisch saß ein Beamter, schaute gelangweilt in die Luft und spielte mit seinem Bleistift. Ich ging zu ihm hin, reichte ihm unsere Pässe, auch das Empfehlungsschreiben, und fragte ihn, wie lang es wohl dauern würde. Er zuckte die Achseln und wies mich mit einer Handbewegung zu den Wartenden. Obwohl viele herumstanden, war ein verhältnismäßig bequemer, mit Stoff bezogener Sessel unbesetzt. Auf dem Stoff waren eingetrocknete, dunkle Flecke. Ich erfuhr, daß sich auf diesem Sitz am Tag vorher ein alter Herr aus irgendeinem Land, den man schon wochenlang habe warten lassen, die Pulsadern geöffnet hatte. Er hielt die Hände hinter dem Rücken versteckt. Es wurde erst bemerkt, als er verblutete. Auch wir zogen es vor, den Sessel nicht zu benutzen, und machten uns auf eine endlose Wartezeit gefaßt. Plötzlich wurde ich angeredet: und zwar von Lajos, dem Bruder Ödön von Horváths. Auch er war hier wegen einer Verlängerung seiner Carte d'Identité. »Hast du dem Mann am Tisch einen Geldschein zugeschoben?« flüsterte er mir zu. Ich sah ihn verblüfft an. Auf die Idee, daß man das tun könne oder sogar müsse, war ich gar nicht gekommen. »Wenn man das nicht macht«, sagte Lajos leise, »kommt man hier nie dran, da hilft auch keine Empfehlung.« – Ich spielte mich unauffällig wieder an den Beamten heran und bat ihn, mir meinen Paß noch einmal zu geben, ich hätte etwas vergessen. Er schob ihn mir zu, ohne hinzuschauen, und ich steckte eine nicht unbeträchtliche Banknote hinein. Auch jetzt schaute er weiter in die Luft und spielte mit seinem Bleistift, ließ aber nach einiger Zeit den Paß unter seinem Tisch verschwinden. Ich brauchte nicht mehr lang zu warten, bis ich aufgerufen wurde und meine Angelegenheit im Amtszimmer nebenan reibungslos erledigen konnte. Mein Entschluß, diesen Erdteil zu verlassen, festigte sich.

Am Abend besuchten wir die Erstaufführung einer Operette, in welcher der emigrierte österreichische Schauspieler Oskar Karlweis die Hauptrolle spielte. Es war ein grausames Spiel. In seiner Garderobe lief ihm der Angstschweiß herunter, und er repetierte mit zitternden Lippen immerzu seinen Text. Auf der Bühne strahlte und lächelte er, tanzte und tänzelte, wie es sein Part verlangte, sang Chansons mit Zugaben, führte blitzschnelle Dialoge, improvisierte sogar – alles in einer Sprache, die er vielleicht vorher schon recht gut gekonnt, die aber noch vor einem knappen Jahr nicht seine Berufssprache gewesen war: und wie empfindlich sind gerade die Franzosen gegen unkorrekt oder schwerfällig gesprochenes Französisch! (Nur die Deutschen liebten Schauspieler, die – wie Moissi oder Sokoloff – einen fremdländischen Akzent sprachen.) Ich sah den reizenden Karlweis einige Jahre später noch einmal in der gleichen Situation, diesmal war es die Hauptrolle einer Uraufführung in New York, die er – mit ungeheurem Text – auf englisch spielen mußte. Wie soll ein Mensch davon keinen Herzfehler bekommen? Woran er dann, als alles vorbei war und er wieder in seiner Muttersprache spielen konnte, auch starb. Damals, in Paris, kam es mir vor, als ob jemand ohne Balancierstange und Netz übers hohe Seil gehen müsse. Aber er kam hinüber. Man bereitete ihm einen rauschenden Erfolg, das Pariser Publikum war begeistert. Wir feierten das Ereignis spät nachts in einer neu aufgemachten ›Taverne Viennoise‹, in der die Pariser ihren Ersatz für die Salzburger Mirabell-Bar fanden. Karlweis wurde bei seinem Eintritt beklatscht und mußte zu Klavierbegleitung noch einmal sein Erfolgs-Chanson zum besten geben. Dann sangen zwei höchst effeminiert wirkende junge Österreicher in Landestracht, die vermutlich wegen ihrer unüberwindlichen Zuneigung zueinander emigriert waren, den Erzherzog-Johann-Jodler:

»Wo ich geh und steh
Tut mir das Herz so weh –«

Als Spaßmacher waren die ›Autres-Chiens‹, wie man sie im Ersten Weltkrieg genannt hatte, immer noch beliebt. In Gedanken stand ich schon auf dem amerikanischen Konsulat...

Dort, in Genf, fiel es mir nicht schwer – durch großzügigen Beistand aus Amerika, von dem ich noch zu berichten habe –, ein allerdings begrenztes Besuchervisum zu bekommen. Aber das genügte uns. Mein einziges Ziel war jetzt: wegzukommen, bevor es zu spät wäre. Die Zeit der naiven Gutgläubigkeit war für mich zu Ende. Ich wußte, daß der ›unbekannte Gefreite‹ aus dem Ersten Weltkrieg nicht ruhen werde, bis er der ›Oberste Kriegsherr‹ eines zweiten sei. Ich spürte geradezu den Ekrasitgeruch in der Luft. Es gab keine Zeit zu verlieren. Und unsere Atempause in der Schweiz und in Westeuropa, die Ruhe und Geborgenheit im Haus der lieben Freunde in Chardonne, war vorbei.

Da wir nicht alles mitnehmen konnten, was sich im Lauf dieses Jahres bei uns angesammelt hatte, Bücher zum Beispiel und ein wenig eigenes Geschirr, brachte mir mein Freund Pierre, zum Verstauen und Abstellen, einen altertümlichen Holzkoffer, mit gewölbtem Deckel und Metallbändern versehen; auf dem Deckel standen die großen Buchstaben V. H. In jenem Gepäckstück Victor Hugos fanden wir nach dem Krieg unsere Sachen wieder.

Es war Mai. Der Genfersee strahlte in der vollen Pracht eines makellosen Frühlings. Nie schien mir die Landschaft so friedlich, so voller Harmonie: aus Nord und Süd gewoben, das Herzstück des alten Kontinents. Der Welt, in die wir gehörten.

Drüben, auf der anderen Seite des Sees, in dem französischen Kurort Evian, fand damals eine ›Internationale Flüchtlingskonferenz‹ statt. Es waren nicht Flüchtlinge, die da konferierten, sondern Beauftragte und Amtspersonen verschiedener Nationen, auch des ›Völkerbundes‹, die sich mit dem Schicksal der die Grenzen überflutenden Refugianten, vor allem mit den Formalitäten, wie Erstellung von Nansen-Pässen und dergleichen, befaßten. Sie führte, wie Konferenzen gewöhnlich, zu nichts, wovon wir, die Betroffenen, etwas bemerkt hätten. Aber zu ihrem Abschluß am letzten Abend wurde dort ein Bankett und dazu ein gewaltiges Feuerwerk veranstaltet.

Wir standen auf der von alten Linden bedachten Gartenterrasse des Hotels Belle-Vue, von der man den ganzen See vom Einfluß der Rhône bis weit nach Westen überblicken konnte, und sahen, wie die Raketen gen Himmel sausten und wie sich phantastische Lichtgebilde in der Nachtluft entfalteten. Immerhin hübsch, sagte ich, daß sie uns ein so brillantes Abschiedsfest geben.

Freunde begleiteten uns bis aufs Schiff, an der Mole in Rotterdam. Gustav Kapsreiter war aus Österreich gekommen, wir gingen noch einen Tag in Den Haag spazieren, standen im Maurits-Huis vor den Vermeers, aßen und tranken zusammen, ungerührt und heiter, wie sich's gehört. Noch an Bord fanden wir Freundesbriefe, aus den schon entschwindenden Gefilden, darunter einen unvergeßlichen von Alexander Lernet-Holenia: »Beklage Dein Schicksal nicht«, schrieb er mir, »ich beneide Dich darum. Du wirst die Welt sehen, deren Gesetz die Verwandlung ist, Du wirst in einer neuen Welt ein neuer Mensch sein. Verwandle Dich! Verwandle Dich! Nur in der Verwandlung ist Leben.«

Wir nahmen vor der Einschiffung noch einen kurzen Aufenthalt in Paris, wo ich eine Arbeit zu vollenden und mein Resthonorar einzukassieren hatte, bei den kleinen, privaten Filmgesellschaften ein harter Strauß: wenn man kam, war immer gerade die Kassiererin oder der Chef beim Essen... Die Abreise nahm einen dramatischen Verlauf, mit einem Einschlag von Kriminalgroteske. Um zum Bahnhof zu fahren, brauchten wir unseres umfangreichen Gepäcks wegen zwei Taxis und begingen die

Unvorsichtigkeit, alle miteinander samt Hund das erste zu besteigen und das zweite mit dem Gepäck folgen zu lassen. Im Verkehr verloren wir das zweite aus den Augen, und wir standen schon auf dem Bahnsteig, unmittelbar vor Abgang des Zugs, ohne daß unser Gepäck erschienen wäre. Der Chauffeur, der uns gefahren hatte, erklärte uns, daß er den anderen Taxifahrer nicht kenne – wir hatten uns auch die Nummer nicht gemerkt –, es passiere jedoch in Paris sehr oft, daß ein nur mit Gepäck befrachtetes Taxi nie mehr wiederkäme, sondern nach Marseille fahre, wo man dann den Inhalt der Gepäckstücke aufs vorteilhafteste verkaufen könne. Wir sahen schon unsere letzten Kleider, Anzüge, Schuhe unterwegs ans Mittelmeer... Im letzten Moment aber erschien der Mann, er hatte nur eine kleine Panne gehabt, und half den Trägern, während schon die Kupees geschlossen wurden, rasch noch alles hineinzuschleudern. Zum Abschied war Friderike Zweig auf den Perron gekommen, sehr verstört, mit der Nachricht, daß Joseph Roth während der Nacht im Delirium gestorben sei.

Am Vorabend, unserem letzten in Paris, hatte uns der Filmregisseur G. W. Pabst in das exquisite Restaurant ›Vert Gallant‹ auf der Isle St. Louis eingeladen. Es gab dort herrlichen Wein. Wir tranken sehr viel, erst einen trockenen weißen Sancerre von der Loire, dann Burgunder, dann noch einige Cognacs. Bei der Verabschiedung wollten wir nicht mit den Freunden im Taxi fahren, wir brauchten, so sagten wir, frische Luft und gingen lieber zu Fuß. Wir wollten allein sein. Wir gingen, meine Frau und ich, zuerst am linken Ufer entlang, dann über eine der Brükken auf das rechte zu. In der Mitte der Brücke blieben wir stehn, setzten uns auf das Geländer, hielten uns aneinander fest. Wir waren betrunken. Wir wußten nicht, ob wir lachten oder weinten. Die Lichter der Stadt spiegelten sich in dem rasch fließenden schwarzen Wasser. Es schlug zwölf von Notre Dame und von anderen Türmen. Liebespaare lehnten umschlungen an den Brückenpfeilern, unter der Brücke mochte sich ein Clochard in seinen löchrigen Mantel rollen. Man hörte von den verankerten Schleppkähnen Lachen und Singen, das Spielen einer Ziehharmonika, das Kreischen einer Weiberstimme. Man hörte die Stadt, man sah sie funkeln und sprühn. In solchen Augenblicken weiß man nicht genau, was im andern, was in einem selber vorgeht. Ich hörte meine Frau stammeln – »das alles – vielleicht nie mehr – vielleicht zerstört, in Trümmern – das alles, was wir –« Sie machte eine weite Bewegung, über den Fluß, über die Stadt, über unseren Erdteil hin – »so schön« – rief sie und wies auf das durchflackerte Strömen der Seine.

Ich aber sah nicht die Seine, sah nicht die Lichterstadt. Ich sah den Rhein.

1896–1914   Ein Blick auf den Rhein

Zwischen den Holzplanken, mit denen der Laufsteg der alten Mainzer Eisenbahnbrücke belegt war, klafften lange Ritzen. Die Planken rochen beklemmend nach Ruß, Teer und Schmieröl, so daß das Kind den Flieder und die Kastanien des Stadtparks vergaß, und aus den Ritzen zog es fröstlig herauf. Sie waren zu schmal, als daß man hätte hindurchfallen können, man konnte auch nicht mit dem Schuh drin steckenbleiben, es ging kaum die Spitze eines Regenschirms hinein. Aber unter ihnen war die Tiefe. Es war eine so unbegreifbar fürchterliche Tiefe, wie man sie kaum aus Träumen kennt, und in dieser Tiefe war ein stetes heftiges Reißen und Ziehen, das man im Rückgrat und im Magen spürte, als gleite alles Feste, jeder Halt und Boden, die Erde selber in rasender Eile unter den Fußsohlen weg oder als werde man wie ein Brotkrümel vom Teller in einen gewaltigen Spülwasserabguß hineingesaugt. Die Brücke selbst schien dem Kinderauge unendlich, mit haushohen Eisenbögen drohte sie immer weiter und hörte nirgends auf, das eine Ufer war im Rücken verschollen, das andere nicht zu sehn – und Himmel und Horizont plötzlich von dem gleichen Ziehen und Reißen erfüllt, so als drehe sich alles um und man laufe mit dem Kopf nach unten. Tödliche Angst kroch ins Herz. Da hörte man über sich die Stimme des Vaters. »Wie ich ein kleiner Bub war«, sagte sie, mit einem komischen, fast verlegenen Lachen, »und sollte zum ersten Mal über die Rheinbrücke gehn, da hab ich mich schrecklich gefürchtet, weil ich noch nicht wußte, wie fest so eine Brücke ist. Und da hab ich zu schrein und zu weinen angefangen, und alle Leute haben mich ausgelacht.« Mißtrauisch schielt man an ihm in die Höhe, ohne den Takt und den Zartsinn des Mannes zu begreifen, der aus Ritterlichkeit sogar lügt, um dem Knaben die Angst zu erleichtern; denn als er ein kleiner Bub war, gab es die Brücke noch gar nicht. Man schaut zu ihm auf, mit dem gesunden Mißtrauen der Kleinen, das in den Worten und in dem scherzhaften Ton der Großen immer zunächst einen diabolischen Hintersinn wittert, eine versteckte Falle. »Ja denk dir«, fährt aber nun ganz ernsthaft die Stimme fort, »da mußten sie mich über die Brücke tragen, und ich habe mich gewehrt und gestrampelt, obwohl ich schon vier Jahre alt war. Aber du würdest natürlich allein hinüberlaufen, dich braucht man nicht zu tragen!« Dabei schließt sich die große, warme Männerhand ganz fest und sanft um die kleine, die wohl etwas kalt und zittrig geworden war. Und die Angst verdünnt sich, sie weicht einem leichten Gruseln, in dem schon ein Reiz und eine prickelnde Neugier keimt, und mit dem saugenden Gefühl des Schwindels vermischt sich eine heimliche Lust und der Beginn einer träumerisch stolzen, tollkühnen Freude. Wenn jetzt ein Zug käme! Ob dann der Steg noch hält? Und es kommt ein Zug, die ganze Brücke zittert und wippt und dröhnt und donnert, minutenlang ist man in dicken Rauch und Qualm gehüllt, als ginge man durch die Hölle. Aber die Angst ist weg, und sie kommt nicht wieder. Die kleinen Füße pattern frech und lustig rechts und links von der Ritze. Unerschreckt schaut man hindurch, hinunter – es ist der erste, der erste bewußte Blick auf den Rhein.

Drunten aber, in einer Tiefe, die immer noch unfaßbar und unermeßbar scheint, hat sich das Ziehen und Reißen jetzt zu einer vielfältigen, sich unaufhörlich abwandelnden Ordnung geformt. Da kräuselt ein Schaumkopf, da überschlägt sich eine Welle, da wirbelt etwas im Kreise vorbei, da furcht ein treibendes Holz, um das die Spritzwasser klatschen, da zieht ein langer dunkler Sog hinter einem stampfenden Schleppkahn her, da heben und senken sich rasche Wogen um die Brechung des Pfeilers, eilen geglättet davon, und alles ist vom starken herrischen Gesetz des Stroms, des Strömens, der Strömung gelenkt. Oft hat man wohl schon den Rhein gesehen, von frühsten Tagen an, eine am Ufer vorbeitreibende Masse graugrüner oder gelblicher Flut, doch da waren Weidenstrünke davor, Chausseesteine, ein grasbewachsener Damm, eine steinerne Mole, eine kiesige Uferschicht, und das alles war näher am Auge und fesselte mehr.

Jetzt, durch die beklemmenden Ritzen, dann kühn durchs vergitterte Geländer durch, im Abenteuer einer Erstüberschreitung, wird er dem Blick zum Ereignis, das ihn nie mehr verläßt. Oft ist mir, als ob von diesem Blick alles Ordnende, alles Wissen und alle Klärung ausging im Leben, als hätte man in einen magischen Topf geguckt. Immer wieder wird man eine Jugend lang über die Brücke gehen, um sich der Gewalt dieses Anblicks hinzugeben: kein späterer Blick auf Weltmeere oder Riesenströme, sei's von der Reling eines Schiffs oder vom Ausguck eines Flugzeugs oder von andren, kühneren Brücken herab, kann ihn verdrängen oder nur vermindern. Man erlebt ihn an windigen, regnerischen Tagen, wenn die gestriemte Flut mit einer zornigen, gurgelnden Heftigkeit schmutziggrau und lehmgelb darunter hinwirbelt, man gibt sich bei Dunkelheit seiner unheimlich brausenden Schwärze hin, in der die Stadtlichter zucken, man sieht ihn von milder, schräger Herbstsonne beschienen, so glasgrün und brunnenklar, als könnte man in seinen tiefsten Grund schauen. Doch das kann man ebensowenig wie in den eines Menschenauges. Immer bewahrt er sein Geheimnis.

Nähert man sich aber übern Brückensteg dem andern Ufer, dann erblickt man tief unter sich etwas Wunderbares. Dort nämlich mündet, in einem spitzen Winkel von rechts kommend, der Main in den Rhein. (Und man wird später oft mit klirrenden Schlittschuhen und zusammengebundenen Fäustlingen überm Arm dort hinüberlaufen, wenn der Rhein brüchige, blasige Eisschollen treibt und nur das trägere Wasser, das sich am Einfluß staut, fest gefroren ist.) Jetzt aber erblickt man das Wunder der Vereinigung, des Sichvermählens fremder Ströme aus fremdem Ursprung, in einem unvergleichlichen Farbenspiel. Das Mainwasser hat eine dunkelbraune, fast moorige Färbung. Es ergießt sich langsam quellend, als wär' es von einer dickflüssigeren, schweren Substanz, in die viel helleren, gelben oder gelbgrünen und manchmal fast lichtgrünen Gewässer des Rheins, der mächtiger strömt und mit gelaßner Gewalt die neue Ader in seinen Schoß zieht. Aber das eindringende Mainwasser in seinem tiefen samtigen Algenbraun hält sich mit der Zähigkeit eines starken

Blutes lange unvermischt gegen die breite Übermacht, in der sich's doch schließlich verschmelzen und verlieren muß. Ein scharfer, keimiger Wasserduft weht herauf, wie von den Schilfkronen sich gattender Flußgötter und Najaden.

Der Main hat seinen eigenen Zug, seinen eigenen Lebensweg, seine eigne Geschichte, er kommt von dem wenig gekannten, schon im Namen märchenhaften Fichtelgebirg, er trägt seine eigenen Schiffe und treibt seinen eigenen Wein. Aber anders als der Neckar oder die Lahn, die Ahr oder die Nahe, anders selbst als die länderverbindende Mosel, zieht er auch seine eigne Grenze – eine Schicksals- und Wesensgrenze im deutschen Land, die man »die Main-Linie« nennt. Ob sich wohl deshalb auch sein dunkles, wolkiges Wasserband so lang in seiner eigenen, eigensinnigen Färbung im fremden Fluß erhält? Es geht am rechten Rheinufer entlang bis fast zum Ende der gegenüberliegenden alten Stadt. Die schaute damals noch mit ihren vielen Kirchtürmen, von denen heute nur die des schönen, rötlichen Doms ganz unverändert stehn, in den ernsten und freudigen Strom und schien wie er mit all ihren Dächern und Gemäuern für die Ewigkeit gemacht. Dort, wo die Flüsse sich vermählen, wo der blaue Streif des Taunus die Rheinbiegung wie eine Seebucht abzugrenzen scheint, wo das sanfte Rebland leicht zum Hochheimer Berg hinaufschwingt, und weiter oben am Fluß, wo der Rhein ohne Burgen und Felsen, aber auch ohne die Schlote der Industrie geruhsam und heftig zwischen kupfrigen Weinbergen und flacher Obsthalde hinströmt, ist das Land meiner Kindheit und Jugend.

Meine Heimat ist Rheinhessen, und das heißt, daß sie landschaftlich nichts mit dem zu tun hat, was man unter ›Rhein-Romantik‹ versteht. Diese Gegend zeigt in ihrer starken, besonnten Fruchtbarkeit ein äußerst einfaches, nüchternes Gepräge. Die Rebstöcke stehen ordentlich und brav, die Obstbäume in Reihen gegliedert, alles Land ist Nutzland, und nur der rötliche Hautglanz der Erde verrät etwas von ihrem heimlichen Heißblut, von ihrem gezügelten Temperament. Rot ist die Grundfarbe des Bodens, besonders in der Gegend meines Geburtsorts Nackenheim. Rot ist in vielen Schichten und Stufen über die Rebhügel, Felder und Wege versprengt: das stumpfe Hellrot zerbröckelter Ziegelsteine, das fleckige Rotbraun von verrosteten Radreifen, das satte volle Geleucht von den Brustfedern des Blutfinken, das verwaschene Karmin eines föhnischen Abendhimmels, all das mischt sich im Staub und in der Feuchte des wurzelkräftigen Lehms und wird im Herbst von der Verfärbung des Weinlaubs und der Baumblätter überfunkelt. Bescheidene Haufendörfer, manche mit einer hübschen alten Kirche und ein paar Fachwerkhäusern, die meisten aus schlichtem, graugelbem Backstein gebaut, ins Gefäll der Wingerte eingeschmiegt, an der Rheinstrecke zwischen Mainz und Worms; das weithin schwingende, wellige oder bucklige Ackerland um den ›Donnersberg‹, der auch nur ein Hügel ist, und nach dem Kreisstädtchen Alzey hinüber; das flache Gelände der Obstkulturen, wie sich's linksrheinisch von der Flußbiegung bei Mainz bis fast zur Nahemündung erstreckt – auch Ingelheim mit seiner karolingischen Kaiserpfalz, und das lustige Rochuskapellchen über den Schieferdächern von Bingen – die sandigen Spargelfelder, die gleichmäßige Breite des hier nur von ein paar Werthen durchinselten Stroms – die geschäftigen Städte, denen trotz ihrer uralten Geschichte und ihrer Bauwerke nichts Museales, keine Touristenlockung anhängt: in welcher anderen Landschaft tut eine reich besiedelte, üppig treibende Natur ihr Bild so still und behutsam dar? Die Phantasie kann es mit Römerheeren bevölkern, mit keltischen und fränkischen Stammeshorden, mit Heiden und Heiligen, mit mittelalterlichen Kaiserzügen, mit barockem Kurfürstenprunk, mit marodierenden Schweden und Kosaken, mit französischen Raub-, Revolutions- und Besatzungstruppen, mit allen Gestalten und aller Wirrsal zweitausendjähriger Historie. Das Gesicht der Landschaft bleibt gelassen und anspruchslos.

Geburtsheimat ist keine Gefühlsfiktion, kein Gedankenschema. Sie ist ein Gesetz. Sie bedeutet Bestimmung und Vorbestimmung, sie prägt Wachstum und Sprache, Blick und Gehör, sie beseelt die Sinne und öffnet sie dem Wehen des Geistes wie einem heimträchtigen Wind. An einem Strom geboren zu werden, im Bannkreis eines großen Flusses aufzuwachsen, ist ein besonderes Geschenk. Es sind die Ströme, die die Länder tragen und die Erde im Gleichgewicht halten, da sie die Meere miteinander verbinden und die Kommunikation der Weltteile herstellen. Im Stromland ist es, im Schwemmland, in den dunstgesättigten Auen fruchtbarer Ufer, wo die Völker sich ansiedeln, wo ihre Städte und Märkte, Tempel und Kirchen erstehn, wo ihre Handelswege und ihre Sprachen sich begegnen. Im Strome sein, heißt, in der Fülle des Lebens stehn.

Der Rhein, so lernt man früh, entspringt in den Alpen und mündet in die Nordsee. Aber was besagt das für die Anschauung eines Heranwachsenden. Ihn berührt die Lebendigkeit seines Wassers, die Kraft seiner Strömung, in der er früh das Schwimmen und Bootfahren erlernt; der wuchernde Wildwuchs seiner Seitenarme und Auen. Seine Geographie und seine Geschichte interessieren ihn wenig.

Kinder erleben vor allem den Mikrokosmos einer Landschaft, selten ihre volle Symphonie. Schilfwälder, Tümpel mit Lurchen und Larvengetier, Fallobst an zottigen Hecken, braungrüne Eidechsen am Zaun, Wolfsmilch mit dicken, buntgefleckten Raupen, eine Kiefernschonung mit dem lockenden Schild: »Hege, Betreten verboten!« Steinhaufen, Sandkuhlen, ein Stückchen Hof mit etwas Kies und Rasen. Die Rindenrisse an einem Pappelbaum, das Eisengeländer einer Kellerwaschküche, aus der es kühl und seifig riecht. Das ist die unerforschlich weite Landschaft der Kinderzeit.

Der Rheinstrom selber, damals noch frei von Dieselöl und von Abwässern ungetrübt, so daß es nichts machte, wenn man beim Schwimmen oder Tauchen einen Mundvoll Wasser schluckte, war unser Alltag. Widerwillig ging man bei sonntäglichen Familienspaziergängen im guten Anzug die breite Rheinallee entlang und schob im Oktober das Laub der alten, gefleckten Platanenbäume in riesigen Haufen vor seinen Stiefelspitzen her. Zum Abenteuer wurde er nur, wenn man heimlich von der Badeanstalt zu einem der langsam aufwärts stampfenden Schleppkähne hinüberschwamm und versuchte, sich an seinem tief im Wasser liegenden Ladebord hochzuziehen, um eine Strecke, bis oberhalb der Stadtgrenze, mitzufahren. Dabei wurde man, wenn einen die Schiffer erwischten, manchmal mit einem Fußtritt wieder in den Fluß befördert, und daß beides, sowohl das Hinaufklettern wie das Hinunterfliegen, mit Lebensgefahr verbunden war, wegen des starken Sogs und der Stromwirbel, machte den Reiz aus. Daß Kinder überhaupt am Leben bleiben, läßt sich höchstens durch eine Kette von Glücksfällen oder durch Schutzengel erklären, und nur ihre Vergeßlichkeit bewahrt die Erwachsenen davor, in ewiger Angst um ihren Nachwuchs zu zittern.

Da gab es zum Beispiel eine tiefe, halbverschüttete Sandgrube, abseits der Spazierwege und Schneisen des ›Gonsenheimer Walds‹, in dem sich die Mainzer gern ergingen, von der merkwürdige Röhren und Stollen in die Erde hineinführten – von uns Kindern die ›Schinderhanneshöhle‹ genannt. Sie war – im Gegensatz zu der ›Leichtweißhöhle‹ im Wiesbadener Wald, in die man von einem holzbeinigen Veteranen für zehn Pfennig hineingeführt und mit dumpfer Stimme über das dort stattgehabte Privatleben des grausamen Räuberhauptmanns Leichtweiß aufgeklärt werden konnte – völlig unbekannt, und ob sie jemals dem Hunsrücker Bandenführer Johannes Bückler, 1803 in Mainz hingerichtet, zum Unterschlupf gedient hatte, scheint mehr als zweifelhaft. Der Name dieser Höhle war ein Geheimnis der Kinder. Vermutlich war sie nichts anderes als eine verlassene Baustelle. Uns ging es darum, in größter Heimlichkeit mit einer Schaufel in die Röhren dieser von Weidenkätzchen umblühten Grube möglichst tief einzudringen – wobei die Hoffnung, etwas zu entdecken und zu finden, eine alte Pistole, ein Messer mit eingerosteten Blutflecken, einen Topf mit Goldstücken oder gar einen Schädel, eine geringere Rolle spielte als die damit verbundene Gefahr. Kam man tiefer in einen jener Gräben hinein, so begann hinter einem der Sand mit leisem Knistern zu rieseln, und einmal brach plötzlich mit erschreckendem Krach die Erde auf mich herunter – ich konnte von Glück sagen, daß mich ein Schulfreund, der Gonsenheimer Bauernsohn Lobesam Becker, von uns wegen seines sommersprossigen Gesichts und seiner Stimme »Eulezwitsch« genannt, an den Hinterfüßen herauszog, denn Mund, Nase, Ohren waren schon mit Sand verstopft. Doch war mir vorher durch den Geruchsinn aufgefallen, daß es sich hier wohl nicht um ein Räuberversteck, sondern um einen verlassenen Fuchsbau oder eine vergessen vor sich hinträumende Militärlatrine handelte, von einem der manchmal dort stattfindenden Manöver. An eine vergrabene Leiche dachten wir natürlich auch, aber trotzdem zogen wir es vor, unsere Höhlenforschung nicht fortzusetzen – einer jener hundert Zufälle, durch die man am Leben blieb.

Der beliebteste Tummelplatz unserer Selbstgefährdung aber war der Altrhein, der auf dem rechten, landwirtschaftlich weniger ergiebigen Ufer des für die Schiffahrt breit und gradlinig ausgebaggerten Stromes, oberhalb der Mainmündung bis fast nach Worms hinauf, den alten, gewundenen Flußlauf kennzeichnet. Zwischen dschungelhaft verwuchertem Weiden- und Erlengebüsch, zwischen vermorschten Pappelstämmen und aufschießendem Jungholz, spinnt er ein unübersehbares, unerforschtes Adernetz von Bächen, Nebenarmen, Verbindungsgräben, toten Buchten, Sumpflöchern, stehenden Lachen und reißenden, bei Hochwasser zu unwahrscheinlicher Wildheit aufschwellenden Zweigflüßchen – nur den Fischern und den spürsinnigen Buben bekannt. Hier war unser Ontario, mit seinen heimtückischen Stromschnellen, die kaum der Delaware im schmalen Rindenkanu bewältigen kann, hier die trüben, gelb gurgelnden Fluten des Amazonas, hier die Moraste, Untiefen, Krokodile und Moskitoschwärme des oberen Kongo. Hier waren wir Forscher und Eingeborene, Wild und Jäger, Entdecker und Menschenfresser zugleich. Der Reusenfischer von der Schwarzbach (man sagt bei uns ›die Bach‹, wie in Bayern und Österreich ›die Ache‹), der uns mit Recht als Schädlinge und Netzräuber empfand, wurde zum hinkenden Tangua, zum bösartigen Einsiedlerelefanten, zum einäugigen Polyphem. Man möchte ihm eine Sprengkugel in den Hintern schießen, aber Gottseidank hat man keine. Und was die Moskitoschwärme anlangt, so trugen wir ihre Spuren – auch wenn es nur ›Rheinschnake‹ oder ›Podhämmel‹ waren – deutlich auf Gesicht, Armen und Waden, Stich bei Stich, Klauder bei Klauder, und große blutige Kratznarben an den Schienbeinen, wenn wir im Mainzer Winterhafen unsere Ausleger und Paddelboote an Land zogen – sie infizierten uns sogar mit der Schlafkrankheit, die uns dann in der Mathematikstunde oder bei den Hausaufgaben unwiderstehlich überfiel.

Der Altrhein – das ist der Rheinstrom der Jungen, der Aufgeweckten, der Hellen, der Unpolitischen. Er hat keine Geschichte, es gibt keine Zitate und Lieder über ihn, seinetwegen wurde kein Krieg geführt, er spielte keine Rolle in Versailles und erst recht nicht in Potsdam, seine Anwohner haben keine Belange, und Europas Mutterauge gleitet sorglos über ihn weg. Fische laichen dort ab, und viele Wildenten, auch Reiher, horsten in seinem Röhricht. Die Kinder kennen ihn gut und lieben ihn.

Als ich im Winter 1896 geboren wurde, war der Rhein, so erzählt man, zugefroren, so fest, daß zu Silvester bei Fackelschein auf seiner Mitte getanzt wurde und daß später der Mainzer Fastnachtszug über ihn ging. Auch in meinen Jugendjahren kam das noch öfters vor, heute scheint er sich seltener dazu herbeizulassen.

Es war Sonntagabend, drei Tage nach Weihnachten, als ich in dem rheinhessischen Dörfchen Nackenheim zur Welt kam, in dem mein Vater eine kleine Fabrik für Weinflaschenkapseln betrieb. Der Landarzt war nicht aufzutreiben – denn er wohnte im nächsten Kreisort, und es gab weder Telephon noch Volkswagen –, und die Hebamme, wer will ihr das an einem kalten Wintersonntag verdenken, hatte sich im Wirtshaus ein wenig aufgewärmt und war nur schwer beweglich. Aber alles ging rasch und gut. Meine Mutter war an diesem Morgen ausgerutscht und eine zweistöckige steile Wendeltreppe hinuntergefallen, wodurch der Vorgang anscheinend erleichtert und beschleunigt wurde, so daß ich noch am Tag des Evangelisten Johannes erschien statt an dem der Unschuldigen Kindlein. Mein einziger Bruder, den die Mutter sechseinhalb Jahre vorher schwerer und mühevoller geboren hatte, erzählt, daß er die weise Frau recht zornig herumpoltern hörte, vermutlich weil sie so spät gekommen war, und die unheimlichen Geräusche in der Dunkelheit erfüllten den Knaben mit Angst, aber plötzlich hörte er das laute Plärren des Kindes, und es schoß eine stechende Freude durch sein Herz, als sei ein Wunder geschehen.

Wer in einer der sieben Nächte zwischen Weihnachten und Neujahr geboren ist, und noch dazu am Sonntag, der kann, so heißt es, die Tiere sprechen hören. Und ich möchte allen Ernstes behaupten, daß ich es kann. Nicht so genau wie der Verhaltensforscher Konrad Lorenz. Aber ich kann es auf meine Weise, und ich halte das sogar für meine berufsentscheidende Eigenschaft. Denn wer die Tiersprache versteht, wer bereit ist, der Kreatur zu lauschen, ahnt, was die Menschen mit ihrer Sprache meinen und wollen – die nur zum Schein ein logisches Gebäude ist. In Wirklichkeit ist sie aus Laut und Klang vieltönig komponiert, um hinter nomen und pro-nomen, Grammatik und Syntax ihren eigentlichen Wahrsinn zu verbergen. Am stärksten erfährt man das, wenn man in einem fremden Land Menschen in einer völlig unbekannten Sprache miteinander reden hört: plötzlich versteht man vom Ausdruck her ihre elementare Bedeutung. Noch wurzelnäher ist das Verstehen des Kindes. Die Sprache springt in ihm auf wie ein kleiner kullernder Quell. Bald wird sie zum Bach, zum Fluß, zum Strom, so mächtig wie der mittlere Rhein, und der Dichter ist selbst das Wasser in diesem Strom, mit allem was darin schwimmt und was sich darin spiegelt. Man hat mir erzählt, daß die ersten Wörter, die ich außer den Lauten für Mutter, Vater und Bruder sagen konnte, Pferd, Katz und Hund waren, bald kam wohl die Kuh, die Geiß und die Nachahmung des Hahnenschreis dazu. Im Pferdestall eines Nachbarn wurde ich gefunden, als ich einmal, kaum des Laufens fähig, durch eine Lücke im Gartenzaun entwischte: sorglos und wohlbehütet zwischen den Hufen des großen Braunen, der das Kind mit seinen warm-feuchten Nüstern beschnaubte.

Als ich, im Sommer 1952, zum ersten Mal nach einer jahrzehntelangen Pause, meinen Heimatort und mein Geburtshaus wieder betrat, das inzwischen teilweise umgebaut und völlig anders eingerichtet worden war, blieb ich in einem von Menschen erfüllten Zimmer erstaunt stehn und schaute auf ein bestimmtes Fenster. Ich wußte plötzlich, ich kenne dieses Fenster, ich kenne es ganz genau. Ich sehe es vom Gitter eines Kinderbettchens her, durch die weißen Mullschleier eines Moskitonetzes, als ein offenes Viereck bei Nacht, und dahinter, im ansteigenden Weinberg, ist das zauberische Funkeln und Schwirren unzähliger feuergrüner Leuchtkäfer. Meine Mutter, die an diesem Besuch teilnahm, bestätigte mir, daß ich als kleines Kind wirklich in diesem Zimmer geschlafen hatte. Als ich aber dann zu dem Fenster trat und hinausschaute, war da gar kein Weinberg, sondern eine quadratische Pflanzung von Obstbäumen. Aber der alte Lorenz Horn, einer der frühsten Mitarbeiter meines Vaters, erklärte mir: »Du hast ganz recht, Kall. Die Appelbäum sind erst dreißig Jahr alt. Damals war da noch euern Weinberg.« Das muß in oder vor meinem vierten Lebensjahr gewesen sein, denn im Jahre 1900 zogen wir in die große Stadt, nach Mainz. Mein Vater hatte die Kapselfabrik, die er in den achtziger Jahren für wenig Geld und mit hohem Risiko übernommen hatte, innerhalb kurzer Zeit auf die Höhe der damaligen Industrie gebracht. Als er dort anfing, wurde die Maschinerie noch von einem Mühlrad betrieben, bald wurde das Werk dann auf Dampf und später auf elektrische Kraft umgestellt, immer größer wurde die Zahl der Arbeiter und Angestellten, und heute befindet sich dort, immer noch inmitten der Weinberge und sogar ohne den landschaftlichen Charakter wesentlich zu beeinträchtigen, wohl das bedeutendste Unternehmen dieser Art im deutschen Weingebiet. Mit meiner Familie hat es leider längst nichts mehr zu tun, da mein Vater infolge eines in seinem höheren Alter immer mehr zunehmenden und fast zur Erblindung führenden Augenleidens den Besitz und schließlich auch die Teilhaberschaft aufgeben mußte. Und seine beiden Söhne hatten sich brotlosen Künsten zugewandt.

Damals aber, als die Familie nach Mainz zog, zu Anfang des neuen Jahrhunderts, war alles mitten in Aufstieg und Entwicklung, und trotz der Stadtwohnung blieben meine beiden Eltern mit der Nackenheimer Fabrik weit über das rein Geschäftliche hinaus aufs innigste verbunden. Dort hatten sie ihre junge Ehe, ihr gemeinsames Leben begonnen. Dort lag ihre gemeinsame Aufgabe, ihre Sache, ihr Lebenswerk. Wie sehr das auch auf meine Mutter zutraf, kam mir erst wieder zu Bewußtsein, als sie mich bei dem schon erwähnten Besuch meines Geburtsortes, in ihrem vierundachtzigsten Jahr, begleitete. Man verlieh an diesem Tage dem ebenfalls in Nackenheim geborenen Chemiker Dr. Pier und mir selbst das Ehrenbürgerrecht der Gemeinde, und der ganze Ort war in festlicher Erregung. Als meine Mutter sich in einem Wagen, denn die Fabrik mit dem ehemaligen Wohnhaus liegt etwas außerhalb und oberhalb des Hauptortes, dem Eingang des Werkes näherte, erblickte man dort eine sonderbar steif aufgereihte Gruppe schwarzgekleideter Frauen, als ob sich's um ein Begräbnis handelte. Sobald wir näherkamen, löste sich die Gruppe jedoch in heftige Bewegung auf, mit Blumensträußen in der Hand umdrängten die alten Weiblein, von denen wohl keine unter achtzig war, den Wagen, so daß meine Mutter kaum aussteigen konnte, jede wollte die erste sein, die ihrer »Madame« – so nannte man sie dort – die Hände drückte, und die feierlichen schwarzen Hüte und Schleier, die sie zum besten Sonntagsstaat angelegt hatten, verrutschten bald auf den weißen und grausträhnigen Köpfen. Nun aber geschah das Sonderbarste: meine Mutter, die auch jahrzehntelang nicht mehr dagewesen war, erkannte sie alle. Über sechzig Jahre hinweg sah sie in den verwitterten Zügen die Gesichter, Augen, Lippen, Zöpfe ihrer ersten »Fabrikmädchen«, die damals, als sie, die neunzehnjährige Frau eines Vierundzwanzigjährigen, dort einzog, als ganz junge Arbeiterinnen an den Polier- und Lackiermaschinen saßen. »Ei Luwis'che, ei Gretche, ei Marieche, ei Bawettche, ei Lottche«, fast jede wußte sie noch beim Namen – und die alten Mütterlein klatschten bei jeder Namensnennung in die Hände, als seien sie wirklich wieder die kaum der Dorfschule entwachsenen jungen Dinger: »Ei, die Madame! Ei, die Madame!«

Dies kennzeichnet nicht nur die patriarchalischen Verhältnisse einer vergangenen Zeit. Ganz anders, als es sich der konsequente Klassenkämpfer vorstellen würde, verbanden meine Eltern mit ihrem jungen Unternehmertum eine Art von sozialem Idealismus. Als erste in dieser Gegend richtete meine Mutter mit ihren kaum zwanzig Jahren eine Gesundheitsberatung, besonders für die weiblichen Angestellten des Betriebs, und eine freiwillige Krankenversicherung ein, und die vielen Jahre hindurch, die mein Vater noch selbständig die Fabrik leitete, kannte sie wohl jedes Einzelschicksal, jede einzelne Person unter der immer mehr zunehmenden Arbeiterschaft.

Ich besitze aus dieser Zeit die auf steifem Karton kopierten Porträts meiner Eltern. Die Mutter klein und von zarter Statur, mit gescheiten lebhaften Augen und einem so beweglichen Mund, daß er auf einer Photographie immer krampfhaft zugekniffen wirkte: denn eigentlich wollte sie gerade noch rasch etwas sagen. Ein Springbrunnen von schnellem Temperament, rascher Einfühlung, Humor und Weltliebe: so wirkte sie noch auf die Menschen, die sie in ihrem hohen Alter gekannt haben. Der Vater, von dem man sagen darf, daß er ein schöner Mann war, nämlich von einer durchaus männlichen Schönheit, der gleichzeitig eine natürliche Noblesse und eine geheime Zartheit, Empfindsamkeit innewohnte, in der stolzen Haltung des jungen Ehemanns und Fabrikherrn, die Brust etwas herausgedrückt, den Kopf kühn erhoben, mit vollem Haar und blitzenden Augen und vor allem mit einem wohlgepflegten Schnurrbart, dessen Spitzen nach rechts und links weit ausgezogen waren. Wie herrlich selbstgewiß, lebenssicher und erfolgsbewußt wirken die Schnurrbärte dieser Zeit! Man verwechsle sie nicht mit den steif im rechten Winkel aufwärts gezüchteten ›Es-ist-erreicht‹-Spitzen, die Wilhelm der Zweite in der Welt so durchschlagend unpopulär gemacht hat. Der Schnurrbart des jüngeren Mannes um die Jahrhundertwende war keine modische Nachäffung eines pseudofeudalen Stils, er war der Ausdruck jener naiven Fortschrittsgläubigkeit, der noch ganz ungebrochenen Freude an Aufschwung, Gründung, Entwicklung, Prosperität, wie sie die glückgesegnete Generation zwischen dem siebziger und dem vierzehner Krieg durchweg beseelte. War es doch wirklich so, daß alles, was damals jemand mit einigem Geschick und Fleiß anrührte, zu Gold oder zu Zinsen oder mindestens zu Brot und Wein wurde. Welch heimliche Tragik oder welch sphinxhafte Schicksalsrätsel zwischen den sauberen Backsteinen dieses Zeitgebäudes mit eingemauert waren, spürte wohl die jüngere, die heranwachsende, die in der Reizbarkeit ihrer Entwicklungsjahre ahnungsstärkere Generation, also die meine, in höherem Maß als die der gereiften, führenden Altersschicht, die sich dem Bewußtsein einer gefestigten Vernunfts- und Bildungswelt mit ebenso tätigem wie sorglosem Vertrauen hingab. Die Großeltern hatten es noch schwer gehabt. Meines Vaters Vater mußte sich sein juristisches Studium mit Stundengeben verdienen, der Vater meiner Mutter hatte sich als Junge durchgehungert und erst im Mannesalter mit enormer Arbeit beträchtlichen Wohlstand erreicht. Ihren Söhnen und Töchtern aber, die um die Jahrhundertwende zwischen dreißig und vierzig waren, fiel schon das gute Erbe zu, die solide Grundlage, die gesicherte Vorbildung und Erziehung. Wir, man kann auch sagen die Umwälzungen unseres Jahrhunderts, haben das alles gründlich unterhöhlt und zum Einsturz gebracht – aber wer dieser Zeit entstammt, spürt die Kontinuität ihres Erbguts und ihrer Werte, selbst über die damals noch unvorstellbaren Abgründe von Grauen, Entsetzen und Zerstörung hinweg.

Ich weiß, daß ich mit dem folgenden Satz gegen alle literarische Konvention verstoße, daß ich mich dem Verdacht der Schönfärberei, der Banalität, ja sogar dem vernichtenden Vorwurf des ›Klischees‹ aussetze, aber ich sage es doch: ich habe eine glückliche Kindheit gehabt. Ich weiß, man hört das nicht gern, und es ist eine kühne Behauptung, aber alles andere wäre gelogen. Dabei habe ich nichts von den Ängsten und Nöten, dem Kummer und der Bedrängnis, dem Erfahren des Unrechts und der Empörung, nichts von den schwarzen, verzagten, verzweifelten Stunden, nichts von den Widerwärtigkeiten vergessen oder aus meinem Bewußtsein gedrängt, die eine Jugend, die der schwierige Vorgang des ›Erwachsenwerdens‹ einbegreift. Aber gehört nicht dieser Wechsel von Tief und Hoch dazu, damit es überhaupt ein Wetter gibt? Die Horen, jene ›Göttinnen der Jahreszeiten in ihrer natürlichen Folge und Ordnung‹, waren mir günstig gesinnt, den Winter mit eingeschlossen. Und wenn ich von Glück spreche, so meine ich auch die Trauer, ohne die es so wenig in Erscheinung treten kann wie die weiße Farbe ohne ihr Komplementär. Wer kann jemals noch in seinem Leben so leidenschaftlich, so untröstlich, so vereinsamt und hoffnungslos trauern wie ein Knabe, dem ein Vogel stirbt, ein Dompfaff, der ihm das Futter aus der Hand nahm und an seinen Fingern knabberte, der die Federn aufplusterte und zärtlich zu zwitschern begann, wenn er sich dem Käfig näherte, der ihm ein Lied nachpfiff und auf seine Schulter flog? Und wer so bitterlich mißverstanden, so verhöhnt sein in seiner Herzensnot, wenn man ihm – im Glauben, dann sei alles wieder gut – einen ›neuen‹, einen anderen schenkt, der doch nie mehr derselbe ist? In der Zeit, in der ich aufwuchs, wußten die Erwachsenen noch wenig von den Kindern, beschäftigten sich nicht mit ihrer ›Psychologie‹, und das war gut so. Man blieb auf diese Weise in einer Welt für sich, die doch keiner mit einem teilen kann, der nicht selber Kind ist. Was die Kinder von den Großen erwarten, ist nicht ›verstanden‹, sondern nur geliebt zu werden, auch wenn sich diese Liebe in Strenge oder auf ungeschickte Art äußert. Vertraulichkeit gibt es nicht zwischen den Generationen, nur Vertrauen.

So hatte ich jahrelang mit Gespensterfurcht zu kämpfen, ich sah sie, in der Zeit, als ich noch früh ins Bett mußte und mein älterer Bruder, der das Zimmer mit mir teilte, länger aufbleiben durfte, in jenem entsetzlichen Dunkel, in dem es doch immer

Lichter und Bewegung gibt, und hörte sie in der Stille, die von tagfremden Geräuschen erfüllt ist. Ich wußte, daß das kreidige Gerippe hinterm Vorhang der Lampenschimmer von Nachbarhäusern war, der durch den Fächer der grünen Jalousie draußen hereinfiel, aber es war doch ein Gespenst, das mich zwang, die Augen offenzuhalten, sonst wäre es über mich gekommen, und ich erfand andere, mit bestimmten Namen, die aus dem Schrank oder unter der Türritze hereinkamen – eines hieß das ›Fadengespenst‹, ich zeichnete es sogar in mein Schmierheft, durchaus abstrakt, es hatte Arme, Beine, Leib und ein nach unten spitzwinkliges Dreieck als Kopf, alles nur aus haardünnen Strichen. Aber vor dieser Zeichnung, meinem eignen Produkt, fürchtete ich mich dann noch mehr, es war jetzt, wie eine Totemfratze, erst recht fürchterlich geworden. Ich wußte, daß das eintönige unverständliche Murmeln von nebenan die Gespräche der Eltern waren, und doch wurde es zu einem so grauenvollen Gespensterlallen, daß ich schließlich, nach heldenhaften Versuchen zur Selbstbeherrschung, zu schreien anfing. Aber ich habe es meinem Vater nie übelgenommen, wenn er dann, gestört und ärgerlich, hereinkam, mich einen dummen oder ungezogenen Lausbub schimpfte und mir manchmal sogar ein paar über den Hintern zog, weil er glaubte, daß ich aus reiner Bosheit ›nicht schlafen wollte‹. Er verstand es nicht besser, und gegen Unverstand läßt sich nichts ausrichten, ich bedauerte ihn eher, daß er so dumm war und nicht so viel merkte und wußte wie ich. Die Dummheit anderer kann beruhigend wirken, das Schimpfen und die Prügel waren real und bannten die Geister, verheult schlief ich ein. Wenn ich dann später wieder wach wurde und aus dem anderen Bett das tiefe, gleichmäßige Atmen des Bruders hörte, waren keine Gespenster mehr da. Es ist ja auch für Erwachsene oft so, daß ein Hund, der im selben Zimmer schläft, die abstrakte Furcht vor dem Unsichtbaren durch sein Dasein auflösen und die Dämonen vertreiben kann. Die Jugend, obwohl ich sie glücklich nennen darf, würde ich niemals mit einem im Paradies gelebten Augenblick vergleichen, dazu gehört die Vorstellung von einer irdischen Glückseligkeit, die ihr noch fremd ist. Sie geht zähe und langwierig ihren Gang, ihre komplizierten, verschlungenen Wege. Sie ist aus unzähligen Augenblicken, jeder dem gesamten Leben ähnlich, zusammengesetzt, und ich werde mich hüten, von diesen sublimen Vorgängen mehr zu erzählen, um sie nicht dramatisch zu verfälschen oder langweilig zu werden. Das Gewebe der Erinnerung ist so dicht, all seine Fasern sind so fest ineinander verschlungen, daß es unmöglich scheint, aus diesem unteilbaren Ganzen ein Stück herauszulösen, von dem man sagen könnte: Schaut her, so ist das. So sieht das aus. Denn es ist ja nicht, ohne all das andere, das nicht mehr ist und doch dazugehört, es zergeht, wenn man es festhalten will, in einem fließenden Nebel, und der gerinnt wieder zum Gen, zur Ursubstanz, zu einem Tröpfchen Protoplasma. Nichts ist unvergeßlich, außer den Menschen, mit denen man gelebt hat, und nur an diese, und an die Geschichten, die man von ihnen weiß, kann man sich halten.

Einer der entscheidenden Glücksfälle meines Lebens ist es, nicht das erste und niemals ein Einzelkind gewesen zu sein. Man erfährt dadurch nicht geringere Liebe, wohl aber bleibt man von der übermäßigen Besorgnis und Fürsorglichkeit verschont, womit die meisten Eltern ihre Erstgeborenen belästigen und belasten. Meine Mutter war eine ängstliche Natur, nicht für sich selbst, aber für die Ihren, die sie, wenn sie sie nicht wie eine Glucke um sich her oder unter ihren Flügeln hatte, immer nur als Opfer von Katastrophen und Unglücksfällen sah. Eine verspätete Eisenbahn hatte für sie nie eine andere Erklärung als einen entsetzlichen Zugzusammenstoß, den sie sich vermutlich in so realistischen Details konstruierte, daß sie dann an dem bang Erwarteten, wenn er ahnungslos hereinspazierte, ihre Nervosität ausließ. So kam es manchmal zu – sonst unglaublich seltenen – Krachs oder ›Szenen‹ zwischen meinen Eltern. Wenn mein Bruder oder ich zu spät heimkam, vom Spielen, Schwimmen, oder als Jünglinge von anderen Leibesübungen, stand sie mit rotem Kopf am Fenster und starrte die Straße entlang, auf der sie uns jeden Augenblick auf einer Bahre oder im Sanitätswagen erwartete. Ich habe ihr das, darin rücksichtsloser veranlagt als mein Bruder, nach Kräften ausgetrieben, indem ich einfach so viel herumstrolchte, daß sie an ihrem Ausguck hätte anwachsen müssen. Das war ein Glück, denn sie hätte sonst, mit zwei Söhnen im Feld, vor Angst die vier Jahre Weltkrieg kaum überlebt, die ihr ohnehin eine Schilddrüsenkrankheit hinterließen.

Von den wirklichen Bedrohnissen, denen man, nicht freiwillig wie bei den selbst gesuchten Gefahren, in der frühen Schulzeit ausgesetzt war, ahnten die Eltern nichts. Ich ging, bereits als Vorschüler, in das ›feine‹ neue Gymnasium, in dem es, zur Präparation für den humanistischen Bildungsgang, drei Elementarklassen gab. Meine Mitschüler entstammten durchweg wohlhabenden Bürgerhäusern und waren dementsprechend gepflegt und gekleidet. Auf dem Schulweg jedoch mußte man an der ›Volksschule‹ der Mainzer Neustadt vorbei, und dort hausten die ›Bittel‹. So nannte man in Mainz die Söhne der weniger begünstigten Stände, der Arbeiter, Handwerker, kleinen Leute, deren Eltern sich nicht das teuere Schulgeld für eine höhere Lehranstalt leisten konnten, und die in abgetragenen Anzügen, manche mit Flicken auf den Ärmeln und Hosenbeinen, umherliefen, worum ich sie heimlich beneidete. Ich hätte mich darin wohler gefühlt und freier bewegt als in dem glattgebügelten Matrosenanzug oder gar der Samtjoppe mit Umlegkragen und Schlips. Schülermützen trugen wir nicht, aber durch die Art der Kleidung, auch die mit Seehundsfell bespannten Ranzen oder ledernen Schultaschen, waren die Unterschiede deutlich gekennzeichnet, und so spielte sich unter den Sechs- bis Zwölfjährigen eine primitive, doch keineswegs harmlose Vorstufe des Klassenkampfs ab. Morgens war man verhältnismäßig sicher, denn Proletarier- wie Bürgersöhne waren gleichermaßen zu spät dran und mußten laufen, während in ihren Zwingburgen schon die Klingel schrillte. Aber mittags hatten die Bittel offenbar mehr Zeit als unsereiner, der zu einem ordentlichen Familienessen pünktlich zu Hause sein mußte, und lauerten uns auf dem Heimweg auf, um uns zunächst durch Spott- und Schimpfworte aufzureizen (das beliebteste, für besonders fein angezogene Knäblein, war – ohne konfessionellen oder rassischen Nachweis

– der Zuruf: »Juddebub!«). Dann schmissen sie mit Steinen oder verstellten einem, gewöhnlich in einer geschlossenen Gruppe, den Weg. Ausreißen war unmöglich, man hätte sich vor Freund und Feind, auch vor sich selbst, ewiger Verachtung ausgesetzt. So mußte man, wenn auch mit vollen Hosen, trotzig erhobenen Hauptes und mit verächtlicher Miene an ihnen vorbei oder durch ihre drohende Phalanx hindurchmarschieren. Manchmal begnügten sie sich damit, nach uns zu spucken oder uns von hinten Roßäpfel ins Genick zu werfen, manchmal aber fielen sie über einen her, um einem den Schlupp am Matrosenkragen, den vornehmen Schulranzen, die Bänder von der Kappe herunterzureißen, man wehrte sich, und es kam zur Rauferei, bei der man recht übel zugerichtet oder auch, besonders bei Regenwetter und Matsch, im Dreck gewälzt werden konnte. Man hätte auch einen anderen, weniger gefährdeten Heimweg über die mondäne Kaiserstraße wählen können, aber das widersprach, obwohl man Schiß hatte, dem point d'honneur. Man verhielt sich wie gewisse kriegführende Staaten, die lieber eine sichere Niederlage in Kauf nehmen als ›ihr Gesicht verlieren‹.

Kam ich dann von einem solchen Nahkampf mit den Gassenbuben, verspätet, verschmutzt und mit zerrissenem Anzug, nach Hause, so war ich noch dazu den Vorwürfen ausgesetzt, ein unverbesserlicher Raufbold und selbst ein Gassenbub zu sein, manchmal sogar einer Strafe wie dem Entzug des Nachtischs, was ich verbissen mit einem hochmütigen Märtyrertum auf mich nahm. Den verstauchten Daumen, den ein Folterknecht heruntergebogen hatte, kühlte ich heimlich unter kaltem Wasser. Ich hätte lieber meine Zunge verschluckt, als den wahren Sachverhalt zu erklären, sonst hätte mein Vater womöglich an die Direktion der Volksschule geschrieben oder sonst etwas für mich unerträglich Peinliches zu meinem Schutz unternommen, mich etwa vom Gymnasium abholen lassen. Und mein ›großer Bruder‹ ging ins ›alte Gymnasium‹ in einem anderen Stadtteil, hatte einen völlig verschiedenen Schulweg, und ich konnte noch nicht einmal mit ihm drohen. Merkwürdigerweise aber empfand ich weder Haß noch Verachtung gegen die Bittel, ich beneidete sie ein wenig um ihre größere Freiheit und Wildheit und war stolz, wenn sie mich schließlich, des Verhauens überdrüssig oder weil ich mich tapfer gewehrt hatte und genauso vulgär schimpfen konnte, aufforderten, an ihren ungestümen Räuberspielen im Mainzer Gartenfeld teilzunehmen.

Dieses ›Gartenfeld‹, das man bei ›Hitzefrei‹ im Schnellauf, später auf dem Fahrrad, durchquerte, weil es der rascheste Weg zur Badeanstalt war, hatte für mich einen besonderen Reiz. Es war eine Mischung von neuer Vorstadt, umzäunten Schrebergärten und alten, wackligen Häuschen, und es hing ihm der Geruch einer gewissen Verrufenheit an: bessere Leute wohnten da nicht. Aber zu Anfang des Jahrhunderts hatte dort ›Wallenda's Wolfszirkus‹, ein Frühunternehmen der später weltbekannten litauischen Artistenfamilie, sein Winterstandquartier, und manchmal konnte man in kalten Nächten das ferne heisere Heulen der Wölfe hören, die auf den alljährlichen Frühlings- und Herbstmessen dressiert vorgeführt wurden. Dann konnte man träumen, in Rußland oder im Wilden Westen zu sein. Auch sonst übte das Gartenfeld – solange man sich noch nicht für das Schifferviertel und die Schlossergasse mit ihren berüchtigten Kneipen interessierte, und für den Kappelhof, das Bordellgäßchen hinterm Dom, dessen Name in Mainz nur geflüstert wurde – eine faszinierende Attraktion aus. Man könne dort, hieß es, in der Dunkelheit nicht gehen, es gäbe da Banditen und Messerstecher – auch trieben sich dort schlampige Mädchen herum, sogenannte ›Menscher‹. Sodann hausten da die ›Mandafittcher‹, das war eine besondere, gerichtsnotorische Bande (heut würde man sagen: ein Gang) von Jugendlichen, alle dem gleichen gewaltigen Mutterschoß entsprungen. Der alte Mandafitt, ihr Vater, wohl einer jener Messerstecher, grölte manchmal betrunken durch die Straßen, und wenn er nicht grade saß, schien seine Haupttätigkeit im Kinderzeugen zu bestehen: er hatte unzählige Bittel in allen Altersstufen hervorgebracht. Aber das waren schon mehr als gewöhnliche Bittel, sie bereiteten sich systematisch auf die Verbrecherlaufbahn vor, und man betrachtete sie mit einer Mischung von Scheu und Bewunderung. Auch bekam ich von einer halbwüchsigen Babette Mandafitt hinter einem Bretterzaun einen der ersten Küsse meines Lebens, wobei ich nicht recht begriff, warum sie mir in die Unterlippe biß. Aber es war ein Erlebnis.

An eines der kleinen, einstöckigen Häuser, deren Dächer schon etwas windschief und baufällig wirkten, erinnere ich mich besonders, denn über seiner Haustür war ein Blechschild angebracht, auf dem rechts ein Pudel aufgemalt war, der wie ein Schaf aussah, links eine Kreuzung aus Kalb und Löwe, die wohl einen Bernhardiner darstellen sollte, in der Mitte stand in plumpen Buchstaben: ›Matthias Leisen, Hundescherer‹, und darunter war mit Bleistift gekritzelt: ›Feste Preise‹. Dies regte mich zu einem meiner ersten Gedichte an (man hatte ja schon Wilhelm Busch gelesen), das dann während einer langweiligen Stunde, aufs Löschblatt geschrieben, in der Klasse von Hand zu Hand ging:

Der Hundescherer Matthias Leisen
Arbeitet nur zu festen Preisen.
Er schert auch Hunde, welche beißen,
Und die ihm in die Stube scheißen.

Den Hundescherer Matthias Leisen
Kann einen ehrlichen Mann man heißen.
Er schert auch Hunde, welche beißen,
Er schert sie mit und ohne Läusen,
Er schert sie nur zu festen Preisen,
Selbst wenn sie ihm den Schurz bescheißen –

O Hundescherer Matthias Leisen!

Meine Mitschüler hielten das für ein avantgardistisches Meisterwerk, wegen der Reimwiederholungen und des unverblümten Gebrauchs eines Verdauungswortes. Wir waren, wie man sieht, unserer Zeit voraus, und wenige meiner späteren Gedichte haben eine ähnliche Popularität erreicht.

Von den Bitteln ganz abgesehen, welche die lockende Fremdheit von wilden Völkerstämmen, Indianern oder Buschnegern besaßen, und vor denen man sich auch hüten mußte, fühlte ich mich – trotz aller früh auftretenden Neigung zu Musik, Poesie und Theater – zu solchen Schul- oder Spielkameraden hingezogen, die einfacheren, primitiveren Volksschichten entstammten. Die Wohnküche und das düster-müfflige Treppenhaus, Heim eines Jungen, dessen Vater ›nur‹ Lokomotivführer war und dessen Mutter selbst die Wäsche wusch, schien mir ein viel brauchbarerer Spielplatz zu sein, ja eine schönere Umgebung, als unser villenartiges Häuschen mit Garten und Vorgarten auf der ›feinen Seite‹ des Bonifatiusplatzes. Ich liebte diesen Jungen, der den ganzen Winter im selben dunklen Wollsweater ging. Die höchste Freude aber waren die Besuche bei jenem schon erwähnten Bauernbuben in Gonsenheim, dessen Vater den Ehrgeiz hatte, daß er ›Latein studieren‹ und Pfarrer werden sollte: Lobesam Becker. Mit seinem zweiten Vornamen hieß er Johann, wie die meisten Gonsenheimer, die auch fast alle Becker hießen: man unterschied sie nur durch an den Namen angehängte Ziffern, es gab wohl schon mehr als hundert, und die bekannteste Wein- und Wurstwirtschaft in dem Dörfchen, in der es im Frühjahr auch frische Spargel und im Herbst Hasenbraten gab, war einfach als ›Becker der Neununddreißigste‹ bekannt. Deshalb hatte wohl auch diese Familie Becker, die ansehnliche Spargelfelder und Obstpflanzungen besaß, ihren Söhnen möglichst absonderliche Erstnamen beigelegt, wie Lobesam, Liebetreu oder Fürchtegott, der öden Zahlenbenennung immerhin vorzuziehen, obwohl ihnen das in der Schule fast soviel Spott einbrachte wie den ›Preussebuwe‹, den Söhnen nach Mainz versetzter Garnisonsoffiziere, die Hans-Jürgen oder Heinz-Dieter hießen und von denen manche auch noch s-prachen statt zu schbreschen, unglückliche Außenseiter der Gesellschaft. Wenn ich zu den Beckers kam, durfte ich eine schon lehmverschmierte lange Schürze anziehen und beim Spargelstechen helfen. Dazu hatte man ein besonderes, an den Seiten stumpfes und nur an der breiten Unterseite scharfgeschliffenes Messer und mußte vorher mit den Fingern vorsichtig den Sand um die gerade aus der Erdkruste herauslugenden Spitzen der Spargelköpfe weghäufeln. Dann bekam ich in der niedrigen Bauernstube, an einem Tisch mit Wachstuch, Pellkartoffel und Schmierkäs zu essen, dazu ein bißchen selbstgebrauten, säuerlichen Most, für mich ein Gipfel des Entzückens, und ich zog das bei weitem jenen immer etwas peinlichen Einladungen zu noblen Kindergesellschaften vor, bei denen es Schokolade mit Schlagrahm und zum Schluß jedesmal Verdruß und Tränen gab.

Eine ganz eigene Anziehungskraft aber übten die Dienstmädchen aus, wobei das Geschlecht noch gar keine oder höchstens eine ganz unbewußte Rolle spielte: ihr langgezogener, trauriger oder auch kecker, übermütiger Gesang, den man ironisch nachahmte und von dem man doch die echten Volkslieder kennenlernte – die gleichen wohl, die Georg Büchner in seiner Jugend gehört hatte –, ihre herberen, bildstärkeren Dialekte, denn die meisten kamen ja aus kleinen Dörfern, vom Odenwald oder aus dem Taunus oder vom Vogelsberg – ihr merkwürdiges, rätselhaftes Wesen, das zwischen unerklärlichem langen Weinen und wilder Lachlust, zwischen ernsthafter Frömmigkeit und vertracktestem Aberglauben hin und her schwankte – der verlegene Soldat, der sie manchmal gegen Abend besuchte, in der Küche gefüttert wurde und sie im Hausflur an den derben Händen hielt – und ihre großen Schließkörbe aus Rohr- oder Weidengeflecht, in denen sie ihre Wäsche und ihre Heimlichkeiten bargen – sie lebten im selben Haus, waren ihrer ›Herrschaft‹ treu ergeben und schienen doch aus einem anderen Erdteil, aus einer völlig anderen Welt zu sein. Sie trugen, außerhalb der Küche, blendend weiße Schürzen und hatten, wenn sie servierten, die langen Zöpfe sorgsam aufgesteckt. Aus ihrem Zimmer mit den Eisenbetten und den karierten Plumeaus roch es süßlich und säuerlich zugleich. Zu Weihnachten bekamen sie große Teller mit ›Guts‹ und Kleiderstoffe oder Ohrringe, dann waren sie gerührt und küßten meiner Mutter die Hand. Manchmal ging eine, um zu heiraten, und auch dann wurde viel geweint.

Das ruhige, geordnete Haus mit den Dienstmädchen. Das Geläut der Bonifatiuskirche und, an Fronleichnam, die feierliche

Prozession. Die Militärmusik, die häufig durch die Straßen schmetterte oder die man – mit leisem Grauen, weil man ja auch einmal dazu müsse – trommelnd und pfeifend von den Übungsplätzen hörte. Die Schul-Ängste, die Familienfeste. Alles kommt mir von heute betrachtet wie Biedermeier vor. Aber es war auch Vormärz. Und der Sturm fuhr uns schon durch die Haare.

»O selig, o selig, ein Kind noch zu sein!« sang mein Vater mit seinem hellen, heiter schmetternden Tenörchen. Ob er sich wirklich gar nicht mehr erinnerte an das unentwirrbare Geflecht von kleineren und größeren Lügen, Defraudationen, Hintergehungen, Vertrauensbrüchen samt der damit verbundenen Gewissensnot, durch die allein man sich den Großen, Eltern und Lehrern gegenüber behaupten kann? Oder war er, wie mein Bruder, in seiner Kindheit eine sanftere, gefügige Natur gewesen und weniger Anfechtungen ausgesetzt? Aber auch die haben ihre Sorgen und tragen ihr pueriles Kreuz. Ich trug wochenlang wie glimmenden Zunder den Strafzettel in der Tasche, den der Vater hätte unterschreiben sollen, auf die Zerstreutheit des Klassenlehrers rechnend, der ihn ausgestellt hatte. Fiel dem die Sache aber plötzlich wieder ein, dann lauerte ich vorm Briefkasten an der Haustür auf den grauen Umschlag mit dem Gymnasiumstempel. Mit der Häkelnadel des Dienstmädchens ließe er sich herausfischen. Man steht vor einer teuflischen Entscheidung. Ihn zu vernichten? Zu behaupten, er sei nie angekommen? Doch der Briefträger Dinnes wird sich erinnern, er liest jeden Absender, um sich bei seinen einförmigen Gängen die Zeit zu vertreiben. Läßt man ihn einfach im Kasten, um die Qual abzukürzen?

Aber morgen ist der Zirkus Cordy-Althoff in der Stadt, nur für wenige Tage, mit der gemischten Raubtiergruppe, die vielleicht nie wiederkommt... Der Brief wird herausgeangelt, verschwindet in der von brennenden Geheimnissen schon fast verkohlten Hosentasche; da bleibt er, bis die Galavorstellung da ist, zu der man mit dem Vater, am Abend, bei wildem Lichtergefunkel, aufpeitschender Blechmusik, tosender Menschenmenge hingehen darf. Der Brief geht mit, und das Gewissen. Es pocht um so stärker, je mehr sich die Eltern an der Vorfreude des Knaben mitfreuen. Aber es kann diese Riesenfreude, die mich noch heute bei jedem Zirkusbesuch erfüllt, nicht abtöten: so stark ist kein Gewissen. Es piekst höchstens manchmal, bei weniger attraktiven Nummern – oder wenn der Vater, bei den Entrées und Intermezzi der Clowns, so herzlich mitlacht, ohne zu ahnen, *wer* da neben ihm lacht, *wem* er bei dem Sprung des Tigers durch den Feuerreif und dem gewagten Trapezakt die Hand hält: einem Betrüger, mit einem veruntreuten Brief in der Tasche, der sogar an die Fälschung der Unterschrift denkt, die dann doch herauskommen wird – wobei man viel weniger vor der Strafe bangt als vor der bitteren Enttäuschung des Vaters, der das alles, auch die guten oder schlechten Zeugnisse, so kindisch ernstnimmt...

Jetzt aber ist das gleich wieder vergessen, man gibt sich wie ein Unschuldiger dem Rausch des Entzückens hin. Après le Cirque – le déluge. Genußvoll läßt man die Schokolade auf der Zunge zergehn, die die Mutter für die Pause gestiftet hat – sie selbst geht nie in einen Zirkus, denn sie hat einen Pferdekomplex! –, und der Vater, Gott segne seine schwachen Augen, will in der ersten Reihe sitzen, dicht an der Piste, wo einem der Sand beim Galopp des Panneau-Schimmels ins Gesicht spritzt und der ausgespreizte Fuß der Kunstreiterin fast die Köpfe streift. Langsam drückt man sich in der Tierschau an den Käfigen und Stallboxen entlang, jede Einzelheit jeden einzelnen Tieres mit Forscherblick und mit einer dem Eros verwandten Leidenschaft in sich aufnehmend. Das können sie mir nicht mehr herausholen – weder die Schokolade noch den beizenden oder heumilden Stallgeruch und den Bernsteinblick der Tiger, von dessen irisierender Weite eine phantastische Lockung ausgeht – Durchbrennen? Mit dem Zirkus als Stallbursche davon? Man könnte sich ein, zwei Jahre älter machen, einen falschen Namen angeben, seine Sprache verstellen. Dann wäre man alles los. Man würde, aus Buenos Aires, eine Karte nach Haus schreiben: Sorgt euch nicht, mir geht es gut, aber ich komme erst wieder, wenn ich ein großer Dompteur geworden bin... Indessen lacht der Vater über die Affen und weiß von nichts. Harmlose Geschichten. Doch enthalten sie den Keim der Tragödie. Man erlebt den Abend des Verräters, der noch mit seinen Opfern scherzt und von ihrem Wein trinkt, bevor er sich im Dunkel zur Polizei schleichen wird. Man erlebt die Verworfenheit, Schauer und Lust des einsamen Verbrechens, die Macht der Sünde. Man wird sie noch oft erleben. Wer ist so höllisch ausgestoßen und sündig selbstverloren, so inbrünstig-tödlich hingegeben an Wollust und Verdammnis wie ein Knabe bei jenem zwangshaften, rauschhaften, opferbetäubten Laster, vor dem man ihn mit dunklen Andeutungen gewarnt hat wie vor einer folgenschweren Krankheit und das ihm doch nichts Ärgeres einträgt als einen narkotischen Schlaf und eine kleine Mattigkeit am Morgen? Es geschieht, wie man ein Opfer darbringt: der großen Mutter, der großen Hure, der Aphrodite, der Hekate, der Nachbarstochter, der Bardame vom ›Malkasten‹, allen Göttinnen, allen Frauen, allen Brüsten, allen Schößen, Brüsten und Nabeln der Welt. »O selig, o selig...« Erinnert euch!

Eine Sexualerziehung gab es nicht in Mainz vor dem Ersten Weltkrieg. Ich glaube auch kaum, daß dort heute so etwas existiert. Meines Wissens hat man das nur in anderen Ländern oder in ein paar progressiven Instituten, mit zweifelhaftem Erfolg. Die öffentliche Aufklärung vor versammelter Mannschaft, womöglich beiderlei Geschlechts, dürfte eine lähmende Wirkung auf die Empfindungs- und Vorstellungskraft junger Menschen haben, die Liebe vom Eros ablösen und ins Karitative verbannen, ihre Trieb- und Seelengewalt versachlichen und zu einem sanitären Vorgang oder einem allgemeinen Freistilturnen deklassieren. Aber die konsequente Verdunkelung, wie sie in unserer Jugend üblich war, auch wenn sie dem Reiz und dem Zauber der Geheimnisse freien Spielraum ließ, führte oft zu einer anderen Art von Degradation oder zur Depravierung. In Schule und Haus stand das alles unter dem strengsten TABU. Die lateinische Klassik, auch Ovid, Horaz und Catull, lernte man in gesäuberten Ausgaben kennen, und wenn bei Homer sich der Herr des Hauses zu seinen Mägden legte, wurde verlegen darüber weggelesen. Die Religion verlangte Keuschheit – ein Wort, das schon als solches zu gegenteiligen Gedanken und Phantasien verführte: wer keusch sein soll, muß wissen, was unkeusch ist. Den Protestanten, also bei uns einer Minderzahl, stand die ungekürzte Bibel zur Verfügung, in der sie alle verfänglichen Stellen, auf Zeugung, Schwangerschaft oder Unzucht bezogen, mit Bleistift anstrichen und uns zu lesen gaben: doch in Luthers kraftvollem Deutsch, der heutigen Umgangssprache leider nicht mehr geläufig, behielten auch die Kebsweiber und das Treiben der Familie Noah etwas Rätselhaftes. So waren die meisten auf Vermutungen angewiesen, auf heimliche Beobachtungen und hinterrücks Erlauschtes, auf das Konversationslexikon und auf gegenseitige, unklare und zweideutige Berichte. Für die Sprößlinge der Mainzer Hoodwollé (Haute-Volée nannte sich weniger die gute als die wohlhabende Gesellschaft) war die Sache früher verhältnismäßig einfach. Es gab da eine stadtnotorische Madame Beauri – welche die Mainzer, in deren Sprache es sonst von französischen Wörtern wimmelte, hartnäckig Be-au-ri, also deutsch, aussprachen –, eine Dame reiferen Alters, die, mit opulentem Schmuck behängt, in der grellen Eleganz einer Pariser Grande Coquette einherging und ganze Generationen zahlungskräftiger junger Herren, von Vätern auf Söhne, von Onkeln auf Neffen vererbt, in die ars amandi eingeweiht haben soll. Das weiß ich aber nur vom Hörensagen, zu meiner Zeit war sie schon verblichen und hinterließ eine nicht ausgefüllte Lücke. So machten viele der Heranwachsenden, falls sie nicht bei einer ländlichen ›Kerb‹, den manchmal recht saturnalischen Kirchweihfesten, ihre Unschuld in der Scheune an eine tanzverschwitzte Bauernmagd verloren, die erste Erfahrung ihres Lebens in den Betten der Dienstmädchen – vielleicht dem heute gängigen Sport im verschlossenen Auto immer noch vorzuziehen. Und dann gab es das Kappelhofgäßchen – in seiner Anlage etwa der Hamburger Ulrikusstraße zu vergleichen. Dort stand eine Reihe alter, schmalgiebliger Fachwerkhäuser, durch große aufgemalte Nummern und rote Laternen gekennzeichnet;

sonst war die enge Straße ziemlich dunkel, nur an ihrem Ein- und Ausgang gab es trübe Gaslaternen, da die Mehrzahl der Besucher nicht gesehen und erkannt werden wollte, sondern mit hochgeschlagenem Mantelkragen und in die Stirne gezogenem Hut rasch ihrem Ziel entgegeneilte. Die steilen Treppen dieser Häuser waren mit roten Plüschteppichen belegt, unten gab es einen ›Salon‹ mit Zimmerpalme, abgewetzten Sesseln und Trichtergrammophon, in dem die halbbekleideten Attraktionen sich zur Wahl stellten, wo man aber auch nur einen zweifelhaften Süßwein oder, falls groß bei Kasse, eine Flasche Sekt zu bestellen brauchte, wenn man sich zu Handgreiflicherem nicht entschließen wollte. Manchmal zogen ganze Gruppen der verbotenen Schülerverbindungen, von Bier und Renommiersucht befeuert, geschlossen dorthin – andere Adoleszente schlichen sich allein, scheu und heimlich um die Gassenecke. Schon aus Neugier mußte man diesen Venustempel, wenn auch nur als Salongast, einmal gesehen haben, und es gehörte zum guten Ton unter Primanern, Studenten und jungen Soldaten, mit der saloppen Nonchalance des Habitués davon zu reden. All das geschah, den Erwachsenen gegenüber, unter dem Siegel der strengsten Verschwiegenheit, wie auf Grund einer gegenseitigen Spielregel. Manche der Jungen kamen noch unbescholten in ihre Universitätsstadt, um sich dort, wenn sie Glück hatten, in eine freundwillige Tochter ihrer Zimmerwirtin zu verlieben oder aber sich von der Straße die trübselig-brutale Initiation und häufig die dementsprechende, damals noch mit rauhen Mitteln behandelte Krankheit zu holen, der selbst der junge Goethe nicht entgangen war.

Mir blieb das alles, und auch die damit verbundene Desillusionierung, erspart. Die war für mich, auf eine melancholisch-exzessive Art, der Kriegszeit vorbehalten.

Eine frühe, keineswegs schwärmerische, sondern ebenso aufgeschlossene wie ahnungsvolle Bezogenheit zur Natur enthob mich aller Problematik der ›Aufklärung‹. Was unter Tieren wie Menschen geschieht, um das Leben fortzupflanzen, war mir als Ganzes bewußt, bevor mich die Details beschäftigten und ohne daß ich darüber nachgegrübelt hätte. In ungespaltener Einfalt begriff ich die Dualität der Geschlechter, die geschöpfliche Tragik der Individuation, das Wunder der Vereinung in der Liebe. Die Eltern beunruhigte ich nicht durch Fragen und erließ ihnen die Verlegenheit der Erklärung. Auch mit der Religion brachte mich das kaum in Konflikte: sie war da, um das Leben zu erleuchten, nicht um seine Vorgänge zu verschleiern. Ein gutes Geschick schenkte mir das erste Erkennen durch eine um wenige Jahre ältere, lebenskluge Frau, die – noch in meinen Schülerjahren – auftauchte und verschwand, ohne Trauer oder Enttäuschung zu hinterlassen. Bald kam die erste Liebe.

Das Glück dieser Jugend gründete sich auf die unbefangene, aber keineswegs geistlose Naivität des Elternpaares, auf die unbeschädigte, heile Sicherheit des häuslichen Lebens. Das Schönste waren die Ferienreisen im Sommer, in die Schweiz, nach Südtirol, an die Nordsee, nach Holland: dort waren die Eltern verwandelte Menschen, vom Alltag gelöst, der Vater ebenso glücklich, für ein paar Wochen von der Fabrik und dem Geschäft befreit zu sein wie ich von der Schule, die Mutter bei jeder Mahlzeit im Hotel dankbar, daß sie nicht den Küchenzettel und die Bestellungen für die nächste machen mußte. Und beide auf einmal keine gewöhnlichen Mainzer mehr wie die normale Verwandtschaft, sondern, in meinen Augen, Leute von Welt, Reisende, mit kosmopolitischen Allüren. Vor allem aber waren sie dann fast selbst wieder Kinder geworden, neugierig und unternehmungslustig, auch zärtlich verspielt miteinander, wozu ihnen die Gewöhnung sonst keinen Raum ließ, und bevor wir eine Landesgrenze passierten, versteckte mein Vater gewisse Zigarrenpäckchen – obwohl er drüben ebenso gute oder bessere bekommen hätte – sorgsam in seinen inneren Rocktaschen: ein Schmuggler! Ich bekam Respekt vor ihm. So weite Reisen machten damals nur wenige, es gab ja keine Motorisierung und keine Camping-Plätze, daher traf man noch mit einer gewissen internationalen Elite zusammen und gewann einen unerschöpflichen Schatz an Erfahrung und Weltgefühl. Ich langweilte mich tödlich, wenn ich in München durch die Pinakotheken geschleppt wurde, aber es blieb etwas hängen: Niederländer, Altdeutsche, Italiener, antike Plastik, französisches Rokoko, das Lehrhafte fiel ab, doch die Unterscheidung war im Grunde gesetzt, und dann die vielen nackten Brüste und Popos! Plötzlich waren sie kein verbotener Anblick, sondern Kunst, und daß man sie ungeniert betrachten durfte, entschädigte für alle Stilleben oder historischen Porträts.

Die Schule war eine rechte Last – von dem Aufblühen der Freundschaft abgesehen, von dem Abenteuer der Bündnisse, Zwietrachten und Machtkämpfe. Ich lernte leicht, aber mein Denken war zu sehr von Phantasie unterwandert, auch waren meine eigenen Interessen von frühauf zu ausgeprägt, als daß ich nicht ein liederlicher, aufsässiger Schüler gewesen wäre. Vor den Lehrern hatten wir, mit einigen ungewöhnlichen Ausnahmen, wenig Respekt, wir machten uns über sie lustig und versuchten, sie nach Möglichkeit zu ärgern und zu betrügen. Wir beobachteten ihre Schwächen, und wie man sie ausnutzen konnte, mit dem gnadenlosen und mißtrauischen Blick von Gefangenen ihren Wärtern und Wächtern gegenüber. Vermutlich waren Unterschied und Fremdheit zwischen jung und alt damals härter und schärfer ausgeprägt, als es heute sein mag: für uns waren sie eine komische, aber nicht ungefährliche Gesellschaft von verkauzten Sonderlingen, sturen Paukern und Ungeheuern. Als solches erschien uns der Lehrer Grünschlag, der die dritte Vorschulklasse leitete, und vor dem man sich zwei Jahre im voraus fürchtete – mit Recht, denn damals war die Prügelstrafe noch gang und gäbe, und er machte seinem Namen Ehre. Auch ließ er uns bei Schulspaziergängen in militärischer Formation marschieren und piesackte uns mit der Routine eines altgedienten Kommißkopfs und Kompanieschrecks. Als wir später selbst Soldaten wurden, bei Kriegsbeginn, verabredeten wir uns, falls wir als Offiziere zurückkämen, furchtbare Rache zu nehmen und diesen Grünschlag, der kein Einjähriger gewesen war und daher im Unteroffiziers-Rang bleiben mußte, unsere

Macht fühlen zu lassen, wo immer er einem von uns begegne; ein Grund zum ›Anschiß‹ findet sich ja beim Militär auf alle Fälle. Dann aber kam ich wirklich als junger Leutnant auf Urlaub nach Hause, und auf der Straße begegnete mir wirklich Herr Grünschlag, so wie wir's erträumt hatten – als ältlicher, recht reduziert wirkender Garnisonsfeldwebel –, und er schickte sich an, der Vorschrift gemäß, sechs Schritte vor und drei Schritte nach dem Passieren eines Vorgesetzten, Haltung anzunehmen und mit an den Mützenrand angelegter Hand starren Blicks an mir vorüberzuschreiten. Jetzt war der Augenblick gekommen: ich hätte ihn im Laufschritt vor allen Leuten zurückjagen können, unter dem Vorwand, er habe einen Schritt zu spät oder nicht stramm genug gegrüßt. Statt dessen ging ich auf ihn zu, schüttelte ihm die Hand und grüßte ihn meinerseits nach ein paar Worten wie einen Kameraden. Ich glaube, einen Menschen zu demütigen, selbst wenn es ihm recht geschähe, macht nur subalternen Kreaturen Spaß. Ich wußte, der wird jetzt heimgehen und sich sagen: wieder ein Schüler, der zu schätzen weiß, was er mir verdankt. Ich verdankte ihm die Erinnerung an fünfundzwanzig Schlägen mit dem Lineal auf den angespannten Hosenboden. Ich hätte mich ohrfeigen können. Aber mir war wohler dabei.

Es ist hier nicht der Ort, Schulgeschichten zu erzählen. Vor wenigen Jahren, als mein Gymnasium, heute nach dem Praeceptor Germaniae, der ehemals Bischof von Mainz gewesen war, Rhabanus-Maurus-Gymnasium genannt, sein vierhundertjähriges Jubiläum beging und ich eingeladen war, die Festrede zu halten, wurde mir die Gelegenheit zuteil, nach fünfzig Jahren meine alten Magister und Pauker noch einmal nachzumachen – und das heitere Einverständnis der Zuhörer bewies mir, daß es viele Mainzer geben muß, die meine Erinnerungen teilen. Zwei meiner ehemaligen Lehrer waren noch dabei und lachten mit: der eine war neunzig, der andere achtundachtzig Jahre alt. Bei der anschließenden Feier saß ich zwischen ihnen. Der Neunzigjährige, den ich in der Schule besonders gern gehabt hatte, erinnerte sich genau, daß ich den Homer immer in freie Verse übersetzen wollte und bocksbeinig wurde, wenn er den grammatisch exakten Text verlangte. Ihm, sagte er, hätte das ja gefallen – zuviel Phantasie sei immer besser als zu wenig –, aber der anderen Schüler wegen hätte er sowas nicht durchlassen können, obwohl es ihm leid gewesen sei. Der zweite, erst Achtundachtzigjährige, vertraute mir an, daß er gerade ›Die Blechtrommel‹ von Günter Grass lese – seiner Meinung nach für die Jugend nicht geeignet, aber für reife Menschen, zu denen er sich jetzt schließlich rechnen dürfe, ein höchst interessantes und wohl auch zeitbedeutsames Werk. So stur können unsre Magister also doch nicht gewesen sein!

Ich war katholisch – das war bei uns selbstverständlich, es gibt wenig Andersgläubige in dieser Gegend, und meine väterliche Familie war, solange man sich erinnern konnte, katholisch gewesen. Aber auch das halte ich für einen der Glücksfälle meiner Jugend. Gerade das Selbstverständliche dieser Zugehörigkeit zu einer Religionsgemeinschaft, deren Ritus in uralten Formen verwurzelt ist, zu einer Kirche, in der das Mysterium der Menschwerdung, das Wunder der Transfiguration in jeder Messe neu geschieht: aber das Kind läuft in die Kirche wie in den Bäckerladen, es ist nichts pietistisch Würdevolles oder Griesgrämiges dabei, hier riecht es nach warmem Brot, dort nach steinkühlem Weihrauch; das Kniebeugen, Niederknien, Händefalten, Kreuzschlagen, das Klingeln der Meßglöckchen, das Heben der Monstranz und das Klopfen an die Brust während der tiefen Stille bei der Wandlung, das alles fügt sich ins tägliche Leben ein wie Schlafengehn, Aufstehn, Anziehen, Lernen, Spielen – es ist der Sonntag, der allen gehört, und an dem sich der dicke schwarze Mann aus dem Pfarrhaus in eine Heiligenfigur mit prachtvollen Gewändern verwandelt. Nicht daß ich andere Religionen für schlechter hielte. Aber das war nun die meine, und sie bot mir, in der Kindheit, die Erweckung eines inneren Lebens, das Fleisch und Blut durchdrang, zeitweise das Glück der unbedingten Gläubigkeit, später, im Heranwachsen, alle Kämpfe, Zweifel, Geisteskrisen, die zum produktiven Dasein gehören, bis zum Abfall, aber niemals bis zur Gleichgültigkeit – und schließlich, über alle Stiegen und Stufen hinweg, das gelassene Wissen um die Wahrheit des Kinderglaubens.

Dieser besondere Zauber, der dem Geheimnis der Sakramente innewohnt, vom Geflüster der ersten Beichte bis zum Schlucken der Hostie bei der ersten Kommunion, auch solche Ritualien, die man oft als abergläubisch, gebetmühlen- oder schamanenhaft belächelt, wie das Eintauchen der Fingerspitzen ins geweihte Wasser, der Rosenkranz, das Ewige Licht am Altar, üben Symbolkraft aus und beschenken das Herz mit einem einfältigen Vertrauen. Noch heute ergreift mich die Erinnerung an das Schmettern der Knabenstimmen, mit dem am Ende einer Hohen Messe bei uns das Tedeum oder der Choral ›Fest soll mein Taufbund allzeit stehen‹ herausgejubelt wurde. Das erfüllte mich mit einer Freudigkeit, die mit keiner anderen Freude zu vergleichen war: sie galt nicht irgendeinem Vergnügen, sondern dem leibhaftig spürbaren Walten einer schöpferischen Macht, das ein Kantianer oder Neu-Kantianer vielleicht beweisen kann, ein anderer, besonders ein junger Mensch nur glauben. Es war, auch in der Mystik und in der Marienverehrung, nichts Verdummendes und erst recht nichts Narkotisches. Gelebter Glaube hemmt nicht, sondern erregt und stimuliert den Drang zum Wissen, zur Erkenntnis – diese Synthese ist so alt wie die Urfragen der Menschheit, wie Philosophie und Theismus, aber sie ist so neu und so unerschöpflich wie keine andere, den Menschen von heute angebotene Erfahrung oder Doktrin. Nie ist ein dümmerer Satz geprägt worden als der auf den Spruchbändern des frühen Bolschewismus: »Religion ist Opium fürs Volk«. Dabei waren seine Erfinder gescheite Leute, die zweifellos wußten, daß er nicht haltbar ist, weder geistesgeschichtlich noch dialektisch. Sie brauchten ihn einfach als Propagandamaxime in einem Land, in dem mit der religiösen Mystik Mißbrauch getrieben worden war und in dem es, außerhalb seiner Literatur, noch keine ›Illumination‹ gegeben hatte.

Auch wir waren, in unseren humanistischen Entwicklungsjahren, Rebellen gegen Dogmen und Glaubenssätze, die uns plötzlich nicht mehr begreiflich und überaltert erschienen. Hielt ich mit dreizehn noch die ›aloysianischen Sonntage‹, so war ich mit vierzehn ›Kosmos‹-Leser, schwor auf Darwins Evolutionstheorie, die ich der biblischen Schöpfungsgeschichte entgegenstellte, und hielt Ernst Haeckels Monismus für eine ›neue Religion‹, obwohl unser geistvoller Religionslehrer, der spätere Domkapitular Professor Mayer, versuchte, uns eine Brücke zwischen dem Pentateuch und einer wissenschaftlichen Kosmogonie zu bauen, als es noch keinen Teilhard de Chardin gab. Diesem, in der Erinnerung besonders liebenswerten, Pfarrer Mayer machte ich das Leben schwer. Denn mit fünfzehn entdeckte ich die ›Fröhliche Wissenschaft‹ (im verschlossenen Bücherschrank meiner Eltern, dessen Schlüsselversteck ich aber längst kannte) und verfiel dem ›Zarathustra‹, verfiel dem verführerischsten und genialsten ›Antichristen‹ unserer Zeitläufte mit Leib und Seele, so wie einer im Volksbuch dem Teufel verfällt – mir schien er der große Luzifer. Und ich wollte mit meinem Nietzsche nicht allein leben – ich gab ihn, wie die Anarchisten ihr Dynamit, an aufgeschlossene Schulfreunde weiter, schrieb vor einer Religionsstunde an die Tafel sein »GOTT IST TOT!« und verdankte es nur der Güte dieses Geistlichen, daß es nicht zur Katastrophe kam. Er gab mir, statt einer Strafe, die ›Bekenntnisse‹ des Augustinus, die sonst in der Schule nicht gelesen wurden, und machte mir klar, daß mich an Nietzsche das Poetische stärker berauscht hatte als die philosophische Konsequenz.

Ich sehe die Stadt, in der ich aufwuchs, als wäre sie heut noch die gleiche, ich sehe ihre Bürger, so wie sie vor fünfzig oder vor hundert Jahren gelebt haben und wohl auch in fünfzig oder hundert Jahren leben werden, durch die Straßen gehen, rasch und langsam, geschäftig oder nur so dahinschlendernd, dem Gewerbe nach oder zum Abendschoppen ins Wirtshaus, und die Namen der Gassen und Plätze, die ihnen alltäglich sind, klingen wie der Tropfenfall der Geschichte, wie der Widerhall von Legenden: da ist die Goldene Luft, der Kästrich, die Umbach (in die man auch fallen kann, obwohl es nur ein kleiner Platz war, denn wenn eine Dame in Ohnmacht fiel – das kam damals noch öfters vor –, hieß es: die is in die Umbach gefalle); da ist der Flachsmarkt, die Heidelbergerfaßgaß, die Reicheclarastraß, da ist die große, die mittlere, die hintere Bleich, wo man früher wirklich die Wäsche aufhängte, aber die habe ich nicht mehr hängen sehn, denn das war in der Zeit, bevor dort, nah beim Schloßplatz, die prächtige Barockkirche Sankt Peter gebaut wurde und das Kurfürstliche Schloß mit seinen klassischen Proportionen, und dann zerstört, und dann wieder gebaut; da gibt es den Brand und die Mitternacht, die Betzelsgaß, das Kapuzinergäßchen, und in der Korb- und der Seilergasse lebten wirklich noch die Korbmacher und die Seiler, man konnte sie in Gewölben ihr Geflecht binden sehen und betastete die langen gedrehten Seile, die in dicken Bündeln auf der Straße hingen – so wie man am Fischtor zusehen konnte, wie die frischgefangenen großen Rheinsalme (heute gibt es keine mehr im vertrübten Rhein, sondern sie kommen aus Schottland und Schweden direkt auf die Speisekarte) oder eine Ladung blankschuppiger Seefische und lebendiger Hummern in den glitschigen Hof der Fischhandlung unseres Onkels Wallau geschleppt wurden. Der Mittelpunkt aber war der Markt, selbst wie ein Strom lang hingezogen, auf den alles zulief und mündete, auch die kleinen Straßen und Gäßchen, in deren Mitte, manche von winzigen Pfarrgärtlein gerahmt, die alten Kirchen standen: Sankt Quintin, Sankt Emmeran, Sankt Ignaz, unsere Gymnasialkirche vom Augustinerstift; nur der Kuppelturm von Sankt Stephan ragte, wie eine Außenwacht, hoch über dem Hügel der Zitadelle. Vom Fischtorgäßchen bei der Rheinallee zog sich der Markt am sandsteinrötlichen Dom und am Liebfrauenplatz vorbei, um den alten prächtigen Marktbrunnen herum, bis zum ›Höfchen‹, wo die Stände und Körbe im Frühling überquollen von Gemüsen und wo es immer nach Kräutern und Früchten, aber auch herzhaft nach Zwiebeln und Handkäs roch. Hier begann, beim Denkmal des langbärtigen Gensfleisch genannt Gutenberg, dem wir die Schulbücher, aber auch die Karl-May-Bände verdankten, der Mainzer Grand Boulevard, die Ludwigstraße, und lief bis zu dem des langnäsigen Schiller mit den gedrehten Locken. Man flanierte dort gern am Sonntag gegen zwölf, wenn in dem kleinen Pavillon, vis-à-vis vom militärischen Gouvernement, die Platzmusik graziöse Potpourris oder wuchtige Märsche spielte – dort gab es die feinsten Geschäfte, aber auch die beste Confiserie, den ›Schokoladebecker‹ – dort wogte an den drei Fastnachtstagen das bunte Maskentreiben; und von dort war es ein kurzer Weg, am bischöflichen Palais vorbei, den Weihergarten streifend, wo seit Beethovens Zeit der Musikverlag ›Schott Söhne‹ seine Heimstatt hat, bis zur Eppichmauergasse, in der die Großeltern Zuckmayer wohnten.

Diese Großeltern. Beide Paare, die alten Zuckmayers, die alten Goldschmidts. Sie lebten noch, alle viere, als ich im Sommer 1914 von der Schulbank weg in die Kaserne lief, und sie spazieren – unauffällig, doch unübersehbar – durch die alte Stadt. Sie gehören zum Blick auf den Rhein wie die Steinpfeiler der Kasteller Straßenbrücke und die gestutzten Alleeplatanen am Fluß entlang. Sie bedeuten Herkunft und Abstammung, soweit man diese mit eigenem Blick zurückverfolgen kann, und sie schlagen die lebendige Brücke zum vorigen Jahrhundert, vor dessen Mitte sie alle noch geboren waren. Es erregt eine Art von Schwindelgefühl, sich diese Rückläufigkeit vorzustellen, und dann das Weiterschnellen des Zeitbandes bis auf den heutigen Tag: wir haben noch Menschen gekannt, die beim Tod des alten Goethe schon Kinder waren – die geboren wurden, als Napoleon starb –, und sie erscheinen mir nicht ferner, höchstens etwas weniger fremd als die Mond- und Marsbesucher künftiger Jahre.

Wenn ich den Großeltern in dieser Erzählung eine bemessene Rückblende zugestehe, so geschieht das nicht, um ein Familienalbum aufzublättern. Familiengeschichten mögen interessant sein, mich langweilen sie gewöhnlich, selbst im Film. Warum also die Großeltern? Nicht wegen der Capotte-Hüte und der ›Ridicules‹, nicht wegen der Spazierstöcke mit dem Elfenbeinknauf oder der Silberkrücke. Ich glaube, daß ihre Gestalten

typisch waren, typisch und dadurch aufhellend, für eine ver-
klungene Zeit, aber auch für den Schicksalston einer kaum
erst vergangenen, deren Mißgeräusch uns heute noch in den
Ohren gellt.

Denn die Großeltern Zuckmayer waren ›Arier‹, das heißt:
etwas, das es in Wirklichkeit gar nicht gibt, ein hergenommener
Vulgärbegriff, der auf die Bewohner Mitteleuropas nicht zu-
trifft und keiner ernsthaften Untersuchung standhält. Die
Familie stammte aus rheinfränkischem und süddeutschem Geschlecht, sie sollen aus Österreich gekommen sein, früher einmal lebten sie an der Tauber, viele davon waren Müller, der
Urgroßvater hatte noch die alte Rheinmühle bei Laubenheim,
oberhalb von Mainz, besessen. Eine Italienerin hatte auch einen
Tropfen romanischen Bluts in die Gesellschaft gebracht, was ihr
vermutlich gut bekommen ist.

Die Großeltern Goldschmidt aber, deren Familie seit Jahr-
hunderten, bestimmt seit dem sechzehnten, in unserer rheinhessischen Heimat lebte und bei der ein französischer Einschlag
anzunehmen ist, waren, obschon längst zum Christentum über-
getreten, sogenannte ›Nichtarier‹ – meine Mutter also eine ›Lie-
gechristin‹: so nannte man, im grotesken Vokabular der Nazi-
zeit, Personen, die schon als Kind in der Wiege und nicht erst
später getauft worden waren. Ich kann nicht umhin, diese Worte
und Begriffe heute komisch zu finden, es läßt sich auch nicht
ganz ernsthaft davon erzählen, aber man darf nicht vergessen,
welch blutigen Ernst das alles – vor nicht viel mehr als zwanzig
Jahren – für die Betroffenen in unserem Vaterland bedeutete! Ich
muß hier einfügen, daß mich das selbst in meiner Kindheit und
Jugend überhaupt nicht berührt oder betroffen hat. Der Großvater Goldschmidt ging, als evangelischer Kirchenrat, sonntags
mit seinem Gebetbuch in die neue Christuskirche – eines der
wenigen Mainzer Gebäude, das – vielleicht um seiner besonderen Unschönheit willen? – von den Bomben des Zweiten Weltkriegs verschont blieb. Bis zu meinem zwölften Jahr wußte ich
nichts von seiner Abstammung; es war in dieser Familie, nämlich der ›nichtarischen‹, geradezu verpönt, daran zu erinnern, sie

hatte aus voller Überzeugung diesen Schritt zur Angleichung an das Volk, dem sie sich zugehörig fühlte, getan, und die übrigen Mainzer kümmerten sich, soweit mir das bekannt ist, ebensowenig darum. Der Antisemitismus hatte in meiner Heimat keinen Boden. Es gab ihn, wie überall in der Welt, aber er beschränkte sich auf eine enge Schicht und auf einen gewissen, mehr rhetorisch aufzufassenden Gassenhumor. Gesellschaftlich spielte er, schon durch die häufigen Konversionen und Mischehen, kaum mehr eine Rolle. Früher als anderwärts waren hier, wohl unter dem Einfluß französischer Revolutionsbesatzung und der napoleonischen Zeit, die Gettos verschwunden, es gab keine ›Judenviertel‹, und selbst die religiös gestimmten Juden lebten nicht in Absonderung. Die Aufgeschlossenheit des Strom- und Grenzlandes, das leichte und schmiegsame Temperament seiner Bevölkerung mochten dazu beigetragen haben. Ein Antisemitismus aber, der sich auf ›Rasse‹, auf die Religion und Herkunft der Voreltern oder eines Voreiterteils bezog, war völlig unbekannt. Weder in der Schule noch beim Militär wurde jemals davon Notiz genommen. Erst als der Rassenwahn bei uns zur Staatsreligion wurde, hatte ich die Konsequenzen zu ziehen – aber auch das konnte mich in meinem Existenzbewußtsein nicht erschüttern. Der Begriff des ›Mischlings‹ ist, zwischen Menschen von gleicher Kultur, Sprache, Hautfarbe, ein barer Blödsinn, eine Erfindung hirnwütiger Blindgänger. Doch schien auf dieser Menschenart damals Gottes Zorn mit besonderer Wucht zu lasten: beide Seiten nahmen ihr etwas übel. Natürlich durfte sich ein deutscher Emigrant, ganz gleich welcher Konfession, Herkunft oder politischen Richtung, als Jude honoris causa betrachten, da man, wie jeder Mensch von primitivster Humanität, das Massenpogrom in unserer Heimat voll Zorn, Scham, Empörung verurteilte und sich rückhaltlos auf die Seite der Verfolgten stellte. Eine sonstige religiöse oder traditionelle Bindung zum Judentum kannte ich nicht – und empfand mich daher immer als das, was ich nach Art, Sprache, Erziehung war, bin und bleibe: ein Deutscher, aus der ›südwestlichen Ecke‹, die stets zum Europäertum geneigt hat. Die beiden

Großelternpaare, die in der altstädtischen Eppichmauergasse, die in der neustädtischen Schulstraße, waren so völlig verschieden, daß man fast von Polarität sprechen konnte – und das hatte bestimmt nichts mit ihrer ›Rasse‹ zu tun. Nur mit ihren persönlichen Eigenschaften. Ich fühlte mich mehr in die Eppichmauergasse, zu den alten Zuckmayers, hingezogen, und das hatte, vielleicht, mit der Religion zu tun. Wenigstens was meine Vatersmutter anlangt. Sie war, wie ich heut noch glaube, die schönste alte Frau, die ich je gesehen habe. Silberweiß das in der Mitte gescheitelte Haar, die Augen tief blau, dunkler getönt, als blaue Augen zu sein pflegen; dadurch bekam ihr Blick eine besondere, warme Leuchtkraft – sie sah immer aus, als ob sie sich über etwas freute. Die Züge noch in Greisentum und Krankheit von zartem Ebenmaß. Ihre lebensheitere und weitherzige Frömmigkeit, ihre Vertrautheit mit Kirche und Klerus, mit Dom und Kapelle, hatte nichts Zelotisches oder Beschränktes, ihre Religiosität war eine natürliche Ergänzung zur Realistik des täglichen Lebens, eine naive, unpathetische Bezogenheit zur Transzendenz, ebenso tolerant und menschenfreundlich wie gottes- und himmelsnah. An ihr war keine Spur von Grämlichkeit oder Vergilbtheit, wie man sie gern mit der Vorstellung von frommen Mütterlein verbindet. Sie hatte ihren Spaß, wenn wir Kinder uns an ihrem prächtigen Kaffeetisch mit Mainzer ›Fastnachts-Kreppel‹ oder ›Hartekuche‹ vollfraßen, aber sie gab uns dann immer, ohne große Sprüche, ein Päckchen mit für die Kinder um die Ecke, in der etwas proletarischen Pfaffengasse, wo arme Leute wohnten – eine praktische Anleitung zu sozialem Verhalten, ohne wissenschaftliche Begründung, aber auch ohne Sentimentalität. Je älter, je kränker sie wurde – sie erlag, nach erfolgloser Operation, einem qualvollen Krebsleiden –, desto mehr bemühte sie sich, uns Jungen nichts davon merken zu lassen, vor allem: nie einen häßlichen, verstörenden Anblick zu bieten. Darin lag auch ein liebenswerter Zug von weiblicher Eitelkeit. War sie in der Jugend, wie man sagte, das ›schönste Mädchen von Mainz‹ gewesen, so wollte sie im Hinsterben für uns immer noch das Bild der schönen alten Frau bewahren. Nie durften wir bei einem Besuch zu ihr hereinkommen, bevor sie sich auf ihrem Schmerzenslager ›zurecht gemacht‹, gepflegt, gekämmt, das Zimmer gelüftet hatte. Dann lag sie, hoch aufgebettet, mit einem Spitzenjäckchen um die Schultern und stickte – von den glänzenden Farben der Seidengarnrollen umgeben – an einer Altardecke für die von ihr besonders geliebte Domkapelle der ›Madonna im Rosenhag‹. So sah ich sie zum letzten Mal, bei einem kurzen Urlaub von der militärischen Ausbildung. Sie hielt meine Hand, sah mich lange an, als versuche sie, in meinem Gesicht etwas zu erkennen, herauszulesen, dann nickte sie mir zu und sagte: »Dir wird nichts passieren.« Mehr konnte sie nicht sprechen, und ich mußte gehn. Auch zu meinen Eltern, die bei ihrem Tod zugegen waren, sagte sie noch einmal: »Das Carlche kommt wieder.« Ich war damals, da mein Bruder noch zurückgestellt war, der erste ihrer Enkel, der ins Feld ging.

Sie starb im Herbst 1914, kurz vor meinem Ausrücken an die Front. Ich wohnte ihrer Aufbahrung in der Eppichmauergasse und dem Begräbnis auf dem Mainzer Friedhof bei. Das Bildnis dieser in Leidensüberwindung und mit der Tröstung der Sakramente verstorbenen alten Frau, die große Stille auf ihrem todesblassen, doch unentstellten Antlitz, mit dem violetten Häubchen auf dem weißen Scheitel und den von ihr selbst vorsorglich ausgewählten Sterbekleidern angetan, der bittere Duft von Herbstblumen und die Sanftmut ihrer über der Brust gefalteten Hände, diese Erscheinung des Todes als der ›mildesten Form‹, der Auflösung des erfüllten, zu Ende gelebten Lebens, begleitete mich – es läßt sich nicht anders sagen – wie eine unhörbare Musik, wie eine nie verlierbare, aber auch nie ganz verständliche Stimme, durch all die Schreckensjahre des Krieges und durch alles, was später kommen sollte.

Ihren Mann, den weißköpfigen Justizrat mit dem kleinen Spitzbärtchen und -bäuchlein, habe ich keinen Anlaß zu verklären; obwohl er mir lieb war, blieb es bei einem freundlich distanzierten Kontakt. Es ging eine gewisse würdevolle Altmännlichkeit von ihm aus, aber auch etwas Stumpfes. Ich glaubte, er interessierte sich nicht besonders für die Kinder. Mir ist von ihm vor allem in bewundernswerter Erinnerung, wie viel er essen konnte, und wie er sich dann, nach einer mächtigen Mahlzeit, behaglich grunzend zurücklehnte. »E Rebhuhn könnt ma' immer noch esse«, sagte er dazu und leckte sich die Lippen. Ein Rebhuhn war für ihn der Inbegriff einer kulinarischen Winzigkeit, eines petit-rien.

»Dein Großvater Z.«, schrieb mir unlängst eine achtundneunzigjährige Tante, die leider ihr hundertstes Jahr nicht mehr erreichte, »war sehr chic als junger Mann, er tanzte gern, und er liebte auch das Theater. Besonders hatte es ihm das Zahlbacher Sommertheater angetan, wo es so hübsche Mädchen gab.« Hier sehe ich Vererbungsspuren.

Natürlich wußte ich schon in der Jugend mehr von ihm. Kinder wissen alles und verstehen genau das, wovon man glaubt, daß sie es nicht verstehen. Ich hatte bald heraus, was bei Familiengesprächen, die dann plötzlich mit einem Blick auf die Kinder oder mit der Wendung: »Regardez les enfants!« abgebrochen wurden, mit dem ›Schaumgutsje‹ oder ›Schaumkonfekt‹ gemeint war. Nämlich keineswegs das Feingebäck, das man in Mainz so nannte, sondern ein besonders hübsches und handliches Hausmädchen, für das der alte Herr nicht nur diesen Kosenamen erfunden, sondern der er auch noch ein Kindlein gemacht hatte. Dessen Versorgung war dann ein Problem der Familie, da die Großmutter von dieser paternité auf keinen Fall etwas wissen sollte. Ich glaube, sie hat tatsächlich nichts davon erfahren, was von viel Takt sowohl des Schaumgebäcks als der Familie zeugt. Zum mindesten war in der Eppichmauergasse niemals eine Störung ehelichen Friedens zu verspüren, die alten Leute lebten freundlich und geduldig miteinander; es herrschte da, bis zu ihren Krankheitsjahren, eine gedämpfte, geruhsame Heiterkeit, abends spielten sie ›Sechsundsechzig‹, und es roch immer gut in der Wohnung, von den Küchendüften ganz abgesehen – im Sommer nach Blumen, im Winter nach einem eigenartigen, an der eisernen Ofentür aufgestrichenen Lack.

Im Haus meiner mütterlichen Großeltern jedoch herrschte immer eine gewisse Spannung, oft sogar offene Zwietracht, deren Ausbrüche mich noch in der Erinnerung erschrecken. Das hatte nichts mit erotischen Seitensprüngen zu tun, die dieser Großvater wohl höchstens in Wunschträumen beging, sondern nur mit der extremen Gegensätzlichkeit ihrer Naturen. Sie, die Großmutter, deren Vater noch als alter Mann die ›Histoire de la Grande Révolution‹ von Hippolyte Taine übersetzt hatte und überhaupt ein Franzosenschwärmer war, exzellierte, je älter sie wurde, in einer kindlich redseligen Mitteilsamkeit, in einer fast tarasconesischen Fabulierlust und Phantasiefreude; sie konnte nicht aufhören, Geschichten, Märchen, Gedichte vorzutragen, und ich wurde nicht müde, ihr zu lauschen. Sie hatte Ideale – unkontrollierbare, von keiner Logik begrenzte –, denen sie, wenn ihr Mann nicht dabei war, in lautem Enthusiasmus huldigte: ihre größten waren Wilhelm der Zweite, unser »herrlicher Kaiser, hoch zu Roß«, Graf Zeppelin, der Erfinder des lenkbaren Luftschiffs starren Systems, hoch über den Wolken, und Emile Zola. Dazu kamen Schillers Gedichte und die Oper, vor allem Madame Butterfly von Puccini, Wagners Tristan und Leoncavallos Bajazzo. Aber sie ließ auch über den Freischütz, den Waffenschmied, Undine, Martha oder den Troubadour mit sich reden und sang die Melodien, nicht ganz richtig, aber mit desto größerem Entzücken. Mit ihr durfte ich zum ersten Mal ins ›Weihnachtsmärchen‹ – für Kinder, die noch keinen Fernsehbildschirm, kein Radio, kein Schultheater kannten, ein Ereignis von heute kaum vorstellbarer Exaltation – das Innere des Hauses mit seinen Plüschsesseln, Logen, Rängen erschien riesengroß, und es war alles wirklich, was man sah, die Feen, die Zwerge, die Hexen, die Prinzen und Prinzessinnen, die Zauberei, die Engel, die am Schluß mit einem Lichterbaum aus den Soffitten schwebten.

Aber ihre eigenen Darbietungen zu Hause waren nicht weniger aufregend: mit heißen Backen hörte ich zu, wenn sie mir die Geschichte von Emile Zola erzählte, wie er mutig für den unschuldig auf die Teufelsinsel verbannten Capitaine Dreyfus kämpfte, wobei sie manchmal ins Französische verfiel – immer wieder wollte ich hören, wie er ausrief: »La vérité est en marche!«, wie die wilde, verhetzte Menge in Paris den großen Zola auf der Straße beschimpfte: »Crachez sur Zola! Conspuez Zola!« (sie schrie es in höchstem Diskant), und wie dann, nachdem sich das Unrecht herausgestellt hatte, ganz Frankreich in Begeisterung und Jubel ausbrach: »Vive Zola! Vive notre grand Zola!«

In solchen Momenten kam öfters ihr Mann nach Haus und hatte für alles das nur das Wort: »Bosse« (Possen). Das war in Mainz an sich kein bösgemeintes Wort, es bezeichnete einfach alles, was man unvernünftig, übertrieben, irreal oder kindisch fand. Aber es folgten andere, härtere Worte. Er hielt solche Geschichten für den Inbegriff falscher Erziehung, für einen Verderb der Jugend, die dadurch zum ›Träumen‹ verführt werde – er nannte sie eine Närrin und schimpfte auf den alten Narren, ihren Vater, von dem sie das alles habe. Diesen, seinen Schwiegervater, hatte er offenbar nicht leiden können, während sie leidenschaftlich an seinem Andenken hing – sie widersprach, bald wurde geschrien, sie brach in Tränen aus, und ich verließ, unglücklich und selber weinend, das Haus.

Natürlich hatte man in der Kindheit Angst vor diesem Mann und vor seiner rücksichtslosen Pädagogik, obwohl sein derber Humor mancherlei Lachstoff ergab. Ich nahm ihm übel, wie er seiner rasch hinwelkenden Frau das Leben vergällte, indem er ihr zum Beispiel das Opern-Abonnement entzog und ihr mit der Zeit überhaupt jedes Vergnügen versagte, wenn er es für eine Art von ›Bosse‹ hielt. Ich hatte kein Verständnis für das harte Gesetz seines Lebens, für das Leistungshafte, das charakterlich und geistig Tapfere, die eigenwillige Potenz seiner Persönlichkeit, für seine kompromißlose und gefühlsarme Vereinsamung. Erst später begann ich in seiner oft höhnisch-verletzenden Ablehnung alles Spielerischen, Herzlichen, Kindlichen einen selbstgeformten Willen zum Rationalen, Klaren, Bedeutenden zu vermuten, und beobachtete ihn, dessen ganzes Wesen dem meinen so völlig entgegengesetzt war, mit einem reservierten und fast objektiven Interesse. Als ich Primaner wurde, erbat ich mir die Aufzeichnungen seiner Lebenserinnerungen, die ich lange in seiner steilen, dickbalkigen, von den Schnörkeln des neunzehnten Jahrhunderts unverzierten Handschrift besaß.

Sein Leben war hart, streng und gradlinig verlaufen. Als Knabe hatte er durch eine Seuche beide Eltern verloren und war als Ältester einer vielköpfigen Geschwisterschar, buchstäblich brotlos, vor kaum lösbare Pflichten gestellt. Daher war wohl auch das Wort ›Pflicht‹ das häufigste und störrischste in seinem nicht allzu üppigen Sprachschatz. Mit fünfzehn schickte man ihn zu Verwandten nach Amerika, er durchlebte eine lange und stürmische Überfahrt im Zwischendeck eines kleinen, schlecht gebauten Auswandererschiffs, fand aber drüben nur eine kühle und wenig förderliche Aufnahme. Nach ein paar rauhen Jahren trieb ihn das Heimweh und die wohl damals schon wirksame patriotische Neigung zu dem aufstrebenden Deutschland nach Hause zurück, er kam so arm, wie er gegangen war. Von da ab ist sein Weg durch unablässige Arbeit, Selbstbildung, Strebsamkeit gekennzeichnet und führte ihn von Stufe zu Stufe, im Zug des allgemeinen Aufschwungs nach dem siebziger Krieg, zu Anerkennung, Stellung, Wohlstand. Als Mitbesitzer und Leiter der ersten Fachzeitung für den Haupterwerbszweig unserer Heimat, Wein und Weinhandel, eroberte er sich eine nicht unbedeutende Position in der nationalen Volkswirtschaft. Mit seiner Familiengründung fiel sein Übertritt zum Christentum zusammen, womit er die Konsequenz seiner Lebens- und Zeitauffassung zog.

Als ich in späteren Knabenjahren von seiner Konversion erfuhr, wollte ich ihn wegen seiner entschiedenen, ja sarkastischen Ablehnung alles Jüdischen heimlich verachten. Erst allmählich wurde mir klar, wie vermessen und ahnungslos, wie falsch und kindisch diese Verurteilung des ›Renegaten‹ war. Ich lernte die menschliche und historische Kausalität seines Verhaltens begreifen, jenen radikalen Bruch mit einer Abgrenzung und Sonderstellung, die ihm als überlebt und abwegig erscheinen mußte und die zum großen Teil in religiösen Traditionen begründet war: die bedeuteten ihm, dem Rationalisten und Bismarckianer, so gut wie nichts. Er war der Meinung, man müsse als Deutscher, ganz gleich welcher Abkunft, zum Volksganzen gehören, mit der Nation verwachsen, und er bestätigte diese Überzeugung durch sein Leben. Ich wage kaum daran zu denken, vor welchem Abgrund völliger Ratlosigkeit und Verzweiflung einen Mann wie ihn die spätere Entwicklung in seinem Vaterland (für ihn gilt das Wort!) gestellt hätte, und danke Gott, daß er es nicht mehr erlebte.

Noch sehe ich den breiten, untersetzten Mann, den Bismarckschlapphut in die Stirn gezogen, den knorrigen Gehstock in der Hand, zwar nicht von einer Dogge, doch von seinem ihm seltsam ähnelnden Rattenpinscher ›Pitt‹ begleitet, durch die Straßen stapfen. Mußte ich mit ihm den traditionellen Mainzer Spaziergang ›Um die Tore‹ machen, an den alten Festungswerken entlang, was ich ungern tat – denn ich wußte, was kommen werde –, so begann er plötzlich in einer harten und lehrhaften Art von Politik, Gesetz und Recht zu sprechen und fragte mich dann wohl auch ab, ob ich zugehört und was ich behalten hätte... Er warnte den Zehnjährigen vor den Sozialdemokraten und vor den Ultramontanen, erklärte, daß August Bebel (die stärkste Persönlichkeit der damaligen deutschen Sozialisten) eingesperrt werden müsse und daß die Roten samt den Schwarzen, worunter ich mir lieber noch Indianer und Neger vorstellen wollte, Schädlinge des Reiches wären. Vom ›Reich‹, vom alten Kaiser Wilhelm, von seiner Krönung in Versailles und von Bismarck, dem Schmied und Baumeister des neuen Deutschland, sprach er in einem Ton von Ehrfurcht und Begeisterung, der ihm sonst fremd war, und als im Jahr 14 der Krieg ausbrach, bekränzte er die Bilder von Bismarck und Moltke – die einzigen, die er in seinem Zimmer duldete – mit Lorbeerzweigen. Ich glaube, daß Bismarcks ›Gedanken und Erinnerungen‹ zu den wenigen Büchern gehörte, die er – außer der Fachliteratur und juristischen oder nationalökonomischen Werken – gelesen hatte und immer wieder las; und er schickte mir, als ich zu seinem Stolz Offizier wurde, den damals gerade erschienenen ‹Bismarck› von Erich Marcks ins Feld.

Wilhelm der Zweite kam bei ihm nicht so gut weg, er wurde mit dem in seinem Mund schimpflichsten Ausdruck ›Phantast‹ belegt. Phantasie, Verträumtheit, Schwärmerei, alle musischen Neigungen kamen für ihn den lebensgefährdenden Lastern, der Trunksucht, der Ausschweifung, dem Glücksspiel gleich. Musiker, Künstler, Dichter, in seinen Augen Spaß- oder Sprüchemacher für anderer Leute Geld, waren für ihn die Letzten der Menschen, wie für seine Frau die Ersten und Edelsten.

»Musikante, Komödiante, Schnorrante« – wie oft habe ich ihn mit Abscheu und Verachtung von solchem Gesindel reden hören, das ihm nicht ins Haus kommen dürfe, und es muß eine der bittersten Enttäuschungen seines Alters gewesen sein, als mein Bruder, sein ältester Enkel, von dem er sich, im Gegensatz zu mir, wegen seiner Höchstleistungen in der Schule besonders viel versprach, vom Studium des Jurisprudenz, für ihn der Grundstock soliden Wissens und jeder höheren Karriere, zur Musik umsattelte. Er hatte ihn sich schon als Reichstagsabgeordneten, womöglich der nationalliberalen Partei, vorgestellt.

Diese betont amusische Haltung, die ausgesprochene Kunstfeindschaft, ist an sich bei Leuten seiner Abstammung ungewöhnlich und stach von den allgemeinen Gepflogenheiten des deutsch-jüdischen Bürgertums, ganz gleich ob getauft oder nicht, beträchtlich ab. Dort war durchweg eine schöne und kultivierte Kunstpflege angesiedelt, diese Kreise bildeten das gesicherte Stammpublikum der deutschen Theater, und sie unterstützten häufig auf generöse Art Künstler und Kunstinstitute. Was Deutschland, auch die deutsche Literatur, durch ihre Ausrottung und Vertreibung verloren hat, können wir erst heute ermessen. Wenigstens wir, die wir uns daran erinnern. Den Jüngeren mag es überhaupt wie ein Märchen klingen, daß es – nicht nur in den ›zwanziger Jahren‹, sondern unter der strammen Herrschaft des wilhelminischen Kaiserreichs – ein ebenso vorurteilsloses wie urteilsfähiges deutsches Bürgertum gab, für das ›Kultur‹ mehr war als eine Sonntagsbeilage. Aber so ist es gewesen.

Als im Jahr 1918 eine französische Fliegerbombe – eine der

wenigen, die im Ersten Weltkrieg auf deutsche Städte geworfen wurden – vorm Haus dieses Großvaters krepierte, den Greis verschonte, aber seine zwei jungen Dienstmädchen in Stücke riß, erlebte er das nicht mehr bei vollem Bewußtsein. Seit er verwitwet war und niemanden mehr hatte, mit dem er sich streiten konnte, dämmerte er dahin. Aber bis zum Tod blieb er in jeder Äußerung den Grundzügen seines Wesens und Charakters treu. Das Ziel seines Lebens war nicht Reichtum und Macht, sondern Ehre und Ansehen – in einem großbürgerlich-kaufmännischen, rechtlichen und nationalen Sinn. Auch der Geldbesitz schien ihm nur ein Mittel zu diesem Bestreben, dem er jede andere Bindung hintanstellte. In mir aber hat kein anderer Einfluß der Jugendjahre wie der dieses unantastbaren, prinzipienfesten Ehrenmannes Opposition und Widerspruch erweckt, und ich glaube auch, daß das abschreckende Vorbild seiner spartanischen Sparsamkeit, die mir erst spät aus seinem Werdegang verständlich wurde, das Exempel des Mannes, der von den Früchten seiner enormen Lebensarbeit nichts hat, weil er sich nichts daraus macht, an meiner Laxheit in finanziellen Dingen und meinem Widerwillen gegen Sparkassen und Versicherungsgesellschaften mitschuldig ist. Allerdings haben dann die Erlebnisse des Kriegs und der Nachkriegsinflation das Ihre dazugetan – aber auch da wuchs zu besonderer Plastik das Bild vom schneeballhaften Wegschmelzen jener von meinem Großvater so schwer erworbenen und so freudlos gehüteten Schätze, die sich in Aktien der deutschen Bagdadbahn und in Kriegsanleihe verloren...

Die Zeit drängt. Es drängt die Zeit. Ich höre sie pochen, in meiner Brust, in meinen Schläfen, in meinem Hinterkopf. Wer eine Niederschrift beginnt, weiß nie, ob er sie vollenden wird. Wer zu leben beginnt, bewußt zu leben, wer anfängt sich vorzustellen: ›Ich lebe...‹ – wer nachts wach wird und denken muß: ›Ich bin – ich war – ich werde sein...‹ – der fühlt sich in einen Strom gerissen, gegen den es kein Anschwimmen gibt – so wenig wie die Wellen des Rheins zurückfluten, wieder bergauf fließen, zu ihrem Ursprung heimkehren können. So empfinde ich die späteren Jahre meiner Jugend, bevor der Kriegsausbruch sie jäh beendete oder verwandelte – diese wenigen Jahre zwischen dem dreizehnten und siebzehnten –, als ein fortgesetztes Sich-Überstürzen, Sich-Überschlagen von Ereignissen, denen eine kaum mehr faßbare Spannung und Erregung innewohnt. Ohne Unterbrechung geschah und passierte etwas, das sich nur noch wie die farbigen Glassplitter in jenem schwarzen Trichter, den wir als Kinder ›Kaleidoskop‹ nannten, schütteln läßt, bis es Figuren bildet – und ob es mir selbst geschah oder anderen, ist kaum zu unterscheiden. Fast kam es zur ›Kindertragödie‹, wie bei Wedekind, als mein bester Schulfreund, einer der wenigen, die heute noch leben, und vielleicht der intelligenteste und begabteste, nicht versetzt wurde. Dieser Fall war, im Wortsinne, ein Schulbeispiel der Jugendpsychologie: obwohl oder gerade weil er den meisten anderen geistig voraus war, mehr verstand, tiefer empfand, ernster dachte als die Gleichaltrigen, hatte er eine Lern- und Leistungshemmung, aus der ihm eine konstante Qual erwachsen sein muß. Von diesem Leiden wußten die Lehrer nichts, auch unter den Mitschülern nur seine engsten Freunde. Noch dazu war sein Vater Volksschullehrer, also kein ›Humanist‹, wodurch er sich vermutlich als minderwertig empfand, und er versammelte all seinen Ehrgeiz auf diesen Sohn, der nun das werden sollte, was er nicht war oder werden konnte: Professor. Den Sohn aber drängte es nur zu einem Ziel, das war die Musik. Ob er dazu hinreichend begabt war oder nicht, spielt keine Rolle. Wir saßen gemeinsam auf unsren Galerieplätzen in den Mainzer Symphoniekonzerten, studierten Klavierauszüge und Partituren, erlebten die Berauschung durch Wagner, die Ergriffenheit durch Brahms, die Ahnung eines neuen Klangs durch Gustav Mahler. Aber an einem dieser barbarischen letzten Schultage vor den Osterferien, an dem die Zeugnisse verteilt und die Urteile gesprochen wurden, Versetzung oder Sitzenbleiben, Erlösung oder Verdammnis, wurde ihm, als dem einzigen in der Klasse, das Stäbchen gebrochen, mit dem die mittelalterlichen Richter die Todesstrafe verkündeten. »Jetzt geh ich nicht mehr nach Hause«, heißt es bei Wedekind. Ich glaube, er hat diese Worte gebraucht – obwohl wir ›Frühlings Erwachen‹ noch nicht kannten. Stundenlang suchten wir ihn, drei oder vier Freunde, in all den verborgenen Winkeln außerhalb der Stadt, von denen ich wußte, daß er sich dort gern seinen Träumereien hingab. Ich wußte auch, daß er den Revolver seines Vaters mitgenommen hatte. Aber er ging nicht los. Der Vater hatte keine scharfen Patronen, nur leere Hülsen in die Trommel gesteckt. Er mußte sich der Demütigung unterziehen: am Leben zu bleiben, in eine andere Schule verbannt zu werden. Man schickte ihn nach Frankfurt, in eine sogenannte ›Presse‹, wo die Opfer tagaus, tagein zu pausenlosem Lernen angetrieben wurden, um das Versäumte nachzuholen. So konnten wir längere Zeit nur brieflich miteinander verkehren.

Gerade als ich begann, mich mit diesen Erinnerungen zu beschäftigen, erhielt ich von ihm – aus dem Ungefähr, denn wir standen jahrelang kaum in Verbindung miteinander – die Fotokopie eines Briefes, den ich mit fünfzehn an ihn geschrieben und den er aufbewahrt hatte. Darin heißt es: »... Jetzt will ich Dir etwas von meiner Poesie erzählen. Ich hatte einige ziemlich unfruchtbare Wochen, in denen ich nichts Besonderes schrieb. In kleinen Stimmungsgedichten machte ich in bewußter Anlehnung an Heinesche Manier gewöhnlich einen ironischen Schluß. Eine Probe davon folgt:

Sonntagnachmittag im Oktober

Wie sind die Straßen alle duftdurchwoben –
Vorgartenblumen welkten schon.
Nachmittagsstille breitete am Himmel droben
Die Schwingen aus... Kein Ton.
Die Häuser lehnen müde aneinander...
Wie langsam heut die satte Stunde flieht!
– – da drunten gehen zwei selbander:
Er raucht – Sie summt ein triviales Lied...

Lieber Hugo«, geht der Brief weiter, »ich hörte neulich die ›Meistersinger‹ hier im Theater. Du weißt, wie ich Wagnern sonst gegenüberstehe – – aber, kennst Du die Meistersinger? Nein? Dann gehe hinein! Der ›Ring‹ kann mir gestohlen werden, desgleichen ›Tannhäuser‹, ›Lohengrin‹ etcetera. Aber der zweite und dritte Akt Meistersinger gehört zum Schönsten, was es in unserer Opernliteratur gibt! Übrigens werden sie hier gut aufgeführt. Kommst Du ins Symphoniekonzert? Ich bin auch auf der Galerie... Auf Wiedersehn! Dein C. Z.«

Solche Briefe und Schreibereien aus meiner Jugend, auch aus der Kriegszeit, bekam ich im Lauf des letzten Jahres, ohne sie erbeten oder erwartet zu haben, von verschiedenen Seiten zugeschickt – als hätte mein konzentriertes Denken daran sie herbeigezogen. Natürlich hatte ich sie längst vergessen.

Ein anderer Schulkamerad, dessen Mutter verwitwet war, hatte herausbekommen, daß es da einen Herrn gab, der sie während seiner beruflichen Freizeit, nach dem Mittagessen, regelmäßig besuchte. Dann schlossen sich die beiden in ihr Schlafzimmer ein. Das Schlüsselloch und die Türspalte genügten dem Sohn, der ein geborener Voyeur gewesen sein muß, bald nicht mehr, doch befand sich gerade über dem Bett eine abgeschrägte, hölzerne Zimmerdecke, hinter der ein Dachboden war. In diese Decke hatte der eifrige Sohn Gucklöcher gebohrt und vermietete sie dann wie die Schaukästen in der Jahrmarktsbude, in denen man den Brand von Messina oder die Ermordung des Großfürsten Nikolajewitsch sehen konnte, an Wißbegierige gegen Eintritt – je nach ihrer Kaufkraft für Briefmarken, Schmetterlingsraupen oder Bargeld, von zehn Pfennigen bis zu einer Mark. Danach richtete sich die ihnen gewährte Beobachtungszeit. Ich habe an diesen Vorstellungen nie teilgenommen, obwohl mir die Augenzeugen berichteten, es gäbe da allerhand zu sehen; es war weniger Scham als ein Widerwille gegen das merkantile Treiben des Sohnes, was mich davon abhielt. Vielleicht auch eine instinktive Selbstschonung meiner Phantasie, die nicht mit solch nackten Tatsachen belastet werden wollte.

Die erotische Phantasie beschäftigte sich lieber mit angezogenen Damen. Da war die Tochter eines hohen Offiziers, einige Jahre älter als wir, die es liebte, im Reitkleid, mit schwarzen Strümpfen und Stiefeletten, die Gerte in der Hand und von einem scharfen Wolfshund begleitet, einherzugehn. Für uns sah sie aus, wie sich Wedekind seine Lulu vorgestellt haben mochte – ein dämonisches Weib. Wir beobachteten sie von ferne, und keiner hätte gewagt, sich ihr zu nähern, obwohl sie einige von uns durch ihre jüngeren Geschwister persönlich kannte.

Nun war die ersehnte Attraktion des Jahres, außer der Fastnacht, die Mainzer ›Meß‹ – der große Jahrmarkt, der im Frühling und Herbst mit all seinen lockenden Buden, mit ›Ahua dem Fischweib‹, ›Lionel dem Löwenmenschen‹, ›Wallenda's Wolfszirkus‹, ›Schichtl's Zaubertheater‹, dem Kölner Hännesje, den Ringkämpfern und den tätowierten Schönheiten des Orients (nur für Erwachsene!), mit dem Gewimmer der alten Drehorgeln, dem Geschepper der mechanischen Karussellmusik, dem Geschrei der Ausrufer, Luftballons, Schiffschaukeln und abendlichem Fackelschwelen auf dem Halleplatz, gegenüber der Stadthalle, für eine Woche aufgeschlagen war. Dort gab es die sogenannte ›Zuckergaß‹, in der links und rechts an den umdrängten Ständen frischgebackene Meßwaffeln, türkischer Honig, giftgrüne und grellrote Lutschklumpen und sonstige Süßigkeiten verkauft wurden. Auf dieser Zuckergaß pflegten wir am späteren Nachmittag in lockeren Reihen hin und her zu schlendern und weltmännische Bemerkungen über die vorbeispazierenden Mädchen und Frauen auszutauschen. Plötzlich erschien, an einem schwülen Mai-Nachmittag, die dämonische Offizierstochter mit dem Reitkleid, diesmal ohne Hund, und suchte sich, vermutlich da sie sich langweilte, ausgerechnet mich aus, um mit ihr ›Berg- und Talbahn‹ zu fahren. Mein Triumph war vollkommen. Galant ließ ich ihr den Vortritt auf die zweisitzige Plüschbank und würdigte meine neidvoll und höhnisch grinsenden Freunde keines Blickes. Dann aber ging es hinunter ins Dunkel der Tunnels und wieder ins Helle hinauf – und sobald wir im Licht erschienen, war ich ganz Kavalier, beugte mich über die Hand meiner Dame oder nahm ihren Arm. Sobald wir aber wieder im Dunkel verschwanden, saß ich steif und verlegen, und wagte kaum mich zu rühren. Bis sie mich bei der letzten Runde im letzten Tunnel rasch an sich zog und mich die Hügel unter ihrer straffen Bluse fühlen ließ, um mich dann mit einem leichten Klaps auf die Wange zu entlassen. Ich quittierte die sarkastischen und anzüglichen Fragen, die mich drunten erwarteten, mit diskretem Lächeln. Zu Haus aber schrieb ich in mein Tagebuch, das ich heute noch besitze, den Satz:

»Einem Mann zwischen dreizehn und dreißig ist kein Weib unerreichbar.«

Etwas später, in einer Zeit, in der wir heimlich schon Nietzsche lasen, fiel es zu Hause angenehm auf, daß das Fränzje Klum, einer meiner Mitrebellen, und ich plötzlich wieder so fromm geworden waren. Jeden Sonntag um zwei mußten wir in die Andacht und dann in die Christenlehre, die ziemlich lang dauerte.

In Wirklichkeit schmissen wir unser Taschengeld zusammen und kauften uns Steh- oder Galerieplätze fürs Theater, wo am Sonntagnachmittag gewöhnlich eine Operette gegeben wurde. Dort sahen wir eine sehr junge, blonde, bezaubernde Soubrette, von der damals die ganze Stadt schwärmte, wie sie im ›Walzertraum‹, in der ›Lustigen Witwe‹, in der ›Dollarprinzessin‹ die schönen Beine warf, die Röcke, Rüschen, Spitzenvolants flattern und wirbeln ließ, wozu sie mit ihrer süßen Stimme tirilierte und jubelte, oder nachtigallenhold flötete und schluchzte. Alle Mainzer waren in sie verliebt, es wurden sogar Teepuppen verkauft mit ihrem Kopf aus Porzellan – einer meiner Onkel besaß eine solche und gab ihr bei jeder Tasse einen feuchten Kuß. Das war Käthe Dorsch, die damals dort ihr erstes Engagement absolvierte. Ich ahnte nicht, daß sie später einmal in einem Stück von mir die Hauptrolle spielen, daß die Begegnung und die Freundschaft mit ihr zu den Ereignissen meines Lebens gehören werden.

Von solchen Arabesken abgesehen, huldigte ich in diesen Jahren mehr einer poetisch ergiebigeren tristesse. Die ›Geburt der Tragödie aus dem Geiste der Musik‹ hielt mich im Bann. Ich schrieb eine Folge von Kurzgeschichten, die ich ›Pessimistische Novellen‹ nannte – und die fast alle mit Mord oder Selbstmord endeten –, auch Schopenhauer und Otto Weininger, dessen ›Geschlecht und Charakter‹ gerade erschienen war, geisterten schon hinein. Die Vorbilder waren Thomas Manns frühe Erzählungsbände, wie ›Der kleine Herr Friedemann‹, und die ›Exzentrischen Novellen‹ von Herman Bang. Das alles fand ich im sorgfältig verschlossenen Bücherschrank meiner Eltern, die – was Lektüre und künstlerische Interessen anlangten – sich von der übrigen Familie völlig unterschieden und von den meisten Verwandten, ihrer Neigung zur ›Moderne‹ wegen, für etwas verrückt gehalten wurden. Es standen da auch die Gesammelten Werke von Ibsen und Björnson, die Stücke von Gerhart Hauptmann, Schnitzler und Wedekind. Ich verschlang die ersten Bändchen der ›Inselbücherei‹, Rilkes ›Cornett‹ und seine ›Frühen Gedichte‹ sowie ›Der frühen Gedichte anderer Teil‹, Hofmannsthals ›Gedichte und kleine Dramen‹; in meinen eigenen, keineswegs frühreifen, eher infantilen Versen erschienen Wendungen wie »…und war ein seltsam Ding darum…« oder dergleichen. Auch las man mit Begeisterung zeitgenössische Romane wie Bernhard Kellermanns ›Yester und Li‹, die ›Chinesische Flöte‹ und den ›Japanischen Frühling‹ in den Übertragungen von Hans Bethge, aus denen Gustav Mahler die Texte zu seinem ›Lied von der Erde‹ genommen hatte, und die auf dem Tee- oder Nachttisch jeder schwärmerischen jungen Dame lagen – man las die Exotismen von Lafcadio Hearn, die anspruchsvolleren Dichtungen von Max Dauthendey, und die nicht ganz ladenreinen, aber furchtbar aufregenden Kraßheiten von Hanns Heinz Ewers – die ›Spinne‹ oder die ›Alraune‹. Zum großen Teil fand diese Lektüre beim Schein einer Taschenlampe nachts unter der Bettdecke statt, weder Eltern noch Lehrer durften davon wissen. Es war das Gegengewicht gegen die vollständige Rückständigkeit unseres Deutsch-Unterrichts in der Schule. Dort blieb man so ungefähr bei Schillers ›Glocke‹ oder der ›Braut von Messina‹ hängen, und es wurde ein ganzes Jahr das Kapitel von der Frankfurter Kaiserkrönung aus Goethes ›Dichtung und

Wahrheit‹ gelesen, wobei wir Rang und Namen aller darin auf-
scheinenden Fürstlichkeiten auswendig lernen mußten – für
mein Gefühl keine adäquate Einführung in die Weltliteratur. Als
ich, der Anarchist und Bombenwerfer meiner Klasse, einmal
aufstand und verlangte, wir wollten die Dramen von Friedrich
Hebbel lesen – weiter hätte ich mich nicht vorgewagt –, wurde
ich fast hinausgeschmissen.

Dies darf keineswegs als Einwand gegen die Institution des
humanistischen Gymnasiums aufgefaßt werden, dessen Lehr-
und Bildungsgang ich nach wie vor für den bestmöglichen halte.
Das Studium der ›toten Sprachen‹ stattet uns mit lebendigem
Wissen aus, das wir nicht mehr verlieren. Wer einmal, wenn
auch widerstrebend, lateinische Grammatik und Syntax gelernt
hat, wird sein Leben lang wissen, was Konstruktion, Bau, Klarheit einer Sprache, des menschlichen Sprachausdrucks überhaupt bedeutet – mehr, er wird begreifen oder ahnen, daß in
Grammatik und Syntax das Ethos und das Gewissen der Sprache
beschlossen sind, ohne das es keine Rechtsprechung und keine
Wahrheitsfindung gibt. Ähnlich verhält es sich mit dem Griechischen in bezug auf die Poetik, auf das philosophische Denken
und auf das musische Element der Sprache. In unserer Gymnasialzeit, oder vielleicht nur in unserer Schule, kamen dabei Geschichte und Literatur schlecht weg, was durchaus nicht die Regel sein muß. Selbst die Romantiker – vom ›Jungen Deutschland‹ zu schweigen –, den ›Taugenichts‹ von Eichendorff, die
Novellen von Hauff, von denen für mich die stärkste epische
Anregung ausging, mußte man sich selbst erobern, auch den
›Ekkehart‹ des gar nicht so üblen Victor von Scheffel (man
schaue sich heute wieder seine ›Reisebriefe‹ an!).

Auf einmal aber, so zwischen 1911 und 1913, lagen im Schau-
fenster der Buchhandlung Wilckens am Schillerplatz neuartig
und einheitlich ausgestattete Druckschriften mit dem Aufdruck
›Kurt Wolff Verlag‹. Da tauchten unbekannte Namen auf, Werfel, Hasenclever, eine Erzählung, ›Der Heizer‹ von Kafka – und
diese Heftchen, ›Der Jüngste Tag‹, erfüllten uns mit einem ganz
neuen, revolutionären Elan, wie er von der bisherigen ›Mo-

derne‹ nicht ausgegangen war. ›MORGENROT! KLABUND! DIE
TAGE DÄMMERN!‹ stand in grellen Buchstaben auf einem anderen, von Erich Reiß herausgebrachten Band. Die apokalyptischen Visionen von Georg Heym, der ›Aufbruch‹ von Ernst
Stadler mit seinen drängend ungestümen Versen, der erste Ge-
dichtband von Trakl, all das, was man später unter dem oberflächlichen Kollektivwort ›Expressionismus‹ zusammenfaßte,
wirkten auf mich wie ein Sturmwind oder eine Schneeschmelze.
Mit Politik empfanden wir da noch keinen Zusammenhang, der
wohl auch von diesen Dichtern nicht bewußt angestrebt wurde.
Um die gleiche Zeit sah ich in Frankfurt, allein, ohne die Eltern,
die erste Ausstellung der ›Brücke‹ und des ›Blauen Reiters‹, Bilder von Franz Marc, August Macke, Kandinsky, Chagall, von
den Erwachsenen durchweg als unsinnig bezeichnet, auch einige
der italienischen Futuristen, ich erinnere mich an ein wildes
Gemälde von Severini, und erstand dort Marinettis Flugblatt
›Futuristisches Manifest‹. Vorher schon hatte ich auf einer Som-
merreise in Amsterdam van Gogh entdeckt. Ich hätte nicht defi-
nieren können, was mich an alledem so ungeheuer faszinierte,
warum ich diese Kunst als eine Offenbarung oder als eine Er-
leuchtung empfand – doch es war *unsere* Zeit, *unsere* Welt, *unser*
Lebensgefühl, was da auf mich einstürzte –, und plötzlich war
man zu einem neuen Generationsbewußtsein erwacht, das auch
die klügsten, aufgewecktesten und vorurteilslosesten Eltern
nicht teilen konnten.

Ganz ähnlich war auch jener andere ›Aufbruch‹, in die Wälder, ins Weite, in die Natur, der sich im alten ›Wandervogel‹
manifestierte. Der hatte zunächst noch nichts mit nebulöser oder
pathetischer Weltanschauung zu tun, wie sie dann die ›Jugendbewegung‹, gekrönt von der berühmten Tagung auf dem ›Hohen Meißner‹, durchsetzte. Es war ein primitiver Drang nach
Freiheit und Selbständigkeit, der die Jugend auf ihre Wanderungen mit Landkarte, Kochtopf und Zupfgeige trieb. Ich gehörte
zu den ersten, die da mitmachten – niemals in einem größeren
Gruppenverband, nur mit wenigen Freunden –, und obwohl
meine Eltern selbst die Natur und das Wandern in unberührter

Landschaft liebten, erschloß mir doch erst dieses Hinausziehen mit Gleichaltrigen, dem der Reiz des Abenteuers anhaftete, die seltener besuchten Waldgebirge der Heimat. Es geschah da wohl zum ersten Mal in der bürgerlichen Epoche, oder seit den Tagen der wandernden Scholaren, daß die Jugend entschlossen war, ihre eigenen Wege zu gehn und sich aus einer Luft, die wir trotz aller Liberalität als eingeschlossen, beengend, stickig empfanden, allein ins Freie zu wagen. Vielleicht spürten wir das Fernbeben kommender Erschütterungen. Vielleicht wollten wir einfach leben, nach unserer Fasson, für die wir keine Worte und kein Programm hatten. Das große Zeitgefühl hatte uns ergriffen, ob wir uns nun für die ersten Aeroplanflieger oder für die neue Lyrik begeisterten, wir hatten eine Tür aufgestoßen, wir waren unterwegs, wir konnten nicht mehr zurück.

Die Eroberung der Luft, deren entscheidende Vorstöße in die gleiche Zeitspanne fielen, übte tatsächlich eine unbeschreiblich aufrüttelnde Wirkung aus – ich bildete mir ein, eine stärkere als die ›Eroberung des Weltraums‹ in unseren Tagen, obwohl deren Ergebnisse und Folgen vielleicht viel bedeutsamer sind, aber sie geschah so unerwartet für die Mehrheit der Menschen wie die Entdeckung Amerikas durch Kolumbus – der ja auch nicht wußte, *was* er entdeckt hatte –, und sie regte in ähnlicher Weise die Phantasie an, die Lust zum Abenteuer, und den Wunsch, dabei zu sein, wenn nicht anders, dann wenigstens als Zuschauer aus nächster Nähe. Dazu bot die Stadt Mainz wie wenig andere die Gelegenheit, und ganz besonders mir. Denn der Klassenkamerad, der neben mir auf der Schulbank saß, hieß Goedecker – Beppo mit Vornamen –, auch einer der Freunde, die nicht mehr leben. Der Name Goedecker wird heute keinem Menschen etwas sagen, so wenig wie der von Igo Etrich, dem Erfinder der ›Rumplertaube‹, und womöglich sogar der des erfolgreichsten Flugzeugkonstrukteurs und Piloten dieser Tage: des Holländers Fokker. Der ältere Bruder meines Freundes Goedecker, Sproß einer alten Mainzer Familie, die wohl ursprünglich aus Westfalen gekommen war, gehörte zu den ersten Flugzeugfabrikanten Deutschlands. Auf dem ›Großen Sand‹ zwischen den Mainzer Vororten Mombach und Gonsenheim, einem Rückstand tertiärer Meeresbuchten, der – zwischen Kiefernforsten gelegen – von einer dünnmehligen weißen Streu bedeckt war wie die Sahara oder der Ostseestrand, und wo wir später als Rekruten entsprechend geschliffen wurden – dort, wo es kilometerweit keine Häuser und keine Straße gab, hatte dieser Goedecker, der Luftpionier, seine Schuppen erbaut. Dort wurden, mit breitflächigen Eindeckern, erste Versuchsflüge ausgeführt. Wir nannten seine Maschinen die ›Grashopper‹, weil sie wie geflügelte Heuschrecken immer gerade nur für einen kurzen Hopp über die Erde hochkamen und sie dann wieder berührten – wenn der Pilot Glück hatte, ohne sich zu überschlagen. Dort aber hat auch der später zu Weltruhm gelangte Holländer Fokker, der im Krieg 14/18 seine Fähigkeiten der deutschen Armee zur Verfügung stellte und dessen Maschinen von den bekanntesten Jagdpiloten geflogen wurden, als Geschäftspartner des Mainzer Goedecker mit seiner Arbeit begonnen. Ich erinnere mich genau an ihn, denn er besuchte zur selben Zeit wie wir Schüler, nämlich um zwölf Uhr mittags, dieselbe Badeanstalt von Schorsch-Kall Watrin, am Mainzer Feldbergplatz, ein schlanker, blonder, sehr jugendlich wirkender Schwimmer in roter Trikothose, dem niemand zugetraut hätte, daß seine Flugzeuge einmal dazu bestimmt wären, die neue Waffe eines Weltkrieges zu werden.

Durch meinen Freund Beppo lernte ich ihn sogar persönlich kennen, und durfte im Schuppen dabei sein und dann auf dem abgesperrten Flugfeld, wenn die ›Grashopper‹ sich bereits hoch über die geduckten Kiefernwipfel erhoben und in kühnen, unsicheren Kurven mehrmals über unseren Häuptern kreisten. Die Propeller wurden noch mit der Hand angeworfen, und bei der Landung stürzten die Monteure, auch Beppo und ich, im Marathonlauf auf das über die Sandwellen hopsende Flugzeug zu, um es durch Anhängen an beide Tragflächen vorm Umkippen zu bewahren. Die Piloten trugen lederne Anzüge, Sturzhelme und ein kleines, komisches Amulett in der Tasche, keinen Sankt

Antonius, sondern den Gott Billiken – vermutlich von Fokker eingeführt –, einen dicken schwarzen Götzen, ohne den zu starten als sicheres Verhängnis galt.

Dies war die einzige Zeit meines Lebens, in der ich mich für die Technik interessierte; sie ist Gott sei Dank nie wiedergekommen, und es ist auch nichts davon zurückgeblieben. Aber das war ja auch wirklich welterschütternd und sprengte alle Rahmen vorstellbarer Sensationen, wenn beim ›Prinz-Heinrich-Flug‹ im Jahr 1912, an dem sich alle Piloten des Reichs beteiligten und der von Ort zu Ort über ganz Deutschland ging, mehr als hundert Aeroplane, gebrechliche, feindrahtige Gestelle, Euler-Doppeldecker und Eindecker-Tauben, in langen Abständen auf dem ›Großen Sand‹ zwischenlandeten, und man saß mit der Uhr in der Hand neben Goedeckers Morse-Apparat und stoppte mit: wer ist wo aufgestiegen, wer ist wo abgestürzt, wer ist noch in der Luft! Oder wenn der große Blériot – der zum erstenmal den Ärmelkanal überflogen hatte – selbst am Himmel erschien, bereits mit einer Sicherheit in der Kurve landend, als hätte es nie Grashopper und Bruchmacher gegeben; und wenn der erste Flugartist, der Franzose Pégoud, lange vor Ernst Udet, auf dem Frankfurter Flugfeld Sturzflüge und Loopings produzierte, wobei er vor dem Start, ohne sich durch die Tausende von Zuschauern oder die Photographen stören zu lassen, neben seiner Maschine in großem Bogen das Wasser ließ.

So etwas ist ein Beispiel fürs Leben. Man geniere sich nicht, wenn es um den eigenen Kragen geht. Man erleichtere sich, bevor man ein Wagnis unternimmt. Man gehe gelassen, ohne Krampf und ohne überflüssige Belastung, in die Gefahr, ins Rennen, und womöglich durchs Ziel. Hinterher kann man sich besaufen.

Auch der Zeppelin erschien in Mainz, wenn auch mit etwas Verspätung, auf dem ersten Flug, der ihn vom Bodensee bis fast zur Nordsee hätte führen sollen. Wenn ich mich recht erinnere, steuerte der Graf persönlich das Luftschiff, noch nicht sein Meisterschüler Hugo Eckener, mit dem ich mich in späteren Jahren befreundet habe und unter dessen Führung ich selbst einen Zeppelinflug mitmachte. Damals, es war an einem schönen Sommermorgen, bekamen wir schulfrei, weil der Zeppelin so etwa um elf Uhr über der Stadt erscheinen sollte; ganz Mainz staute sich am Ufer und in der Rheinallee, denn man erwartete ihn über dem Fluß, dessen Lauf er folgte. Doch er kam nicht. Es wurde immer später und wärmer, die Leute wurden mürrisch, weil sie nicht zu Mittag gegessen hatten, und begannen die ganze Luftschifferei und das starre System im besonderen mit respektlosen Worten zu bedenken. Natürlich gingen die wildesten Gerüchte um. Der Zeppelin sei in der Luft explodiert, in Flammen aufgegangen, brennend auf die Stadt Mannheim niedergestürzt, ganz Mannheim gleiche einem Trümmerhaufen, und auch von Ludwigshafen stehe kein Haus mehr – von Mund zu Mund vervielfachten sich die Toten. Als dann endlich die amtliche Nachricht verkündet wurde, der Zeppelin hätte zwischen Worms und Mainz notlanden müssen, und das Manöver sei ohne Schwierigkeiten gelungen, stürzten wir Buben uns auf die Fahrräder: rheinaufwärts, die Uferstraße entlang – bis man, in der Gegend von Oppenheim, von der polizeilichen Absperrung aufgehalten wurde: da lag sie wirklich, in der Nähe des alten Auhafens, die lange, silbergraue Zigarre, von vielen Tauen und Winden am Boden gehalten – und am nächsten Tag schwebte sie plötzlich, mit erhobener Schnauze, ganz unerwartet und ohne die vorgesehene Fahnen- und Böllerbegrüßung, nordwestwärts, überm Dom vorbei. Ein tiefes Brummen erfüllte die Luft, wie von Hummelschwärmen, alles stürzte auf die Straße, aber ehe die Leute richtig ›Hurra‹ rufen konnten, war es schon verebbt und verklungen.

Das war die Eroberung der Luft – und wir, in deren Kinderjahren noch die Pferdebahn durch Mainz klapperte, die wir die ersten Autos und die erste Elektrische gesehen hatten, sind dabeigewesen.

Ich glaube, es geschah damals, in der Existenz jedes jungen Menschen, der bereit war, das Ungewöhnliche zu erleben, auch wirklich das Ungewöhnliche. Ob das heute noch so ist – oder ob alles, was sich ereignet, von der Jugend als weniger ungewöhnlich empfunden wird, also gewöhnlicher geworden ist, kann ich nicht sagen.

Stark, sanft und heftig wie der Rhein zwischen bewohnten Ufern floß durch meine Jugend der Strom der Musik. Sie war als vorbereitendes und formendes Element von größerer Wirkung auf meine Lebensarbeit als alle poetischen oder literarischen Eindrücke – und das hat in höchstem Maß mit meinem Bruder zu tun. Dieser mehr als sechs Jahre ältere Bruder Eduard spielte für mich eine unter Heranwachsenden sehr seltene, fast märchenhafte Rolle. Das erste menschliche Gesicht, an das ich mich deutlich erinnere, ist nicht das der Mutter oder des Vaters, sondern sein lockenköpfiges rundes Bubengesicht, wenn es sich – in meinen Augen groß wie der volle Mond – mit dem Ausdruck einer unendlichen Zärtlichkeit und Bewunderung über meinen Kinderwagen beugte. Obwohl gar kein Grund dazu vorhanden war, denn ich bin sicher, an mir war nichts, was mich von anderen Kindern unterschied, bewunderte er mich – vermutlich weil ihm die Erscheinung eines kleinen Knäbleins, mitten im kalten Winter, ein Wunder bedeutet hatte. Durch diese behutsame und unermüdliche Brüderlichkeit erwuchs mir eine Fülle von Vertrauen, Anregung und Erfahrung. Nie wurde es ihm zu viel, die Phantasiespiele des um so viel Jüngeren zu teilen oder zu bereichern, nie schämte er sich, wie andere Buben, der Gesellschaft und der Begleitung des Kleinen.

Ich glaube, von ihm ging die erste Anregung zur ›Kartoffelkomödie‹ aus, mit der wir jahrelang uns und ein paar Freunde besser unterhielten als mit den präfabrizierten Puppen- oder Kaspertheatern. Denn sie war, von der Bühne bis zu den Stücken und den Darstellern, selbstgemacht.

Im Keller unseres Elternhauses lagen im Winter stets größere Haufen verschiedener Erdäpfelsorten – in Hessen sagte man ›Grumbiern‹, also Grundbirnen. Aus denen wurden die Schauspieler ausgesucht, der Begabungsnachweis war die Form, die sie für eine bestimmte Art von Kopf geeignet machten. Mit allerhand zusammengeklaubtem Zeug, Stoffetzen aus der Nähstube, Putzwerg, Wattebäuschen, Glassplittern von zerbrochenen Bierflaschen, kleinen Kieselsteinen und Kohlestückchen, Karotten, die sich besonders gut für Nasen eigneten, Stanniol oder Glanzpapier, wurden sie zu Typen, Charakteren, Personen ›ummontiert‹, um dann über dem Rand einer leeren Kiste zu agieren. Es gab Kartoffelkönige, Kartoffelhelden, Kartoffelprinzen und -prinzessinnen, Kartoffelschurken und -narren, und natürlich auch den Kartoffeltod. Die Handlung wurde häufig dem Kölner Hännesje entlehnt, dessen Vorführungen man auf dem Meßplatz sah, oft waren es auch bekannte Märchenstoffe oder erfundene Geschichten, für unsere besonderen Zwecke ›umfunktioniert‹. Ich benutze hier Ausdrücke aus dem Vokabular Bertolt Brechts, denn es war sicher ›episches Theater‹, was da gespielt wurde, und es hatte elisabethanische Ausmaße. Es wurde viel gestorben oder erschlagen, Tod und Teufel holten ihre Opfer, und es wurde ebensoviel gelacht. Ludwig Berger, ein Altersgenosse meines Bruders, der später in Berlin mein erstes Stück inszenierte, war manchmal bei den Aufführungen der ›Kartoffelkomödie‹ dabei und erzählt, es sei immer ein bißchen unheimlich gewesen.

Mein Bruder hatte das nicht unproblematische Schicksal, ein Musterschüler zu sein, allzeit der Beste in seiner Klasse – der Lernstoff flog ihm zu, und er war von Natur aus strebsam und fleißig, so daß er mir oft als mahnendes Beispiel vorgehalten wurde. Das hat uns aber nie entzweit, ich ärgerte mich nicht einmal darüber, sondern quittierte solche Hinweise mit einer lächelnden Indifferenz, die meine Erzieher zur Weißglut brachte. Was den Bruder für mich weit über die Gestalt des Musterknaben hinaushob, war sein ungewöhnliches Musiktalent. Schon im Volksschulalter hatte er die Klavierkenntnisse des Dorforganisten, der ihn unterrichtete, überflügelt, und bald konnte ihm auch die brave Musiklehrerin in Mainz nicht mehr viel vorspielen: denn statt der Bravourstücke von Chopin oder Schumanns

›Aufschwung‹, womit das alte Fräulein gern brillierte, hatte er für sich das ›Wohltemperierte Klavier‹ entdeckt und Bach als Gipfel und Leitgestirn – was um die Jahrhundertwende keineswegs selbstverständlich war. »Er bachelt wieder«, sagten meine Eltern, wenn man stundenlang aus dem Musikzimmer nichts anderes hörte oder wenn er sich bereits mit der Komposition von Fugen und Kantaten beschäftigte. Ich aber habe meine ersten Schreibversuche unterm Klang dieses strengen und systematischen Klavierübens vollbracht (und mein Bruder war der erste Mensch, der sie ernstnahm). Kein anderes ›Nebengeräusch‹ hatte für mich je eine so anregende, ruhevolle und zugleich phantasiebelebende Wirkung, und ich wünsche mir heute noch, es würde jemand in meinem Haus Klavier üben, gut natürlich, und womöglich immer wieder dasselbe Stück, während ich arbeite.

Ich sollte zunächst auch Klavier lernen – daß man ein Instrument spielte, war bei uns selbstverständlich. Aber ich wollte nicht, denn es lag auf der Hand, daß ich darin meinen Bruder nie einholen oder ihm auch nur nahkommen konnte, und die Klavierlehrerin hatte ein System, das mir nicht behagte. »Carlchen, der rechte Knöchel!« sagte sie immer und klopfte mir dabei mit einem Bleistift darauf. So hatte ich mir das Cello auserkoren und begann mit einem Instrument in Viertelgröße, unter der Anleitung des alten Mainzer Solo-Cellisten Richard Vollrath – eines der gütigsten, kindlichsten und weisesten Menschen, die mir jemals begegnet sind. Im Anfang war ich auch hier ein etwas fahriger und aufsässiger Schüler. Für meinen Lehrer war Musik, und vor allem das Cellospielen, eine ernste Disziplin. Es galt zu üben und zu lernen, nicht in Tönen zu schwelgen. Das aber wollte ich, noch bevor ich sie beherrschte. Es war mir langweilig, immer wieder die Etüden von Grützmacher und Hugo Becker zu wiederholen. Ich wollte ›Stücke spielen‹, ich wollte das Instrument zum Gegenstand meiner Emotion machen, nach dem Gehör phantasieren, sobald ich nur den Bogen führen und etwas Fingersatz konnte – vor allem wollte ich, wie ich es von den Konzertmusikern hörte, gleich bei ganzen oder halben Noten mit dem Finger tremolieren, um meiner Empfindung Ausdruck zu geben. Aber der alte Vollrath, mit seinen buschigen weißen Augenbrauen und seinen lichtblauen Augen, sagte mir in seinem eigentümlichen Tonfall (er stammte aus Thüringen): »Gefühl darfste erst habn, wennde was kannst.«

Ich weiß keinen besseren Leitsatz, für jede Art von Kunst-übung – und ich wollte, ich hätte mich in meiner Arbeit immer danach gerichtet!

In unserer Familie hatte es nie einen Künstler gegeben, auch keinen Schriftsteller oder Gelehrten. Nur Männer des prakti-schen Lebens. Müller, Weinbauern, Juristen, Geschäftsleute, Chemiker, Fabrikanten. Meines Wissens noch nicht einmal einen Pfarrer oder Lehrer. Was in meinen Bruder und mich hin-eingefahren war, weiß der Teufel. Aber ich weiß es auch. Oder ich glaube es zu wissen. Es muß die Verbindung dieses einzig-artigen Elternpaars gewesen sein, das – eine sechzigjahrige Ehe hindurch – niemals in seiner gegenseitigen Liebe erlahmte oder gleichgültig wurde, auch nicht in den Zeiten der unvermeid-lichen Konflikte. Liebe ist die höchste Seelenkraft, auch die stärkste Gestaltungsmacht, in unserer Welt. Ich bin überzeugt, daß die außergewöhnliche Liebesfähigkeit unserer Eltern uns beide zu dem Versuch des Außergewöhnlichen aufgerufen hat.

Für die Eltern war Kunst, auch Literatur und Musik, immer etwas, wofür man sich interessierte, vielleicht begeisterte – aber sie wären nie auf die Idee gekommen, daß jemand ihresgleichen, also auch ihre Kinder, die Vermessenheit besitzen könnte, sie selbst hervorbringen oder ausüben zu wollen. Bei der Mutter war die Daseinslust, die Mitmenschlichkeit, auch der Humor stärker entwickelt – der Vater war tiefer veranlagt, eher grüble-risch und verträumt, wogegen er sich durch seriöse Disziplin, auch im geistigen Bereich, eine Grenze setzte. Beide waren mu-sikalisch. Doch mehr als Hausmusik, wie sie in gepflegten bür-gerlichen Familien dieser Zeit alltäglich war, hätten sie für sich selbst und ihre Nachkommenschaft sich niemals vorgestellt.

Meine Mutter spielte ganz gut Klavier, es genügte zum Ab-spielen vom Blatt; sie hatte eine Freundin, mit der sie vierhändig die klassischen Symphonien durchnahm, bevor man sie in den Mainzer Konzerten hörte, um sich genau damit vertraut zu machen. Mein Vater liebte es, mit seiner unverbildeten tenoralen Naturstimme abends zu ihrer Begleitung Lieder zu singen, am liebsten solche, in denen vom Scheiden und Abschiednehmen die Rede war – »Nun Ade Du mein schönes Sorrent!« – oder »Lebe wohl mein flandrisch Mädchen« – dann die bekannten Balladen von Loewe, ›Tom der Reimer‹ oder den ›Prinz Eugen‹ – doch es wurden auch die Liedersammlungen von Schubert und Schumann vorgenommen, und ich hörte tief ergriffen zu, wenn die zwei Grenadiere nach Frankreich zogen. Was ich aber an grundlegenden musikalischen Kenntnissen besitze, verdanke ich nur meinem Bruder. Es waren vor allem die Sonntagnachmittage, manchmal auch frühe Winterabende, an denen er mir einen großen Teil der Opernliteratur aus den Klavierauszügen vorspielte, ich durfte dabei die Notenblätter umdrehen und manchmal versuchen, die eine oder andere Stimme mitzusingen. Mit seinem Heranwachsen zogen sich gute und begabte, ältere und jüngere Instrumentalisten ins Haus, es wurde Kammermusik gemacht, und als ich auf dem Cello passabel wurde, durfte ich manchmal mitspielen: es begann mit dem schönen, fürs Violoncello leichten, G-dur-Trio von Haydn, und ging über Mozart bis zu Brahms. Auch hatten wir ein ganz nettes Schul-Orchester, und einer meiner jüngeren Mitschüler war ein musikalisches Wunderkind auf der Geige – später wurde er Primgeiger unter Furtwängler, Leiter der Meisterklasse für Violine an der Berliner Akademie, und hatte lange Zeit sein eigenes, hochqualifiziertes Streichquartett: Max Strub. Mit ihm spielte ich, als wir noch kurze Hosen trugen und mit nackten Waden daherliefen, die ›Kleine Nachtmusik‹ im Schulorchester – er war zehn, ich zwölf Jahre alt. Aber dieser Strub, von uns das ›Strubhesje‹ genannt, der so schön schielte, daß man immer glaubte, er lese die Noten vom Pult seines Nachbarn ab, wuchs bald aus dem Schülerhaften heraus, und wenn er bei uns zu Hause mit meinem Bruder und dem alten Vollrath das Doppelkonzert von Brahms spielte, so war das schon fast konzertreif.

Brahms war für die musikliebenden Mainzer eine Art Brükkenheiliger. Die beiden Mainzer Generalmusikdirektoren, erst Fritz, der ältere, dann Emil Steinbach, der jüngere Bruder, hatten zu seinem persönlichen Freundeskreis gehört, und bei der schönen und genialen Mutter unseres Freundes Ludwig Berger kehrte manchmal der große Geiger Joseph Joachim ein, dem Brahms einige seiner Werke gewidmet hat, um mit ihr zu musizieren. Sie selbst war die Lieblingsschülerin von Clara Schumann gewesen und durfte als junges Mädchen dem verehrten Meister Brahms Tee servieren, wobei sie ihm vor lauter Aufregung eine Tasse auf den Rock schüttete.

Unter der Direktion von Fritz Steinbach erlebte ich in Wiesbaden das ›Zweite Deutsche Brahmsfest‹, in dem der größte Teil seines Werks zu Gehör gebracht wurde. Aber in unseren wöchentlichen Mainzer Symphoniekonzerten im Haus des Stadttheaters konnte man in dem Jahrzehnt vor dem Ersten Weltkrieg fast die gesamte klassische Musik hören, und die moderne war durch die Orchesterstücke von Richard Strauss, von denen ich den ›Eulenspiegel‹ besonders liebte, dann aber durch Gustav Mahler vertreten, von dessen eben erst entstandener Musik, die den Volkston mit neuer, kühner Instrumentation zu vereinen suchte, für uns eine ungeheuer erregende und inspirative Wirkung ausging.

So war der Strom der Musik, der meine Kindheit und Jugend wunderbar durchrauschte, von breiter und vielfältiger Gestalt. Ein Höhepunkt für mich persönlich war, des Instrumentes wegen, das Erscheinen des damals noch wenig bekannten spanischen Cellisten Pablo Casals, der in einem Zyklus sämtliche Solosuiten für Violoncello von Bach spielte. Jetzt, dachte ich mir, ist alles entschieden. Ich werde nur noch Cello spielen und Musiker werden. Aber schon beim nächsten Üben wurde mir klar, daß ich niemals die Geduld und den Fleiß dazu aufbringen würde. Diese Eigenschaften habe ich nie besessen oder aber, soweit es nicht ohne das geht, sie spät und auf harte Weise gelernt.

Den größten Eindruck meines Lebens jedoch glaube ich von Choralmusik empfangen zu haben, schon durch den Mainzer

Domchor, der bei hohen Kirchenfesten gregorianische Liturgien oder Palestrinamessen sang, vor allem aber durch die Konzertaufführungen der ›Mainzer Liedertafel‹, einer privaten Musikvereinigung, deren Tradition die Aufführung der großen Oratorien war, von Händel bis Haydn bis zur h-moll-Messe und den Passionen von Bach. Diese erschienen mir immer als der Inbegriff einer höchsten – mir unerreichbaren – künstlerischen Form. Aus der strengen, klaren, schlichten Bemessenheit dieser Form aber wächst die Gewalt der inneren Erschütterung. Leben und Kunst ohne Erschütterung ist Existenz ohne Gnade. Wer das Gefühl, zugunsten des reinen Intellekts, ausschalten oder rationalisieren will, hat keinen Verstand.

Unbeschreiblich waren die Heimwege nach solchen Konzerten, durch die stille nächtliche Stadt. Ich konnte nicht sprechen, weder mit den Eltern noch mit sonst einem Menschen. Oft lief ich dann noch eine Stunde in die Nacht hinaus: da stand ich am Rhein oder auf einer seiner Brücken und schaute ins schwarze Wasser, dessen Ziehen und Strömen mir die gehörte Musik in einer seltsamen Verwandlung wiederzugeben schien. In solchen Momenten wollte der Blick auf den Rhein fast sein Geheimnis preisgeben. Doch nach der anderen Seite hin verglitt er ins Uferlose. Alle ungelösten Fragen verloren sich darin. Es gab keine Antwort. Was blieb, war Musik.

Plötzlich, wie von einem harten Trommelschlag, wurde sie vom Ausbruch des Kriegs übertönt. Jetzt gab es kein Fragen mehr. Der Traum und die Jugend waren zu Ende. Das Schicksal hatte gesprochen – und wir begrüßten es mit einem unbändigen Jubel, als befreie es uns von Zweifel und Entscheidung. Wir sangen die ›Wacht am Rhein‹, als wir – ein langer Zug voll junger Freiwilliger – an einem hellen Morgen über die alte Mainzer Brücke fuhren, um als Ersatz an die Front zu gehen.

Wir schwiegen, als wir – nur wenige Überlebende von damals – vier Jahre später an einem nebligen Novembertag zurückkehrten. Aber wir blickten voll Hoffnung auf das gleichmütige Strömen des Rheins, an dessen Ufern uns die Heimat, vom Krieg verfinstert, aber kaum verletzt, erwartete.

Wie gut, daß das Leben uns immer nur mit seiner Gegenwart überrascht und trifft, und daß es uns keinen Blick in die Zukunft gestattet. Denn keine dreißig Jahre später, wieder nach einem unglückseligen Krieg und nach einer langen, harten Verbannung, fuhr ich langsam auf einer Notbrücke in die zerstörte Stadt zurück, und von der Brücke meiner Kindheit ragten nur noch zersprengte Reste aus dem Strom. Ich ging durch die Trümmer, in denen ich meinen Schulweg nicht mehr finden konnte, ich stand vor der Asche meines Vaterhauses. Bald aber geschah es, daß ich die Eltern, die Bomben und Brand in hohem Alter überlebt hatten, wiedersah. Da wußte ich: auch wenn ihre Eisenpfeiler zerborsten und wie welke Kohlstrünke in den Fluß gesunken sind – die alte Kindheitsbrücke ist nicht vergangen. Immer noch führt mich eine Vaterhand, sanft und fest, über den unergründlichen Strom.

1914–1918   Als wär's ein Stück von mir

Einen Kriegsausbruch wie den von 1914 wird es in der Weltgeschichte nicht mehr geben. Wenigstens nicht im Umkreis der uns bekannten abendländischen Welt. Was in afrikanischen oder asiatischen Völkern an irrationalen Frequenzen, an unverbrauchter Potenz zu kollektivem Rausch und Enthusiasmus vorhanden ist, liegt außerhalb unserer Vorstellung und mag sich auf andere Weise entladen. Die alten Völker Europas, auch ihre Nachkommen in der ›Neuen Welt‹, sind heute, im sinkenden Zyklus des zwanzigsten Jahrhunderts, ernüchtert – womit nicht gesagt ist, daß sie einsichtiger oder klüger geworden seien. Das ließe sich auch nur von Einzelpersonen, nicht von Gruppen oder Volksverbänden behaupten. Aber die Völker insgesamt haben das Gruseln gelernt. Sogar die später Geborenen, die selbst keine Katastrophenjahre mehr mitgemacht haben, tragen eine Art von Erinnerung, ein Vorgeburts-Trauma in sich, das sie eher zu Skepsis und Rationalität als zu naiver Begeisterung anhält: das Unterbewußtsein ist politisiert. Das unsere war romantisch-emotional und apolitisch. Schon der Zweite Weltkrieg wurde in keinem der beteiligten Länder mit dieser naiven Begeisterung begrüßt. Der erste in allen.

Ein solches Ereignis, auf eine unvorbereitete Welt hereinbrechend, auf Menschen, die keiner Propaganda ausgesetzt, keiner hochgepeitschten Hysterie erlegen waren, läßt sich nicht wie ein Gewitter oder ein Schneesturm beschreiben. Was wir vom Kriegsbeginn im Jahr 1870 gehört und gelesen hatten, gab uns keinerlei Vorstellung von seiner Wirklichkeit. Es waren leere Worte und erstarrte Bilder: »Das Volk jubelte auf den Straßen« (wie und warum jubelt ein Volk?) – »Überall wurden die Fahnen gehißt und patriotische Lieder gesungen« – »Man drängte sich zu den Waffen« – »Die Frauen versammelten sich, um für die Lazarette Scharpie zu zupfen« – das alles blieb im Bereich der

Phrase, farblos, unreal, auch was man bei den Reden am Sedanstag, sogar von alten Veteranen, erfuhr. Kein Mensch konnte sich ausdenken, wie so etwas wäre, wenn es im Augenblick wieder geschehen würde, zumal keine Neigung dazu vorhanden schien. Da war die Legende von den Freiheitskriegen, von der Bildung geheimer Freikorps, von Lützows wilder verwegener Jagd und den Schillschen Offizieren uns, den balladesk eingestimmten Jüngern des ›Wandervogel‹, fast näher und verständlicher. Aber auch die gipfelte in dem Satz: »Das Volk steht auf, der Sturm bricht los«, der so abstrakt war wie die Parasangen und Stadmen in Xenophons Zug der Zehntausend.

Was im Jahre 1914 wirklich geschah, und wie das vor sich ging, läßt sich nur aus dem Erlebnis eines einzelnen rekonstruieren, und das meine mag besonders exemplarisch sein, weil wir – meine Eltern, mein Bruder und ich – die letzten Friedenswochen nicht in Deutschland verbrachten, sondern in dem von den Ereignissen unbetroffenen, höchstens indirekt berührten Holland. So sind wir in die Kriegserregung nicht, wie das im Inland der Fall war, allmählich hineingewachsen, sondern wir haben sie buchstäblich über Nacht, als eine plötzliche Eruption erfahren, der eines seit langer Zeit kalten Vulkans vergleichbar, den man für tot und erloschen gehalten hatte.

Als am 28. Juni 1914 das österreichische Thronfolgerpaar in Sarajewo ermordet wurde, hatte ich andere Sorgen. Das Ereignis berührte und betraf mich nicht mehr als irgendeine irgendwo in der Welt verübte Mordtat oder eines der Bombenattentate, wie sie von Rußland bekannt waren. Es war auch keineswegs ein allgemeiner Gesprächsstoff. Man faßte das mehr als einen bedauerlichen Unglücksfall auf, eine Panne der für uns ohnehin schwer begreiflichen Donaumonarchie mit ihren vielen Völkern. Die Balkankriege in den Jahren 1912 und 1913, in denen zuerst die Bulgaren mit den Serben, Montenegrinern und Griechen über die Türken hergefallen waren, dann die Rumänen, Griechen, Türken über die Bulgaren, hatten für uns noch, wie für die Bürger im ›Faust‹, hinten weit in der Türkei stattgefunden. Man las mit Schauder und Ekel von dem blutigen Gemetzel, das diese Völker untereinander anrichteten, wie man heute von der gegenseitigen Abschlachtung im Kongo, im Sudan, in Nigeria liest. Auch hatte Österreich nur wenige Jahre vorher, 1908, einen kleinen Annexionsfeldzug gegen Bosnien und die Herzegowina auf eigne Faust unternommen, ohne daß das die internationalen Beziehungen gestört oder den deutschen Bundesgenossen hineingezogen hätte. So erwartete sich kaum jemand von dem Vorfall in Sarajewo und von dem Konflikt Österreich-Ungarns mit den Slawen die Auslösung einer Weltkrise.

Für mich war dieser Zeitpunkt krisenhaft in höchster Potenz, aber aus ganz verschiedenen Gründen. Kurz vor Beginn der Sommerferien, die von der ersten Juli- bis zur zweiten Augustwoche dauerten, sollte ich als Oberprimaner, ein halbes Jahr vorm Abitur, aus der Schule ausgeschlossen werden, weil ich durch wiederholte Aufsässigkeit meinen Klassenlehrer mitten im Unterricht in einen Ohnmachtsanfall getrieben hatte. Daß dieser Klassenlehrer ein kranker und äußerst nervöser Mann war und solchen Anfällen öfters unterworfen, rettete mir zwar, durch seine eigene Fürsprache, im letzten Moment den Kragen, konnte aber für mich selbst nicht als mildernder Umstand gelten, zumal ich ihn, einen Gelehrten von Rang, persönlich respektierte und liebte. Ich kam mir vor wie ein Mörder, schlimmer als der von Sarajewo, der ja noch den Grund einer Überzeugung für sich hatte. Bei mir war es reiner Übermut, frivole Leichtfertigkeit gewesen, eine Rebellion um des Rebellierens willen. Man hatte mich nach dem Vorfall, der das ganze Schulhaus in Erregung versetzte, durch den Pedell nach Hause abführen und meinen Eltern ein Schreiben übergeben lassen, in dem das ›consilium abeundi‹ – der Rat, freiwillig aus dem Gymnasium auszuscheiden – enthalten war. Die Tage, bis durch eine Konferenz des gesamten Lehrkörpers meine vorläufige Relegation auf Bewährung zurückgenommen und in eine mehrstündige Karzerstrafe umgewandelt wurde, waren katastrophenschwül. Mein Vater war fest entschlossen, falls ich wirklich hinausgeschmissen würde, mich nicht in einer anderen Anstalt das

Maturum nachholen zu lassen, sondern mich in eine technische Lehre zu stecken, als Vorbereitung zum Eintritt in die Kapselfabrik. Von seinem Standpunkt aus war das durchaus verständlich, denn wer im Gymnasium nicht gut tut, ließ Schlimmeres für die folgenden Studienjahre befürchten. Für mich hätte der Ausschluß von Universität und freiem Bildungsgang, vor allem aber die technische Lehre und die drohende Fabrik, ein Verdammungsurteil, eine Art von ›Lebenslänglich‹ bedeutet, und ich war meinerseits fest entschlossen, in diesem Fall von zu Hause durchzubrennen und notfalls in die französische Fremdenlegion zu gehen. Denn es kam, zu der Schulkatastrophe, noch eine zweite, tiefergreifende hinzu.

Das war die erste Liebe. Und, wie ich glaubte, die große Liebe. Die einzige. Die immerwährende. Die gegenseitige Empfindung, die durch nichts mehr in der Welt ersetzbar oder zu verändern sei. Sie hatte, im vorausgegangenen Winter, mich und meine Partnerin, eine blonde, blauäugige, berückend hübsche, kluge und gebildete Annemarie, in der ›Tanzstunde‹ überwältigt. Zuerst lebten wir sie in gemeinsamen geistigen Interessen aus, was uns viel tiefer verband, als es eine rein erotische Neigung vermocht hätte. Sie war die Tochter einer reichen Mainzer Familie, die auch im kulturellen Leben der Stadt eine Rolle spielte. Sie wollte Kunstgeschichte studieren und verstand bereits einiges davon, was sie für mich von all den biederen, oberflächlichen Bürgertöchtern, zukünftigen Gebärmüttern und Hausfrauen, abhob – ich war für sie der ›junge Dichter‹. Obwohl wir uns täglich sahen, tauschten wir täglich unmäßig lange, in der Nacht geschriebene Briefe aus, über alles, was uns bewegte, vor allem: die Zukunft, die wir uns nur gemeinsam vorstellen konnten. Dann kam der Kuß, die Umarmung, die Leidenschaft. Und schließlich wurden wir, unmittelbar vor meiner Schulkatastrophe, ertappt, als wir – statt mit unseren Fahrrädern zum Tennisplatz zu fahren – auf der damals noch einsamen ›Ingelheimer Au‹ uns wie Daphnis und Chloe dem Liebesspiel ergaben. Auch wenn es eine echte Kinderliebe war, so bedeutete das in dieser Zeit einen skandalösen Affront gegen

Zucht und Sitte. Die Eltern – nicht die meinen, sondern die des Mädchens – setzten unsrer Verbindung ein jähes Ende. Ihr Vater, ein Mann von großer Intelligenz und gediegenen Kenntnissen in orientalischer Kunst, nahm das Ganze als eine jugendliche Exaltation, vor deren möglichen Folgen man uns mit allen Mitteln bewahren müsse. Wir durften uns nicht mehr sehen, nicht mehr schreiben, sie stand unter strengster Bewachung, und ich fühlte mich um das Beste und Edelste in meinem Leben betrogen. Tragischer Weltschmerz und Verbitterung gegen die ›Gesellschaft‹ erfüllten mich, als wir die sommerliche Reise antraten.

Obwohl nun schon der Notenaustausch zwischen Österreich, Serbien, Rußland, Frankreich, Deutschland hin und her ging, sahen meine Eltern, wie die meisten anderen Leute, keinen Grund, daheim zu bleiben oder über die Weltlage besorgt zu sein. Wilhelm der Zweite, so hieß es, werde zwischen den Österreichern und »seinem lieben Niki«, wie er den ihm verwandten Zaren Nikolaus von Rußland angeblich zu nennen pflegte, vermitteln – was er und seine Minister wohl auch zunächst versuchten – und es nicht zum Krieg kommen lassen. Er sei und bleibe ›Friedenskaiser‹. Unser stehendes Heer war so ein schönes, adrettes Friedensspielzeug, für Paraden, Regatten, Geburtstagsfeiern und das gesellschaftliche Leben. Die alldeutsche Kriegspartei war klein und unpopulär. Man fühlte sich gesichert in einer Welt des Fortschritts, der Zivilisation, der Humanität. Man spürte kein Rieseln im Gemäuer, hörte kein Knistern im Gebälk. Man sah kein Wetterleuchten.

So gab man sich, während der ersten zwei Wochen, unbekümmert der guten Ferienlaune hin, in dem schönen Badeort Domburg auf der Insel Walcheren, wo der buschige Wald bis fast zu den Nordseedünen wächst.

Indessen wuchs die Kriegsgefahr in der Welt, die wir vom friedlichen Holland her nur durch einen leichten, flimmernden Sommernebel gesehen hatten, und plötzlich riß dieser Dunst auseinander und enthüllte ein drohendes, blutig-finsteres Geleucht. Die täglichen Zeitungsmeldungen registrierten die rapide Ausdehnung des Konflikts, die Nachrichten überschlugen sich. Schon wurden wilde Kundgebungen von Wien, von Berlin, von Paris und Petersburg gemeldet, wo offenbar die panslawistische Kriegspartei das Heft in der Hand hielt, schon las man von ernster Spannung zwischen Deutschland und England, in der holländischen Presse dem »geheimen deutschen Kriegsrat«, in der deutschen der »englischen Eifersucht und Einkreisungspolitik« in die Schuhe geschoben. Schon gab es unkontrollierbare Gerüchte von ersten Grenzgefechten, von Einfällen und Angriffen auf fremdes Gebiet, die dann wieder dementiert wurden, und die ruhigen Holländer schauten uns merkwürdig an: wie Leute, die man jetzt lieber nicht sehen möchte. Wir selber wollten es einfach noch nicht glauben. »Ein Krieg in unserer Zeit«, sagte mein Vater, »ist ein Wahnsinn, ein Atavismus. Das würde ja die ganze Welt ins Verderben stürzen. Dazu entschließt sich keiner. Bis wir nach Hause kommen, ist alles wieder vorbei.« Aber in Wahrheit spürten wir jetzt doch das kommende Unheil.

Ich erinnere mich mit voller Deutlichkeit an einen Abendspaziergang mit meinem Bruder auf den distel- und stichgrasbewachsenen Dünen. Wir schauten lange in einen rostigen Sonnenuntergang, dem rasches Schattengrau folgte, und sahen ein Schiff, wohl einen Fischkutter, mit rotbraunen Segeln und einem teergeschwärzten Mast lautlos und in gespenstischer Langsamkeit meerwärts gleiten. In diesem Augenblick wußten wir beide – es war in den späten Julitagen und noch nichts wirklich entschieden –, daß der Krieg kommen werde, daß der Friede verloren sei und unsere Jugend zu Ende. Wir faßten uns an den Händen und fanden im Bewußtsein dieser Unentrinnbarkeit die Sprache nicht, jeder wohl in aufsteigender Furcht um das Leben des anderen. Nichts spürten wir von irgendwelcher Ergriffenheit oder vaterländischer Empfindung, nichts als Grauen und Abscheu vor dem Unbegreiflichen, dem sinnlos Motorischen dieses Abgleitens der vernünftigen Welt ins Wahnwitzige.

In dieser Nacht schrieb ich einen Zyklus von Gedichten, die ich später verloren habe. Es gehört zu den Merkwürdigkeiten meines Lebens – und vermutlich geschehen solche in jedem Leben, nur von den meisten kaum beachtet –, daß ich jetzt vor einem knappen Jahr, aus dem Nachlaß einer verstorbenen Freundin, mit der ich vierzig Jahre keinen Kontakt mehr hatte, diese Verse in meiner damaligen Handschrift zurückerhielt, zusammen mit einigen Briefen und Gedichten von mir, die sie aufbewahrt hatte.

Ich setze das erste und das letzte dieser Gedichte hierher, weil sie mehr als jede Schilderung Aufschluß geben über den Seelenzustand eines jungen Menschen, der *noch nicht* von der nationalen Erregung überwältigt war.

Erst –

Erst hingen sie
Wie dunkler Tang den das Meer ausspie
Stumpf durch die Straßen und Plätze hin
Und jedes Einzlen angstgequälter Sinn
War voll von Flehen: Herr, wend es ab!
Herr, laß es nicht geschehen,
Stoß mich nicht ins Grab!
Und spürt zugleich: ein ungeheures Wehen
Von Wetterstürmen, in die Zeit hinein,
Und hört: Musik! Ein ferner schwellend Schrein –
Und plötzlich schrie
Ein Weib – ein Mann –
Und bald warn's tausend
Die fast bewußtlos schrien
Und sangen, Stimmen brausend
Zum harten Firmament, wie ein Choral
Aus eines Scheiterhaufens Todesqual
Der keiner kann entfliehn – –
Das war, so hieß es dann,
Begeisterung. Wir wollen Krieg, und Sieg!
Die Waffen sind geladen!
Und glühend stieg

Von ihren Mündern jetzt ein Schwaden
Zum tauben Himmel an.

Einmal

Einmal, wenn alles vorüber ist,
Werden Mütter weinen und Bräute klagen,
Und man wird unterm Bild des Herrn Jesus Christ
Wieder die frommen Kreuze schlagen.
Und man wird sagen: es ist doch vorbei!
Laßt die Toten ihre Toten beklagen!
Uns aber, uns brach es das Herz entzwei
Und wir müssen unser Lebtag die Scherben tragen.

Ich packte diese Gedichte in ein Kuvert und schickte es, expreß, an die Redaktion der ›Frankfurter Zeitung‹.

Am 28. Juli erklärte Österreich den Krieg an Serbien und begann gegen Belgrad vorzurücken. Man las in den Blättern von einer Teilmobilmachung Rußlands gegen Österreich. Mein Vater führte in den nächsten zwei Tagen einige Ferngespräche, ich nehme an, mit Freunden zu Hause und mit dem deutschen Konsulat. Am 30. Juli kam er sehr ernst aus der Telefonzelle. »Wir müssen packen. In Deutschland ist der Zustand erhöhter Kriegsgefahr erklärt, alle deutschen Untertanen im Ausland werden aufgefordert, sofort zurückzukommen.« Am 31. reisten wir ab.

Die Frau des Hotelbesitzers fragte mich besorgt, ob ich mit meinen siebzehn womöglich auch schon in den schrecklichen Orlog müsse. »Nie!« sagte ich. »Nie gehe ich in einen Krieg, um auf andere Menschen zu schießen. Da laß ich mich lieber einsperren.«

Es war der letzte Zug, Vlissingen-Rheinland-Basel, der noch die Grenze passierte, bevor sie geschlossen wurde. In Vlissingen, wo er am Abend abging, stiegen Deutsche ein, die mit dem Anschlußboot von England gekommen waren. Sie erzählten, daß man in London auf der Straße oder im Restaurant nicht mehr deutsch sprechen könne, ohne beschimpft oder angerempelt zu werden. Sie machten, wie wohl auch wir, einen verstörten, bedrückten, ratlosen Eindruck. So war es noch auf der Grenzstation, spät in der Nacht. Aber wir hatten die Grenze noch nicht lang überschritten, da wurde es auf eine unfaßliche Weise anders. Schon die deutschen Zöllner, sonst unbeteiligte, gleichgültige Beamte, hatten uns Heimkehrende mit einer fast freudigen Herzlichkeit begrüßt, als seien wir persönliche Verwandte, die sie lang nicht gesehen hatten. »Es geht los«, sagte der eine oder andere, »morgen muß ich einrücken.« Das hatte etwas von einem heiteren Stolz, einer frohen Zuversicht, als ginge es zu einem Schützenfest oder einer Hochzeitsfeier. Die nächste Station war bereits von militärischen Gestalten belebt, der Zug füllte sich mit Urlaubern und Reservisten, die hastig noch einmal nach Hause oder zu ihrer Truppe eilten. Fast alle hatten lachende, ja strahlende Gesichter, man sah keinen, der betrübt, nachdenklich, unsicher wirkte. »Wir haben es nicht gewollt«, sagten viele, »aber jetzt heißt es die Heimat schützen«, oder: »Hoffentlich wird mein Regiment gegen Rußland eingesetzt, dort ist die Gefahr am größten« – »Die Kosaken sollen schon in Ostpreußen sein« – »Wir sind Ulanen! Wir werden sie schon wieder wegjagen!« – Man drückte ihnen die Hand wie alten Freunden, mein Vater bot ihnen holländische Zigarren an. (Das Schmuggeln hatte er auch in dieser Situation nicht lassen können.)

In Köln, gegen Morgen, kam der Ernst hinzu. Der große Bahnhof hallte und dröhnte, wie man es noch nie gehört hatte: von Marschtritten, Fahrgeräuschen, Liedern, die irgendwo im Chor gesungen wurden, Geschrei, dem Rasseln einer Geschützverladung, Pferdewiehern, Hufknallen auf der harten Rampe: ein Regiment oder mehrere rückten ab. In unser Abteil stiegen einige Offiziere, in der neuen feldgrauen Uniform, mit blankem Lederzeug und Reitgamaschen. Ein Rittmeister wurde von seiner jungen Frau bis ins Kupee begleitet, sie standen eng aneinandergelehnt mit verflochtenen Fingern und schauten sich ins

Gesicht, wortlos, bis das Signal zur Abfahrt ertönte, dann riß sie sich los, lief hinaus. »Grüß die Kinder!« rief er ihr noch nach, aber sie drängte sich schon durch die Menge davon, offenbar weinend. Der Offizier steckte sich eine Zigarette an, lächelte verlegen. »Na ja«, sagte ein anderer, »wenn man verheiratet ist...«

Wir hatten uns auf dem Bahnsteig Extrablätter ergattert: noch war die Mobilmachung nicht offiziell, noch war kein Krieg erklärt, was da vor sich ging, waren strategische Truppenverschiebungen, aber niemand dachte mehr an Frieden. Der Morgen dämmerte, bleiweiß und neblig, überm Rhein, der Zug fuhr langsam, an den Bahndämmen und Brücken patrouillierte Landwehrbewachung in Zivil, mit Binden um den Arm, die Gewehre über die Schulter gehängt. Die heiteren Landser von der Nacht waren irgendwo ausgestiegen, die Offiziere saßen ruhig, schweigsam, gefaßt in unsrem Abteil. Ich hatte einem älteren Obersten meinen Platz angeboten und stand auf dem D-Zug-Gang, die Stirn an die Scheibe gedrückt. Was ich empfand, kann ich genau registrieren. Mit jedem Kilometer, den wir durch deutsches Land fuhren, ging etwas in mich ein – nicht wie eine Infektion, eher wie eine Strahlung, wie ein nie verspürter, prikkelnder Strom, als ob man, die Hände an die Kolben einer Maschine gelegt, elektrisiert würde... Es vertrieb das leise Würge- und Übelkeitsgefühl, von der ungewohnten Nachtfahrt ohne Frühstück und der Erregung, aus dem Hals und den Därmen, es bündelte sich im Kopf zu hellen, blitzhaften Funken, die allmählich, mit dem Steigen der Sonne, in Leib und Seele eine durchdringende Wärme erzeugten, eine trancehafte Lust, fast Wollust des Mit-Erlebens, Mit-Dabeiseins. Ich habe einen solchen Zustand von Überhellung und Euphorie später noch ein- oder zweimal im Feld, vor Angriffen, im Augenblick der Entscheidung erlebt, sonst nie mehr. Immer wieder schaute ich heimlich zu dem selbst noch jungen Offizier, der von seiner Frau Abschied genommen hatte, und sah mich an seiner Stelle (mit meiner verbotenen Annemarie), aber ich hätte auch sofort mit ihm tauschen mögen oder neben ihm sein, an seiner Seite gehn; das alles war kein Denken, sondern eine Kette von sprunghaften Assoziationen, aber es war entscheidend: sein Schicksal und das all der vielen, die jetzt vielleicht ihrem Tod entgegengingen, war auch das meine, das unsere, es gab keine Trennung und keinen Abstand mehr, es war auch nicht mehr schlimm oder furchtbar, da es ja *allen* geschah, und unter diesen allen war man einer, der an jedes anderen Stelle treten könnte. Das Wesen der Stellvertretung, auf der jede menschliche Gemeinschaft beruht, überkam uns damals, ohne Überlegen, mit einer fast religiösen Gewalt, und nahm etwas voraus, das man später mit einem vielgeschundenen, abgedroschenen, aber inhaltsschweren Wort »Kameradschaft« nannte.

Die Ankunft im sommerlich verschlossenen und eingemotteten Elternhaus, in dem die Polstermöbel mit weißem Stoff überzogen waren, denn die Dienstmädchen waren noch nicht von ihren Dörfern zurück, brachte mir außer dem erregenden Ausnahmezustand dieser Heimkehr eine besondere, unerwartete Überraschung. Im Briefkasten lag ein Schreiben der ›Frankfurter Zeitung‹ (ich hatte, im Vorgefühl, daß unsres Bleibens in Holland nicht mehr lange wäre, mein Heimatadresse angegeben), das mir die Annahme meiner »hochbegabten Verse«, deren Haltung ganz im Sinne der Redaktion sei, mitteilte: ein Ereignis, das ich seit meinem vierzehnten Jahr in kühnsten Träumen erhofft hatte. Ich hatte schon oft Gedichte oder Prosastücke an Zeitungen und Zeitschriften eingeschickt, die aber immer nur, wenn überhaupt, mit höflichem Bedauern zurückgekommen waren. Jetzt ließ mich das merkwürdig kalt, es enttäuschte mich eher, machte mich weder stolz noch froh. Ich konnte, nach weniger als vierundzwanzig Stunden, meine Gedichte nicht mehr verstehen, sie waren mir über Nacht fremd geworden, ich fand sie falsch, ahnungslos, beschämend, ich hatte den Wahrsinn verloren, der ihnen innewohnte. Außerdem war der vierzig Stunden alte Brief von einem Expreßschreiben eingeholt worden, in dem die Redaktion ihre Annahme, oder vielmehr die Zusage des Abdrucks, zurücknahm, da die Zeitereignisse darüber, auch über ihre, der Redaktion bisherige Auffassungen, hinweggebraust seien. Man habe jetzt der Idee eines künftigen Weltfriedens mit dem Säbel in der Faust zu dienen – was mich in diesem Augenblick auch restlos überzeugte.

Es war Samstag, der erste August. In unserer Gegend, der Mainzer Neustadt, war alles totenstill, kein Mensch und kein Fahrzeug auf der Straße, die Häuser wie ausgestorben. Aber von der Stadtmitte her hörte man, undeutlich und verworren, ein leises Brausen von vielen Stimmen, Gesang, Militärmusik. Ich lief in die Stadt. Je näher ich dem Schillerplatz kam, auf dem sich das Gouvernement der Garnison befand, desto dichter wurde das Gedränge: so ging es sonst nur zu, wenn an Fastnacht der Rosenmontagszug erwartet wurde. Aber die Stimmung war anders. Obwohl man Rufen, auch Schreien und Lachen hörte, war in dem ganzen Getriebe eine zielhafte Geschlossenheit, nichts von müßiger Neugier, so als hätte jeder dort, wo alle hinströmten, etwas Dringendes, Unaufschiebbares zu tun. Mitten durch all die Menschen marschierten kleine Kommandos der Gouvernements-Wache, die an den Straßenecken noch druckfeuchte Plakate anschlugen, darauf stand in großen, weithin lesbaren Buchstaben:

Seine Majestät der Kaiser und König hat die Mobilmachung von Heer und Flotte angeordnet. Erster Mobilmachungstag ist der zweite August.

gez. Wilhelm, I. R.

Sonst nichts. Wer damals dabei war, hat diesen Text nie vergessen. Da und dort traf ich Schulkameraden oder Freunde aus der Nachbarschaft, und auch das gehörte zu dem Unfaßlichen: wir sprachen kaum miteinander, wir berieten uns nicht, wir schauten uns nur an, nickten uns zu, lächelten: es war gar nichts zu besprechen. Es war selbstverständlich, es gab keine Frage, keinen Zweifel mehr: wir würden mitgehen, alle. Und es war – das kann ich bezeugen – keine innere Nötigung dabei, es war nicht so, daß man sich etwa vor den anderen geniert hätte, zurückzubleiben. Man kann vielleicht sagen, daß es eine Art von Hypnose war, eine Massenentscheidung, aber es gab keinen Druck dabei, keinen Gewissenszwang. Auch in mir, der ich am vorletzten Abend noch zu einer Holländerin gesagt hatte: »Nie werde ich in einen Krieg gehen!« war nicht mehr der leiseste Rest einer solchen Empfindung.

Der weite Schillerplatz vorm Gouvernement war schwarz von Menschen, man erwartete wohl eine offizielle Kundgebung, eine Ansprache des Gouverneurs oder dergleichen, aber es geschah nichts, die Militärmusik spielte die prächtigen alten Märsche, da und dort hörte man ein paar Stimmen »Hurra« rufen oder das Deutschlandlied singen, aber das verebbte gleich wieder, es ging ernst und würdig zu, fast feierlich, trotz der immer dichter gedrängten Menschenmenge. Extrablätter der lokalen Zeitungen wurden angeboten, in denen man las, daß Rußland entgegen seinem ausdrücklichen Versprechen seine gesamte Riesenarmee mobilisiert habe, daß die »russische Dampfwalze« mit ungeheurem Einsatz von Divisionen auf die deutsche Ostgrenze zustampfe, daß Frankreich ohne Warnung mobilgemacht habe und den deutschen Westen bedrohe. Wir sprachen nur noch davon, bei welchem Regiment man sich am besten melden sollte. Einer unserer Freunde, Sohn eines höheren Offiziers, informierte uns, daß mit den Kriegserklärungen am nächsten Tag zu rechnen sei und daß dann wohl überall Freiwillige angenommen würden. Am liebsten wären wir gleich alle zusammen in eine Kaserne gelaufen und gar nicht mehr heimgegangen. Wir hatten die Arme ineinandergehakt und bildeten eine Kette, um uns im Gedränge nicht zu verlieren – ich weiß noch heute den Namen jedes einzelnen, der da mit mir ging: Karl Gelius, Franz Klum, Leopold Wagner, Heinz Römheld, Geo Hamm, Richard Schuster, Ferdinand Pertzborn, Fritz Hahn –, ich sehe ihre siebzehnjährigen Gesichter, wie sie damals waren, jung und frisch, ich könnte sie nie anders sehen, denn sie sind nicht gealtert. Sie sind alle tot, kriegsgefallen, jeder der hier Genannten. Zum Abschluß spielte die Militärkapelle, in langsamem Takt, das Lied vom Guten Kameraden, und wir sangen mit, ohne noch die Bedeutung dieser Strophe zu ahnen: »Es hat ihn weggerissen – Er liegt zu meinen Füßen – Als wär's ein Stück von mir. «

Gegen Abend, noch vor Dunkelheit, rückten die 117er aus, das ›Leibregiment der Großherzogin‹, die populärste Infanterietruppe unserer Heimat, bei der viele bekannte Persönlichkeiten der Stadt gedient hatten und jetzt als mobile Reserve mitmarschierten. Man sah vertraute Gestalten, auch die Spitzen des ›Mainzer Rudervereins‹, die bei mancher internationalen Regatta den Sieg errungen hatten. Sie kamen an unsrem Haus vorbei, das nahe beim Bahnhof lag: die höheren Offiziere, Regiments- und Bataillonsstab, zu Pferd, die Führer der kleineren Einheiten, junge Leutnants, zu Fuß, zehn Schritte vor ihrer Mannschaft, so wie sie ihr dann im Kampf vorausgegangen und zum großen Teil gefallen sind. Sie waren in Feldgrau, noch ohne Stahlhelme, die erst im Verlauf des Kriegs eingeführt wurden – die berühmten ›Pickelhauben‹ mit grauem Stoff überzogen. Fast alle hatten Blumensträuße am Helm, am Tornister oder an den Gewehrläufen. Manche Gesichter waren von Sommerhitze und Wein gerötet, die meisten ruhig und gesammelt. Junge Mädchen, Bräute und Schwestern, liefen neben der Marschkolonne her und winkten den ihren zu, einige weinten. Auch unsere Köchin, die neben uns vor der Haustür stand, weinte – ihr Bruder war als Sergeant dabei, und als sie ihn neben seiner Gruppe hermarschieren sah, stürzte sie auf ihn zu und steckte ihm ein Päckchen in die Tasche. Er lächelte und grüßte uns mit seinem einfachen, derbknochigen Bauerngesicht. Ein junger Soldat warf seine Blumen im Vorüberziehn einer vor einer anderen Haustür stehenden Frau zu, die sie an ihr Herz preßte; wir wußten, daß es seine Mutter war. Er hielt die Hand noch erhoben, als er um die Straßenecke verschwand. Diese kleinen, unbedeutenden Einzelheiten waren es, die uns mehr ergriffen als der Anblick des Ganzen und sich dem Gedächtnis unauslöschlich einprägten. Es spielte keine Blechkapelle, die ersten Regimenter rückten still und ohne Musik aus, aber vom Bahnhof her hörten wir sie dann singen, wie mit einer Stimme.

Der Auszug der aktiven Armee, die sofort vor den Feind kam,

hatte nichts von Kriegstaumel, Massenhysterie, Barbarei oder was man sich sonst von den – bald in der Welt als »Hunnen« oder »Boches« gebrandmarkten – deutschen Soldaten vorstellte. Es war eine disziplinierte, besonnene, ernst entschlossene Truppe, von der sich viele wohl der Tragik des Geschehens bewußt waren. Es war eine Pracht und zugleich ein Jammer, sie anzuschauen – Ähnliches erzählte mir der spätere Pazifist und radikale Kriegsgegner Fritz von Unruh von seinem Ulanenregiment –, es war eine Pracht an gesunden Leibern und an unverbildeter Menschenart, es war eine hoffnungsvolle, leistungsstarke Generation, wirklich und wahrhaftig die Blüte der Nation, die da hinauszog, um zu sterben. Denn die wenigsten, die bei Kriegsbeginn dabei waren, sind zurückgekommen, und kurz darauf folgte der Nachwuchs. Deutschland hat sich nie ganz davon erholt. Als es soweit hätte sein können, wurden seine jungen Männer wieder in einen Krieg getrieben, von einer gewissenlosen Führung entfesselt und noch viel unglückseliger in seinem Ausgang. Damals, im Jahre 14, glaubte man noch an ein Aufblühen durch den Krieg. Doch es wurde ein Welken.

Auch meine Eltern waren von der Gewalt des Augenblicks mitgerissen, vom Anblick der ausziehenden Truppen erschüttert und aufgewühlt, so daß es für mich keiner großen Überredung bedurfte, um ihre Erlaubnis zur freiwilligen Meldung zu erhalten. Mein Bruder, damals vierundzwanzig Jahre alt, hatte sich früher, um sein Musikstudium nicht unterbrechen zu müssen, vom Dienst zurückstellen lassen und war der sogenannten ›Ersatzreserve‹ zugeteilt worden. Nun mußte er auf seinen Gestellungsbefehl warten. So war ich der erste, der loszog. Meine Mutter versuchte tapfer, ihre Angst zu überwinden, doch hatte sie die Hoffnung, daß der Krieg früher zu Ende sei als meine Ausbildung. Daran glaubten damals die meisten, und als der Kaiser bei einem Truppenaufmarsch in Berlin geäußert hatte: »Ehe die Blätter fallen, seid ihr wieder zu Hause!« nahm man sein Wort für Gewähr. Wir Jungen hatten nur eine Angst: es könne wirklich zu Ende sein, bevor wir dabeigewesen waren...
Am nächsten Morgen begann unser erster Sturm: auf die Kaser-

nen. Ich wollte zur Kavallerie, weil ich mir darunter das Kühnste und Nobelste vorstellte, aber das Dragoner-Regiment Nr. 6, die einzige Kavallerieformation in unserer Stadt, hatte nach Aufnahme einiger Offizierssöhne die Tore bereits gesperrt, aus Mangel an Pferdematerial für die Ausbildung. Man hätte sein eigenes Pferd stellen müssen, ich aber besaß nur ein Fahrrad. Auf diesem raste ich mit zwei Gleichaltrigen nach Gonsenheim zur Kaserne des Feldartillerie-Regiments Nr. 27, bei dem es ebenfalls die Gewißheit gab, aufs Pferd zu kommen. Nach stundenlangem Anstellen und Warten in einer endlosen Reihe von Freiwilligen wurde ich tatsächlich angenommen und mit meinem Gestellungsschein noch einmal nach Hause geschickt, um mich am nächsten Tag zur ärztlichen Untersuchung einzufinden. Die bestand in einem kurzen Abhorchen an der Brust, einem noch kürzeren Klopfen auf den Rücken und unter die Kniescheibe, dann war ich Soldat.

Soldat-Werden, sein Jahr abdienen müssen, war für mich während der Gymnasialzeit immer eine peinliche, bedrohliche Vorstellung gewesen. Das bedeutete: Sich-Richten, Stillstehen, Maulhalten, Parieren, Subordination – den Verlust aller Freiheit. Jetzt war es das genaue Gegenteil: Befreiung! Befreiung von bürgerlicher Enge und Kleinlichkeit, von Schulzwang und Büffelei, von den Zweifeln der Berufsentscheidung und von alledem, was wir – bewußt oder unbewußt – als Saturiertheit, Stickluft, Erstarrung unserer Welt empfunden, wogegen wir schon im ›Wandervogel‹ revoltiert hatten. Jetzt hatte das die Beschränkung auf Wochenende und Feriensport verloren, es war Ernst geworden, blutiger, heiliger Ernst, und zugleich ein gewaltiges, berauschendes Abenteuer, für das man das bißchen Zucht und Kommißkram gern in Kauf nahm. Wir schrien »Freiheit«, als wir uns in die Zwangsjacke der preußischen Uniform stürzten. Es klingt absurd. Aber man war, mit einem Schlag, ein ›Mann‹ geworden, dem Unbekannten, der Gefahr, dem nackten Leben gegenübergestellt – die Drohung des frühen Todes erschien uns dagegen gering. Ja, es war eine Art von Todeslust, von mystischer Begehr nach dem Blutopfer, was damals die

Welt übermannte, und ich glaube nicht, daß hier das berühmte Wort Clemenceaus von der »Verliebtheit des Deutschen in den Tod« am Platze ist. Ich hörte später von der gleichen Gestimmtheit in Frankreich, in England, dann sogar in Amerika. Was in Rußland vorging, blieb uns dunkel und unbekannt.

In dieser inneren Befreiung der ganzen Nation von ihren abgelebten Konventionen, in diesem ›Aufbruch‹ ins Ungewisse, ins ungeheure Wagnis, ganz gleich wen es verschlinge, sahen wir den Sinn des Kriegs, den Quell unserer Begeisterung. Eroberungsziele, Machtansprüche waren für uns kein Thema. Wenn wir »Freiheit« riefen, meinten wir es gewiß im primitiven, im nationalen Sinn: unser Volk sollte befreit werden von der Bedrohung seiner Existenz (an die wir, wie alle kriegführenden Völker, bedingungslos glaubten), auch vom Druck einer Welt-Gegnerschaft, die ihm die freie Entfaltung seiner Kräfte versagen wollte. Aber wir meinten mehr. Es war keineswegs ›militaristischer‹, es war revolutionärer Geist, der in den Barackenlagern und Zeltställen der Kriegsfreiwilligen, in den Rekrutendepots von 1914 lebte. Die Jüngsten kamen wie ich von der Schulbank, viele von den umliegenden Universitäten, Heidelberg, Marburg, Gießen, und den Polytechniken, aber außer diesen ›Intellektuellen‹ gab es die jungen Arbeiter, Lehrlinge, Kaufleute, Landwirte, Künstler, einen Durchschnitt durch alle Stände und Klassen. Neben mir auf dem Strohsack schnarchte ein Schauspieler vom Mainzer Stadttheater, auf dem andern ein junger Maschinenschlosser, dessen Vater in der Fabrik meines Vaters an der Metallwalze stand. Gerade mit solchen, die aus dem – uns bisher kaum oder nur oberflächlich bekannten – Proletariat kamen, ergaben sich jetzt und später im Feld die stärksten Bindungen, und man tat gut, sich an sie zu halten. Sie hatten uns, den Söhnen des gepflegten Bürgertums, den Sinn für das Reale voraus, sie waren tüchtiger, geschickter, bedürfnisloser als wir, und man war stolz, daß es nicht, wie sonst zwischen ›Einjährigen‹ und ›Gemeinen‹, einen Unterschied in der Behandlung und im Zusammenleben gab. Diese Sprengung des Kastengeistes hatte nichts von kommandierter ›Volksgemeinschaft‹, sie war durch keine materiellen Interessen und keine ideologische Doktrin unterbaut, sie ergab sich von selbst, sie hatte einen naturbestimmten, elementaren Zug oder wurde von uns jungen Menschen so erlebt und geglaubt. Tatsächlich war sie das beste und produktivste Element, das uns aus all den Umwälzungen der kommenden Zeit erwachsen konnte. Bei uns im Südwesten Deutschlands lebte wohl das Gedankengut der Revolution von 1848 und der Frankfurter Paulskirche noch stärker fort als anderwärts, und dieser Tenor beherrschte die Gespräche und Diskussionen, in denen wir bis zur Abstraktion, zur Kategorie, zur philosophischen Deutung unserer recht handgreiflichen Erlebnisse vorzudringen suchten. Todmüde von Pferdetransporten, zu denen man uns zunächst, bis das Ausbildungspersonal beisammen war, verwendete, dann von Stalldienst, erstem Reitunterricht, Geschützexerzieren, Marschübungen, und dazwischen von endloser Warterei, Abzählen, Appellen, gingen doch noch die halben Nächte im Debattieren hin, in jenen flüchtig aufgebauten, geteerten Baracken oder Turnhallen oder Wirtshaussälen, wo man uns aus Platzmangel in den Kasernen bis zu fünfzig und hundert Mann zusammengepfercht hatte. Ich höre noch die ausgesoffene, heisere Baßstimme des dicken Heidelberger Studenten von ungezählten Semestern, eines Troeltsch-Schülers, wenn er uns den Geist der Zeit erklärte und immer wieder in die Prophezeiung ausbrach: so wie der Krieg 70 die deutsche Einheit, so werde der Krieg 14 das deutsche Recht und die deutsche Freiheit bringen. Unser Sieg (an dem keiner zweifelte) bedeute ein neues, kulturell und politisch geeintes Europa unter der Ägide des deutschen Geistes, es werde erst dann zu einer wahren Verständigung der Nationen kommen, die auch uns einen neuen Horizont erschließen müsse, und dem heimkehrenden Volksheer werde Berlin das freie, allgemeine und geheime Wahlrecht nicht verwehren können. (Noch mehr Freiheit konnten wir uns nicht ausdenken.) Der Kaiser, auf den wir unseren Fahneneid schworen, war für uns der, der am 4. August gesagt hatte: »Ich kenne keine Parteien mehr, ich kenne nur noch Deutsche!« und von seinem Reichstag, einschließlich der Sozialdemokraten, begeistert akklamiert worden war. Das aber war für uns ein Versprechen, und wir erwarteten, als Kriegsziel, eine reformierte, konstitutionelle Monarchie, deren eigentliche Regierungsform demokratisch sei. In einer dieser Nächte wurde, trotz aufgerittener Hintern und strapazierter Muskeln, mit verteilten Rollen das ›Festspiel in deutschen Reimen‹ gelesen, das Gerhart Hauptmann zur Erinnerung an die Freiheitskriege geschrieben hatte, und wir belustigten uns über den preußischen Kronprinzen, der es, ein Jahr vorher, in Breslau hatte verbieten lassen. Die Debatten gingen nach allen Richtungen ins Uferlose, Religion, Soziologie, Griechentum, Idealismus im Sinne von Kant und Schiller oder Goethes Naturdämonie mit einbeziehend, bis die barsche Stimme eines Fuhrknechtes oder Rheinschiffers »Ruhe!« brüllte, weil er, mit Recht, Schlafen für wichtiger hielt. Ich weiß nicht viel von mir selbst aus dieser Zeit, auch nicht, was ich in freien Stunden geschrieben habe. Ich weiß nur, ich war ein anderer geworden, den ich nicht gekannt hatte. Alle waren andere geworden, und es war, als ob wir uns alle, uns selbst und untereinander, ganz neu, zum ersten Mal, kennenlernten.

Unter den Kriegsfreiwilligen dieser ersten Zeit waren nicht nur die Jungen, Unerfahrenen, Anonymen. Berühmte Namen, große Persönlichkeiten des Geisteslebens und der Politik waren in dieser Schar vertreten, man las davon in der Zeitung und fühlte sich in seinem eigenen Entschluß bestätigt. Ludwig Frank, Reichstagsabgeordneter aus Mannheim, die große Hoffnung der Sozialisten, moderner Politiker in frühen Mannesjahren, war einer der ersten, die ins Heer eintraten, auch einer der ersten, die gefallen sind. Desgleichen der junge Otto Braun, Sohn prominenter und sozialistischer Eltern, selbst eine Art von literarisch-intellektuellem Wunderkind. Der rebellische Dichter Richard Dehmel ging mit Enthusiasmus ins Feld, berühmte Reinhardt-Schauspieler, wie Alexander Moissi, von Geburt Italiener, und Paul Wegener, genossen als Freiwillige eine beschleunigte Offiziersausbildung, um rasch, aber mit gebührendem Vorzug hinauszukommen. Gerhart Hauptmann, Künder des sozialen Mitleids und der Menschlichkeit, schrieb Kriegsgedichte, desgleichen der notorische Spötter und Ironiker Alfred Kerr und der von ihm entdeckte junge Klabund, um nur einige von ungezählten Namen zu nennen. Der Aufruf des großherzigen Deutschenfreundes Romain Rolland, den der Krieg in der Schweiz überrascht hatte, zu einer Internationale des Geistes über die nationalen Gegensätze hinweg wurde von deutscher Seite schroff zurückgewiesen und verhallte in seinem eigenen Land ungehört. Thomas Mann gehörte einem Gremium deutscher Gelehrter und Schriftsteller an, das eine harte Absage an die Intellektuellen des ›Westens‹ und ein rückhaltloses Bekenntnis zum nationalen Krieg publizierte. Wie kam das alles? Nur engstirnige Fanatiker können sich einbilden, daß diese hervorragenden Träger des deutschen Geisteslebens alle miteinander nichts als feige Opportunisten gewesen seien, daß sie als ›Knechte der herrschenden Klasse‹, wider besseres Wissen, mit ins Kriegshorn geblasen hätten, um ihre Auflagen oder Tantiemen zu sichern. Aber sie waren *zutiefst unpolitisch,* auch jene, deren Werk von sozialem Empfinden inspiriert war, sie hatten vielleicht gesellschaftskritisch denken gelernt, aber kritische Verantwortung für Zeit- und Weltpolitik lag ihnen fern und gehörte nicht zum kulturellen Metier. Dadurch wurden auch sie von der Hochstimmung, der ekstatischen Gläubigkeit des vaterländischen Rauschs, des patriotischen Ethos blindlings überwältigt. Wie hätten wir, die Exponenten des geistigen Mittelstandes, und noch dazu die jungen, nie zu politischem Denken angehaltenen Kreise, kritischer oder besonnener sein sollen? Vielleicht liegt hier eine Art von Schuld oder Versagen der für uns maßgebenden älteren Generation. Aber ich glaube eher, daß sie im Zug ihrer Epoche nicht anders sein konnten, als sie waren. Historiker werden darüber befinden, sich streiten und vermutlich nie einig werden. Die Problematik der Ereignisse bleibt ungeklärt. Es ist leicht und billig, das Wort Schicksal zu gebrauchen. Es ist leichtfertig und bedenklich, einseitige Schuld zu konstatieren. Wir aber waren, persönlich, als menschliche Existenzen, nun wirklich einem Schicksal konfrontiert, dem sich zu entziehen fast unmenschlich gewesen wäre.

Es gab Ausnahmen, von denen wir nichts wußten und erst viel später erfuhren. In Berlin hatte sich in aller Stille ein anderer Prominenter der Reinhardt-Bühnen, Victor Arnold (für die, die sich an ihn erinnern, der feinste, sublimste, seltsamste Komiker dieses reichen Ensembles), das Leben genommen: weil er in einer Welt des Mordens und der Vernichtung nicht spielen und Späße machen könne. In Österreich starb der große Dichter Georg Trakl, als Sanitäter in einem Feldlazarett, an seiner Kriegsverzweiflung. Der junge deutsche Lyriker Alfred Lichtenstein, der mit der aktiven Truppe ausrückte, schrieb seine melancholischen Abschiedsverse, die mit den Zeilen enden:

>»Am Himmel brennt das brave Abendrot.
>Vielleicht bin ich in vierzehn Tagen tot.«

Es dauerte keine acht. Die große Ausrottung unserer geistigen und künstlerischen Zukunft hatte begonnen und steigerte sich dann vier Jahre hindurch zum Kataklysma. Ernst Stadler, der geniale junge Literaturdozent aus Straßburg, Dichter des ›Aufbruch‹, den wir jetzt so gut für unseren Kriegstaumel umdeuten konnten; Reinhard Johannes Sorge, einer der hoffnungsvollsten, schon bei Reinhardt aufgeführten jungen Dramatiker; Franz Marc, für uns der Sankt Franziskus der neuen Kunst, August Macke – sie sind alle gefallen, wie Unzählige, die nie mehr ersetzbar sind. Das gleiche wird auf der englischen, französischen, russischen Seite geschehen sein. Wir aber sahen in alledem damals nur das Heroische, den hohen Sinn und die Größe des Opfers. Noch ging es lustig zu, noch glaubte man an das Frisch-Fröhliche eines raschen Feldzugs. Auf den Eisenbahnwaggons, mit denen Ersatz an die Front ging, stand mit Kreide: »Kostenloser Ausflug nach Paris!« und dort, in Frankreich, sang man – nach der Melodie des Schlagers ›Margarète‹: »Nous irons / Tous à Berlin / Pour voir Guillaume et ses Prussiens!« Keine der beiden Seiten hat ihr Ziel erreicht: weder Berlin noch Paris. Aber nach Mainz sind die Franzosen schließlich doch gekommen...

In Paris hatte man bei Kriegsausbruch den Sozialisten Jaurès, einen der markantesten Führer der Arbeiter-Internationale, von chauvinistischer Seite ermordet. In Deutschland wurde der einzige Opponent gegen die Kriegskredite und für die Internationale, Karl Liebknecht, zeitweilig eingesperrt und dann in ein Arbeitsbataillon gesteckt. Davon nahm die Öffentlichkeit kaum Notiz, und an uns ging es spurlos vorüber (erst in den späten Kriegsjahren wurden mir die Namen Liebknecht und Rosa Luxemburg ein Begriff), denn wir waren von einer Liebe erfüllt, die uns für alles andere taub und blind machte. Ja, wir zogen in diesen Krieg wie junge Liebende, und wie diese hatten wir keine Ahnung von dem, was uns bevorstand. Wie Liebende, welche die Wirklichkeit der Liebe nicht kennen, nichts wissen von ihrer Herrschsucht, ihrer Grausamkeit und ihrer Gewalt. So stürzten wir uns hinein: heißhungrig, maßlos, exaltiert. Und, wieder wie Liebende, von uns selbst und unsrer eingebildeten Unwiderstehlichkeit berauscht.

In der zweiten Augustwoche, in der nach den Sommerferien die Schule anfing, wurden alle Oberprimaner, die sich kriegsfreiwillig gemeldet hatten, von ihrem Truppenteil für einen halben Tag beurlaubt. Noch einmal fanden wir uns in jenem Schulsaal zusammen, aus dem ich einige Wochen früher so unrühmlich ausgewiesen worden war, um das Notabitur zu absolvieren. Fast alle waren bereits in Uniform, und die wenigen, die wegen eines körperlichen Gebrechens oder weil sie einem Priesterseminar angehörten und nur dem Sanitätsdienst beitreten durften, noch nicht Soldat waren, fühlten sich unglücklich und beneideten uns. Für uns war das Ganze ein gewaltiger Spaß. Die Uniform gab auch dem schlechtesten Schüler noch einen Zug von Manneswürde, gegen die der Lehrer machtlos war. Er konnte einen jungen Krieger, der bereit war, sein Leben dem Vaterland zu opfern, nicht wegen mangelnder Kenntnisse in griechischer Grammatik durchfallen lassen. Es wurden uns nur die leichtesten Fragen gestellt, in denen keiner versagen konnte. Das Abitur, der Schreckenstraum vieler Jugendjahre, wurde zu einem Familienfest. Der Rektor bezeichnete uns als junge Helden und drückte jedem Uniformierten, sogar mir, seinem schwarzen Schaf, markig die Hand. Wir waren heilfroh und fühlten uns von einer großen Lebensangst befreit. Denn für die größere, die ewige, die Angst des Menschen vor dem Tode, reichte unsere Phantasie noch nicht aus. Die Todesangst hatten wir erst zu lernen. In unsren Schulfächern war sie nicht vorgekommen.

Eine Hochstimmung wie die der ersten Augusttage – sei es die eines Kriegsausbruchs oder einer Revolution – kann in der breiten Masse nicht anhalten, ohne zu verflachen und sich ins Phrasenhafte, Hohle, Gewaltsame zu verkehren. Bald schäumte die Kriegshysterie aus trüben Gossen, und sie tobte sich vor allem in der Jagd auf angebliche ›Spione‹ oder ›Feindagenten‹ aus, die man in sinnloser Aufregung, ohne Grund und Beweis, auf den Straßen stellte und hetzte. Wehe dem Mann, der jetzt eine ›ausländische‹ Physiognomie hatte! Unweit von meinem Elternhaus, am ›Neuen Brunnen‹, wurde ein Herr mit gelblicher Hautfarbe und schwarzen Haaren von der Menschenmeute verbellt, dann von immer mehr anschwellenden Haufen in die Enge getrieben, beschimpft, mit Spazierstöcken und, von alten Weibern, mit Regenschirmen geschlagen, da das Gerücht umsprang, er habe den Brunnen vergiften wollen (der kaum mehr benutzt wurde und keinen Anschluß an die städtische Wasserversorgung hatte), schließlich von Schutzleuten in Gewahrsam genommen, bis sich herausstellte, daß er der Vertreter einer spanischen Flaschenkorkfabrik war, der mit meinem Vater in Geschäftsverbindung stand. Er habe sich durch Fluchtversuch verdächtig gemacht, hieß es dann zur Entschuldigung für die Beulen und Schrammen, die er davongetragen hatte. Selbstverständlich hatte der Mann versucht wegzulaufen, nachdem er so leichtsinnig gewesen war, seinen Zigarettenstummel in den Abfluß des Brunnenbeckens zu werfen, und die Leute wie wild auf ihn eindrangen. Dieses Volksvergnügen ebbte rasch wieder ab, dafür traten nun die Heimkrieger, Fähnchenstecker, Kathederhelden und Bierbankstrategen auf ihren Posten. Der ernste Patriotismus des Kriegsbeginns sank ins Pfahlbürgerliche ab, zittrige Greise schnaubten nach Feindesblut und postulierten die deutsche Wirtschaft, schmerbäuchige Herren begrüßten einander unter Stimmaufwand mit dem Hetzspruch: »Gott strafe England!« (wie vermutlich zwanzig Jahre später, sofern sie noch lebten, mit »Heil Hitler!«), und die Leitartikler der Presse taten das Ihre dazu.

Uns junge Soldaten, denen der baldige Einsatz bevorstand, berührte das nicht, wir hatten Wichtigeres zu tun und an Ernsteres zu denken, wir quittierten das Getöse und den Schwulst unserer Heldenväter (meiner gehörte nicht zu der Sorte!) mit ironischem Grinsen. Aber wir glaubten alles, was verlautbart wurde. Wir kamen nicht auf den Gedanken, an einer offiziellen Version zu zweifeln oder gar einen Siegesbericht für übertrieben zu halten. Unsere Hochstimmung, mit der wir zum Militär gelaufen waren, flaute nicht ab, trotz der und jener Schindereien oder Ärgernisse, die sich aus dem Dienst ergaben. Unsere Überzeugung, daß dieser Krieg eine gerechte Sache, Notwehr und Schutz der Heimat bedeutete, wuchs mit jeder Meldung, ebenso unsere Bewunderung für die Tapferkeit und den Elan der kämpfenden Truppe, wovon man bald durch Augenzeugen, zurückgekehrte Verwundete der ersten Schlachten, erfuhr. Wir waren immer wie von einem leichten, euphorischen Fieber befallen, und es lag etwas Mystisches in der Luft: wenn die Glocken für einen Sieg läuteten, war es, als stürmten sie von selber. Im Anfang gab es fast täglich einen solchen Sieg zu feiern, den Fall von Lüttich und der großen belgischen Festungen, die Einnahme von Reims, Lille und Antwerpen, das Vordringen an der ganzen westlichen Front, und als die Front an der Marne zum Stehen kam und die deutsche Armee ihre erste große Niederlage einstecken mußte, wurde das nur wie eine strategische Pause dargestellt. Wir begrüßten auch das, denn es gab uns die Chance, beim endgültigen Sturm auf Paris schon selber dabeizusein. Auch verschaffte uns, als die Siege in Frankreich dünner wurden, der wackere Hindenburg durch die Schlachten in Ostpreußen, Masuren, Polen die Gelegenheit, neue zu feiern.

Natürlich glaubten wir, daß Englands Außenminister, Sir Edward Grey, die ganze Kriegsintrige gegen uns gesponnen habe, denn so las man es. Die berühmte Denkschrift (»Meine Mission in England«) des deutschen Botschafters in London, Fürst Lichnowsky, in den Entscheidungstagen, aus der das Gegenteil hervorging, wurde erst 1918 bekannt. Und wir glaubten das ›deutsche Märchen‹: daß wir keineswegs durch unseren Einmarsch die Neutralität Belgiens gebrochen und damit Englands Kriegserklärung herausgefordert hätten, sondern daß das hinterlistige Belgien den Franzosen den Durchmarsch und seine Transportmittel für den Angriff auf Deutschland zur Verfügung gestellt habe und unser Einfall ein Akt der Notwehr gewesen sei.

Jedes Volk glaubte ja damals, daß alles, was seine Führung gegen den Kriegsfeind unternehme, ein Akt der Notwehr sei. Kein Volk im Jahr 14 dachte, für rein materielle oder Gewaltzwecke zu kämpfen (wobei ich wieder sagen muß, daß uns die russische Mentalität dunkel und unbekannt blieb), alle kämpften sie für den Schutz der Heimat, jede Nation verteidigte der Menschheit höchste Güter, und dieser Glaube war, zunächst, naiv und nicht durch Propaganda angefacht. Aber er wurde nun von der Kriegspresse, in allen Ländern, ausgenutzt und zum Haß, zum extremen Nationalismus, zur Unmenschlichkeit hochgepeitscht. »Jeder Schuß ein Russ', jeder Tritt ein Brit', jeder Stoß ein Franzos'«, solche Schandverslein wurden fleißig gedruckt und, selbst von Frauen und Kindern, in gedankenloser Verrohung nachgeplappert. Auch das Lieblingswort unseres Kronprinzen: »Immer feste druff!« wollte uns nicht recht gefallen.

Es ist sehr merkwürdig, wie rasch sich in solchen Zeiten ein Unterschied zwischen Generationen herausbildet, wie tief die Kluft ist, die zwischen ein oder zwei Jahrgängen entsteht. Alles, was ich hier erzähle, gilt für jenen ›ersten Schwung‹, der 1914 Soldat wurde und ins Feld ging. Es gilt schon nicht mehr für die, welche eineinhalb bis zwei Jahre jünger waren, also bei Kriegsbeginn noch unter der militärischen Altersgrenze, dem Hurra-Patriotismus ihrer Schulmeister ausgesetzt und des Steckenbleibens der Fronten, der Ausartung des stürmisch begonnenen Feldzugs in den Materialkrieg, in ein allgemeines, systematisches Massenschlachten gewärtig: dazu gehörten Erich Maria Remarque und seine Altersgenossen. Ihnen war die heroische Geste, sich vor der Zeit und ohne Zwang ins Heer zu drängen, verwehrt, sie mußten ihre normale Schulzeit abschwitzen, um dann widerwillig eingezogen, gedrillt und gezwiebelt zu werden, und sie gingen ohne Illusionen ins Feld, da sie sich des Schreckens, der sie dort erwartete, wenigstens andeutungsweise bewußt waren. Für uns war die kurze Ausbildungszeit ein anstrengender, aber auch amüsanter Übergang, ein kapitaler Spaß, nicht anders, als hätten wir in einer sehr realistischen Militärkomödie mitzuspielen. Gerade die ungewohnten Härten, die kleineren oder größeren Entbehrungen und Unannehmlichkeiten, die man mitzumachen hatte, waren von einem anfeuernden Reiz. Von einem Tag auf den andern gewöhnte man sich daran, unter einer kratzenden Wolldecke auf Strohsäcken zu schlafen, mit einer Masse von Männern, deren Ausdünstung und Erziehung nicht die beste war. Ununterbrochen wurde gesungen, selbst wenn wir halbtot von der Überanstrengung des Dienstes in unsere Quartiere zurückwankten. Die meisten dieser Soldaten- und Kriegslieder, teils alte, teils neu entstandene, waren uns vorher unbekannt, und ich erinnere mich nicht, daß wir sie gelernt hätten, man konnte sie von selbst.

»Und unser aller schönstes junges Leben, Hurra!
Liegt in dem Krieg wohl auf das Schlachtfeld hingestreckt«

schmetterten wir heraus, ohne dabei wirklich an das eigene Leben zu denken. Fast alle diese Lieder hatten mit dem frühen Tod, dem Grab, dem Abschied, Sterben und Fallen zu tun, aber sie erhöhten nur unser romantisches Lebensgefühl. Zutiefst glaubte jeder, derjenige zu sein, der überlebt und wiederkommt. An das Lied vom ›Guten Kameraden‹ wurde plötzlich – niemand wußte, von wem erfunden – ein neuer Gloria-Refrain drangehängt, der mit dem trivialen Vers endete:

»Die Vöglein im Walde
Die sangen sangen sangen
So wunderwunderschön:
In der Heimat, in der Heimat
Da gibt's ein Wiedersehen...«

Mich rührt diese einfältige Strophe noch heute, in der Erinnerung an die jungen Menschen, für die es kein Wiedersehen gab. Es ist eine eigene Sache mit den Kriegsliedern, sie halten und bewahren wie nichts anderes die Atmosphäre einer solchen Zeit und reflektieren ihren Seelenzustand. Der Erste Weltkrieg hatte bei uns seine rührselig-wehmütige ›Annemarie‹, später den traurigen ›Argonnerwald in finstrer Nacht‹, bei den Franzosen die kecke, leichtlebige ›Madelon‹, bei den Engländern ihr ›Tipperary‹, bei den Amerikanern die ›Madmeusälle from Armentière‹; – der Zweite Weltkrieg seine ›Lilimarlen‹, die durch das Radio bei allen Kämpfenden bekannt und beliebt wurde. Ob ein dritter Weltkrieg noch sein Lied oder seine Lieder hätte? Es ist kaum vorstellbar. Auch bei den großen Vernichtungsschlachten vor Verdun, an der Somme, in Flandern wurde nicht mehr gesungen. Keiner stürmte nach einem Kriegsjahr noch, wie die hingeopferten Jungen von Langemarck, mit dem ›Deutschlandlied‹ auf den Lippen gegen den Feind, keiner mit der ›Marseillaise‹. Nur hinter der Front, in Ruhestellung, ertönten manchmal eine melancholische Ziehharmonika und ein paar rauhe Stimmen.

Damals aber, in unserem spätsommerlichen Kriegsfrühling, sangen und lachten wir uns noch alles, was doch vielleicht an geheimer Furcht und Sorge in uns wirksam war, vom Herzen. Die Plackereien und Schikanen gewisser Korporäle nahmen wir mehr mit Humor als mit Verzweiflung. Die meisten unserer ausbildenden Unteroffiziere waren Männer mittleren Alters, anständige und brave Leute, die – bei aller Strenge im Dienst – keinerlei Neigung zu Brutalität und Sadismus hatten. Sie bezeugten uns gegenüber eine Art von onkelhafter Gutmütigkeit. Doch gab es, in Einzelfällen, die Embryonal-Vorstufe des späteren KZ-Wächters: des kleinen Mannes, dem unbeschränkte Macht über andere gegeben ist und der sie um so ärger mißbraucht, je mehr er bei seinen Untertanen eine qualitative oder moralische Überlegenheit spürt. Aber wir wollten diesen Miniatur-Cäsaren schon zeigen, daß sie uns nicht unterkriegten. Unser Futtermeister, der den Reitunterricht und den Stalldienst unter sich hatte, wurde von uns das Lama genannt, wegen seines langen dürren Halses, seiner quäkenden Stimme und vor allem wegen seines fürchterlichen Spuckens, das uns, wenn er uns anschrie, wie ein Sprühregen traf. Er starrte einem ganz lange und fast verträumt ins Gesicht, in dem sich kein Muskel regen durfte, und stieß dann unversehens einen kaum verständlichen Befehl heraus, der in Blitzesschnelle ausgeführt werden mußte, sonst wurde es gefährlich: denn er trat auch gegen die Schienbeine und schlug mit der Reitgerte zu. Mich hatte er besonders auf dem Strich, weil ich mir das Grinsen nicht verkneifen konnte, wenn er mich so verglast anstarrte. Da er merkte, daß mir das Reiten Freude machte und daß ich Geschick dazu hatte, gab er mir den übelsten Stößer des ganzen Regiments, der seinen Reiter bei jedem Trabschritt wie einen aufschlagenden Gummiball in die Luft warf. Das Tier hieß ›Saul‹, und dieser Name hat für mich seitdem einen bösartigen Beigeschmack. Saul war so knochig, daß man das Gefühl hatte, auf zerhackten Schottersteinen zu sitzen. Es ist ein Wunder, daß ich von seinem breiten Rücken keine O-Beine bekam. Er legte die Ohren nach hinten, stieß schrille und heimtückische Töne aus, schlug und biß beim Putzen und pflegte plötzlich ohne Ankündigung aus der Reitbahn auszubrechen, das Trensengebiß vor die Zähne gestemmt, um in wüsten Galoppsprüngen zu seinem Stall zurückzurasen. Da man ohne Sattel reiten lernte, höchstens mit aufgeschnallter Decke, war es keine Kleinigkeit, oben zu bleiben, und wenn es mir trotzdem gelang, schlug ihm das Lama so lang mit seiner langen Peitsche um die Hinterbeine, bis er mich doch drunten hatte. Wenn ich auch dann noch grinste und die anderen lachten, griff er zu Kollektivmaßnahmen: statt der Mittagspause mußten wir alle, zwei Stunden lang, in der Stallgasse hinter unseren

Pferden stehen und die Roßäpfel mit den hohlen Händen auffangen: um, wie er sagte, frisches Stroh zu sparen. Dazu hielt er uns einen Vortrag über Reinlichkeit. Wer hätte da ernst bleiben können. Wie oft mußte ich, wegen »mangelnden Ernstes«, den man mir schon in der Schule vorgeworfen hatte, strafhalber Stallwache schieben! Aber ich liebte den Stall, die Ausdünstung der Pferde, ihre weichen Mäuler, das leise Mahlen ihrer Backenzähne beim Haferfuttern, den Geruch von den Heuhaufen und den Melassekästen – sogar das Putzen, Strichekloppen und Auskratzen der Hufe. Nur dem Drehen der schweren Häckselmaschine (die heute wohl elektrisch betrieben wird) waren meine Muskeln noch nicht gewachsen, und gerade dazu wurde ich vom Lama immer wieder angestellt. Mit verträumtem Lächeln schaute er dann zu, wie ich mich plagte.

Reiten hat man immerhin bei ihm gelernt; wir mußten auf unsren schweren, zum Teil kaum eingerittenen Bauerngäulen im Trab die Schere machen, so daß man rückwärts zu Pferde saß, überhaupt alle Arten von Freiübungen – natürlich ohne Bügel –, und schließlich wurde ein Teil von uns, nämlich die Offiziersanwärter, auf Springpferde befördert, und es ging über Hindernisse und Gräben. Für mich bestand darin das Beste der Ausbildungszeit, obwohl es unter Brüllen, Anschreien und sprachmächtigen Beschimpfungen vor sich ging. Doch hatten diese ›Himmelstöße‹ und Kommißtyrannen der ›alten Zeit‹ einen – beinahe – menschlichen Zug: sie waren bestechlich. Und sie soffen. Über einen Kasten Bier oder ein paar Weinflaschen gab es eine vorübergehende Verständigung mit ihnen; sie ließen sich dann gern dazu herbei, in jovialer Weise darzutun, daß sie »auch ein Mensch« seien und es nur gut mit uns meinten – um sich dann jählings wieder in den Übermenschen und Kasernendämon zu verwandeln.

Für mich selbst hatte ich einen Unterschied entdeckt zwischen dem ›Militärischen‹, dem Drill, dem Stechschritt, der kleinlichen Fuchserei, und dem ›Soldatischen‹, worunter ich Manneszucht, vernunftbedingten Gehorsam, Waffenübung verstand, wie man sie draußen brauchen würde. Das eine verabscheute ich, im anderen vermochte ich einen ethischen Wert zu erkennen.

Meine ersten leisen Zweifel am Schönen, Wahren, Guten unseres deutschen Soldatentums stiegen durch die Behandlung der Elsässer in mir auf. In Elsaß-Lothringen, das man für ein unzuverlässiges Land hielt, waren sofort bei Kriegsbeginn alle verfügbaren Jahrgänge eingezogen und aus ihrer Heimat abtransportiert worden, um in die verschiedenen west- und süddeutschen Truppenkontingente verteilt zu werden. Obwohl sie bei uns in Mainz nicht allzu weit von Straßburg, Kolmar oder den Vogesen entfernt waren, fühlten sie sich in der Fremde, vor allem aber wurden sie vom Ausbildungspersonal als Menschen zweiter Klasse betrachtet, wegen ihres mit französischen Worten durchsetzten Dialekts verspottet, als »Wagges« oder »Chaibe« bezeichnet, beides für sie ein Schimpfwort, zu jeder Dreckarbeit kommandiert und nach Kräften geschunden. Dabei waren es durchweg brave, gutwillige Bauernburschen, aber man konnte ihnen, den Söhnen eines Grenzvolks, deren Verwandte vielfach auf der anderen Seite lebten, nicht verdenken, wenn sie nicht gerade beglückt waren, gegen Frankreich ins Feld zu ziehen. Sie nahmen es als unvermeidlich hin und versuchten, die ihnen auferlegte Pflicht zu tun. Uns, ihren jungen, kriegsbegeisterten Kameraden gegenüber, waren sie besonders nett und gefällig. Für ein Stück Fleischwurst oder eine Mark nahmen sie uns gern, wenn wir verdreckt und übermüdet waren, die ärgerliche Arbeit des Stiefel- und Kleiderputzens ab. Mit einem von ihnen habe ich mich besonders angefreundet, vielleicht weil er besonders malträtiert wurde. Er hieß mit Zunamen Judas, was er selbst französisch aussprach, aber von den Korporälen mit besonderer deutscher Betonung prononciert wurde und ihnen Gelegenheit gab, den armen Kerl, der noch dazu von kleiner und etwas schiefer Statur war, lächerlich und verächtlich zu machen. Einer rief ihn nur mit dem Ausdruck: »Herrgottsverräter« vor die Front, was er zuerst nicht verstand, aber wenn er nicht darauf hörte, wurde ihm das als Ungehorsam und Widersetzlichkeit ausgelegt. Ich habe ihm manche Wurst- oder Käseration zugesteckt.

Eines Nachts hatte ich mit ihm gemeinsam Stallwache. Ein Pferd riß sich los und galoppierte wild ausfeuernd durch die Gasse zwischen den Boxen. Während ich auf der einen Seite mit ausgebreiteten Armen den Gaul zurückscheuchte, versuchte er von hinten an ihn heranzukommen, um ihn zu überholen und am Halfter zu packen, dabei wurde er von einem Hufschlag so unglücklich am Kopf getroffen, daß er noch vor der Frühdämmerung starb. Ich hielt seinen blutenden Kopf in meinem Schoß, bis die Sanitätshilfe kam. Es war der erste Kriegstote, den ich gesehen habe, und ich habe ihn beweint und betrauert.

Sonst verging unsre Ausbildungszeit im Fluge. Es war Sommer, es wurde Herbst, es war noch warm, wir saßen an freien Abenden in den Bier- und Weingärten herum, lachten, tranken und winkten hinter den Mädchen her, die zwei und zwei durch die Dorfstraße strichen und in dieser Zeit der gesteigerten Maskulinität und der überall angesammelten Männerscharen in einem Dauerzustand von Erregung und steter Bereitschaft waren.

Wenn es beim Appell plötzlich hieß: zwanzig Mann Ersatz sind angefordert, wer meldet sich?, da stürzten wir alle in einem wilden Stampedo nach vorne, versuchten uns gegenseitig wegzudrängen, den anderen zuvorzukommen, und waren tief enttäuscht, wenn wir dann nicht dabei waren.

Eines Tages wurde uns verkündet, daß man beim hessischen Feldartillerie-Regiment Nr. 61 in Darmstadt eine komplette, bespannte und berittene Batterie zusammenstelle, zum unmittelbaren Einsatz in der Front, und daß dort noch junge Mannschaft gebraucht werde, und wir wurden gefragt, wer bereit sei, sich dorthin versetzen zu lassen. Wieder meldete sich der ganze Haufe, aber ich wurde mit einigen anderen ausgewählt, da ich mich im Reiten bewährt hatte und selbst vom Lama darin ein gutes Zeugnis bekam. Dort, in Darmstadt, machten wir noch zwei bis drei Wochen Übungsdienst, der hauptsächlich auf dem ›Griesheimer Sand‹ stattfand, wo wir gedrillt wurden, mit unseren leichten Feldhaubitzen, Kaliber 10,5, schneidig im Galopp aufzufahren und in Stellung zu gehen. Das habe ich dann während des ganzen Kriegs, in dem wir hauptsächlich durch Schlamm und Morast krochen, nicht ein einziges Mal brauchen können, aber wir kamen uns großartig vor wie die Helden von Gravelotte, wir waren stolz auf unsere Reithosen und Sporen. Und plötzlich war es soweit. Zwar rückte die Batterie, aus irgendwelchem Bespannungs- oder Offiziersmangel, nicht geschlossen aus, doch wurden wir einem großen Ersatztransport aus allen Waffengattungen zugeteilt, der innerhalb von zwei Tagen marschbereit sein mußte. Meine Mainzer Annemarie durfte mir nicht Lebwohl sagen, das Verbot war durch den Krieg eher verschärft als gemildert worden. Aber durch das Verständnis meiner Eltern hatte ich sie an einem dienstfreien Sonntag in unsrem kleinen Musiksalon sehen können, wo wir uns Treue schworen, und wir schrieben uns längst wieder täglich unter Deckadresse. Meine Eltern kamen am letzten Abend, an dem wir alle Urlaub hatten, aus Mainz herüber und aßen mit mir in Darmstadts bestem Hotel, der ›Traube‹, die bereits in unsrer hessischen Meisterkomödie, dem ›Datterich‹, erwähnt wird, zu Abend. Mein Vater bestellte die besten Speisen und Getränke, um mir noch eine Freude zu machen, aber wir hatten alle keinen rechten Appetit. Auch mir, ob ich wollte oder nicht, steckte etwas in der Kehle. Als ich einmal hinaus mußte und – von der Tür des Restaurants aus – die beiden etwas gebeugt an ihrem Tisch sitzen sah, kämpfte ich mit dem Heulen. Am nächsten Morgen war das alles verflogen. Wir marschierten, mit Blumen am Helm, die linke Hand am Koppelschloß, leicht und beschwingt von der Bessunger Kaserne am ›Langen Ludwig‹, dem Denkmal des Großherzogs Ludwig I. von Hessen, vorbei, durch die Rheinstraße zum Bahnhof. Von allen Kasernen schlossen sich uns andere junge Ersatztruppen an. Mädchen standen an den Fenstern und warfen uns Blumen, Zigaretten, Schokolade zu. Viele von uns mögen wie Kinder mit Karabiner und Seitengewehr ausgesehen haben. Die Regimentsmusik der Gardekavallerie zog uns voran und spielte den ›Torgauer‹, den ›Hohenfriedberger‹, den ›Finnländischen‹ und ›Des Großen Kurfürsten Reitermarsch‹, der mir – seiner musikalischen Form und der Fanfarentrios halber – besonders im Gedächtnis blieb. Wir sangen bei der Verladung, daß die Gäule scheuten. Der ganze Zug war Gesang und Jubelgeschrei, als sich die Räder in Bewegung setzten. Einen Tag später hörten wir, übernächtigt und durchgerüttelt, ein sonderbares, ohne Unterlaß schütterndes Dröhnen, noch von fern. Es ließ die Scheiben unseres Eisenbahnabteils leise klirren.

Das war die Front.

Ich habe kein Kriegsbuch geschrieben und keine Kriegsgeschichten erzählt. Mir schien es unmöglich, das mitzuteilen – vergeblich, das als Wirklichkeit Erlebte, sei es in einem verklärten, heroischen, kritischen Licht, wiederzugeben oder auch nur sachlich davon zu berichten. Ich habe auch selten, fast nie, vom Krieg gesprochen, besonders nicht mit Leuten, die nicht dabei waren. Und mit den anderen genügte ein Stichwort – »Somme 1916«, »Flandern Juli 17« – zur Verständigung, dann schwieg man lieber. In den wenigen Novellen, die ich in der Kriegszeit angesiedelt habe, werden die Kampfhandlungen selber höchstens im Hintergrund gestreift.

Ich habe in dem halben Jahrhundert, das seitdem vergangen ist, sehr selten vom Krieg geträumt. Nur zuerst, gleich nach dem Kriegsende, als man noch kaum begriff, daß man wirklich überlebt hatte und gerettet war, lag ich oft nachts verschüttet im Unterstand und konnte nicht rufen, mich nicht bewegen, bis ich dann mit einem Schrei erwachte, der mich selbst tödlich erschreckte. Oder aber ich hörte ein schwere Granate, heulend, gurgelnd, mit unentrinnbarer Langsamkeit und dann mit plötzlichen Aufschrillen über mich her kommen, mit dem Wissen: Jetzt! Jetzt ist es soweit! und fand mich dann beim Krachen eines umgeworfenen Stuhls oder Nachtkästchens, zerschlagen, schweißüberströmt, neben meinem Bett. Diese Art von Kriegsneurose haben viele durchgemacht, die jahrelang in den Laufgräben und Stollen, im Gaskrieg, im Trommelfeuer daheim waren.

In dem Mainzer Spital, in dem ich im Jahre 1918 eine Zeitlang lag, um eine durch Abschuß von einem Beobachtungsturm erlittene Gehirnerschütterung auszuheilen, teilte ich das Zimmer mit einem anderen jungen Offizier, der häufig nachts aus dem Bett sprang und schrie: »Sie kommen – sie kommen – sie kommen –!« Er sah die Gestalten, wie sie sich in Rauch und Nebel zum Sturmangriff aus den Gräben hoben. Dann stand er mit verzerrtem Gesicht, die Arme krampfhaft vorgestreckt, als umklammere er ein Bajonett, in eine Wandecke geklemmt, erkannte mich nicht, wenn ich ihm helfen wollte, schlug um sich und mußte von zwei Sanitätern ins Bett zurückgeschafft werden, wo er sich langsam, oft schluchzend, beruhigte.

Bei mir waren diese Zustände bald vorüber, und dann verschwanden der Krieg und seine Ängste aus meinem Schlaf, auch aus meinen Gedanken, als müsse man das abschütteln, versinken lassen, um weiterleben zu können.

Doch die Erinnerung lebt.

Sie ist in mir so leibhaft wie ein Bestandteil des eigenen Körpers, eine Narbe, eine chemische Substanz in den Drüsen. Gleichzeitig ist sie von mir abgelöst, als sei das alles einem anderen begegnet.

Denn sie ist nicht mehr mein persönlicher Besitz. Sie ist das Bewußtsein einer Generation, von der nur ein Rest überlebte, obwohl er zum Tode bestimmt war.

Wir zitierten in den Kriegsjahren oft ein Wort von Nietzsche, ein gefährliches Wort, das sich aber für manchen von uns bewährte. Es hat später meinem Freund Carlo Mierendorff geholfen, fünf qualvolle KZ-Jahre zu überstehen und weiterzuleben:

»Was mich nicht umbringt, macht mich stark.«

Ihn hat dann eine Fliegerbombe des Zweiten Weltkriegs umgebracht. Sonst hätten es Hitlers Henker getan.

Ich erinnere mich genau an jenen trüben, naßkalten Nachmittag, als wir, etwa zehn Mann von unserem eben eingetroffenen Ersatztransport, auf dem Weg zu dem uns zugewiesenen Truppenteil, unter Führung eines ›alten Mannes‹ – das heißt eines gedienten Soldaten, der seit Kriegsbeginn dabei war – in die zu Trümmern geschossene nordfranzösische Stadt Roye einmarschierten, die immer noch unter Granat- und Schrapnellfeuer lag.

Wir gingen ganz ruhig, ohne Tritt, auf der schmutzigen und mit Schutt bedeckten Straße hinter unserem Anführer her und sahen auf einmal neben einem umgestürzten Wagen ein sonderbares graues Bündel liegen. Es sah aus wie ein Rübensack, den man über einen Acker geschleift hat.

Das war ein toter Soldat. Man erkannte das, näherkommend, an den Beinen, die wie steife Pflöcke, ein wenig angezogen, nebeneinander lagen. Unser Führer schaute gar nicht hin. Er wußte, daß irgendein Kommando kommen und die Leiche wegschaffen werde. Uns ging das nichts an. Auch wir gingen weiter und versuchten, nicht lange hinzuschauen. Bald wurde im Laufschritt eine Bahre quer über unseren Weg geschleppt, von der, unter einem durchbluteten Woilach hervor, ein jämmerliches Quäken ertönte, wie von einem hungrigen Säugling. Auch hier schaute unser Führer nicht hin, und wir taten ihm nach. Erst im Weitergehen wurde mir ganz klar, daß dieses Quäken von einem erwachsenen Mann kam, der schwer verwundet war. Ich habe diese merkwürdigen Kinderlaute später oft von Verwundeten gehört, besonders bei Verletzungen am Unterleib und in den Eingeweiden.

Aber plötzlich pfiff es in der Luft, als sause etwas gerade auf uns zu, auf jeden einzelnen von uns, und fast gleichzeitig fuhr uns der scharfe, berstende Krach durch alle Nerven. Wir wollten auseinanderrennen, aber unser Vordermann hatte noch nicht einmal zusammengezuckt. »Hundert Meter weg«, sagte er nur und ging weiter. Man hatte ein vertracktes Gefühl im Bauch. Ein Ziehen in den Därmen – wie von einer Erkältung. Wir hätten es um die Welt nicht Angst genannt. Und wir wären mit weißer Nasenspitze und zusammengeklemmten Zähnen immer weiter gegangen, hätte sich nicht unser Anführer unversehens mit dem Gesicht voraus in den Dreck geschmissen. »Jetzt geht's los«, sagte er, an den Boden gepreßt, während es schon rings um uns her heulte, pfiff und krachte, daß wir kein einzelnes Geräusch mehr unterscheiden konnten, »das sind die Ratscher.« Damit meinte er die Geschosse der französischen Feldkanonen Kaliber 7,5, mit denen sie Straßenkreuzungen oder Geschützstellungen auf den Zentimeter zu treffen wußten: sie waren unseren Feldkanonen 7,7 weit überlegen; die französische Feldartillerie arbeitete schon seit Kriegsbeginn mit ballistischer Flugbahnberechnung, unter Berücksichtigung der Wind-, Wetter- und Druckverhältnisse, wie bei uns nur ein Teil der schweren Artillerie. Wir hatten vor allem ›Auffahren im Galopp‹ und ›Schnellfeuer‹ gelernt.

Wir stürzten, stolperten und fielen halb blind hinter unserem geduckt rennenden Anführer her ins erste beste Kellerloch eines zerschossenen Hauses: bombensichere Unterstände gab es noch nicht. Eine Zeitlang hockten wir da unten, bis der Krach oben nachließ, und lauschten verstört auf das Knacken und Rieseln in der Backsteindecke über uns. »Die stürzt nicht ein von den Ratschern«, sagte der ›alte Mann‹ und steckte sich seine Pfeife an, »weil sie gewölbt ist. Da müßte ein Brocken kommen.« Damit meinte er ein schweres Geschoß.

Beim Hinunterspringen durch das enge, falltürartige Kellerloch hatten wir unsere schweren unförmigen Rucksäcke weggeworfen, weil sie uns in der Eile gehindert hätten. Auf meinem war der lange, zusammengerollte Mantel draufgeschnallt, den ich nicht angezogen hatte, da mir beim Marsch warm geworden war. Als wir später bei einbrechender Dunkelheit wieder herauskrochen, war der schwere Sack noch da. Der Mantel nicht.

Ich war fassungslos. Mein Weltbild stürzte über den Haufen. Denn der Mantel konnte ja nicht von einem ›Feind‹ gestohlen worden sein, einen solchen gab es hier nicht, sondern von einem ›Kameraden‹!

Es war einer jener neuen, warmgefütterten, schönen Wintermäntel, mit denen man den Herbst-Einsatz ausrüstete, während die alten Soldaten noch mit ihren leichten, vielfach zerfetzten Sommermänteln herumliefen. Trotzdem konnte ich nicht begreifen, wieso im Feld, in der Front, wo es um Tod und Leben ging, einer den andern bestiehlt...

Am nächsten Tag hatten wir acht Stunden zu laufen, um zu unsrem eigentlichen Bestimmungsort zu kommen. Es goß, und ich fror wie ein Hund. Aber als ich dann bei meinem Quartier-wachtmeister um einen neuen Mantel einkam, da der meine gestohlen worden sei, erlebte ich eine neue Enttäuschung.

»Du jammervolles Bruchstück eines nicht fertig gewordenen Menschen«, sagte der Gewaltige zu mir, »warum kommst du hier heraus und fällst uns zur Last, wenn du nicht einmal auf deinen eigenen Mantel aufpassen kannst? Sollen wir hier eine Garderobenfrau für dich engagieren, bei der du deine Sachen abgeben kannst, bevor du in dein dreckiges Mauseloch kriechst!« Ich fror weiter und stopfte mir Zeitungspapier unter den bald schon schlotternden Waffenrock.

Und jetzt prasselten die Enttäuschungen auf mich ein. Die eigentliche harte Schule des Kriegs hatte begonnen, die eine Hölle war – nicht wegen der Gefahr oder der Schrecknisse. Es war alles völlig anders, als wir's uns vorgestellt hatten, vor allem: die ›Kameradschaft‹. Hier galt es zu lernen, ein ›gemeiner Mann‹ zu sein, dem keiner etwas erließ oder erleichterte, und der seine graue, anonyme, schmutzige Arbeit machen mußte, statt ›Hel-dentaten‹ zu begehen. Man mußte das Härteste erfahren, das auch in den kommenden Frontjahren so schwer erträglich war: die ungeheure Langeweile, die Nüchternheit, das Unheroische, Me-chanische, Alltägliche des Kriegs, in das sich das Grauen, das Entsetzen, das Sterben nur einfügte wie das Anschlagen einer Kontrolluhr in einem endlosen Fabrikationsprozeß.

Ich war, zunächst, einer leichten Munitionskolonne zugeteilt worden, die immer in Bereitschaft lag, in einem verlassenen Dorf dicht hinter den Linien, um jederzeit im Bedarfsfall Grana-ten und Schrapnells nach vorne zu fahren und zu den Geschützen zu schleppen. Das Dorf lag nicht unter Beschuß, aber wir hatten schlechte Quartiere, schimmelfeuchte oder verstaubte Strohla-ger, struppige Gäule und unerträglichen Dienst, durch nächt-liches Wachestehen synkopiert.

Diese Nachtwachen in der manchmal froststarrenden, doch häufiger dunstig-milden Winterlandschaft der Picardie hatten für mich noch etwas Tröstliches: dann war ich wenigstens zwei Stunden allein. Zwar lag man im Wachlokal seine vier Stunden in voller Uniform auf stachliger Streu eng zusammengepreßt zwischen Männern, die ekelhafte Laute ausstießen oder sich wälzten, und wurde, wenn man glaubte, gerade eingeschlafen zu sein, zur Ablösung an der Schulter gerüttelt. Aber dann strich einem die kühle Nachtluft um die Nüstern, und man ergab sich, seine kleine Strecke abpatrouillierend, der Träumerei, verschwisterte sich mit der niemals schlafenden Natur, deren Stille durch das ungewisse Gerumpel von den vorderen Linien nur vertieft wurde. »Niemand weiß etwas von der Natur, der nicht in ihr Wache geschoben hat«, schreibt mein Freund Peter Bamm in einem seiner Bücher. Wir haben das erfahren. Ich erinnere mich an die Bewachung einer Brücke über einen tief eingeschnittenen Bach, etwas außerhalb des Dörfchens, in dem wir lagen. Man fand dort einen Doppelposten nicht für nötig. Man wachte allein. Mit umgehängtem Karabiner schritt ich so leise wie möglich auf der schlammweichen Straße hin und her oder lehnte mit dem Rücken an einer Pappel. An einen Feind, der etwa die Brücke hätte zerstören wollen, war nicht zu denken, sie hatte keinen strategischen Wert. Aber ich hörte jeden Laut, den das geheime Leben der Nacht hervorbrachte – das Schleichen einer Katze, das leise scharrende Getrippel einer Wieselfamilie, die in der Bachschlucht hauste und deren ich manchmal im Sternenschimmer gewahr wurde. Ich konnte Wühlmäuse unter der Erde, Ratten im Abflußkanal des Dorfes hören und glaubte, die kahlen Weidenstrünke belauschen zu können, die auch im Winter die Feuchte aus dem Boden ziehn. Immer schrie das Käuzchen, im nördlichen Frankreich muß es besonders häufig sein, ich kann mich kaum einer Nacht erinnern ohne seinen ›Kui-wii‹-Schrei, der oft unheimlich nah ertönte.

Am Tag war ich dann erschöpft und übermüdet, aber das war ich immer in dieser Zeit. Ich war der Jüngste in unserer Korporalschaft, das bedeutete: ich hatte allen Dreck zu machen, der den anderen zu dumm war, angefangen vom Abwaschen der fettig-kalten Aluminiumteller und Kochgeschirre bis zum Schleppen schwerer, überschwappender Wassereimer, vom Wagenwaschen bei Kälte und Wind – sie waren von den Fahrten auf den pflasterlosen Straßen unvorstellbar verdreckt und mußten bei der täglichen Besichtigung so blank sein, als hätten sie in einer Schloßremise gestanden – bis zum Reinigen der Latrine. Wenn wir von einer Fahrt durch beschossenes Gelände zurückkamen und mir Schultern und Kreuz vom Schleppen der schweren Granatkörbe schmerzten, schmissen sich die anderen aufs Stroh und schnarchten bereits, während ich an dem widerlich rußenden und blakenden Feuerloch hocken mußte, um für Wärme zu sorgen. Ich mußte auch für unsere Gruppe kochen, wir hatten damals noch keine allgemeine Feldküche, jede Korporalschaft faßte das Rohmaterial, ein Stück Fleisch, Kartoffeln, Graupen, Bohnen und dergleichen – ich beneide meine damaligen Mitesser nicht um das Zeug, das ich im Anfang zusammengebraut haben mag. Doch hatte ich bald heraus, daß man in den verlassenen französischen Gemüsegärten Lauch, Zwiebeln und Petersilie finden konnte, um die Suppe schmackhafter zu machen. Die anderen schmissen einfach den fetten Fleischbrocken und die Kartoffeln ins kochende Wasser, schütteten Salz dazu und schlangen das dann hinunter. Der Sinn für gutes Essen war bei mir eine Erbeigenschaft, und ich vervollkommnete bald meine Kochtechnik in der Not, aber auch dadurch konnte ich mich nicht beliebt machen. Den meisten war es egal, was sie fraßen, da es ohnehin nicht so war, wie ihre Frau daheim das machte, und ich war in allen anderen Dingen ungeschickt.

Jeden praktischen Handgriff, jede Kleinigkeit, die einem Bauernjungen oder dem Sohn eines Grubenarbeiters selbstverständlich war, mußte ich unter größter Mühe und mit lächerlicher Unerfahrenheit erst lernen. Warum, fragte ich mich, haben sie uns bei der Ausbildung nicht Feuermachen und Holzhacken beigebracht statt des blödsinnigen Säbelfechtens und Pistolenschießens, das man doch nie werde brauchen können! Ich verfluchte mein feines Elternhaus, in dem ein lautloses Dienstmädchen morgens die Öfen und den Herd anzündete, während man noch in den Kissen lag und mit wohliger Verschlafenheit das erste Knistern des anbrennenden Holzes hörte. Jetzt knisterte es in meinem Schädel, Tag für Tag, vor Anstrengung und Verzweiflung.

Denn von den ›alten Männern‹, den Kameraden, half einem keiner. Die machten es uns nur noch schwerer. Sie rissen Witze über uns, aber keine gutmütigen, eher beschämende, diffamierende, sie mißtrauten uns, verachteten uns, konnten uns nicht leiden. Mit offenen Armen, hatten wir gedacht, würden die uns da draußen empfangen, uns, die wir uns ohne Zwang darnach gedrängt hatten, ihre Gefahr und ihr hartes Los zu teilen! Die wir freiwillig kamen, um ihnen zu helfen, an ihrer Seite zu sein…

Aber sie gaben uns bald zu verstehen, daß sie unsere ›Hilfe‹ weder gewollt hatten, noch geneigt waren, unsere Bereitschaft dazu auch nur im geringsten zu achten, anzuerkennen oder zu verstehen. Das Wort ›Kriegsfreiwilliger‹, das in der Heimat immer noch einen edlen Klang hatte, war hier draußen ein Schimpfwort. Man hatte uns bereits in ›Kriegsmutwillige‹ umgetauft und ließ uns fühlen, daß man unsere Voreiligkeit frivol, dumm, sinnlos fand, vor allem: nicht an ihre idealen Beweggründe glaubte. Idealismus oder Heroismus war für diese gedienten Leute, die den Militärbetrieb kannten und vom Krieg schon längst die Nase voll hatten, eine üble Phrase, ein reiner Quatsch. Warum will so ein halber Knabe, untüchtig und verwöhnt, früher ins Feld, als er müßte? Doch nur um irgendeines Vorteils willen – um rascher befördert zu werden oder hinterher einen besonderen Vorzug zu haben. Für diese ›Leute aus dem Volk‹, die es unsrerseits erst kennenzulernen und zu verstehen galt, war das Leben der Güter höchstes. Wer das leichtsinnig aufs Spiel setzte, indem er sich ›freiwillig‹ in Gefahr begab, ohne aufgerufen zu sein, war für sie – zunächst einmal – ein Hasardeur. Ein Spieler, ein zweifelhafter Charakter. Denn ein anständiger Junge wird zu Hause gebraucht, oder er bereitet sich auf seinen Beruf vor, er geht nicht Soldatenspielen, wenn er nicht muß, und wenn er es muß, ist es immer noch Zeit, seinen Mann zu stellen. Unsere Mentalität war ihnen so fremd und unverständlich wie uns – damals – die eines Ruhrkumpels oder eines polnischen Landarbeiters. Und obwohl die meisten keine organisierten Sozialisten waren, empfanden sie uns gegenüber eine Art von Klassenfeindschaft, oder wenigstens eine Klassenschranke. Politisch denken hatten sie ebensowenig gelernt wie wir und die hohen Geister unserer Nation. Die meisten hatten nie den Namen Karl Marx gehört, und ich fand auch später sehr wenige, die wußten, daß oder warum sie ›links‹ waren. Andererseits trugen sie einen unmäßigen Stolz auf ihre zwei oder bei der reitenden Truppe drei Dienstjahre zur Schau, auch wenn sie's noch nicht einmal zum Gefreiten gebracht hatten und den ganzen Schwindel verabscheuten. Aber ein gedienter Mann, der die Kniffe kannte und vor allem wußte, wie man Druckpunkt bezieht, ohne aufzufallen, war in ihren Augen etwas Respektables und stand hoch über unsereinem, der nur Kriegsausbildung genossen und sich noch dazu freiwillig gemeldet hatte. Ihre Abneigung gegen uns war nicht ›klassenbewußt‹, sie erwuchs ganz einfach aus den realen Standesunterschieden. Wenn ich von meiner Mutter Pakete mit besonderen Eßwaren, feinen Konserven oder Bäckereien bekam, so half es mir wenig, daß ich sie mit ihnen teilte. Ihr Spott war mir trotzdem gewiß. Hätte ich nicht von selbst und gern mit ihnen geteilt – mir wäre es schäbig vorgekommen, das nicht zu tun –, so hätten sie mir gewiß, wie ich's bei anderen miterlebte, einen bösartigen Streich gespielt, mir das Zeug – nur zum Spaß – geklaut, verdorben, mit Kot vermischt oder dergleichen. Diese Männer waren unbestechlich. Für sie waren wir die künftigen Offiziere im Rohzustand, die – wenn nicht in vorderster Linie – eines Tages besser wohnen, besser essen würden als sie, sich von einem gemeinen Putzer die verdreckten Reitstiefel reinigen lassen und sie herumkommandieren könnten. Vor den aktiven Offizieren ihrer Dienstzeit und der ersten

Kriegsmonate hatten sie Respekt, sogar Achtung. Die hatten auch gewöhnlich mehr Takt, Verständnis und Wohlwollen ihrer Mannschaft gegenüber. Begüterte Zivilisten, die ›Reserve-Offizier‹ spielten und sich oft im Ton und in der Behandlung vergriffen, haßten sie, und zu denen würden wir gehören. Jetzt hatten sie uns in der Hand und nahmen ihre Rache vorweg.

Eine harte Lehre. Eine gute Lehre. ›Kameradschaft‹ war nicht so billig zu haben. Es genügte nicht, daß man sang, man ginge an jemandes Seite. Man mußte etwas tun und etwas sein, um auch nur geduldet zu werden unter den Männern, für die das tägliche Leben kein Spaß war und ›Kultur‹ kein Daseinszweck. Auch das empfinde ich, da ich es überstanden habe, als einen der Glücksfälle meines Lebens: daß ich nicht, wie die Einjährigen, die vorher gedient hatten, schon mit gehobenem Rang ins Feld kam, daß ich die Existenz des ›gemeinen Mannes‹ aus eigner Erfahrung von Grund auf kennenlernen mußte. Es hat mir nicht nur in den Kriegsjahren, sondern viel später, als es in Amerika noch einmal galt, von unten anzufangen, unendlich viel genutzt. Ich habe mich damals, auf dem Weg des Erleidens, unwissentlich mit dem Volk verbrüdert, wie es auf Grund sozialer Emotionen, Überzeugungen oder Lehren niemals geschehen kann.

Jetzt aber fühlte ich mich einer Welt von Feinden ausgeliefert, die viel schlimmer waren als der granatenspeiende Feind da drüben, und mit Ausnahme meines Korporals, eines gutherzigen, frommen Odenwaldbauern namens Gaydul, der mir manchmal heimlich bei den schwersten Stallarbeiten half, waren es alle sadistische Teufel. Der ärgste war ein Mann, mit dem ich Quartier und Lager zu teilen hatte. Er trug den Vornamen Schorsch, war von Beruf Bierkutscher in Babenhausen und hatte Gliedmaßen, Schultern, Fäuste wie der Riese aus dem Märchen. Ich erinnere mich genau an das widerwärtige Grinsen, mit dem der Kerl zusah, wenn ich vergeblich versuchte, mit feuchtem Stroh und grünem Holz Feuer anzubringen, oder mir beim Abnehmen des Kaffeekessels vom improvisierten Rost die Pfoten verbrannte. Er konnte behaglich an seiner Pfeife ziehen, wenn ich, vom

Dienst halbtot, unter einem Zentnersack keuchte, den es in den Stall zu schleppen galt. Nie hätte er mir gezeigt, wie man einen solchen Sack richtig und leicht auf die Schulter schwingt, und als ich's ihm abgeguckt hatte, pflegte er mir noch ein Bein zu stellen oder mir einen anderen Sack auf die Füße fallen zu lassen, wozu er mich anbrüllte: »Paß doch auf!«

Auch ließ er, wenn wir auf der gemeinsamen Strohschütte lagen, laut seine Fürze knallen und drehte mir dabei seinen unflätigen Hintern zu. »Mach das nach, wenn du kannst, du Kriegsmutwilliger«, sagte er dazu. Schon um ihn zu ärgern, tat ich es nicht – trotz des blähenden Kommißbrots. Das reizte ihn zu immer gewaltigeren Detonationen. »Meine Frau hat das gern«, sagte er genüßlich.

Eines Abends kamen wir von einem gefährlichen Munitionstransport zurück. Es war Schnee gefallen, unser schwerer Wagen mit den sechs Gäulen hatte sich an einer Straßenkreuzung festgefahren, die unter Beschuß lag. Ich erlebte an diesem Tag zum ersten Mal, wie einem Mann neben mir eine Schrapnell-Ladung durchs Gesicht klatschte, und das Gesicht verwandelte sich in einen blutigen Brei, aus dem es ohne Unterlaß schrie. Ich hatte das Schreien noch im Ohr, die Blutspritzer auf dem Waffenrock, den brandigen Geruch der Pikrinsäure im Gaumen. Da passierte es mir, aus Versehen, aus Ungeschick, aus Enerviertheit, daß ich den Kaffeekessel umstieß, gerade als Schorsch sich seinen Metallbecher füllen wollte. Es war nicht viel Kaffee da, wir waren alle durchfroren, Schorsch hatte noch keinen gehabt. Er brachte vor Wut keinen Ton aus der Kehle. Dann hob er – wie es mir in der Erinnerung scheint, ganz langsam, mit einer Zeitlupenbewegung – den mächtigen Arm und schlug mir mit seiner nackten, ungeschlachten Hand mitten ins Gesicht. Das Blut schoß mir aus der Nase. Mit der Hand ins Gesicht geschlagen zu werden, ist das gemeinste Gefühl, die abscheulichste Erniedrigung. Mich machte es krank, hirnwütig. Ich verlor jede Besinnung. Ich wurde rasend. Ich hatte kein Interesse mehr am Weiterleben. Ich warf mich auf Schorsch – obwohl das so sinnlos war, wie wenn ein junges Hähnchen sich auf einen wütenden

Bullen gestürzt hätte – und schlug blindlings, mit allen verfügbaren Kräften auf ihn ein. Ich hätte ihn, wäre es mir gelungen, ermordet. Ich biß ihn, als er mich wie ein Bündel aufhob und beutelte – keine männliche Art der Verteidigung, aber ich wußte mir nicht mehr zu helfen.

Und als Schorsch einen Augenblick von mir abließ, um zu einem Schlag auszuholen, mit dem er mich fertiggemacht hätte, packte ich das erste beste Holzscheit, das auf dem Boden lag, und hieb es ihm über den Kopf. Das Scheit sprang mir dabei aus der Hand und prellte meine Schulter, die mehr geschmerzt haben mag als Schorschs unverschämter Schädelknochen. Aber in Schorschs Gesicht war jetzt eine unbegreifliche Veränderung vor sich gegangen. Ich war vornüber gefallen, er hätte mich mit einem Griff in der Zange gehabt und beliebig verdreschen können. Doch er tat es nicht. In seine blutunterlaufenen Augen war plötzlich ein Ausdruck getreten, der fast etwas Menschliches hatte oder wenigstens eine Art von Erstaunen. Er ließ den Arm sinken, grinste. Dann nahm er den Schöpflöffel, kratzte einen Rest aus dem Kaffeekessel. »Trink mal«, sagte er zu mir, »und tu dir Schnee auf die Nase.«

Das war der erste Rat, den er mir gab. Ich befolgte ihn, und bald hörte das Bluten auf. Wir sprachen kein Wort miteinander. Ich sah mit Befriedigung, daß auch er sich Schnee auf seine Beule tun mußte. Aber von diesem Tag an war der Schorsch mein Freund. Ich erinnere mich, daß er mir einmal meine Post nach vorne brachte, als ich schon in Grabenbeobachtung lag, da er wußte, daß ich einen bestimmten Brief erwartete. Der Brief war dann nicht dabei, aber er hatte drei Stunden gebraucht, um die letzten fünfzig Meter durch Strichfeuer zu kriechen. Und ich versäumte fast einen Tag meines ersten Heimaturlaubs, um seiner Frau in Babenhausen den kupfernen Führungsring von einer französischen 15-cm-Granate zu bringen, in dessen Innenseite er mühsam eingeritzt hatte: »Zur Erinnerung an den Feldzug 1914/15.«

Solche Andenken waren damals beliebt, man schlug die Ringe von den umherliegenden Geschoßfragmenten oder auch von

Blindgängern ab, obwohl das nicht ganz ungefährlich war. »Dein Georsch« stand noch in dem Ring. Mehr als das ist nicht von ihm übriggeblieben. Eines Tages mußten wir eingraben, was ein Volltreffer aus seinem riesigen Leib gemacht hatte.

Während der Dienstzeit in der Kolonne kamen wir schon öfters in die vorderen Linien, nicht nur um unsere Munition abzuliefern, die man damals noch in ahnungslosem Leichtsinn dicht neben den Geschützen in Erdkuhlen aufstapelte, welche nur mit Wellblech und Grasnarbe abgedeckt waren. Nachdem ein paar Batterien mitsamt ihrer Munition in die Luft gegangen waren, baute man dafür abgestützte Stollen von einigen Metern Tiefe. Zu solcher Erdarbeit, aber auch zum Ausschippen von Verbindungsgräben zu den Gefechtsständen der Infanterie, wurden wir Jungen gern abkommandiert. Auch dabei stellte man die Mutwilligen dorthin, wo es den härtesten, von Steinschichten und Wurzelwerk durchwachsenen Boden gab und wo man Hacke und Spaten in wilder Hast schwingen mußte, da die schlanken, eleganten Kupfergeschosse der französischen Infanterie durch die Luft pfiffen und die Querschläger trillerten.

Auch war ich eine Zeitlang zu einem Holzfällerkommando eingeteilt – schöne, alte Nußbäume wurden da umgelegt, um die es mir leid war, obwohl man uns belehrte, daß daraus in der Heimat Gewehrkolben gemacht würden. In einem Wäldchen säbelten wir keuchend an großen Eschen- und Buchenstämmen herum, Motorsägen gab es noch nicht, es wurde alles mit dem langen, zweihändigen Sägeblatt und mit der Axt gemacht, wobei wir nie genau wußten, in welcher Richtung der Wipfel herunterkrachen würde. Aber ich liebte den Geruch der frischen Holzspäne, der ausgehackten Wurzeln und Äste. Zwischen den Strünken begannen schon im Winter Grashalme und Schneeglöckchen zu knospen. Ich preßte während der kurzen Mittagspause mein Gesicht hinein, in einer unaussprechlichen Sehnsucht, und schlief mit der Erde.

Als uns bei einem Appell kundgemacht wurde, das Regiment stelle eine ›Sturmabwehrbatterie‹ zusammen, die mit kleinkalibrigen Grabengeschützen ausgerüstet und der Infanterie zur

Unterstützung bei Angriffen beigestellt werde, meldete ich mich noch einmal freiwillig – schon um der Plackerei und dem Stumpfsinn des Kolonnendienstes zu entfliehen. Damit war meine Laufbahn für den größeren Teil der Kriegszeit besiegelt.

Es war ein ›Verlustlistenkommando‹, von dem ich nicht mehr loskam. Ich wurde zwar – Traum unserer Ausbildungszeit – rasch befördert und kam zu meinen Kreuzen und Medaillen, aber ich war als Spezialist für Sturmabwehr festgelegt, und zwar für ihren gefährlichsten Sonderzweig: erst als ›Drahtflicker‹, der die Telefonverbindung nach vorne und rückwärts in jeder Lage aufrechtzuerhalten hatte, dann, auch als Offizier, für Beobachtung in vorgeschobener Stellung. Anfangs hatten wir deutsche Revolverkanonen vom Kaliber 3,5 und erbeutete belgische 5,7-Schnellfeuergeschütze, dann kamen alte deutsche Feldgeschütze hinzu, 9-cm-Kanonen, die noch ohne Rohrrücklauf schossen und eine besonders eingearbeitete Mannschaft verlangten. Für diese Geschütze, die in den Stellungskämpfen ›verbraucht‹ werden sollten, hatten wir immer zu wenig Munition, und außerdem hatten sie die unangenehme Eigenschaft, gelegentlich durch Rohrkrepierer in Stücke zu platzen und ihre Bedienung zu zerreißen. Ich gehörte zu den wenigen Artilleristen, die im Ersten Weltkrieg noch direkt, über Kimme und Korn, auf anstürmende Truppen geschossen haben, was den moderneren Artilleriewaffen durchweg erspart blieb.

Als Beobachter wurde man manchmal von seiner Batterie abgeschnitten und in die Kampfhandlungen der Infanterie verstrickt. Ich kenne diese letzten Stunden nach tagelangem Trommelfeuer, wenn man in einem gerade noch aushaltenden Unterstand erschöpft, übernächtigt und ausgehungert hockte, bis dann eine plötzliche Pause in dem Schüttern und Schmettern der Einschläge entstand und die Stimme eines Postens von draußen in das Dunkel hinunterbrüllte: »Raus! Sie kommen!« Dieses Brüllen geschah entweder mit einer heiser-kehligen Stimme, denn sie konnten kaum mehr einen Laut hervorbringen, oder ganz dünn, schrill, kreischend wie die Fisteltöne der Masken auf einem Fastnachtsball.

Ich war kaum achtzehn, als ich zu dieser Batterie kam. Ich wurde neunzehn, zwanzig, einundzwanzig, durchlief die Rangstufen bis zum Leutnant und war immer noch dabei und lebte noch immer. Jeden Geburtstag, der für mich dicht bei Weihnachten liegt, jedes Weihnachtsfest beging ich in irgendeinem Grabenloch. Ich wuchs mit den anderen unmerklich zusammen – mit denen, die schon in unserer ersten Feuerstellung dabei waren, mit denen, die verschwanden, unterm Holzkreuz oder in einem Feldlazarett, mit denen, die neu dazukamen und für die ich nun selbst schon ein ›alter Mann‹ war, auch wenn mancher den Jahren nach hätte mein Vater sein können. Ich sehe sie alle, ich habe kaum einen vergessen. Sehr wenige davon sind heute noch am Leben.

Es war im Februar 1915, wir lagen in einer verhältnismäßig ruhigen Front und hatten bei einem unbedeutenden Patrouillengefecht Sperrfeuer geschossen. Das war gegen Abend, und als ich vor Einbruch der Dunkelheit von der Geschützwache abgelöst wurde, ging ich, ohne besonderen Zweck, in einem der nach vorne führenden Laufgräben auf und ab, wohl nur, um eine Zeitlang allein zu sein. Da kamen durch diesen Laufgraben aus der uns vorgelagerten Infanteriestellung zwei Sanitäter mit einer Bahre. Es war ein föhniger, feuchtschwüler Abend, die beiden keuchten unter ihrer Last. Für einen Augenblick stellten sie die Bahre ab, um sich den Schweiß von der Stirn zu wischen.

»Die werden schwerer, wennse tot sind«, sagte der eine zu mir.

»Aber der ist ja noch gar nicht tot«, sagte der andere.

»Wieso nicht«, sagte der erste – »Kopfschuß.«

Ich war ohne Neugier hinzugetreten und erkannte in dem fahlen Gesicht, dem das Blut von der Stirn lief, die Züge meines Schulkameraden Ferdinand Pertzborn, eines Jungen aus dem Rheingau, der am Tag des Kriegsausbruchs mit uns in der Reihe gegangen war und mit mir das Notmaturum gemacht hatte. Als ich mich über ihn beugte, schlug er plötzlich die Augen auf und schaute für eine Sekunde direkt in die meinen. Ich glaube, daß er mich erkannte, es ging etwas wie der Versuch eines Lächeln über sein Gesicht. Dann sanken die Augen ein, ohne sich zu schließen. »Jetz' is aus«, sagte der Sanitäter, »los.« Sie nahmen die Bahre auf und gingen weiter. Erst als sie fort waren, fiel mir ein, daß ich ihm hätte die Augen schließen sollen. Aber ich konnte mich nicht bewegen.

Ein paar Tage später bekam ich den Besuch eines anderen Schulkameraden, Karl Gelius, der vorne bei den 117ern lag. Er war schon Leutnant, wegen Tapferkeit mit Vorzug befördert, und es war sein achtzehnter Geburtstag. Ich machte eine Flasche Wein auf, die mir mein Vater geschickt hatte und die sogar unzerbrochen angekommen war. Wir wollten feiern, aber er war nicht froh und trank fast nichts.

»Ich wollte dich nur noch einmal sehen«, sagte er, »ich weiß, ich komm' nicht mehr nach Hause. «

Ich versuchte ihn abzulenken, heiter zu stimmen, an Lustiges aus der Schulzeit zu erinnern. Er sah mich nur traurig an. »Wir haben nicht gewußt, wie es ist«, sagte er. Er fiel in den nächsten Wochen.

Vor mir liegt ein grauer, gehefteter Band, mit vergilbten Blättern: ›Kriegsbriefe gefallener Studenten‹, erschienen im Jahre 1918. Er enthält fünfzig Schreiben, von jungen Männern, die zwischen 1914 und 1917 sterben mußten. Darin lese ich, in einem Brief von Herbert Weißer, geboren 6. März 1892, gefallen 25. Mai 1915:

»Nein, ich fühl's, ich werde noch was zu tun und zu sagen haben im Leben; es wird Friede werden und ein neues Leben sein auch für mich, mit jungen frischen Kräften, unverbrauchten Sinnen, mit Hindernissen und Kämpfen und Siegen.

Ist das nun schlecht, ist das unpatriotisch, wenn ich so denke? Darf der Soldat keinen Lebenswillen haben? Mag sein – ich kann nicht anders – die Lust zu leben, und der Mut zu leben, werden täglich größer, ich kenne das große Leben noch zu wenig, um es achtlos von mir zu schenken. Todesverachtung, Heldentum – ich gestehe es mit Scham – das könnte bei mir nur im Rausche der überspannten, betäubten Sinne, in der höchsten Erregung eines Gefechts kommen – sonst – auch ich dachte es mir so leicht, auf das Leben zu verzichten, und ich sprach im Anfang so leichtfertig davon – und nun: ›O Königin, das Leben ist doch schön...‹«

Und dann aus einem Brief von Franz Blumenfeld, stud. iur., geboren 26. September 1891, gefallen 18. Dezember 1914:

»Warum ich mich als Kriegsfreiwilliger gemeldet habe? Natürlich nicht aus allgemeiner Begeisterung für den Krieg, auch nicht, weil ich es für eine besonders große Tat halte, sehr viele Menschen totzuschießen oder sich sonst im Kriege auszuzeichnen. Aber auch wenn ich überzeugt bin, daß ich im Frieden für das Vaterland und das Volk mehr tun kann als im Kriege, so finde ich es ebenso verkehrt und unmöglich, solche abwägenden, fast rechnenden Betrachtungen anzustellen, wie etwa für einen Mann, der, bevor er einem Ertrinkenden hilft, sich überlegen wollte, wer der Ertrinkende wäre, und ob er nicht vielleicht wertvoller sei als dieser... Denn das Entscheidende ist doch immer die Opferbereitschaft, nicht das, wofür das Opfer gebracht wird... Ich finde den Krieg etwas so Fürchterliches, Menschen-Unwürdiges, Törichtes, Überlebtes, in jeder Weise Verderbliches, daß ich mir fest vorgenommen habe, wenn ich aus dem Krieg heimkehre, mit aller Kraft alles zu tun, was ich kann, damit es in Zukunft so etwas nicht mehr geben wird.«

Das war aus der begeisterten Schar vom August 1914 geworden, und in einer solchen Seelenlage, von tragischem Ernst und doch noch von jugendlicher Hoffnung geprägt, standen wir nun jahrelang in der Front, in einem Krieg, an dessen Notwendigkeit und Recht man immer mehr zweifelte und der in ein immer furchtbareres Schlachten ausartete. Trotzdem dachte man nicht daran, sich zu schonen, sich zu drücken, zu simulieren, unter irgendeinem Vorwand zurückzukommen. Dazu fühlte man sich zu sehr mit den anderen verbunden, die ja auch aus ihrem Schicksal nicht herauskonnten, und es ergab sich jene tiefere Art von Kameradschaft, die ich früher ›Stellvertretung‹ genannt habe. Man wünschte sich einen ›Heimatschuß‹, eine heilbare Verwundung, durch die man heimkommen und vorm Schlimmsten bewahrt bleiben konnte. Doch das stand bei Gott und seinen Engeln, von deren Schutz man in dieser Lage wenig hielt. Selbst wenn man sich im geheimsten Innern noch einen Funken von Gläubigkeit bewahrt hatte, wurde man in seinem Denken und seinen Äußerungen eher zynisch als fromm. Und man empfand sich selbst, der täglich am allgemeinen Morden teilnahm und dem Sterben zuschaute, wie einen Aussätzigen, Ausgestoßenen, der in die Gesellschaft friedlich lebender Menschen nicht mehr paßt.

»Nach einem Angriff im Laufgraben mit Handgranaten und Flammenwerfern«, schreibt ein anderer der gefallenen Studenten, Hellmuth Zschuppe, 1897 bis 1917, »ist man gebrandmarkt in der Seele.« Wir waren gebrandmarkt, gezeichnet: entweder zum Sterben oder zum Weiterleben mit der Last eines kaum erträglichen, nicht mitteilbaren Wissens. Wir lebten dem Augenblick, dem Haß, der Liebe, wie sich's ergab, und gewöhnten uns ab, an den nächsten Tag zu denken. Wenn ich meine Kriegszeit zusammenrechne und jeden Urlaub abziehe, sind es 1213 Fronttage.

Es gab in dieser Zeit, zwischen meinem achtzehnten und zweiundzwanzigsten Jahr, die ich unter normalen Verhältnissen in Universitätsstädten, mit Studenten und Akademikern, in bekanntem Milieu verlebt hätte, kaum einen deutschen Volksstamm, kaum eine Berufsschicht oder Menschensorte, die ich nicht kennenlernte – aus der intimsten Nähe, mit ihren Sonderheiten, Dialekten, Charaktereigenschaften, und im wörtlichen Sinn: wie sie leben und sterben. Handlungsreisende, Artisten, Kattunfabrikanten, Pharmazeuten, Holzhändler, Zuhälter, Familienväter, Transvestiten, Bergmänner, Landwirte jeden Besitzstandes, vom Katenbewohner bis zum Großagrarier, Ingenieure, Eisendreher, Glasermeister, Theologiedozenten, Postbeamte, Gastwirte, Hochseefischer, Schweinemetzger, Streckenwärter, Zeitungsverleger, -drucker, -verkäufer, Bierbrauer, Feinmechaniker, Musiklehrer, Staatsanwälte, Irrenwärter, Schornsteinfeger, Eintänzer, Mediziner, Kanarienzüchter, Studienräte. Ich könnte die Liste beliebig fortsetzen.

Ich liebte den Valentin aus der Pfalz, den Raufbold, den Vagabunden mit seinen vierzehn Vorstrafen und seiner vollkommenen Immoralität. Ich konnte nicht anders, als ihn gern haben. Er war kein feiner Mensch und ein miserabler Soldat. Dies war er mit Methode. Wenn es galt, ein Geschütz mit Seilen aus dem Schlamm zu ziehen, war er derjenige, der am lautesten »Zugleich!« brüllte und dabei keinen Muskel straffte und keinen Schweißtropfen verlor. So etwas muß gekonnt sein: durch Anhalten des Atems einen roten Kopf zu bekommen, so daß es aussah, als strenge er sich an, obwohl er gar nicht daran dachte. Er war ein Meister in Selbstschonung, dabei ein robust-muskulöser Kerl, von Beruf Schiffschaukler – dasselbe, was in Molnárs ›Liliom‹ auf österreichisch Hutschenschleuderer heißt. Er hatte einen Widerwillen gegen die Gefahr und eine unüberwindliche Abneigung gegen den Heldentod. Er verstand es, sobald wir in eine gefährliche Stellung kamen oder wenn eine Offensive begann, eine alte Gonorrhoe zum Ausbruch zu bringen, oder wenigstens ihre Symptome – wie, war sein medizinisches Geheimnis. Damit mußte man ihn ins nächste Etappenlazarett schicken. War dann die Schlacht vorbei und wir lagen in Reserve, erschien er wieder und begann ohne Übergang zu stehlen. Aber er bestahl niemals seine Freunde. Wen er mochte oder wer nett zu ihm war, konnte ihm sein Geld anvertrauen, ohne es zu zählen. Er stahl aus Sport, aus Neigung, keineswegs aus ›krankhafter Veranlagung‹, und es machte ihm Spaß, seine Beute sofort wieder zu verschenken. Einmal desertierte er von der Truppe, denn er hatte in Henniez-Liétard, in seiner Aussprache »Hennelitterd«, im Kohlenrevier hinter der Arras-Front, einer einsamen Bergmannsfrau ein Kind gemacht, das er besuchen und dem er eine geklaute Tafel Schokolade bringen wollte. Er hatte eben ein sehr zartes Gemüt. Ich war sein unmittelbarer Vorgesetzter, und es gelang mir, die Sache zu vertuschen, die ihm sonst schlecht bekommen wäre. Seine Zuneigung zu mir war sagenhaft.

Als ich ihn nach dem Krieg wiedertraf, auf dem ›Dürkheimer Wurstmarkt‹, einer berühmten Jahrmarktsveranstaltung in der Pfalz, wo er die Schiffschaukel bremste, lagen wir uns – zum Spaß der mich begleitenden Freunde, des Kunsthistorikers Wilhelm Fraenger und des Schauspielers Heinrich George – in den Armen. Er hatte eine heidnisch-antike Art, seine Sympathie zu bezeugen. Sofort rief er seine Braut, eine hübsche dralle Person aus Birkeneders Schießbude, und befahl ihr in herzlichem Ton, mit mir zu schlafen. Sie schien ohne weiteres bereit. Doch aus gewissen Erinnerungen zog ich es vor, darauf zu verzichten – was ihn sichtlich verstimmte. Es bedurfte all meines Taktes, um ihn darüber wegzubringen, ohne ihn zu kränken.

Im Anfang, solange wir noch einem hessischen Regiment und dem 18. Armeekorps angehörten, waren es mehr die Bewohner und Mundarten der engeren und weiteren Heimat, des deutschen Westens und Südwestens, mit denen man es zu tun hatte, von der Eifel und der Porta Westfalica über Hunsrück, Taunus, Rhön, Vogelsberg bis zum Schwarzwald und den Vogesen. Dann, durch den besonderen Charakter unserer Formation, die immer wieder anderen Armeekorps und anderen Divisionen zugeteilt war, kamen die für uns fremdartigsten, entferntesten Provinzstämme dazu, die Männer aus der ›kalten Heimat‹, Ostpreußen, manche mit litauischem Einschlag, aus Lyck und Memel, Westpreußen von der Weichsel, ›Missingsche‹ von der Waterkant. Eine Zeitlang bekamen wir unseren Ersatz aus solchen Gegenden, auch lag ich lange als Beobachter mit den Danziger Grenadieren, Garde-Regiment Nr. 5, zusammen, und ich habe aus dieser Zeit eine besondere Sympathie für die ›Wald- und Wasser-Kaschuben‹ heimgebracht, für ihren mit polnischen Sprachbrocken untermischten Singsang, für ihre primitiven, derben, schlauen und vielfach kindlich-treuherzigen Wesenszüge. Mein erster Bursche, als ich Offizier wurde, auch mein Pferdepfleger, war ein echter Kaschube, von dem ich dann viele Jahre lang köstlich unorthographische Briefe bekam.

Im allgemeinen war die Haltung der Frontsoldaten, wenn ein Trupp Gefangener durch die Linien nach rückwärts gebracht wurde, von einem freundlichen Mitgefühl bestimmt, dem sich ein leiser Zug von Neid beimischte: für die ist der Krieg vorüber. Andererseits wußte man nie, ob man nicht morgen in der gleichen Lage wäre und wie es einem dann ergehen würde. Man steckte ihnen, wenn man konnte, ein paar Zigaretten zu und erhielt manchmal als Gegengage eine schwarze ›Caporal‹ oder eine englische ›Players‹. Längst war der Haß gegen den ›Feind‹ im Nachbargraben erloschen. Der Feind, für uns alle, war der Krieg, nicht der Soldat in Stahlblau oder Khaki, der dasselbe durchmachen mußte wie wir. Sehr früh kam es zu Verbrüderungen. Um die Weihnachtszeit 1914 bereits wurde in den Gräben westlich von Royce, die dicht beieinander lagen, durch die Soldaten selbst die nächtliche Schießerei eingestellt, die auch an ruhigen Fronten üblich war – man warf statt Handgranaten Päckchen mit Wurst oder Schokolade über die Drahtverhaue. Bei einem hessischen Regiment kam eine deutsche Patrouille mit einer französischen ins Gespräch, man schüttelte sich die Hände und lud einander gegenseitig in die Unterstände ein. Die Deutschen brachten Bier oder Schnaps mit hinüber, die Franzosen Wein. Das geschah natürlich ohne Wissen der Offiziere – bis eines Nachts ein junger Leutnant auf einem Kontrollgang im Unterstand einer deutschen Korporalschaft ein paar heiter schmausende Franzosen fand, die abgeschnallt und ihre Gewehre in die Ecke gestellt hatten. Aus Sturheit oder Pflichtgefühl ließ er sie sofort festnehmen und als Gefangene abtransportieren, und damit war die kurze Fraternisierung beendet.

Wenn ich in den letzten Jahren, die wir in Österreich verbrachten, zur Filmarbeit nach London mußte – Reise bezahlt –, benutzte ich gern einen der angenehmen, luxuriösen Züge, Arlberg- oder Orient-Expreß, in denen es nur Erster-Klasse-Wagen gab, direkt Wien–Salzburg–Calais. Gewöhnlich saß ich gerade im Speisewagen beim ersten Frühstück, wenn der Zug über diesen Bahndamm fuhr. Dann starrte ich gebannt durch die Scheiben und sah die Namen kleiner Stationen vorübergleiten, deren jeder mich wie mit einem elektrischen Schlag durchzuckte: Hallu. Chilly. Chaulnes. Vermandovillers. Estrès-Deniécourt. Unbedeutende Ortschaften südlich der Somme, nicht weit von Péronne. Für andere Leute war dort nichts Besonderes zu sehen. Eine nordfranzösische Gegend, ziemlich eben, in der es längst wieder Wäldchen, Felder, Bauernhäuser, Kirchtürme gab. Für mich war sie eine Mondlandschaft, wüst und leer, ohne Baum, ohne Strauch, ohne die Erinnerung an eine menschliche Behausung. Von kraterhaften Trichtern zerwühlt, von Gräben aufgerissen, und statt von Gräsern oder Korn von rostigem Stacheldraht bewachsen, weithin in einen fahlen, schwefligen Dunst gehüllt.

Auf diesem Bahndamm, genau hier, über den der gutgefederte Zug jetzt hineilt, während der französische Kellner die frischen Brötchen serviert, hatte ich mit neunzehn Jahren eine Nacht auf dem Bauch gelegen, den Karabiner in klammen Fingern, keine fünfzig Meter von den feindlichen Stoßtrupps entfernt, die unsere vorderen Linien eingenommen hatten. Hätten die drüben gewußt, daß wir nur noch eine Handvoll Leute waren, deren Abwehrkanonen ausgeschossen oder zerschmettert allein standen, daß es nur noch uns paar verzweifelte und zu Tod erschöpfte Posten auf diesem Bahndamm gab, daß sie uns hätten greifen und abtun können wie junge Kaninchen... Aber sie wußten es nicht. Sie glaubten, daß es hinter dem Bahndamm noch eine besetzte Stellung gäbe, und sie hatten, zu unserem Glück, ihr heutiges Angriffsziel erreicht. Sie waren ganz nah, man hörte sie deutlich miteinander reden und rufen, wenn sie ihre Maschinengewehre nach vorne schleppten, und es waren seltsame, beklemmende Laute: andere, als man sie von den Poilus zu hören pflegte. Es waren die Senegalesen, die schwarzen Hilfstruppen, von denen die Rede ging, daß sie keine Gefangenen machten, sondern den Überwältigten mit ihren langen Messern den Bauch aufschlitzten. Später habe ich solche Senegalschützen in Mainz bei den Besatzungstruppen gesehen, auch gesprochen – und ich hätte mir nie vorstellen können, daß diese harmlosen, kindlichen Burschen, die so gern lachten und Würfel spielten, die gleichen waren, vor denen man sich wie vor Teufeln gefürchtet hat. Aber in gewissen Situationen gibt es keine harmlosen Menschen. Man weiß nie, wozu sie fähig sind. Und es hilft einem wenig, wenn sich hinterher herausstellt, daß sie es gar nicht böse gemeint haben. In dieser Nacht habe ich vielleicht ein paar von ihnen getötet. Ich meinte es auch nicht böse. Ich hatte Angst. Wer keine Angst hat, ist nicht tapfer, sondern nur dumm. Wir wußten damals, daß man sich die Angst nicht abgewöhnen kann, daß sie immer wiederkommt wie der Schweiß oder die Verdauung. Man erwirbt eine gewisse Technik, mit seiner eigenen Angst umzugehen. Dafür erhält man die ›Tapferkeitsmedaillen‹.

Der Zug ist längst vorbei, hat schon die Somme-Brücke nach Albert passiert. Der Kellner fragt, ob man noch eine Tasse Café-au-lait möchte. Ich aber liege noch auf dem Bahndamm. Endlose, fürchterliche Nacht… Es war der vierte September 1916. Es war feucht und fröstlig. Auf dem Bahndamm gab es keine Schienen mehr, nur noch zermahlenen Schotter, in den man den halb erstarrten Körper preßte. Wenn ich ein näherkommendes Geräusch hörte oder ein Licht aufglimmen sah, feuerte ich einen Karabinerschuß genau in die Richtung. Mein Herz flatterte, aber meine Hände waren ruhig. Immer wieder zählte ich die restlichen Patronen und konnte die Zahl nicht behalten. Dann hatte ich noch ein paar Handgranaten, die wir gelernt hatten abzuziehen, einundzwanzig-zweiundzwanzig zu zählen, und sie bei dreiundzwanzig gezielt zu werfen. Unser nächster Posten lag dreißig Meter entfernt, man sah nichts voneinander. Man war allein. Gegen Morgen hatte ich fast die Angst verloren. Ich fühlte nur noch eine scheußliche, pressende Notdurft, die ich nicht stillen konnte, und eine tödliche, lähmende Müdigkeit. Denn dieser Nacht war eine ganze Woche vorausgegangen, unter schwerster Artilleriebeschießung, Gasangriffen, ohne Essen und Schlaf. Jetzt schoß die Artillerie über uns weg, auf die rückwärtigen Stellungen. Als es dämmerte, und mit dem hellen Licht schien unser Schicksal besiegelt, war mir schon alles gleich. Ich kroch vom Bahndamm herunter und tat, was ich mußte. Dann kroch ich wieder hinauf, die Knie sackten unter mir weg. Ich lag auf dem Gesicht und hob von Zeit zu Zeit den Karabiner. Aber der Abwehrinstinkt war am Sterben. Ich wollte nur noch schlafen. Aufhören. Auslöschen.

Dann, noch vor der ersten Sonne, kam der Entsatz, die Hilfe. Es war schlesische Infanterie, die man aus einer rückwärtigen Stellung an die Durchbruchfront geworfen hatte. Junge, Alte. Sie hatten auf dem Anmarsch, gegen die Nachtkälte und die Ruhr, die überall hauste, Schnaps gefaßt, und, da sie zum Kaffeekochen keine Zeit hatten, auf nüchternen Magen getrunken. Manche von ihnen hatten rote gedunsene Gesichter. Ihre grauen, klobigen Gestalten tauchten in weit auseinandergezogener Reihe aus dem Bodennebel auf, über Trichter und Gräben springend, taumelnd, stolpernd.

Wir paar Wracks auf dem Bahndamm ließen uns einfach von seiner Höhe herunterkollern und krochen unseren Befreiern auf dem Bauch entgegen. Da erscholl ein Kommando, und sie begannen zu rennen, über den Bahndamm, auf die Feinde zu. Manche heiser vor sich hinschreiend, andere mit zusammengebissenen Zähnen, ein paar mit dem Bajonett fuchtelnd und johlend, vor Angst und Alkohol. In jenem Tempo des Sturmlaufs, nach vorne, der einer Flucht so erschreckend ähnlich sieht... Von drüben begann, erst zögernd und wie erstaunt, dann in immer heftigerem Unisono, das Bellen der Maschinengewehre.

Wir wußten, jetzt werden einige ganz steif aufs Gesicht fallen. Andere sich um sich selber drehen, bevor sie stürzen und schreien. Andere immer weiter rennen und rennen. Wir schauten uns nicht mehr um. Wir wankten zurück, irgendwohin, wo wir Schlaf fanden.

Drei Tage später waren die Reste unserer Batterie in einem rückwärtigen Etappenort einquartiert, um neue Geschütze und Ersatz abzuwarten. Man war gewaschen und rasiert, man schlief in einem Bett, man sah Frauen auf der Straße, man hockte abends in einem Estaminet und vertrank sein Geld. Ich erfuhr damals, in der kurzen Ruhe nach den schlimmsten Wochen der Sommeschlacht, wie rasch der Mensch vergißt. Unter den Leuten, die davongekommen waren, herrschte bereits eine gewisse Kriegervereinsstimmung, obwohl sie übermorgen im selben Dreck liegen würden. Sie wußten schon nicht mehr, daß es Dreck war. Es war eine tolle Sache. Mensch, was haben wir mitgemacht!! Kein Wort stimmte, mit dem sie das ›Mitgemachte‹ besprachen oder erzählten. Sie kannten sich selbst nicht mehr, sie waren andere Personen als die, die sie in der Schlacht gewesen waren, und würden in der nächsten wieder andere sein. Auch ihre Sprache hatte sich verändert. Man hörte große Worte, die es in der Front nicht gab. Nie habe ich ein großspuriges Wort gehört, wenn einer hinausging, um einen Verwundeten hereinzuholen. Man gebrauchte die bekannten Vulgärworte. Das war ehrlich und hatte mehr Scham.

Ich selbst erinnerte mich, inmitten des trostlosen Lärms, den wir vollführten, und des gesteigerten Körpergefühls: zu atmen, zu leben, da zu sein, an die Schlacht als an eine ungeheure Einsamkeit. Immer, wenn es ums Letzte ging, war man allein. In jener Nacht auf dem Bahndamm. Bei jenem schweißüberströmten, atemlosen Rennen über die Gräben weg, als ich zu einer zerschossenen Stellung mußte, um ein Scherenfernrohr und andere Instrumente zurückzuholen. Geschosse krepierten wie vom Himmel gestürzte Meteore, Erde spritzte auf, die Luft war ein einziges Getöse – und doch totenstill. Kein Mensch war zu sehen, alles verkrochen, versteckt, begraben. Dieses Alleinsein war grauenvoll.

Am ärgsten in dem halbverschütteten Unterstand, in den ich durch den Luftschacht eindringen mußte. Ein einziger Mann war als Wache darin zurückgeblieben, er hieß Andrea und war ein westfälischer Bergmann mit seltsamen, prophetenhaften, wasserblauen Augen. Er war Sektierer, Bibelforscher, Abstinenzler und weinte, wenn wir soffen, fluchten oder derbe Witze machten. Bis vor einer Stunde hatte man seine Stimme noch an der Leitung gehört, dann war sie still geworden, die Leitung in Fetzen. Ich mußte dorthin, um herauszuholen, was möglich war, ihn und die Instrumente.

Ich rief seinen Namen, während ich mich durch die Finsternis tastete. Ich schrie, brüllte: Andrea! Meine Stimme überschlug sich in dem dumpfigen Gewölbe, in dem es nach Ekrasit und Schwefel stank – auch nach Tod. Es war wie das Eindringen in ein Grab. Draußen heulten und schmetterten die Granaten. Aber es war still – unbegreiflich still.

Dann stieß mein Fuß, während ich ein Zündholz anriß, an einen Gegenstand. Es gab einen sonderbaren Laut, ein Rasseln, Schnarren. Und während das Streichholz erlosch, begann die näselnde, scharfe Stimme Claire Waldoffs, einer bekannten Berliner Chanteuse – ich wußte, es war unser Grammophon, wußte es und wußte es nicht –, die Nadel war noch aufgesetzt, der Luftdruck des Volltreffers hatte sie nicht bewegt, erst der Anstoß meiner Stiefelspitze hatte das getan, und jetzt gellte Claire Waldoff durch die verpestete Grabhöhle:

> Na denn laß et dir man juut – bekommen,
> Immer feste man noch een – jenommen,
> Denn et is ja einerlei,
> Der janze Quatsch is bald vorbei –

Andrea war tot. Er lag zwischen ein paar geborstenen Balken eingeklemmt.

Das Scherenfernrohr habe ich zurückgebracht.

Später bekamen wir von seiner Frau, die wie er einer Sekte mit spiritistischem Einschlag angehörte, sonderbare, verstörte Briefe geschickt, die auch uns verstörten. Ihr Mann sei ihr erschienen, schrieb sie, er komme immer wieder und spreche mit ihr. Er habe ihr, daheim in Westfalen, von seiner Todesstunde erzählt. Ganz allein sei er in einem verlassenen Unterstand gestorben. Niemand sei bei ihm geblieben, man habe ihn in seinem eigenen Grab verröcheln lassen.

Die Briefe endeten stets in einer Flut von Anklagen und Vorwürfen. Woher konnte sie wissen, wie er gestorben war? Sie hatte nur die übliche Mitteilung erhalten, keine andere. Niemand hatte ihr etwas geschrieben oder erzählt. Woher, um Himmels willen, hatte sie die Kunde von seinem einsamen Tod?

Aber er war nicht einsamer als jeder andere, als das Leben in dieser Zeit. Der ganze Krieg ist für mich in der Erinnerung eine einzige, unmenschliche Einsamkeit, auch wenn man mitten unter Menschen war und sich nach Alleinsein sehnte.

Mit der Zeit steigerte sich das zu einer Vorstellung von gefährlichem Wahnwitz: daß das alles, was um einen her und mit einem geschah, nicht von Menschen hervorgebracht würde, sondern von Dämonen. Mir erschien plötzlich alles dämonenhaft: die grotesk verfratzten Gebilde der überall umherliegenden Granatsplitter, die mit ihren ausgezackten Rändern und Buckeln oft wie die Verkleinerung vorzeitlicher Echsen ausschauten oder wie ihre Krallen und Gebisse. Das diabolische Feuerwerk der nächtlichen Leuchtkugeln und Alarmraketen. Das Läuten der Grabenglöckchen, zur Warnung bei den ersten Gasangriffen, das aus geringer Distanz wie das Klingeln vom Christbaum klang, zur Weihnachtsbescherung. Das Meckern der Maschinengewehre, das Winseln und langsame Herankeuchen der schweren Flatterminen; das hohle ›Popp‹ krepierender Gasgranaten – auch die Männer (wir selbst!), in ihren rüsselartigen Gespenstermasken, die dumpfen, unkenntlichen Stimmen darunter vor, das hektische Gewehrgeknatter von verlorenen Posten... mir schien es nicht mehr, daß diese Laute und Geräusche von Menschen stammten. Ratten pfiffen durch die Grabenlöcher und rammelten auf den Toten. Man wußte nie, gegen Frühling, ob das jammernd auf- und abschwellende Schreien und Jaunern in der Nacht von brünstigen Katzen kam, die immer noch um die Schutthaufen ihrer ehemaligen Häuser strichen, oder von Verwundeten, die sich im Drahtverhau zwischen den Stellungen zu Tod quälten.

Waren es Menschen, Tiere, waren es Teufel und Dämonen? Die innere Reaktion auf solche Vorstellungen, die einzige wohl, die einen davor bewahren konnte, verrückt zu werden, war ein gesteigerter Zustand von Wut und Empörung, der sich mit animalischer Wildheit äußerte.

Als meine Frau, ums Jahr 1925, in der ersten Zeit unserer Ehe, die ungeordneten Blätter mit handgeschriebenen Gedichten sichtete, die sich in meiner Wanderzeit gehäuft hatten, fand sie, auf dem verschmierten Papier eines alten Meldeblocks, ein Gedicht, das ich selbst vergessen hatte. Sie hat es damals abgeschrieben, aber ich habe es nie publiziert. Es war nach einem Erlebnis, das unerzählbar ist, im Unterstand geschrieben. Hier, als Punkt einer abgeschlossenen Erinnerung, mag es stehen.

1917

Ich habe sieben Tage nicht gegessen
Und einem Manne in die Stirn geknallt.
Mein Schienbein ist vom Läusebiß zerfressen.
Bald werd ich einundzwanzig Jahre alt.

Bin ich besoffen, hau ich in die Fressen
Den Bleichgesichtern. Mein Gesang ist Wut.
Wo ich mich kratze, springt ein grelles Blut.
Es sproßt mein Bart wie junge Gartenkressen.

So nehm ich meinen Samen in die Hände:
Europas Zukunft, schwarzgekörnter Laich –
Ein Gott ersäuft im schlammigen Krötenteich!!
Und scheiße mein Vermächtnis an die Wände.

Fünfmal bin ich in den vier Kriegsjahren auf Urlaub zu Hause gewesen. Dreimal wurde ich vor der Zeit telegrafisch zurückbeordert. Das bedeutete: Angriff. Offensive. Stellungswechsel. Dicke Luft.

Diese Tage in der Heimat, auch wenn sie ungekürzt und ungetrübt verliefen, waren eine Mischung von Trauer und Ekstase. Die Trauer trug man allein mit sich herum. Man konnte sich nicht mitteilen. Man war auch hier nicht von der Einsamkeit erlöst. Man suchte die Eltern durch lustige Geschichten aus dem Soldatenleben aufzuheitern, sie waren unwahr, wenigstens so, wie man sie erzählte, und sie spürten es. Die Wahrheit blieb verschlossen. Man wußte schon bei der Ankunft den Abschied.

Ekstase: die Kunst. Musik. Ein Konzert. Ein Theaterabend. Besuche bei meinem älteren Freund Ludwig Berger, dem ich erste dramatische Versuche vorlesen konnte, bei dem ich erste Einblicke in die Geheimnisse des Theaters erfuhr: Bühnenmodelle, Szenenentwürfe, Figurinen, Kostümskizzen, Dramaturgie – die Welt, zu der ich hinstrebte. Stunden in der Buchhandlung Wilckens am Schillerplatz, wo es nicht nur den erregenden ›Expressionismus‹ gab, den man jetzt als ›Flamme des Aufruhrs‹ empfand – Heinrich Mann, Döblin, Unruh, Edschmid –, sondern auch, unterm Ladentisch, die verbotenen Pazifisten aus der Schweiz: Leonhard Frank, Barbusse, Guilbaux, die Aufrufe der exilierten Russen und Franzosen. Dort traf ich den gleichfalls älteren, von mir seit der Schulzeit bewunderten Hanns W. Eppelsheimer, damals Romanist und Literat, heute berühmt als Verfasser des großen deutschen Kompendiums der Weltliteratur; er war auch auf Urlaub, er war auch Leutnant der Feldartillerie, er wußte Bescheid, man brauchte sich nichts zu erzählen, man dachte das gleiche, sprach über Bücher und fühlte sich fast als Mensch.

Ekstase: die kurzen heimlichen Zusammenkünfte mit der großen Liebe, die immer noch die gleiche und noch immer ›verboten‹ war.

Doch überwog bei alledem die Trauer – und ein gewisses Unbehagen. Die Heimat, von den nächsten Angehörigen abgesehen, war uns eher peinlich und ärgerlich, sie war verwirrt und verbiestert. Künstlich aufgeschwellt mit Durchhalte-Geschwätz, Phrasen der neuen ›Vaterlandspartei‹, ›Sieg-Frieden‹ und ›Keinen Schritt zurück!‹ – andererseits mürrisch und mißmutig vor sich hinhamsternd. Auch wir hatten, in den letzten Kriegsjahren, draußen schon als Hauptnahrung Steckrüben, alte Kartoffeln, Dürrgemüse, muffiges Brot und schlechte Marmelade. Aber dort riß man Witze darüber oder sang Spottverse. Daheim wurde dauernd über die Rationierung gejammert, und zugleich gab man ›Gold für Eisen‹, schlug Nägel in den hölzernen Hindenburg, der in jeder Stadt auf dem Marktplatz stand, pro Stück eine Mark für Kriegsanleihe. Da war mir wohler in den Ruhetagen, die es draußen dann und wann zwischen den Kämpfen gab und die ich, seit ich Offizier war, nicht mehr en masse verbringen mußte, in einer französischen oder belgischen Etappenstadt herumzustreifen und mich einer anderen Art von Kunstbeglückung, in Kirchen und Museen, auch einer anderen, abwegigen Spielart der Liebe hinzugeben.

Ich führte in dieser Zeit, wie vielleicht viele meinesgleichen, eine sonderbar gespaltene Doppelexistenz, lebte zwei Leben, die nichts voneinander wußten und sich nicht berührten. Meine Liebe daheim war nach wie vor die einzige, die reine, die große, der ich auch niemals glaubte untreu zu sein. Gleichzeitig zog es mich, mit einer Sucht, die mehr als nur ›triebhaft‹ war, zu einer weiblichen Zwischen- und Unterwelt, in der das Problem der Treue oder Untreue gar nicht an die Bewußtseinsschwelle trat. Zu den vagen und nächtigen, nymphischen und lasziven Gestalten, die nicht immer, aber oft ›Huren‹ waren, den Kokotten eleganteren Stils in Brüssel, den Offiziersbräuten für eine Nacht in Lille, Gent oder Douai, den aus Not und Beruf prostituierten oder auch liebeshungrigen, männerlosen Frauen des seit Jahren besetzten Hinterlands. Und es war nicht nur die nackte, brutale, illusionslose Käuflichkeit und Verderbtheit, was ich dort erfuhr, nicht nur die frivole Nonchalance, die exzessive Orgiastik von Menschen, die nichts zu verlieren haben, sondern auch Wärme, Zärtlichkeit und plötzliche, durch die befristete Zeit um so heftiger aufbrennende Leidenschaft. Eine tödliche Lust, mit geheimer Verzweiflung gepaart. Ein melancholischer Rausch, den Eros Thanatos beschwörend, der die Fackel hob und senkte, wie es ihm gefiel. Ein Ertrinken in der Fremdheit, die weniger belastet, als es die ›echte Liebe‹ in der Heimat vermocht hätte.

Die gemeine Roheit, mit der das sexuelle Bedürfnis der Mannschaft geregelt wurde, der Männermassen, die hinter der Front in Ruhe oder Reserve lagen, habe ich nur aus scheuer und angewiderter Distanz kennengelernt. Ich sah sie vor solchen Häusern, den Soldatenbordellen, Schlange stehen wie vor einem Fleischerladen in Zeiten der Knappheit, hörte die wüsten Witze, mit denen sie sich hinein- und hinausschoben, von einem Sanitäter empfangen und entlassen, der die hygienische Behandlung besorgte, nach einer durch die Kontrolluhr abgezirkelten Vergnügungszeit. Frauen, die sich diesem Schnelldienst unterwarfen (man rechnete fünf Mann auf die Stunde), habe ich nicht kennengelernt.

Die anderen, welche man in den Lokalen traf, die durch ein Schild ›Nur für Offiziere‹ gekennzeichnet waren – in Gent im ›Café Léonidas‹, in Brüssel in der ›Gaité‹, in anderen Städten in bestimmten Tanz-Bars –, oder deren Bekanntschaft man auf Parkbänken auf Boulevard-Straßen wie der ›Rue Nationale‹ in Lille, in den Estaminets und Restaurants machte, waren zwar Freiwild, aber sie konnten sich ihre Partner noch aussuchen oder auch verweigern, sie bestimmten selbst über ihre Zeit und Existenz, ihr Los war ihr eigener Wille.

Mit solchen Frauen fühlte ich mich, wenn sie einen Hauch von Menschlichkeit ausstrahlten, in einer knabenhaft-exaltierten Sphäre schicksalsverbunden. Sie standen dem Nichts gegenüber, wir dem Tod. Sie waren gezeichnet wie wir. Sie würden einmal, von fanatischen Patrioten, mit abgeschnittenen Haaren nackt durch die Straßen gepeitscht werden. Jetzt spendeten sie denen noch etwas Freude, die vielleicht morgen eingescharrt waren, und lebten wie wir, als ob es nichts mehr gäbe, nur diese eine Nacht, diese paar Stunden, diese Selbstverlorenheit. Die körperliche Empfindung, die man miteinander teilte, schien mir eine der tausend Stufen zu einer geheimnisvollen Einheit aller Empfindungen, die sich im Unendlichen verschmelzen. Daß diese Frauen befleckt und erniedrigt waren, weckte in mir, fernab von der Billigkeit humanitären Mitleids, das tragische Melos der Erschütterung. Daß sie Französinnen waren oder Belgierinnen, der ›feindlichen Nation‹ angehörend, gab ihnen für mich einen Vorzug vor ähnlichen Frauen des eigenen Volkes, die ich gemieden hätte. Sie fühlten das. Sie nannten mich ›Charles‹ oder ›Charlie‹ und empfanden in dem jungen, sensiblen deutschen Offizier eine Art von Verbündetem im Niemandsland.

Einmal hatte ich in dieser Zeit das Erlebnis, tot zu sein. Gestorben, verwandelt, in einer anderen Welt. Es war im Sommer 1917, während der schlimmsten Phase der Flandernschlacht. Ich war von meinem Beobachtungsstand beim Houthoulster Wald, der längst nur noch aus wasser- und schlammgefüllten Gräben und Granattrichtern bestand, für drei Tage abgelöst worden, um in ›Ruhestellung‹ zu gehen. Ich hatte mir für diese drei Tage einen Urlaubs- und Quartierschein nach Brügge geben lassen, der Stadt Memlings, dem von dunklen Kanälen durchzogenen ›Venedig des Nordens‹, das ich noch nicht kannte. Der Urlauberzug, mit dem ich von Roselaere oder Yseghem dorthin fuhr, blieb ein paar Stunden stecken, irgendwo waren die Gleise zerschossen oder zerbombt. So kam ich, statt am Abend, mitten in der Nacht in Brügge an, wo außer mir fast niemand den Zug verließ. Das Offiziershotel, dicht beim Bahnhof, für das ich einen Quartierschein hatte, war verschlossen, niemand hörte mein Klopfen, der wachhabende Soldat war vermutlich fest eingeschlafen.

Plötzlich sah ich, daß der Vollmond schien. Ich ging in die Stadt. Nach kurzer Zeit hörte die Straße auf, ich stand an der Mole eines Kanals, in dem das schwarze Wasser langsam und ölig floß, vom Mondschein durchfunkelt. Ein paar Stufen führten zum Kanal hinunter, und dort lag ein kleines Ruderboot, an einem Pflock vertäut, weiße Buchstaben in Ölfarbe kennzeichneten es als Jolle einer deutschen Marinedivision. Ich schaute mich um: weit und breit kein Posten, kein Mensch. Die Einwohner hatten von einer bestimmten Nachtstunde ab Ausgehverbot. Die Marine schlief. Ich stieg die paar Stufen hinunter, löste das Tau und begann mit leisen, fast lautlosen Riemenschlägen stadtwärts zu rudern. Wo stadtwärts war, wußte ich nicht. Mich zog der Mond und das Wasser, ich folgte. Die Front war dort nicht zu hören. Außer den Tropfen, die manchmal von meinen Riemen plätscherten, gab es keinen Laut. Ich muß am Beghinenhof, am Johannesspital, an den bekannten Kirchen vorbeigekommen sein, ich wußte es nicht. Das Boot führte mich unter schmalen, niedrigen Brückchen hindurch, unter den Kronen alter Weidenbäume, deren Zweige im Wasser schleiften. An Giebeln und Häuserwänden entlang, die im Mondlicht schemenhaft, weiß, durchsichtig wirkten. Der Mond schwamm immer wie eine leicht schaukelnde, leuchtende Scheibe vor mir her. Da entschwand mir das Gefühl des Daseins, des Diesseits, der Wirklichkeit, bis zu einem Grad von Bewußtlosigkeit. Ich sah zwei Schwäne vorübertreiben. Totenschwäne. Dann ertrank ich im Styx. Ich glaubte nicht mehr zu leben, gefallen zu sein. Ich weiß nicht, ob ich einschlief oder die Besinnung verlor. Als ich zu mir kam, dämmerte es bereits. Die Morgenkühle weckte mich auf, ich merkte, daß ich noch lebte und mit der hereinkommenden Flut zu dem Ausgangspunkt meiner Fahrt zurückgetrieben war.

In dieselbe Zeit fiel das Erwachen. Mein Kopf wurde hell und klar. Ich begann zu denken, scharf, logisch, nüchtern, ohne Illusion, ohne Hoffnung, ohne Selbstbetrug. Das ganze Kriegserlebnis, einschließlich der Tage von 1914, erschien mir wie ein dunkler, verworrener Traum. Jetzt glaubte ich durch alles hindurchzusehen. Dieser Krieg war kein ›Schicksal‹ aus den Wolken. Er war das Versagen einer Welt, unserer Welt, der ›Nationenwelt‹ von zweihundert Jahren. Er war der Selbstmord einer Welt. Das Ende einer Welt. Ich schrieb, als Weckruf, auf die erste Seite meines Arbeitsheftes einen Vers von Gottfried Benn:

> Verächtlich sind die Liebenden, die Spötter,
> Alles Verzweifeln, Sehnsucht, und wer hofft –

Ich verachtete mich selbst für jeden Anflug eines Rauschgefühls, während sich in mir der neue, chiliastische Rausch, der Glaube an die ›letzte Schlacht‹, an den kommenden Völkerfrühling, an eine veränderte, bessere Welt schon vorbereitete.

In Relation dazu hatte mich gleichfalls wie ein Rausch eine gewaltige Leidenschaft gepackt, ein Heißhunger, ein unstillbarer Drang, eine Gier nach Wissen, Bildung, Erkenntnis, Lernen, Begreifen, Verstehen, und ich versuchte, durch geradezu unmäßiges Lesen, Verschlingen, Durchackern von Büchern aller Art, das hierin Versäumte nachzuholen. Einen großen Teil meiner Leutnantsgage gab ich für Bücher aus, die ich mir aus Deutschland schicken ließ und deren meiste ich dann immer wieder bei einem Angriff, bei einem Stellungswechsel verlor. Aber ich las, studierte sie wie ein Besessener. Alles wollte ich wissen – und ich glaube, das meiste, was ich heute noch weiß, entstammt der hektisch rasenden, aber auch strengen und gründlichen Wißbegierde dieser Zeit, die mit einem mir selber unbegreiflichen Erinnerungsvermögen gepaart war. Von älteren Freunden zu Hause, vor allem Ludwig Berger, ließ ich mich schriftlich beraten. Mir war es ganz gleich, ob ich diese Kenntnisse mit ins Totenreich hinübernehmen würde, ob sie mit mir wie viele meiner Bücher verschüttet bleiben sollten oder ob sie für ein künftiges Leben bestimmt seien: ich wollte sie haben, jetzt hier und auf der Stelle. Es war wie ein wilder Ausbruch von Trotz gegen die Verdummung, die eigentlich unsere Aufgabe, unser natürliches Los im Alltagsleben des Krieges war. Immer schon hatte ich den Stumpfsinn der durchschnittlichen Offiziersgesellschaft verabscheut. Jetzt weigerte ich mich, den abendlichen Skat zu dreschen, und stopfte mir, fanatisch lesend, Watte in die Ohren, um das Geschwätz nicht zu hören.

Was ich an geistiger Kost, neben der zeitgenössischen Produktion, den Romanen, Gedichten, Dramen der Modernen, in mich hineingefressen habe, ist nicht aufzählbar.

Aber es war, bei aller Gier, kein blindes, regelloses Stopfen. Ich betrieb meine Lektüre systematisch. Ich wollte die Verblödung, die Zurückgebliebenheit durch den Krieg, wirklich überlisten. Ich machte mir einen Aufriß, einen strategischen Plan für das ohne Dozenten und Seminar Erlernbare. Ich begann mit Kunstgeschichte, wofür mir die Etappenstädte in Belgien und Nordfrankreich den Anschauungsunterricht boten. Schon vorher hatte ich in Brüssels ›Altem Museum‹, im ›Saal der Primitiven‹, vor Roger van der Weyden, Hieronymus Bosch, Van der Goes gestanden, mich von der Plastik Rodins überwältigen lassen. Jetzt studierte ich Friedländers ›Von Van Eyck bis Brueghel‹, Wölfflins ›Grundbegriffe‹, Jacob Burckhardt, Justis ›Michelangelo‹, aber auch Carl Einsteins geistreiche Leitsätze über die umstürzlerischen Modernen. Ich nahm die Volkswirtschaft vor, die klassischen Liberalen, Adam Smith, Ricardo, kam über Louis Blanc zu Lassalle, bald über Hegel und Feuerbach zu Proudhon, Marx und Engels, schließlich sogar zu Max Weber. Gundolfs ›Shakespeare und der Deutsche Geist‹ war damals erschienen. Die ›Hohenstauffen‹ von Raumer, die ›Legenda Aurea‹ des Jacobus de Voragine hätte ich am liebsten gleich dramatisiert. Französisch las ich, was ich in Buchhandlungen oder auf Bücherkarren auftreiben konnte, ich entdeckte – für mich – den bei uns noch kaum bekannten Rimbaud, auch Charles-Louis Philippe, las Verlaine, Montaigne und die großen Romane, vor allem Flaubert. Dazu Strindberg, Swift, Dickens, Tolstoj, Dostojewskij, Hamsun. Es trieb mich zur Eschatologie und zu den theologisch-philosophischen Antipoden, Augustinus, Thomas von Aquin, Descartes, Franziskus, zu den Mystikern, Ekkehart und Suso, Tauler und Mechthild, aber auch zu den schlesischen Pietisten, und dann zu den Trutzgestalten des Humanismus und der Reformation, Hutten, Erasmus, Luther und seinen Widersachern, den Schwarmgeistern, den Streitrufern der Bauernkriege, aus deren Welt mein erstes Drama schöpfte. Ich studierte, mit Bleistift und Schreibheft, eine Geschichte der Philosophie von Thales bis Plato, von der Stoa bis Schopenhauer. Ich war unersättlich. Buddha und Lao-tse, Dighanikaŷa, Vedânta, Upanishaden und die allmächtige Bibel waren mir Trost in der furchtbaren Verfinsterung um mich her, in der immerwährenden Bedrohung des Lebens, in der Angst vor den körperlichen Qualen, gegen die schließlich doch kein Buch und keine Weisheit hilft.

Bald hatte ich den Spitznamen ›der lesende Leutnant‹, weil ich sogar bei Stellungswechseln auf dem Pferd, wenn man bei verstopften Straßen steckenblieb und nur langsam vorankam, nicht aufhörte zu lesen. Zeitweise hieß ich auch ›Leutnant Trotzkij‹, denn für diesen, der als Exponent der bolschewistischen Revolutionsregierung in Brest-Litowsk dem Diktat des strammen

General Hoffmann widerstand und aus den Resten des auseinandergelaufenen Zarenheeres eine rote Defensivarmee aufbaute, war ich begeistert und hielt damit, zum Entsetzen der Offiziersmessen, nicht hinterm Berg.

In einer Feldbuchhandlung, vor der ich während eines jener Ablösungstage hinter der Front mein Pferd anband, traf ich einen sonderbaren Verkäufer: die Uniform schlotterte um seine lange, hagere Gestalt, die blonden Haare hingen unvorschriftsmäßig in seine Stirn, er könnte ähnlich heute in einem avantgardistischen Kellerlokal herumgammeln und seine Verse auf der Gitarre begleiten. Er hieß Hans Friedrich Lange und war aus Berlin. Natürlich machte er auch Verse, sogar manche von merkwürdiger Schönheit, unter dem Pseudonym Melchior Hala, das für mich einen geisterhaften Klang hatte. Nachdem er versucht hatte, vor dem fremden Leutnant, der sporenklirrend eintrat, mühsam die Knochen zusammenzureißen, kamen wir ins Gespräch – ein Gespräch, das sich in Intervallen immer wieder fortsetzte, bis einige Jahre nach dem Krieg. Er lebte ganz in der Geisteshaltung der russischen Vorkriegs-Anarchisten, die für ihn eine romantische Extremistengröße, den Glanz der ›Outcasts‹ und ›Rastaquères‹, aber auch eine aktivistisch-politische Realität besaßen. Durch ihn lernte ich Bakunin, Alexander Herzen, Peter Krapotkin, Stirner kennen. Doch vor allem: in seinem verschmuddelten Lädchen, das einer Feldzahlmeisterei unterstand, gab es unter den Ullstein-Büchern, den vaterländischen Romanen von Walter Bloem, Rudolf Herzog und Ganghofer, sämtliche revolutionär gestimmten Broschüren und Zeitschriften dieser Tage. Hier fand ich René Schickeles ›Weiße Blätter‹, die letzten Ausgaben der ›Fackel‹ von Karl Kraus und Franz Pfemferts ›Aktion‹, die radikalste Wochenschrift, die vielleicht je in Berlin publiziert worden ist, die Heimstätte aller Kriegsgegner, Rebellen und kompromißlosen Poeten.

Die literarische und künstlerische Liberalität dieses strammen kaiserlichen Regimes, in dem die Brotkarte und das Kriegsgesetz herrschten, ist von heute aus kaum mehr zu begreifen. Vermutlich nahm man diese Seite des öffentlichen Lebens nicht ernst und konnte sich nicht vorstellen, daß so etwas auf einen normalen Staatsbürger irgendeine Wirkung hätte. Man muß das als die abwegigen und lächerlichen Spielereien einiger Geisteskranker aufgefaßt haben, anders wäre es nicht zu erklären, daß man die wildesten Revolutionäre der Feder so ziemlich ungeschoren ließ und auch der Einschleusung kriegsgegnerischer Schriften vom Ausland kaum Beachtung schenkte. Die Führer der meuternden Matrosen in Kiel wurden an die Wand gestellt, Streikführer verhaftet, aber Franz Pfemferts ›Aktion‹, das reine Dynamit gegen die staatliche Ordnung und Haltung dieser Zeit, wurde vom Berliner Polizeipräsidenten höchstens einmal für eine oder zwei Wochen verboten, oder aber sie erschien mit einigen von der Zensur durch Druckerschwärze unlesbar gemachten Zeilen. Der Inhalt aller anderen, nicht zensurierten, war immer noch eine einzige Anklage und Aufreizung gegen den Krieg und die ›herrschende Klasse‹. Max Reinhardt führte noch während des Kriegs Stücke der geistigen und dramatischen Frondeure auf, Werke von Pazifisten wie Mechtilde Lichnowsky und Werfel, die rebellische ›Seeschlacht‹ von Reinhard Goering. Mappen und Hefte mit Zeichnungen von George Grosz, mit ihrem genialen Strich, ihrem aufrührerischen Gehalt, der ein Schlag ins Gesicht jedes biederdenkenden Durchhalters sein mußte, konnten erscheinen und wurden in großen Zeitungen mit Bewunderung rezensiert. Für die Rebellen persönlich, damals noch junge Menschen wie Grosz, Walter Mehring, Wieland Herzfelde und viele andere, war das keine leichte Zeit. Man versuchte mit allen Mitteln, sie in die Uniform zu zwängen, sie versuchten mit allen Mitteln, ihr zu entkommen – es war ein Ringkampf catch-as-catch-can, aber im allgemeinen siegten die Schwächeren: man entließ sie schließlich, wie George Grosz, nachdem sie peinvolle Untersuchungen und Hospitalisierung durchzustehen hatten, als ›Fälle‹ psychopathischer Untauglichkeit.

Mit solchen Leuten wollte sich das Heer lieber nicht belasten. Auf die kam es nicht an. Man hielt ihren starken Geist de facto für schwachsinnig und empfand in ihnen keine ernst zu nehmende Gefahr.

Doch zeugt es für eine vergangene, seit dem Walten totalitärer Systeme und zeitgenössischer Diktaturen nicht mehr denkbare Kultur des allgemeinen Lebens, für ein Kulturbewußtsein bis in die autoritativsten Kreise hinauf, daß das möglich war. Es ist lange her.

Eines Tages, noch im Jahr 1917, schickte ich einen Feldpostbrief an Franz Pfemfert, den Herausgeber und alleinigen Redakteur der ›Aktion‹, die ich längst abonniert hatte und brav per Feldpost wöchentlich zugestellt erhielt. Ich drückte ihm meine, des Leutnants d. R., Zustimmung zu seinen literarischen, künstlerischen, politischen Zielen aus und legte ihm, als Probe meiner eigenen Versuche, zwei Gedichte bei. Zu meiner Überraschung standen sie, ohne daß vorher eine Antwort gekommen wäre, in der nächsten Wochenausgabe der ›Aktion‹, mit einer schönen Vignette des modernen Malers und Zeichners Max Oppenheimer (der mit den Buchstaben MOPP zeichnete und später seinen Stammsitz im Pariser Café du Dôme hatte). Ich war, zum ersten Mal, ein gedruckter Autor und gehörte von da ab zum Mitarbeiterkreis der ›Aktion‹. Pfemfert ermutigte mich in kurzen, keineswegs vorsichtigen Briefen, mehr zu schicken und vor allem in meiner Gesinnung, die durchaus auf die Beendigung des Krieges und aller Kriege, auf die Versöhnung aller Völker gerichtet sein müsse, nicht wankend zu werden. Auch dies ergab eine merkwürdige Doppelexistenz. Ich führte meine Leute in die Stellung, ich tat meinen Kriegsdienst, wie er mir auferlegt war, bedingungslos. Aber meine Gedanken und mein Empfinden, mein Glaube und meine Hoffnung waren bei der ›Internationale aller befreiten Völker‹, wie sie in der ›Aktion‹ gepredigt wurde, und meine Verse und ersten Prosastücke erschienen dort.

Unpolitisch war das Denken der jungen Dichter, die sich unter dieser Fahne vereint fühlten, noch immer. Es hatte eher etwas von Schwarmgeisterei. Man träumte von einer ›geistigen Revolution‹, die vom kulturellen Deutschland ausgehen und von den führenden Köpfen aller Völker getragen werde. Was eine Revolution, ein politischer, wirtschaftlicher, gesellschaftlicher Umsturz wirklich bedeutete, konnte ich mir trotz der

Lektüre des ›Kommunistischen Manifestes‹, der ›Politischen Ökonomie‹ und des ›Kapital‹ nicht vorstellen. Man war, wie beim Ausbruch des Krieges, auf die Realität nicht vorbereitet. Man empfand im Grunde wiederum romantisch, idealistisch, heroisch, wenn auch mit anderem Vorzeichen. Natürlich übten die Vorgänge in Rußland auf uns – auf alle, die an Sinn und Recht des Völkermordens irre geworden waren – eine faszinierende, aufrüttelnde Wirkung aus. Die Welt müßte geändert werden, damit ein solches Verbrechen am Leben, an der Natur, an aller Humanität und Menschenwürde nicht mehr geschehen könne. Was lag näher, als daß man dort den Beginn erblickte, wo ein Volk sich dagegen aufgelehnt hatte, und daß man seine Hoffnung auf den alten Wahrspruch versammelte: »Ex Oriente Lux«! Was in Wahrheit geschah, als die Sozialrevolutionäre und Menschewiki von den Bolschewisten abgelöst und erledigt wurden (unter deutscher Hilfe, denn Ludendorff hatte Lenin im plombierten Wagen aus dem Exil nach Rußland befördern lassen), war für uns noch ein versiegeltes Buch, und es bedurfte langer, harter Auseinandersetzung und Klärung, um es aufzublättern und seinen Inhalt begreifen zu lernen. Jetzt war unserem Glauben an die Notwendigkeit der ›Revolution‹ ein religiöser Zug beigemischt. Man hielt die Verkünder einer neuen Gesellschaftsordnung für Propheten, Märtyrer und Heilige, man erträumte in allem, was kommen werde, den Ausdruck einer unendlichen, überzeitlichen Welt- und Menschenliebe. Unsere Batterie hatte, nach Zerschießung unserer sämtlichen Sturmabwehrkanonen und dem Verlust der halben Mannschaft, neue Geschütze völlig gegenteiliger Art erhalten, schwere 15-cm-Langrohre, die auf weite Distanz schossen. Für mich änderte sich nichts, ich blieb ›Beobachter‹. Nur war eine neue Nuance dazugekommen. Man hatte mich auf kurze Zeit zu einem Spezialausbildungskurs für Fern- und Luftbeobachtung abkommandiert. Ich lernte das widerliche Seekrankheitsgefühl im Korb des Fesselballons kennen, der sich unter der unförmig aufgeblähten Wurst der Ballonhülle dauernd um sich selbst drehte, während man mit dem Glas versuchen mußte, Abschüsse und

Einschläge zu registrieren. Auch die Beobachtung aus dem Flugzeug, der ›offenen Kiste‹, in deren gebrechlichem Sitz man mit dem Sturzhelm auf dem Kopf angeschnallt war, um die Lage unserer Geschosse auf drahtlosem Weg mit Morsezeichen hinunterzufunken, kam hinzu. Ein paar Tage verbrachte ich zu diesem Zweck beim Jagdgeschwader Richthofen – dessen späterer Kommandeur, Hermann Göring, damals auf Urlaub war – und begegnete dort einem kleingewachsenen, quirligen, drahtigen, temperamentvollen und außerordentlich witzigen, sogar geistreichen Fliegerleutnant, bereits mit dem ›Pour le Mérite‹ ausgezeichnet: Ernst Udet. Wir mochten uns nach den ersten paar Worten, soffen unsere erste Flasche Kognak zusammen aus und verloren uns bis kurz vor dem Zweiten Weltkrieg nicht mehr aus den Augen.

Zu meinem Glück wurden diese Flug- und Ballon-Beobachtungen für die Artillerie bald aufgegeben, wegen der totalen Unsicherheit. Wir waren in der Luft bereits um achtzig Prozent unterlegen. Stieg von deutscher Seite eine Staffel von vier bis sechs Jagdfliegern auf, so kamen von drüben zwanzig bis dreißig, mit neuen Maschinen und besserer Ausrüstung. Auf eine unsrer Ballonwürste am Himmel kamen ein Dutzend oder mehr hinter der gegnerischen Front. Ähnlich waren die Verhältnisse der Artillerien und des Munitionsnachschubs, dazu gesellten sich die Amerikaner mit ihren frischen Truppen und die fürchterlichen, wie stählerne Riesenkäfer über Gräben und Drahtverhaue ankriechenden Tanks. Der Krieg war verloren, und wir wußten es. Aber wir hatten ihn noch über ein Jahr, in hoffnungsloser Lage, fortzuführen.

Daß nichts mehr zu hoffen war, spürten wir bereits bei jenem strategischen Rückzug von der Sommefront auf die ›Siegfriedstellung‹, einem großangelegten Frontverkürzungsmanöver im Frühjahr 1917. Ich korrespondierte damals mit einem Freund, den ich in meinem ersten Kriegssommer – 1915 – auf merkwürdige Weise kennengelernt hatte. Wir lagen gerade in einem wenig zerstörten, selten beschossenen Ort, in dem es noch eine kleine Dorfkirche gab. Ich ging gegen Abend, da ich nichts zu tun hatte, durch die Straßen und hörte aus dieser Kirche ein Harmonium spielen. Ich trat ein. An dem Harmonium saß ein deutscher Unteroffizier, etwas älter als ich. Hoch aufgeschossen, dunkelhaarig, mit fast schwarzen Augen und einem weichen, melancholischen Mund. Er hieß Kurt Grell und war aus Hamburg, Sproß einer alten Hanseatenfamilie. Er war während des ganzen Krieges, in dem ich viele Freunde besaß und verlor, der einzige Frontsoldat, mit dem mich eine geistige Beziehung verband. Wir trafen uns in jeder dienstfreien Stunde, solange wir in derselben Gegend lagen. Als wir getrennt wurden, schrieben wir uns lange Briefe. Nach dem Zweiten Weltkrieg ist er gestorben; erst vor kurzem schickte mir seine Witwe einen dicken Pack der Briefe, die ich an ihn gerichtet hatte. Ich finde in einem solchen Brief vom 24. Mai 1917:

»Im Februar kamen wir aus unsrer schrecklichen und leider mit manchem lieben Menschenleben bezollten Somme-Stellung heraus und lagen vor dem Rückzug einige Tage im Quartier hinter der Front. In dieser Zeit überwarf ich mich in alter Art wiedermal vollständig mit meinen z. T. wenig angenehmen Vorgesetzten und Offiziers-›Kameraden‹; aber ein wenig Kampf muß ich haben, und wenn der Anlaß noch so nichtig und lächerlich ist. Nur machte ich mir viele Unannehmlichkeiten und hatte eine recht üble und böse Zeit zu überstehen. Dann kam der Rückzug von der Somme, einer meiner traurigsten und bittersten Kriegseindrücke. Altbekannte, freundliche Dörfer gesprengt, in Flammen, an allen Ecken Brand und Zerstörung, furchtbare gräßliche Wüste, schlimmer anmutend als das durch die Kriegsgewalt zerstampfte Schlachtfeld vorne.

Evakuierte, das schweigende, namenlose Elend Hunderter, Tausender, die von ihrer Heimat verbannt, auseinandergerissen werden. Und das Düsterste: St. Quentin, die schöne, geliebte Stadt, sah ich sterben. Ich liebte diese Stadt der Leichtigkeit und Helligkeit, die von den freisinnigen Bürgern etwas beiseitegesetzte und doch so gewaltige Basilika, das hochstrebende, ernsthafte Rathaus mit der mittelalterlich blechernen Nachdenklichkeit des Glockenspiels, aufziehende Wache, bevölkerte Straßen,

Frauen, die zarten Pastelle Latours, über den ich vielleicht einmal meine Doktorarbeit schreiben will, die Bilder von Lecoyer...

An einem fahlen Märztag kam ich mit dem Stab durch die Stadt, wir mußten dienstlich hin, da war der große Marktplatz, vor dem Freiheitsdenkmal des Caspar Guiscard, schwarz von Menschen, die ihr kleines Bündel auf dem Rücken trugen, Trainkolonnen standen zum Abtransport bereit, Feldgendarmen ritten hin und her, harte Stimmen verlasen fremde Namen, Schicksalsstimmen, geschäftsmäßig, einteilend, numerierend – Tausende von Unglücklichen entströmten der Stadt, dann aber lagen die Straßen schlaff und leer, wie Adern, aus denen alles Blut entwichen ist, die Häuser standen öde und sinnlos, mit erblindeten Fenstern, und alle Ladenscheiben waren geborsten, Hausrat, Auslagen, Kinderspielzeug lag in wüstem Durcheinander auf den Straßen verstreut. St. Quentin war tot. Dann kam die Front nach, dann sah ich die Stadt in Trümmern sinken...«

Aus einem anderen Brief, gleichfalls vom Mai 1917, von einer Beobachtungsstellung am Aisne-Kanal:

»Zwischen den Minenhölzern des Stollens, den feuchten, angemorschten, sprießen langschießende Pflanzen hervor, gelockt von der Wärme und dem trügerischen Lichtschein, aber weiß, schwammig, farblos, ohne das wunderbar göttliche, lebenerhaltende Grün. Durch unsere Erdlöcher, durch die Gräben, über die Wiesen, die Sümpfe, die kanalgetränkten wuchernden Wäldchen klopft und treibt ein steter unermüdlicher Pulsschlag fiebernder, gärender Fruchtbarkeit. Das geile, zeugende Treiben alles Wachsenden, Lebendigen eint und offenbart sich in einem nie abreißenden, schwellenden, oft bis zu verzückter Höhe schrillenden, oft dumpf schnarrenden, schlurfenden, meckernden und stöhnenden Laut, dem zu einer unheimlichen Gemeinsamkeit, zu einem faunischen ›Bocksgesang‹ erwachten Gelärm Tausender großer Frösche, der einen die ganze Nacht nicht losläßt... Leben...! Genug.

Jetzt muß ich in den Nachbarabschnitt hinüber, woselbst es kracht...«

Und dann, ein Jahr später, Mai 1918, aus Flandern:

»Was habe ich (seit dem letzten Schreiben) erlebt? Offensive. ›Kaiserschlacht‹. Blut. Cambrai. Blut. Gasgranaten. Kemmelberg. Blut. Ekel. Kurz in Lille. Schnaps. Hure. Saufen. Armentières: Blut. Mord. Blut. Drei Schritte vom Wahnsinn. ›Man stumpft ab‹ – das viehischste aller Kriegsschlagworte: *ich stumpfe nicht ab* – ich werd immer wilder, und jeder Tote, den ich verkrampft und blutig sehe, starr grinsend, mit gelbem Gesicht, ist – *jeder* ist und bleibt für mich:

der erste Tote!

Und das Furchtbare: allein. Kein Mensch. Alle um mich her ›stumpfen ab‹. Nur ich nicht!«

Ich stumpfte nicht ab. Ich wurde hellsichtig. Es war ein parapsychologisches Phänomen, das schwer zu ertragen war.

Ich wußte voraus, wenn wir in Stellung gingen, wer fallen werde.

Es begann bei einem Eisenbahntransport von Front zu Front, der einen Tag und eine Nacht dauerte. Ich saß im Offiziersabteil zweiter Klasse, mit geschlossenen Augen, nachts, zwischen Schlaf und Wachen.

Plötzlich rief mein damaliger Bursche, einer unserer alten Soldaten, der seit Beginn dabei war – er hieß Christian –, meinen Namen, mit einer sonderbar eindringlichen Stimme: wie wenn man auf der Bühne flüstert. Es hatte auch etwas von einem erstickten Hilferuf.

Ich stand auf, ging auf den Gang des Wagens hinaus, schaute mich um. Ich glaubte, ihn eben noch hier gesehen zu haben. Aber er saß einige Abteile weiter, in tiefem Schlaf, das Kinn hing auf den Kragen, der Mund stand offen, wie häufig bei Schlafenden in der Bahn. Ich fragte die Kameraden: er hatte seit Stunden seinen Platz nicht verlassen. In diesem Augenblick wußte ich es. Am nächsten Tag war er tot, bei der ersten Straßenkreuzung, an der wir Feuer bekamen.

Das Jahr 1918 war in der Westfront das schlimmste von allen. Die deutsche Heeresleitung versuchte noch einmal mit gewaltiger Anstrengung, das Kriegsglück auf unsere Seite zu zwingen. Durchbruchsschlacht folgte auf Durchbruchsschlacht. Dann kamen die furchtbaren Gegenschläge, die uns vernichteten.

Hätte ich nicht vorher schon die Hoffnungslosigkeit unserer Lage geahnt (aber man glaubte immer noch, wir könnten durch Fortsetzung des Kampfs wenigstens einen anständigen Waffenstillstand erzwingen), so wäre mir das bei meiner persönlichen Begegnung mit dem Kaiser, Wilhelm dem Zweiten, aufgegangen, von der ich allerdings ganz einseitig Notiz nahm. Ich mußte ihm, kurz vor Beginn der Frühlingsoffensive am 21. März 1918 bei La Fère – da mein Batterieführer auf Urlaub und ich nach ihm der dienstälteste Offizier war –, drei Mann unserer Formation, bei einer Parade der einsatzbereiten Truppen, zur Verleihung des Eisernen Kreuzes Erster Klasse vorstellen.

Auf einem großen ehemaligen Truppenübungsplatz der französischen Armee waren einige hundert Mann von allen möglichen Einheiten zur Ordensverleihung durch Seine Majestät angetreten.

Die Gruppe der Herren in den hellgrauen Mänteln näherte sich fast lautlos, marionettenhaft. Ich trat vor und machte meine Meldung. Der Kaiser nickte kaum merklich, legte die gesunde Hand an den Helm (einer seiner Arme war von Kind auf verkürzt); dann trat ein Adjutant vor und heftete den Soldaten das Kreuz an die Brust, während der Kaiser schon weiterschritt.

In dem kurzen Augenblick dieser Meldung habe ich, auf drei Schritte Abstand, sein Gesicht gesehen, und es erschütterte mich. Es war starr, von grauer Hautfarbe, die Schnurrbartspitzen standen darin wie in einer Maske. Die Augen waren weit aufgerissen, aber blicklos. Sie schauten durch mich hindurch. Wohin? Ins Fatale, war mein Gefühl. Ins Unabwendbare. Ich behielt die Erinnerung an eine tragische Maske.

Genau das gleiche wurde mir später von meinem Freund Mierendorff, dem Sozialisten, der im Sommer 1918 von Wilhelm dem Zweiten sein EK I. erhielt, bestätigt. Auch er hatte den

Eindruck von einem Mann, der sein Schicksal, und das seines Volkes, kannte. Warum konnte er das noch bevorstehende ungeheure Blutvergießen nicht beenden? Aber das stand wohl damals nicht mehr in seiner Macht.

Als wir, Ende April 1918, bei der Offensive gegen Armentières eingesetzt wurden und auf die eroberte Stadt vorrückten, hatte ich ein Erlebnis, an das ich mich wie an einen wüsten Traum erinnere. Die einzige portugiesische Division, die in diesem Krieg gegen Deutschland kämpfte, war dort von unseren Truppen überrannt worden; wir erbeuteten dabei eine Menge Maultiere...

Den ganzen Tag hindurch waren, auf der gleichen Straße, auf der wir mühsam nach vorne drängten, Ströme von portugiesischen Gefangenen an uns vorbeigeführt worden, durchweg kleine Leute, die einen abgerissenen, von der Schlacht verschreckten Eindruck machten. Am Arm eines Korporals hing eine junge Französin mit einem Säugling auf dem Arm – man ließ sie mitziehen, als ob sie ihn in sein Lager hätte begleiten können. Gegen Abend bekam ich Befehl, vorauszureiten und in einem bestimmten Vorort von Armentières für unsere Truppe Quartier zu machen. Ich war nur von einem älteren Pferdepfleger namens Rupprecht begleitet. In dem Ort, hieß es, sollten noch Häuser stehen, die ich zu beschlagnahmen hätte. Als ich hinkam, fand ich nur ein einziges unzerstörtes Haus, in dem vorher die portugiesische Kantine gewesen war. Ein Johlen und Grölen drang durch die zerbrochenen Fenster, es klang nicht wie von Menschen. Ich ließ Rupprecht mein Pferd halten und trat ein. Drinnen hatten sich einige von der Schlacht entnervte deutsche Infanteristen über ein Fäßchen des schweren portugiesischen Rotweins hergemacht, sie schütteten ihn aus Kochgeschirren in sich hinein. Zwei völlig Betrunkene hockten auf der Leiche eines Portugiesen, den Rücken an die Wand gelehnt, und brüllten zotige Lieder. Ein anderer kotzte in der Ecke. Auf das Weinfäßchen hatten sie einen toten Portugiesen mit ausgespreizten Beinen gesetzt, wie auf ein Maultier, sein Mund klaffte weit offen, und ein besoffener Unteroffizier goß ihm unter lauten

Rufen: »Prost Camarade!« Wein hinein, der in Bächen über sein gelbes, stoppliges Kinn hinunterlief.

Als ich versuchte, mich bemerklich zu machen und die Räumung des Hauses zu verlangen, prasselten wütende Schimpfreden und Hohngelächter auf mich ein: es war das erste und einzige Mal, einschließlich der November-Revolution, daß ich derartiges von den befehls- und disziplingewohnten deutschen Soldaten erfuhr, und es war nur durch ihre völlige Betrunkenheit zu erklären. Als ich ein schärferes Kommando gab, ging ein Mann mit dem blanken Seitengewehr auf mich los. »Dir schlitz ich den Bauch auf«, brüllte er, »du verdammter Offiziershund, du bist nicht besser als unsere blauen Portugiesen!« Er blutete aus der Schulter, ich erfuhr später, daß er an diesem Tag im Nahkampf einen Portugiesen mit dem Bajonett durchrannt hatte und selbst von dem Sterbenden verwundet worden war. »Du verdammter Hund!« schrie er immer wieder. Mir blieb nichts übrig, als den Revolver zu ziehn und zu entsichern. Er hätte mich in seinem halb wahnsinnigen Zustand umgebracht, wenn ich nicht zwei Schüsse in die Decke gefeuert und dann den Revolver auf ihn gerichtet hätte. Da wurde er nüchtern. Der Unteroffizier kam mit einem Kochgeschirr voll Wein auf mich zugeschwankt, als wolle er ihn mir ins Gesicht schütten. Ich steckte den Revolver ein und sagte laut und deutlich: »Ihr könnt mich alle am Arsch lecken.«

Gelächter brach aus. Der Unteroffizier hielt mir das schmutzige Gefäß hin und sagte: »Sauf!« Ich soff. Auch das hatte ich im Krieg gelernt. Ich wußte, daß ich es vertragen konnte, ohne umzukippen. Plötzlich sah ich, daß Rupprecht, der die Pferde draußen angekoppelt hatte, mit seinem Karabiner hinter mir stand. Der Friede war gesichert. Wir schüttelten uns die Hände, ich nahm von dem Quartier Besitz und sorgte dafür, daß die Betrunkenen in einem nahgelegenen Stall eine Strohschütte fanden.

Vor wenigen Jahren ging ich an einem Frühlingstag in Paris auf den Champs Elysées spazieren. Plötzlich stockte der Verkehr, die Leute blieben auf der Straße stehen, alle Männer nahmen die Hüte ab. Man hörte einen rhythmisch näherkommenden Trommelschlag und sah auf dem Fahrdamm einen Trupp von Zivilisten marschieren, in Richtung auf die Etoile und den Arc de Triomphe. Ich fragte einen Herrn neben mir, was das für ein Aufmarsch sei. »Les vieux Combattants«, antwortete er mir, »de la grande guerre.« Er meinte natürlich den Krieg 1914–18. Die alten Kriegsteilnehmer...

Auch ich nahm den Hut ab, hätte es auch getan, wenn die anderen es mir nicht vorgemacht hätten.

Voran ging ein Kahlkopf mit weißem Schnurrbart, der die Fahne trug. Er hatte müde, abfallende Schultern und stemmte die Stange der Trikolore auf seinen etwas vorstehenden Spitzbauch. Dann kamen, in Viererreihen, stramm daherschreitend, mit der blauweißroten Kokarde im Knopfloch und ihrem Croix de Guerre auf der Brust, freundliche Gestalten, wie man sie in jedem Bistro, in jeder Metro, in jedem Cinéma hätte treffen können. In einem glaubte ich den Gastwirt eines provençalischen Lokals zu erkennen. Sie waren klein und groß, dick und dünn, trugen Bärtchen oder waren glattrasiert, sie sahen nach Familie aus, nach einem kleinen Appartement mit Blumenkästen auf dem Balkon, nach einem Postamt, einem Tabakladen, einem Bijouterie-Geschäft, nach Kindern und Enkeln. Viele kamen mir furchtbar alt vor – sie mochten so ungefähr mein Jahrgang sein... Ich hatte das Gefühl, ich müßte mitmarschieren, mich anschließen, zu dem ›Grabmal des Unbekannten Soldaten‹ hin – jenes zerrissenen, zermörserten, atomisierten Niemand, der das Symbol unserer Zeit geworden ist. Ich hatte das Gefühl, ich müßte hingehen und sie umarmen, diese Groß- und Kleinbürger, Pensionäre und Handwerker, ich müßte ihnen sagen: »Hier bin ich! der auf euch geschossen hat, dem ihr nach dem Leben trachten mußtet.« Ich hatte das Gefühl, ich gehörte zu ihnen, mehr als zu irgend jemand anderem auf der Welt. Denn sie waren die ›Feinde‹. Ich mußte weinen.

Wie der Krieg für mich ausging, ist bald erzählt. Ende Juli 1918 wurde ich in den Kohlenzechen bei Lens von einem als Beobachtungsstelle benutzten, zwölf Meter hohen Fördertum durch Volltreffer abgeschossen und für tot liegen gelassen. Dann – ich weiß nicht nach wieviel Zeit – bewußtlos, aber lebend gefunden, mit einem Granatsplitter-Riß überm linken Auge und einer Gehirnerschütterung. Nach acht Tagen Feldlazarett von einem forschen Stabsarzt älteren Jahrgangs an die Front zurückgeschickt: »Sie haben Kopfschmerzen? Schwindelanfälle? Erbrechen? Kein Grund zum Schlappmachen. Zum Fallen sind Sie gesund genug, und dazu brauchen wir jetzt die jungen Offiziere.«

Ich meldete mich in der Stellung zurück, wurde aber von meinem Batteriechef, der meinen Zustand erkannte, auf vierzehn Tage Urlaub nach Hause geschickt. Dort brach ich zusammen. Und hatte das Glück, nicht dem berüchtigten Stabsarzt Dr. Herzog in die Hände zu fallen, einem Scharfmacher, der geurteilt hätte wie sein oben erwähnter Kollege, sondern einer zwei Meter langen Bohnenstange von spitzbärtiger Gutmütigkeit, Dr. Joseph Metzger, von den Soldaten »der heilige Josepp« genannt. Der steckte mich sofort in ein ruhig gelegenes Spital, eigentlich ein altes Stift, das Sankt-Franziskus-Hospiz auf dem Mainzer Kaestrich. Schlaf. Ruhe. Katholische Nonnen: die mich betreute, war jung und hieß Schwester Ambrosia, sie hatte die Augen meiner zu Kriegsbeginn verstorbenen Großmutter, tiefblau und heiter. Wenn sie mich ansah, wußte ich, daß ich gerettet war. Ich saß im Klostergärtchen, schrieb. Dann ein Erholungsurlaub, ganz allein, zu Hirschhorn am Neckar, in dem alten ›Gasthof zum Naturalisten‹, bei beginnender Herbstfärbung der Bäume, Herbstgeruch. Es war Anfang Oktober. Ich saß auf den Waldbänken und schrieb. In dieser Zeit wurde mein Bruder, der als Infanterie-Offizier in der zerbrechenden Westfront stand, schwer verwundet. Wir wußten es nicht, es gab keine Nachricht mehr.

Noch einmal mußte ich ins Feld zurück: nach einer wüsten Nacht in Straßburg, dem Standort unseres Ersatzregiments. Dort hatte ein ehemaliger Wachtmeister unserer Batterie, der vor dem Weltkrieg die deutschen Kolonialfeldzüge in China und Afrika mitgemacht hatte, eine kleine Kneipe: ›Zum aufgeklappten Deckel‹ – womit der Schutztruppenhut der Lettow-Vorbeck-Formationen gemeint war. Jetzt hatte er das Wirtshausschild schon übermalt und in ›Estaminet au gay Poilu‹ umgetauft. Der Mann hieß Hebel, und seine Eltern hatten ihn, eine Blasphemie auf den liebenswertesten Alemannen, Johann Peter genannt. Er nannte sich bereits Jean-Pierre. Es war Anfang November, kalt, neblig. Ich übernachtete bei ihm. Es wurde ungeheuer gesoffen. Zwei Mädchen, die er seine Töchter nannte, ohne sie gezeugt zu haben, bedienten. Er legte mir nah, nicht mehr in die Front zu gehen, die Mädchen würden mich verstecken. Aber mein Kopf blieb klar genug, seinem Rat nicht zu folgen. Ich wollte hier nicht hängenbleiben, sondern heim: der Weg ging über die Truppe. Am nächsten Morgen fuhr ich auf einem Fouragewagen in die Vogesen, zu der Batterie, der ich zugeteilt war. Dort fand ich eine Reihe unserer alten Leute, die auf dem gleichen Weg übers Ersatzregiment nach einer Verwundung hierhergekommen waren. Sie kannten mich. Sie erklärten mir, daß sie dabei seien, einen Soldatenrat zu bilden, in den ich gewählt werden sollte. Die führenden Offiziere drohten uns mit Erschießen und wurden ausgelacht. Am nächsten Tag setzten sie sich in einem Divisionsauto von der ›meuternden Truppe‹ ab, die so brav war wie eine schäferlos gewordene Hammelherde. Ich blieb – die ›revolutionäre‹ Mannschaft wollte einen Offizier... Sie sangen – nicht wie die Poilus, die lehmverschmiert am Chemin des Dames aus ihren Gräben gestiegen waren, die ›Internationale‹, sondern wie zu Kriegsbeginn: »In der Heimat – in der Heimat...«

Man beließ mir die Achselstücke und Orden, band mir eine rote Binde um den Arm, übertrug mir Befehlsgewalt. So führte ich, auf einem müden Klepper, für den ich nachts in den Dörfern zwischen Kolmar und Straßburg Hafer stahl, den Rest unserer Truppe über die Rheinbrücke bei Kehl. Die Elsässer schauten feindlich. Wir schauten nicht rechts noch links. Keiner dieser Soldaten hatte die Idee, daß wir durch einen ›Dolchstoß in den

Rücken‹ den Krieg verloren hätten. Das wurde den Menschen erst später eingeredet. Wir wußten, daß wir besiegt waren. Aber wir bildeten uns auch nicht ein, daß die Regierungen der Sieger ›besser‹ seien. Ausgehungert, geschlagen, aber mit unseren Waffen, marschierten wir nach Hause.

Der Klepper, für den ich Hafer stahl und auf dem ich durchs Land zockelte, um ihn in Mainz als Heeresgut abzuliefern, war nicht mein Pferd, das ich zwei Jahre lang, bei jedem Stellungswechsel, bei jeder möglichen Gelegenheit hinter der Front geritten hatte. Das war ein Grauschimmel-Wallach, an dem ich sehr hing. Inwieweit Pferde an Menschen hängen, ist schwer zu sagen. Sie sind an ihre Reiter und Pfleger gewöhnt und geben sich ihnen gegenüber vertrauensvoll. Mein Pferd, von den Badensern ›Schimmele‹ genannt, drehte sofort den Kopf um, wenn ich den Stall betrat, und wieherte leise. Es hob auf Anruf den rechten oder linken Vorderhuf. Es schnaubte mir zärtlich in die Hand, wenn ich ihm ein Stückchen Brot brachte oder vorm Aufsitzen den Kopf streichelte und den Hals klopfte.

Im letzten Kriegsmai wurde es auf dem Marsch von einem Granatsplitter getroffen, eine Minute, nachdem ich abgesessen war, um nach einem steckengebliebenen Geschütz zu sehen. Ich ging den Rest des Marsches zu Fuß und führte es. Wir glaubten zuerst, die Wunde sei nicht sehr schwer und wir könnten sie heilen. Zwei Tage darauf mußten wir es erschießen und liegenlassen.

In diesen Tagen schrieb ich ein Prosagedicht. Es erschien, am 1. Juni 1918, in der ›Aktion‹:

Auftakt

Die Welt ist vorgestern untergegangen. Es ist gut.
Auch die Kanonen sind alle mit untergegangen.

Nun bin nur noch ich da und mein Pferd. Mein Pferd hat eine Granatsplitterwunde. Wenn es wieder geheilt ist, werde ich es besteigen und... wohin? Es gibt ja keine Richtung mehr. Ich wäre sonst wohl gegen Osten geritten. »Gen Osten.« So hieß es doch. Ja...

Aber die Welt ist untergegangen. Wohin?

Ich reite in eine silberne Unendlichkeit. In einen weltlosen Tag. In einen nachtlosen Glanz, der nicht von Sonne oder Sternen ist – (Die Welt ist untergegangen. Einst. Das war einmal. Ihre letzten Geräusche sind längst verklungen.) Nur noch das Leben ist da. Das Leben... was sollte auch die Welt dabei? Das Leben ist da. Alles ist Erfüllung. Bräutlich. Entkettet. Aufgetan.

Ich bin ein Regen und sinke bewußtlos, wunschlos, hingeschenkt auf Herzen und Hände, dürstende Felder voll Saat und Sehnsucht –
Immer neu gebiert mich Gottes gütige Wolke.

1918–1920   Horen der Freundschaft

Haben wir im Jahr 1918 eine Revolution erlebt? Was ich davon sah, war ein Zusammenbruch, der nur vorübergehend revolutionäre Züge trug und dessen Nachwehen fünf Jahre dauerten – bis zum Ende des Jahres 1923.

Es gab keine ›Novemberverbrecher‹. Es gab keine allgemeine, große Volkserhebung, auch keinen organisierten Aufstand. Es gab keinen Sieg einer Revolutionspartei.

Der Sturz des Kaiserreichs traf das deutsche Volk, trotz der vorausgegangenen Blut- und Notjahre, ebenso unvorbereitet wie der Kriegsausbruch.

Einer elementaren Revolte glich höchstens der Aufstand bei der Kriegsmarine, als die Matrosen das Auslaufen der Flotte in letzter Stunde – einen sinnlosen Harakiri-Versuch – mit Gewalt verhinderten. Sie schickten dann ihre Sendboten in die deutschen Städte, um Soldatenräte zu gründen, aber sie fanden durchweg nur unentschlossene, verstörte Mannschaften und verärgert beiseitestehende Offiziere. Da und dort riß man diesen, in der Etappe und in Garnisonen, die Achselstücke ab und die Auszeichnungen herunter. Mir geschah nichts dergleichen, da ich von den mit mir heimkehrenden Leuten geschützt und legitimiert war.

In Berlin war von Philipp Scheidemann die Republik ausgerufen worden, sie wurde von Männern wie Friedrich Ebert, den Spitzen der alten Sozialdemokratie, repräsentiert, die keine Umstürzler waren, sondern versuchten, die Nation vor Chaos und Verelendung zu bewahren, zu retten, was zu retten war – nicht die Fundamente zu zerstören, um neu zu beginnen.

Was stattfand, war die Überleitung einer militärisch und wirtschaftlich ruinierten Nation aus ihrer historischen in eine der Gegenwart gemäße, demokratische Ordnung. Ein tragisches Unterfangen, eine tragische Situation für die Männer, die sich mit ihrer Person und ihrem Ansehen dafür einsetzten: sie waren, mit ihrem ersten Schritt, zwischen die Fronten gestellt – von rechts bespien, von links bespuckt.

Es gab linksradikale Strömungen, mit der Devise: ›Alle Macht den Arbeiter- und Soldatenräten‹. Sie hatten das Vorbild der Sowjet-Revolution, aber weder deren in langer Konspiration geschulte Führerschaft noch die Massen hinter sich – nicht einmal in Berlin oder in den Industriebezirken. Der größere Teil des Proletariats hielt sich an seine erprobten sozialdemokratischen und gewerkschaftlichen Vertreter. Nur kleinere Gruppen schlossen sich dem von Karl Liebknecht und Rosa Luxemburg inspirierten ›Spartakus-Bund‹ an, aus dem später die Kommunistische Partei Deutschlands hervorging; auch eine linksgerichtete Abspaltung der Sozialdemokratie, die ›Unabhängige Sozialisten-Partei‹, änderte nichts am Ganzen.

Das Volk war müde, erschöpft, enttäuscht und in seiner Mehrheit keineswegs revolutionär gestimmt. ›Friede und Brot‹ stand auf den Schildern, die bei Demonstrationszügen vorangetragen wurden; es stand auch das Wort ›Freiheit‹ darauf, unter dem sich aber jeder etwas anderes vorstellte und das für die Mehrheit ebensogut durch das Wort ›Ruhe‹ hätte ersetzt werden können.

Der Kaiser war nach Holland geflohen – nicht vor dem eigenen Volk. Die Deutschen hätten ihm niemals das Schicksal der russischen Zarenfamilie bereitet. Aber es war anzunehmen, daß die Siegermächte seine Auslieferung als eine der Bedingungen des Waffenstillstands verlangt hätten, der einer totalen Kapitulation gleichkam. Durch seinen Übertritt auf neutrales Gebiet blieb der neugeborenen, noch nicht gehfähigen Republik ein schwerer Konflikt erspart, der leicht hätte zum offenen Bürgerkrieg führen können.

Zum Bürgerkrieg ist es in dem ausgebluteten Land nicht gekommen, nur zu vereinzelten Aufständen und Revolten, die rasch niedergeschlagen wurden, und zu einer Kette von extremistischen Gewalttaten und Fememorden – den finsteren Vorzeichen der späteren Katastrophe.

Vor den Fürstenhäusern, den Königen und Großherzögen in den einzelnen deutschen Ländern machte die Revolution halt. Sie wurden zwar abgesetzt und der Regierungslast enthoben, was manchen von ihnen wohl nicht ganz ungelegen kam (»Macht euern Dreck alleene«, sagte der durch seinen Humor populäre ›Geenig‹ von Sachsen), aber das Volk hegte keinen Groll gegen sie. Gewisse Landräte und Bezirksgouverneure hätte man lieber hängen sehen als die freundlichen Landesväter, aber die waren im geeigneten Moment nicht zu Hause und tauchten erst später unbeschädigt wieder auf, als Bezirksgouverneure und Landräte.

»Schmiert die Guillotine, schmiert die Guillotine, schmiert die Guillotine / Mit Tyrannenfett,

Reißt die Konkubine, reißt die Konkubine, reißt die Konkubine / Aus des Fürsten Bett!«

hieß es im pfälzischen ›Hecker-Lied‹ aus der 48er Zeit, das wir jungen Radikalen, in tumultuöser Selbstveräppelung unseres Radikalismus, gerne sangen.

Aber es gab keine barocken, rokokobezopften oder biedermeierlichen Tyrannen, deren Speck zum Auslassen gereizt hätte, und die Konkubine konnte man nicht aus ihrem Bett reißen, da längst keine mehr drinlag.

Unser Großherzog Ernst Ludwig ›von Hessen und bei Rhein‹ konnte der Sympathie seiner Landsleute, bis in die Kreise der radikalen Intellektuellen und der revolutionären Arbeiterschaft, sicher sein. Er war ein urbaner, nobler, gebildeter Herr, der in Darmstadt, seiner Residenz, schon vor dem Krieg – zum Entsetzen des konservativen Bürgertums – die damals modernste Kunst protegiert hatte und sich in der Kriegszeit niemals zu militanten oder hurra-patriotischen Kundgebungen mißbrauchen ließ. Er hatte, noch in Friedenszeiten, den Dichter und Gardeoffizier Fritz von Unruh, als der wegen der Reinhardt-Aufführung seines pazifistischen Dramas ›Offiziere‹ beim deutschen Kronprinzen in Ungnade fiel, als Prinzenerzieher an seinen Hof berufen. Es ging das Gerücht, daß er in einem der ersten Kriegsjahre auf eigene Initiative geheim nach Moskau gereist sei, um seinen Schwager, den Zaren Nikolaus den Zweiten, für einen raschen Friedensschluß zu gewinnen. Ob das wahr ist, weiß ich nicht.

Ich habe ihn oft während meiner Gymnasialzeit in seiner Theaterloge gesehen, eine schlanke Gestalt im dunklen Anzug, mit schmalem, feinem Gesicht, wenn er zu einem besonderen Konzert in Mainz erschien und die stehende, ehrfurchtsvolle Begrüßung durch das Publikum, sichtlich etwas verlegen, mit einer liebenswürdig-bescheidenen Geste erwiderte.

Jetzt wurde er, mit der Höflichkeit eines englischen Kabinettswechsels, von dem gleichfalls noblen und sympathischen Sozialistenführer Adelung aus Mainz abgelöst, der dann das Hessenland ohne besondere Zwischenfälle, bis zum Einbruch der braunen Tyrannei, mit milder, vielleicht allzu milder Hand regierte.

Obwohl mit dem Elend und dem Jammer der zweiten Nachkriegszeit, der Hinterlassenschaft Adolf Hitlers, nicht zu vergleichen, ging es auch in den Jahren nach dem Ersten Weltkrieg recht erbärmlich zu. Lebensmittelknappheit, bis zur Grenze des Hungers, Verkehrschaos, Mangel am Notwendigsten, oft auch an Strom und Kohlen, Streiks, Zerwürfnis, Unsicherheit versetzten das Land in eine trübselige, verdrossene, deprimierte Stimmung.

Für mich jedoch, und die paar gleichgesinnten jungen Menschen, blieb im Gedächtnis an diese Jahre eine Leuchtspur zurück, die für das ganze Leben richtungweisend wurde. Wir, die dem Kriegstod Entkommenen, hatten das Leben, als Realität, als vorwärtstragender Strom, als Hoffnung, jetzt erst gewonnen, und wir warfen den Ballast der Vergangenheit hinter uns: Weg damit! Es kommt die neue Zeit!

Die Zeit, so glaubten wir, wirkte für uns und war auf unserer Seite – auch wenn ein Großteil der Zeitgenossen sich ihr entgegenstemmte. Die Zukunft, so dachten wir, würde uns gehören, und den Lebendigen, Erwachten in der ganzen Welt. Jetzt und hier erwuchsen die großen Freundschaften, die nicht nur auf

Camaraderie, wie sie sich zwischen jungen Leuten immer ergibt, sondern auf gemeinsamen Überzeugungen gegründet waren und die sich, auch über Trennung und Tod hinweg, nie mehr verloren.

Wenige Tage, nachdem ich in meine Vaterstadt zurückgekehrt war, erhielten wir durch eine entfernte Verwandte aus Bremen die Nachricht, daß mein Bruder dort in einem Lazarett liege, sein Zustand sei sehr ernst. Wir hatten seit vielen Wochen nichts mehr von ihm gehört.

Wieso er vom westlichen Kriegsschauplatz nach Bremen gekommen war, bedeutend weiter von unserer Heimat entfernt als Belgien und Frankreich, wußten wir nicht.

Meine Mutter war sofort entschlossen, mit mir hinzufahren, der Vater, damals schon halb erblindet, wäre zu einer solchen Reise nicht fähig gewesen. Denn es war eine Fahrt ins Ungewisse, unter schwierigsten Umständen. In normalen Zeiten hätte sie zehn Stunden gedauert, jetzt brauchten wir drei Tage und Nächte dazu.

Ich hatte vom ›Obersten Soldatenrat‹ in Mainz einen Schein ergattert, der mich allen lokalen Soldatenräten empfahl und uns das Reisen in Militärtransportzügen gestattete. Personenverkehr anderer Art gab es in diesen Wochen nicht, die Schalter waren geschlossen, und es existierte kein Fahrplan. Man hatte auf den mit Abfall und Papierfetzen bedeckten Bahnsteigen zu warten, bis irgendein maßlos überfüllter Zug in die gewünschte Richtung fuhr, und mußte versuchen, sich hineinzuzwängen. Das gelang nicht immer, denn meistens waren auch die Trittbretter von Soldaten besetzt, und in den kalten, zugigen Bahnhöfen, manche von Revolutionsgefechten zerschossen, drängten sich die Heimkehrer in Massen. Auf den Perrons der größeren Stationen dampfte gelegentlich eine ambulante Feldküche, von Krankenschwestern bedient, die eine dünne Wasserbrühe ausschenkten, Kaffee oder Suppe genannt. Hatte man sich mit Mühe einen halben Becher voll ergattert, um sich zu erwärmen, so hieß es plötzlich: ein Zug kommt! und man stürzte, die warme Brühe auf den Hosen, in wildem, panikartigem Stampedo auf die Waggons zu, um die ein rücksichtsloses Handgemenge entstand. Meine Mutter, die ich in dem Getümmel manchmal auf dem Rücken schleppte, wurde schließlich durch ein zerbrochenes Fenster in den Zugsabort geschwungen, wo sie vorübergehend, falls er nicht gerade benutzt wurde, einen Sitzplatz fand. Ich selbst hing während des ersten Tages in einer aneinandergeklammerten Menschentraube auf der Plattform des Kohlentenders. Nachts hatten wir uns in ein Abteil hineingearbeitet, das für acht Menschen, höchstens, gedacht und mit zwanzig, mindestens, besetzt war. Dort wurde meine Mutter ins Gepäcknetz gehoben, wo sie zwischen Tornistern, Stahlhelmen, Gasmasken und Waffengerümpel lag, mit Blättern der ›Roten Fahne‹ und des ›Vorwärts‹ zugedeckt.

Anfangs warf man böse und mißtrauische Blicke auf die Offiziersuniform, die ich immer noch trug, aber die rote Armbinde mit dem Aufdruck des Soldatenrats verschaffte mir Respekt, und die verwilderten, abgebrühten Männer wurden hilfsbereit und sanft, sobald sie begriffen, daß hier eine Frau zu ihrem schwerverwundeten Sohn wollte. Meine Mutter unterhielt sich von ihrem hohen Lager herab mit ihnen über ihre Heimat und ihre Familiensorgen.

Es kam vor, daß so ein wüster Höhlenbär, mitten in einem nicht niederzuschreibenden Schützengrabengefluch oder einem Witz von gargantuesker Drastik, innehielt und mit einem Blick auf sie, verlegen grinsend, verstummte.

Es gab Achsenbruch, Gleisschäden, Kohlenmangel, endloses Halten auf der Strecke, knapp vermiedene Zusammenstöße, aber wir kamen hin.

Es war ein frostiger Morgen, in Bremen wurde gestreikt, Taxis gab es nicht, die Lokale waren geschlossen, die Trambahnschaffner zogen mit Fahnen und Schildern in der Stadt herum, statt ihre Wagen zu führen, und die Polizei versuchte, sie dabei zu stören, statt den Fremden den Weg zu weisen. So wanderten wir, mit leerem Magen, kreuz und quer in der wenigstens von Demonstrationszügen verschonten, dafür menschenleeren Vorstadt herum, bis wir das kahle Schulgebäude fanden, das als Notlazarett eingerichtet war.

In der Ecke eines Massensaales voll stummer oder stöhnender Schwerverletzter lag mein Bruder, bärtig, abgemagert, hohläugig wie ein Gespenst, auf einem Drahtgestell, das ein Bett sein sollte, unter einer rauhen Wolldecke. Er lebte noch – aber er konnte sich nicht bewegen und fast nicht mehr sprechen.

Ich erfuhr, was er durchgemacht hatte. Beim Rückzug in Nordfrankreich, kurz vor dem Kriegsende, hatte er einen Schuß bekommen, der ihm den untersten Rückenwirbel und die Sitzknochen zerschmetterte, so daß die Splitter in den Darm eindrangen.

Er war hilflos zwischen den deutschen und englischen Linien liegengeblieben, dann von seiner Mannschaft gesucht und zurückgeschleppt worden. Aber es gab schon kein reguläres Feldlazarett mehr. Während an der Front noch gekämpft wurde, befand sich die Etappe bereits in wüster Auflösung. Lebensmittel- und Lazarettzüge wurde von marodierenden Hinterlandsoldaten, die sich vor der aufgespeicherten Wut der Zivilbevölkerung fürchteten und nach Hause wollten, beschlagnahmt, ausgeraubt, zur Heimfahrt benutzt. Die zurückbleibenden Ärzte und Krankenschwestern standen dem immer mehr anschwellenden Zustrom von Schwerverletzten hilflos gegenüber, hatten keinen Nachschub an Verbandstoff und Medikamenten, keine Möglichkeit zu Operation und Behandlung, die Notbaracken lagen im Beschuß der stetig vorrückenden feindlichen Artillerie.

Mit seiner furchtbaren Verletzung lag mein Bruder fiebernd, ohne richtige Pflege, auf dem Bauch, wurde mit Sterbenden zusammengepfercht, in offenen Viehwägen transportiert, aus denen man auf der Strecke die Toten – aus Not, nicht aus Roheit – auslud und auf den Bahndamm legte. Das Qualvollste war für ihn, daß dieser Zug bei seiner schneckenhaften Fahrt durch unsere Vaterstadt Mainz kam, sogar lange dort hielt, daß er, obwohl halb tot, den Bahnhof erkannte, von dem es keine fünf Minuten zu seinem Elternhaus war, und die Sanitäter anflehte, ihn hier auszuladen, hinüberzubringen oder die Eltern herbeizuholen, die nicht ahnten, daß und wie er hier lag. Aber auch in dieser Lage funktionierte noch die Bürokratie. Es lag keine Order vor, also konnte es nicht geschehen... und die Schreckensfahrt ging weiter, bis zu der endlos entfernten Hansestadt.

Jetzt, als wir an seinem Lager standen, lag er, der Art seiner Verletzung halber, immer noch auf dem Bauch. Es wurde gerade aus einem großen Kessel das Essen ausgegeben, das aus übelriechendem altem Sauerkraut mit ranzigen Speckstücken bestand, wovon er keinen Bissen zu sich nehmen konnte.

Während meine Mutter versuchte, einen Arzt oder eine Pflegerin aufzutreiben, begab ich mich in das Büro des ›Lazarettkommandanten‹, eines wildgewordenen Feldwebels, der mir barsch erklärte, als ich ihn auf den Zustand meines Bruders und die Unmöglichkeit der ihm gebotenen Ernährung hinwies: »Für Offiziere gibt es keine Extrawürste mehr.« Die hätten es lange genug gut gehabt. Wenn er nicht fressen könne, was kommt, dann müsse er eben fasten, das sei gesund.

Dieser Kerl hatte vermutlich früher seine Rekruten geschunden, und da er das nicht mehr konnte, bestand für ihn die ›Revolution‹ darin, seinen Machtrausch an den entthronten Offizieren auszulassen.

Erst als ich ihm meinen Schein vom ›Soldatenrat‹ vorwies, ihm drohte, ihn beim hiesigen Soldatenrat anzuzeigen, und die Namen bekannter, mir persönlich ganz unbekannter, Parteiführer nannte, bei denen ich mich beschweren werde, ließ er sich dazu herbei, den zuständigen Arzt suchen zu lassen, einen überanstrengten, übermüdeten Mann, der selbst keine Macht hatte. Er riet mir, meinen Bruder so rasch wie möglich in Privatpflege zu überführen, denn wenn er nicht schleunigst operiert würde, wozu hier die Mittel fehlten, und richtig ernährt, sei keine Hoffnung mehr.

Meine Mutter lief unermüdlich in der Stadt umher; es gelang ihr, mit einer Energie und Zähigkeit, die niemand der kleinen, zart wirkenden Frau zugetraut hätte, ein Privatzimmer in einem Diakonissenheim aufzutreiben, einen hervorragenden Chirurgen, der sich bereit erklärte, trotz Zeitmangels den Fall zu übernehmen, auch die Lebensmittelkarten für die notwendige Verpflegung – alles, was es eigentlich in diesen Tagen nicht gab. Inzwischen erkämpfte ich seine Entlassung aus dem Todesspital und aus dem Heeresdienst.

Sie blieb dann in Bremen, um ihn gesundzupflegen und nach Monaten heimzubringen.

Ich kehrte, wieder in überfüllten Transportzügen, nach Hause zurück, besorgte mir meinen Entlassungsschein, zog endgültig die Uniform aus und begab mich ohne Übergang ins Leben, das heißt: auf die Frankfurter Universität.

Die beiden einschneidenden Erlebnisse in diesem trüben Frankfurter Revolutionswinter waren für mich: die Begegnung mit Carlo Mierendorff und das Theater.

Das ›Frankfurter Schauspielhaus‹ war damals, fast mehr als die Berliner Bühnen, die Hochburg des expressionistischen Theaters, in einer gesinnungshaft-pathetischen Stilisierung, die dort gewachsen war. Bei Herbert Ihering, in seiner Kritikensammlung ›Von Reinhardt bis Brecht‹, wird der ›Frankfurter Expressionismus‹ als eine besondere, zeitbetonte Spielart des aktivistischen Theaters dieser Jahre gekennzeichnet, die in die Historie eingegangen ist. Stücke von Unruh, Hasenclever, Kornfeld erlebten dort ihre Uraufführung, und im ›Neuen Theater‹, einer Privatbühne, wurde von Arthur Hellmer das Dramenwerk Georg Kaisers erstmalig herausgestellt. Unter der klugen, behutsamen Leitung des Intendanten Karl Zeiss, eines gewiegten Theatermannes, der das Neue mit der gepflegten Tradition zu verbinden wußte, waren es die modernen Regisseure Richard Weichert und Gustav Hartung, die den ›Frankfurter Stil‹ ausprägten und entwickelten. Weichert hatte vorher in Mannheim, mit der Inszenierung von Hasenclevers ›Sohn‹, das Auftaktzeichen zum expressionistischen Theater gegeben: offene Räume, nur in Schwarz und Weiß, durch Lichtkegel in kubische Formen geteilt – harte, deklamatorische Diktion und überhöhte – man schrieb damals gern ›gesteilte‹ – Gestik, die allem realistischen Herkommen entgegengesetzt war. Später hat gerade er, Richard Weichert, aus dem Radikalismus seiner Pionierarbeit zu einem souveränen, klaren Inszenierungsstil gefunden, während sein Mitkämpfer und Antipode Gustav Hartung stets ein Ekstatiker des revolutionären Theaters blieb. Jeder von beiden war in seiner Art ein Erneuerer und ein großer Mann der Szene, von Geblüt und Können, nicht zu vergleichen mit den Experimentierern um des Experiments und des Aufsehens willen, die man inzwischen, besonders in der Zeit seit dem Zweiten Weltkrieg, in großer Menge verbraucht hat. Der ›Frankfurter Expressionismus‹ hatte keine sehr lange Lebensdauer, er konnte Reinhardts Kunst der Menschenzeichnung nicht erreichen, er wurde stilistisch von Fehling, Jessner, Berger, Martin, Engel und Brecht überholt. Aber in diesen Jahren der explosiven geistigen Spannung und seelischen Exaltation hatte er seine Stunde.

Ich hatte in Mainz vor dem Krieg noch ein Gastspiel der wundervollen Agnes Sorma als ›Minna von Barnhelm‹ erlebt und in München, im Ausstellungspark, die Reinhardt-Truppe in einer Aufführung des ›Sommernachtstraums‹, in die meine Eltern mich als Zwölfjährigen mitnahmen. Das waren Eindrücke, die verwehten. Jetzt sah ich zum ersten Mal mit bewußtem Blick ein Ensemble blendender und hervorragender Schauspieler, das in einem Geist geführt war, der unserem Zeitgefühl entsprach. Carl Ebert, der später als Opernregisseur und -intendant eine internationale Karriere gemacht hat, repräsentierte für uns mit seiner hohen Gestalt, seinem edlen Kopf und seiner ariosen Sprechkunst den ›positiven Helden‹ der Revolution – Gerda Müller, mit dem Wuchs einer griechischen Göttin und den Zügen einer litauischen Bauernmagd, die elementare Weiblichkeit. Die genialste Persönlichkeit, das spürte auch der Theaterneuling sofort, war der junge Heinrich George. Er gehörte zu den Darstellern, die – nur durch die Kraft ihrer Phantasie – den eigenen Körper überspielen, in der Gestalt ihrer Rolle auflösen können. Er war schon damals, kaum über zwanzig, ein machtvoller, stark bebauchter Mann, stiernackig, mit geschwellten Backen in einem breiten, norddeutschen Schiffergesicht, das einer Fauns- oder Zeusmaske gleichen konnte, und in dem es gewalttätige ebenso wie kindlich-zarte und musische Hintergründe gab. Als ich ihn zum erstenmal auf der Bühne sah, in Gorkis ›Nachtasyl‹ als heruntergekommenen Bettel-Baron, wirkte der massive Mensch wie eine schwindsüchtige Jammergestalt, knochenlos, verfallen, anämisch. Man vergaß Franz und Karl Moor in den ›Räubern‹ über seinem vom Galgen geschnittenen Roller, heiser keuchend und röchelnd, doch jedes Wort mit schneidender Schärfe hervorstoßend – der mit aus dem Kopf quellenden Augen, die schon den Tod gesehen hatten, ins gerettete Leben glotzte wie in ein nicht mehr begreifliches, lemurisches Inferno.

Mein persönliches Verhältnis zum Theater war das eines enthusiastischen oder jugendlich-kritischen Galeriebesuchers. Ich hatte, außer Ludwig Berger, der jetzt schon in Berlin insze- nierte, nie einen Regisseur oder Schauspieler kennengelernt – sie waren für mich noch eine Art von Halbgöttern, die auf einem, vorläufig unerreichbaren, Parnaß ihr tolles, abenteuerliches Leben führten und in einer sagenhaften Welt von entfesseltem Geist und künstlerischer Trunkenheit agierten.

War dies auch eine kindliche und kindische Vorstellung, so stimmte sie doch im Wesensgrund, und mit der Keckheit und dem Hochmut der jungen Jahre zweifelte ich nicht daran, diese Welt zu erobern und dereinst zu besitzen.

Statt die unsagbar langweiligen Kollegs über römisches Recht und klassische Volkswirtschaft zu besuchen – mein Vater hatte zunächst auf diesem Studienzweig bestanden, als Grundlage für alle späteren Möglichkeiten –, arbeitete ich in meiner kleinen, schlechtgeheizten Bude in Sachsenhausen an dramatischen Ver- suchen, denen eine ebenso unbescheidene wie unausführbare Stoffwahl zugrunde lag: ich wollte ein ›Neues Welt-Theater‹ schreiben, einen Tragödien- und Komödienzyklus, der mit Pro- metheus begann und mit Lenin endete. Ich tobte und schrie, be- sonders wenn ein Freund mich besuchte, dem ich vorlas, in dem engen Zimmerchen herum, daß meine Wirtsleute ernstlich um meine geistige Gesundheit besorgt waren. Einen ›Prometheus‹, beliebter Dramenstoff für ehrgeizige Scholaren, habe ich tatsächlich zustande gebracht, mit einer nicht einmal schlechten Konzeption: mit dem Feuer wollte er den von den Göttern in die Zwietracht des Lebens gestoßenen Menschen nicht nur Wärme und Licht, sondern den Frieden bringen, im ersten Akt denen im Tal, im zweiten Akt denen auf den Bergen, zwischen welchen unversöhnliche Feindschaft herrschte, wurde von beiden nach Entgegennahme seiner Gabe verlacht und vertrieben, mußte im dritten Akt machtlos erleben, wie sie das Feuer zum Krieg gegeneinander benutzten, und wurden dann von der kalten Majestät der Götter zum ewigen Leiden verdammt. Im Epilog wurde den Menschen der gemeinsame Aufstand gegen alle Götter und Altäre empfohlen, um sich selbst ihr Friedensreich auf Erden zu schaffen. Das Ganze in Versen, aus Schillerschem und Kleistschem Spracharsenal. (Auch dieses Manuskript ist auf rätselhafte Weise viel später wieder an mich gekommen.)

Ein Mainzer Jugendfreund, Arnold Bernay, der dann ein guter Historiker wurde, damals aber selbst theatralische Ambitionen hatte, schickte eine Abschrift davon, ohne mein Wissen, an unser Idol edler Männlichkeit, den Schauspieler Carl Ebert. Von diesem freundlichen Herrn bekam ich plötzlich eine Postkarte, die mich zu einem Gespräch in seine Wohnung einlud – ein anderer hätte das Manuskript in seinem Ofen verheizt. Das Talent, sagte er mir, sei unverkennbar, jedoch dies und das und jenes zeige die Unreife und mangelnde Erfahrung. Aber er habe mir eine Zusammenkunft mit dem Dramaturgen des Schauspielhauses, Dr. Plotke, vermittelt, der schwer krank, mit einer Lungengrippe, in einer Klinik lag, doch seine Tätigkeit dort unvermindert fortsetzte.

Dadurch habe ich, kurz vor seinem Tod, eine der markantesten, auch typischen Gestalten dieser Tage kennengelernt. Dieser Plotke, Vorkämpfer des politischen Theaters und führendes Mitglied der USP, lag mit fiebergerötetem, schweißbedecktem Gesicht in seinem Bett und redete zu einigen jungen Leuten, denen ich mich zugesellte, mit heiserer Stimme, von Hustenanfällen unterbrochen, stundenlang im Text von Aufrufen und

Proklamationen. Er soll das bis zu seiner Todesstunde so weiter-
getrieben haben und ließ sich von Ärzten und Pflegerinnen nicht
darin hindern. Ein junger Mann von der Linkspresse stenogra-
fierte mit, was er sagte, und es erschienen nach seinem Tod noch
fanatische Leitartikel von ihm. Auf meinen ›Prometheus‹ ging
er gar nicht ein, sondern schlug mir vor, für das Schauspielhaus
einen ›Spartakus‹ zu schreiben, der in einer modernen Fabrik
spielen und den Kampf um die volle Machtergreifung des Proletariats darstellen müsse – in den Zwischenakten sollten, von
bewaffneten Matrosen, die Texte der ›Spartakusbriefe‹ Karl
Liebknechts und Rosa Luxemburg ins Publikum gesprochen
werden. Er las selbst aus den ›Spartakusbriefen‹ vor und ereiferte
sich dabei dermaßen, daß man jeden Augenblick den exitus erwarten mußte, der auch wenige Tage später eintrat.

Diesen ›Spartakus‹ habe ich nie geschrieben, auch nicht versucht. Ich fand bald heraus, daß meine Begabung und mein
Empfinden nach ganz anderer Richtung wies als nach der des
politischen-proklamatorischen Theaters. Aber die Politik war
jetzt unser Schicksal geworden, wie vier Jahre früher der Krieg,
und sie hat uns seitdem nicht mehr losgelassen, sondern in vieler
Hinsicht unsere Lebenswege bestimmt.

Noch war ich Mitarbeiter der ›Aktion‹, deren Herausgeber
Franz Pfemfert sich nach dem Krieg in einen immer maßloseren
Radikalismus hineingesteigert hatte und jetzt schon einige Meilen links von den Sowjetkommunisten hielt. Er stützte sich dabei auf begabte, aber nicht gerade sehr klare Köpfe, wie Oskar
Kanehl, Franz Jung, Albert Ehrenstein, Johannes R. Becher (den
unser Freundeskreis dann ›Johannes Erbrecher‹ nannte, weil das
Wort Kotzen in seinem poetischen Vokabular eine große Rolle
spielte und er sogar den alten Mond gelben Schleim speien oder
»versoffne Himmel auf die Erde pissen« ließ).

Radikale Zeitschriften schossen damals wie Pilze aus dem Boden – sie hießen ›Der Anbruch‹, ›Der Anfang‹, ›Die Entscheidung‹, ›Die Erhebung‹, ›Das Fanal‹, ›Die Wende‹, ›Der Aufschrei‹, ›Die Neue Welt‹, ›Das Neue Wort‹, ›Das Neue Leben‹,
›Der Junge Mensch‹, oder so ähnlich, und glichen einander in

Aufmachung, Inhalt, Mitarbeiterkreis zum Verwechseln. Führende Bedeutung hatten nach wie vor nur René Schickeles ›Weiße Blätter‹, Herwarth Waldens ›Sturm‹, Wieland Herzfeldes ›Malik‹ (später von George Grosz in ›Jedermann sein eigner Fußball‹ umgetauft) und Pfemferts ›Aktion‹. Plötzlich aber erschien im nahen Darmstadt, unserer hessischen Residenz, ein Blatt, das eigenes Gesicht und eigenen Tonfall hatte, auch wirklich von jungen, sehr jungen Menschen hergestellt, herausgegeben, redigiert war statt von mittelalten und halb-illustren Literaten. Es hieß: ›Das Tribunal‹, und es hatte eine bemerkenswerte Vorgeschichte.

Einige Jahre vor dem Krieg bereits hatte sich in Darmstadt ein Kreis von Schülern zusammengefunden, der leidenschaftlich die neue Kunst und die Aspekte einer neuen Literatur diskutierte und sich mit dem Gedanken einer Schülerzeitschrift trug. Der August 1914 trieb die Älteren – siebzehn- und achtzehnjährigen –, ähnlich wie es mir ergangen war, in die Reihen der Kriegsfreiwilligen und zerstreute sie dann auf Jahre an die Fronten, ohne daß der Kontakt und die innere Gemeinschaft verlorengegangen wären. Dann, mitten im Krieg, 1915, wurde von Sekundanern des Jahrgangs 1900, die noch von der Einziehung verschont waren, der Plan verwirklicht. Der Motor dieser Unternehmung war ein damals Fünfzehnjähriger namens Joseph Würth, ein genialer Bastler, ein – schon in seiner Jugend – fanatischer Bibliophile, selbst nicht produktiv, aber ein enthusiastischer Liebhaber der Künste, dabei ein kühl und scharf denkender, kritischer Kopf, mit feurigem Herzen, klarem Verstand und unbedenklicher Tatkraft, mit einem Wort: der geborene Verleger. Da die erste Versammlung von gleichaltrigen und gleichgesinnten Freunden, bei der das kühne Unternehmen beschlossen wurde, auf dem Dachboden von ›Pepi‹ Würths Elternhaus stattfand, erhielt es den Namen ›Die Dachstube‹. Die ersten Schriften der ›Dachstube‹, als Flugblätter bezeichnet, wurden noch handschriftlich hektographiert, bald wurde vom ersparten Taschengeld ein Setzkasten angeschafft und eine Druckpresse mit primitiver Technik in Gang gesetzt, die in einer heute noch vorbildlichen Typographie literarische Arbeiten, auch Holzschnitte und Graphiken junger Darmstädter Künstler publizierte und in den Buchhandel brachte. Die älteren Freunde, Carlo Mierendorff, Theodor Haubach, Hans Schiebelhuth, um hier nur die bedeutendsten zu nennen, schickten aus dem Feld oder dem Lazarett ihre Beiträge – aber auch Kasimir Edschmid, schon berühmt als Erzähler und Wortführer des Expressionismus, Max Krell, Fritz Usinger und andere halfen durch Mitarbeit und Beratung dem jungen Dachstuben-Verlag zu einem weit über den lokalen Anlaß hinauswirkenden Renommee.

Darmstadt bot für ein solches Wagnis günstigen Boden. Durch die aktive Kunstpflege des hessischen Großherzogs hatte sich hier ein Kreis moderner Maler, Bildhauer, Kunstgewerbler, Literaten zusammengefunden, wie sonst vielleicht nur in Schwabing. Der Architekt Olbrich, vom Jugendstil herkommend, aber schon mit der Tendenz zur späteren Bauhaus-Entwicklung, hatte im Auftrag Ernst Ludwigs die ›Künstlerkolonie‹ und den als Bürgerschreck berüchtigten ›Hochzeitsturm‹ gebaut. Die Maler Carl Gunschmann und Paul Thesing, die Bildhauer Antes, Well Habicht, Pillartz gehörten zu diesem Kreis und blieben Darmstadt verbunden. In der ›Sezession‹ stellten Moderne wie Campendonk, Dülberg, Josef Eberz, Ernst Schütte, Max Beckmann, Ludwig Meidner, Paul Klee, Frans Masereel ihre damals noch kaum bekannten und beachteten Arbeiten aus. Viele aus diesem Kreis unterstützten durch freie Mitarbeit, Umschlagzeichnungen, Illustrationen die Blätter und Schriften der ›Dachstube‹, die bis zum Ende des Kriegs noch immer von Gymnasiasten geleitet wurde, deren Produktion aber nichts Schülerhaftes oder Dilettantisches anhaftete, auch nichts ›Früh-Reifes‹ im morbid-ästhetisierenden Sinn. Sie waren der Ausdruck einer noch unter der Verdumpfung durch den Krieg erwachten, gewaltigen Erregung, einer wunderbaren Illumination, einer Welt, die von jungen Talenten brodelte und ihre Kühnheit, ihren geistigen Furor der neuen, kommenden Zeit entgegenwarf. Der ›Landsmann‹ Georg Büchner war der Schutzheilige dieser Jugend: einer herrlichen Jugend, rebellisch, vital und vom Bewußtsein ihrer öffentlichen Verantwortung durchdrungen.

Im November 1918 erschien das folgende Flugblatt, das ich im Original besitze, mit dem Holzschnitt eines laufenden Fackelträgers von Josef Eberz, in der schönen, großen Antiqua-Type der Dachstuben-Presse:

Leser der Dachstube

Die Dachstube ist zu Ende. Sie hat gesammelt, gesichtet, geschult. Das ist erfüllt. Jetzt gilt es mehr, gilt den Umriß der neuen Welt aufzeichnen, für ihn kämpfen; Schweigen ist Verrat. Ein neues Publikum marschiert herauf. Größere Ziele gebietet uns die Zeit. Wir errichten

Das Tribunal

Wir stehen zu dem Neuen gegen das Verrottete. Sie wissen es aus jedem Reim, jeder Periode. Gestützt auf Kurt Hiller, Kasimir Edschmid, Wilh. Michel, Theodor Däubler, Alfred Wolfenstein, Paul Zech, Josef Eberz, R. Großmann arbeiten junge Intelligenzen. Werden Sie Leser.

›Das Tribunal‹ herausgegeben von *Mierendorff*, erscheint monatlich für 50 Pf., Jahresabonnement 6 Mark, durch *Die Dachstube★ Verlag Darmstadt*, Hoffmannstraße 19.

Zu Anfang des Jahres 1919 bekam ich eine kurze Zuschrift von Carlo Mierendorff, über die Adresse des ›Revolutionären Studentenrates‹ der Universität Frankfurt, dem ich angehörte.

Er habe Arbeiten von mir in der ›Aktion‹ gelesen und erfahren, daß ich in Frankfurt studiere wie er selbst. Das ›Tribunal‹ brauche Mitarbeiter, auch für die gemeinschaftliche Redaktion. Ich möchte ihm Nachricht geben, ob ich an einem Zusammentreffen mit ihm interessiert sei!

Ich war es! In Felix Stiemers roter ›Bücherkiste‹, in der alle revolutionären Schriften auflagen, hatte ich längst das ›Tribunal‹ entdeckt und verschlungen, ohne von seinen Gründern und Herausgebern mehr zu wissen als die Namen.

Ich beantwortete sein Schreiben sofort, und so kam es zu einer

Begegnung, wie es in meinem an Begegnungen überreichen Leben nur wenige gegeben hat.

Merkwürdigerweise verabredeten wir unser erstes Zusammentreffen nicht auf einer unserer Buden oder in irgendeinem Café – weshalb, ist mir heute unerklärlich –, sondern bei einer Massenversammlung in dem riesigen Frankfurter ›Saalbau‹, in dem es selbst für Zwillingsbrüder schwer gewesen wäre, sich zu finden, also fast unmöglich für Leute, die sich noch nie gesehen hatten. Wir machten aus, daß wir uns vor Beginn an einem bestimmten Eingang treffen wollten, als Kennzeichen sollte Carlo eine Nummer des ›Tribunal‹, ich die letzte Ausgabe der ›Aktion‹ in der Hand tragen, und sie uns wie Reklameschilder vor die Brust halten.

Es war eines der erregtesten, wildesten Meetings, die Frankfurt in diesem Jahr gesehen hat. Der damals noch kommunistische (später sozialdemokratische) Abgeordnete Paul Levi aus Berlin sprach über die Ermordung Liebknechts und Rosa Luxemburgs, die nur wenige Tage zurücklag, und gegen die Einberufung einer deutschen Nationalversammlung. Unter Tausenden einströmender Besucher, die einander stießen, drängten und von Ordnern vorwärtsgeschoben wurden, im Dampf der nassen Wintermäntel und im trüben Schein der Eingangslampen haben wir uns tatsächlich gefunden; und wir liebten es, in unserer Lust an anekdotischer Ausschweifung, später zu erzählen, daß wir beide die als Erkennungstafeln gedachten Zeitschriften zu Hause vergessen und uns auch so, nur ›am Geruch der Persönlichkeit‹, erkannt hätten. Obwohl es gelogen war, stimmte das im Grund. Wir rochen einander wie Hunde oder Wölfe aus dem gleichen Wurf.

Ich hatte bisher unter den Frankfurter Studenten nur kümmerliche Gestalten kennengelernt. Ich mißtraute den Mitgliedern des ›Revolutionären Studentenrates‹ und der ›Sozialistischen Arbeitsgruppe‹, in denen ich bereits die künftigen Bonzen, Parteisekretäre, Karrieremacher mit Pensionsberechtigung zu sehen glaubte. Für mich waren das mittelmäßige, durchschnittliche, amusische Kleinbürger, trockene Diskutiermaschinen ohne Schwung und Phantasie, die am liebsten etwas ›zur Geschäftsordnung‹ vorbrachten, oder bestenfalls Ideologen ohne zureichend fundierte Ideologie. Ihr Ziel war nicht Freiheit und Selbstgestaltung, sondern ›Tatsachenpolitik‹, und sie gebärdeten sich in diesen ›Gruppen‹ wie Beamte, Parlamentarier oder engstirnige Kommissare, nicht wie junge Menschen, die neue Lebensformen suchten.

Dabei waren das schon die Ausnahmen, denn die Majorität der Studierenden bestand in einem dumpfen, verärgerten Haufen, der – in feindseliger Verachtung der neuen Republik und aller sozialen Entwicklung – dem verlorenen Nimbus seiner Kaste und der höher gehängten Futterkrippe nachtrauerte.

Jetzt, das wußte ich nach einem Blick, hatte ich den Mann gefunden, den ich brauchte. Wir standen eingekeilt in der Menschenmasse, wir beobachteten einander von der Seite, und unter Levis Donnerworten, von denen man wenig verstand, denn es gab damals noch keine Lautsprecher und Mikrophone, unterm aufwühlenden Gebrodel und Getöse der Volksversammlung, vollzog sich, in wenigen, flüchtig getauschten Sätzen, unsere Verbindung.

In derselben Saalecke standen, drei Jahre später, die jungen Rechtsradikalen, die sich die Ermordung Walther Rathenaus vorgenommen hatten (Ernst von Salomon erzählt das in seinem Buch ›Die Geächteten‹), bei einer Massenversammlung, in der Rathenau über Deutschlands Außenpolitik sprach. Sie standen da, gleichfalls ohne seine Worte zu verstehen, was sie auch gar nicht wollten, sie starrten nur haßerfüllt auf sein nobles, durchgeistigtes Gesicht, mit dem Wunsch nach Rache für etwas, das sie selbst nicht wußten.

Was für eine ungeheure Dissonanz, was für eine abgründige Spannung und Spannweite zwischen diesen und uns, die wir doch unter denselben Sternen, im gleichen Zeitraum zu leben hatten!

Die Versammlung ging unter Krach und Gebrüll zu Ende, die Polizei kehrte den Saal aus, die Massen verliefen sich – wir blieben zusammen, blieben die ganze Nacht zusammen, unter brennenden Debatten und Gesprächen. Es regnete, es war naßkalt und neblig, unsere Zimmer waren ungeheizt, alle Kneipen waren geschlossen, wir brachen unsere letzte, knastrige Zigarette (Roth-Händle, zwei Stück für einen Pfennig) in der Mitte durch und begleiteten uns immer wieder gegenseitig nach Hause, stundenlang, über die Untermainbrücke oder den Eisernen Steg hin und her von einem Stadtteil in den anderen, da es immer wieder etwas zu sagen und zu entgegnen gab, da wir miteinander einfach nicht fertig werden konnten. Und aus dieser Nacht wuchsen viele andere, unzählige, in denen wir uns immer wieder nach Haus begleiteten, und das immer gleich bewegte, niemals erlahmende Gespräch kreiste um die gleichen Dinge: die Hauptstücke unseres Lebens.

Wir begannen aber auch ohne Übergang einander zu veräppeln und anzupflaumen, was wir durch all unsere Freundschaftsjahre beibehalten haben und wodurch eine solche Verbrüderung vor jedem Sentiment oder Pathos, auch vor Abnutzung bewahrt bleibt. Und wir stellten gleich fest, daß wir beide bei der Feldartillerie gedient hatten, zeitweilig sogar beim selben Regiment: Als ich im Herbst 1914 zu meinen letzten zwei Ausbildungswochen nach Darmstadt kam, rückte der Kriegsfreiwillige Mierendorff gerade mit einer Ersatzbatterie der 61er nach Rußland ab, wo er die Winterschlacht in Masuren mitgemacht hat. Es ist kennzeichnend für diese Generation, daß wir, die militanten Kriegsgegner, uns durch die gemeinsame Kriegserfahrung in einer besonderen Weise verschworen fühlten.

Wir waren vom Krieg geprägt und gezeichnet, aber wir fühlten uns vom Krieg nicht zerstört. Wir hatten ihn überlebt und überwunden, wir hatten unsere heile Haut heimgebracht, jetzt wollten wir vorwärts, in ein anderes Stadion, wo es galt, neue, kühnere Kämpfe zu wagen. Wir blickten auf die Kriegszeit zurück, ohne verklärende Romantik, aber auch ohne Selbstbemitleidung, Bitterkeit oder Klage.

Noch konnten wir uns nicht abgewöhnen, wenn wir am Main und später am Neckar spazierengingen, die Landschaft nach geeigneten Batteriestellungen abzusuchen oder Entfernungen zu schätzen. Einmal, als ich mit Carlo – tief in der Nacht und keineswegs nüchtern – von einer Einladung bei irgendwelchen begüterten Gönnern auf dem Land nach Hause zog, rochen wir plötzlich offenes Holzfeuer, wir gingen wie hypnotisiert dem Geruch nach und empfanden fast eine Art von Heimweh nach Biwak, Nachtmarsch, Feldwache... Ich wurde Mitarbeiter, auch im Redaktionsstab des ›Tribunal‹. Was ich darin publiziert habe, nur selten unter meinem Namen, gewöhnlich, wie die meisten von uns, unter irgendeinem kollektiven Pseudonym, besitze und weiß ich nicht mehr.

Jedoch hatte dieser radikal denkende, in seinen Anschauungen originelle und unabhängige Carlo Mierendorff einen mäßigenden Einfluß auf meine eigene, noch allzusehr in Illusion befangene Radikalität.

Zwar hatte er nichts mit diesen, in ihrer Jugend schon alt wirkenden oder nie jung gewesenen Dünnmachern und künftigen Bürokraten zu tun, die wir beide verabscheuten. Seine Anfänge waren literarischer, künstlerischer Natur, die Politik seine Leidenschaft, noch nicht sein Metier. Aber sein Denken war klar, vernunftbetont, fern von verblasener Schwärmerei. Er besaß ein genaues, ironisch gestimmtes Unterscheidungsvermögen für das wirklich Werthafte, Produktive und die nur gutgemeinte, schwülstige Gesinnungs- und Menschheitsphraseologie, wie sie damals gängig war, in der Kunst und in der politischen Manifestation. Bald wurden wir, gegenseitig, zu unseren schärfsten Kritikern, und gerade dadurch ermutigten und halfen wir einander. Ich brauchte und liebte sein Maßgefühl, seinen Sinn für Präzision und Genauigkeit, für das Proportionale und Echte. Dabei ging es zwischen uns nicht immer friedlich zu. Aber wir rauften aus Neigung und Sympathie, aus Heiterkeit, aus Enthusiasmus, aus Lebenslust. Wir hatten Meinungsverschiedenheiten, aber es gab zwischen uns niemals den Hauch eines Mißverständnisses oder einer Entzweiung.

Wir rauften auch körperlich, ohne erkennbaren Grund oder Anlaß. Wir fielen manchmal berserkerhaft übereinander her, mit einer Wildheit im Kräftemessen, die aus den Wurzeln der

Männerfreundschaft aufschoß. Es handelte sich dabei nicht um Eifersucht oder dergleichen – das machten wir, wenn es vorkam, humoristisch ab. Es ging um geheimere Ritualien. Und da wir gewöhnlich in ziemlich gleicher Form waren, ging es hart auf hart, wir ruhten nicht, bis einer den andern am Boden und auf den Schultern hatte.

Es war schon in unseren reiferen Mannesjahren, als meine Frau in unserem Henndorfer Haus den Carlo wie ein Hund in die nackte Wade biß (er trug kurze Lederhosen), da er bei einem unfairen Ringkampf über mir war und es aussah, als würde er mich umbringen. Er tanzte dann, übertrieben schreiend, mit der blutenden Wade im Zimmer herum, und ich beschimpfte meine Frau.

Wenn ich heute sein Bild anschaue, erkenne ich, daß er schön war.

Damals wäre mir eine solche Kategorie nicht in den Sinn gekommen. Schön fanden wir nur Frauen – wenn sie es waren; Männer waren sympathisch oder ekelhaft. Aber Carlos Kopf, mit der breiten klaren Stirn unter dem sehr dichten blonden Haar, mit seinen hellwachen Augen, in denen Temperament und Heiterkeit immer die verborgene, ahnungsvolle Trauer überspielten, mit seiner festen, doch keineswegs derben Meißelung von Jochbeinen, Nase und Kinn, war schön. Auch nicht *zu* schön. Er war, im besten, auch im schlichten, bescheidenen Sinne ein deutsches Gesicht. Es hätte keiner anderen Nationalität angehören können. Carlo war, in seiner Erscheinung und in seinem Wesen, ein Deutscher – so wie man den deutschen Charakter liebt, wünscht und erhofft.

Von Gestalt war er mittelgroß, wie ich selbst, breitschultrig und kräftig. Wir konnten unsere Anzüge und Hemden tauschen, was zu mancher amüsanten Arabeske in unsrem Zusammenleben führte: im ersten Jahr hatten wir nur einen dunklen Anzug mit gestreiften Hosen, nämlich meinen, und bei bestimmten Anlässen mußten wir losen, wer hingeht. Später wurde ich für die Anzüge zu dick, und Carlo hatte sich equipiert, aber mit den Hemden ging es noch immer. Wir liebten die buntkarierten

Baumwollhemden, wie sie amerikanische Farmer und Holzfäller tragen und wie sie heute, durch den amerikanischen Einfluß, auch hier gang und gäbe sind. Damals war das noch ungewöhnlich. Es gab ein gewisses ›Cowboyhemd‹, das wir einander jahrelang immer wieder entwendeten, entweder durch Einbruch oder durch Raub, es hatte dunkelrote Querstreifen, Carlo behauptete, es sei »mit Büffelblut getränkt«. Als er in den Verliesen und Kerkern der Tyrannei verschwand und wir uns nicht mehr sehen konnten, blieb es bei mir. Ich trug es noch drüben, auf meiner Farm in Amerika, bis es in Fetzen hing – nach seinem Tod.

Immer wieder träume ich von ihm. Kaum je von anderen Freunden. Oft werde ich morgens wach – jetzt, mehr als zwanzig Jahre nach seinem Tod – und weiß, er war wieder da. Es ist immer der gleiche Traum: er taucht plötzlich, lachend, aus einer Schar von Menschen auf, und ich erschrecke zuerst, denn er ist dann für mich noch immer im KZ, und will ihn mit einer unbändigen Freude begrüßen: Du bist raus! Du bist hier! Er kommt auf mich zu, ruft meinen Namen. Was weiter ist, weiß ich morgens nicht mehr. Der Traum verschwimmt, vernebelt. Ich kann ihn nicht zurückrufen. Aber er hinterläßt jedesmal eine tiefe Beunruhigung.

Vielleicht ist das eine Art von Schuldgefühl. Als er, fünf Jahre lang, wie ein Galeerensklave von KZ zu KZ geschleppt wurde und in schwerster Bedrängnis war, vom Leben ausgeschlossen, hatte ich – trotz allen Kummers um das verlorene Deutschland und allen Wissens um die kommende Bedrohung – noch eine Heimat und eine erfüllte, lebensvolle Zeit. Ich konnte an seinem Schicksal nichts ändern. Es hätte ihm nichts genutzt, wenn ich es mit ihm hätte teilen müssen. Ich konnte und durfte ihm nicht einmal ein Buch, ein paar Zigarren, einen Brief schicken, höchstens indirekt durch eine gemeinsame Freundin einen seltenen Gruß. Man hatte mich gewarnt, auch die anderen Freunde: jede Sendung oder Nachricht aus dem Ausland, noch dazu von einem Verbotenen und Verbannten, hätte sein Los nur verschlimmert. Und die Zeit, in der Carl Schurz den Dichter

Kinkel aus der Festung Spandau befreite, um mit ihm durch die Nacht über die nächste Grenze zu galoppieren, war längst vorbei. Ich konnte nichts, gar nichts für ihn tun, und er wußte das. Er hat mir später, nach seiner Entlassung, als ich selbst schon mein Heim in Henndorf verloren hatte, seine Grüße zukommen lassen – auch dann durfte ich sie nur indirekt, durch meine Eltern, erwidern. Ich habe mir keine Schuld vorzuwerfen. Und doch empfinde ich sie unter der Schwelle des Bewußtseins – weil ich nicht dasselbe erlitten habe. Vielleicht weil ich lebe.

Erinnerst du dich, Carlo, wie wir gemeinsam, mit einigen jungen Leuten, in Frankfurt zum Polizeipräsidenten Sinzheimer gingen, einem klugen Sozialdemokraten – es muß noch im Januar 1919 gewesen sein, und es ging das Gerücht von bevorstehenden Unruhen, es waren Plünderungen vorgekommen, es sollten ›gegenrevolutionäre‹ Bestrebungen im Gange sein. Wir boten uns als freiwillige Hilfspatrouillen für die sozialistische Stadt- und Landesregierung an. Der kluge Sinzheimer war sehr freundlich, aber er wußte nicht viel mit uns anzufangen. Das Wach- und Patrouillenkommando lag noch in den Händen der ›roten Matrosen‹, die im November 1918 das Polizeipräsidium besetzt hatten und mit denen er seine liebe Not hatte. Er mußte uns an diese verweisen. Auch dort gingen wir hin und lernten den berüchtigten Matrosenführer Stickelmann kennen. Das war ein wilddreinblickender, schwarzhaariger Mensch, er lag mit umgeschnallter Pistole auf seinem Bett, an dem gebündelte Handgranaten hingen, und war besoffen. Wir gingen ernüchtert weg. »Die Revolution«, sagte Carlo, »stinkt nach Schnaps aus dem Munde.«

(Dieser Stickelmann, so las ich in einer Schrift von Carl Haensel, soll später bezahlter Agent der von Frankreich finanzierten rheinischen Separatisten geworden sein und sei dann wegen aller möglichen Delikte in Zuchthäusern verschollen.)

Zweimal in diesem Winter erblickten wir das Höllengesicht. Auf einem schwach beleuchteten Platz in der Altstadt und in den angrenzenden Gassen gab es den ›Schwarzen Markt‹, auf dem alles gehandelt wurde, was im offiziellen Geschäftsleben noch nicht zu haben oder was verboten war: Devisen, ausländische Zigaretten, Lebensmittel, Schuhe und Kleider, Waffen, Medikamente, wohl auch schon Rauschgift, Kokain oder Morphium. Er begann nach Einbruch der Dunkelheit und war immer von vielen, in gedrängten Gruppen umherstehenden oder sich durch die Gassen drückenden Männern und Frauen belebt, auch von Strichmädchen und Zuhältern.

Eines regnerischen Abends im Februar – mir scheint in der Erinnerung, es habe in Frankfurt in diesem Winter immer geregnet, genieselt, genebelt, und so wird es gewesen sein – hörten wir auf dem Heimweg vom Theater Krawall, Geschrei, auch vereinzelte Schüsse aus dieser Gegend und gingen aus Neugier hin.

Dort war ein wüster Aufstand im Gang. Die Polizei hatte in dieser Nacht ein paar Beamte hingeschickt, um den Handel mit verbotener Ware oder kriminelle Hehlergeschäfte zu unterbinden. Man wollte gewiß nicht den Hausfrauen und Familienvätern das Erstehen einer ›schwarzen‹ Speckschwarte oder eines Pfunds Weißmehl verbieten, was sie anders nicht auftreiben konnten. Es ging, wie man später erfuhr, um die Festnahme einer organisierten und steckbrieflich verfolgten Diebesbande.

Aber das Erscheinen von Uniformierten entfesselte in der Menge eine sinnlose, blindwütige Raserei. Einer von ihnen hatte wohl, von der Übermacht bedrängt und angegriffen, zur Warnung in die Luft geschossen. Der wurde jetzt von den anderen, die ihm nicht helfen konnten und sich selbst verteidigen mußten, abgedrängt und unter schauerlichem Kreischen und Johlen, unter hysterischem Gebrüll, dem etwas Wahnsinniges oder auch Orgiastisches anhaftete, zur nächsten Mainbrücke gezerrt. Wir waren ganz in der Nähe, wir sahen, wie dem Mann, sobald er etwas sagen oder rufen wollte, über den schon verbluteten Mund und die Augen geschlagen wurde. Wenn er stürzte, trat und trampelte der Mob auf ihm herum. Man riß ihn aufs Brückengeländer und warf den Schwerverletzten in den Fluß, schmiß Pflastersteine auf ihn herab, solange er noch um sein Leben kämpfte, bis er hilflos ertrank. Es war unmöglich, einzugreifen, die Masse durch Worte zur Vernunft zu bringen, man wäre selber gelyncht worden. Man konnte auch keine einzelnen unterscheiden, es war ein zusammengeballter, gesichtsloser Haufen klumpiger Körper. Am schlimmsten gebärdeten sich dabei die Weiber, ihre Stimmen schrillten wie geiles Affengelächter durch die Nacht, sie geiferten und schäumten.

La Crapule. La Canaille. War so das ›Volk‹, für das man antreten wollte?

Wir wußten die Unterschiede.

Aber wir hatten das Grauen kennengelernt, ein anderes als das im Kriege – das von der entfesselten Masse. Wir sollten es, in späterer Zeit, beide noch schlimmer erfahren. Am nächsten Tag stand in der Zeitung, der ermordete Polizist sei Mitglied der ›Unabhängigen Sozialisten‹ gewesen, verheiratet, Vater von zwei Kindern. Ein paar Leute wurden verhaftet und wegen Mangels an Beweisen wieder freigelassen. Schuldige waren nicht zu finden.

Gegen Frühjahr waren in einigen Städten und Industriezentren Streiks und Unruhen ausgebrochen. Da und dort kam es zu Kämpfen zwischen demonstrierenden oder ausgesperrten Arbeitern und Verbänden der Reichswehr, die für ihre Niederwerfung zu schwach schienen. In den Universitäten wurden Aufrufe erlassen, nicht nur von rechtsgerichteten Organisationen, sondern auch vom Reichswehrministerium, die Studenten möchten sich als ›Zeitfreiwillige‹ zur Verfügung stellen, um die durch den Waffenstillstand auf ein kleines Kontingent beschränkten Truppen im Kampf gegen die Aufrührer zu unterstützen. Der Rektor der Universität Frankfurt berief eine Studentenversammlung in die große Aula. Sie war von Angehörigen aller Fakultäten überfüllt. Carlo und ich hatten uns verfehlt und waren durch verschiedene Eingänge getrennt hineingekommen. Zuerst wurde der Aufruf zum Eintritt in die Zeitfreiwilligen-Corps verlesen und von der Versammlung durch zustimmendes Füßetrampeln begrüßt. Dann hielt der Rektor eine Ansprache, die sich in nichts von den unvergessenen Hetz- und Haßreden der schlimmsten Kriegszeit unterschied. Er nannte die streikenden Arbeiter und ihre Führer »vaterlandsloses Gesindel«, immer vom Beifallsgetrampel der Studenten bekräftigt, sprach salbungsvoll von Opfer und nationaler Pflicht und verhieß denen, die sich jetzt melden würden, um an den Kämpfen – gegen das eigene Volk – teilzunehmen, volle Anrechnung der dadurch verlorenen Studienzeit sowie alle möglichen Vorteile und Erleichterungen bei ihren späteren Examen.

Ich kochte vor Wut und konnte sie nicht beherrschen. Obwohl ich wußte, daß ich gegen die große Mehrheit fast allein stand, daß ich zu tauben Ohren und Hirnschalen reden würde, meldete ich mich zum Wort und protestierte mit aller möglichen Lautstärke.

»Die streikenden Arbeiter von heute«, schrie ich von meinem Platz aus in den Saal, »sind unsere Kameraden von gestern! Wer jetzt hingeht und auf sie schießt, ist kein Patriot, sondern ein Feind seines Volkes und ein Schuft!«

Im selben Augenblick sprang die ganze Versammlung, mit einer ruckhaft-mechanischen Gleichzeitigkeit der Bewegung, in die Höhe und brüllte in tobendem Unisono auf mich los: »Raus! Totschlagen! Verbrecher! Agent! Schweinehund! Raus! Raus!«

Von allen Seiten stürzten sie über mich her, käsige Visagen mit gebleckten Zähnen, ich wurde von vielen Fäusten gepackt, die auf mich einschlugen und mich durch den Saal stießen – wobei ich nichts anderes tun konnte, als mein Gesicht mit den Armen zu schützen –, dann flog ich zur Tür hinaus und, von Fußtritten befördert, in einem Schwung über die breite Steintreppe bis in die Halle hinunter.

Bevor sie mich packten, sah ich, wie auf der anderen Seite des Saals Carlo in der gleichen Weise traktiert wurde, und hörte seine helle Trompetenstimme, mit der er versucht hatte, meinen Protest zu unterstützen.

Erst auf der Straße fanden wir zusammen, der eine mit einem geprellten Knie, der andere mit einer verstauchten Hand, und stellten fest, daß uns außer Beulen und Schrammen nichts Ernstliches passiert war.

Schon vorher hatten wir beschlossen, im Frühling gemeinsam

mit Theo Haubach nach Heidelberg zu gehen. Jetzt drehten wir, humpelnd, dieser für uns so unbekömmlichen Universität den Rücken.

Wenn ich an dieses erste Jahr in Heidelberg zurückdenke, erscheint es mir in einem immerwährenden Glanz von Frühlicht und Morgensonne, von Heiterkeit, Illumination, Beschwingtheit und geistiger Erregung.

Es gab dort kein schlechtes Wetter, auch wenn es goß oder die Hitze gewitterschwer auf den Dächern lag.

Nicht abwägend und allmählich, sondern explosiv, aus den Knospen platzend wie der Ausbruch einer hitzigen Baumblüte im Neckartal, stellte sich die Verbindung her, der Zusammenschluß zwischen jungen Menschen, von denen die meisten vorher nichts voneinander gewußt hatten und deren Symbiose – eine viel engere, als studentische Korporationen sie zeitigen dürften – vielfach zu Lebensfreundschaften verwuchs.

Schon vorher war ich von Frankfurt aus gelegentlich mit Carlo nach Darmstadt gefahren, zu Redaktionsbesprechungen des ›Tribunal‹, und hatte seinen dortigen Kreis kennengelernt, vor allem Theodor Haubach, mit dem Carlo von der gemeinsamen Schulzeit bis zum Lebensende in untrennbarer Brüderschaft vereint blieb. Man nannte sie damals schon – und nennt sie heute noch in den verschiedenen Erinnerungen an die beiden – die ›Dioskuren‹; auch in den geheimen Planungen und Gesprächen der deutschen Widerstandskämpfer gegen Hitler und in den anderen, in der Ferne des Exils geführten, wurde der Name Mierendorff selten ohne den Namen Haubach genannt.

Meine persönliche Freundschaft mit Haubach, der – im Gegensatz zu Carlo – eher distanzierten, kühlen, zurückhaltenden Wesens war, entstand ganz plötzlich, auf der gemeinsamen Fahrt im Dritter-Klasse-Kupee, mit unserem leichten Studenten- und Literatengepäck, von Darmstadt nach Heidelberg, wo wir uns, kurz vor Semesterbeginn, Quartiere suchen wollten. Bei der Abfahrt waren wir noch per Sie und etwas mißtrauisch, bei der Ankunft nach knappen zwei Bahnstunden sagten wir

Du und glaubten manches voneinander zu wissen, was sich dann bei langen Nachtspaziergängen erst wirklich erschloß.

Haubach liebte die Nacht. Wir fuhren manchmal mit einer späten Zahnradbahn auf den Königstuhl hinauf und gingen dann mit einer Taschenlampe auf langen Umwegen durch die Wälder nach Hause; oder wir wanderten gegen Mitternacht, die Stadtlichter hinter uns lassend, viele Stunden am Fluß entlang und wieder zurück. Dann, wenn der eine kaum das Gesicht des anderen erkennen konnte, wurde er freimütig und vertrauensvoll, entspann die Gewebe überraschender, kühner Gedankengänge, begann auch manchmal mit einer harten, schartigen Stimme zu singen, am liebsten das Marschmotiv aus der Dritten Symphonie (Einzug des Sommers) von Gustav Mahler.

Er war ein schlanker, fast hagerer Mensch, dunkelhaarig, mit einem schmalen, von divergierenden Spannungen geformten Kopf – einem Gesicht, das die weichen und zarten Anlagen seiner Natur hinter betonter Energetik verbarg. Das geistig Bedeutende verband sich in seinen Zügen, in seiner Ausdrucksweise und seiner Haltung auf seltene Art mit dem Soldatisch-Disziplinierten, Dienst- und Befehlsbereiten. Dabei haftete ihm, auch in den Zeiten seiner politischen Aktivität, nichts von der mediokren Flachheit des landläufigen Aktivisten an, es gab in seinen Reden und Schriften kein leeres Propagandawort, und damals, in seinen Anfängen, verachtete er bereits jede leichtfertige und nicht genau durchdachte, sprachlich unklare Formulierung.

Er war, in der Hauptsache, Philosoph, ihn beschäftigten Probleme der ästhetischen Kritik und Erkenntnistheorie, später der Metaphysik oder Scholastik, mehr als die hurtigen Blinksätze der Leitartikel und Proklamationen.

Auch er kam, wie Carlo, vom Literarischen und Künstlerischen her, aber für ihn waren Musik, mit der er sich gründlich befaßte, und Poesie nicht Quellen persönlicher Entladung oder Gefühlssteigerung, sondern Gegenstände ernster, prüfender Erforschung.

Wenn er sein Leben der Politik widmete, die ihn am Ende verschlang, so tat er das in schwerem Entschluß, in der Erkenntnis der Gefährdung eines neuen Deutschland, für das zu kämpfen er als seine Pflicht empfand.

Zuerst waren wir unser drei, Carlo, Theo und ich, die sich am selben Tag immatrikulieren und in den ›Kriegsteilnehmerverband‹ einschreiben ließen. Bald kamen andere hinzu, die dachten, empfanden, leben wollten wie wir und mit denen wir über Nacht vertraut und verbündet waren. Wir bildeten, auch wenn der eine oder andere in der sozialistischen Studentenvereinigung und im Soziologen-Club fungierte, keine ›Gruppe‹ – wir waren ein Kreis, der sich auf eine fast magische Weise zusammenfand, ein kleines Freundes-Orchester, in dem jeder seine eigene Stimme spielte, verbunden durch die neue Tonart, die wir in Kunst, Gesellschaft, Geisteswelt erspürten und erstrebten, auch durch unbändige Lebenslust, Lach-, Spott- und Spielfreude, stets etwas abenteuerlich gestimmt, weit offen für alles Ungenormte und Kühne, für allen produktiven Zündstoff der Zeit.

Wie die einzelnen Begegnungen zustande kamen, ist mir kaum erinnerlich, man spürte einander auf, man erkannte sich ohne Vorstellung und Introduktion. Henry Goverts war einer der ersten, der zu uns stieß. Ein paar Jahre älter als wir, hatte er vor dem Krieg bereits Gedichte in Herwarth Waldens ›Sturm‹ publiziert und im Berliner Sturm-Kreis, bei Blümner, dessen spezielle Phonetik und Vortragskunst studiert. Durch seine hamburgisch-englische Abkunft und Erziehung brachte er in unsere leicht verwilderte, sich gerne unbürgerlich-anarchisch gebärdende Gesellschaft einen Hauch von Zivilisation, den Tonfall des Gentleman. Doch schloß er sich unserem Riesenspaß an chaotischen Verwirrungen und Spiegelfechtereien, im Stil improvisierter Sensationsgeschichten, sofort an und überbot uns in barocken Einfällen und Erfindungen, so daß wir solche hypertrophischen Scherze, mit denen wir uns gegenseitig mystifizierten, in einem nur uns verständlichen Volapük als ›Govertsismus‹ bezeichneten. Wer könnte sich heute darunter etwas vorstellen? Bestimmt nicht die Leser des Henry Goverts Verlags. Ich fürchte, der einzige außer Goverts und mir noch Lebende, der sich daran erinnern mag, ist Wolfgang Petzet, des-

sen charmante Persönlichkeit, als gescheiter Student der Soziologie (später war er lange Dramaturg des ›Münchner Schauspielhauses‹), diesen Kreis bereicherte. Aus München, nach dem
Zusammenbruch der dortigen Räte-Revolution, an der er
teilgenommen hatte, und knapp den Abwürgern, Totschlägern
und Schnellrichtern ihrer Niederwerfung entronnen, kam der
Österreicher Egon Ranshofen-Wertheimer. Er selbst war, durch
Verlust seiner Eltern, in jungen Jahren Schloßbesitzer, Enkel
eines baronierten Wiener Hofbankiers, seine Mutter kam aus der
böhmischen Aristokratie. Schon als Student sah man ihm den
künftigen Diplomaten oder Staatsminister an (der er dann leider
nicht wurde), und Carlo pflegte ihn, auch mit Anspielung auf
seine besseren Finanzen, laut über die Straße anzutrompeten:
»Egon – wo hast du heut’ dein Portefeuille?«

Dann, im Sommer, tauchte – die für mich liebenswerteste und
beglückendste Epiphanie – der Darmstädter Dichter Hans
Schiebelhuth unter uns auf, der schon früher, in München, ohne
akademischen Abschluß studiert hatte und nur noch der Lyrik,
der privaten Sprachforschung und dem vaganten Eros lebte. Ich
kann sie nicht alle nennen, die mit uns im Bunde waren, doch
denke ich in besonderer Bewunderung und Zuneigung an Emil
Henk, unseren ›Henko‹. Er hatte in Heidelberg sein Elternhaus,
in das er uns manchmal zu unvergeßlichen Waldmeister- oder
Erdbeerbowlen einlud, auch diese, im Einklang mit dem daraus
aufblühenden Dialog, Genüsse von geistigem Rang! Ähnlich
wie Goverts hat Emil Henk in den Zeiten der braunen Tyrannei,
obwohl selbst von ihr heimgesucht und sogar mit ihren Zuchthäusern bekannt, den Freunden Carlo und Theo in ihren
schwersten Jahren Hilfe und Zuflucht geboten, ohne an seine
eigene Sicherheit zu denken. »Ein gutes, derbknochiges Gelehr-
ten- und Bauerngesicht«, so hat Carlo Mierendorff ihn in einem
späten Brief charakterisiert.

Die meisten von uns hatten damals kein oder sehr wenig Geld,
mußten mit einem knappen Wechsel von ihren kriegsverarmten
Familien auskommen und sich auf die oder jene Weise nebenbei
etwas verdienen. Mir ging es nicht anders.

Die Fabrik meines Vaters hatte sich nur schwer, der ›Industrie-Erfassung‹ folgend, auf die Anfertigung von Granatzündern umstellen lassen, jetzt lag sie, wie der Weinhandel, der Haupterwerbszweig unserer Heimat, darnieder und konnte sich erst allmählich erholen. Mein Vater hatte, seines Augenleidens wegen, vorzeitig ausscheiden müssen – die Pension und das angelegte Vermögen litten an der Schwindsucht durch die fortschreitende Geldentwertung, und mit der in bravem Patriotismus gezeichneten Kriegsanleihe konnte man die Wände tapezieren.

Wir waren, seit 1917, unterernährt. Wir hatten einen irren Hunger, ein chemisches Bedürfnis nach Süßigkeiten – konnte man welche ergattern, schlang man sie hinunter wie ein Zigeunerkind – und nach Alkohol. Die ausländische Büchsenmilch, den dickflüssigen, gezuckerten Klebstoff, die man manchmal aus Liebesgabenpaketen bekam, fraßen wir mit Löffeln, eine Büchse Corned beef war der Inbegriff des Nährwerts. Wir soffen sauren Wein, den billigsten, oder den aus Kartoffelschalen gebrannten ›Monopolschnaps‹, den die staatlichen Destillerien verkauften, bis uns der Schädel rauchte. Unsere Anzüge waren aus der letzten, graugrün verschossenen Feldmontur geschneidert, unsere recht schäbig gewordenen Mäntel stammten noch aus der Vorkriegspennälerzeit. Berufliche Aussichten schienen so mager wie das Mittagessen in der mensa academica. Das alles konnte unsere Hochstimmung nicht trüben, unseren Humor nicht säuern.

Es war der »fünfte Lenz«, wie es in Brechts ›Ballade vom toten Soldaten‹ heißt, der erste Frühling und Sommer nach vier Kriegsjahren, in denen wir frei und ungefährdet lebten. Wir wachten morgens auf und waren glücklich, daß heute nicht auf uns geschossen würde. Wir schliefen ein mit dem beruhigenden Bewußtsein, daß kein Alarm uns vom Lager reißen könne. Der trübe, ungewisse Winter lag hinter uns. Wir hatten das Leben, und wir wollten es nutzen und auskosten bis zur Neige, mit all unserer aufgesparten Kraft. Zwar waren vier Studienjahre verloren, aber wir fühlten uns reifer, erfahrener, ziel- und selbstbewußter als andere Studenten, die von der Schulbank kamen. Hier, in Heidelberg, der fortschrittlichsten und geistig anspruchsvollsten Universität Deutschlands, war für uns Rhodos, hier galt es zu springen – und wir taten es, teils ungelenk und tapsig wie junge Böcke, teils mit mächtigem Anlauf wie die Athleten im Stadion.

Wenn unser Kreis wirklich, wie ich vermute, ein magischer Zirkel war, so hatte er seinen Mittelpunkt und seine zentripetale Kraft in einem ebenso singulären wie sonderlichen, veritablen Magus, der uns allen an universalem Wissen, geistiger Frequenz und geformter Persönlichkeit um viele Spannen überlegen war: dem Doktor Wilhelm Fraenger, unvergänglichen Angedenkens.

Er war damals wohl um die dreißig, Direktor des kunsthistorischen Instituts und mit allen intellektuellen Prämissen, mit allen musischen Emanationen vertraut und befaßt, die das Weltbild der Epoche bezeichneten. Das Absonderliche, Seltsame, Geheimnisvolle in den Künsten und vor allem in Volkskunde und Folklore war sein eigenster Bezirk, sein bevorzugtes Forschungsgebiet, in dem er mit abundanten Kenntnissen, mit genialem Einfühlungs- und Ausdrucksvermögen schaffte und wirkte. Aber er war ebenso, im sokratischen Sinn, ein Lehrer und Bildner seiner jüngeren Freunde, nicht auf dem Weg des trockenen Unterrichts, sondern auf dem des lebendigen Dialogs, der sich auch häufig bei Gastmählern und Symposien oder bei gemeinsamen Spaziergängen, Ausflügen und künstlerischen Veranstaltungen ergab.

Ungewöhnlich wie sein Geist und seine sprühende Phantasie war seine Erscheinung, die sich von allen anderen Gestalten der akademischen Welt aufs originellste abhob und unterschied. Nicht groß gewachsen, breit und gedrungen, früh zu einem kleinen Bäuchlein neigend, mit fränkischem Ochsenschädel und ebenso undurchsichtigen, hintersinnigen wie bestrickenden, ja anmutigen Gesichtszügen, wenn er lachte, zur Laute sang, oder im erregten Gespräch: ein faunsäugiger, weltlicher Prädikant, ein sensueller Anachoret.

Kam er so auf der Straße daher, den linken, von einer Kindheitsverletzung mißbildeten Fuß etwas nachschleifend, mit seinem schwarzen, flachkrempigen Deckelhut – oder empfing er uns, in seinem refektorienartigen Studierzimmer, mit der losen Samtjoppe oder dem langen Schlafrock angetan, so dachte man weder an einen modernen Gelehrten noch an einen zeitgenössischen Bohemien, aber erst recht nicht an eine Spitzweg-Figur oder einen ›Stillen im Lande‹; eher an einen Alchimisten und Goldmacher, einen Geheimbündler der Steinmetzenzunft, an einen spitzzüngigen Erzschelm, einen aus der Kutte gesprungenen Mönch, Reformator oder Wiedertäufer, vielleicht auch an einen Baalspfaffen, Mystagogen und Laster-Abbé, dem man die Zelebration der Satansmesse zutraute – doch ebensosehr an einen hartköpfigen, sprachmächtigen Zuchtmeister der Gesellschaft und des Geistes wie der von ihm mit Vorzug zitierte Johann Amos Comenius.

Ich hatte ihn schon früher aufgesucht und mich mit ihm angefreundet, für mich war er der stärkste Anziehungspunkt der von vielen Geistern behausten Stadt. Die Verbindung hatte meine Braut geschaffen – das war noch immer jene Jugendliebe aus Mainz, die man so lange unter Verbot gestellt hatte, bis eine Studentenehe unausweichlich war. Als ich selbst nach Heidelberg zog, hatte ihre Familie sie zunächst vorsichtshalber nach Frankfurt versetzt, wodurch zwar meine Heidelberger vita amorosa etwas ungehemmter und bunter, die hartnäckige Liebe aber keineswegs geringer wurde. In den letzten Kriegsjahren hatte sie in Heidelberg Kunstgeschichte studiert und bei Fraenger ein Rembrandt-Seminar erlebt: sie wußte, was eine so schillernd-facettierende, jeden durchschnittlichen Maßstab sprengende Persönlichkeit für mich bedeuten werde.

Jetzt brachte ich meine Darmstädter Freunde zu ihm, der sie stürmisch begrüßte, denn ein Unternehmen wie das ›Tribunal‹ entsprach durchaus seinem Geschmack, seiner Freude an jugendlich-aggressivem Übermut und an künstlerischem Vorstoß. Ein Charakter wie Mierendorff, mit seinem unbändigen Temperament und seinem hohen Ehrgeiz, mußte ihn auf Anhieb gewinnen.

Er selbst hatte in Heidelberg bald nach dem Umsturz eine

ähnlich radikale Gründung inspiriert, die sich nicht um eine Zeitschrift formierte, sondern eine geistige Verbindung darstellte, eine Art von Verschwörung gegen den herkömmlichen Leisetritt und Mühlengang der Universität. Die Brisanz modernen Kunstschaffens, neuer, provokativer Literatur, einer kühneren Forschung und geistigen Entrümpelung sollte den Akademismus des altmodischen Professorentrotts in die Luft sprengen und eine unserer Zeit und unserem Lebensgefühl gemäße ›pädagogische Provinz‹ von gesellschaftskritischem und sozialrevolutionärem Elan an ihre Stelle setzen.

In den Kreisen der traditionsgetreuen Akademiker galt er als der reine Teufel oder wenigstens dessen mephistophelischer und, was noch ärger war, bolschewistischer Abgesandter. Man hätte ihn gerne angeklagt, »quod juventutem corrumperet«. Doch hatten sich einige fortschrittlich gesinnte und dennoch respektable Hochschullehrer an seine Seite gestellt, Jaspers zum Beispiel, der damals noch wenig bekannte Privatdozent der Philosophie – auch der Sozialtheologe Hans Ehrenberg, ein forscher, kleingewachsener Ökumeniker (heut' hätte er seine Stunde!), dessen schöne, nachtäugige Frau mir in besonders huldvoller Erinnerung ist – dann der treffliche Hans Fehr, Professor der Rechte, aus Muri bei Bern, jugendlich mit weißem Haar, der bei unsren Zusammenkünften gern zur Gitarre Bellman-Lieder oder Moritaten von Wedekind sang, und dessen Schwager Prinzhorn, Mediziner und Psychologe, durch sein in dieser Zeit erschienenes Werk ›Die Bildnerei der Geisteskranken‹ in die Geschichte der modernen Ästhetik ebenso wie in den Forschungsbereich der Tiefenpsychologie unübersehbar eingegangen.

Dazu gesellten sich ein paar ewige Studenten, die es schließlich doch zu ihrem summa cum laude brachten und die nur deshalb so lange studierten, weil sie sich's leisten konnten und ihr geistiger Hunger unstillbar war: ich denke an Paul Lips, Husserl- und Rickert-Schüler, gleichfalls aus Muri bei Bern, einen Mann, der Fraenger geistig gewachsen war – und an die skurrilste Persönlichkeit dieses Zirkels und seiner Peripherie: William

Baron von Schroeder. Dieser, ein Sohn der bekannten Hamburger Bankiersfamilie, war mit offenen Fontanellen und klaffenden Schädelnähten aufgewachsen, an sich wohl eine Degenerationserscheinung, doch kann man in medizinischen Fachbüchern lesen, daß »solche Menschen nicht selten ein frühreifes, erregtes Seelenleben bekunden« und im Volksmund, ihrer besonderen Sensibilität und geistigen Wachheit wegen, als ›Sonntagskinder‹ bezeichnet werden.

William von Schroeder, den wir ›Bill‹ nannten, war kein Sonntagskind nach der Art des ›Hans im Glück‹. In Haus und Schule war er hart angefaßt worden, hatte mancherlei geheime Not zu bestehen, und als der ungewöhnlich begabte und nur schöngeistigen Interessen zugewandte junge Mann vor dem Krieg die Universität bezog, wurde er traditionsgemäß gezwungen, einer schlagenden Verbindung beizutreten. Um dem Gespött seiner Kommilitonen Trotz zu bieten, die seine aus dem Kindheitsleiden erklärliche Abneigung gegen scharfe Mensuren mißverstanden, setzte er sich eines Tages an die Eingangstür einer vielbesuchten Heidelberger Konditorei, bestellte eine große Schüssel Schlagrahm und klatschte jedem eintretenden Corpsstudenten einen Schöpflöffel voll ins Gesicht, mit den Worten: »Rasiermesser wird nachgeliefert.«

Dieser Akt der Verzweiflung trug ihm ein Dutzend Schwere-Säbel-Forderungen ein, die er alle durchstand, jedoch häufig dem Gegner durch nervöses Kopfzucken Schädel und Nacken bietend, so daß er vom Kinn bis zum Genick über und über mit den Narben der empfangenen Schmisse bedeckt war. Nach dieser Mutprobe konnte er es sich leisten, aus der Verbindung auszutreten, ohne der Feigheit geziehen zu werden, aber sein mit einer Dissertation über die ›Schöne Seele‹ in Goethes Wilhelm Meister beschäftigter, immer noch spitzer Kopf bot einen martialischen Anblick. Auch er gehörte zu Fraengers engstem Kreis, dem nichts fehlte als die jungen Menschen, die Studenten der neuen Zeit, für die er gedacht war.

So kamen wir gerade recht, um der ›Gemeinschaft‹, wie Fraenger seine Gründung getauft hatte, eine feste und vitale Basis zu verschaffen. Wir wurden Publikum und Mitwirkende, Schüler und Assistenten seiner Veranstaltungen, die von Lichtbildervorträgen und Privatseminaren bis zu Dichterlesungen, Aufführungen alter und neuer Stücke, auch selbst verfaßter oder zusammengestellter Szenenfolgen, eine vielschichtige Skala umfaßten.

Diese Aufführungen fanden an Sommerabenden gewöhnlich im ›Wolfsbrunnen‹ statt, einem in Höhe des Schlosses auf der linken Neckarseite gelegenen alten Wirtshaus, an den Waldrand gelehnt, mit einem großen Gastgarten und einem geräumigen Saal, vor dessen Eingang ein Brunnen mit zwei steinernen Wolfsköpfen plätscherte. Aus dem Brunnenbecken wurden die frischen Forellen gefischt, und der Wein, pfälzischer ›Schwarzer Herrgott‹ oder ›Kaiserstühler‹, war dort ausgezeichnet. Vom Heidelberger Schloß aus konnte man diesen romantischen Fleck in einer knappen Gehstunde erreichen, und bald wanderte zu den durch Handzettel und Plakate angekündigten Abenden der ›Gemeinschaft‹ eine große Schar von jungen und älteren Leuten hinaus, die sogar einen kleinen Eintritt entrichteten. Fraenger hatte eine städtische Lizenz für öffentliche Veranstaltungen mit oder ohne Musik erworben. Unsere Unkosten waren gering, da wir fast alles selber machten, aber die Einnahmen reichten gewöhnlich gerade dazu aus, um sie bei dem anschließenden Symposion zu vertrinken. Die Kostüme, falls nötig, liehen wir uns aus dem Fundus des Stadttheaters, Kulissen brauchten wir nicht, die Instrumente spielten wir selbst – ich damals noch Cello oder Gitarre, Fraenger die kleine Harfe, Laute und Englisch-Horn, und für Flöte und Oboe, Geige und Bratsche hatten wir ein paar junge Musiker.

Was da geboten wurde, stand hoch über dem Niveau gewöhnlichen Dilettantentheaters oder gar des Studentenulks und wurde von Fraenger systematisch unter einen kulturvergleichenden Aspekt gestellt.

Ich erinnere mich eines Abends, an dem der hochgewachsene Prinzhorn, im bordeauxroten Frack, gemeinsam mit einer jungen Sängerin den altfranzösischen Text von ›Aucassin und

Nicolette‹ vortrug – er hatte eine schöne, gepflegte Bariton-Stimme –, dessen Strophen wir pantomimisch umrahmten.

Völlig gelungen, und unter den Heidelberger Kunstfreunden dieser Semester legendär, war – trotz wilder Improvisation – ein ›Bellman‹-Abend, zu dem ich, mit angedeuteten Dialogen, gemeinsam mit Fraenger eine lose Szenenfolge verfaßt hatte.

Carl Michael Bellman, der Anakreon des nordischen Rokoko, Dichter, Komponist, Musikant, Lieblingsautor König Gustafs des Dritten und früh verstorbenes Saufgenie, ist in Schweden heute noch jedem Menschen bekannt. Ich hatte ihn schon früher für mich entdeckt, und durch Fraenger, der seine ›Gesänge‹ und ›Episteln‹ meisterlich zur Laute vortrug, war er unserem Kreis vertraut und unentbehrlich geworden. Die ersten Takte seiner schönsten Melodie, ›Weile an dieser Quelle‹, hatten wir zu unserem Stammpfiff gemacht, mit dem wir uns zu jeder Tages- und Nachtzeit aus unseren Buden herauslocken und noch jahrelang, wo immer wir uns trafen, auf Distanz kenntlich machen konnten. Jetzt stellten wir den in Deutschland fast unbekannten Dichter, in Form einer dramatischen Stationenreihe aus seinem Leben, dem Publikum der ›Gemeinschaft‹ vor. Außer den Versen der herrlichen Bellman-Lieder, die von Laute, Harfe, Oboe, Cello, Waldhorn begleitet wurden, lernten wir keine Texte, da sie sich auf Grund gewisser festgelegter Stichworte von selbst ergaben. Sie erwuchsen auch aus dem Geist der Stunde und des Weines, denn wir hatten zu dieser Aufführung nur eine einzige, gleichzeitig Arrangier-, Lern-, Kostüm- und Generalprobe, am selben Nachmittag, bei der wir uns schon ganz tüchtig illuminierten. Wir hatten, wie Bellman in den Ausflugsorten der Stockholmer Umgebung es selbst zu tun pflegte, in der Mitte des Gastgartens eine kleine Bühne aufgebaut, mehr ein erweitertes Podium – Zimmermannsbretter, auf leere Fässer gelegt –, auf dem eine schmale Bank für Liebesszenen und ein paar Klappstühle für die Instrumentalisten standen. Zum Tanz sprangen wir dann herab und vollführten unsere Polkas und Springmenuette mitten unter dem dicht gedrängten Publikum. Unsere Hauptdarstellerin, als Bellmans ›Ulla Winblad‹, war ein

Malermodell, eine Maler- und Poetenfreundin aus Karlsruhe, namens Mimi, von uns »die badische Aspasia« genannt. Sie trug zum ersten und vermutlich einzigen Mal in ihrem Leben einen nicht allzu umfangreichen Reifrock, und wenn sie sich setzte, klappte er zum Vergnügen der Zuschauer jedesmal in die Höhe. Darunter trug sie nichts als ihre schönen Beine.

Der Wirt, der uns gute Einnahmen verdankte, denn es schloß sich an solche Veranstaltungen stets ein bacchantisches Forellen- oder Krebsfest an, stellte uns zu solchen Proben Freibier und einen Liter Kirschwasser zur Verfügung. So waren wir, als mit sinkender Dämmerung die Gäste eintrafen, schon aufs beste inspiriert, auch benutzten wir auf der Bühne keineswegs gefärbtes Wasser oder kalten Tee, sondern, im Stile Bellmans, nur echte Getränke. Gegen Schluß der Vorstellung rollten Fraenger und ich in einer Dialogszene mit fingierter Prügelei von der Bühne herab und unter die umstehenden Tische – auf das Publikum wirkte das alles wie einstudiert – und zogen uns gegenseitig an den Beinen wieder hervor. Aber die Lieder, die Verse und die Musik haben wir, noch in vorgeschrittenem Stadium, künstlerisch akkurat und, um es humorlos auszudrücken, werktreu produziert.

Tief in der Nacht verwandelte sich Fraenger in Danton und ernannte mich zu seinem Camille Desmoulins – wir sangen, vor einer enthusiastischen Elite von späten Hockern, er mit der Laute, ich mit der Gitarre im Arm, sämtliche Strophen der ›Carmagnole‹.

Fast immer graute der Morgen und fiel der kühle Tau, wenn man von solchen Nachtfesten zur Stadt zurückwanderte, beseligt, berauscht, verzaubert und nach neuen Dingen begierig.

Solch neue Dinge bot uns Fraengers Patronage in sagenhafter Fülle und immer in Gestalt eines begehrenswerten Abenteuers. Die Ausflüge, die wir gemeinsam mit ihm, zu dritt oder viert, unternahmen – nach Wimpfen am Neckar und zum Kloster Maulbronn, nach Schwetzingen und Worms, zu den absonderlichen Figurenschnitzern in Zitzenhausen oder zu Swarzenkis Staedelschem Museum in Frankfurt, zu Hartlaubs Mannheimer Kunsthalle –, waren für uns mehr als ›Bildungserlebnisse‹, es waren Fahrten ins Unbekannte und Wunderbare, Entdeckungszüge und Rutengänge, von phrygischer Heiterkeit, buranischer Laune beschwingt. Was man dabei an Passanten und Umwelt erlebte, in Eisenbahnen, Wirtschaften, Omnibussen und auf der Straße, gehörte nicht weniger zum Ablauf und zum Wesen der Exkursion als die Betrachtung eines karolingischen Hauses, eines gotischen Kreuzgangs, einer barocken Freitreppe oder des mittelalterlichen Frauenbads unter der Wormser Synagoge. In Dilsberg, einem heute noch von einer Ringmauer umgebenen, hügelkrönenden Ort über dem Neckartal, in dem sich (nach Fraengers Angaben) seit dem Dreißigjährigen Krieg eine religiöse Sekte in fortgesetztem Internubium erhalten hatte, glaubte er die adamistischen Gestalten von Hieronymus Bosch ›Garten der Lüste‹ zu sehen, es zog ihn immer wieder dorthin, und wir mußten die Mauern dieses Städtchens einmal in hastiger Flucht verlassen, da wir – von seiner Phantasie befeuert – versucht hatten, mit den wirklich sehr zarten, nymphisch anmutenden Mädchen bei einem Volksfest anzubändeln, und von den aufgebrachten Burschen verfolgt wurden.

Besonders häufig fuhren wir nach Karlsruhe, wo es eine Vereinigung moderner Maler gab, die sich die ›Gruppe Rih‹ nannte – nach Karl Mays unvergleichlichem, über die arabische Steppe dahinfliegendem Rapphengst. Doch hätte sich der keusche May nicht träumen lassen, welch erotomane Bedeutung seinem braven, ehrbaren Schammar-Hengst dort beigelegt wurde. Wenn man um diese Zeit die biedere Stadt Karlsruhe betrat, gleich ob vom Bahnhof her oder aus irgendeiner ländlichen Umgebung, fand man überall, an Häuserwänden und Mauern, ein mit farbiger Kreide gezeichnetes – allerdings kubistisch verschlüsseltes – phallisches Symbol, in seinen Grundformen unmißverständlich, darunter ein Pfeil mit der in kindlichen Schriftzügen angebrachten Weisung: *Zur Gruppe Rih!*

Folgte man diesem Wegweiser, so gelangte man zu den in

einer stillen Seitenstraße gelegenen Ateliers der befreundeten Maler.

Zu ihnen gehörte vor allem Rudolf Schlichter, der uns dann oft in Heidelberg besuchte und mit dem ich auch in den Berliner Jahren freundschaftlich verbunden war. Seine Stärke lag auf dem zeichnerischen und illustrativen Gebiet, doch versuchte er sich damals in futuristischen Ölgemälden, von denen mir eines in Erinnerung blieb: der ›Joho‹, eine überlebensgroße Phantasiegestalt, aus unzähligen farbigen Kuben zusammengesetzt, über bröckelnde Häuserfronten und Dachgiebel daherstampfend – Dämon des Stadtlärms und einer vorgeahnten Zerstörung.

Die Porträtskizzen, die er von mir in verschiedenen Lebensjahren gemacht hat, wurden mit einer Mappe, in der auch mein Bild (als Commantschenhäuptling, federngeschmückt) von George Grosz lag, in meinem Henndorfer Haus durch die Gestapo beschlagnahmt und vermutlich als ›entartete Kunst‹ vernichtet. Dann und wann schien der Maler Kasper auf, ein verkauzter, schwer zugänglicher Mensch, der aussah wie ein vergröberter van Gogh, kartoffelköpfig, die kleinen, ruhlosen Bärenaugen von den Vorfunken des Wahnsinns durchflackert, an dem er zugrunde ging.

Das komfortabelste Atelier besaß Wladimir Zabotin, ein eingedeutschter Russe von generöser Gastlichkeit, man bekam dort Wodka, was die Besichtigung seiner Bilder erleichterte, und konnte zur Not auch auf einem Diwan übernachten. Mimi, unsere badische Aspasia, die dort zuweilen gastierte, bekam Wutanfälle, wenn er sie mit einem Auge am Nabel und dem anderen auf der Nase gemalt hatte.

War Schlichter Schuhfetischist – er besaß eine Sammlung übermäßig spitzer, einzelner Damenschuhe, von denen er behauptete, er habe sie sich zwischen zwölf und vierzehn als Liftboy in einem Grand-Hotel zusammengestohlen –, so hatte Zabotin es mit der Haartracht (in einer Zeit, in der es keine Beatles und keinerlei Uniformität in dieser Richtung gab). Am ganzen Kopf kurzgeschoren, hatte er sich eine einzige Haarsträhne so lang wachsen lassen, daß sie ihm wie ein Wedel auf die Schulter herabhing, und da er sie auch zum Pinselauswischen benutzte, schillerte sie in den Farben exotischer Tropenvögel. Sein damaliges chef d'œuvre, vor dem Fraenger lange grübelnd stand, hieß ›Die in sich ruhende Seele‹. Es bestand aus einigen gelben Querstreifen, die links unten mit einem kleinen roten Kreis, rechts oben mit einem weißen Dreieck markiert waren. »Meister Ekkehart«, sagte Fraenger mit grabernster Stimme – die Ironie saß ihm dabei in den Augen –, »das Mysterium der dualistischen Einheit. Eine neue Ikonoklastik.« Der Künstler schien von der Deutung befriedigt, und wir anderen machten verständnisvolle Gesichter.

Rudolf Schlichter – er stammte aus Calw wie Hermann Hesse – redete und sang auch gern im alemannischen Dialekt. Oft trug er eine endlose Moritat vor, die ich mir dann auch zu eigen gemacht und um einige Strophen ergänzt habe, sie hieß: ›Die Ermordung einer Geheimratsfamilie durch ein Schwarzwälder Dienstmädchen, oder die allgemeine Unsicherheit der bürgerlichen Kaschte ums Jahr 1919‹.

Außerdem hatte er eine Vorliebe für die Indianer (Fraenger gab ihm den Namen ›Der große Häuptling Wigwamglanz‹) und für die Heilsarmee, welche damals in Zeltmissionen vor der Stadt, wie unter einem Circus-Chapiteau, ihre manchmal bis zu hysterischer Massenekstase hochgetriebenen Versammlungen abhielt. Er machte mich mit einem seltsamen Apostel namens Schwonder bekannt, den die offiziellen Organe der Heilsarmee dann als Schwindler und Betrüger entlarvten. Doch war er zeitweise Hauptmann der ›Säufer-Sektion‹ und vernichtete in diesem Rang enorme Mengen von Alkohol, indem er sie sich, mit bereits vom Delirium zittrigen Händen, in den Schlund goß. Wir wurden von ihm in einer grotesken Zeremonie, auf der Herrentoilette des Heidelberger Café Wachter, wiedergetauft, und zwar mit Kirschwasser. Für unser Seelenleben blieb das ohne Folgen.

Dieses Café Wachter befand sich an der Ecke der Heidelberger Hauptstraße und des Marktplatzes mit der Heiliggeistkirche. Es war ein anziehender, wenn auch damals etwas verrufener Ort, in

dem man zu jeder Nachtstunde, falls man ihn durch den Hinter-
eingang betrat, noch etwas zu trinken bekam – Treffpunkt jener
königlichen Kaufleute, die das Loch im Westen zustopften: das
heißt die unklaren Zoll- und Handelsbestimmungen des okku-
pierten Rheinlands zu schieberhaften Ex- und Importgeschäften
ausnutzten. »Immer nur waggonweise / Und Phantasiepreise«,
hieß es über sie in einem Chanson von Walter Mehring. Die
schmierigen Marmorplatten der Kaffeehaustische waren ihre
Hauptbücher, man fand sie von tintenstiftgeschriebenen Zah-
lenreihen bedeckt, zwischen die sie, in Augenblicken der Träumerei oder Entspannung, obszöne Figürchen malten. Quer über
einem Busen oder einem Paar gespreizter Schenkel standen ihre
kryptischen Additionen. Manchmal ließen sie halbgerauchte
›Camels‹ oder ›Lucky Strikes‹ liegen, die für weniger geschäfts-
tüchtige Leute unerschwinglich waren. Wir steckten sie dann in
eine Zigarettenspitze und pafften sie durch die Nase: so roch die
große Welt.

Im selben Hause aber, im obersten Stockwerk, hinter einer
Reihe großer blinkender Glasscheiben, war die Wohnung und
das Sanctuarium unseres Doktor Wilhelm Fraenger, darin er mit
seinen vielen Büchern und Bildern hauste wie in einem verwun-
schenen Schloß – in einem schatzträchtigen Sesam, der sich nur
den Eingeweihten öffnete. Die Wirtschaft wurde ihm von seiner
»vortrefflichen Gustel« geführt, einer Jugendfreundin aus seiner
fränkischen Heimat, die er so lange als »meine Cousine« bezeichnete, bis er sie schließlich heiratete. Vielleicht war sie sogar
wirklich seine Cousine, denn in manchen Gesichtszügen sah sie
ihm ähnlich. Eine liebenswürdige Frau, die es verstand, ihr Licht
unter den Scheffel zu stellen – wer sie nicht näher kannte, merkte
nichts von ihrer außergewöhnlichen Intelligenz –, und sie besaß
die für eine Natur wie Fraenger unschätzbare Eigenschaft: zu
verschwinden, als sei sie niemals dagewesen, wenn er mit seiner
Arbeit, seinen Freunden oder in seiner Haut allein sein wollte.

Ich hatte in unmittelbarer Nähe, gleich um die Ecke herum, in
der schmalen Krämergasse, eine Dachstube gefunden, die allen
meinen Wünschen entsprach. Man konnte sie direkt über die

steile Treppe erreichen, ohne eine andere Wohnungstür benutzen zu müssen. Das Haus gehörte dem Tanzlehrer Elesser, einem braven Mann, der abends zum kompakten Klavierspiel einer seiner Töchter jungen Handlungsgehilfen und Lehrmädchen die Walzerschritte beibrachte.

Sah man bei Fraenger in der Nacht noch Licht, konnten seine engeren Freunde sich von der Straße aus durch unseren Bellman-Pfiff anmelden, und – falls es ihm gelegen kam – noch ein paar Stunden bei ihm verbringen. Es störte ihn nicht, wenn er mitten in der Arbeit an einem seiner Vorträge oder Aufsätze war, Besuch zu empfangen. Er saß dann an seinem langgestreckten Refektorientisch, der über und über mit den von seiner schönen, klaren Handschrift bedeckten Quartseiten behäuft war – den Teekessel und einen Spirituskocher zu seiner Rechten auf dem Tisch, den Pot d'chambre zu seiner Linken darunter, denn er trank bei der Arbeit immense Mengen von Tee, und der Weg zum Lokus war ihm zu zeitraubend. Oft las er uns aus den soeben niedergeschriebenen Seiten vor und ließ uns an den Problemen seiner Stilisierung teilnehmen – am Kampf um genauen Ausdruck, ohne auf Bildfülle zu verzichten, am Versuch, Wortmelos und Grammatik, Satzbau und Tonart dem jeweiligen Gegenstand anzugleichen und Verborgenes hinter den Schriftzeichen transparent werden zu lassen.

Die Dichter, die er zu Lesungen einlud, verzichteten, da es sich um ein Unternehmen junger Leute handelte, großzügig aufs Honorar, jedoch garantierte ihnen Fraenger aus den Eintrittsgeldern freie Kost und Übernachtung. Es kam Klabund, ein zartgliedriger Weltfreund, an einer damals noch unheilbaren Tuberkulose leidend, von den Frauen, die ihn verwöhnten, ›Rehbein‹ genannt. Die Krankheit steigerte seinen Lebens- und Liebesdurst zu einer hektischen Vitalität, die er dann mit schweren Anfällen und Blutstürzen bezahlen mußte. Neun Jahre später, als er in Davos gestorben war, habe ich ihm ein Totenlied geschrieben, in dem auch Fraenger mit seiner Laute vorkommt: denn er liebte es, bei unseren späten Sitzungen Balladen und kleine Spottgedichte von Klabund, wie die ›Englischen Fräuleins‹ oder die ›Hamburger Mädchen‹, auch Verse von Else Lasker-Schüler, Werfel und anderen Dichtern zu eigenen Vertonungen zu singen, worin ich dann mit ihm wetteiferte. Klabund fühlte sich in unserem Kreis so wohl, daß er bald darauf zu längerem Aufenthalt wiederkam und sich seine Verköstigung selbst mitbrachte: in Gestalt einer ebenso reizvollen wie vermöglichen jungen Dame, deren Familie irgendwo in der Welt nahrhafte Silberminen besaß – er nannte sie »das Silberschiff« –, und die nicht nur ihn, sondern uns alle mit freier Hand begastete. Ein kleiner Hahnentanz entstand um ihre charmante Person, da sie in spielerischer und immer etwas verliebter Laune jeden von uns glauben machte, daß er in ihrer Gunst am höchsten stehe, bis eines Tages die zierliche Fregatte – mit Klabund an Bord – wieder davonsegelte.

Es kam Theodor Däubler, ein toskanischer Turm von einem Mann, dessen gewaltige Gliedmaßen in kein Bett paßten, ein bärtiger Okeanus mit tiefem Orgelbaß, der seine Verse endlos wie Meereswogen dahinrollen ließ. Auch ihm war freie Kost zugesagt, und Fraenger, für die Kasse verantwortlich, geriet in Verzweiflung, als er in dem Hotel, in dem man ihm ein Zimmer mit Doppelbett hatte nehmen müssen, da er in eines nicht hineinging, dreimal am selben Abend zu Nacht aß. »Für diesen heiligen Elefanten«, sagte er, »hätten wir eine Pagode und zehn Fuder Heu bereithalten sollen.« Aber der heilige Elefant aß und trank nicht nur, er hatte eine liebenswürdig-überzeugende, wenn auch verträumte und geistesabwesende Art, jedem von uns die größte Zukunft vorauszusagen.

Es kam der Dichter Hans Schiebelhuth, mit rundem Robbenkopf und runden, etwas vorgewölbten Augen voll unendlicher Güte, Weisheit, Menschlichkeit, mit gerundeten, vorgewölbten Lippen voller Sprachgewalt. Wir liebten uns auf den ersten Blick so sehr, daß er gleich auf einem strohgeflochtenen Strecksessel in meiner Dachstube übernachtete und einige Zeit bei mir wohnen blieb, wir benutzten zum Schlafen abwechselnd für je eine Nacht das Bett und den vom Gewicht vieler Mieter und ihrer Besuche gut eingelegenen Sessel. Unsere Liebe – denn das war mehr als Freundschaft – hörte niemals auf, er wurde ein dritter Sohn meiner Eltern, ein Gespiele unserer Töchter, ein Hausgenosse in Henndorf und ein Trost im Exil, in dem er fast der einzige war, mit dem ich, über Deutschland, so sprechen konnte und so verstanden wurde, wie ich empfand.

Es kam Otto Flake, ein blonder, vornehm aussehender Mann, er sprach etwas trocken und didaktisch, hatte uns aber in seinem ›Logbuch‹, aus dem er las, Bedeutsames zum Aufriß einer neuen Ethik zu sagen.

Es kam Hermann Graf Keyserling, dessen ›Reisetagebuch eines Philosophen‹ damals fast soviel gelesen wurde wie Oswald Spenglers ›Untergang des Abendlandes‹, und der in Darmstadt seine ›Schule der Weisheit‹ etabliert hatte. Auch er besaß ungewöhnliche Körpermaße, jedoch nicht die freundlich-wohlbeleibte Riesenhaftigkeit Theodor Däublers: er war ein Ungeheuer von einem Riesen, ein Menschenfresser, ein Kinderschreck, wenn er, mit den überdimensionalen Armen rudernd und fuchtelnd, seine apodiktischen Sätze unter heftigem Spukken hervorstieß. Erst später habe ich ihn persönlich kennengelernt und seine Universalität, die Eleganz und Weltläufigkeit, mit der er seine Erfahrung und sein Wissen formulierte, seine vornehme Gesinnung bewundert.

Es kam Paul Hindemith, der mir durch meinen Bruder schon bekannt war und zu dessen provozierenden Opern-Einaktern, mit Texten von Franz Blei, August Stramm und Kokoschka, wir alle nach Frankfurt gefahren waren. In Heidelberg gab er ein Konzert und spielte zuerst auf der Viola d'Amore, seinem Lieblingsinstrument, alte Musik – unangefochten und mit Beifall bedacht. Dann, als er eine eigene Komposition auf der Bratsche zu Gehör brachte, gab es Krach, Unruhe, Pfiffe, Gelächter, Pfuirufe, was uns zu emphatischen Ovationen für den Vorkämpfer und Meister der musikalischen Moderne erregte. Auf den Schultern schleppten wir den kleinen, immer lach- und scherzbereiten Musikanten – er liebte sich so zu nennen – durch die Stadt, zu unserem Stammlokal, dem ›Goldenen Hecht‹, nahe bei der alten Neckarbrücke, an dessen Außenwand eine ganz kleine Aufschrift bekundete, daß hier einmal Jean Paul gewohnt habe, eine ganz große, daß hier einmal irgendein General abgestiegen sei. Heute ist das ein blinkendes Stromlinien-Restaurant geworden, damals war es eine verräucherte Bude mit Holztischen und -bänken, in der Heidelberger Dienstmänner und Fuhrleute ebenso wie anspruchslose Künstler und Intellektuelle ihren Schoppen tranken. In der Ecke stand ein wackliges Piano, auf dem das ›Paulche‹ Hindemith uns nachts mit dem Seehundsklavier bekannt machte: die flachen Hände wie Flossen benutzend, ohne einzelne Tasten anzuschlagen, brachte er köstliche Parodien auf gängige Musikwerke zustande, wobei er selbst wie ein dressierter Seehund aussah. Liszt, Chopin und Wagner, mit Seehundsflossen gespielt, gewannen entschieden an Humor.

Durch die Vorträge und Ausstellungen von Fraenger, die sich gewöhnlich auf Lichtbilder und Abdrucke der Originale beschränken mußten, wurde uns moderne und alte Kunst vertraut – der halbvergessene Rembrandt-Zeitgenosse Hercules Seghers, dessen kränkelnder Lärchenbaum in seinem Zimmer hing, das plastische Werk von Barlach, Lehmbruck, Archipenko, die Malerei und Graphik von Meidner, Grosz, Purrmann, Dix, Beckmann und des für uns schon klassischen ›Blauen Reiters‹.

Unser Gott aber war Oskar Kokoschka, und Fraenger sein eifernder Prophet. Mir scheint OK noch heute, über mehr als ein halbes Jahrhundert hinweg, unter vielen großartigen Künstlern dieser Zeit der großartigste zu sein. Else Lasker-Schüler hat über ihn das Wort geprägt: »Ein alter Meister, der später zur Welt gekommen ist.« Steht man heute vor seinen frühen, sehr frühen Porträts, denen von Karl Kraus, vom Dr. Auguste Forel, von Egon Wellesz und vielen anderen (wer hat in unserer Zeit noch Hände gemalt wie er!), so begreift man diesen Ausspruch. Aber für uns war er mehr – noch mehr. Das Meisterhafte, dem nie etwas Akademisches innewohnte und innewohnen wird, auch wenn er hundert Jahre alt werden sollte, was ich bei ihm für möglich halte – das Meisterhafte kam bei ihm nicht über begangene Pfade daher, es brach aus einem Vulkan, dessen Feuerströme aus hephästischen Schmieden, aus apokalyptischen

Tiefen gerufen waren – von der Vokation des höchsten Gesetzes: des Lebens. Dies bekundete sich für uns ebensosehr wie etwa in seinem Bachfugen-Zyklus – O Ewigkeit Du Donnerwort! – durch seine einzigartige Dichtung. Was uns an dieser Dichtung, an seinen dramatischen Würfen (denen in reiferem Alter eine ganz persönliche, unverwechselbare Prosa gefolgt ist) so ungeheuer erregte und fanatisierte, ist logisch nicht zu erklären, obwohl seine Dichtwerke immer auf einer logisch durchdachten Grundvorstellung beruhen. Doch war es wohl gerade der Zusammenfall von rationalen Kräften mit dem erspürten Mythos, die ebenso primitive wie unauslotbare Symbolik, auch das Kühne und Kolossalische seiner Vorwürfe und ihres knappen, eruptiven Ausdrucks, was uns zu einer Raserei des Partisanentums entflammte. Hier schien Analyse, der Einblick in menschliche Seelenrätsel, von einem schöpferischen Geist aus dem Chaos zur Form erhoben.

Ein Höhepunkt dieses in Fülle strotzenden Sommers: die von Fraenger inspirierte Frankfurter Kokoschka-Matinee, die unter Mitwirkung von Heinrich George, Gerda Müller, Carl Zistig und anderen Schauspielern an einem Sonntagvormittag im ›Neuen Theater‹ stattfand. Fraenger war schon einige Tage vorher zu den Proben gefahren, wir folgten ihm am Vorabend der Matinee. Fraenger holte uns an der Bahn ab und eröffnete uns, daß der große Heinrich George nach einer Vorstellung, die er im Schauspielhaus zu spielen habe, uns alle in seiner Wohnung erwarte.

Dort bot sich uns gegen Mitternacht ein erstaunlicher Anblick.

Inmitten von halbgeleerten Gläsern und Flaschen stand George in seiner barocken Körperfülle völlig nackt auf dem Tisch und spielte, in alkoholisch-musischer Verzückung, auf einer Geige, die in seinen mächtigen Händen und an seinem bullenhaften Hals wie ein winziges Kinderspielzeug wirkte.

Nur der nackte Mensch, röhrte er uns entgegen – nur der nackte Mensch dürfe sich künstlerisch produzieren, Ekstase sei das, alles andere nichts als verlogener bürgerlicher Muff. Reißt den Künstlern die Kleider vorn Leib! damit man sieht, ob sie echt sind. Er schwitzte wie ein Gaul. Es war ein erschreckender Gedanke, daß seine Devise auf die Konzertsäle übergreifen könnte.

Auf dem Bett lag, ergeben lauschend, seine damalige Freundin, immerhin mit einem Kimono bekleidet. Auf seinen Wink stand sie auf und füllte uns allen große Wassergläser mit Kognak. Ich beobachtete, wie Fraenger, der am nächsten Morgen zu sprechen hatte, sein Glas heimlich unter den Tisch ausleerte. Wir andern ließen uns die Gläser füllen, sooft es der nackte Kentaur befahl, und er leerte das seine mit jedem von uns. Schließlich fiel er vom Tisch, raffte sich auf und stampfte über einige zerbrochene Gläser mit blutigen Füßen unbekümmert zum Bett. Die Geige hatte er vorher behutsam in ihren Kasten gelegt. Am nächsten Morgen stand er, nun doch im Kostüm, pünktlich auf der Bühne und brachte seinen schwierigen Text, ohne ein Wort zu schmeißen.

Fraenger sprach vor Beginn der Matinee im verdunkelten Zuschauerraum aus einer Loge, auf die nur ein Scheinwerferstrahl gerichtet war, mit feierlicher Prädikantenstimme, im hochgeschlossenen schwarzen Rock, über Oskar Kokoschka und sein Werk. Das Publikum verhielt sich zunächst abwartend und schien leise beklommen. Erst bei der Präsentation des Dramas ›Hiob‹ brach der Skandal aus. Kokoschka schreibt vor, daß ›Das Leben‹ in Gestalt einer nackten jungen Frau dem lamentierenden Hiob gegenübertrete, und dies wurde, unter Georges Einfluß, in der Frankfurter Inszenierung wörtlich genommen. Da sich keine Schauspielerin dafür gefunden hatte, wohl weniger aus Prüderie, sondern weil es keine ›Rolle‹ war, sie hatte nur einen kurzen Satz, war eine wohlgestalte Dame aus dem Frankfurter ›Milieu‹ gewonnen worden, das es schon damals gab. Den Satz: »Guten Tag, mein Freund, das Leben lacht dich an«, den man ihr mühsam eingetrichtert hatte, brachte sie nicht zu Ende. Empörte Zwischenrufe – »Vorhang runter! Aufhören! Schweinerei!« und so weiter – unterbrachen ihren rhetorischen Versuch. Nur mit Mühe und unter vielen Störungen konnte die Matinee zu Ende gehn, und am Schluß prügelten wir uns für Kokoschka und das Theater mit entrüsteten Mannen, die die Bühne stürmen und die Schauspieler verdreschen wollten. Höchst befriedigt, nach einem künstlerischen Kampf-Erlebnis, kehrten wir aus dem unkundigen Böotien in das arkadische Heidelberg zurück.

Heidelberg war damals von Göttern und Halbgöttern, Propheten und Narren, Faunen, Bacchen und Eroten, Dionysiern und Peripatetikern durchwandert, wobei die Nymphen, Hetären und Vestalinnen nicht fehlten. Auch der Nachtalb fehlte nicht, der hinkende böse Zwerg, in Gestalt von Joseph Goebbels, der eines Klumpfußes wegen den Krieg nicht hatte mitmachen können und seinen Neid und Haß besonders gegen uns richtete, die verändert und voll neuen Antriebs Heimgekehrten: wir waren später die ersten Ziele seiner Verfolgung. Damals hielt er sich noch zurück und saß bei Gundolf (dem Juden) in den Kollegs.

Im Schloßpark konnte man den Dichterfürsten Stefan George, mit wallendem weißen Haar, auf die Schulter eines Epheben gestützt, einherwandeln sehen. Am Friesenberg hauste der Lyriker Alfred Mombert, zurückgezogen wie in einer Grotte des Erymanthos – man sah ihn einsam und vergrübelt durch die Straßen gehn. Alexander von Bernus, Dichter und Anthroposoph, veranstaltete manchmal auf seinem Gut Stift Neuburg am Neckar esoterische Abende mit Kammermusik und Vorträgen.

Max Weber, den bedeutendsten deutschen Soziologen, hörten wir nur noch einmal, bei seiner Abschiedsvorlesung. Er ging in diesem Sommer nach München. Sein Bruder Alfred übernahm seine Schüler in Heidelberg und leitete den Soziologen-Klub, der alle zwei Wochen zu einem Lese- und Diskussionsabend im alten Hotel Schrieder zusammenkam. Auch ich habe dort meine Fleißaufgabe gemacht, mit einem Vortrag über ›Campanellas Civitas Solis und den Jesuitenstaat in Paraguay‹.

Die intelligentesten Persönlichkeiten der studentischen Jugend gehörten zu diesem Kreis, ich erinnere mich an Alfred Seidel, der sich später in einem Anfall von Weltverzweiflung das Leben nahm, an Max Croner, der heute in Schweden tätig ist, und an den unheimlich gescheiten Alfred Sohn-Rethel, der mit kaum zwanzig an einem Werk über die Gnosis arbeitete.

Dann kam aus Ungarn der Professor Emil Lederer hinzu, ein genialer Interpret des Marxismus, Freund von Georg Lukács, dessen ›Soziologie des Romans‹ gerade erschienen war und heftig diskutiert wurde. Auch Ernst Bloch war gelegentlich in Heidelberg zu Gast, durch sein Werk ›Der Geist der Utopie‹ zu frühem Ruhm gelangt. In privater Gesellschaft las er aus seinem noch nicht gedruckten ›Thomas Münzer‹ vor und illustrierte dazwischen die Zeit der Bauernkriege durch Szenen aus Goethes Götz, die er mit seiner harten, kraftvollen Stimme faszinierend vortrug. Mir imponierte er vor allem durch seine geradezu enzyklopädische Kenntnis sämtlicher Karl-May-Bücher und -figuren; ich glaube, außer Schlichter und mir war er der gründlichste Karl-May-Forscher dieser Zeit. Bloch und ich prüften und examinierten einander bei einem Spaziergang auf dem ›Philosophen-Weg‹ mit detaillierten Fangfragen über die Verwandtschaftsverhältnisse der weniger bekannten Gestalten aus dem wilden Kurdistan oder der Umgebung des Llano Estacado und konnten uns nicht überrumpeln. Schließlich legte Bloch mich durch eine Frage hinein, die ich nicht beantworten konnte: wie die Cousine des ›Schut‹ geheißen habe. Es stellte sich dann heraus, daß er gar keine hatte.

Bei Marie-Luise Gothein, der Frau des Historikers, verkehrten die Anhänger des Stefan-George-Kreises, die sich weniger um den genialischen Gundolf als um den jungen Privatdozenten Edgar Salin scharten und die man schon äußerlich an einer gewissen Glätte und Feierlichkeit der Aufmachung erkennen konnte. Wir machten uns nicht viel aus diesen, doch wir verehrten Gundolf – neben Karl Wolfskehl und Friedrich Wolters wohl die bedeutendste aus diesem Kreis hervorgegangene Erscheinung. Man stritt sich darüber, ob er ein Savonarola- oder ein Dante-Profil habe – in meiner Erinnerung sah er eher aus, wie ich mir den jungen Dante in Padua vorstellen würde. Ich glaube, daß er schon damals leidend war, von blasser, manchmal gelblicher Hautfarbe, mit tiefliegenden, dunkel umrandeten Augen. Erst als ich nach Jahren wiederkam, um in Heidelberg einen Dramatiker-Preis zu empfangen, hatte ich das Glück, mit ihm bekannt zu werden und auch in seiner Wohnung zu Gast zu sein: unverhofft und frappierend war sein blitzender Humor, den er im öffentlichen Leben hinter einer strengen und ernsten Haltung verbarg.

Damals, im Sommer 1919, hielt er seine berühmten Vorlesungen über die Romantik, die immer überfüllt waren; auch wir drängten uns hinein. Aber er hatte sie auf eine unglückliche Zeit gelegt, nämlich die heißen Stunden zwischen zwei und vier am Nachmittag, in denen ein normaler Mensch, ob er nun besser oder schlechter gegessen hat, dem Rhythmus des Tagesablaufs entsprechend, eine gesunde Schläfrigkeit empfindet. Dazu kam, daß Gundolf in darmstädtischem Tonfall und mit einer, im George-Kreis üblichen, monotonen Intensität vortrug, die vom Hörer die äußerste Konzentration verlangt und für den weniger Aufnahmefähigen manchmal dem Hu-Hu-Huuhh des heulenden Derwischs gleichkommt. Ich habe keine dieser Vorlesungen versäumt, aber die meisten verschlafen und sie erst aus dem gedruckten Buch kennengelernt. Die Einschläferung war unwiderstehlich. Man versuchte mit entsetzlicher Anstrengung die Augen offenzuhalten, aber es mißlang – was mir besonders peinlich war, da ich mich stets bemühte, in derselben Reihe mit einem reizvollen Studentinnenpaar zu sitzen. Die eine, schwarzhaarige, war Elly Salomon aus Wien, die Gundolf später geheiratet hat, die andere, eine weißblonde Baltin, der ich dann in Berlin, nach einer Brecht-Premiere, wiederbegegnet bin und sie sehr freundlich fand. Damals, in Heidelberg, ging sie in blauem Kostüm mit einem Bambusstöcklein umher und war unnahbar. Oder aber ich habe sie verschlafen.

Natürlich war der Kreis, von dem ich hier berichte, auch im intellektuellen Höhenklima der Heidelberger Ruperto-Carola eine Minderheit. Die große Masse der Studenten, die für unsere damaligen Begriffe die Universität überfüllte, bestand aus den gleichen Büffelochsen und Sturböcken wie überall. Aber gerade wir, die Außenseiter und Revolteure, hatten das Wohlwollen der bedeutenden Professoren und wurden von ihnen auch zu privatem Verkehr herangezogen – selbst ich, der ich's in keiner Fakultät lange aushielt. Im Gegensatz zu meinen Freunden, die von Anfang an auf ein bestimmtes Ziel hin arbeiteten, hatte ich nicht mehr das Sitzfleisch zum systematischen Studium – auch ein anderes Ziel. Ich wollte an Geistes- und Bildungsgut an mich reißen, was möglich war, ohne mich zu einer bestimmten Disziplin entschließen zu können. Ein einziges Seminar bei dem entscheidenden Literaturprofessor, einem Freiherrn von Waldberg, genügte, um mich die Literaturgeschichte wie die Mieselsucht scheuen und meiden zu lassen. »Das war Ihr Glück«, sagte mir Gundolf später, »sonst wären Sie nie ein Dichter geworden.«

Fraenger wollte mich zeitweise zu einer kunstgeschichtlichen Dissertation anregen, bei dem alten Rembrandtforscher Carl Neumann, einem klugen und reizenden Gelehrten, über ›Rembrandt als Regisseur‹. Gewiß ein Thema, das für einen Theater-Adepten mancherlei Ausblicke eröffnete, aber auch hier fehlte mir die Geduld zur Systematik. Die Soziologie, der wesentliche Stoffkreis meiner Freunde, fesselte mich nur, als Ausdruck des Zeitgeistes, am Rande. Stark beeindruckt war ich von dem Naturphilosophen Hans Driesch, einem kleinen, breiten Mann mit dicknasigem Sokrates-Schädel, und bald sattelte ich überhaupt zu Zoologie, Biologie und Botanik um und saß eine Zeitlang übers Mikroskop gebeugt in den Anfangsseminaren. Fand aber auch da heraus, daß die Naturwissenschaften nicht mein ›Beruf‹, nur ein Interessengebiet unter anderen für mich seien. »Lern sehen, lern lesen, lern schreiben«, sagte Schiebelhuth zu mir, »mehr brauchst du nicht.« Und so habe ich's dann gehalten. Im zweiten Heidelberger Jahr rief mich die Annahme meines Dramas ›Kreuzweg‹ nach Berlin, und damit war das Studium für mich zu Ende.

Doch beteiligte ich mich in dieser ganzen Zeit aufs lebhafteste an den Kundgebungen, Auseinandersetzungen, Kämpfen meiner zur Politik entschlossenen Freunde. Solche Äußerungen hatten zunächst noch etwas von dem chiliastischen ›Menschheits‹-

Glauben der ersten Nachkriegszeit. Aus Brüssel kam Paul Colin, der dort eine Zeitschrift ›Clarté‹ herausgab und eine internationale Gesellschaft dieses Namens gegründet hatte. Als er in der großen Aula über Völkerverständigung und Überwindung des Nationalismus sprach, wurde er von den ›völkischen‹ Studenten – sie waren damals schon in der Überzahl und vor allem in den Burschenschaften gruppiert – niedergezischt und in der Diskussion unter üblen Beschimpfungen angegriffen. Doch hatten diese Leute unserem kleinen Kreis keine Redner von einigem Format entgegenzusetzen. Wir meldeten uns alle nacheinander zum Wort und machten aus der gefährdeten Versammlung einen Triumph für den belgischen Friedenskämpfer.

Unsere Gegner kannten uns genau – und wir kannten sie. Wir waren lange genug im Feld gewesen, um zu wissen, wo bei Leuten das Ressentiment steckt, die zu spät an die Front gekommen waren, um noch Offizier zu werden oder eine höhere Auszeichnung zu erwerben. Oder die ihr Leben lang gerne weiter Reserve-Offizier gespielt hätten, mit den Allüren eines für uns nicht mehr realen Heldentums.

Uns konnten sie nicht als Drückeberger oder Feiglinge denunzieren. Mierendorff hatte vom Kaiser sein EK I. bekommen, nachdem er ein paar schon verlorene Geschütze unter den Kugeln der feindlichen Infanterie herausgeholt und gerettet hatte. Leutnant Haubach war einige Male wegen kühner Patrouillenunternehmungen im Tagesbefehl erwähnt worden und hätte, wäre nicht irgendeine Verschleppung der Eingabe passiert, wie Ernst Jünger den Pour le Mérite getragen. Hans Schiebelhuth hatte sich zu den Gebirgsjägern gemeldet und war bei den Kämpfen gegen die Italiener in Südtirol mehrfach schwer verwundet und hoch dekoriert worden; Egon Wertheimer gehörte zu den ersten Kriegsfliegern Österreichs und war zweimal im Fallschirm vom brennenden Fesselballon abgesprungen, Henry Goverts hatte seit Kriegsbeginn den Feldzug als Offizier mitgemacht. Wer uns jetzt als »vaterlandslose Gesellen« bezeichnen wollte, weil wir für eine neue, soziale und friedliche Welt eintraten, machte sich in den Augen vernünftiger Leute lächerlich.

Wir gingen noch einen Schritt weiter: wir nahmen Fechtunterricht mit schweren Säbeln, um den Hetzern und Schmährednern auch auf diesem Boden gegenübertreten zu können. Aber sie forderten uns nicht. Sie versuchten uns dann und wann nächtlicherweile zu überfallen und niederzuschlagen, aber da wir darauf gefaßt waren und wie ein Stoßtrupp zusammenhielten, zogen sie auch dabei den Kürzeren. Selbst Fraenger, der sonst zu körperlichen Auseinandersetzungen keinerlei Drang verspürte, beteiligte sich einmal an einer Schlägerei auf der Hauptstraße, wobei er an einem baumlangen Burschenschafter in die Höhe sprang und ihm seine schirmlose Verbindungsmütze, ›Tönnchen‹ genannt, vom Schädel riß. Damit verschwand er dann schleunigst in seine Wohnung, wo er die Trophäe wie einen erbeuteten Skalp aufhängte, während der unglückliche Couleurmann, der im Gedränge nicht wußte, wie ihm geschehen war, verzweifelt in der Nacht nach seinem Tönnchen suchte und schrie.

Es ist ein interessantes Detail, daß wir mit den Angehörigen des vornehmsten und exklusivsten Heidelberger Corps, den Saxoborussen, auf bestem Fuß standen. Diese aristokratischen jungen Herren, deren Erster Chargierter damals ein Baron von Waldhausen war, besuchten unsere künstlerischen Veranstaltungen, unterhielten selbst eine Vereinigung für neue Musik und waren sogar, in einer distanzierten Weise und auf intellektuellem Gebiet, an unseren politischen Anschauungen interessiert. Von den plumpen Radaubrüdern und Schreihälsen des ›völkischen‹ Klüngels unterschieden sich diese Kreise durch Erziehung und Qualitätsgefühl – es gab auch später unter ihnen wenig Überläufer zu den Nazis; selbst wenn sie nicht gerade Philosemiten waren, gab es bei ihnen nicht die sturen Rassefanatiker, desto mehr passiven und aktiven Widerstand. Von ›Rasse‹ redeten und brüllten ja immer die am lautesten, die im Sinn der Auslese keine hatten.

Was die Politik anlangt, so hatten wir keinen Anlaß zum Optimismus. Die neue Zeit, auf die wir bauten, die deutsche Demokratie hatte mit Enttäuschungen und Rückschlägen begonnen. Enttäuschend vor allem die schwächliche Haltung, mit der die Führer des neuen Staates sich in ihrer endlich erreichten Freiheit bewegten. Sie hatten die tappende Unsicherheit von Menschen, die lange im Dunkeln gelebt haben und erst lernen müssen, im vollen Licht zu gehen.

Erbitternd die Mordtaten an wehrlosen Gefangenen, unter den Augen der demokratischen Regierung, durch eine rohe, selbstherrliche Soldateska, die ›Schutztruppe‹ des jungen Staates!

Schmerzhaft die hilflos verworrenen Aufstände, wie etwa der in München, und ihre – alles Neue und Freie mit zerstampfende – brutale Niederwerfung. Dort, in München, hatten die Truppen des Generals von Epp, unter vielen anderen, den Shakespeare-Forscher Gustav Landauer mit Knüppeln erschlagen, einen wohlmeinenden Idealisten.

Schmerzhaft und enttäuschend die gescheiterte Mission des amerikanischen Präsidenten Wilson, dessen ›vierzehn Punkte‹, die Gleichberechtigung freier Völker proklamierend, man ernst genommen hatte – das Unverständnis der Siegermächte, mit dem sie der deutschen Republik, bevor sie wirklich existierte, das Grab schaufelten und ihren inneren Gegnern unwillentlich in die Hand spielten.

Erbitternd die Duldung und das Treiben der reaktionären ›Frei-Corps‹, die aus den, auf Wunsch der alliierten Sieger zur Bekämpfung des Bolschewismus im Baltikum unter Waffen gebliebenen, deutschen Truppen hervorgegangen waren und sich nun gegen die Republik wendeten.

Deprimierend und jammervoll die Gleichgültigkeit des durchschnittlichen Bürgertums, die Ausbeutung der Notlage durch die Piraten der Baisse-Spekulation, die ihre eigenen Industrie- und Finanzbereiche errichteten, während die deutsche Wirtschaft und Währung ins Grundwasser sank.

Wir machten uns darüber nichts vor. Wir waren uns über die rückläufige Entwicklung, mit der die Weimarer Republik begann, im klaren.

Aber mit einer an Anmaßung grenzenden Gewißheit waren

wir überzeugt, daß wir, wenn wir erst einmal drankämen, das Steuer herumreißen und alle Widerstände überfahren würden.

Meine Freunde, vor allem Haubach und Mierendorff, kamen in diesem Jahr zu einem schweren und schwerwiegenden Entschluß. Sie entschieden sich dafür, auf Grund ernster Arbeit und gründlicher Untersuchung der ideologischen und faktischen Voraussetzungen, dem Radikalismus zu entsagen, obwohl die radikalere Haltung ihrem jugendlichen Temperament mehr entsprochen hätte. Sie kamen zu der Überzeugung, daß der Kommunismus, wie er bei uns durch die KPD vertreten wurde, nicht zu einer positiven Entwicklung, sondern zur Destruktion und damit zur Niederlage aller sozialistischen Bestrebungen führen müsse. Carlo Mierendorff schrieb seine Doktor-Dissertation über die Wirtschaftspolitik der Kommunistischen Partei Deutschlands, in einer mehr als dreijährigen Arbeit setzte er sich damit auseinander. Meine Freunde wußten, daß es ein Opfergang war, als sie sich entschlossen, der Sozialdemokratischen Partei beizutreten, daß sie in einen Zweifrontenkampf verwickelt würden, zu dem noch der gegen das Bonzentum und die Jugendfeindlichkeit in den eigenen Reihen kam. Sie taten es nicht, um jungen Wein in alte Schläuche zu gießen, sondern weil sie überzeugt waren, daß die große Organisation der alten Partei und der Gewerkschaften ein noch lebensfähiger, wenn auch erneuerungsbedürftiger Organismus sei – der einzige zur Führung und Erhaltung der deutschen Demokratie befähigte.

Niemals verloren sie sich in demagogischem ›Anti-Kommunismus‹. Die Sowjet-Union war für sie eine Tatsache und eine Notwendigkeit für das zukünftige Zusammenwirken der Völker, ein Staat, dessen volles Lebensrecht man zu verstehen und anzuerkennen habe. Der französische Kommunistenführer Marcel Cachin, eine Persönlichkeit von geistigem Rang, gehörte zu ihren Freunden und Ratgebern, mit dem sie immer wieder außenpolitische Probleme besprachen.

Das änderte nichts an ihrer entschlossenen Haltung in der deutschen Politik.

Nur waren sie zu wenige – ein viel zu kleiner, wenn auch

starker, tapferer und glänzend gewappneter Vortrupp –, und so kämpften sie in den kommenden Schicksalsjahren mehr und mehr auf verlorenem Posten.

Das *Tribunal* war in unserem ersten Heidelberger Jahr noch lustig weitergegangen. Eine ›Universitätsnummer‹ mit genialischen Spottzeichnungen des jungen Walter Becker hätte uns allen wegen ihres angriffigen Pamphletcharakters die Relegation eingebracht, wenn wir nicht vorsichtshalber unter unentschlüsselbaren Pseudonymen geschrieben hätten. Carlo und seine Darmstädter Mitarbeiter erlaubten sich eine prächtig gelungene Eulenspiegelei, indem sie selbst eine Kampfschrift gegen sich und ihre Publikationen verfaßten, genannt ›Der Hessenborn‹, die mit allen landesüblichen Empörungs- und Verteufelungsphrasen gegen das Treiben der Störer des bürgerlichen Friedens und wahnwitzigen Neutöner gepfeffert, mit allem gemütvollen Öl der alten Rauschebärte gesalbt war.

Der ›Hessenborn‹ wurde an den Zeitungsständen Darmstadts in großer Auflage verkauft und finanzierte die nächsten Nummern des *Tribunal!*

Aber die Errichter des *Tribunal*, vor allem Mierendorff selbst, hatten die große und kluge Einsicht, es zur richtigen Stunde wieder abzubauen und aufzulösen, bevor es seinen frischen, neuen, einmaligen Charakter verloren hätte und zu einem Oppositionsblättchen um des Opponierens willen oder zu einer jener mühsam weiterwurstelnden Zeitschriften herabgesunken wäre.

Wir begossen das Ende des *Tribunal* im Darmstädter Café Oper, ohne Wehmut, in heiterer Zuversicht auf neue, größere Aufgaben.

Drei Jahre später – ich hatte schon, nach meinem ersten Berliner Durchfall, eine bewegte Theaterzeit hinter mir – war ich noch einmal zu einem Sommerbesuch von einigen Wochen bei meinen Freunden in Heidelberg, wo die meisten von ihnen in der Vorbereitung für ihr Examen standen. In diese Zeit fiel ein Ereignis, das uns alle aufs tiefste betraf.

Am 24. Juni 1922 wurde in Berlin der deutsche Außenminister Walther Rathenau ermordet, von ein paar ahnungslosen jungen Leuten, die sich für Idealisten der ›Nationalen Bewegung‹ hielten.

Rathenau hatte bis zum Kriegsende alle Kraft seiner Persönlichkeit für den deutschen Sieg oder wenigstens für einen ehrenvollen Frieden eingesetzt.

Dann hatte er seine großen geistigen Fähigkeiten der deutschen Republik zur Verfügung gestellt, um seinem Land trotz der harten Friedensverträge wieder Ansehen und Aufschwung zu verschaffen. Er war im besten und wahrsten Sinne ein Patriot und ein Mann, dessen Stimme auch im Ausland Gewicht hatte.

Er wurde ermordet, weil er Jude war.

Am Tag seines Begräbnisses hatte die Regierung Volkstrauer angeordnet, und die Heidelberger Universität hatte für diesen Vormittag geschlossen. Vom Rektorat war verfügt worden, daß auf sämtlichen Haupt- und Nebengebäuden der Universität die schwarzrotgoldene Fahne der Republik auf halbmast gesetzt werde.

Während sich ein Trauerzug demokratischer Bürger und Arbeiter durch die Stadt bewegte, um an einem Ehrenmal für den großen Toten einen Kranz niederzulegen, wurde bekannt, daß das physikalische Institut, auf Anordnung des nationalistischen Professors Lenard, die befohlene Arbeitsruhe und Trauerstunde nicht einhalte und keine Flagge gesetzt habe. Wegen eines toten Juden, hatte der Professor geäußert, lasse er seine Studenten nicht müßiggehen.

Mit einem Arbeitertrupp begab sich Carlo Mierendorff in das etwas abseits vom Universitätsviertel gelegene Institut und nahm, im Namen der Republik und der Universität, den störrischen Professor in Schutzhaft. Das Institut wurde der Verordnung gemäß geschlossen, ohne daß sich dabei irgendeine Gewalttat ereignete, der Professor nach einigen Stunden wieder freigelassen. Außer dieser kurzen Sistierung war ihm nichts geschehen.

Aber der Vorfall, durch den die Würde des Tags und die

Autorität der Hochschule gerettet war, erregte unter den Gegnern der Republik einen ungeheuren Aufruhr. Carlo wurde wegen ›Hausfriedensbruch‹ unter gerichtliche Anklage gestellt und sollte, unmittelbar vor seiner Promotion, von der Universität relegiert werden. In beiden Fällen erzielte er durch seine brillante Verteidigung und die positive Stellungnahme aller freiheitlichen Professoren einen bedingungslosen Freispruch.

Am Abend des Trauertags traf sich unser Freundeskreis im ›Goldenen Hecht‹.

Wir wollten Carlos Mut und Tatkraft feiern, aber wir waren eher bedrückt als festlich gestimmt.

Draußen zogen Trupps von Burschenschaftern und anderen Randaleuren herum – zum ersten Mal hörten wir jene ›Sprech-Chöre‹, von denen später, als Hitlers braune Banden die ›nationale Erhebung‹ inszenierten, die deutschen Städte widerhallten:

>»Verreckt ist Walther Rathenau,
>Die gottverdammte Judensau!«

Wir saßen zusammen – ein kleiner, ernst entschlossener Kreis. Wir hörten die Stimmen der Mörder.

1920–1933   »Warum denn weinen...«

BERLIN war mehr als eine Messe wert.

Diese Stadt fraß Talente und menschliche Energien mit bei-
spiellosem Heißhunger, um sie ebenso rasch zu verdauen,
kleinzumahlen und wieder auszuspucken. Was immer in
Deutschland nach oben strebte, saugte sie mit Tornado-Kräften
in sich hinein, die Echten wie die Falschen, die Nullen wie die
Treffer, und zeigte ihnen erst mal die kalte Schulter. Man sprach
von Berlin, solange man es nicht besaß, wie von einer sehr begehrenswerten Frau, deren Kälte und Koketterie allgemein bekannt ist und auf die man um so mehr schimpft, je weniger
Chancen man bei ihr hat.

Wir nannten sie arrogant, versnobt, parvenuhaft, kulturlos,
ordinär. Insgeheim aber sah sie jeder als das Ziel seiner Wünsche: der eine füllig, mit hohem Busen in Spitzenwäsche, der
andere schlank mit Pagenbeinen in schwarzer Seide, Unmäßige
sahen beides, und der Ruf ihrer Grausamkeit reizte erst recht
zum Angriff. Jeder wollte sie haben, jeden lockte sie an, jedem
schlug sie zunächst die Tür vor der Nase zu. Dabei gelang es den
Halbwertigen, den Blendern und Schaumschlägern, noch eher,
durch einen Spalt zu schlüpfen und sich vorübergehend in ihre
Gunst einzuschmuggeln – aus der sie dann um so tiefer auf den
Hinterhof und in den Müll flogen, wenn sich ihre Hohlheit und
Impotenz herausstellte.

Die anderen, die echte Substanz mitbrachten, hatten es im
Anfang schwerer. Sie bekamen ihr Mißtrauen und ihre Lau-
nischkeit, ihre hochmütige Abwehr zu spüren, sie wurden
gewöhnlich mehrmals hart zurück gestoßen, ehe sie sich den
legitimen Einlaß erzwingen konnten.

Der aber mochte sich dann zu einem Triumphzug auswachsen, von antiker Pracht und Herrlichkeit.

Wer Berlin hatte, dem gehörte die Welt.

Nur mußte er – und das war der treibende Sporn – alle Hürden immer wieder neu nehmen und immer wieder durchs Ziel gehen, um seine Stellung zu halten. Der tosende Jubel von heute war keine Gewähr gegen das klanglose Begräbnis von morgen.

Nach einem Erfolg mußte man die Telefonnummer wechseln, um seine Ruhe zu haben, nach einem Mißerfolg brach noch am selben Abend das große weiße Schweigen aus, und man war in Nacht und Eis verschollen.

Aber es war immer wieder möglich, in einem neuen Anlauf den Pol zu bezwingen und in der Sonne zu frühstücken.

Wer in Berlin lebte, besonders in seiner Theaterwelt, weiß, warum mir zuerst das Frühstück einfällt: jene luzide, flimmernde Morgenfrühe, die der durchwachten, durchtobten, durchsoffenen Nacht nach einer Premiere folgte; wenn Johnny in Schwanneke's Bühnen-Club die Läden aufzog, und man sah, durch Wolken von Zigarettenrauch, daß die Fenster perlmuttern anliefen und dahinter die blaue Stunde ihr Wesen trieb; wenn man im Bahnhof Zoo, oder, falls es Frühling war, draußen im Grunewald in ›Onkel Tom's Hütte‹ – damals noch ein Gartenlokal, in dem es nach Kiefern roch – seinen heißen Kaffee oder eine ›Berliner Weiße‹ trank, die Morgenzeitungen um sich gehäuft, in deren Vornotizen man sein Wohl oder Wehe, Himmelfahrt oder Verdammnis wie einen Gerichtsbeschluß erfuhr; oder wenn man morgens in der überfüllten Stadtbahn, von nächtlichen Abenteuern noch halb berauscht, schon wieder zur Probe fuhr und eine Handvoll Schlaf im Stehen nachholte.

Nein, es gab keinen faulen Kredit, kein Ausruhen auf billigen Lorbeeren, keinen vorzeitigen Fettansatz. Die Luft war immer frisch und gleichsam gepfeffert wie im New Yorker Spätherbst, man brauchte wenig Schlaf und war niemals müde. Nirgends fühlte man sich so gut in Form, nirgends war man so hart im Nehmen, konnte so viele Kinnhaken einstecken, ohne sich auszählen zu lassen. Und wenn einer Glück hatte, dann fiel dieser Match um die Berliner Palme, die der stramme Engel auf der Siegessäule wie einen Besen schwang, mit einer Zeit seines

Lebens zusammen, in der ihn jeder Schlag auf den Kopf, jeder Stoß in die Herzgrube wacher und heller machte.

Berlin trug damals noch den Stempel des verlorenen Krieges. Die Menschen waren nervös und schlecht gelaunt, die Straßen schmutzig und von verkrüppelten Bettlern bevölkert, Blindgeschossenen und Beinlosen, über die es mit hastigen Schritten in Halbschuhen oder Stiefeletten dahinging, so wie George Grosz und Otto Dix das gemalt haben.

Die Schieber mit weiten ›Tangohosen‹ und einem koketten Gürtelchen auf der Rückseite des knapp geschnittenen Sakkos, der sich in auffälligen Farben hielt, rotbraun, orange und lila, großkariert – die zackigen Hochstapler, die Totogewinner der Börse und der Literatur, mit schwarzer Hornbrille und sogenanntem ›Bolschewikenschnitt‹, das Haar glatt zurückgekämmt, den Nacken scharf ausrasiert und dick mit Puder bestreut, füllten die Cafés und gaben den Ton an. Der Ton war bewußt zynisch, kaltschnäuzig, salopp, womit eine permanente Unsicherheit keß zugedeckt wurde. Die Frauen trugen ihre kniefreien, formlosen ›Hänger‹, die Haare hinten zu kurz geschnitten, so daß der Hals gegen Morgen unrasiert aussah, und machten sich über die gepflegten Frisuren, die schönen altmodischen Kleider der ›belle époque‹ lustig.

Berlin, im Anfang der zwanziger Jahre, war halbseiden, es roch nach Chypre, Abschminke und schlechtem Benzin, es hatte seinen imperialen und großbürgerlichen Glanz verloren und wurde erst später zu einer grellen, hektischen Blüte hochgepulvert.

»Warum denn weinen, wenn man auseinandergeht,
Wenn an der nächsten Ecke schon ein andrer steht« –

hieß der populärste Schlager, man grölte ihn angeberisch in jeder ›Diele‹ (das war der Name für kleine Bars mit Vergnügungsbetrieb, die es an allen Straßenecken gab), man bibberte vor Hysterie, wenn der neue Dollarkurs herauskam, und schoß sich beim ersten Krach mit seiner Freundin eine Kugel durch den Kopf.

Trotzdem war bereits die unvergleichliche Intensität, der Hauch jenes stürmischen Aufschwungs zu spüren, der Berlin in wenigen Jahren zur interessantesten, erregendsten Stadt Europas machte. Er zeigte sich zuerst im künstlerischen und kulturellen Leben, vor allem im Theater.

Die Bühnen überboten einander in glänzenden, sensationellen, wagemutigen Aufführungen, eine Generation außerordentlicher Schauspieler, bedeutender Regisseure war am Werk, und über eine Flut von Schmockerei und Bluff triumphierte immer wieder das Talent und die Leistung.

Die Presse war grausam, unbarmherzig, aggressiv, voll blutiger Ironie und doch nicht entmutigend. Denn hinter all ihrer Bosheit steckte immer noch ein Maßstab, ein Wille zur Qualität, eine Bereitschaft zur Entdeckung und Anspornung neuen, eigenwüchsigen Schaffens. Der schärfste Verriß, die höhnischste Ablehnung, mochte sie auch für den Moment zerschmetternd wirken, ließ doch die Möglichkeit offen, mit neuer Arbeit dagegen anzugehen, gehört zu werden, sich durchzusetzen.

Die Kritik war, wie die Literatur dieser Zeit, nicht konformistisch. Das apodiktische Protokoll des einen wurde vom gegenteiligen Vorstoß eines anderen in Frage gestellt, und es gab genug Köpfe, die einander die Waage hielten. Es war ein hartes Spiel mit fairen Regeln.

Auch das Publikum spielte mit. Es liebte sarkastischen Witz und das Hallo eines saftigen Theaterskandals, wo es wie beim Boxkampf oder beim Sechstagerennen zugehen konnte – aber es hatte einen Nerv für das Starke, Potente, Kommende und war bereit, sich nach den ersten Entrüstungsschreien und Hausschlüsselpfiffen überzeugen, hinreißen, begeistern zu lassen.

Das Publikum war noch eine Macht, da es ebensoviel Tradition wie Neugier auf das Ungewohnte besaß – eine gefährliche, unberechenbare Macht, die sich nicht ohne weiteres gängeln und dumm machen ließ.

Berlin schmeckte nach Zukunft, und dafür nahm man den Dreck und die Kälte gern in Kauf.

Im Januar 1920 hatte ich meine Jugendliebe geheiratet. Es war der Versuch einer Rückflucht in die Welt der Kindheit, die durch den Kriegsausbruch so abrupt und unwiederbringlich verloren war.

Er konnte nicht glücken, da es keine Rückwege gibt. Es war der Versuch, die Wünsche der reineren, der ungetrübten Zeit zu verwirklichen, obwohl sie vom Blut, das sich in jedem Jahrsiebt erneuert, nicht mehr genährt wurden. Es war ein Versuch, sich an all das zu klammern, was Heimat, Erinnerung, Vertrautheit heißt, was nicht mit uns weiterwächst und was man nur wieder-findet, wenn man sich's einmal ganz vom Herzen gerissen hat.

Wir verlebten den Sommer in Heidelberg, wie unter Brechts »weißer Wolke« – ›als wie ein holder Traum‹ – im beglückenden Wahn, daß es immer so bleiben werde, in einer mondblassen Seligkeit, die mir die Ruhe und Kraft gab, ein Stück zu schrei-ben, nicht nur skizzenhaft hinzuwerfen wie bisher, sondern, mit all seiner Unvollkommenheit, zu vollenden.

Es war kein gutes Stück. Der Titel hieß zuerst ›Kreuzweg zu Ende‹, wurde dann in ›Kreuzweg‹ vereinfacht. Es war, fern von aller theatralischen Technik, ein verworrenes, chaotisches Stück. Aber im Spektrum dieser Zeit schien es erregend und hoffnungsvoll, und es muß von seinem lyrischen Tonfall, von seinen dramatischen Eruptionen eine betörende Wirkung ausge-gangen sein, sonst hätte es nicht den Weg auf die Bühne und zum Verlag gefunden, der damals viel schwerer war als heutzutage.

Die Einflüsse, unter denen es entstand, waren weniger die der zeitgenössischen deutschen Dramatiker, wie Unruh, Toller, Hasenclever, Kornfeld, Kaiser, Sternheim, obwohl es noch un-ter den vagen Begriff des ›Expressionismus‹ fiel.

Das wortprächtige Dramenwerk des Dichters Paul Claudel, die weltfrommen ›Gebete‹ von Francis Jammes, die Tierbilder des Malers Franz Marc hatten Pate gestanden, und – mir selbst ganz unbewußt – die Frauen- und Volksgestalten, die Märchen- und Menschenwelt des Ahnherrn Gerhart Hauptmann.

Ich schickte das Stück zuerst an Ludwig Berger, der damals in Berlin, in Kayßlers ›Freier Volksbühne‹, bei Reinhardt im

›Deutschen Theater‹, mit Shakespeare- und Strindberg-Inszenierungen seine ersten großen Erfolge errungen hatte. Seine Mutter, auf deren Urteil er am meisten gab, las es auch und sagte zu ihm: »Das mußt du aufführen. Das Carlche ist ein Dichter.«

So unternahm er es, die Hauptszenen dieser Anfänger-Arbeit dem Intendanten des Berliner Staatstheaters, Leopold Jessner, und seinen Dramaturgen Eckart von Naso und Ernst Legal vorzulesen. Am nächsten Tag bekam ich von Berger ein Triumphtelegramm und ein zweites von Jessner, das mir die Annahme zur Uraufführung im großen Haus am Gendarmenmarkt bestätigte. Wenige Tage später folgte ein reizender Brief von Kurt Wolff der mir mitteilte, er habe »von dem Werk den stärksten und erfreulichsten Eindruck gehabt« und möchte es in seinem Verlag als Buch herausbringen. Der Vertrag lag bei. Das war im Oktober 1920.

Was das hieß, läßt sich kaum ermessen.

Jessner hatte das vormalige ›Königlich Preußische Schauspielhaus‹ innerhalb eines Jahres durch seine starken Inszenierungen in einem neuen, monumentalen Stil, durch ein Ensemble junger, begabter Schauspieler, durch kühne dramaturgische Planung zur bedeutendsten Bühne im deutschen Sprachbereich gemacht.

Kurt Wolff war immer noch der maßgebende Verleger der jungen Generation, der Präzeptor aller neuen, fortschrittlichen Literatur.

Ich war noch nicht vierundzwanzig. Man wußte, daß Tausende von Stücken eingereicht wurden, ohne Beachtung zu finden. Die Repertoires wurden von dem Kreis der schon Arrivierten beherrscht, und die Produktion in dieser Zeit war enorm. Auch Wedekind und Strindberg waren erst jetzt voll erkannt worden – Hauptmann galt als ›gestrig‹ und altmodisch, wurde aber von den Theatern nicht fallengelassen –, die Spitze hielt Bernard Shaw. Daß ein unbekannter junger Autor angenommen und gespielt wurde – selbst Brecht mußte mit seinen frühen Geniedramen jahrelang darauf warten –, war eine Seltenheit.

Es war ein ungeheurer Glücksfall, der mir da zustieß, es war das große Los. Natürlich war damit noch keine Gewähr für den Erfolg gegeben, aber im Augenblick war es mehr. Es war das Sprungbrett, der Steigbügel, die offene Tür, der Einlaß in ein verschlossenes Reich von strenger Observanz, das ›Dazugehören‹ zum Theater, zur Literatur, der erste Vorschuß und die Fahrkarte nach Berlin.

»Wir sind glücklich«, hatte der höfliche Intendant depeschiert, »Ihr hoffnungsvolles Werk als erste Uraufführung dieser Saison herauszubringen, und erwarten Sie zu den Proben.«

Ich fuhr allein, meine junge Frau löste in Heidelberg unsere Studentenwohnung auf und wartete, bis ich eine geeignete Unterkunft für uns gefunden hätte.

Ich saß in der Bahn, mit dem Machtgefühl eines noch ungekrönten Königs, der heimlich sein Reich betritt. Ich schwebte auf einem Flügelroß nach Berlin, während die Lokomotive mit rußigen Dampfwolken dahinfauchte. Meine Mitreisenden schimpften über die ungeheizten Züge und die Regierung. Mir war wohl und warm.

Es war ein kalter, garstiger Wintermorgen, als ich zum ersten Mal, meinen Koffer selbst schleppend, den Anhalter Bahnhof verließ.

Die nassen Straßen waren von Leuten erfüllt, die mit aufgestelltem Mantelkragen in ihre Büros hasteten. Man wurde gepufft, gestoßen, angeschnauzt. »Mensch, paß uff! Sonst kannste dir gleich 'ne Passage bei Grieneisen bestellen!« Der volle Charme dieser Begrüßung ging mir erst auf, als ich den Namen Grieneisen mit einem Sarg auf Reklameschildern sah. Es war das größte Berliner Bestattungsinstitut. Aber mir gefiel das alles, der Lärm auf den Straßen, das Gedränge an den Haltestellen, der Anblick der in ihren Ledermänteln übern Volant gelümmelten Taxichauffeure, wie sie an ihrer Thermosflasche nippten und die Tagesereignisse mit ihrem trockenen Witz glossierten – es war die Großstadt, und sie wirkte sensationell und erfrischend.

Man hatte mich wissen lassen, ich möchte mich gleich zur

Intendanz des Staatstheaters in der Dorotheenstraße begeben. Dort wurde ich von vielen Beamten in vielen Vorzimmern miß- billigend gemustert, bis mir schließlich ein Herr, der aussah, als sei er noch mit der Ordensverleihung für vergessene Teilnehmer am Feldzug von 1870 beschäftigt, einen Passagierschein des In- tendanten übergab, der mich zum Besuch der Generalprobe seiner neuesten Inszenierung berechtigte. Es hieß, die Probe habe schon begonnen. Ich eilte, immer noch mit meinem Koffer und zwischendurch hastig in einer Stehbierhalle ein Paar Würst- chen und einen Kognak frühstückend, zum Theater, dem alten Schinkelbau am Gendarmenmarkt, den ich durch den Bühnen- eingang wie die Sakristei einer Kathedrale betrat.

Vom Anfang der Generalprobe war natürlich keine Rede, aber von der Bühne herunter erscholl, als ich mich in den Zu- schauerraum schlich, ein gellendes, tigerhaftes Geschrei, das mich glauben machte, die Vorstellung sei mitten im Gang, denn es bewegte sich im Wortschatz shakespearischer Flüche und Verwünschungen.

»Elende Mordbuben! Gedungene Schurken«, und so weiter. Es war aber nur ein Krach, und, wie ich bald erfuhr, ein im Theaterleben keineswegs ungewöhnlicher.

Der Schauspieler Fritz Kortner stritt sich, wegen einer wack- ligen Treppenstufe oder einem schlecht angebohrten Podest, mit dem Bühnenmeister, und da er im Kostüm und in der Maske des dritten Richard steckte, wuchs ihm dessen Sprache unwill- kürlich aus dem Mund.

Er tobte so furchtbar da droben, daß ich ganz fasziniert war, wie vom Anblick eines Wahnsinnigen. Im halbdunklen Zu- schauerraum standen, scheu flüsternd, verstörte Gruppen herum, und oben an der Rampe ging, im wiegenden Schritt eines Zirkuselefanten, eine seltsam unproportionierte, überle- bensgroß wirkende Gestalt auf und ab, hob von Zeit zu Zeit begütigend die Hände, um dann mit einer ratlosen Geste die eine auf seinem unbehaarten Hinterkopf, die andere auf dem Gesäß zu verstecken. Das war der berühmte Intendant Leopold Jessner.

»Meine Herren«, begann er, in eine kurze Schreipause hinein und im Tonfall einer diplomatischen Ansprache, fügte aber nichts weiter hinzu, hob noch einmal wie segnend die Hände und verließ blitzschnell den Schauplatz. Dort aber trat tatsächlich eine Beruhigung ein – wenn auch nur vorübergehend und zum Schein. Denn der Krach gehört zu den Essenzen des Theaters, er ist ein Dampfventil für seinen immer überhöhten Druck.

Davon wußte ich noch nichts. Aber ich trank mit allen Poren die spannungsvolle Luft der Bühne und gab mich ganz dem atemraubenden Eindruck dieser Probe hin. Es war eine Inszenierung, die Theatergeschichte gemacht hat. Zum ersten Mal wurde ein Shakespeare-Drama ohne Wechsel von Schauplätzen auf einer riesigen, nach rückwärts fast bis zur Höhe des weiten Bühnenrahmens aufsteigenden Treppe gespielt, in grauen Farbtönen gehalten, die nur von Podesten in verschiedener Ebene, als Spielflächen für einzelne Szenen, und von einer über die Rampe vorgeschobenen Vorderbühne ergänzt war. Sonst gab es keinerlei Dekoration. Alles war auf den sprachlichen und gestischen Ausdruck gestellt, von Kortners rhetorischer Präzision und Leidenschaft geführt und befeuert. Wenn dieser gewaltige Schauspieler auf der Vorderbühne den Prolog sprach, wenn er mit geducktem Kopf der Witwe seines Opfers entgegentrat, um sie zu freien, wenn er an der Spitze einiger weniger Männer zu dumpf abgehacktem Paukenschlag taktmäßig hinkend zur Schlacht schritt, wenn er am Schluß, geschlagen, fliehend, auf der höchsten Treppenstufe erschien und mit dem rhythmisierenden Schrei »Ein Pferd – Ein Pferd –« den ganzen Treppenbau, selbst wie ein gehetzter Gaul, klumpfüßig herabgaloppierte, dann knisterte und funkte die Szene, und man erlebte eine geformte, gemeisterte Theatralik, wie sie vorher kaum dagewesen war.

Während der längeren Pausen und Unterbrechungen – mein Schutzpatron Ludwig Berger war, wenn ich mich recht erinnere wegen einer Erkrankung, nicht anwesend – lief ich immer wieder hinter dem Intendanten her, der in seinem sonderbar wiegenden Elefantenschritt auf- und abging und dem jedesmal, wenn ich mich bemerkbar machen wollte, etwas Neues einfiel.

Schließlich gelang es mir, ihn anzusprechen. Er begrüßte mich wie den Vertreter einer ausländischen Großmacht und stellte mich, da er sich meinen Namen nicht merken konnte, all seinen Leuten in respektvollem Ton als ›Unser Autor‹ vor, so daß ich mir schon fast einbildete, Richard den Dritten geschrieben zu haben.

Eine junge Schauspielerin, die im schwarzen Samtkostüm eines Prinzen berückend aussah, mit einer schimmernden blonden Haarsträhne über der klaren Stirn, winkte er heran und erklärte mir, daß sie in meinem Stück die Hauptrolle spielen werde.

Das war Annemarie Seidel, der von München her, wo sie bei Falckenberg als Wendla in ›Frühlings Erwachen‹ angefangen hatte, ein großer Ruf vorausging. Auch sie war neu in Berlin, und diese Rolle im ›Kreuzweg‹ sollte ihr erstes größeres Debüt am Staatstheater sein.

Die kurze Szene im ›Richard‹, in der sie und die gleichfalls noch sehr junge Roma Bahn die beiden Kinder-Prinzen spielten, war eine der schönsten und stärksten dieser Aufführung: wenn ihnen der König, ihr Oheim, schon entschlossen, sie beide ermorden zu lassen, die Wangen und Scheitel tätschelte: »So kluge Kinder werden selten alt...«

Annemarie Seidel stand sehr gerade, mit einem hochmütigen Lächeln, mit zurückgebogenem Hals, wie in unbewußter Abwehr – das Knabenkostüm mit den langen Strümpfen betonte ihre weibliche Anmut, sie hielt bei ihren Sätzen den einen Arm leicht abgewinkelt, die Hand an der Hüfte, die andere lässig auf der Brust, ihre Stimme hatte einen etwas aufgerauhten, gesprungenen Klang, der frühe Tod sprach mit und war in ihren wie von einem Fieber glänzenden, groß aufgeschlagenen Augen.

Nach ihrer Szene kam sie in den Zuschauerraum, wir saßen nebeneinander und beobachteten uns heimlich im Dämmerlicht zwischen den Akten. Wir wechselten kaum ein paar Worte, einmal berührten sich wie zufällig unsere Hände. In diesem Augenblick war, ohne daß ich es wußte oder auch nur ahnte oder gewollt hätte, meine Jugend-Ehe vorbei.

Die Probe dauerte bis spät in den Nachmittag. Am Schluß

fragte ich sie, ob sie etwas vorhätte. Sie sagte, ich solle am Bühneneingang auf sie warten, bis sie sich umgezogen habe. Sie erschien in einem nicht mehr sehr neuen, beigefarbenen Kamel-
haarmantel und einem kleinen, karierten Hütchen auf dem jetzt
fraulich gelockten, seidigen Haar.

Dann gingen wir zusammen die Friedrichstraße entlang bis zu
den Linden, und sie führte mich, der Berlin nicht kannte, in die
behagliche Weinstube von Habel mit ihren ungedeckten Holztischen. Wir begannen Wein zu trinken, wir tranken sehr viel.
Das Geld für den ersten Monat hatte ich in der Tasche, mir war
gleich, wieviel davon in Habels Registrierkasse blieb. Wir saßen
in einer Ecke und vergaßen, daß es noch andere Leute in dem
Lokal gab. Bald sagte ich ihr von meinen Gedichten auf, was mir
einfiel. Der Winterabend sank auf die Dächer, dann wurde es
draußen dunkel, die Stadtlichter gingen an, und wir saßen noch
dort, als sie schon bald wieder erloschen.

In dieser Nacht brach in Berlin ein heftiger Frost aus, vereiste
die feuchten Straßen, und als ich gegen Morgen versuchte, die
kleine Pension im Westen zu finden, in der ich mich angemeldet
hatte – immer noch mit meinem Koffer in der Hand –, wankte
und taumelte ich, nicht nur des Weines halber, wie ein Grotesk-
tänzer auf einer Eisfläche herum, die man nur mit Schlittschuhen
hätte bewältigen können. Ich habe nie mehr wieder in einer
Stadt eine solche Glätte erlebt, man mußte sich an den Häusern
entlangtasten und an Laternenpfähle klammern, um nicht dauernd auf die Nase zu fallen.

An einer Ecke der Augsburger Straße ballte sich ein Haufen
schreiender und lachender Menschen aufeinander, die offenbar
auch nicht ganz nüchtern waren und beim Versuch, sich gegenseitig aufzuhelfen, immer wieder hinfielen. Einige, die es aufgaben, krochen auf allen vieren in das Lokal zurück, aus dem sie
gekommen waren: es war die berühmte Kutscherkneipe der
›Mutter Mänz‹, in der viele Künstler ihren Stammtisch hatten.
Ich wollte als Fremdling elegant an der Gruppe vorbeibalancie-
ren, aber ein Herr, der auf den Knien lag und seinen harten Hut
zwischen den Zähnen hielt, klammerte sich an mein Bein, so daß

ich selbst zu Fall und auf ihn zu liegen kam. Während wir uns, in vergeblichen Wiederaufrichtungsversuchen, wie die Ringkämpfer beim catch-as-catch-can übereinanderwälzten, fand es der fremde Herr angemessen, sich in aller Form vorzustellen.

»Gestatten Sie«, sagte er mit einem harten Plumps auf den Hintern, »mein Name ist Paul Bildt.« Er war ein bekannter Schauspieler und zufällig für die Besetzung meines Stückes vorgesehen, dessen Rollenmanuskript er gerade bekommen hatte. Nachdem sich das alles unter immer neuen Kopf- und Rückenstürzen herausgestellt hatte, blieben wir, ohne Hoffnung, jemals wieder auf zwei Beinen zu stehen, auf dem Trottoir sitzen, ließen uns aus der Kneipe Kognak herausbringen und diskutierten Drama und Theater, bis uns der Hosenboden anfror.

Als die Sonne dieses Morgens das Glatteis auftaute und die Stadt wieder in einen Sumpf verwandelte, schien mir Berlin eine eroberte Provinz, und ich sank in glorreicher Ermattung ins Bett.

Sechs Wochen später ereignete sich die erste Katastrophe.

Es war die Premiere meines Stückes. Ich saß in feierlichem Schwarz in der Intendantenloge und fühlte mich, mit Recht, wie bei einem Begräbnis. Draußen schneite es, die Autos kamen schwer vorwärts, zögernd füllte sich das Theater.

Von der Loge aus konnte man genau die zweitvorderste Reihe beobachten, in der die Kritiker Platz nahmen. Es war ein gespenstischer Anblick. Ich glaube nicht, daß sie alle so alt waren, wie sie mir damals vorkamen. Die bekanntesten waren wohl durchweg in den Fünfzigern. Für mich war es eine düstere Greisenparade. Manche davon schienen, mit Bart und Smoking, aus dem Grab gestiegen, um einen furchtbaren Fluch zu murmeln. Ein paar Greise gab es wirklich darunter. Der Doyen, der alte Holzbock – so hieß er! –, wurde von seiner schon weißhaarigen Tochter hereingestützt und auf den Sitz gebettet. Ein anderer, der Professor Klaar, bediente sich eines Hörrohrs. Ganz rechts, mit undurchdringlicher Maske und ironisch geschürztem Schnäuzchen, saß Kerr, der gefährlichste Scharfschütze, dessen Daumen auf- und abwärts über Tod und Leben des neuen Dramatikers entscheiden konnte. Ganz links, mit erregtem Augengefunkel und gleichsam mit einer unsichtbaren Jakobinermütze unter seinen gemäßigten Kollegen, saß der erst dreißigjährige Herbert Ihering, Vorkämpfer, Metronom und Scholastiker des modernen Dramas. Diese beiden lebten und kritisierten in intimster Feindschaft und verrissen einander ihre wechselseitigen Lieblinge, daß die Federn stoben. Die Gerupften waren auf alle Fälle wir, die unbeschriebenen Blätter, denn man konnte nur von einem der beiden gelobt werden, vom andern wurde man auf jeden Fall skalpiert, und da ich selbst damals von Ihering und seinem Blatt, dem ›Berliner Börsen-Courier‹, Verständnis und Förderung erfuhr, war mir Kerrs Verdammung gewiß.

Das Verhängnis nahm seinen Lauf. Annemarie Seidel, der dieser Abend einen großen Erfolg einbrachte, Johanna Hofer, Dagny Servaes, der prächtige alte Arthur Kraussneck, der junge Lothar Müthel, Bruno Decarli und andere gaben ihr Bestes, in Ludwig Bergers musischer und kraftvoller Inszenierung, für die sein Bruder Rudolf ein grandioses Bühnenbild geschaffen hatte, von riesig aufragenden, kahlen Buchenstämmen getragen und gerahmt. All das, man spürte es von Szene zu Szene, konnte das Stück nicht retten. Mit mir in der Loge hatten zwei Ehrengäste des Intendanten Platz genommen: der eine war der Reichswehrminister Noske, ein ungeschickter, vierschrötiger Mensch mit einem Feldwebelgesicht. Man wußte, daß er, obwohl Sozialdemokrat, der willigste Handlanger seines republikfeindlichen Militärs war, beglückt und geschmeichelt, wenn ein General ihm herablassend auf die Schulter klopfte. Ich haßte ihn, und die Abneigung mag gegenseitig gewesen sein, denn nach dem ersten Akt verließ er grußlos, brummend und kopfschüttelnd das Haus.

Der andere Ehrengast war die Dichterin Else Lasker-Schüler, deren Lyrik ich bewunderte und liebte. Ludwig Berger hatte mir erzählt, daß sie in seiner Wohnung in meinem Stück herumgeblättert habe und eine Stelle aufschlug, in der von der »azurenen Flut« des Himmels die Rede war. »Pfui«, habe sie geäußert, »ein Dichter sagt nicht azuren. Ein Dichter sagt blau.« Inzwischen aber hatte sie das ganze Stück gelesen, auch eine Probe besucht und war zu meiner stärksten Fürsprecherin geworden. Sie hat seitdem, bis wir uns im Jahre 1938 in Zürich zum letztenmal sahen, bei keiner meiner Premieren gefehlt.

An diesem Abend, sosehr mich ihre Zustimmung beglückte, begann sie mich dadurch zu foltern, daß sie mir, je fataler die Stimmung wurde, mit wachsender Mildtätigkeit Pralinen in den Mund stopfte, die sie laut knisternd aus einem altmodischen Ridicule hervorzauberte. Ich verabscheute Süßigkeiten, und mir wurde ganz übel davon, aber ich war ihrer Caritas wehrlos ausgeliefert. Ein einziger Schnaps wäre mir lieber gewesen.

Irgendwo unter den Zuschauern hielten sich meine Eltern mit einigen meiner Freunde verborgen. Sie hatten die lange Reise gemacht, um der Schande ihres Sohnes beiwohnen zu dürfen. Sie saßen ausgerechnet in jener Reihe, in der die Angehörigen der empörten Beamtenschaft, aus der alten königlich-preußischen Theaterverwaltung, ihre Freiplätze hatten. Rings um sie her wurde geschimpft, gezischelt und an ernst gemeinten Stellen gelacht.

Eine Dame wandte sich an meine Mutter, mit der Bemerkung: »Das muß ein armer Irrer geschrieben haben. «

Mein Vater verließ am nächsten Tag Berlin, in seiner alten Befürchtung bestärkt, daß ich ein hoffnungsloser Fall sei.

Es war eine vollkommene Niederlage. Der frenetische Beifall einiger jugendlicher Enthusiasten änderte nichts an der eisigen, manchmal auch lauten Ablehnung durch die Mehrheit. Am Schluß wurde ich von den vereinzelten Partisanen, unter denen sich auch Carlo Mierendorff befand, auf die Bühne gerufen, auf der ich in trotziger Steifheit, von schütteren Bravos begrüßt, von schrillen Pfiffen umgellt, kurz und ruckartig meinen Kopf neigte. Das war, trotz allem, ein großer Moment.

Am nächsten Tag las man verkatert die Presse, sie war vernichtend – mit Ausnahme der wenigen Modernisten vom Schlage Iherings oder des immer oppositionellen Maximilian Harden und des glänzenden Siegfried Jacobsohn, die mir einen Sonnenaufgang verhießen.

Aber vorläufig war der Nebel stärker.

»Dieser heillose Lyriker«, schrieb Alfred Kerr, »dem manchmal ein paar schöne Verse gelingen, wird niemals einen auf der Bühne sprechbaren Satz hervorbringen.«

Andere sprachen von einer Schändung des Staatstheaters durch unverantwortliche und dreiste Stümperei, und nur die der Jugend grundsätzlich Wohlgesinnten wie Osborn, Faktor, Monty Jacobs übten verwirrte Nachsicht.

Nach drei Aufführungen, von denen die beiden letzten nur noch vor wenigen, irrtümlich hineingeratenen Zuschauern spielten, verschwand das Stück und ward nie mehr gesehen.

Man fühlte sich, nach dem enormen Anlauf und all der Aufregung, als sei man von einem hohen Trampolin für Meisterspringer köpflings in einen Mistkübel gesprungen.

Aber weder mein Selbstvertrauen noch mein Appetit war durch diesen harten Aufprall gelähmt. Ich dachte nicht daran, aufzugeben.

Gerade der Mißerfolg – so empfand man damals – war eine Art von Ritterschlag. Ein flinker, glatter Erfolg wäre verdächtig gewesen. Der Durchfall war ehrenvoller. Ein junger Dramatiker mußte umstritten sein, sonst war er nichts wert. Das wenigstens hatte ich erreicht, und ich hatte im Theater mein Element verspürt.

Ich blieb in Berlin, ohne Geld, ohne Stellung, ohne Ruhm, und Berlin begann mich zu fressen.

Was ich in den folgenden Jahren alles versucht habe, um mein Leben zu fristen, ist nicht aufzuzählen.

Ich lernte Berlin von unten kennen, aus der Keller-Perspektive, aus der Sicht der häßlichen Mietshäuser und finsteren Hinterhöfe.

Mit dem Studentenwechsel von zu Hause war es vorbei. Studieren wollte ich nicht mehr, ich hielt das für Zeitverschwendung. Ich wollte überhaupt nichts von alledem tun, was mein Vater sich gewünscht oder als eine vernünftige Tätigkeit betrachtet hätte: also konnte ich auch nicht mehr von ihm leben. Mir schien das selbstverständlich, zumal ich wußte, daß es für ihn, nach seinem Ausscheiden aus der Fabrik, ein Opfer gewesen wäre. Er seinerseits hielt es für seine erzieherische Pflicht, meinen Leichtsinn, oder was er dafür ansehen mußte, nicht weiter zu unterstützen. Er war der Meinung, ein Mann müsse sich zunächst eine Existenz gründen, bevor er sich auf ungewisse literarische Abenteuer einließe, und damit hatte er ja von seinem Standpunkt aus ganz recht.

Der meine war anders. Ich wollte zum Theater, auch wenn es mir im Augenblick keine Chancen bot, wollte das Handwerk des Theaters lernen, im Bannkreis des Theaters leben, wollte schreiben – und zwar nicht, wie es vielleicht praktikabel gewesen wäre, als Journalist für irgendeine Zeitung, sondern nach meinem Kopf – ganz gleich ob mit oder ohne Erfolg –, in der festen Überzeugung, daß dieser Weg für mich der einzig richtige sei und zu seinem Ziel führen werde. Aber das konnte ich nicht unter Beweis stellen. So galt es, die Konsequenz zu ziehen.

Dies geschah ohne dramatische Zuspitzung, ohne Zorn und Verstoßung, ohne den Vater-Sohn-Konflikt, den man in dieser Zeit eigentlich von jedem besseren jungen Schriftsteller verlangte. Mein Vater repetierte zwar, am liebsten wenn ich mir nach langer Abwesenheit wieder einmal das heimische Essen schmecken ließ, eine für mich nicht gerade ermunternde Redensart: »Du bist nix, hast nix, kannst nix, wirst nix, jetzt weißdes.«

Aber auf Mainzerisch klang das weniger herb, als es gemeint war.

Ich war mit den Eltern, auch in den Jahren meiner Vagabondage, niemals entzweit oder zerfallen. Nur hatten wir eine klare Entscheidung getroffen.

Ich wollte mein eigenes Leben führen, ohne jede Beeinträchtigung meiner Freiheit. Dafür hatte ich auch selbst aufzukommen.

Das war nicht leicht. Zwar konnte ich im Staatstheater, bei Berger und Jessner, später bei Fehling, auf den Proben ihrer Inszenierungen sein und gelegentlich eine Regie-Assistenz übernehmen, aber nur als Volontär. Alle bezahlten Stellungen waren besetzt, und die Theater schwammen damals nicht in Geld. Selbst als Statist hätte ich keine bezahlte Arbeit bekommen können, weil es dafür eine Gewerkschaft gab, der beizutreten ich nicht die Voraussetzungen hatte.

Jene anderen Hilfsmittel aber, die heute einem einigermaßen begabten jungen Autor rasch zu einem Existenzminimum oder zu mehr verhelfen, Hörfunk und Fernsehen, gab es noch nicht, und ich behaupte: zu meinem Glück. Denn es gab eben auch nicht die Zersplitterung, es gab nicht die Versuchung, nach dem ersten Scheck für ein gelungenes Hörspiel ein zweites zu schreiben und dann wieder eins und schließlich in dieser Branche, mit Wagen und Wohnung, wohlsituiert zu versumpern.

Wer von sich glaubte, dramatisches Talent zu besitzen, der mußte aufs Ganze gehn, und das war *nur* das Theater. Es gab kein Auskommen in einem technisch-spezialisierten, theaterähnlichen Betrieb. Daß hiermit nichts gegen die Bedeutung und die künstlerischen Möglichkeiten von Funk und Fernsehen gesagt ist, liegt auf der Hand. Nur gegen ihre Auswirkung auf den Entwicklungsgang junger Dramatiker und damit des Theaters.

Der Film, das war damals noch eine Kolportage- und Revolverangelegenheit, und gerade deshalb übte er eine gewisse Lokkung auf mich aus.

Aber wer da nicht schon zum Ring gehörte, für den war es fast unmöglich, hineinzukommen. Noch herrschte der Aberglaube, daß man zum Schreiben eines Drehbuchs bestimmte Pharmazeuten brauche, mit den Geheimgesetzen der Filmkunst vertraut, die es natürlich gar nicht gab oder die ein intelligenter Mensch von selber kannte, wenn er dreimal im Kino war. Die Pharmazeuten aber ließen keinen Neuling heran, sonst hätte ihr Boß ja gemerkt, daß sie nicht unentbehrlich seien. Als Stoffe und Storys kaufte man erfolgreiche Illustrierten-Romane oder nahm sich der Klassiker an, die sich nicht wehren konnten. Und für die Filme höheren Stils, wie sie damals schon von Erich Pommer und anderen angestrebt wurden, holte man sich Autoren von Rang und Namen. Ich habe in dieser Zeit gewiß ein

Halbdutzend abenteuerlicher oder exzentrischer Stummfilm-Manuskripte geschrieben, aber kein einziges angebracht.

Blieb noch eine kleine Sparte im großstädtischen Unterhaltungsbetrieb: das literarische Cabaret. Aber auf diesem Gebiet gab es damals in Berlin ganz große Talente, Walter Mehring, Marcellus Schiffer, Friedrich Holländer und andere, die das Monatsprogramm von Reinhardts ›Schall und Rauch‹, Rosa Valettis Cabaret im alten ›Café des Westens‹, Trude Hesterbergs ›Wilde Bühne‹ versorgten; auch lag mir der ironisch-aggressive Tonfall nicht, den das politische Cabaret herausfordert, und für die Berliner Pointierung war ich zu ungewitzt. Wenn ich schließlich doch einmal, mit Hilfe von Freund Mehring, ein balladeskes Chanson zustande und angebracht hatte, so reichte der Erlös kaum für die Herstellungskosten, nämlich den Kaffee und den Schnaps, den man einem geduldigen Kellner samt dem Trinkgeld schuldete.

Ich arbeitete gleichzeitig an zwei Stücken, einem poetischen Lustspiel in Versen und einem Wiedertäufer-Drama. Das erste warf ich nach Vollendung in den Ofen, weil ich es völlig mißglückt fand, theaterschwach – das zweite scheiterte am Stoff. Doch war in seinen wilden Prosa-Szenen – sie existieren noch – schon etwas von Theatergriff und -sprache zu spüren; ich wurde von den Freunden, Schauspielern und Regisseuren, ermutigt und verbiß mich in die Arbeit, der ich nicht gewachsen war. Die Vorschüsse des vornehmen Kurt Wolff waren längst verbraucht – er verlangte nie eine Rückzahlung –, aber neue waren selbst aus ihm nicht herauszuholen.

Dann und wann wurde ein Gedicht, ein kleines Prosastück, eine Szene von mir in einer Zeitung oder Zeitschrift gedruckt, in Siegfried Jacobsohns ›Weltbühne‹, Stefan Großmanns ›Tagebuch‹, vor allem von Herbert Ihering im ›Berliner Börsen-Courier‹. Die Honorare reichten nicht für die Miete der möblierten Zimmer, aus denen ich immer wieder, von schroffen Wirtinnen bedroht, in billigere umzog, bis ich schließlich in dem Haus im ›Bayerischen Viertel‹, in dem Annemarie Seidel mit ihrer Freundin Lily Donnecker eine halbe Etage bewohnte, in einer ungeheizten Dachbodenstube unterkam, die nicht gebraucht wurde. Ich benutzte sie selten. Ich lebte in desperaten Verhältnissen, aber ich war nicht allein.

Die Trennung von meiner Jugendliebe, das Sich-Losreißen von einer Verbundenheit, von einer Ehe, an deren Bestand und Dauer beide geglaubt hatten, war nicht leicht gewesen. Es ging dabei mehr in die Brüche als eine naive Gymnasiasten- und Studentenliaison.

Aber für mich war das ein heilsamer, ein notwendiger, ein unvermeidlicher Schnitt – unvermeidlich, um ›erwachsen‹ zu werden –, und für sie war dieser frühe Zeitpunkt, nach nur einem Sommer, erträglicher, als es ein späterer, lang hinausgezogener und durch Enttäuschungen getrübter, hätte sein können. Wir hatten, beide, keine Enttäuschung erlebt, sondern ein Schicksal. Es hieß Mirl.

So wurde Annemarie Seidel, die in München aufgewachsen war, von all ihren Freunden und Bekannten genannt. Man kannte sie auch in der Theaterwelt unter diesem Namen, und für die jungen Berliner Intellektuellen, die kühnen, hochstrebenden Poeten, wie Walter Mehring, Hasenclever, Becher, auch für viele der längst arrivierten Stars, galt es als eine Auszeichnung, zum ›Mirl-Kreis‹ zu gehören.

Mirl war in vieler Hinsicht literarisch belastet. Ihr Onkel Heinrich Seidel hatte nicht nur den Anhalter Bahnhof in Berlin gebaut, der bis zu seiner Zerstörung im Zweiten Weltkrieg ein Denkmal der ›Gründerzeit‹ und ihrer beklemmenden Architektur geblieben war, sondern er hatte auch den Berliner Volksroman ›Leberecht Hühnchen‹ geschrieben, damals noch in jedem bürgerlichen Bücherschrank zu Hause. Ihr Vater, der sich mit Naturwissenschaften und Biologie beschäftigte, war jung verstorben. Ihre ältere Schwester war die heute mehr als achtzigjährige Ina Seidel, die damals noch nicht ihren Meister-Roman, das ›Wunschkind‹, geschrieben hatte, aber als Dichterin und Erzählerin bereits Ruf und Ansehen genoß.

Sie lebte, unweit von Berlin, in Eberswalde, als Gattin eines Pastors, der gleichfalls Seidel hieß, ein Vetter von ihr, der Dichter Heinrich Wolfgang Seidel. Mir sind die Besuche in diesem Haus, in das ich von Mirl ohne weitere Erklärung eingeführt wurde, die völlig freizügige, vorurteilslose Aufnahme, die ich von der evangelischen Pastorengattin Ina und ihrem Gemahl erfuhr, in wärmster Erinnerung. Man fand es dort selbstverständlich, daß Mirl mit einem Carlchen lebte – so wurde ich von ihr und dann auch von Ina genannt –, das nichts sein eigen nannte, als eine aus Heidelberg gerettete Petrollampe.

Mirls Bruder Willy Seidel hatte als sehr junger Mensch bereits zu dem Autorenkreis des Insel-Verlags gehört, der seine hochbegabten Novellen publizierte. Er hatte eine Neigung zu exotischen Stoffgebieten und reiste viel, wurde während des Ersten Weltkriegs in Amerika interniert, von wo er krank und mit einer amerikanischen Frau zurückkehrte, die wir »die Indianerin« nannten. Sie war wüst, und wir gingen ihr aus dem Wege. Er starb in frühen Jahren.

Mirl selbst schrieb nicht, sie hat es erst in ihren letzten Jahren begonnen. Sie war das Gegenteil von dem, was man als eine ›intellektuelle Frau‹ bezeichnen würde. Sie war eine bedeutende Frau. Geist und Phantasie verbanden sich mit ihrem weiblichen Wesen, mit ihrer Verspieltheit und Träumerei, mit ihrer labilen Gesundheit und den Passionen ihres Lebens zu einer Kongruenz des Ungewöhnlichen, des Irrealen mit dem Natürlichen, Graziösen und Weltklugen, wie sie mir nicht wieder begegnet ist.

Für mich war sie die erste Frau, in der mir der seltene Kontrapunkt von Fremdheit und Nähe, von Leidenschaft und Liebe, Herzensneigung und geistiger Attraktion bis zu dem Ausmaß einer zeitbegrenzten Vollkommenheit geschenkt wurde.

Unser Zusammenleben begann mit Verliebtheit und Phantasiespielen, wuchs zu einer inneren Gemeinschaft, die – auch wenn sie nicht zur Ehe führen konnte – Lebensdauer behielt, endete fast mit einer Tragödie, ganz nah am Tod vorbei, ganz nah am Verhängnis. Was wir in diesen beiden Jahren, von 1920 bis 1922, durchlebten, war – von heute aus gesehen – eine Berliner ›Bohème‹. Damals dachten wir nicht daran, da es uns ganz fern lag, unsere Beziehung und unser Leben zu romantisieren.

Auch Mirl war kein Finanzgenie, und ihre Gage am Staatstheater hielt sich in den Grenzen des Berliner Anfängerstadiums. Ihre Versuche, beim Kabarett eine Aufbesserung ihrer Verhältnisse zu erreichen, scheiterten – trotz freundschaftlicher Beziehungen zu den Vedetten, Dichtern und Komponisten der ›Kleinkunst‹ – daran, daß sie zwar rezeptiv musikalisch war, aber absolut keine Melodie behalten konnte. Wochenlang habe ich ihr ein von Walter Mehring für sie geschriebenes Chanson von der ›Charité‹ einzustudieren versucht, dessen Weise mir heute noch in Erinnerung ist. Ich weiß auch noch die Stelle, wo sie unvermeidlich detonierte.

Außerdem wurde sie schon damals immer wieder von einem trockenen Husten geplagt, der es ihr schwer genug machte, die großen Rollen bei Berger und Jessner, wie den ›Ariel‹ im Sturm oder eine Barlach-Gestalt, durchzuhalten. Wenn sie abends spielte, saß ich in einer Bierkneipe gegenüber vom Staatstheater und wartete auf sie. Es gab da einen väterlichen Kellner, der mir die Rechnung stundete, bis irgendeine meiner sporadischen Einnahmen die Zahlung ermöglichte. Solch väterliche Kellner, auch Gastwirte, habe ich in dem als hart und unbarmherzig verschrienen Berlin mehrfach kennengelernt und habe sie später nicht vergessen.

Wenn sie spielfrei war, zigeunerten wir in der großen Stadt herum oder saßen mit unserem kleinen Freundeskreis nächtelang in ihrer Wohnung.

Der liebste von den gleichaltrigen Freunden war für uns Walter Mehring. In Berlin geboren und aufgewachsen, repräsentierte er in seiner frühen Dichtung den vitalen Elan der Stadt und ihre geistige Hochfrequenz. Seine Chansons, mit denen er die Kabarett-Besucher teils schockierte, teils begeisterte, besonders wenn er sie selbst mit seiner scharfen, etwas näselnden Stimme vortrug, waren der Inbegriff des Berlinischen, jedoch nicht auf die Kleinbürger- und Proletarier-, die Luden- und Jöhrenwelt des Zille-Berlin beschränkt: das ging durch alle Stadtteile, Stände und Klassen, griff überall an, wo etwas faul war, hielt sich fernab von jedem Idyll und war doch nicht ohne poetischen

Glanz und Zauber. Seine Verse hatten jene präzise Eleganz der Sprache, wie man sie sonst nur bei den Franzosen findet. Schon bevor Mehring ein halber Pariser wurde, war er in seiner Dichtung ein pariserischer Berliner. So sah er auch aus – sehr klein, dünn wie ein Komma, mit zartem Gesicht, in dem die Nase spitz zulief, auch der Mund schien stets wie ein griffbereiter Bleistift gespitzt, aber in den Augen war alle Schönheit und alle Trauer einer jugendlich ergriffenen, schmerzlichen Weltliebe. Man konnte ihn sich schon damals besser in den ›Deux Magots‹ oder im ›Dôme‹ vorstellen als im ›Romanischen Café‹.

Manchmal wurde man zu einer jener rauschhaften Berliner Partys eingeladen oder einfach mitgenommen, wobei es nicht unbedingt notwendig war, den Gastgeber, aus den Reihen der Hochfinanz oder der Börsenjobber oder der gerade erfolgreichen Filmkönige, persönlich zu kennen. Gewöhnlich kannte der große Mann die Hälfte seiner Besucher nicht, es genügte ihm, daß sie Künstler waren oder sich dafür hielten, seine kalten Platten kahlfraßen und seine ungezählten Flaschen austranken. Das war eine Mischung aus Sport, Snobismus, Angeberei und Generosität. Man konnte sich bei solchen Prunkfürsten und Mäzenaten der letzten Tage vollaufen lassen bis zur Bewußtlosigkeit, aber anpumpen konnte man sie nicht: sie wollten für ihr Geld etwas haben und besehen, selbst wenn es ein verkotztes Badezimmer war. Oder ein in ihrem Ehebett eingeschlafenes, prominentes Liebespaar. Prominenz beherrschte die Szene. Wir Aspiranten schlürften am Rande mit und wurden gegen Morgen, falls wir nicht vorher genug hatten, von Lohndienern und Putzfrauen hinausgestaubt.

Auch hatten wir einige Gönner, die uns manchmal zu unerwarteten Höhepunkten des Daseins verhalfen. Einer davon war der alte Karl Rößler, ein Original aus bestem Schwabinger Abzug, der mit seinem Lustspiel ›Die fünf Frankfurter‹ eine Menge Geld verdient hatte und auch gelegentlich das große Los gewann, dann aber alles wieder aufs gründlichste verspielte und versoff. Kam er gelegentlich nach Berlin, so hatten wir ein paar gute Tage. Er liebte die Mirl auf dezente, onkelhafte Art und begnügte sich zu später Stunde mit einem Kuß auf ihr seidiges blondes Haar; mich mochte er gern, und ich bewunderte seinen Esprit und seinen zeitlosen Lebensstil. Er hatte vom Schmierenschauspieler bis zum Erfolgsautor alle Rangstufen des Theaters hin- und rückläufig kennengelernt und hätte ebensogut zu Molières Truppe wie zu Strieses oder Hassenreuthers Sommerbühne gehören können. Ich ernannte ihn zu unserem ›Großen Weißen Vater‹, da er aussah, wie wir uns einen Präsidenten der Vereinigten Staaten vorstellten, von populärem Humor und selbstironischer Würde.

Ein anderer, jüngerer, Gönner, auch er ein zurückhaltender, doch herzlicher Verehrer der Mirl, war der Dr. Carl Haensel, Anwalt und Geschäftsmann, der in der Berliner Kaiser-Allee eine schöne Wohnung hatte. Sein Sohn, heute Chef des Bühnenvertriebs von ›Felix Bloch Erben‹, erinnert sich daran, daß er einmal, als er morgens zur Schule mußte, von seinem Vater rasch durch das große ›Berliner-Zimmer‹ geführt wurde, um die dort Schlummernden nicht aufzuwecken: das waren Mirl auf einer Couch, ich in einem Sessel, nach einer illuminierten Nacht bei Haensels Rheingauer Weinen. Haensel hatte auch schriftstellerischen Ehrgeiz und hat sich später durch einige glänzend geschriebene Prosabücher einen Namen gemacht.

Wenn er besonders gut bei Kasse und Laune war, führte er uns aus, und zwar bevorzugte er die russischen Restaurants, die damals im Berliner Westen ins russische Kraut schossen: das interessanteste und attraktivste war ein ukrainisch-kaukasisches Lokal in der Rankestraße, nach einem nationalen Volkslied ›Allaverdi‹ genannt. Man konnte dort von der üppigsten Sakuska, von Kaviar mit Blini und Kosaken-Schaschlik, bis zur einfachen Borschtschsuppe, von französischem Champagner bis zu einem simplen Glas Bier und einem Schluck Wodka in jeder Preislage bedient werden; es verkehrten dort Millionäre und Bettler, Diplomaten und Abenteurer, Fürsten und Hochstapler, aus der russischen Emigration und aus der Berliner Gesellschaft, so daß wir auch manchmal allein, ohne Spendierer, dort hingingen, wenn wir nur das Geld für den Wodka in der Tasche hatten.

Dort war stets etwas los – beim Klang einer die Seele aufrührenden Balalaika-Kapelle begegneten sich die Kontraste. Ein bestimmter Ecktisch war immer für einige Herrn und Damen von der sowjetischen ›Handelsmission‹ reserviert, die damals noch in dem großen Botschaftshaus Unter den Linden statt einer offiziellen Legation residierte. Manchmal konnte man an diesem Tisch sogar den Erzbolschewiken Karl Radek sehen, der zeitweise in außenpolitischer Tätigkeit in Berlin weilte. An den Nebentischen hatten ehemalige Großfürsten, Generale und Grundbesitzer ihre Stammplätze, zu alkoholisierter Stunde kam es oft zu erregten Dialogen von Eck zu Eck, von denen man – wer nicht russisch verstand – nicht genau wußte, ob es sich um Humor oder Beschimpfung, um Austausch von Höflichkeiten oder Verwünschungen handelte. Einmal knallte auch jemand mit dem Revolver, wurde aber sofort von den Kellnern, die auch russische Großfürsten oder geflüchtete Sozialrevolutionäre waren, in ein Tischtuch gewickelt und abserviert; und gewöhnlich wurden am Schluß mit ›Nasdarowje‹ die Gläser gehoben und wurde das von der Kapelle intonierte Lied ›Allaverdi‹ gemeinsam gesungen.

War man in dem Lokal bekannt und hatte einen Spendierer mit, konnte man noch nach der offiziellen Polizeistunde, wenn das Restaurant oben geschlossen wurde, über eine Wendeltreppe hinter der Bar in den Keller hinabsteigen, in dem es – wie in den Speak-Easies der New Yorker Prohibitionszeit – zwischen den Gittern der Flaschenschränke und den Bierfässern kleine Tische und Klappstühle nach Art von Strand- oder Gartenmöbeln gab. Sie waren bis zum hellen Tag besetzt. Da drunten wurde zu hohen Preisen hauptsächlich Champagner, Kognak und Whisky konsumiert und zur besseren Verträglichkeit Platten mit Räucherlachs und Stör, russischen Gurken und marinierten Steinpilzen herumgereicht. Eine einzelne Zigeunergeige spielte leise zur Begleitung einer Baß-Balalaika, es war wie im ›Lebenden Leichnam‹. Eines Nachts, als Haensel oder ein anderer Gönner uns dorthin mitgenommen hatte, entstand plötzlich unter den Russen ein Geräusch – ein merkwürdig erregtes

Flüstern und Summen, das von Tisch zu Tisch ging –, dann wurde es ganz still, und viele Herren standen auf, um sich vor einem kleinen Ecksofa tief zu verbeugen. Dort saß eine unauffällig gekleidete Dame, die einen seidenen Schal um ihren Kopf gewunden hatte. Es war die Pawlowa, die frühere Partnerin Nijinskijs, die berühmteste Tänzerin des alten russischen Balletts. Sie fühlte sich durch diese Kundgebungen klassenloser Verehrung offenbar nicht belästigt, sondern erhob sich plötzlich und nahm mit einer weiten Geste ihren Schal und ihre Kostümjacke ab, unter der sie eine ärmellose weiße Bluse trug. Im Nu waren sämtliche Tische und Stühle in einen Nebenkeller geräumt, alles drängte sich dicht an den Wänden und Flaschenschränken zusammen, die Pawlowa flüsterte kurz mit dem Geiger, der die Melodie des ›Sterbenden Schwans‹ anstimmte, und fünf Minuten schwebte sie auf engem Raum wie eine Erscheinung umher, um dann mit einem tiefen Neigen des ganzen Körpers auf die Kellerfliesen zu sinken. Der Jubel, der nun ausbrach, schien das Gewölbe zu sprengen, aber sie beschwichtigte ihn, wieder mit einer weiten Geste ihrer schönen Arme, und kehrte auf das kleine Sofa und zu ihren Begleitern zurück. Niemand schaute dann mehr zu ihr hin.

Später habe ich die Pawlowa ihren ›Sterbenden Schwan‹ auch auf der Bühne tanzen sehen, aber das schien mir mit jenen Minuten der Verzauberung, als sie zwischen den Sektkübeln durch die Rauchwolken der Papyros-Zigaretten schwebte, nicht zu vergleichen. Ich fand sie bei ihrer Bühnenrepräsentation eher etwas altmodisch und klassizistisch – wir entflammten uns ja damals schon für Mary Wigmans ›Ausdruckstanz‹ –, während ihre Rivalin, die berauschend schöne Karsawina, als sie in der ›Scala‹, dem größten Varieté-Gebäude Berlins, über die Bretter flog, uns zu Begeisterungsstürmen hinriß: ohne noch zu wissen, was das bedeutet, brüllten wir gemeinsam mit den vor Entzücken halbtollen Russen: »Biis, Biis, Biis«! und waren von der Grazie ihrer Verneigungen beim Applaus fast zu Tränen gerührt.

Die Russen, beiderlei Provenienz, faszinierten das damalige Berlin und brachten in sein reiches Farbenspiel besondere

Nuancen – sowohl die Emigranten, die dort ihre durchgeschmuggelten Brillanten verzehrten oder sich als Kellner, Straßenverkäufer, Dekorateure, Eintänzer ihr Brot verdienten, als die Bolschewiken, die kaum zur Macht gekommenen und um die Macht noch kämpfenden Revolutionäre, die uns erst recht in einem romantischen Licht erschienen. Unter den russischen Frühkommunisten war noch der anarchistische, abenteuerliche Zug der Verbannungs- und Konspirationszeit lebendig. Auch wenn sie nur ihrer politischen Arbeit lebten und von der verkündeten »erotischen Freiheit« und dem »Recht jedes Menschen auf seinen Körper« keinen Gebrauch machten, waren sie weit entfernt vom späteren Typus des biederen, sittenfesten Parteitag-Ideals, des patriotischen Komsomolzenvorbilds ohne Unterleib, der das Triebleben, sofern es nicht am Stillen Don geschieht, für einen Auswuchs spätkapitalistischer Décadence halten mag. Viele Angehörige der Auslandsmissionen lebten damals recht frei mit ihrem weiblichen Personal, und von Radek stammte der Ausspruch: »Zuerst war das Matriarchat, dann das Patriarchat, jetzt haben wir das Sekretariat...«

Man las das höchst liberale Buch der schönen Frau Kollontai über ›Liebe im neuen Rußland‹, man war beeindruckt, mehr als von unseren einheimischen Regierungsgrößen, wenn man in einer Berliner Theaterpremiere den Sowjetminister Lunatscharski, Schöpfer des ›Proletkult‹, mit seiner eleganten Frau erblickte, die Modelle der Pariser Haute Couture zu tragen pflegte.

In diesen Jahren kam noch Stanislawski mit seinem unvergleichlichen Ensemble nach Berlin, spielte Tolstoj, Gogol, Gorki und die Dramatisierungen der großen Dostojewskij-Romane. Die Stücke und die Gestalten waren uns vertraut, man mußte nicht Russisch können, um die Kunst seiner Inszenierungen und seiner Schauspieler zu verstehen. Es kam Tairow mit seinem ›Entfesselten Theater‹, es kam die Truppe Meyerhold, es kam das Jiddische Theater und die Habimah, mit der unvergeßlich einprägsamen Aufführung des ›Dybuk‹, und es gab, etwas später, in Berlin ein russisches Cabaret, den ›Blauen

Vogel‹, in dem auf deutsch, mit slawischem Singsang, bunten Kostümen und Einfällen, unter der Leitung des charmanten Conférenciers Juschny allabendlich vor vollen Sälen gespielt wurde.

Es gab das Ereignis des neuen ›Russen-Films‹, das die Welt eine Zeitlang glauben und hoffen machte, daß die proletarische Revolution, verbunden mit der Ursprünglichkeit und dem Kunst-Instinkt des russischen Volkes, tatsächlich auch eine Revolutionierung der künstlerischen Ausdrucksmittel und, vor allem, der kulturellen und geistigen Freiheit mit sich bringe – man sah Eisensteins ›Panzerkreuzer Potemkin‹, Pudowkins erste Filme, ebenso überwältigt von der mythischen Einfachheit ihres Inhalts wie von ihrer artistischen Qualität und Erfindung; denn was sie zeigten, hatte man vorher auf der Leinwand nicht gekannt. Es gab Abende, wo man als unbekannter junger Literat unter Theaterleuten und Schriftstellern mit Männern wie Eisenstein und Pudowkin, die alle Berlin besuchten, am Tisch saß und ihren Reden lauschte; auch Ilja Ehrenburg habe ich damals in Berlin kennengelernt, er kam gerade von einer Südamerika-Reise, und ich werde nie vergessen, daß er mir eine riesige schwarze Dannemann-Brasil-Zigarre schenkte: die erste meines Lebens.

Es gab einen ohne Unterlaß fluktuierenden Einfluß des östlichen, russischen Wesens auf das geistige Leben Berlins, der produktiver, anregender war als das meiste, was damals aus dem Westen kam – und es gab die ›Russische Teestube‹ in der Nürnberger Straße, in der, zu unserem Erstaunen und Entzücken, der Zucker in großen Schalen zur freien Benutzung auf allen Tischen stand und das Gebäck, wenn man sich ein Glas Tee bestellte, gleichfalls à discrétion, in einem großen Korb dazugestellt wurde. Inwiefern dieser Einbruch russischer Grandeur in die durch Tradition und aktuellen Notstand beschränkte preußisch-berlinische Welt der zaristischen Noblesse oder der bolschewistischen Freiheit entstammte, kümmerte uns wenig. Wir liebten die Russen und empfanden mit ihnen eine Verwandtschaft sowohl in unserem geistigen und sittlichen Streben als in unserer Libertinage. Von den verzweifelten Selbstmorden der für uns maßgebenden Dichter des neuen Rußland, Majakowski und Jessenin, wußten wir noch nichts.

Die erregenden und amüsanten Erlebnisse waren die Interpunktionen in einem langen, kalten Winter, in dem mir zum ersten Mal die drohende Existenznot an den Hals griff. Daß ich nicht allein lebte, verhinderte zwar das Gefühl des Elends oder der Fruchtlosigkeit, verschärfte aber auch das Bewußtsein der materiellen Bedrängnis. Denn ich wollte ja der sein, der hilft und trägt. Ich wußte noch nicht, wie es ist, wenn einem das Wasser am Halse steht.

Gegen Frühjahr hatte sich Mirls Husten so verschlimmert, daß der Arzt ihr einen längeren Urlaub vom Theater anbefahl, den sie nach Möglichkeit in Meeresluft verbringen sollte. Ich hatte unversehens eine kleine Erbschaft angetreten, die aus einigen mir zugedachten Preziosen meiner schon während des Kriegs verstorbenen Großmutter bestand. Sie waren bisher in einem Banksafe in Mainz verwahrt, und ich hatte ganz vergessen, daß ich großjährig war und ihre Aushändigung verlangen konnte. Nie wurde eine Erbschaft rascher und sinnvoller verlebt.

Der Arzt hatte die Ostsee empfohlen – ans Mittelmeer konnten devisenschwache Deutsche damals nicht denken. Noch bei Regen und Schnee fuhren wir über Königsberg und Crantz auf die Kurische Nehrung, wo uns ein Freund den ›Krug‹ von Hermann Blode in dem am Haff gelegenen Fischerdorf Nidden rekommandiert hatte. Von Crantz aus, da wegen Eisbruchs noch kein Dampfer fuhr, legte man die restliche Strecke auf einem Pferdewagen zurück, der zum Post- und Warentransport in die einsamen Dörfer der Nehrung diente und viele Stunden lang durch Wälder und über sandige Dünenwege holperte. Es war eine Fahrt in die Urwelt. Einmal mußten wir lange halten, weil ein Elchbulle auf dem Weg stand und uns mit gesenkten Schaufeln beäugte. Der einheimische Kutscher fand es klüger zu warten, bis wir ihm langweilig geworden seien. Gegen Abend sah man den Mond über der hohen Wanderdüne aufgehen, unter der ein ganzes, in der Pestzeit ausgestorbenes Dorf begraben sein soll. Wüste und Urwald, Treibsand und wuchernde Moore wechselten miteinander und gaben uns ein Gefühl des Geborgenseins. Vogelwolken über Rossitten: der Frühling kam!

Fast gleichzeitig mit unserer Ankunft brach er aus – ein Frühling, wie er sich in Jahrzehnten kaum einmal wiederholt. Er leitete das berühmte Weinjahr von 1921 ein. Der Himmel wölbte sich in ungetrübtem Blau über ganz Europa. Monatelang sah man keine Wolke.

Auf keiner Südsee-Insel hätten wir ein Leben von so köstlicher, paradiesischer Abgeschiedenheit führen können. Wir waren, von Ende März bis Ende Juni, die einzigen Gäste im Ort. Fremde kamen erst in den Sommerferien dorthin, im Juli oder August. Im Frühjahr, glaubte man, sei es dort noch zu kalt. In diesem Frühling brannte die Sonne. Man konnte nackt in der Ostsee baden, deren einsamer Strand auf einem verwachsenen Waldweg erreichbar war und von keinem anderen Menschen besucht wurde: der Fischfang findet um diese Jahreszeit im Haff statt, durch das die Jungaale ziehen. Man sah abends die Feuer brennen, an denen sie auf Stecken geräuchert wurden. Im Dorf gab es stroh- und schilfgedeckte Holzhäuser, manche bunt bemalt, deren Giebel mit geschnitzten Elch- oder Pferdeköpfen geziert waren, und eine hölzerne Dorfkirche. Der ›Krug‹ war herrlich, es roch immer nach Grog oder dem ›Klaren‹, dem reinen, kräftigen Schnaps der Gegend; abends tranken wir davon mit Hermann Blode, dem Wirt, der – wenn er genug geladen hatte – recht liberal wurde, auch was die Texte seiner ostpreußischen Lieder betraf. Zum Frühstück gab es große Teller mit Speck und hausgemachter Wurst. Man zahlte wenig. Am liebsten wären wir immer hiergeblieben. Ich arbeitete nachts an meinem Wiedertäufer-Stück, bei Tag lag ich mit Mirl in der Sonne. Aber ihr Urlaub war unbezahlt, und meine ›Erbschaft‹, aus den in Berlin verkauften großmütterlichen Ringen, schmolz. Sie hatte ihren Husten verloren und war braungebrannt wie ein Fischermädchen. Als es Sommer wurde, fuhren wir mit dem Schiff übers Haff und sahen die Küste der Nehrung verschwinden. Ich habe sie nie mehr wiedergesehn.

Berlin war laut, heiß und staubig. Wir hatten Heiratspläne, aber kein Geld. Mirl hatte noch ein paar Abende zu spielen. Bei der letzten Aufführung des ›Sturm‹, bei der sie hinter der Bühne über steile Eisentreppen hinauf- und hinunterrennen mußte, um bald hoch oben, bald auf der Szene zu erscheinen, verfing sich ihr Flügelschuh in einer gegitterten Stufe, sie stürzte aus ziemlicher Höhe auf den Bühnenboden. Da sie äußerlich nicht verletzt war und kein Knochen entzwei, spielte sie, halb betäubt, die Vorstellung zu Ende. Nachts verlor sie das Kind, das sie im Frühling empfangen hatte. Sie war krank und elend. Die Theater schlossen im Juli, ihr Vertrag begann erst wieder im September. Sie mußte ihre Wohnung aufgeben, die zu teuer war, um sie über die Sommermonate zu halten. Ich besaß noch meinen Trauring – und meine geschiedene Frau, mit der ich bis heute freundschaftlich verbunden blieb, schickte mir auch den ihren, da sie wußte, daß ich ›Versatzstücke‹ brauchte. Hochkarätiges Gold stand damals in gutem Kurs. Der Erlös im Pfandhaus reichte für die Fahrkarten nach München. Dort würde es besser sein.

Mirls Mutter war eine zarte, liebenswürdige alte Dame – oder was wir für alt hielten. Sie gehörte zu den Frauen, die früh ihren Mann verloren haben und von denen man den Eindruck hat, daß sie sich immer noch mit ihm unterhalten. Manchmal lächelte sie auf eine abwesende Art, als ob sie jemanden sähe oder hörte, den die anderen nicht bemerkten.

Sie lebte in ihrer schönen, geräumigen Münchner Wohnung von einer bescheidenen Rente. Immer wieder habe ich erlebt, daß Leute in reduzierten Verhältnissen lieber auf alles Mögliche verzichten, als ihre Wohnung oder ihr Haus aufzugeben, auch wenn sie im Speisezimmer niemanden mehr bewirten und in der blanken Küche nur noch ein Ei kochen können. Das Haus, die

Wohnung, ist eine Seelenhülle, ein magisches Gespinst, das der Not, auch dem Mitleid, verbietet, dem Menschen zu nah zu kommen, und ihm hilft, seinen Stolz zu bewahren.

Mirl konnte in ihrem Kinderzimmer für ein paar Wochen unterkriechen und sich pflegen: ihr einziger Winterpelz, den sie jetzt nicht brauchte, und ein paar bibliographisch wertvolle Erstausgaben, die ihr gehörten, wanderten dafür ins Versatzamt, um von ihrer ersten Herbstgage wieder ausgelöst zu werden.

Ich konnte natürlich nicht dort wohnen, nur zu Besuch kommen. Zwar dachten wir ernstlich an eine Ehe in Berlin, sobald die ›Wiedertäufer‹ gespielt würden, an deren Vollendung und Erfolg wir nicht zweifelten. Doch wollten wir die Mutter nicht vorzeitig damit erschrecken.

Ich kam bei Lotte Pritzel unter, Mirls bester Freundin, über deren genialische Puppen-Geschöpfe damals lange Feuilletons und Essays geschrieben wurden: zarte Wachs- und Stoffgebilde von raffinierter Eleganz, denen immer ein kindlich-verderbter Zug anhaftete, wie manchen Gestalten von Beardsley – fern vom Obszönen und dadurch um so reizvoller, sogar für solide Käufer. Aber sie konnte oder wollte ihre verspielte Kunst nicht merkantilisieren, so lebte sie, in der Clemens-Straße, ihr Schwabinger Leben – mit einem Dr. Pagel, der großartig aussah: halb wie ein Kaperkapitän, halb wie eine Dostojewskij-Figur (ohne Bart). Er war, so hieß es, in früheren Jahren ein brillanter Mediziner und Wissenschaftler, jetzt verwendete er seine ärztliche Lizenz hauptsächlich zum Ausschreiben von Kokain- und Morphium-Rezepten – vor allem für sich selbst und die Puppenkönigin. Nächtelang hörte ich, wenn ich in ihrem Atelier, am Nähtisch unter entzückenden Seide- und Battistschnipseln, über meinen Manuskripten saß oder auf einem für mich aufgeschlagenen Matratzenlager zu schlafen versuchte, die beiden aus dem Nebenzimmer – in jenem überhellten Hirnrausch, der das weiße Pulver für die Süchtigen unwiderstehlich macht – miteinander reden, streiten und murmeln. Sie trieben ein Spiel, mit dem sie nicht aufhören konnten, immer zwischen Entzweiung und Versöhnung hin und her, wobei es um nichts Reales, sondern um

erfundene Wortdifferenzen ging: »Bist du mein Ranxenknarrenbu?« – »Nein, ich bin dein Knarrenranxenbu.« – »Aber du
hast gesagt, du bist mein Ranxenknarrenbu!« – »Ich bin nicht
dein Ranxenknarrenbu. Ich bin dein Knarrenranxenbu!« – und
so weiter, endlos. Manchmal kam es zu einem Aufschrei: »Ich
gehe! Es ist aus!« – dann schlug die Tür, dann schlug wieder eine
Tür, dann kam es zu einem lautstarken Gezerre im Treppenhaus, dann ging das Murmeln, in einer schnurrenden Tonart,
nebenan wieder los. Mit der Zeit schlief ich dabei sehr gut. Bei
Tag sahen sie dann fahl aus und hatten rötlich entzündete Nasenlöcher, schienen aber vollkommen glücklich zu sein.

Das ›Koksen‹ war damals in Schwabing, auch in manchen
Berliner Kreisen am Rande der Künstlerwelt, große Mode, man
hielt das Laster für interessant oder geniehaft, und manche, die
dem verfallen waren, gingen daran zugrunde. Rauschgiftler sind
Missionare ihrer Neigung, immer auf Seelenfang aus, sie wollen
jedem einreden, daß nur diese Ecclesia selig macht – man mußte
sich ihrer erwehren. Ich selbst habe mich, obwohl in meiner
Umgebung zeitweise das Kokain eimer- und mehlsackweise
verschnupft wurde, nie damit eingelassen. Mir war das ekelhaft,
schon wegen der entzündeten Nasenlöcher; auch Mirl hat nie
eine Prise angerührt. Uns genügte der Suff, der bei ihr zu einer
luziden Verträumtheit, bei mir fast nie zu einem Kater führte.
Ich konnte Alkohol immer vertragen, ich bin ihm treu geblieben, und er hat mir, meines Wissens, bis jetzt nicht geschadet.
Man trank den billigen Rotwein oder den harten Schnaps, den
man in der ›Brennessel‹, in der noch die alten Schwabinger
Roda-Roda, Ré Großmann, Ernst Moritz Engert residierten,
und in dem von Ringelnatz so getauften ›König von Schweden‹
aufschreiben ließ.

Ich hatte München von früheren Reisen her flüchtig gekannt,
jetzt wurde mir seine Künstler-, Schlawiner-, Schnorrer-, Lite-
ratenwelt vertraut, seine Ateliers, seine Dachbuden, seine
Pfandhäuser. Es gab ein paar Persönlichkeiten in unsrem Bekanntenkreis, die sich von dem Durchschnitt der Schwabingerei
in Leistung und Format weit abhoben und mit denen es manch-

mal zu wunderbar beschwingten nächtlichen Sitzungen kam: die Maler Unold und Seewald, der Bildhauer Edwin Scharff, die gescheiten Brüder Strich – Walter, der Philosoph, Fritz, der Literaturprofessor. Es gab eine Reihe von exzentrischen, verkauzten Existenzen, ein merkwürdiges Clair-Obscure von Genie und Schlamperei. Dazu kam Joachim Ringelnatz. Der Dr. Pagel hatte mich mit ihm im ›Simpl‹ zusammengebracht, einem Weinlokal mit Kabarettbetrieb, das eigentlich ›Simplizissimus‹ hieß und der berühmten Kathi Kobus gehörte. Dort trug, als Star des Programms, der sächsische Seemann Kuddeldaddeldu jeden Abend, mit der Matrosenmütze oder dem harten Hut schief auf dem verzwickten Kopf und dem Römer in der Hand, seine Gedichte vor. Ringelnatz war von kleiner Statur, hatte kleine, weit auseinanderliegende Augen, die er gewöhnlich halb zukniff, als wolle er vom Mastkorb durch die Brecher lugen, einen breiten Mund und eine gekrümmte Nase, deren Spitze das scharfe Kinn zu berühren schien.

Er war nicht immer betrunken, manchmal tat er nur so, weil es zu seinem Ruf gehörte, aber gegen Mitternacht konnte man seines Oberbootsmannsrausches gewiß sein. Dann wurde er streitsüchtig und begann auch Gäste anzustänkern, besonders solche, die ihn großartig zu Sekt oder Rheinwein eingeladen hatten. Wenn er zu weit ging, wurde er von Kathi Kobus – die aussah, als könne sie in jeder Hand sechs volle Maßkrüge durchs Hofbräuhaus tragen und auf dem fischbeinumstützten Busen noch ein Tablett mit Kalbshaxen – ins ›Künstlerzimmer‹ geschafft, einer nach Tröpfelbier und verschütteten Schoppenweinen riechenden Ecke hinterm Büfett, zwischen Damen- und Herrentoilette. Dort, wo sich die auftretenden Tänzerinnen und Diseusen umzogen, wurde ich ihm vorgestellt, und er stänkerte auch mich sofort an.

»Ich hab gehärt«, sagte er mit überbetontem Sächseln, das weniger lustig als boshaft klang, »ich hab gehärt, du bist so eener von dänen.« – »Von wänen?« fragte ich zurück. – »Ich habe gehärt, du hastes mit der Naduur«, sagte er bissig, »Naduurdichder mag ich nich laidn.« –

»Warum?« fragte ich. – »Darum«, schnappte er.

Dann stieß er seinen Römer auf den Tisch.

»So'n Glas«, schrie er mich an, »so'n Glas, das is für mich genug Naduur! Da brauch ich keine Rodgählchen!« (Er meinte Rotkehlchen.)

»Aber ich«, schrie ich nun auch und hieb ein leeres Schnapsglas auf den Tisch, »brauch einen Schnaps, wenn du mir hier so dumm kommst.«

»Damitse zwitschern«, sagte er grinsend, ließ mir das Schnapsglas füllen und schaute mich jetzt erst an.

»Du«, sagte er, »mach mir nix weis, du bist garkeen Naduurdichder...«

So ungefähr – und ich erinnere mich recht genau – spielte sich unser erster Dialog ab, der immer freundlicher wurde. Nach seinem nächsten Auftritt kam er, jetzt schon mit schwimmenden Äuglein, zurück und brachte für mich eine Gitarre mit. Pagel hatte ihm von meinen Liedern erzählt, die ich manchmal in Lotte Pritzels Atelier zu später Stunde abgesungen hatte.

»Mach mal was«, sagte er.

Ich begann mit den ›Kognak-Vögeln‹, einem Lied, das ich in der Heidelberger Zeit für interne Fraenger-Abende gemacht hatte, das meinen persönlichen Freunden geläufig ist, von dem es kein Manuskript und keine Noten gibt, das nie veröffentlicht, sondern nur von mir selber produziert wird und einmal mit mir in die Grube fährt.

Nach der zweiten Strophe ging er hinaus, und ich wollte auch gehen, denn jetzt hatte ich von seinem Benehmen genug. Aber gleich darauf kam er zurück und brachte die Wirtin mit.

»Kathi«, sagte er, »här zu. Der muß bei uns aufdrädn.«

So kam es, daß ich von jetzt ab jeden Abend im Künstlerzimmer des ›Simpl‹ saß, mit Ringelnatz – der eine Hemmung hatte, seine besonders reizenden, menschlichen, sublimen Wesenszüge gleich preiszugeben – freundschaftlich vereint, um zu einer bestimmten späten Stunde im Lokal aufzutreten, meine eigenen Lieder, auch solche von Klabund und Mehring, den ›Tschibuktürken‹ von Werfel, die Carmagnole, das Heckerlied oder die

400

Gesänge der badischen Heilsarmee (Säufersektion) vorzutragen, mitten im Lokal und manchmal an einzelnen Tischen, in einem buntkarierten Hemd, mit einem Ledergürtel, an dem ein langes Jagdmesser hing. Das benutzte ich zum Zigarrenabschneiden. Das Ganze geschah sozusagen au-pair, gegen freie Verköstigung. Kathi Kobus, die ihre mütterlichen Züge, wie sie vielen ehemaligen Kellnerinnen eigen sind, auch zuerst hinter bajuwarischer Derbheit versteckte, hatte für mich immer ein mächtiges Nachtessen bereit, ich bewältigte bis zu vier Portionen, wodurch die Ernährungsfrage auch für den nächsten Tag geregelt war. Wenn ich Applaus hatte, gab sie mir noch eine Flasche Wein und eine Wurst mit, manchmal steckte sie mir auch mit einem freundlichen Stoß in die Seite einen Zehnmarkschein zu.

Dieses Gastspiel dauerte so etwa zwei Wochen, dann war der Münchner Sommer vorbei. Ich fuhr noch mit Mirl ein paar Tage, bevor wir nach Berlin zurückkehrten, an den Kochelsee. Von dort schrieb ich einen Brief an Ludwig Berger, den ich erst wieder kennenlernte, als er ihn zu meinem sechzigsten Geburtstag veröffentlichte. Es heißt darin: »Ich bin gewiß aus jeder Bahn gesprungen, aber ich bin glücklich darüber, denn ich spüre, daß es nur so ein Vorwärtsgehen gibt. Es gibt überhaupt keine Bahn, keinen Weg, kein Vorbild, keinen Mantel, kein Gesetz... es gibt nur die Fülle, die tausendarmige Gottheit, die immer neu in die Erscheinungen tritt. Es gibt gar nichts Absolutes, nur die Selbstzucht, die jeder haben muß nach seinem eigenen Maß. Mir ist im Grunde genommen auch gleich, ob ich mal Steine klopfen oder Dramaturg sein werde. Das Wesentliche liegt anderswo.«

Die Berliner Matthäi-Kirch-Straße – vor wenigen Jahren noch zertrümmert, ihren heutigen Zustand kenne ich nicht – war damals eine ruhige, gediegene Wohngegend, eigentlich mehr ein langgestreckter Platz mit alten, soliden Häusern, an dessen Ende die Backsteinkirche stand.

Im Haus Nr. 4 fanden wir eine erstaunlich billige Wohnung,

denn sie lag im Keller, unter der Portiersloge. Sie bestand aus einem großen Zimmer, dessen vergitterte Fenster nur zur Hälfte über den Vorgarten aufragten, so daß es stets im Dämmer lag. Mirl besaß ein paar schöne Biedermeiermöbel, mit denen wir es ganz behaglich einrichteten, einen Teppich liehen wir uns aus. Ich hatte eine fensterlose Kammer mit nackter Deckenbeleuchtung neben dem Kohlenschuppen. Im Heizkeller, der genug Wärme ausstrahlte, um die Zimmer, falls man die Türen offen ließ, einigermaßen zu temperieren, stand eine alte Blechwanne, in die man heißes und kaltes Wasser schütten konnte; man mußte es nach Gebrauch in einen Ausguß kippen und die Wanne ausschrubben. Daneben lag ein Klosett, das auch von der Portiersfamilie benutzt wurde. Ein elektrisches Öfchen hatte uns jemand geliehen, das wir aber aus Spargründen nur selten anstellten. In dieser Behausung, die wir als eine trouvaille empfanden, überwinterten wir, verlebten die Weihnachtstage und steuerten dem finsteren Vorfrühling von 1922 entgegen.

In demselben Haus, zwei Stockwerke höher, hatte der Übersetzer, Schriftsteller, Verleger, Bildersammler Julius Elias seine prächtige Wohnung, in der ich später oft zu Gast war.

»Warum«, sagte er zu mir, als ich ihn nach Jahren kennenlernte und er von meiner damaligen Menage erfuhr, »warum sind Sie nicht einmal zu mir heraufgekommen? Ich hätte Sie zu einem guten Essen eingeladen, und Sie hätten mich anpumpen können!«

So etwas erfährt man häufig erst, wenn man es nicht mehr braucht.

»Berlin, Berlin – Du z'mentne Rose!« hatte Johannes R. Becher gedichtet. In diesem Winter zeigte sie mir die Stacheln.

Daß ich den Wiedertäuferstoff nicht bewältigen könne, wurde mir langsam klar. Gerhart Hauptmann erzählte mir später, daß selbst er, bevor er den ›Florian Geyer‹ begann, mit einem Drama über die Schwarmgeister von Münster hängengeblieben sei. Auch sein Wiedertäuferroman ist Fragment geblieben. Friedrich Dürrenmatt hat in seinem genialischen Jugendstück ›Es steht geschrieben‹ den Stoff gepackt. Mir ist es nicht gelungen.

Auch setzte ich nun meine Zeit und Energie daran, um das nötigste Geld zu verdienen. Ein paar Wochen hatte ich beinahe so etwas wie eine Anstellung, und das war eine unerfreuliche Episode. Ein Bekannter hatte mir eine miserabel bezahlte Tätigkeit in einer Winkelredaktion verschafft, die von irgendwelchen Dunkelmännern unterhalten wurde. Sie nannte sich ITA, das hieß ›Internationale Telegraphen Agentur‹. Zu welchem Zweck sie eigentlich geführt wurde, habe ich nie erfahren. Das ›Büro‹ lag im Dachgeschoß eines Hinterhauses im fernsten Berliner Norden, ich hatte jeden Morgen eine Weltreise zu unternehmen, um dorthin zu kommen. Natürlich gab es dort keinen Fahrstuhl, und das Treppenhaus befand sich in einem so verwahrlosten Zustand, daß in den oberen Stockwerken die Geländer fehlten und es nur für Schwindelfreie zu erklimmen war. Ich saß dort mit einer schmallippigen Sekretärin zusammen, die säuerlich ausschaute und roch, wir hatten große Leimtöpfe und Scheren, mit denen wir aus allen möglichen internationalen Zeitungen herausschneiden mußten, was sich auf Außen- und Binnenhandel der nach dem Krieg selbständig gewordenen baltischen Staaten bezog. Daraus wurden dann unter der Aufsicht eines schwärzlichen Herrn, der zweimal die Woche kam, recht fragwürdige ›Welt-Telegramme‹, Berichte und Artikel zusammengeschustert, bei deren statistischen Belegen es auf ein paar Nullen mehr oder weniger nicht ankam und von denen ich den Verdacht hatte, daß sie einem antipolnischen Propagandazweck dienten. Die ganze Sache wurde mir immer unsympathischer, und ich fühlte mich erlöst, als uns der Schwärzliche eines Tages mitteilte, die ITA werde mit Ende der ablaufenden Woche vorläufig geschlossen. Aufatmend und arbeitslos kletterte ich zum letzten Mal die lebensgefährliche Stiege hinunter. Sie hatte mir immerhin die Idee zu einem Mörderfilm gegeben, den ich in einer Nacht herunterschrieb: es wäre ein leichtes gewesen, jemanden, den man unter einem Vorwand da hinaufbestellt hätte, über die Treppe hinunterzustoßen und über die Dächer zu verschwinden. Aber der Film wurde wegen Unwahrscheinlichkeit abgelehnt.

Einmal verschaffte mir der Schauspieler Albert Steinrück, eine Prachtgestalt aus der besten Theaterzeit, da ich das militärische Reiten gelernt hatte, ein Engagement als Filmstatist bei der UFA, die damals ihre stummen Fridericus-Rex-Streifen drehte. Ich wurde wieder Soldat, allerdings in einem vergangenen Jahrhundert, und durfte in einem altpreußischen Kavallerieregiment draußen auf den ehemaligen Schießplätzen von Döberitz und Jüterbog die Schlacht bei Leuthen gewinnen helfen.

Man hatte dabei fast noch mehr zu warten als beim echten Militär.

Das Ganze wäre, hätte es nicht unter dem Druck der Geldnot gestanden, ein reines Lustspiel gewesen. Ich wurde oft gefragt, später, als ich den ›Hauptmann von Köpenick‹ geschrieben hatte, wieso ich, als Rheinhesse, den Berliner Jargon und Humor so glaubwürdig treffen könne. Drei Tage im Ankleideraum, in der Kantine und im Schlachtgelände mit den Berliner Droschkenkutschern, Müllfahrern, Stallburschen und ausrangierten Jockeys, aus denen sich die Friederizianische Armee zusammensetzte, hätten für ein Dutzend Glassbrenner-Komödien gereicht. Die Schauspieler stelzten mit dem Gebaren alter Marschälle und Eisenfresser umher und hatten sich so sehr in ihre Rollen eingelebt, daß sie sich auch privat in der dritten Person anredeten: »Hat Er schon gefrühstückt?« Im Höhepunkt des Feldzugs stellte es sich heraus, bei einer Besichtigung der bereits gedrehten Szenen durch einen kostümhistorischen Fachmann, daß wir, die Husaren des alten Ziethen, falsche Hosen trugen, wie sie erst ein halbes Jahrhundert später aufkamen, so daß wir die ganze Schlacht in korrekten Hosen noch einmal zu schlagen, die große Parade vor Otto Gebühr, dem alten Fritzen des Films, noch einmal zu reiten und entsprechend mehr Zahltage hatten.

Als der Siebenjährige Krieg zu Ende war, saß ich noch tagelang in der Filmbörse herum, um mich als Cowboy, Meldereiter oder Postillon zu verdingen, aber die Konkurrenz war zu groß, die Chancen zu gering, und ich mußte diesen Erwerbszweig, dessen Einkünfte zum Teil in der UFA-Kantine geblieben waren, wieder aufgeben.

Eine andere Unternehmung, die finanziell hoffnungsvollste, kam Gott sei Dank nicht zustande, sonst könnte ich jetzt vermutlich nicht mehr davon berichten. Ich traf einen Kriegskameraden namens Egon Steger, der im Feld Pilot gewesen war und jetzt als Postflieger eines der alten Wracks steuerte, die es in Deutschland noch gab und die nur ein wahnsinniger Optimist als flugfähig bezeichnen konnte. Die Herstellung neuer Flugzeuge war damals noch durch die Bestimmungen des Vertrags von Versailles für Deutschland verboten. Dieser Mann war auf die Idee gekommen, an Sonntagnachmittagen auf dem Tempelhofer Feld Absprünge mit einem selbstkonstruierten und -verfertigten Fallschirm zu inszenieren. Er hatte einen ›Manager‹, der die Treibstoff- und Reklamekosten vorstrecken wollte. Mir machte er den Antrag der Partnerschaft, das heißt, gegen die Hälfte des Reingewinns am Sonntag mehrere Male aus dem von ihm gesteuerten Bruchkasten zu hüpfen und die Leute durch meine eventuelle Zerschmetterung zu unterhalten. Bei der ersten Probe, die wir mit einer Kleiderpuppe machten, ging der Fallschirm zweimal auf und zweimal nicht, aber mein Freund behauptete, es läge nur am schlechten Absprung der Puppe. Ich war schon so weit, daß ich – hinter Mirls Rücken – fast zugesagt hätte, da ereignete sich ein kleiner Zwischenfall, der mich rettete. Der Pilot nahm mich nämlich, um mich, wie er sagte, luftsicher zu machen, auf einen Postflug nach Hannover mit. Auf dem Rückflug kamen wir in eine Gewitterbö, die mit der alten Kiste, in deren offener Karosserie ich auf dem Begleitsitz angeschnallt war, spielte wie die Brandung des Ozeans mit einer Orangenschale. Der Motor setzte aus, mein Freund machte eine Notlandung auf einem Kartoffelacker, wir stellten uns auf den Kopf und kletterten zerschlagen, aber unverletzt, aus der Maschine. Mein Freund versuchte, sie unter schrecklichem Fluchen zu reparieren, was fast zum offenen Bruch zwischen uns geführt hätte, da ich technisch vollkommen unbegabt war und die große Schraubenmutter nicht von den kleinen Franzosen unterscheiden konnte. Glücklicherweise mußte er selbst bald aufgeben, die Deutsche Luftverkehrsgesellschaft hatte einen Apparat und einen Piloten weniger, denn er wandte sich unmittelbar von diesem Kartoffelacker der Versicherungsbranche zu, und unsere verheißungsvolle Sonntagsunternehmung fiel ins Wasser.

Gegen Ende des Winters spielte Mirl im Staatstheater die Prinzessin in Georg Büchners ›Leonce und Lena‹. Die Gestalt schien für sie geschrieben, ich glaube nicht, daß es eine bessere Lena hätte geben können, und sie sah aus wie ein Traum.

Aber sie konnte die Proben, an denen ich häufig teilnahm, kaum durchhalten und die Premiere nur mit großen Mengen von Codein und anderen Mitteln bewältigen, die ihr der Theaterarzt einflößte. Der böse Husten war wieder ausgebrochen, in einer schlimmeren Form als im letzten Jahr, mit Fieberstößen und quälenden Schmerzen in der Brust. Jetzt hätte eine Kur an der Ostsee nicht mehr genügt, um sie gesund zu machen.

Wir hatten einen jungen Arzt, aus unsrem Bekanntenkreis, der kein Geld verlangte und vermutlich auch nichts taugte, denn er stellte die Diagnose eines verhärteten Bronchialkatarrhs, der sich durch Bettruhe und Umschläge heilen lasse. Er verschaffte ihr einen Inhalierapparat und empfahl irgendwelche Sirups und Kräutertee. Wir glaubten, daß heißer Rotwein mit Rum das beste sei. Aber es wurde nicht besser, auch nicht von einer Ausfahrt in einer Pferdedroschke, deren Kutscher ein ›Kamerad‹ von mir aus der Armee des Großen Friedrich war und uns umsonst fuhr.

Das war unser letzter Freudentag. Es schien eine blasse märzliche Mittagssonne, sie ließ sich in einer schwebenden Euphorie zum Grunewaldsee hinausfahren, wir aßen im Restaurant Hundekehle und gaben viel zuviel Geld aus, ich kaufte ihr Veilchen von einer das Lokal abgrasenden Blumenhändlerin, wir ließen unseren Kutscher soviel Bier trinken, wie er fassen konnte, wir waren Fürsten für einen halben Tag, ihr Husten schien nach einer Flasche Burgunder wie weggeblasen. Nachts kam er desto ärger zurück. Sie mußte sich beim Theater krankmelden, erst für eine Woche, dann für länger. Die Theater zahlten im Krankheitsfall nur eine Monatsgage; dann war es aus; sie hatte keine Versicherung, an so etwas dachte man damals nicht, oder vielleicht nur wir nicht. Sie lag im Bett, im Schein einer matten Stehlampe, und wurde immer schwächer. Ich mußte sie zum Waschen in den Heizkeller tragen, dann ließ sie sich den Toilettentisch ans Bett stellen und frisierte sich. Nachts kamen die Fieberschauer. Ich glaubte nicht mehr an den Bronchialkatarrh. Ich wollte sie zu ihrer Mutter oder Schwester schicken, aber sie wollte nicht aus unserem Keller fort und glaubte immer, in der nächsten Woche wieder spielen zu können. Ich machte verzweifelte Anstrengungen, um Geld aufzutreiben, aber es reichte nicht für einen guten Arzt und richtige Pflege. Ich hätte gestohlen oder eine Bank beraubt, wenn ich gekonnt hätte. Der junge Arzt kam manchmal, trank unseren letzten Schnaps und sagte, es ginge schon besser. Der Märzregen tropfte in den Vorgarten, der Portier heizte nicht mehr viel, das Zimmer wurde feucht. Der junge Arzt sagte, feuchte Luft sei das beste für die Bronchien.

Als ich eines Tags nach vergeblichen Lauereien zu irgendwelchen Redaktionen oder Filmbüros zurückkam, war sie verschwunden, ein Teil ihrer Garderobe und ihr Koffer auch – das Bett war leer. Auf dem Kopfkissen lag ein Zettel, ich möchte im Hotel Prinz Friedrich-Karl in der Dorotheenstraße anrufen und nach einem Herrn van Hoboken fragen – von einer fremden Hand geschrieben.

Von diesem Herrn hatte ich durch sie gehört. Er war ein holländischer Millionenerbe, Mitte dreißig, der in München eine Villa gemietet hatte und es liebte, das Schwabinger Künstlervolk zu bewirten. Aber er war mehr. Er studierte Musik, und da er selbst weder als Instrumentalist noch als Dirigent oder Komponist produktiv war, widmete er sein Leben und einen Teil seines Vermögens der Musikforschung, der Wiederherstellung der durch die ›Interpretationen‹ des neunzehnten Jahrhunderts verlorengegangenen ›Urlinie‹ in der klassischen Musik auf Grund der originalen Partituren der großen Meister oder ihrer Aufzeichnungen. Seine Werke über Joseph Haydn und sein in ernster Lebensarbeit angelegtes Haydn-Archiv gelten heute in Fachkreisen als unentbehrlich, als bedeutender Beitrag zur Musikgeschichte dieser Zeit. Davon wußte man damals noch nichts. Man hielt ihn für einen reichen Amateur und einen charmanten Gastgeber, der seine unermeßlichen Gulden in musischer Schwelgerei anlegte. In unserem Münchner Sommer war er mit seiner Freundin, der berühmten Schwabinger Bohème-Dame Marietta – niemand wußte von ihr einen anderen Namen –, verreist, daher hatte ich ihn nicht kennengelernt. Er bewunderte und verehrte Annemarie Seidel seit ihrer Zeit an den ›Münchner Kammerspielen‹ und hatte zu ihr eine distanzierte, freundschaftliche Zuneigung, die sie erwiderte.

Von ihm hörte ich, als ich ihn nach unzähligen Anrufen in seinem Hotel erreichte, was sich zugetragen hatte. Er war zu einem kurzen Aufenthalt nach Berlin gekommen und wollte ihr einen Besuch abstatten. Durch die Intendanz des Staatstheaters erfuhr er, daß sie krank sei, und ihre Adresse. Als er an jenem Vormittag mit einem Blumenstrauß dorthin kam, sah er sofort, wie es um sie stand. In einer halben Stunde hatte er den größten Facharzt an ihrem Krankenbett. Der erklärte, daß sie auf der Stelle in ein Spital müsse, es handle sich um eine schwere Lungen- und Rippenfellentzündung, vielleicht um Schlimmeres, es sei kein Augenblick zu verlieren. In völliger Selbstlosigkeit, noch ohne sich darüber klar zu sein, daß er sie liebte, übernahm er die notwendige Prozedur.

Ein Krankenwagen brachte sie in die beste und teuerste Klinik Berlins. Es ist kein Zweifel, daß er damit ihr Leben gerettet hat.

Ich traf mich mit Hoboken fast jeden Abend, er lud mich zum Essen ein und berichtete mir über ihren Zustand. Man hatte ihn vor mir gewarnt: ich sei eine Art Zigeuner oder Halb-Indianer, trage ein langes Messer mit mir herum und sei mörderisch eifersüchtig.

Jetzt aber hatten wir nur dieselbe Sorge. Wir wurden Freunde.

Sie durfte keinen Besuch haben, die Behandlung der Rippenfellentzündung durch Punktierung strengte sie furchtbar an, tagelang war sie in Lebensgefahr. Auch hatte man eine ›feuchte

Stelle‹ in den Lungen entdeckt, ich wußte, was das bedeutet: Nur eine lange, gründliche Pflege, vollständige Ruhe, Wechsel des Klimas, ein Aufenthalt in Davos oder im Süden konnte sie, nach damaligen medizinischen Begriffen, von der Tuberkulose retten. Das alles konnte ich ihr nicht bieten und sie selbst nicht erschwingen. Es war zu Ende.

Aber ich wollte unter keinen Umständen Berlin verlassen, um wenigstens noch in ihrer Nähe zu sein, solange sie in Gefahr schwebte, und sie vielleicht noch einmal zu sehen. Nach einigen Wochen konnte ich sie kurz in der soignierten Klinik im Westen besuchen: nur einmal, denn das Fieber stieg. Wir waren bei diesem Besuch heiter und ungerührt. Zum Schluß fielen uns die Verse des Abschieds zwischen Brutus und Cassius aus dem ›Caesar‹ von Shakespeare ein:

> »Sehn wir uns wieder – nun, so lächeln wir.
> Wenn nicht, so war dies Scheiden wohlgetan.«

Über Jahrzehnte haben wir diese Verse immer wiederholt, wenn wir uns irgendwo trafen und wieder verließen.

Schon während ihrer Krankheit hatte ich mich einer neuen Quelle der Existenzbeschaffung zugewandt, die mich in ernstere Gefahr bringen sollte, als es die Fallschirmabsprünge getan hätten. Auch sie wurde mir wieder durch einen Kriegskameraden eröffnet, den ich zufällig am Nollendorfplatz getroffen hatte. Dieser ehemalige aktive Offizier war mit verdächtiger Eleganz gekleidet, es stellte sich heraus, daß er Direktor einiger verbotener Spielklubs und Nachtlokale geworden war.

In meiner Not griff ich begierig zu, als er mir eine – angeblich gute – Verdienstmöglichkeit im Berliner Nachtleben anbot. Ich wurde als sogenannter ›Schlepper‹ für diese Nachtlokale in der Friedrichstadt verwendet, die nach der offiziellen Sperrstunde ungesetzlich in Privatwohnungen betrieben wurden. Ich mußte dort um die Zeit, in der die besseren Lokale gerade geschlossen hatten, zwischen Kranzler-Ecke und Potsdamer Platz herumstreichen, um solche Herren, die nach Bedarf und Barmitteln ausschauten, anzusprechen und zu den geheimen Luststätten zu geleiten. Man hatte dabei zweierlei zu vermeiden: die Konkurrenz der anderen ›Schlepper‹, die recht brutal werden konnten, und die Aufmerksamkeit der Polizei. Es gehörte kein großer psychologischer Scharfblick dazu, um die geeigneten Kunden zu erkennen: am besten waren die Herren aus der Provinz, Kaufleute oder Agrarier, manchmal auch Reichstagsabgeordnete, die zu einem kurzen Aufenthalt in Berlin weilten und sich großstädtisch unterhalten wollten. Das Amüsement, das ihnen die Nachtlokale boten, war bescheiden und stand in keinem Verhältnis zum Preis oder zu dem Risiko, von einer Polizei-Razzia aufgegriffen zu werden. Gewöhnlich war das Etablissement in der Parterre-Wohnung eines Hinterhauses eingerichtet und wurde jede Woche gewechselt. Man machte sich an der Tür oder am Fenster durch besonders vereinbarte Klopfzeichen kenntlich, der Gast kam durch die verdunkelten Gänge und das Stolpern über unvorhergesehene Stufen in eine abenteuerliche Stimmung und fühlte sich als Held eines Kriminalromans, was dem Champagnerkonsum zugute kam. Ein abgedämpftes Grammophon näselte die ›Destinée‹ oder den ›Morphium-Boston‹, und ein paar jüngere und ältere Mädchen, von denen man nie wissen konnte, ob sie Hausmeisters- oder Generalstöchter waren, führten müde und phantasielose ›Nackttänze‹ auf, wobei sie immer noch mit billigem Schleierzeug einigermaßen verhüllt waren, um dann den Herren an ihren Tischen Gesellschaft zu leisten und sie zu größeren Bestellungen zu animieren. Es handelte sich also mehr um einen sozialen Versorgungsverein, dem ich jetzt angehörte. Mit Ausnahme gewisser Additionsfehler beim Zusammenstellen der Rechnung, wie sie auch in nobleren Gaststätten vorkommen sollen, geschah dort nichts Kriminelles, und ich brauchte mich durchaus nicht als Mitglied der Unterwelt zu fühlen, wenn ich vorm ›Trauben-Casino‹ oder hinterm Restaurant ›Rheingold‹ den Herren in ihren dicken Ulstern zuflüsterte: »Vielleicht noch nettes kleines Nachtlokal besuchen? Intimer Betrieb, solide Preise . . .« und so weiter.

Dann hatte ich ihre zögernd verächtliche Unentschlossenheit

und nachher die peinliche Prozedur des Trinkgeldeinsteckens zu überstehen. Es war nicht das, was mir als Lebensberuf vorschwebte. Es war schon mehr der Zustand einer rabiaten Verzweiflung, die aus tieferen, gefährlicheren Gründen kam als aus denen des Geldmangels allein.

Eines Abends versetzte mich plötzlich mein Chef – vielleicht um mich in eine höhre Gehaltsklasse hinaufzuprotegieren, vielleicht weil ich als Schlepper nicht sonderlich begabt war – in den Westen, in die Gegend des Wittenbergplatzes. Er brachte mich selbst in einem Taxi zur Tauentzienstraße und füllte mir die Taschen mit einigen Zigaretten- und Zigarrenpäckchen, vor allem aber mit kleinen, gefalteten Quadraten aus weißem Papier, wie man sie damals bei Apothekern für Kopfwehpulver bekam.

Er gab mir eine kurze, hastige Anweisung, wie ich damit zu agieren habe: ich solle nur langsam auf der Straße auf- und abgehen, genau wie die Strichmädchen und im selben Revier, und dazu leise vor mich hinsprechen: »Zssigarren, Zssigaretten« – mit einem scharf zischenden S-Laut. Das sei das Merkzeichen für die Kunden, die sich ihrerseits durch Schnüffeln mit der Nase kenntlich machten, und denen solle ich dann, gegen einen recht hohen Geldschein, mit den Rauchwaren ein solches Papierheftchen in die Hand drücken. Auf meine Frage nach dem Inhalt sagte er »Schnee« und fügte noch beruhigend hinzu, in Wirklichkeit sei es nur Kochsalz mit zerstoßenem Aspirin vermischt, also eigentlich kaum strafbar – ich solle mich aber höllisch vor der Polizei in acht nehmen, und nötigenfalls behaupten, ich hätte die Dinger in einem Taxi gefunden. Passieren könne mir dann überhaupt nichts, und wenn, würde er mich entsprechend entschädigen, falls ich seinen Namen nicht nenne. Damit sprang er in das wartende Taxi und fuhr rasch davon.

Mir war die Sache höchst unheimlich. Ich wußte genau, was man mit ›Schnee‹ oder ›Koks‹ bezeichnete. Ob er wirklich einen doppelten Betrug verübte und die kokainhungrigen Käufer mit Kochsalz anschmierte, oder ob er das nur gesagt hatte, um mich sicherer zu machen, war mir unklar.

Die Schlepperei für die ›Nachtlokale‹ war ja noch ziemlich

harmlos gewesen; was ging es mich an, wenn ein angeheiterter Provinzonkel zuviel Geld ausgab oder am nächsten Morgen einen Brummschädel hatte.

Jetzt aber fragte ich mich, ob ich nicht wirklich etwas Unverantwortliches begehe und eine Grenze mißachte, die nicht nur gesetzlich, sondern auch moralisch und charakterlich unüberschreitbar ist. Aber ich brauchte Geld: vielleicht war dann doch noch etwas zu retten, was mir mehr wert schien als das Leben und was in Wahrheit schon verloren war und verloren sein mußte. Es war sinnlos, doch in solchen Momenten klammert man sich wohl an die Sinnlosigkeit und den Wahnsinn und den letzten verzweifelten Hoffnungsschimmer. Außerdem konnte ich jetzt nicht zurück.

Ich hätte es mir früher überlegen sollen. Aber es war alles so rasch gegangen.

»Zssigarren, Zssigaretten«, zischelte ich wie zur Probe vor mich hin, während ich mich an den toten, unerleuchteten Auslagen des nächtlichen ›KadeWe‹, des großen Berliner ›Kaufhaus des Westens‹ vorbeidrückte. Plötzlich stand eine schlanke, schwarzlockige Frauensperson vor mir, mit stark verschminktem, weißgepudertem Gesicht, das im Laternenschein maskenhaft wirkte. Sie schlenkerte ihre Tasche in der Hand und ließ sie gegen ihren kniefreien Rock klatschen – wie mir schien: mit einer feindseligen Provokation. Die Augen in ihrer Maske musterten mich prüfend. »Was willst denn du hier?« fragte sie, mit einem leicht slawischen Akzent.

»Wen geht denn das nichts an?« sagte ich, im wohleinstudierten Berliner Nachtjargon.

Sie zuckte die Achseln.

»Nimm dich in acht, Junge«, sagte sie, »die Bullen sind hier kitzlig. Du bist wohl neu im Geschäft?«

Ich drehte ihr den Rücken und ging in die andere Richtung. Ich gebe es auf, dachte ich. Ich gebe die Dinger zurück und kündige. Wenn ich nur wüßte, wo jetzt der ›Chef‹ steckt...

Da bemerkte ich, daß ein breitschultriger Mann in hellem Covercoat, der in einem der vergitterten Eingänge des geschlossenen Kaufhauses gelehnt hatte, mich beobachtete und mir langsam zu folgen begann.

Mir wurde heiß. Hätte ich nur die verdammten Dinger nicht in der Tasche. Ich ging rascher, überholte einige Passanten. Der Mann im Covercoat auch. Auf einmal war das Mädchen wieder an meiner Seite. »Häng dich in meinen Arm«, sagte sie leise, »und tu so, als ob du ein Freier bist. Los, mach schon!« fuhr sie mich an.

Ohne die Situation noch ganz zu erfassen, tat ich, was sie sagte, hängte mich bei ihr ein und begann laut und lachend mit ihr zu reden. Wir schlenderten über den Wittenbergplatz und ein paar Straßen weiter – der Herr im Covercoat schaute uns ärgerlich nach, bis wir seinem Blickfeld entschwunden waren.

Dann zog mich das Mädchen in einen Hausflur.

»Mensch«, sagte sie, »du bist wohl der größte Dussel, der je auf einem Trottoir gelaufen ist. Haste wirklich geglaubt, ich wollte dir verpfeifen?«

»Ich weiß überhaupt nicht, wovon du sprichst«, sagte ich, immer noch mißtrauisch.

»Der Bulle da drüben weiß es«, sagte sie grinsend, »der ist einer von die Geheimen. Mir kann er nischt anhaben, weil ich unter Kontrolle bin. Aber auf dir hat er schon die ganze Zeit 'n Auge gehabt, der hätte dir in aller Stille hoppgenommen.«

»Weshalb eigentlich?« fragte ich verstockt, obwohl ich im Grunde schon überzeugt war, daß mir die Frau wirklich helfen wollte.

»Nu laß man 'n Vorhang fallen«, sagte sie und steckte sich eine Zigarette an, »so gut spielste garnich. Ich kenn doch den kessen Gustav, der dich in der Taxe angeschleppt hat. Bei dir is wohl auch kein Öl mehr auf der Lampe?«

Sie klopfte mir in die Gegend, wo man die Brieftasche trägt.

»Jaja«, machte sie, »am Ahmd is duster. Zeig mal deine Ware!« befahl sie mit unvermittelter Sachlichkeit. Da mir klar war, daß sie ohnehin alles wußte und ich ihr doch ausgeliefert wäre, falls sie mich anzeigen wollte, holte ich meine Papiertüten aus der Tasche, froh, sie loszuwerden.

Sie begann sie abzuzählen, ihr Gesicht nahm einen gierigen Ausdruck an. »Wieviel verlangt dein Boß für die Prise?«

Ich nannte ihr den Preis, den er mir gesagt hatte.

»Warte hier«, sagte sie hastig, »ich geh dir nich durch. Ich hab'n Kunden drüben in der ›Femina‹ zu sitzen, dem kann ich den ganzen Schnee freiweg verkümmeln.«

Ich blieb in dem dunklen Hausflur stehen und steckte mir eine meiner ›Zssigarren‹ an.

Nach einer halben Stunde war sie wieder da. Sie schien bester Laune und roch nach Kognak.

»Den hab ich hochgenommen«, sagte sie, »er war schon blau und hat nicht nachgerechnet.«

Sie drückte mir Geld in die Hand – mehr, als ich hätte abliefern sollen.

»Quatsch nicht«, sagte sie rasch, als ich den Mund aufmachte, um mich zu bedanken.

Ich gab ihr die Hand.

»Wo gehste jetzt hin?« fragte sie.

Ich zuckte die Achseln. Ich wußte es wirklich nicht. ›Nach Hause‹, in die Kellerwohnung in der Matthäi-Kirch-Straße, in der noch Mirls Bett stand und ein paar ihrer Sachen hingen, wollte ich nicht. Ich hatte jetzt ein paarmal in einem billigen Hotel am Potsdamer Bahnhof übernachtet.

»Du kannst mit raufkommen«, sagte sie, »ich wohne hier im Haus, is zentralgeheizt. Ich geh heut nicht mehr aus.« Sie sah, daß ich zögerte.

»Keine Angst«, sagte sie lachend, »du brauchst mir nichts zahlen. Aber ich kann mich nicht leiden, wenn ich allein bin.«

»Das kenn ich«, sagte ich.

Das Zimmer war nicht besser und nicht schlechter als alle in dieser Gegend. Trostlose Einrichtung aus der ›guten Stube‹, ein Messingbett mit Spitzendecke, Öldrucke. Ich erinnere mich genau, daß die Tapete mit Kreuzen gemustert war, wie man sie auf den Treffspielkarten hat, dunkel in hellbraun. Ich konnte nicht aufhören, sie zu zählen.

»Ich heiße Ljuba«, sagte sie und warf ihre Jacke ab, »meine

Eltern stammen aus Warschau, aber ich werde dir nicht erzählen, daß es polnische Edelleute waren.« Sie zog sich weiter aus und nahm einen bunten Kimono aus dem Schrank.

»So stürmisch mußte nich gleich vorgehen«, sagte sie, da ich mich auf einen Stuhl gesetzt hatte, ohne mich ihr zu nähern.

»Gefall ich dir nich?«

Sie hatte sich mit ein paar Griffen das Gesicht abgeschminkt, und man konnte sehen, daß es recht hübsch war und noch gar nicht alt.

»Doch«, sagte ich, »aber ich habe eine andere im Kopf.«

»Und mit der is aus«, sagte sie und holte etwas aus ihrer Tasche.

Ich sah, daß es eines jener Papierheftchen war, das sie offenbar für sich selbst zurückbehalten hatte.

»Kokst du nicht?« fragte sie.

Ich schüttelte den Kopf.

Sie nahm eine Prise, ihre Augen verdunkelten sich.

»Das tut gut«, sagte sie, »da vergißt man alles. Versuch's mal.«

»Ich will nichts vergessen«, sagte ich.

Sie nahm zwei Gläser und eine eckige Flasche aus dem Schrank, es war ›Polnischer Reiterschnaps‹, ein starker, bitterer Kräuterlikör, ich erinnere mich an das Etikett, auf dem ein Soldat mit Mantel zu Pferde abgebildet war.

Ich leerte ein Glas, dann noch eins.

»Warum hast du gesagt«, fragte ich sie, »daß es aus ist?«

Sie lachte.

»Lehr du mich die Männer kennen! Wenn du glücklich wärst, dann wärst du ganz anders mit mir. Dann fühlt ihr euch wie die Götter – dann kommt's euch nicht drauf an, dann sagt ihr, das ist keine Untreue, das ist nur Übermut. Aber wenn's aus is, dann entdeckt ihr, daß es die einzige war.«

Ja. Es ist aus. Sie hat recht.

Sie schenkte die Gläser voll und packte mich plötzlich an den Schultern.

»Gib auf«, sagte sie, »hau ab. Verdufte. Das mit dem kessen

Gustav und so. Da gehste doch nur verschütt. Es wär ein Jammer um dich. Aus dir kann doch noch was werden. Mensch, bist du jung!«

Sie schnupfte noch einmal, dann wurde sie geschwätzig.

Ich hörte nicht mehr zu. Wir tranken ›Reiterschnaps‹, bis sie im Sitzen einschlief. Ich hob sie auf ihr Bett und deckte sie zu, legte mich auf das zerschlissene Sofa.

Am nächsten Tag schickte ich ihr Blumen. Ich dachte, das wird ihr Spaß machen.

Ich fuhr nach Mainz. Es war das Zugeständnis, daß ich in Berlin versagt hatte. Aber dort konnte ich mich ein paar Tage ausruhen. Dann ging es weiter.

Mirl wurde von Hoboken, der bei ihrer Mutter in aller Form um ihre Hand angehalten hatte, nach Davos gebracht.

In Mainz blieb ich eine oder zwei Wochen, und dort hatte ich das Glück, das mir in Berlin versagt geblieben war: es wurde mir eine bezahlte Stellung angeboten, ein Engagement mit Vertrag.

Der Ober-Regisseur des Mainzer Stadttheaters, Dr. Kurt Elwenspoek, den ich früher schon kennengelernt hatte, war gerade zum Intendanten der Städtischen Bühnen in Kiel gewählt worden. Dort sollte ich sein Dramaturg sein, erhielt aber auch die kontraktliche Zusicherung, daß ich einige Stücke nach eigner Wahl inszenieren dürfe; dagegen mußte ich für den Bedarfsfall Spielverpflichtung übernehmen, für kleine, kleinere und kleinste Rollen. Gehalt: Mindestgage.

Das alles war ganz nach meinem Wunsch – am meisten die Aussicht, Regie zu führen, die mir, dem Anfänger ohne nachweisliche Bühnenpraxis, kaum ein anderer geboten hätte.

Dieser Kurt Elwenspoek war ein bemerkenswerter Mensch. Durch einen kleinen Schnurrbart verdeckte er die Weichheit seines Mundes, durch eine forsche Trinkfestigkeit die weichen und labilen Züge seiner Natur. Er war das, was für den Betreffenden selbst das Leben erschwert, es aber für seine Umgebung, besonders für die ihm beruflich Unterstellten, entschieden erleichtert:

ein Idealist. Nie konnte er glauben oder sich auch nur vorstellen, daß andere Menschen nicht ebenso großzügig, weitherzig, gutartig, ehrlich und anständig seien wie er selber. Er brachte der Welt ein kindliches Vertrauen entgegen, das ihn letzten Endes auch nicht enttäuscht hat: ließ eine Hand ihn fallen, so hob eine andere ihn gleich wieder auf, da seine gutgläubige Freundlichkeit unwiderstehlich war. Er hatte die Anlage zum Grandseigneur und hätte, um sein Bedürfnis nach Gastlichkeit, Generosität und weltmännischem Lebens-Stil zu befriedigen, die Einkünfte eines amerikanischen Filmstars oder neudeutschen Großverdieners benötigt. So lebte er immer über seine Verhältnisse, was ihn mir nur sympathischer machte.

Er hatte damals eine kleine, kluge, alerte Frau namens Lotte, mit der er unentwegt Kinder zeugte, was er später in verschiedenen anderen Ehen tapfer fortsetzte. Außerdem war er immer verliebt – wenn glücklich, im siebenten Himmel, wenn nicht, in der schwärzesten Hölle, denn er nahm alles, was er empfand, tat und dachte, vollständig ernst. Trotzdem besaß er Humor. Er nahm auch mich und meine theatralische Sendung, an die er glaubte, vollständig ernst – was ihm dann teuer zu stehen kam.

Er liebte die dramatische Kunst und das Theater mehr, als er es meistern konnte, aber er verstand was davon und brachte jedem stärkeren Talent eine unbegrenzte, neidlose Bewunderung entgegen.

Als Intendant einer mittleren Provinzbühne besaß er einen Seltenheitswert, den seine jungen Schützlinge höher einschätzten als die Theaterkommission und die städtische Beamtenschaft, der er Rechnung zu legen hatte: er war weit aufgetan für alles Neue, Kühne, Gewagte, Ungewöhnliche und stets bereit, sich mit ganzer Person dafür einzusetzen, ohne Rücksicht auf Verluste.

Intendanten, außerhalb von Berlin, waren damals nicht so, und es waren ihnen andere Begrenzungen auferlegt. Heute müssen sie ja höchstens Angst haben, daß man sie abwertet, wenn sie nichts Neues und Provokatives herausbringen. Damals gehörte zur Überschreitung des konventionellen Spielplans oder zur

Vertretung eines experimentellen, dem Provinzpublikum ungewohnten Theater-Stils ein beträchtlicher Mut. Den besaß Kurt
Elwenspoek in hohem Maße, und ich verdanke seinem Freisinn
und seiner Courage meinen ersten Sprung ins aktive Theaterleben, der sich zu einem zirzensischen Doppelsalto auswachsen
sollte: hin und zurück.

Jetzt aber war erst Frühling, die Spielzeit begann im September. Vor dem Sommer, der dazwischenlag, bangte mir nicht.
Ich hatte für niemand anderen zu sorgen als für mich selbst und
war gewohnt, mich durchzuschlagen. Ein paar Zeitungsbei-
träge dann und wann, um etwas Taschengeld zu beschaffen –
mehr brauchte ich nicht. Ich tat das Beste, was ich tun konnte,
um mich auszulüften und die schlechten Träume und Nachtge-
danken zu vertreiben: ich ging auf die Walz. Zuerst mit meinem
Freund Schiebelhuth mainaufwärts, eine unbeschwerte Wanderung von Ort zu Ort, bis nach Würzburg, dann wieder west-
und südwärts, über Heilbronn und Wimpfen nach Heidelberg.
Wir verdingten uns manchmal bei Bauern, die Hilfe zum Heu-
machen brauchten, gegen Brot und Suppe, schliefen in Scheu-
nen und Ställen, öfters auch auf den Parkbänken alter Schlösser,
zwischen Jasminbüschen und Taxushecken.

Es gab noch wenig Auto- und Lastwagenverkehr, und wir
liebten die Feldwege, auf denen höchstens einmal ein Bauern-
karren knarrte. Gern gingen wir auf den Uferdämmen und Trei-
delwegen der Flüsse. Wir fühlten uns wie zwei eichendorffsche
Taugenichtse, und wir taten nichts, was uns nicht freute. In meinem Rucksack hatte ich viele Reclamheftchen mit allen möglichen Stücken der Weltliteratur, und wenn wir Rast machten,
strich ich, zum Spaß und zur Übung, Regiebücher ein, entwarf
Szenengrundrisse, Stellungen, Gänge. Schiebel half mir dabei
mit phantastischen Vorschlägen. Er selbst arbeitete an einem
Märchenstück in gereimten Versen – ›Die Hexe Libussa‹ –, das
leider nie fertig wurde.

In Heidelberg lernte ich einen norwegischen Studenten kennen namens Erik Hunger, der damals zum Mierendorff-Kreis
gehörte. Sein Vater, der aus Deutschland stammte, besaß dro-

ben in Lappland, am Ballangen-Fjord, eine ergiebige Schwefel-kiesgrube und war an Erzbergwerken beteiligt. Er pflegte jedes Jahr, seit dem Ende des Ersten Weltkriegs, einen deutschen Studenten für die Zeit der Sommerferien einzuladen, gewöhnlich einen von den technischen Hochschulen, der sich auf Bergbau vorbereitete. Er verschaffte ihm freie Überfahrt auf irgend-einem Frachter, der von einem deutschen Hafen nach Narvik auslief, dann mußte er sich eine Zeitlang im Bergwerk betäti-gen, um etwas Taschengeld zu verdienen, im übrigen hatte er freie Station und Rückfahrt. Diesmal gelang es dem jungen Erik, seinen Vater zu bewegen, statt eines Technikers einen an-gehenden Literaten aufzunehmen, der dann über das Nordland schreiben werde. Ich verschaffte mir dafür einen Auftrag von der ›Frankfurter Zeitung‹, die schon ein paar kleinere Prosa-Stücke von mir gebracht hatte.

Für mich war das eine gewaltige Chance: ein Stück Welt zu sehen, aus dem Inland herauszukommen, was sonst für junge Menschen, der Devisenverhältnisse halber, damals fast unmög-lich war. Außerdem war damit der Hochsommer überbrückt – ich mußte hin! Aber ich brauchte dazu ein norwegisches Visum und schickte meinen Paß an die zuständige Stelle, die norwegi-sche Legation in Berlin. Ich bekam die Antwort, ich müsse den Wert von zehn norwegischen Kronen einschicken – bei der fort-schreitenden Geldentwertung eine Unsumme, die ich nicht be-saß und nicht auftreiben konnte. Aufgeben wollte ich auf keinen Fall. So machte ich mich, ohne Paß, der noch in Berlin lag, und ohne Visum, nach Brake an der Weser auf, wo der norwegische Erzdampfer ›Blaamyra‹, auf dem ich Passage haben sollte, ge-rade seine Ladung löschte, um wieder in See zu stechen – es ging um wenige Tage. Auf dem billigsten Weg, in Bummelzügen vierter Klasse, kam ich am Vorabend seines Auslaufens nach Brake. Ich besaß noch fünfzig Pfennige. Mein Paß, den ich post-lagernd dorthin erbeten hatte, war nicht angekommen. Ich be-gab mich zum Kapitän, wies ihm mein Empfehlungsschreiben aus Narvik vor und bat ihn, mich auch so, vielleicht als blinden Passagier mitzunehmen. Das, sagte er, könne er nicht, aber er werde mich einfach auf die Heuerliste einschreiben, die en bloc, ohne Einzelkontrolle, durch die Grenzbehörden gehe. Aber dann müßte ich auch an Bord etwas tun. Dieser Kapitän, ein alter Ostasienfahrer, war ein famoser Mann mit einer rötlich gegerbten Gesichtshaut, von der ich sofort vermutete, sie käme weniger von Salzwasser und Seeluft als von inneren Spülungen. Wie recht ich damit hatte, erfuhr ich schon in der Nacht vor der Ausfahrt. Als erste Tätigkeit an Bord brachte er mir die ›große Whisky-Orgel‹ bei, die darin bestand, daß man zunächst eine Daumenbreite Whisky ins Glas goß und es mit Wasser auffüllte, dann zwei Daumen und so weiter, bis schließlich nur noch ein Daumen Wasser hineinkam. Ich wußte nicht, ob es dieses Spiel war oder das Spiel der Nordseewellen, was mir am nächsten Morgen, nachdem wir die Hafenregion verlassen hatten, so übel machte. Ich mußte das mächtige Frühstück, mit Speckeiern, Schinken und Räucherfisch, stehenlassen, was mir noch heut als eine Sünde erscheint. Der Kapitän befahl mich aufs Oberdeck, es blies ein Sommersturm, Windstärke 10 – »Gut zum Ausnüchtern«, sagte der Kapitän und riet mir, mit dem Gesicht gegen den Wind und in der Fahrtrichtung möglichst fest stehenzubleiben und mit den Knien die Schiffsbewegung elastisch aufzufangen. Mittags war mir wohl, ich holte nach, was ich beim Frühstück verpaßt hatte, und ich habe seitdem nie mehr auf einer Seereise eine Mahlzeit versäumt. Meine Arbeit war leicht, ich mußte die Kajüte der Telegrafisten in Ordnung halten, in der ich auch schlief, gelegentlich die Kombüse ausfegen oder einen Kübel mit Abfall über Bord schütten. Dafür wurde ich aufgefüttert, als sollte ich in Lappland geschlachtet werden. Es war eine herrliche Fahrt, eine Woche lang an der norwegischen Küste entlang, es war ein herrlicher Sommer.

Als wir ankamen, sah ich noch gerade die Mitternachtssonne – der nördliche Horizont in einen glutroten Schein gehüllt, in den der stumpf leuchtende Ball eintauchte und sich wieder erhob. Dann kamen die weißen Nächte, mit ihrem seltsamen dämmerlosen Fahl, das keine Schatten wirft und gleichmäßig über Gebirg und Fjorden fröstelt. Es wird nie mehr dunkel, man verliert jedes Zeitgefühl, – wenn es bewölkt ist oder vernebelt und keine Sonne scheint, kann es ebensogut zwölf Uhr nachts wie zwölf Uhr mittags sein, und die Menschen werden dementsprechend schlaflos und exaltiert. Das sind jene Nächte oder Tage oder Abende, an denen die Mädchen singend durch die Bergwälder ziehen, um Beeren zu sammeln; man hörte ihre Stimmen, ferner, näher, als kämen sie aus den Bächen oder den Buschbirken oder den Moorlachen oder den Klippen tief eingeschnittener, schmaler Fjorde, Locktöne, man möchte ihnen nachgehen und nicht mehr zurückkommen, sich verlieren.

Der Vater meines Freundes beschäftigte mich eine Zeitlang mit einer leichten, selbst für meine technische Inkompetenz faßbaren Arbeit in der Grube: ich hatte beim Legen eines neuen Kabels durch die Stollen zu helfen, andere Kabel abzugehen, die Isolierung und die Fernsprechverbindung zu kontrollieren. Ich war im Feld Telefonist gewesen, das lernte ich rasch, auch schnappte ich dabei ein paar Brocken der Sprache auf und lernte die Männer unter Tage kennen und ihre barackenartigen Behausungen in der Nähe des kleinen Weilers, der hauptsächlich aus einem Kaufladen, einem Postamt und den Holzhäusern einiger Handwerker bestand. Dahinter begann Bauernland, dann die Wildnis. Für diese Arbeit wurde ich bezahlt und brauchte das Geld nicht auszugeben, denn die Gastlichkeit war ohne Grenzen: immer wurde ich eingeladen, von Haus zu Haus, auf lange Bootfahrten bis in den Atlantik hinaus und zu umschwirrten, umkreischten Vogelfelsen, auf Landpartien, zu einem Tanzfest auf den in Narvik verankerten, schwedischen Großdampfer ›Liljewacht‹, das zwei Tage und Nächte dauerte, dann auch auf einsame Jagdhütten, die an den glasgrünen Bergseen lagen – man fischte Seeforellen vom Boot und die großen Lachse mit der Wurfangel in den kalten, brausenden Flußläufen.

Im August ging ich als Träger mit auf eine Expedition in die innerlappländischen Berge und Hochmoore. Ich war kräftig genug, auf dem Rücken ein Holzgestell mit Tragkorb oder einen Proviantsack tagelang über weglose Gestrüpp- und Geröllhalden zu schleppen. Es ging um die Erkundung von Silbervorkommen, die in der Gegend der schwedisch-norwegischen Grenze entdeckt worden waren und vermessen werden mußten. Ein Staats-Geologe war dabei, zwei Bergwerks-Fachleute und zwei lappländische Führer mit Islandponys, sie trugen die Zelte und Schlafsäcke, die wir in den kalten Nächten brauchten. Gewaltiges Ödland, wie ich es noch nie gesehen hatte. Wir begegneten Wanderlappen mit ihren Rentierherden, deren Hufe knisterten wie die Funken einer Elektrisiermaschine. Ich sah Schnee-Eulen und Lemminge. Nachts, wenn der allmählich wieder dunkelnde Himmel schon blaugrün anlief, zuckten und flackerten die Nordlichter. Dann flimmerten die ersten Sterne.

Ein Problem war der Zeitpunkt der Rückkehr. Da ich keinen Paß hatte, mußte ich mit einem deutschen Schiff fahren, das schien am ratsamsten, um wieder ohne Kontrolle ins Land zurückzuschlupfen.

Ein solches, auf dem man mir freie Passage verschaffen konnte – der Frachter ›E. Hugo Stinnes 2‹ –, ging erst Mitte September. Am 1. September begann in Kiel die Spielzeit – und ging im Nordland die Schneehühnerjagd auf, die ich – wieder als eingeladener Hüttengast – noch mitmachen wollte...

Ich schickte an meinen Intendanten in Kiel ein Telegramm, daß ich mein Engagement erst drei Wochen später antreten könne, da ich die lappländische Krankheit bekommen habe, die sehr ansteckend sei. Wer das Nordland kennt, weiß, daß die so benannte Krankheit in Anfällen von Schwermut besteht, die in den Zeiten der endlosen Winternacht manche Leute zu manischen Depressionen treibt. Ich war leichten Mutes.

Die Berliner Depression hatte ich überwunden. Noch spürte ich, was geschehen war, wie eine Narbe, die nicht ganz verheilt ist. Aber der Aderlaß, das wußte ich, hatte mich gestärkt, ein scharfer Wind hatte mich aus einer falschen, verstrickten Lebenslage herausgeweht. Ich war von Dankbarkeit erfüllt für alles Erlebte und von einer stürmischen Begier, neu zu beginnen.

Die norwegischen Kronen, die ich verdient hatte – denn auch meine Trägerdienste waren entlohnt worden –, verschafften mir einen glorreichen Einzug in Kiel. In Deutschland schwoll, langsam erst, aber unaufhaltsam, die Inflation, und jede noch so kleine Summe ausländischer Valuta machte ihren Besitzer vorübergehend zum Finanzbaron. Ich wohnte die ersten Tage, bis ich zwei kleine Zimmer im Düsternbrookerweg gefunden hatte, im Hotel Holst, Kiels nobelstem Quartier, dessen Chef-Kellner einmal den Kaiser bedient hatte und seitdem aus Ehrfurcht vor sich selbst nur noch lispelte. Ich gab ihm, solange ich Kronen einwechseln konnte, so fürstliche Trinkgelder, daß ich für den Rest der Saison bei ihm Kredit hatte. Aber das war nicht wichtig – nur das Theater.

Das galt es jetzt auf eine andere Stilart anzugehen, nicht mehr als ›junger Dichter‹ und Probenvolontär, sondern als tätiger Mitarbeiter, der sogar Stimme und Einfluß hatte. Die Dramaturgie war mir nur interessant, soweit es sich um den aktuellen Spielplan und die Praxis handelte. Von Büroarbeit hielt ich nichts, und vor Leitz-Ordnern hatte ich einen physischen Abscheu. Der Mann, der einmal mein Nachfolger wurde, muß mich verflucht haben, als er die Schubladen auszumisten hatte, in die ich die ›Laufende Korrespondenz‹, beantwortet oder nicht, hineinstopfte. Doch eigneten sich die großen Briefbogen des Stadttheaters sehr gut, um auf ihre Rückseite Dialoge und Verse zu schreiben. Meinen Intendanten beunruhigte das nicht. Er war selbst kein Bürokrat, und er ließ sich von der Sturm-und-Drang-Stimmung und dem ›Genietreiben‹, das ich in der gediegenen Ostseestadt entfesselte, willig überwältigen und infizieren.

Er hörte auf mich, was die Gestaltung des Spielplans anlangte – Büchner und Barlach, Lenz, Grabbe, Strindberg, Wedekind –, für das damalige Kiel durchweg harte Brocken, schwerer verdaulich als eine Schüssel Labskaus mit Rollmops oder eine Flensburger Aalsuppe.

Zunächst aber begann alles mit einem vehementen Schwung. Etwas Erstaunliches geschah, ähnlich wie ich es vorher in Heidelberg erlebt hatte: aus dem Ungefähr schloß sich hier ein junger Freundeskreis zusammen, der sich vorher nicht gekannt hatte und sich auf Anhieb verstand. Das hatte mit dem Spürsinn des Intendanten Elwenspoek zu tun, der sich von den besten Schauspielschulen Deutschlands, Berlin, Frankfurt, Dresden, eine Reihe von begabten Anfängern zusammengeholt hatte. Auf einer der ersten Proben lernte ich Albrecht Joseph kennen, Sohn einer kultivierten Frankfurter Familie, der – kaum der Schule entwachsen – Regie-Assistent bei Weichert und Hartung gewesen war und mit blendenden Geistesgaben, mit hohem Ehrgeiz hier seinen Weg als Opern- und Schauspielregisseur begann. Unsere Freundschaft, die sich in Minuten ergab, war mehr als das, es war eine Verschwörung, der sich die neuen Kräfte des Ensembles begeistert anschlossen – auch einige der in Kiel bereits Anerkannten. Hans Alva – mit Hausnamen Johannes Alva Maria Schwirzer, er kam aus dem Böhmerwald – war unser Protagonist. Charlotte Galdern, mit Hausnamen von Gaedecke, Tochter eines kaiserlichen Admirals, die begabteste unter den jüngeren Schauspielerinnen. Gillis van Rappard, von Geburt Holländer, doch längst eingedeutscht, ein graziöser, stilbewußter Komödiant von Geblüt und ein gescheiter Kopf, der in Frankfurt Disziplin und Präzision des Ausdrucks gelernt hatte. Erna Heicke, Magdalena von Nußbaum, Hilde Horst – wir waren alle ohne Übergang per du und verwandt und verschwistert. Von Elwenspoek unterstützt und gehalten, kämpften wir gegen die vertrockneten und vermorschten, für unser Gefühl zum Absterben reifen oder längst abgestorbenen, eingewöhnten, routinierten, pensionsbedachten älteren Fachleute am Theater, beliebte Regisseure und Schauspieler, wir nannten sie ›Kunstbeamte‹ und sahen hochmütig auf sie herab. Diese wiederum, und sie waren die Mehrheit, schauten mit Entsetzen und Zorn auf das Treiben der – in ihren Augen – ›grünen Rotzlöffel‹, die das Theater ruinierten. Rasch bildeten sich die Fronten, und sie verhärteten sich, je mehr unser ›Junger Kreis‹, so nannten wir uns, den Intendanten auf seine Seite zog und seine Stoßkraft entwikkelte. Von beiden Seiten wurde der Kampf hartnäckig und unfair geführt, von der unseren mit der Intoleranz und Radikalität der Jugend, von der anderen mit dem Starrsinn und dem Unverständnis einer Generation, die durch die politische Entwicklung, durch den Umsturz, aus dem Gleichgewicht geraten war und alles Neue, Umstürzlerische als einen Griff an ihre Gurgel empfand. Noch dazu standen wir, besonders ich, im Verdacht des politischen Links-Dralls, und da ich mit einer Mütze der ›Chasseurs d'Alpins‹ herumlief, die ich in Mainz erstanden hatte – in einer Zeit, in der die Baskenmütze noch nicht Literatenkopfschmuck war –, galt ich in den Kreisen der Kieler Burschenschaftler bald als ›Französling‹, den man aus Schleswig-Holstein hinauspeitschen solle...

Denn wir waren in kurzer Zeit stadtbekannt oder -berüchtigt. Die ersten Inszenierungen, die Albrecht Joseph und ich herausbrachten – auch Klassiker in einer Bühnenform und -bearbeitung, in der sie kein Gymnasiallehrer wiedererkannt hätte –, wirkten skandalös und empörend. Abonnements wurden gekündigt, Leserbriefe häuften sich in den Zeitungen, auch die Kritik griff uns an, und daß wir im sozialdemokratischen Blatt gelobt wurden und in Berliner und Hamburger Blättern, dank des immer lebendigen Wohlwollens und des Einflusses von Herbert Ihering, ausführliche Besprechungen über das ›junge Theater in Kiel‹ erschienen, machte die Sache nur schlimmer.

Diese Widerstände waren für uns nicht entmutigend, sie stimulierten uns. Wir hatten, außer der enormen Spielfreude, dem Spaß an der Provokation und am Rebellieren, das Gefühl einer Sendung. Von Kiel aus wollten wir das Theater, vom Theater her die Welt erneuern. Noch lebten wir im Zeichen der chiliastischen Nachkriegs-Ekstase und des ›Jüngsten Tages‹. Kiel war für ein solches Unterfangen der denkbar schlechteste Boden. Es war die Stadt der glanzvollen kaiserlichen Regatten, die Hochburg der Kriegsmarine, deren revolutionäre Matrosen es dort längst nicht mehr gab, sondern nur noch ihre verbittert zurückgebliebenen, pensionierten Vorgesetzten. Der ›Skagerrak-Bund‹ ehemaliger See-Offiziere und ein bis in den Dickdarm konservatives, geistig verstopftes Handelsbürgertum bestimmten den Ton und die Denkart. Natürlich gab es Ausnahmen, sogar an der nicht gerade fortschrittlichen Universität: der Rektor, Geheimrat Jakob, ein Sinologe von besonderem Format, der aussah wie ein dicker chinesischer Buddha mit überpotenziertem Kopf, besuchte unsere Aufführungen und meine sonntäglichen Matineen, in denen ich versuchte, die von uns angestrebte ›Revitalisierung des Theaters‹ durch Vorträge und Lesungen theoretisch zu untermauern; er lud mich in sein Haus und begünstigte unsere Versuche auf jede Weise. Der Jurist Professor Gustav Radbruch, ein Sozialdemokrat, der vorübergehend in Berlin Justizminister gewesen war und – bereits von anonymen Briefen aus der Studentenschaft mit Mord bedroht – die Kombination von Freiheit und Recht zu lehren versuchte, desgleichen. Es gab auch unter den Stadträten den oder jenen, der für unser wildes Treiben wenigstens den Humor aufbrachte. Die kompakte Majorität war dagegen.

Wir aber hielten uns an die wenigen und an den Idealismus unseres Intendanten. Wenn uns die Kommission für eine geplante Neu-Inszenierung das zur Ausstattung nötige Geld verweigerte, machten wir alles selbst, unsere Schauspielerinnen nähten die Kostüme, und wir schreinerten und malten nachts alte Kulissen um. Wir stöberten Talent auf, wo wir es fanden, und ein paar junge Leute, die vorher noch kaum auf der Bühne gestanden hatten, spielten in unseren Aufführungen ihre ersten Rollen: es waren nicht die schlechtesten, einige von ihnen haben sich in der Theaterwelt große Namen gemacht. Ernst Busch, kurz zuvor noch Werftarbeiter bei ›Blohm und Voss‹, später der ›Barrikaden-Tauber‹ des vornazistischen Berlin, heute Brechts ›Galilei‹ im ›Berliner Ensemble‹; wenn ich Regie führte, war er immer dabei. Hans Söhnker, siebzehnjährig, Sohn des Kassenrendanten am Stadttheater. Bernhard Minetti, Kieler Student, der zunächst in der Statisterie mitwirkte und von Albrecht Joseph als Schauspieler entdeckt wurde: ein ansehnlicher Nachwuchs für ein Provinztheater, an dem im Vorjahr Gustaf Gründgens, auch er leicht skandalumwittert, debütiert hatte. Vor mir liegt ein Brief von meiner Hand, an meinen Freund Hans Schiebelhuth gerichtet und aus dessen Nachlaß an mich zurückgekommen. Das Briefpapier ist solides Leinen, der Briefkopf, in gedruckten Buchstaben, lautet:

Vereinigte städtische Theater zu Kiel.
Die Intendanz. Kiel, den 22. 10. 22
Stadttheater, Neumarkt
Liebster Bruder im Herrn, im Herzen und auf der Walz – nachdem Allahs Finger in seinem unerforschlichen Ratschluß mich über Nordkap und Sahara nach Kiel geschleudert hat, sitze ich daselbst täglich, welche Schande, fast zwei Stunden in einem Büro, den Sessel mit Manuskripten gepolstert, und täusche durch barsches Auftreten (besonders in Vorschußfragen) Unentbehrlichkeit vor.

Dann und wann ergreife ich eines jener für mein Commantschenauge mit unheimlichen Hieroglyphen bedeckten Geschäftspapiere und lege es verächtlich in irgendeine graue oder gelbe ›Ordnungsmappe‹. Da dieses Wort mein differenziertes Sprachgefühl beleidigt, gehe ich dann schnell in die Kantine und kippe einen oder zwei Aquavit, denn der fließt hier aus einer gesegneten Quelle. Dies getan habend, setze ich mich wieder auf jenen Stoß zeitgenössischer Dramatik, aus welchem leise Verwesungswinde fächeln, ahme das Zischen des aufgestörten Schneehuhns nach, wenn jemand meine Contemplation zu unterbrechen wagt, und reife langsam aber unaufhaltsam zu einem Inter-Dante der Nation heran.

In dieser Eigenschaft, mein älterer und weiserer Bruder, schreibe ich Dir. Siehe, mir ist hier viele Gewalt gegeben über Leben und Tod.

Vraiment: könntest Du Dich nicht ein paar Wochen zwischen Deine Spazierstöcke setzen und ein Stück schreiben? Ich führe es *sofort* hier urauf, es gibt ja nichts, der ganze ›Expressionismus‹ kotzt mich dermaßen an! Schreib Deine ›Libussa‹, ich bringe sie hier zu 10 Aufführungen, Du kommst her, und wir versaufen Deine Tantiemen in Tom Swins Bouillon-Keller oder im Trinkhaus zum Alten Germanen, in der Atlantic-Stube und im Café Weltverkehr (Treffpunkt der Kapitäne aller Länder), mit Damenblasorchester...

Ich inszeniere jetzt, ab Ende Oktober, den ›Armen Vetter‹ von Barlach; Ihering wird kommen, wenn ich eine Uraufführung mache, und für den ›Berliner Börsen-Courier‹, ›Tag‹ und ›Hamburger Fremdenblatt‹ schreiben. Das nur, damit Du nicht meinst, es sei hier gespielt zu werden eine Schmach. Hauptsächlich sehne ich mich nach Camarados für meine Streifzüge ins Matrosenviertel – mein Lieber! Da geht's noch zu – die Gäßchen heißen hier ›Im Kuhfeld‹ und ›Hinter der Mauer‹, und unser Heldentenor, namens Niggemeyer aus Köln, singt dort gegen Morgen den ›Bajazzo‹.

Morgen kommt Carlo! Bill Schroeder schreibt hier Kritiken für Berlin, da kann uns nichts passieren, auch Fraenger hat seinen Besuch angekündigt. Also komm auch Du – aber mit Libussa!

Ich habe den ganzen Sommer gefaulenzt. Jetzt schreib ich wirklich ein neues Stück, es heißt ›Havarie im Nebel‹. Spielt im ›Kuhfeld‹.

»E la fama?« – »E la fame?«

Grüße diejenigen, welche es verdienen.   Embrassements –
                                                                Dein Zuck.

Der ›Expressionismus‹ wuchs mir nun tatsächlich zum Halse heraus. Die neueren Stücke seiner Erfolgsautoren erschienen mir immer verkrampfter, lebensfremder. Ich begann zu ahnen, daß auch auf dem Theater der ›Mensch das Maß aller Dinge‹ sei und daß es gelte, den geschöpflichen Zusammenhang wiederherzustellen, die Spannung zwischen Kreatur, Gesellschaft und Weltgeheimnis, die immer der Kern der Dramatik war, neu zu realisieren. In diesem Herbst, am 15. November, beging Gerhart Hauptmann seinen sechzigsten Geburtstag, und in einer Morgenfeier sprach ich zum ersten Mal über ihn, sein Dichterbild vor allem an seiner Prosa nachzeichnend, die man immer wieder lesen sollte: die frühen Novellen, den ›Narren in Christo Emmanuel Quint‹, den ›Ketzer von Soana‹. Und im Lauf dieses Winters kamen maschinengeschriebene Bühnenmanuskripte des Gustav Kiepenheuer-Verlags in meine Hand, von einem mir bis dahin unbekannten Autor Bertolt Brecht, ›Trommeln in der Nacht‹, ›Baal‹, ›Im Dickicht‹.

Ich rannte zu Elwenspoek. Da ist ein Dichter! Ein neuer Ton. Eine Sprach- und Formgewalt, die den ganzen abgestandenen Expressionismus über den Haufen fegt. Den müssen wir spielen!

Von Brecht, der in dieser Spielzeit bei Falckenberg in München zum ersten Mal aufgeführt wurde und einige Monate später von Ihering den Kleist-Preis bekam, wußte man damals noch nicht mehr, als daß sein Name in literarischen Zeitschriften und Theaterfeuilletons immer mit dem von Bronnen zusammen genannt wurde, man las nie einen allein – ›Brecht und Bronnen‹, vielleicht war es die verführerische Alliteration, weshalb man die beiden wie Max und Moritz zusammenspannte.

Sie hatten sich auch, wie ich erst später erfuhr, für eine gewisse Zeit zu einer Art von Stoßtrupp und Eroberungsteam zusammengetan. Ich sah, von ihrem Werk her, nie eine Verwandtschaft zwischen ihnen – als eben die der beiden Br und der harten t am Ende der Vornamen: Arnolt und Bertolt.

Kraft meines Amtes machte ich mit Kiepenheuer Vertrag für die Uraufführung des noch ungespielten ›Baal‹ in Kiel. Ich ließ dem Autor über die Verlagsadresse mitteilen, daß ich das Stück zu inszenieren vorhabe, und ob er nicht zu den Proben kommen könne.

Nach einiger Zeit bekam ich eine, nur mit kleinen Buchstaben getippte, Postkarte von ihm, in der er erklärte, nach Kiel kommen und an den Proben teilnehmen zu wollen, falls ihm das Stadttheater Reise, Aufenthalt und ein Regisseurgehalt zahle, das er ungewöhnlich hoch ansetzte. Unterzeichnet war die Karte, in deutscher Kurrentschrift und mit kleinem Anfangsbuchstaben, mit jenem charakteristischen Namenszug ›brecht‹, der heute auf Buchdeckeln zu finden ist. (Als ich ihn später einmal fragte, warum er mit kleinen Buchstaben schreibe – was er übrigens nicht immer tat –, antwortete er: aus Bequemlichkeit.)

Dabei blieb es, für Kiel. Die Aufführung wurde nicht bewilligt, der von Elwenspoek und mir gemachte Vertrag hinterblieb der Theaterverwaltung als Testament, dessen sie sich wohl durch Zahlung von Konventionalstrafen entledigt hat.

Es mag heute noch in Kiel ein paar alte Leute geben, die sich an diesen Theaterwinter, 1922/23, erinnern, der unter dem Zeichen des Aufruhrs, des produktiven Chaos und der Pleite stand.

Für unseren ›jungen Kreis‹, für mich besonders, war es eine grandiose, eine fulminante Zeit. Je mehr wir uns vorwagten, je mehr wir von uns reden machten, desto deutlicher zeichnete sich das kommende Debakel am diesigen Horizont der Kieler Förde ab.

Aber wir hatten gloriose Momente. In meiner Vortragsfolge: ›Vorstufen des Theaters, die Quellen seiner Revitalisierung‹, veranstaltete ich eine Matinee mit dem marktschreierischen Titel: ›Von Zirkus, Karussell und Jahrmarkt, von Schiffsschauklern, Gauklern und Vagabunden‹. Sie ging meiner Inszenierung von Molnárs ›Liliom‹ voraus. Mein Vortrag wurde von Siegfried Jacobsohn in der ›Weltbühne‹ abgedruckt. Der letzte Satz, der dem Auftreten einiger unserer Schauspieler mit verschiedenen ›Volks-Texten‹ vorausging, lautete:

»Sie werden Grobianisches hören, Ungehobeltes, Unaussprechliches! Die längst verstorbenen, anonymen Verfasser bitten nicht um Entschuldigung.«

Diese angeblichen ›Volks-Texte‹ waren alle in den letzten paar Nächten vor der Matinee an meinem Schreibtisch entstanden – hinter den verstorbenen, anonymen Verfassern verbarg sich der Kieler Dramaturg. Es gab da ein Seiltänzerlied, Gassenkinderverse (mit Anlehnung an ›Des Knaben Wunderhorn‹), Tippelkundensprüche im hessischen und pfälzischen Dialekt, einen davon, der besonders deftig war, hatte ich mir von einer niederdeutschen jungen Schauspielerin ins Plattdeutsche übersetzen lassen, damit die Kieler es auch genau verstünden.

Das Hauptstück war die ›Mainzer Moritat vom Schinderhannes‹, in fünfzehn Strophen, zu deren jeder ein großes, auf Pappkarton aufgemaltes Schauerbild gezeigt wurde. Auch diese Bilder hatte ich selbst, mit Feder und Buntstift, entworfen, die Entwürfe besitze ich noch – sie waren der Erinnerung an eine Schinderhannes-Moritat entwachsen, die ich als Kind im Innern des ›Lennebergturms‹ bei Gonsenheim gesehen hatte. Der Schauspieler Hans Alva trug im roten Hemd die Moritat vor, eine junge Schauspielerin wechselte als schwindsüchtiges ›Kleckerlieschen‹, in Fetzen gekleidet, die Bildtafeln, der ganze ›Junge Kreis‹ sang als Gaffer-Chor die Refrains mit, und ich spielte dazu abwechselnd die Gitarre und, zwischen den Strophen, die Ziehharmonika.

Wir amüsierten uns königlich, und ein Teil des jugendlichen Publikums desgleichen. Unser größter Spaß: als ein Rezensent ganz seriös über diese Proben ›echter Volkspoesie‹ einen Essay schrieb.

Doch stocherten unsere Inszenierungen mehr und mehr ins Wespennest der öffentlichen Entrüstung, sowohl unter den älteren Schauspielern, die empört waren, wenn wir eine Hauptrolle mit einem Anfänger, einen Greis mit einem Zwanzigjährigen besetzten, als unter dem Publikum. Ich machte Wedekinds ›Marquis von Keith‹, mit einem an der Rampe aufgespannten Punchingball, an dem der Marquis im Rhythmus seiner Sätze trainierte, das Ganze mit bewußt überzeichneten, stark überschminkten Figuren. Als Albrecht Joseph die ›Zauberflöte‹ inszenierte, statt im gewohnten, pseudo-ägyptischen Dekor auf einer Bühne mit buntem Glasrahmen, in modernen Kostümen und mit rhythmisierter Bewegung, gab es Protestrufe aus dem Publikum und Leute, die laut schimpfend das Theater verließen. Auch ein Teil der Sänger und das Chorpersonal fühlten sich vergewaltigt.

Heutzutage würde sich niemand mehr, weder in Kiel noch in Kyritz, über solche Versuche oder andere, auch im Sinne der Gegenwart gewagtere, alterieren, man würde sie, im Zweifelsfall, achselzuckend anschauen und sagen: das ist halt modern. Ich aber lobe mir das brave alte Kiel, das ich damals in einem Spott- und Kampfartikel als ›Sprotten-Athen‹ bezeichnet habe; denn ich finde es schön, daß man sich aufregte, eine Position verteidigte, einen Maßstab anlegte, auch wenn er zu eng oder veraltet war, ich finde es gut, daß man Aufregung, Empörung, Auseinandersetzung entfachen konnte und dagegen kämpfen, sich selbst riskieren mußte, um schließlich den neuen, der Zeit gerechten Maßstab durchzusetzen.

Daß wir in diesem Turnier unterliegen mußten, lag auf der Hand.

Die Kasseneinnahmen sanken rapid, immer mehr Stammsitze wurden gekündigt, Elwenspoek hatte ernste Konflikte mit der Theaterkommission und hätte seine Stellung höchstens retten können, wenn er seinen unbequemen jungen Mitgliedern gekündigt und mich aus dem Regiestab ausgeschlossen hätte. Daran dachte er nicht. Er stand zu uns und zu seiner Überzeugung, selbst als Schimpf-Pamphlete auf den ›Jungen Kreis‹ des Theaters, dem man – nicht ganz zu Unrecht – auch erotische Libertinage und alkoholische Exzesse vorwarf, an der Universität und im evangelischen Jugendring verteilt wurden.

Hinter seinem Rücken ließen die älteren Schauspieler und Regisseure ein Protestschreiben – gegen den Intendanten selbst und seinen ›jugendlichen Klüngel‹ – herumgehen, das vom ganzen Personal unterzeichnet wurde, mir Ausnahme von uns natürlich und zweier Sängerinnen, die mit uns sympathisierten. Das Schriftstück wurde der Stadtverwaltung vorgelegt und hätte unser Schicksal entschieden, wenn wir das nicht selber besorgt hätten – durch eine Eskapade, für die ich meinen Intendanten leicht gewinnen konnte. Ihm leuchtete ein, daß – wenn es doch sein müsse – unser Abgang nicht lautlos, sondern mit einem Riesen-Eklat zu geschehen habe und daß man beim Rückzug seine Festung, in diesem Fall das Theater, wenigstens symbolisch in die Luft sprengen solle.

In weniger als einer Woche bearbeitete ich das Lustspiel ›Der Eunuch‹ von Terenz, einen glänzend gebauten Schwank aus der fülligsten und laszivsten Theaterzeit des alten Rom, dessen Motive schon früher von römischen und griechischen Komödiendichtern benutzt worden waren.

> »Der nahm's vom Plautus, jener von Menander –
> So klauten die Antiken voneinander!«

hieß es in meinem Prolog über den Stückeschreiber Terenz.

Ich nahm von dem Stück nur den Grundriß der Handlung und die Personen, schrieb das Ganze völlig neu, im unverblümtesten

Deutsch der Nachkriegszeit, packte alles hinein, was wir den Kielern an politischen und sonstigen Aufrichtigkeiten zu sagen hatten, und überzog die saturnalische Erotik des Vorwurfs, in dessen Mittelgrund die große Hure Thais und ihre Liebhaber stehen, ins schlechthin Vulgivage.

Es war eine Mischung von Kraftmeierei und bewußter Provokation mit leicht hingeworfenen, theatersicheren Szenen und manchen sprachlich verblüffenden, sogar poetischen Dialogen, die dann wieder in barem Ulk und Klamauk versackten.

Als Motto hatte ich der Niederschrift das Zitat vorangestellt:

»Glücklicher Aristophanes, glücklicher Plautus, der noch Leser und Zuschauer fand. Wir finden, weh uns, nichts als Rezensenten und könnten ebensogut in die Tollhäuser gehen, um menschliche Natur zu offenbaren.«

(Jakob Michael Reinhold Lenz, im ›Pandämonium Germanicum‹.)

Elwenspoek hielt es für den Wurf eines Originalgenies, und obwohl er genau wußte, daß es noch keine Dichtung war, zweifelte er nicht daran, einen kommenden Theaterdichter damit vorzustellen.

Für mich war das eine Fingerübung nach Noten, eine Handwerksprobe und vor allem ein panisches Vergnügen. Alle Rollen waren bis in persönliche Details den dafür gedachten Schauspielern auf den Leib geschrieben, auch solchen, die zu unsren erbittertsten Gegnern gehörten und die der Intendant kraft seines Amtes, das er immerhin noch besaß, dadurch zum Mitspielen zwang, daß er ihnen im Weigerungsfall mit Entlassung wegen Vertragsbruchs drohte, was keiner auf sich nehmen wollte.

Außerdem war jede Rolle gut, voll komödiantischer Effekte, die sich selbst ein moralisch entrüsteter Schauspieler nicht gern entgehen läßt. Zweifelsfalls konnten sie sich ja später auf ›Befehlsnotstand‹ herausreden.

Der letzte Satz war noch nicht geschrieben, da standen wir schon auf der Probe, ich führte Regie, Albrecht Joseph entwarf das Bühnenbild, unser erster Kapellmeister komponierte (heimlich und ohne Namensnennung) die Musik für Flöte, Oboe, Fagott und Schlagzeug, und dank der gesteigerten Spielfreude des ›Jungen Kreises‹, von dem jeder wußte, worum es ging, kam eine glänzende Aufführung zustande.

Der tollkühne Intendant, der nichts mehr zu verlieren hatte, veranstaltete die ›Uraufführung‹ als geschlossene Vorstellung vor geladenen Gästen, am nächsten Abend sollte sie dann der Öffentlichkeit präsentiert werden. Die Spitzen der Stadt, der Gesellschaft, der Universität, des Skagerrakbundes sowie die Presse waren geladen, für jeden einzelnen waren zwei Freikarten ausgestellt, und es erschienen fast alle mit ihren Damen. Elwenspoek hielt eine einführende Ansprache, in der er die Entdeckkung eines Theatertalents verkündete, das einmal die Welt von sich reden machen werde, und schloß mit dem Zitat:»...und ihr könnt sagen, wir sind dabeigewesen.«

Skeptisch und stumm saßen die Kieler dabei.

Nach dem Prolog, der wie im antiken Theater mit dem Symbol des Phallus zur Verherrlichung des schöpferischen Eros gehalten wurde und in ein Lob des edlen Gliedes ausklang, wagte keiner mehr zu atmen, offenbar wollte sich niemand ein Schreckenswort entgehen lassen, und es verließ auch niemand das Theater, ehe der letzte Vorhang die Hoffnung begraben hatte, daß es noch schlimmer kommen könne. Es kam, für damalige Begriffe, mehr als schlimm. Eine unserer jungen Schauspielerinnen, die total unbegabt, aber berauschend hübsch gewachsen war, wurde als geraubte Jungfrau und Sklavin der Thais nackt über die Bühne geführt, nur mit einem Schleier um die Hüften, ihre Brüste waren orangen geschminkt und um den Nabel eine Sonne mit blauen Strahlen. Da sie beim Sprechen mit der Zunge anstieß, hatte ich ihr nur einen einzigen, kurzen Text geschrieben – wenn sie nämlich am Schluß gefragt wurde, wo sie die Zeit ihrer Entführung verbracht habe: »Auf Lesbos.«

Der ruhmredige Feldherr, der alle Schlachten verlor, außer der auf der Matratze, und sein schlauer Parasit wurden in den angedeuteten Masken von Hindenburg und Ludendorff gespielt – der wackere alte Feldmarschall hatte das nicht verdient, er ging zweifellos lieber in die Kirche als ins Freudenhaus – und äußerten sich in Wendungen, die dem Jargon des großen Hauptquartiers entnommen waren.

Und als ›Eunuchen‹ wurden die Koryphäen im Publikum, vor allem die Kritiker verdächtigt.

Ein paar junge Leute, denen man die Galerie freigegeben hatte – mein Matinee-Publikum –, lachten und klatschten am Schluß – die geladenen Gäste verließen das Haus in bedrohlichem Schweigen.

Noch in der Nacht wurde eine Sitzung des Stadtrats einberufen und der Intendant aufgefordert, das Stück sofort abzusetzen, bevor es zu einem öffentlichen Skandal kommen könne.

Da er sich weigerte, wurde am nächsten Tag das Theater, wegen ›groben Unfugs‹, polizeilich geschlossen, der Intendant und ich fristlos entlassen, ein Teil des ›Jungen Kreises‹ vorläufig von der Theaterarbeit suspendiert, alle mit uns schon geschlossenen Verträge für die nächste Spielzeit als ungültig erklärt. In dem Dokument meiner Entlassung hieß es: »wegen Aufsässigkeit, Unbotmäßigkeit und völliger künstlerischer Unfähigkeit«.

Mit dieser Bestätigung verließ ich Kiel bei Nacht und Nebel, da ich mich dort auf der Straße nicht mehr sehen lassen konnte.

Elwenspoek fand eine Zwischenstellung in einer Bank, bis er sich im nächsten Winter nach München und später nach Stuttgart absetzte, wo er unter dem famosen Intendanten Kehm wieder am Theater und dann im Funk tätig war.

München war auch mein Ziel. Das Gerücht von unseren künstlerischen Bocksprüngen in Kiel hatte sich in der Theaterwelt herumgesprochen, und der Hinausschmiß weckte bei ihrem progressiven Teil mehr Interesse als Ablehnung. In München hatte in diesem Jahr die große Schauspielerin Hermine Körner, die wohl auch der jüngeren Generation noch durch ihre strahlende Alterskunst in Erinnerung ist, die Direktion des ›Schauspielhauses‹ in der Maximilianstraße übernommen, zusammen mit einem Baron von Veltheim, der vermutlich die finanzielle Basis fundierte. Ich hatte, mit einer Empfehlung von

Elwenspoek, ein Manuskript meines ›Eunuchen‹ an Hermine Körner geschickt und mich ihr gleichzeitig als Dramaturg und Regisseur angeboten. Denn ich war ja ›frei‹, ich war zu haben, und ich hatte, nach meinem glorreichen Desaster in Kiel, die Überzeugung, daß man mich überall erwarte und brauche.

Tatsächlich bekam ich von Hermine Körner eine Antwort: sie habe selten so gelacht wie bei der Lektüre des ›Eunuchen‹ und trage sich mit dem Gedanken, mich das Stück an ihrem Theater inszenieren zu lassen. Ich möchte mich bei ihr vorstellen.

Ich erreichte Bayern größtenteils zu Fuß, von Norden nach Süden durch die deutschen Länder. Ein Stück Bahnfahrt konnte ich mir nur leisten, wenn ich ein Zeitungs- oder Zeitschriften-Honorar bekommen hatte. Die Inflation, es war im Sommer 1923, näherte sich ihrem Höhepunkt, man lebte zwischen Millionen, Milliarden und Null, ich durchweg in der letzteren Gegend. Auf der Plattform eines Vierter-Klasse-Wagens, an einer alten Brotrinde kauend, schrieb ich ein Gedicht: ›Das Essen‹. Es war ein lyrischer Hymnus auf die Genüsse der Einverleibung. In Stefan Großmanns in Berlin erscheinender Zeitschrift ›Das Tagebuch‹ wurde es gedruckt und fand großen Anklang: Niemand ahnte, daß es die Delirien eines knurrenden Magens waren.

Der ›Eunuch‹ wurde in München nicht gespielt. Es gab dort am Schauspielhaus keinen ›Jungen Kreis‹, und das Ensemble weigerte sich, nach Empfang der Rollenbücher, derartiges in den Mund zu nehmen. Nur die großartige Hermine war nach wie vor dafür, aber sie konnte es ihren Darstellern nicht aufzwingen. Jedoch engagierte sie mich, nachdem ich mich bei ihr vorgestellt hatte; es war eine reine Unterstützungsaktion, denn sie hatte schon einen Dramaturgen namens Otto Weissert, der heute als Direktor der ›Zürcher Schauspiel AG‹ tätig ist. Ich wurde also ›zweiter Dramaturg‹ ohne genau umschriebene Funktionen und bekam ein Mindestgehalt, das bei jeder Auszahlung weniger wurde, denn jetzt schwoll der Dollarkurs schon in die Billionen, und wenn man mit seinen frisch gedruckten Papierscheinen in der Hand nicht schleunigst in ein Lebensmittelgeschäft rannte, um irgend etwas Eßbares zu ergattern, waren sie in ein paar Stunden schon wieder entwertet. Die meinen reichten gewöhnlich nur für ein Paket Spaghetti und zwei Tomaten – in dem Quartier, das ich gefunden hatte, erhielt ich den Spitznamen: der ›Spaghetti-Baron‹.

In der ersten Zeit meines Engagements bat mich Hermine Körner, bei einer Probe zu der von ihr nach Reinhardts Vorbild inszenierten ›Maria Stuart‹, die sie allein mit ihrer Partnerin auf der leeren Bühne abhielt, die Stichworte zu geben und die Stellungen der anderen Mitspieler zu markieren. Sie wußte, daß ich alles liebend gern machte, was mit Bühnenpraxis zu tun hatte, Büro-Arbeit hat sie mir niemals zugemutet.

Ihre Partnerin als Maria – sie selbst spielte die Elisabeth – war Tilly Wedekind, die Witwe des ums Kriegsende verstorbenen Dichters.

Sie hat vor kurzem, im Frühjahr 1966, ihren achtzigsten Geburtstag gefeiert, also kann sie damals erst siebenunddreißig gewesen sein: eine Frau von blühender Schönheit. Etwas Geheimnisvolles war um sie, das sie noch anziehender machte, ein Flor von Schwermut, ein Hauch von beherrschter Traurigkeit. Ihr Lächeln war mild und von stillem, zärtlichem Liebreiz. Seit sie unter Wedekinds strenger Zucht seine Rollen gespielt hatte, stand sie wohl zum ersten Mal wieder, in einer klassischen Gestalt, auf der Bühne. Ich fand sie, was man sonst nur, und selten, von Gemälden sagen kann, zum Weinen schön und mußte sie immer ansehen, so daß ich mit meinen Stichworten oft ins Stokken kam. Dann aber stockte ich aus einem anderen Grund. Ich hatte ›Maria Stuart‹ nie auf der Bühne gesehen, kannte das Stück nur von einer flüchtigen Schullektüre, bei der ich gestreikt hatte, weil man uns Schiller moralistisch zu verekeln suchte, und hatte es fast vergessen. Jetzt, während die beiden Damen ihre Dialoge probten, begriff ich zum ersten Mal die grandiose Verzahnung, die geschmeidige Komposition, die Gewalt der Sprache und der Menschenbildnerei in diesem Werk. Ganz überwältigt, begann ich statt der Stichworte den vollen Text zu lesen und konnte nicht anders, als mir manchmal mit Ausrufen Luft zu machen, wie: »Großartig! Was für ein Stück!« oder ähnlich. »Kennen Sie wirklich das Stück nicht?« fragte Hermine lachend. »Das dürften Sie sich als Dramaturg nicht merken lassen!«

»Warum nicht?« sagte ich. »Sie wissen ja doch: ich bin ein schlechter Dramaturg, aber ich werde ein guter Dramatiker.«

Damit gewann ich Frau Tillys Sympathie.

So kam ich ins Haus Wedekind, in die schöne große bürgerliche Wohnung in der Äußeren Prinzregentenstraße, in der der geniale Bürgerschreck noch seine letzten Jahre verlebt hatte, und befreundete mich mit den beiden Töchtern. Mit Pamela, der sechzehnjährigen, saß ich gitarrespielend auf dem Boden ihres Studios herum – sie sprach und sang mit der scharf prononcierten Diktion ihres Vaters, dessen Totenmaske an der Wand hing. Mit Kadidja, der zwölfjährigen, geriet ich in ein wildes Karl-May-Indianerspielen, wir waren Häuptlinge feindlicher Stämme und redeten uns mit ›Hund von Pimo‹, ›Kröte von Atabaskah‹ oder ›Stinkender Coyote‹ an. Einmal, als ich, von Tilly zum Essen geladen (ihre gute Küche übte noch einen zusätzlichen Reiz auf mich aus), in korrektem Anzug die Wohnung betrat, sprang mir Kadidja auf dem halbdunklen Flur von der Höhe eines riesigen Wäscheschranks mit einem Küchenmesser ins Genick, um mich zu skalpieren, und wir rollten uns auf dem Boden.

Durch Pamela lernte ich auch das älteste Pärchen der Mann-Kinder kennen – Thomas und Katja Mann hatte sich drei Pärchen, je einen Knaben und ein Mädchen, zugelegt, aber nicht als Zwillinge, sondern nur so kurz hintereinander, daß man sie fast für Zwillinge hielt, das war besonders bei Klaus und Erika der Fall. Sie war eine kluge, dunkeläugige Primanerin, er ein blasser, von seiner Begabung gequälter, von Problematik früh gezeichneter junger Mensch. Sie strichen immer gemeinsam in der Stadt herum und hatten den Tick, kleine Warenhausdiebstähle zu begehen – auch sonst einen Hang zum Abenteuerlichen und eine romantische Vorstellung vom Leben des ›Rastaquère‹, den ich wohl in meiner zeitweiligen Verwilderung für sie darstellte. Wir mochten uns gern. Ins Mann-Haus, in dem sich damals

›Unordnung und frühes Leid‹ abspielte, kam ich in dieser Zeit noch nicht.

Hauptsächlich verkehrte ich in Schauspielerkreisen, mit Erwin Faber, Erich Riewe, Otto Wernicke, Oskar Hornolka und anderen, bei denen man, wenn sie genügend Platz in ihrer Wohnung und etwas zu trinken hatten, oft nächtelang beieinandersaß. Aber es war im Heim einer Schauspielerin, ja, es war wohl bei Maria Koppenhöfer, der stärksten Begabung, die damals in München heranreifte, wo ich in einer solchen improvisierten Gesellschaft, nach dem Theater – es wurde auch getanzt, zu Grammophonmusik –, mit Bert Brecht zusammentraf. Ich weiß noch ein paar andere Leute, die dabei waren, aber kaum einen mit Sicherheit, sie sind alle verschwommen, ich sehe nur ganz scharf und klar dieses eine Gesicht, das mir dann vertraut wurde wie wenig andere. Und höre diese eine, unverwechselbare Stimme.

Brecht war damals, neben Lion Feuchtwanger, seinem eigentlichen und ersten Entdecker, Dramaturg an Falckenbergs ›Münchner Kammerspielen‹, die noch nicht mit dem Schauspielhaus zusammengelegt waren, sondern in der Augustenstraße ihr eigenes, kleines Bühnenhaus hatten. Falckenberg hatte ihn ein Jahr vorher, mit dem Drama ›Trommeln in der Nacht‹, zum ersten Mal aufgeführt. Jetzt bezog er dort, ähnlich wie ich bei Hermine Körner, eine Art von ›Dichter-Sold‹, ohne dadurch an eine feste Tätigkeit gebunden zu sein.

Ich kannte seine frühen Stücke, hatte auch noch eine Aufführung von Erich Engels Inszenierung des Dramas ›Im Dickicht‹ gesehen, die – wie es damals mit neuartigen Werken gewöhnlich ging – rasch wieder verschwand. Aber ich kannte – soweit sie nicht in den Stücken vorkamen – noch nichts von seinen Gedichten, Liedern, Balladen. Und man konnte sie nur wirklich kennen, wenn man sie ihn selbst zur Laute singen hörte. Er beherrschte das Instrument und liebte komplizierte, schwer greifbare Akkorde: cis-Moll oder Es-Dur. Sein Gesang war rauh und schneidend, manchmal bänkelsängerisch krud, mit unverkennbar augsburgischem Sprachklang, manchmal fast schön, schwebend ohne Gefühlsvibration, und in jeder Silbe, in jedem halben Ton ganz klar und deutlich. Man kann über seine Stimme, wenn er sang, das gleiche sagen, was Herbert Ihering über die Sprache seiner Frühwerke geschrieben hat:

»Sie ist brutal sinnlich und melancholisch zart. Gemeinheit ist in ihr und abgründige Trauer. Grimmiger Witz und klagende Lyrik.«

Wenn er zur Laute griff, verstummte das Geschwirr der Gespräche, die Schleifschritte der sich in schlechter beleuchteten Ecken herumschiebenden Tangotänzer hörten auf, alles hockte um ihn her, wie in einen magischen Bann geschlagen. Er sang an diesem Abend seine Moritat vom ›Jakob Apfelböck‹, dann die ›Erinnerung an die Marie A.‹ (ein Lied, zu dem er eine gegen Ende der Kriegszeit allbekannte, vulgäre Schlagermelodie benutzt und durch den Text und den musikalischen Ausdruck in eine haftende Volksliedweise verwandelt hat), die ›Ballade von den Seeräubern‹, den Gesang ›Vom ertrunkenen Mädchen‹ und vielleicht noch andere, wie ich sie dann viele Male, durch Jahre hindurch, von ihm gehört habe.

Jetzt aber hörte ich sie zum ersten Mal. Völlig benommen, aufgerührt, verzaubert saß ich in einer Ecke und war peinlichst betroffen, als einer meiner Freunde aus Kiel, den es auch nach München verschlagen hatte und der an diesem Abend dabei war, in die Stille hinein laut sagte: »Jetzt soll der Zuck was singen. Der macht seine Sachen auch zur Klampfe. Kinder, den müßt ihr hören.« Ein paar andere schlossen sich ihm an.

Ich wollte nicht. Ich wäre am liebsten auf und davon gegangen. Aber es schien mir läppisch, den Mann zu spielen, der sich bescheiden weigert und den man überreden muß. Ich sagte gar nichts und hoffte, daß die meisten darüber weghören würden und wieder zu tanzen anfingen.

Aber mein Kieler Freund insistierte: »Zuck, sing den Seidelbast.«

Brecht stand auf und hielt mir mit angewidertem Gesicht die Laute hin.

Es gab eine alberne Moritat vom ›Johann Gottlieb Seidelbast‹, die man bei studentischen Commersen undsoweiter sang, vermutlich glaubte er, daß die gemeint war. Aber mein ›Seidelbast‹ hieß eigentlich ›Cognac im Frühling‹ – ich hatte das Gedicht ein paar Jahre früher, während ich in jener Kneipe am Berliner Gendarmenmarkt auf Annemarie Seidel wartete, als eine Huldigung für sie mit Tintenstift auf die Rückseite der runden, feuchten Bierglas-Unterlagen geschrieben, auf deren Oberseite ›Pilsner Urquell‹ stand. Es war ein verstecktes Liebesgedicht, den Zerfall einer Schnapsleiche besingend, dessen Strophen immer mit der Schlußzeile endeten:

»Aus meinem Herzen wächst der Seidelbast. «

Dazu hatte ich eine einfache, nur von ein paar Akkorden unterlegte Melodie gemacht.

Ich zupfte erst ein wenig auf der Laute herum, um mich sicherer zu machen und mich an die Griffweite zu gewöhnen, dann sang ich es halt, so gut und unverhemmt wie ich konnte. Es war mehr ein Aufsagen der Verse zur Melodie.

Als ich geendet hatte, kam Brecht zu mir hin und musterte mich mit einem merkwürdigen Blick aus halb zugekniffenen Augen. Man wußte nicht, ob sein Blick mißtrauisch, kühl oder freundlich war.

»Hörren Sie«, sagte er mit seinem harten augsburgischen **R**, »das ist ja garr nicht schlecht. «

Im Lauf der Nacht wurde noch mehr gesungen, von ihm, von mir, wir nahmen uns gegenseitig die Laute aus der Hand, als hätten wir das schon immer so gemacht. Zwischendurch tanzten wir auch, ich beobachtete, daß er exakt und ungeheuer musikalisch tanzte, sehr still, mit versunkenem Gesicht, die Knie etwas eingeknickt, ganz an die Bewegung verloren. Als die Gesellschaft sich auflöste, fragte er mich, wo ich wohne. Ich sagte es. Er meinte, da könnten wir ein Stück zusammen gehen.

Wir gingen allein. Ich sehe ihn noch, wie er mit der losen Lederjacke, unter der er damals gern sehr schöne, weiße Hemden trug, mit der in ein Tuch geschlagenen Laute im Arm, die Ledermütze in die Stirn geschoben, die Schultern gerundet und vornübergeneigt, so daß er kleiner wirkte, als er war, durch die leeren Straßen neben mir hertrabte.

Wir hatten billige schwarze Zigarrenstummel im Mund und kamen in ein so lebhaftes Gespräch, daß wir plötzlich statt vor meiner vor seiner Wohnung standen. Die lag im Parterre, in einem Eckhaus am Ende der Ludwigstraße bei der Universität, die meine am Ende der Maximilianstraße, fast an der Isar. Wir gingen den Weg bis zu mir und dann noch einmal bis zu ihm hin und her. Es war eine schöne Nacht, sternenklar, Mitte Oktober, es roch nach fallendem Laub.

»Dieser Herrbscht 1923«, sagte Brecht, »ist ein überaus wohlgelungener Herrbscht.«

Das war seine Art, sich über die Natur auszulassen. Es dämmerte schon, und er sagte, eine Flasche Bier sei bei ihm zu Hause und ein Schnapsrest, vielleicht werde seine Frau uns einen Kaffee kochen, wir könnten noch etwas musizieren.

Sein Arbeitszimmer ging auf die Straße hinaus, wir glaubten sehr leise zu sein, aber nach einiger Zeit kam seine Frau im Morgenrock herein und mahnte uns zur Ruhe, das Kind schlafe noch. Sie war die Schwester des Schriftstellers Otto Zoff, nach der Trennung von Brecht wurde sie die Frau des Schauspielers Theo Lingen.

Das Kind, eine Tochter, lag im Hinterzimmer noch in der Wiege, sie sah schon damals ihrem Vater unglaubhaft ähnlich. Wenn ich sie heut auf der Bühne sehe – sie ist die Schauspielerin Hanne Hiob –, erschrecke ich immer wieder, weil mir ist, der junge Brecht stehe da droben, als Frau verkleidet.

Es kam eine Zeit, in der wir sehr viel beisammen waren, auch oft miteinander spazierengingen, im Englischen Garten oder im Isarwald, manchmal mit seinem Freund Caspar Neher gemeinsam, mit dem er alle seine Arbeitspläne besprach. Brecht brauchte Zuhörer, auch solche, die mitredeten oder die er fragte, wenn er am Werk war. Er verarbeitete dann sofort, was er von dem Gesagten nutzen konnte, auf seine Weise. Mir war diese

Gemeinschaftsarbeit ganz fremd – ich konnte und kann auch heute nur etwas zustande bringen, wenn ich allein bin –, aber das Dabeisein faszinierte mich und erschloß mir alle möglichen neuen Aspekte. Einmal nahm er mich und Erich Engel zu Lion Feuchtwanger mit, mit dem er damals begonnen hatte, im Auftrag der ›Kammerspiele‹ das ›Leben Eduards des Zweiten‹ von Christopher Marlowe zu bearbeiten. Mit Feuchtwanger, der sehr viel vom Theater verstand und ein enormes literarisches Wissen hatte, besprach er die Möglichkeiten, die Hintergründe, die Konstruktion, die Szenenfolge, die geistige Grundlinie. Da ließ er sich gern beraten, sogar führen. Alles andere, die Formung, die sprachliche Gestalt, das Atmosphärische, die Dialoge kamen von ihm, und da war er absoluter Souverän. Seine poetischen und szenischen Einfälle waren unerschöpflich, und er produzierte sie mit derselben Leichtigkeit, mit der er sie wieder verwarf. Ich erinnere mich an eine bestimmte Szene, von der Engel und Feuchtwanger meinten, hier müsse ein Monolog hinein. In fünf Minuten, während drei Leute rauchend und kaffeetrinkend um ihn herum saßen, hatte er den geschrieben und las ihn vor: man erfuhr in zwanzig Verszeilen den Einblick in ein halbverwestes, lurchenhaftes, algenverstricktes Totenreich tief unter den Erdgewässern, in dem ein Mensch die Unentrinnbarkeit seines Schicksals voraussieht. Wir fanden das großartig und ganz im Sinne der dramatischen Gestalt, aber Brecht steckte das Blatt in die Tasche, sagte, das sei fürs Theater viel zu lyrisch, er werde das für ein Gedicht verwenden, und schrieb einen neuen Text. Nie habe ich eine solch wuchernde, aus allen Wurzeln aufschießende und zugleich kritisch beherrschte Produktivität erlebt.

Daß ich dem Genie begegnet war, wußte ich beim ersten Zusammentreffen, oder zum mindesten einer genialischen Persönlichkeit, wie ich sie noch nie gekannt hatte. Ich konnte nicht wissen, mit welcher zielbestimmten Hartnäckigkeit er sein Talent zur Größe emportreiben werde. Aber es steckt im genialen Menschen noch etwas anderes, was rational nicht zu erklären ist: eine gleichsam mit ihm geborene, geheime Lebensweisheit, die es vor seinem Advent so noch nicht gegeben hat, eine vorgeformte Erfahrung, die den Jugendlichen mit einer Weltkenntnis begabt, als habe er schon hundert Jahre gelebt, als sei er – bei aller Frische seiner Anschauung und seines Ausdrucks – mit dem Wissen des Alters vertraut, das aus dem Quell der Erinnerung gespeist wird.

Herbert Ihering, der an seinem Enthusiasmus für Brecht fast selbst zum Dichter wurde, hat das in seinem ersten Aufsatz über ihn, bei der Verleihung des Kleist-Preises, gesagt. Es ist später viel über Brecht geschrieben worden, aber nie Besseres, nie so authentisch und ohne dialektische Exegese. Da heißt es:

»Ein Poet, der scheinbar die Verwesung gestaltet und mit dieser Gestaltung Licht verbreitet.

Der scheinbar zynisch ist und mit seinem Zynismus erschüttert. *Der jung ist und schon in alle Tiefen gesehen hat.*«

Das war es. Das empfanden alle Freunde des damals Fünfundzwanzigjährigen, sogar er selbst. Aber er war weit davon entfernt, das in irgendeiner Weise feierlich oder pathetisch zu betonen. Er verabscheute den Typ des seiner ›Sendung‹ bewußten, als Seher und Prophet umherschreitenden Dichters. Sein Weltblick war realistisch, von Skepsis und Humor bestimmt, wie seine Art, sich persönlich auszudrücken. »Was hat euch der alte Vater Brecht wieder gesagt?« hörte ich ihn oft bemerken, wenn irgend etwas in unserer Umwelt passiert war, und er hatte uns fast jedesmal etwas gesagt, und es stimmte auch.

Man mußte – auch das war mir schon im Anfang klar – sich vor ihm in acht nehmen, so sehr man von ihm angezogen war: um als einer, der selbst seinen Ausdruck sucht und sich eigener Talentkräfte bewußt ist, dieser Anziehungskraft nicht zu erliegen. Brecht war in vieler Hinsicht gefährlich, wie vermutlich jedes Genie. Er wollte keine Bewunderer oder Jünger, aber Mitarbeiter, die sich ihm zu- und damit unterordneten.

Er hatte bei aller scheinbaren Konzilianz ein starkes Machtbedürfnis, nämlich nach geistiger Macht, die nicht kommandiert, aber leitet.

In den späten zwanziger Jahren, als der Begriff des Kollektivs in der Literatur und am Theater in Mode kam, vor allem in Berlin, sagte ich einmal zu ihm: »Für dich ist das Kollektiv eine Gruppe von intelligenten Leuten, die zu dem beitragen, was einer will, nämlich du.«

Er sagte, mit seinem eigentümlich verschlagenen Lächeln: da hätte ich gar nicht unrecht.

»Jeder Mann ist der beste Mann in seiner Haut«, heißt es in seinem Drama ›Trommeln in der Nacht‹, und wenn dieser Satz auch eine demokratische Deutung zuläßt, so ist doch die Vorstellung vom einen, vom starken, vom besten Mann als dem Überlebenden, in seinem Frühwerk besonders verankert. »Denn der starke Mann ficht und der schwache Mann stirbt«, höre ich ihn singen. Das sozialrevolutionäre Element war beim jungen Brecht nicht humanitär oder ideologisch fundiert, sondern eher aus einem anarchischen Vitalismus geboren, in dem kreatürliche Trauer, Melancholie und das harte Trommeln der Todes- und Zeugungsfeier musikalisch miteinander verschmolzen. Dieser junge Brecht bestach, bezauberte, bestrickte, betörte vor allem durch seine enorme, hinreißende Musikalität, die durch sein ganzes Lebenswerk weiterwirkt: gewiß ist die Musik der ›Dreigroschenoper‹ von Kurt Weill, aber wer Brechts Tonfall, wer seine eigene melodische Diktion kannte (wie sie in dem von ihm selbst vertonten Lied des Flugblattverkäufers im ›Leben Eduards des Zweiten‹ genau zutage tritt), der weiß, daß die berühmten Drehorgeltakte vom Mackie Messer seinem Einfall und seiner Anregung entsprungen sind.

Oft hatte ich in den frühen Tagen den Eindruck, daß er auch in seiner Sprachbegabung wie ein ungarischer oder slawischer Zigeuner sei, der – ohne es je gelernt zu haben oder Noten zu kennen – jedes Instrument spielen und sofort beherrschen kann. Die Legende will heute aus dem frühen Brecht gern einen feurigidealischen Jüngling machen, einen dunkeläugigen Erzengel mit Flammenschwert oder wenigstens eine Art von potentiellem Bombenwerfer. Das alles ist Literatur. Was von ihm ausging, wie er wirklich erschien: das war ein Rattenfänger, ein musikantischer Erzzigeuner, wenn auch mit den Zügen eines Jesuitenschülers, eines Schwarzwälder Landstreichers und eines Lastwagenchauffeurs. Dabei sehe ich eine tiefe Verwandtschaft zwischen dem vertrackten, verteufelten Reiz seines Scholarengesichts in der Jugend und der ergreifenden, klaren Römer-Schönheit seiner Totenmaske.

Die Exegeten werden mir ins Gesicht springen, wenn ich behaupte, daß es in der Dichtung des jungen Brecht einen religiösen – wenn man will, heidnisch-religiösen, naturmythischen Zug gab. Für ihn war da noch etwas, das außerhalb und oberhalb des Menschen lag, nicht in ihm selbst allein und seinen ökonomischen Verhältnissen: der große Himmel des ›Baal‹, der choralische Himmel, der keineswegs nur als physikalische Erscheinung zu verstehen ist, sondern als eine kontrapunktische Gegenstimme zu Tod und Vergängnis.

»Lobet den Baum, der aus Aas aufwächst jauchzend zum Himmel! Lobet das Aas

Lobet den Baum, der es fraß

Aber auch lobet den Himmel.«

Auch wenn in der nächsten Strophe dieses Himmels Vergeßlichkeit gepriesen wird – seine kalte Hoheit, die vom Leben und Sterben des einzelnen nichts weiß und die infusorienhaft wuchernden Erdgeschöpfe nicht kennt –, so war er in der poetischen Schau und im geistigen Raum des jungen Brecht als Macht, als Geheimnis, zum mindesten als ein Glanz von unfaßbarer Schönheit vorhanden. Damals, im Herbst 1923, schenkte mir Brecht ein maschinengeschriebenes Manuskript seines Dramas ›Im Dickicht‹ – später hieß es dann ›Im Dickicht der Städte‹ – und schrieb als Widmung auf die erste Seite:

»Es geziemt dem Manne

Zu rauchen

Und zu kämpfen mit der Metaphysik.«

Worte wie »die Veränderung der Welt« gehörten damals nicht zu seinem Vokabular. Er verabscheute die Phraseologie des Aufrufs, wie sie bei den Pathetikern des Expressionismus gang und gäbe war. Wenn er später vom »Verändern der Welt«

sprach, so meinte er eine ganz bestimmte, konkrete Veränderung, die er sich ideologisch untermauert hatte. Damals stand er jeder Ideologie, der Politik überhaupt, distanziert und kühl gegenüber. Wir haben viel und oft darüber geredet. Ich war damals der politisch stärker ›Engagierte‹, mit der Zeit hat sich das in gewisser Weise umgedreht. Ich gab ihm Ernst Bloch, Lukács, die er nicht kannte – es interessierte ihn kaum. Er gab mir dagegen Kipling: an dem kannst du lernen. Er nutzte alles, von der Bibel bis zu den Original-Possen Karl Valentins, woran man lernen, woraus man das Destillat zu neuem Ansatz gewinnen konnte. Ansatz zur Klassizität, in seinem Sinne. Dazu war auch Schiller, Kleist, Hölderlin gut: um das sprachliche Material für eine neue Klassik aus der alten herauszustanzen. Shakespeare, das war mehr: das war, mit seiner ›artistischen Realistik‹, politisches Theater.

Er hatte sich, wie der Mann Kragler in seinen ›Trommeln in der Nacht‹, von der versackten Revolution abgewandt, nicht zur Braut und zu dem »großen weißen Bett«, sondern – zunächst – ganz zum Theater, dessen epische Gestalt er als Konzept schon in sich trug. Proklamationen, auch Meinungen, sagte er, haben keinen Sinn, wenn man nicht die Macht hat, ihr Postulat zu verwirklichen. Dazu braucht man ein Instrument. Das unsere ist das Theater, sonst nichts. Das kann erst politisch wirksam sein, wenn es die Menschen wieder in den Griff bekommt und ihnen austreibt, sich dort in ›Stimmung‹ zu sielen – so explizierte er das. Auf Glanz und Gloria des äußeren Erfolgs war er niemals aus, nur auf die Macht und das Ergebnis.

Ein Stück ›Mackie Messer‹ war in ihm vorhanden, in seinem Charakter, in seinem Verhalten. Er hätte einem, der ihm im Wege war – wäre der ihm in der Gegend der Pariser Bastille oder in den Londoner Slums bei Dunkelheit begegnet –, ganz elegant und ohne Skrupel ein Messerchen im Rücken verschwinden lassen. Nicht in der Wirklichkeit. Er war, im Fleische, keine Villon-, keine Rimbaud-Natur. Nur im Geist und in der Phantasie. Er sparte sich für Größeres auf, statt sich an Libertinage und Abenteuer zu verschwenden; die waren alle in seinen Balladen.

Die Nächte, die wir, auch dann in Berlin, zusammen vertrunken haben, verliefen friedlich, in Gesprächen, mit Musizieren, manchmal in größerer Gesellschaft, selten mit Frauen: da ging man allein. Alles war für ihn Vorstufe zu neuer Arbeit. Er sprach gern vom Faulenzen, aber es arbeitete in ihm noch im Tran. Er lebte im allgemeinen ruhig und ohne Exzesse.

Die großen Boxkämpfe erregten und fesselten ihn, auch die Motorisierung: ich erinnere mich, wie er auf Abzahlung sein erstes kleines Auto kaufte und sofort chauffierte – wir mußten es nachts, als in der Kaiserallee der Motor abstarb, gemeinsam mit seinem Freund Müller-Eisert im Laufschritt anschieben, bis er wieder ansprang. Doch er fuhr vorsichtig, ohne Geschwindigkeitsräusche. Er hatte kein Bedürfnis, in ferne Länder zu reisen, und als die Emigration ihn dazu zwang, tat er es mit der Gelassenheit des chinesischen Philosophen, dessen Lächeln er mit sich trug.

Seine politische Entwicklung gehört nicht zu dieser Erzählung, da ich sie nicht teilte. Er wollte die feste Regel, den Ordo, die gültige Bindung, und er nahm die nächste und beste, in seinem Betracht die menschlichste, die sich ihm anbot. Auch seine künstlerische Theorie gehört nicht hierher. Ich erzähle von dem Dichter und dem Mann, so wie er mir erschien.

Seine Kanonisierung heute geht mich ebensowenig an wie seine Verteufelung gestern. Mir bleibt das Gedenken an die Jahre der Freundschaft, die sich – auch bei getrennten Wegen – nie ganz verlor.

Die Politik griff uns damals schon nach der Gurgel, ohne daß wir den Zugriff spürten und die Größe der Gefahr erkannten. Die Inflationswehen hatten das Reich schwer erschüttert. Das Ruhrgebiet war zu Beginn des Jahres von Frankreich besetzt worden – im Oktober wurde in den besetzten Gebieten eine kurzlebige ›Rheinische Republik‹ ausgerufen, mit separatistischen Tendenzen. Gleichzeitig kam es zu blutigen Aufständen in Sachsen, Thüringen, Hamburg. Die Reichswehr schlug los, wo immer es Unruhen unter der notleidenden Arbeiterschaft gab, und unternahm nichts gegen das Erstarken der illegalen ›Schwarzen Reichswehr‹, des Horts der Fememörder und Terroristen, die sich besonders in Oberschlesien hervortaten. Der neue Reichswehrminister Otto Geßler war nicht weniger militärhörig als sein Vorgänger Noske. Der besonnene, zum inneren Ausgleich gewillte Reichspräsident Friedrich Ebert mußte den Ausnahmezustand für das ganze Reich verhängen, denn die finstere Atmosphäre der Massen-Verarmung und der Ausbeutung des Notstands durch wenige trieb die Deutschen zum Extremismus. Ein Ermächtigungsgesetz stellte die demokratischen Freiheiten in Frage, obwohl es dazu bestimmt war, sie zu verteidigen. Zwischen Berlin und Bayern existierte eine akute, von gegenseitigen Einmarschdrohungen verschärfte Spannung: der bayerische Generalstaatskommissar Dr. von Kahr bot den Verfügungen der Reichsregierung offen die Stirn.

Und in Bayern marschierten, zum ersten Mal, Hitlers braune Bataillone.

Sie wurden von den, laut Reichsgesetz aufgelösten, ehemaligen Freikorps unterstützt, den Baltikum-Leuten, die sich dorthin, in das letzte Refugium partikularistischer Auflehnung gegen die Republik, zurückgezogen hatten. Es waren die gleichen Verbände, Brigade Ehrhardt und Freikorps Oberland, die bei dem restaurativen ›Kapp-Putsch‹ im März 1920, unterm Kommando des Generals Lüttwitz, in Berlin eingerückt waren und die Reichsregierung zur Flucht nach Stuttgart gezwungen hatten – bis der Generalstreik der deutschen Arbeiterschaft den dreitägigen Spuk beendete und sie wieder auf ihre Berliner Amtssessel zurückkehren ließ. Jetzt, im Herbst 1923, sah man diese, nur aus eigener Machtvollkommenheit existierenden, Putschtruppen an Sonntagnachmittagen bewaffnet durch die Straßen Münchens ziehen, sie sangen dabei ein Kampflied mit dem Refrain:

»Hakenkreuz am Stahlhelm,
Schwarzweißrotes Band – –«

Wer sie ausrüstete und besoldete, war unklar, aber man hatte den Eindruck, daß die meisten Passanten mit ihnen sympathisierten.

Die anderen hielten sich zurück.

Bei einem Ausflug kam ich in die Gegend der Städtchen Miesbach und Schliersee: sie glich einem Heerlager, überall biwakierten mobile Truppen und füllten die Wirtshäuser. Ich saß mit ihnen zusammen, redete mit vielen. Sie waren durchweg von einer rohen, borniertn Sturheit. Das Ziel: wir müssen wieder eine Militärmacht werden, die Juden und ›Marxisten‹ (unter denen man sich überteuflische Blutsauger und Ungeheuer vorstellte, wie sie die Propaganda erfand) gehören abgekragelt. Kleinere Gruppen waren monarchistisch-klerikal eingestellt, mit denen konnte man sprechen. Mit den anderen nicht. Sie verstanden keine Sprache als die des Gewehrkolbens und der langen Messer.

Unter den Freikorps-Führern gab es einige nationale Idealisten. Die Mannschaften waren Landsknechte, die aus dem Krieg nicht ins zivile Leben zurückgefunden hatten; sie kannten nur eine Tugend: Gehorsam. Auf Befehl waren sie für alles einzusetzen, scharf auf den Mann dressiert und zu allem fähig.

Hitlers SA, die Sturm-Abteilungen, rekrutierten sich aus den Unzufriedenen und Erfolglosen, den Ehrsüchtigen, den Neid- und Haßerfüllten aller Schichten – zu Mord und Gewalttat bereit.

An den Bräuhaus- und Bierhallen-Versammlungen Adolf Hitlers habe ich in dieser Zeit öfters teilgenommen. Ich wollte Bescheid wissen.

Einmal gelang es mir, so nah an der Rednertribüne zu sitzen, daß ich den Speichel unter seinem Nasenschnauz vorspritzen sah. Für unsereinen war der Mann ein heulender Derwisch. Aber er verstand es, jene dumpf im Virginia- und Würstl-Dunst zusammengedrängten Mengen aufzuputschen und mitzureißen: nicht durch Argumente, die bei Hetzreden ja nie kontrollierbar sind, sondern durch den Fanatismus seines Auftretens, das Brüllen und Kreischen, mit biedermännischen Brusttönen gepaart,

vor allem aber: durch das betäubende Hämmern der Wiederho-
lungen, in einem bestimmten, ansteckenden Rhythmus. Das
war gelernt und gekonnt und hatte eine furchterregende, barba-
risch-primitive Wirksamkeit.

Wenn er, nach einer in immer mehr gesteigertem Crescendo
vorgetragenen Anprangerung von Mißständen, existierenden
und fiktiven, plötzlich die rhetorische Frage in den Saal schrie:
»Und wer ist schuld daran?« – um sofort mit der scharf skan-
dierten Antwort nachzuschnappen:

»Daa-rann / sind die / Juu-denn schuld!« –

dann schmetterten bald die Maßkrüge im Takt auf die Holztische, und Tausende von Stimmen, Weibergeschrill, Bierbässe,
wiederholten viertelstundenlang den imbezilen Vers. Die Wut
darüber, daß ein Krügl Helles vierhundert Millionen kostete,
schmetterte mit.

Doch es war mehr als das: es gelang ihm, die Menschen in eine
Trance zu versetzen wie der Medizinmann eines wilden Völker-
stamms.

Dabei waren diese Leute keine Wilden, sondern verstörte
Kleinbürger, denen der Zerfall der gewohnten Werte den Halt
geraubt hatte. Hier fand erst eine Probe statt für das, was man
mit Menschen machen kann. Die Aufführung wurde um zehn
Jahre verschoben. Die Statisten verliefen sich wieder, wenn sie
sich ausgetobt hatten, und alles schien am nächsten Tage nicht
ganz ernst.

Als Hitler am neunten November 1923 mit seiner Sturm-
truppe, unter Beteiligung des Generals Ludendorff, zum Putsch
aufmarschierte, nachdem er in der Nacht vorher die Absetzung
der Reichsregierung proklamiert hatte, war ich unter den Leuten
auf der Straße. Ich hörte die Schüsse knattern, mit denen die
Truppen der bayerischen Regierung auf die Putschisten
feuerten. Der Herr von Kahr, der sie vorher begünstigte, hatte
sich im letzten Moment besonnen. In zehn Minuten waren die
braunen Bataillone entwaffnet oder zerstreut. Das Volk auf der
Straße war mehr von Neugier als von revolutionärer Stimmung
beseelt. Man hörte schimpfen, aber niemand wußte genau, über

was oder gegen wen: im Zweifelsfall auf die Preußen. Die Mehrheit der Bayern stand in jedem Fall hinter ihrer Regierung. Das Ganze wuchs sich im Lauf dieses regnerischen Tages, trotz der Blutlachen am Preysing-Palais, in eine ›Hetz‹ und ein ›Gaudi‹ aus. Alles ging auf die Straße, nicht um zu demonstrieren oder Partei zu nehmen, sondern um dabeizusein, wenn was los ist. Am Nachmittag, als die Polizei die Absperrung am Odeonsplatz aufhob, strömten Tausende von allen Seiten dort zusammen, ich strömte mit. Vor der Feldherrnhalle waren ein paar Maschinengewehre aufgebaut. Die Wachmannschaft stand mit geschultertem Gewehr auf den Stufen, hinderte aber einige, offenbar lizenzierte, Redner nicht an dem Versuch, zu ihrem Volk zu sprechen.

Einer davon war der bekannte Oberförster Escherich, der eine nationale Wehr-Organisation, die ›Orgesch‹ (von ORGanisation ESCHerich), gegründet hatte, ein gestandner Mann in Jägertracht mit solidem Bauch und Vollbart, der andere ein schmissebedeckter Sprecher der Studentenschaft in vollem Wichs – sie standen an verschiedenen Ecken der oberen Terrasse, konnten einander, infolge der dazwischen angetretenen Wachtruppe, nicht sehen und wußten nicht, daß sie gleichzeitig, und beide gleich unverständlich, sprachen; ihre Stimmen gingen im Lärm unter, man sah nur ihre Mundbewegungen und Gestikulationen, was schließlich zu einem schallenden Gelächter und ironischem Händeklatschen auf dem ganzen Platz führte, als wohne man einem komischen Duell zweier Ausrufer auf der Oktoberfestwiese bei. Die Redner mußten aufgeben und verschwinden, die Leute lachten weiter und gingen dann zum Bier. So endete der berühmte Ludendorff-Hitler-Putsch, dessen Teilnehmer später mit dem sogenannten ›Blutorden‹ ausgezeichnet wurden.

Auch Hitler mußte verschwinden, zuerst in ein Versteck, dann – nach einem liebenswürdigen Kavaliersprozeß – in die Festung Landsberg, wo fünfundzwanzig Jahre später einige Nazi-Ärzte von den Amerikanern aufgehängt wurden… Dort gab man ihm sehr viel geduldiges Papier in seine Haft, und er verfaßte das Buch ›Mein Kampf‹, das einmal die Köpfe der Nation verwirren sollte. Aber die Öffentlichkeit, damals, interessierte sich nicht dafür. Man war mit Konsolidierung und Auferstehen beschäftigt. Der Zauberer Hjalmar Schacht hatte die Rentenmark geschaffen und den Druck der Billionenscheine gestoppt. Gustav Stresemann führte die Regierung und begann, die Verständigung mit dem Westen, vor allem Frankreich, anzubahnen. Die Inflation ging zu Ende, die deutsche Währung war normalisiert, für ein paar Jahre brach ein begrenzter Wohlstand aus.

Im späten Herbst dieses Jahres hatte ich ein Stück geschrieben – bei Bekannten in Tegernsee – in einer einzigen, föhndurchheulten Nacht. Es hieß ›Kiktahan oder Die Hinterwäldler‹, ein Stück aus dem Fernen Westen, es war in einem balladesken Pionier-Amerika angesiedelt. Brecht fand es gut – es war mein einziges, das unter seinem Einfluß entstanden ist. Da es von einem Lektor des Kurt-Wolff-Verlags – Kurt Wolff selbst war verreist – abgelehnt wurde, schickte Brecht es an seinen Verleger Gustav Kiepenheuer nach Potsdam, der allerdings auch seine Stücke nicht gedruckt, nur als Bühnenmanuskripte vervielfältigt hatte. Kiepenheuer nahm es für seinen Bühnenvertrieb an und zahlte mir sogar einen Vorschuß.

Brecht sagte, wir müssen nach Berlin. Nur dort wird die Theaterschlacht geschlagen. Daß wir hinkamen, beide, verdankten wir dem Regisseur Erich Engel.

Mit ihm hatte ich mich in der Münchner Zeit fast noch intensiver befreundet als mit Brecht. Er war ein großartiger Mann, klein, energisch, mit einem früh beglatzten, scharfzügigen Gustav-Mahler-Kopf. In diesem wie eine spätrömische Skulptur durchmodellierten Schädel, den ich mir, falls ich ihn überlebe, präparieren und auf den Schreibtisch stellen möchte, waren die Augen hinter den Gläsern von einer merkwürdigen wachen Abwesenheit. Auch im Gespräch oder wenn er Regie führte, ich vermute, sogar wenn er liebte, schien er eigentlich immer mit einem erkenntnistheoretischen Problem beschäftigt.

(Kurz nachdem ich diese Sätze geschrieben hatte, bekam ich die Nachricht von seinem Tod. Ich lasse sie, im Sinne einer Huldigung, unverändert stehen.)

Auch sein Regie-Stil hatte etwas von der harten, vorstoßenden Geformtheit seines Kopfs und von seiner gedanklichen Kühle, aber niemals erstarrt oder krampfhaft: gerade die Auflockerung und Überwindung des expressionistischen ›Formalismus‹ durch eine neue, vergeistigte Realistik waren sein Verdienst. Fehling, Engel und Hilpert begannen damals, in die erste Reihe zu treten. Der spätere ›Brecht-Stil‹ wurde von Engel szenisch vorbereitet und in der Zusammenarbeit mit Brecht erhärtet. Er war, als ich nach München kam, Oberregisseur des Bayerischen Staatstheaters. Jetzt, gegen Ende des Jahrs 1923, wurde er von den Berliner Reinhardt-Bühnen, im Zug einer Umgruppierung, die sich aus Max Reinhardts Auslandsverpflichtungen ergab, als künstlerischer Leiter des Deutschen Theaters und seiner Kammerspiele inthronisiert.

Eine seiner ersten Amtshandlungen bestand darin, Brecht und mir gleichgeartete Verträge als ›Dramaturgen‹ des Deutschen Theaters anbieten zu lassen – zunächst auf ein Jahr. So fuhr ich zum zweiten Mal nach Berlin, diesmal um dortzubleiben.

Berlin hatte seine Fassade aufgeputzt und frisch gestrichen. Das Angefressene und Abbröckelnde, das viele Häuserfronten in der Nachkriegszeit noch an sich hatten, war verschwunden. Alles wirkte ganz neu – ein wenig zu neu vielleicht, wie just von der Stange gekauft, aber flott und schnieke.

»Wer wird denn weinen –« wurde noch gesungen, war aber von anderen, aus Amerika importierten Schlagern ergänzt, wie: »Ausjerechnet Bananen, Bananen verlangt sie von mir!«

Die äußeren Züge der Stadt, Verkehr, Gaststätten, Straßenleben, schienen weniger verworren, weniger schieberhaft, auch weniger abenteuerlich. Es gab eine neue ›Kurfürstendamm-Gesellschaft‹, deren Partys protziger und exklusiver waren als die der guten alten Haifische von 1920 und sich dafür in einem noch krasser aufgetragenen, versnobten Zynismus gefielen. »Der Moissi? Mit dem hab ich geschlafen. Alte Schule«, hörte ich die Tochter des Hauses bei einer Tanzgesellschaft, Februar 1924, sagen, zu der ich eingeladen war. Dort war, als Spruchband, in großen Lettern um die Wände herum ein Satz angemalt: »Liebe ist die sinnlose Überschätzung des minimalen Unterschieds zwischen einem Geschlechtsobjekt und dem andern.« Die Mädchen, die zum Servieren der Getränke engagiert waren, gingen nackt, mit seidegestickten Feigenblatt-Höschen immerhin. Sie waren nicht, wie die ›Bunnies‹ in modern-amerikanischen Animierlokalen, nur zum Anschauen und Aufreizen da, sondern auch zum Anfassen, das war mitbezahlt.

Alle Läden waren blitz und blank, Silber, Porzellan, Glaswaren, Pelze, Toiletten, die Delikatessengeschäfte zum Bersten voll.

Auch die Lokale der kleinen Leute florierten wieder, ›Clärchens Witwenball‹ in der Hasenheide oder ›Walterchen der Seelentröster‹, bei den Bockbierfesten konnte man keinen Platz finden, im Frühling strömten Menschenmassen, zum Teil auf überfüllten Dampfern mit Blechmusik, zur Baumblüte nach Werder hinaus und rutschten betrunken die Sandbahnen hinunter, die für diesen Zweck von den höher gelegenen Gartenrestaurants zu den Anlegestellen am Ufer aufgeschüttet waren.

Krieg und Nachkrieg waren vergessen. Man lebte und fürchtete nichts.

Darüber hinaus war das geistige, künstlerische, kulturelle, gesellschaftliche Berlin jetzt in einem Aufschwung begriffen, der es in kurzer Zeit vor allen anderen europäischen Hauptstädten auszeichnete und die bedeutendsten Persönlichkeiten der ganzen Welt dorthin lockte. Dieser Aufstieg war nicht nur äußerlich fulminant, sondern aus echten, produktiven Kräften gespeist: die Qualität herrschte über die Sensation. Das Fundament war die wirklich vornehme, wirklich aufgeschlossene, wirklich kultivierte Berliner Gesellschaft, die gediegenen Kreise aus dem alten Westen, der Tiergartenstraße oder dem Grunewald, die den lauten Parvenüs und Neureichen an Zahl, Rang und Gewicht immer noch überlegen waren – ebenso das Volk, die jungen Menschen aller Stände, und die – für ein paar Jahre – durch die erstarkende Großindustrie gesicherte Arbeiterschaft. Das schöne große Haus der ›Freien Volksbühne‹ am Bülowplatz (später hieß er Karl-Liebknecht-Platz, dann Horst-Wessel-Platz, heute Rosa-Luxemburg-Platz, und ist immer noch derselbe) war jeden Abend bis zum letzten Sitz gefüllt, zum größten Teil von Angehörigen der Gewerkschaftsverbände. Erwin Piscator begann dort um diese Zeit mit seinen gesinnungshaft und künstlerisch kühnen Inszenierungen. Alle Theater hatten jetzt, im Zug der gesamten Entwicklung, eine Blütezeit, von den üppigen Operettenhäusern der Brüder Rotter bis zu den traditionsumwobenen Reinhardt-Bühnen der Brüder Max und Edmund Reinhardt. Zu ihrem ursprünglichen Haus in der Schumannstraße, dem ›Deutschen Theater‹, in dem noch Otto Brahm gewaltet hatte, und den daneben angebauten, intimen Kammerspielen war schon im Jahr 1919 das ›Große Schauspielhaus‹ hinzugekommen, von Heinz Poelzig aus einem Zirkusgebäude in ein modernes Riesentheater umgestaltet. Dieses wurde nun hauptsächlich für die von Eric Charell phantastisch und glanzvoll arrangierten ›Großen Revuen‹ benutzt, deren erste, in etwas frivoler Parallele zu dem Weltaufruf der Sowjetrevolution von 1917, den Titel trug: ›An Alle‹. Jetzt wurde noch ein neues, sehr elegantes Theater, die ›Komödie‹ am Kurfürstendamm, eröffnet, und selbst Max Reinhardt verirrte sich manchmal von seinen Gastspielreisen wieder in die Reinhardt-Bühnen, um sie mit einer prachtvollen Inszenierung zu beschenken. So konnte man sich dort leisten, im Rahmen einer höchst kultivierten Geldverschwendung, gleich zwei Dramaturgen zu engagieren, die beide selbst Stücke schrieben und daher keine ideale Eignung zum Lesen anderer Stücke, zu Posterledigung und Kartothekanlage besaßen. Das war aber kein Unglück, es gab dort außerdem noch einen Chef-Dramaturgen, den gescheiten, zickelbärtigen Arthur Kahane, der sich um den Spielplan kümmerte, sodann einen ›dramaturgischen Redakteur‹, Heinz Herald, der die ›Blätter des Deutschen Theaters‹ und die Programmhefte herausgab. Diese beiden waren alte Reinhardt-Adepten und kannten den Betrieb – Brecht und ich waren mehr als modernistischer Zierat gedacht, um auch die junge Generation an den Triumphwagen des Unternehmens zu fesseln.

Brecht ließ sich auf eine auch nur fiktive Tätigkeit gar nicht erst ein.

Er erschien von Zeit zu Zeit im Theater und verlangte volle Machtübernahme, vor allem die Umbenennung des ›Deutschen Theaters ‹ in ›Episches Rauch-Theater‹ und Umstellung des gesamten Betriebs auf seine Produktion. Er hatte damals zeitweise die Theorie, die Leute sollten im Theater, wie in einem Varieté, rauchen und trinken können, um nicht in eine, in seinem Betracht falsche, Spannung oder ›Stimmung‹ zu kommen, sondern ihre Aufmerksamkeit, wie im Sportpalast oder im Wintergarten, auf die einzelnen Runden und Nummern des episch gegliederten Ablaufs konzentrieren.

Wenn man ihm all das verweigerte und ihm auch keine Shakespeare-Inszenierung anvertraute, ging er wieder weg und beschränkte sich darauf, pünktlich seine Gage abzuholen.

Mir hatte man in dem zur Straße gelegenen Trakt, in dem sich die Geschäftsräume befanden, ein großes Büro zur Alleinbenutzung zugewiesen, in dem jeden Morgen der berühmte Theaterdiener Zimmermann, Besitzer eines längen weißen Zweizapfenbartes, sechs bis acht schwarzglänzende Kohlebriketts zum Nachheizen neben den altmodischen Kachelofen legte.

Etwas später erschien ich dann im Büro, mit einer leeren Aktenmappe und der Morgenzeitung, in die, nach Lektüre, die Briketts eingewickelt und in die Mappe verstaut wurden. Dann ging ich fort, anscheinend mit Manuskripten schwer beladen, und verheizte die Reinhardtschen Briketts in dem Öfchen meines kleinen, möblierten Zimmers, wo ich an einem neuen Stück arbeitete. Wenn bei Brecht das Heizmaterial knapp war, teilten wir die Briketts. Auch in den Schlüssel des etwas abseits von den anderen Büros gelegenen Zimmers, den man mir übergeben hatte, teilten wir uns gelegentlich zwecks gewisser Verabredungen, denn es befand sich darin ein ganz komfortables Sofa. Dann und wann las ich auch mal ein Stück – ich erinnere mich, daß in

457

dieser Zeit das Manuskript einer Komödie von Robert Musil eingesandt wurde, ›Vincenz oder Die Freundin bedeutender Männer‹. Da ich Prosa von Musil mit Bewunderung gelesen hatte – es wurden damals schon Teile aus dem ›Mann ohne Eigenschaften‹ in Zeitschriften publiziert –, begann ich die Lektüre des Stücks voller Respekt, fand es aber geschraubt und geschwätzig. Ich hinterlegte das Manuskript mit dem Schlüssel, den er gerade brauchte, für Brecht und bat ihn um seine Meinung. Am nächsten Tag fand ich es wieder, er hatte diagonal über den Umschlag mit Bleistift »Scheiße« geschrieben. Das war eine unserer intensivsten dramaturgischen Bemühungen, sie hatte uns für einige Zeit ermüdet.

Desto unermüdlicher nahm ich an den Proben teil. Erich Engel inszenierte damals ›Dantons Tod‹ von Büchner, mit Kortner als Danton. Ich arbeitete praktisch mit, drillte die Statisten ein, übernahm Einzelproben, stand auch am Abend selbst mit der Jakobinermütze auf der Bühne und stampfte die ›Carmagnole‹. Einmal sprang ich für einen erkrankten Schauspieler am Schluß des Stückes als ›Zweiter Henker‹ ein, der nach Abwaschen des Fallbeils mit dem hessischen Lied: »Und wenn ich haamegeh, scheint der Mond so schö« über die Bühne schlendert. Ich ging nackt bis zum Gürtel und hatte mich über und über rot angeschmiert. Ich selbst war von meiner darstellerischen Leistung tief beeindruckt.

Aber all diese Übungen trugen dazu bei, das Theatergefühl zu entwickeln, bis man es in den Fingerspitzen hatte. Ich glaube, daß eine solche Schulung für den angehenden Dramatiker viel mehr wert ist als ein dramaturgisches Seminar oder gar ein ›Kursus in Stückeschreiben‹, wie man das in Amerika für zweckdienlich hält. In diesem Jahr inszenierte Max Reinhardt die ›Heilige Johanna‹ von Bernard Shaw, mit Elisabeth Bergner – es war die Uraufführung, einige Tage vor der Premiere in London –, und Pirandellos ›Sechs Personen suchen einen Autor‹, mit Pallenberg als ›Theaterdirektor‹. – Viele große Schauspieler Berlins standen da auf der Bühne, und ich saß auf den Proben – erregt, gefesselt, fasziniert – und sah ihm ›zaubern‹ zu.

Ich beobachtete jede kleinste Phase der Dimensions-Verwandlung, von der Idee einer Rolle und einer Szene bis zu ihrer Verkörperung und Realisation. Das war besonders lehrreich, da Reinhardt vor seiner ersten Arrangierprobe Regiebücher von unermeßlichem Umfang herstellen ließ, in denen alle Einzelheiten seines Regieplans, bis zu Betonungen und zum mimischen Ausdruck bei bestimmten Sätzen, in einer manchmal romanhaften, fast kolportagehaften Sprache nach seinem Diktat eingetragen waren. »In sein Gesicht tritt ein weher Zug von Schmerz« oder »Sie fährt mit der Hand unwillkürlich zum Herzen« und dergleichen.

Stand er dann mit seinen Schauspielern auf der Bühne, so vergaß er das alles, ließ sich von dem, was aus ihnen selber kam, häufig zum Gegenteil anregen, sagte kein Wort, das nicht zur Sache war, klar, geistvoll, genau und vermochte oft durch kleinste Hilfen, durch ein paar vorgesprochene Sätze, die Veränderung einer Stellung, vor allem aber durch seine einzigartige Kunst des gespannten, stimulierenden Zuhörens eine kaum angeprobte Szene zur Vollendung zu führen.

Auf dem ehrwürdigen Alt-Berliner Pflasterhof vor den beiden Theatern, der damals noch durch eine Häuserfront und durch zwei tunnelartige Ein- und Ausfahrten von der eng bewohnten Schumannstraße getrennt war, standen immer Gruppen und Grüppchen von Schauspielern herum, ganz großen und ganz kleinen, von Stars und Anfängern, Prominenten von gestern und morgen, von Regisseuren und Bühnenmalern, Dramatikern oder deren Larven und Embryos. Hier wurde debattiert, gestritten, gespottet, geschimpft, gelacht, wurden neue Stücke besprochen – hier in diesem Hof und in dem stallähnlichen Eingang zu den Garderoben, der auch nach Stall roch, wehte Theaterluft, ein Hauch von jener vergangenen Komödiantengesellschaft, vor der man die Wäsche weghängt. Hübsche Frauen gingen vorüber, mancher Liebeshandel nahm hier seinen Anfang, mancher Freundschaftsbund wurde hier geschlossen.

Ich traf hier zum ersten Mal mit Heinz Hilpert zusammen, den wir schon vorher, in Berthold Viertels ›Truppe‹, als Schauspieler gesehen hatten, mit rohrspatzenfrech vorspringender Nase und einem auf Berliner Weise immer etwas schief gequetschten Mund. Auf dem Hof des Deutschen Theaters bot ich ihm damals eine bei einem wohlhabenden Verwandten frisch geklaute Havanna an – wir rauchten sie abwechselnd, denn ich hatte nur die eine –, noch nicht ahnend, daß dies eine symbolische Verbrüderungszigarre war, die ein Leben lang nicht mehr ausgehen werde.

Arnolt Bronnen gesellte sich uns öfters zu – ich konnte ihn nicht leiden, er mich vermutlich auch nicht –, es ging von ihm etwas Hämisches und Eitles aus, ein schweißiger, mißgünstiger Ehrgeiz, der, wenn er gekonnt hätte, gern über Leichen gegangen wäre.

Carl Sternheim erschien, er inszenierte im ›Deutschen Theater‹ sein schwaches Oscar-Wilde-Stück, den Gipfel seiner grandiosen Komödienreihe ›aus dem bürgerlichen Heldenleben‹ hatte er schon überschritten. Er sah aus wie die Mischung aus einem smarten Großkaufmann und einem belgischen Marquis und liebte es, in der Attitüde und im Tonfall eines preußischen Junkers zu agieren. In seinen älteren Jahren hat er Pamela Wedekind geheiratet, wurde von ihr und seinen Freunden ›Knorke‹ genannt und flammte sie, als Ausdruck seiner Maskulinität, gelegentlich im Hotel Adlon die Treppe hinunter.

Auf diesem Hof, der für uns ein Forum war, eine Agora, ein geistiger und künstlerischer Marktplatz, und in den umliegenden Kneipen, in Balsers Bierquelle und Salbachs Keller (bei denen ich bald so in der Kreide war, daß ich mich nur noch mit einem zahlungskräftigen Prominenten hineintrauen konnte), wurden die sensationellen Aufführungen der ›Jungen Bühne‹ geplant, besprochen, vorbereitet.

Die ›Junge Bühne‹ war ein beispielhaftes Unternehmen, wie man es heute als ›avantgardistisch‹ bezeichnen würde. Es bestand aus einer einzigen Person: das war Moritz Seeler – ein kleiner, viereckiger Mann mit Hornbrille, Bambusstock und einem kleinen, tausendrassigen Hund –, ein unbezähmbarer Enthusiast, dem der Geschäftssinn eines Schmetterlingssammlers und das Herz eines Dichters eignete. Er hatte sich zum Ziel gesetzt, die Stücke neuer Talente herauszustellen, zu deren Annahme sich die offiziellen Theater noch nicht entschließen konnten, und er führte es durch: fast alle begabten Autoren der jungen Generation, Bronnen, Brecht, Hanns Henny Jahnn, Alfred Brust und manche anderen, wurden dort gespielt. Seeler stampfte Aufführungen aus dem Boden – ohne Geld, ohne Kredit, ohne irgendwelche Organisation –, auf deren Zettel die besten und größten Namen von Berliner Schauspielern und Regisseuren erschienen. Die Schauspieler machten es sich zur Ehre, unbezahlt und neben ihrer anderen, oft vielverzweigten Tätigkeit bei den Sonntagsmatineen der ›Jungen Bühne‹ mitzuwirken. Sie taten dies teils aus reiner Begeisterung, teils weil gerade diese irregulären und provokativen Aufführungen, obwohl sie fast immer einmalig blieben und nur selten in einen Abendspielplan übernommen wurden, ein besonders blendendes Schlaglicht der Publizität auf sich versammelten: das war eine Angelegenheit von ›Tout Berlin‹, und die Leute opferten gern ihre Sonntagvormittagsruhe, um bei einer solchen Theaterschlacht dabei zu sein.

Dort, in einer Matinee der ›Jungen Bühne‹ im ›Deutschen Theater‹ an einem hellen Februarmorgen des Jahres 1925, erlebte ich meine zweite Berliner Premiere. Es war jenes in Tegernsee heruntergeschriebene Stück, das jetzt in ›Pankraz erwacht oder Die Hinterwäldler‹ umgetauft worden war. Heinz Hilpert führte Regie. Es war die erste Uraufführung eines meiner Stücke, die er inszenierte – es sind inzwischen sieben andere gefolgt. Schauspielerinnen und Schauspieler wie die wunderbare Gerda Müller, mit der mich damals eine blühende Freundschaft verband – wie Walter Franck, Rudolf Forster, Alexander Granach, der junge Leonard Steckel, der junge Matthias Wieman und seine spätere Frau Erika Meingast spielten mit.

Die Proben fanden durchweg nachts statt oder an späten Nachmittagen, weil die Schauspieler morgens an einem regulären Theater probten und abends spielten. Sie waren von einer unbeschreiblichen Arbeitsbereitschaft, ganze Nächte gingen dabei hin, besonders für die Generalprobe, die erst am Sonntag morgen endete, wenige Stunden, bevor der Vorhang zur Premiere hochging. Wir waren alle völlig überdreht. Als ich das Einströmen des Publikums beobachtete, flimmerte mir die Luft vor den Augen, nicht nur vor Erregung, sondern von dem vielen schwarzen Kaffee und dem Asbach-Uralt, mit dem man sich wachgehalten hatte. Das Haus war von einem Publikum geistiger Elite und von sensationslüsternen Zeitgenossen überfüllt. Spitzen der Berliner Intelligenz und Gesellschaft erschienen im Parterre und in den Logen, ich erinnere mich an Albert Einstein und Gustav Stresemann, Renée Sintenis, Pechstein, Poelzig, Else Lasker-Schüler, von Brecht und den anderen Generationsgenossen zu schweigen, dazu kamen sämtliche Berliner Theaterdirektoren, Regisseure, Dramaturgen, Kritiker, sogar manche aus der Provinz.

Mir sank das Herz, denn ich glaubte längst nicht mehr an das Stück, hatte sogar versucht, es kurz vor der Aufführung noch zurückzuziehen. Andererseits war die Lockung eines so exponierten Abenteuers unwiderstehlich.

Die Aufführung wurde beinah zur Katastrophe, denn der Hauptdarsteller Walter Franck hatte sich aus Aufregung und Übermüdung betrunken. Er wußte nie, welche Szene er schon gespielt hatte und welche nicht – wir mußten ihn in der Kulisse festhalten, damit er nicht den gleichen Auftritt zum zweiten Mal machte oder in die Szenen der anderen grölend hineinlief. Trotzdem wurde es genau das, was es bestenfalls hatte werden können: eine wilde Schlacht, ein offener Kampf der Meinungen, ein tobendes Für und Wider, Klatschen und Pfeifen. In einer Szene steigerte sich das zum Theaterskandal, wir glaubten schon aufhören zu müssen, aber der Intendant Leopold Jessner erhob sich im Publikum zu seiner ganzen Größe und streckte, wie damals auf jener Kortner-Probe, seine priesterlichen Arme aus: »Respekt vor der Arbeit, bitte«, rief er in das schon erleuchtete Haus, und er erreichte auch jetzt wieder eine Beruhigung: das Licht ging wieder aus, der Vorhang blieb oben, das Stück wurde zu Ende gespielt. Als Hilpert und ich uns am Schluß auf der

Bühne verbeugten und von den Gegnern mit jenen gellenden Pfiffen bedacht wurden, wie man sie damals auf den großen Hausschlüsseln hervorbrachte, sofern man es nicht über zwei Finger schaffen konnte, streckten wir den Pfeifern und Pfui-Rufern, sehr zum Vergnügen unserer Freunde und Anhänger, die Zungen heraus.

Ich erwartete das Anathema der Kritik ohne Illusionen. Es war ein ungegorenes, ungleichmäßiges Stück, mit skizzenhafter Fabel, ohne Proportion und Maß. Doch hatte es, immerhin, richtige Rollen und ein paar starke Spielszenen. Dieser Morgen begründete die Karriere eines Regisseurs – Hilpert bekam auf Grund seiner Inszenierung einen großen Vertrag – und den Triumph eines Charakterspielers: Rudolf Forster. Er hatte in dem Stück einen heruntergekommenen österreichischen Grafen gegeben, der in Amerika hochstapelte, und es mit einer solchen Vollendung, mit solch depraviertem Charme und einem so eigenen, ganz persönlichen Tonfall getan, daß er nach dieser Aufführung zu den begehrtesten, berühmtesten Darstellern im deutschen Sprachgebiet gehörte.

Alfred Kerr hatte in seiner Kritik, die unter dem ironischen Motto stand: ›Die reifere Jugend hoch!‹, etwa fünfzehn Absätzlein unter römischen Ziffern mit dem Namen ›Rudolf Forster‹ begonnen. Im letzten hieß es dann: »Stück und Autor können wir getrost vergessen.«

Mir aber hatte diese Theaterzeit und diese Aufführung etwas viel Wichtigeres beschert, als es Erfolg und Tantiemen hätten sein können: eine Erkenntnis. Ich erkannte zum ersten Mal ziemlich genau meine Grenzen. Dies hat nichts mit Bescheidung oder Bescheidenheit zu tun: Gebietsgrenzen sind nicht Begrenztheit nach oben. Innerhalb von Grenzen, die den natürlichen Anlagen eines Talentes entsprechen, kann alles erreicht werden.

Ich steckte nicht zurück. Aber ich begann zu wissen, oder zu vermuten, was ich wollte und sollte und was nicht. Ich hatte weder die Gabe noch die Absicht, eine neue literarische Epoche, einen neuen Theaterstil, eine neue Kunstrichtung zu begründen.

Aber ich wußte, daß man mit Kunstmitteln, die überzeitlich sind, mit einer Art von Menschenkunst, die nie veraltet sein wird, solange Menschen sich als solche begreifen, eine neue Lebendigkeit, der Wirkung und der Werte, erreichen kann. Dies war kein Programm – es war das Ergebnis einer ganz persönlichen Entwicklung. Ich wollte nichts Programmatisches und hatte für das, was es jetzt zu machen galt, keine Theorie, noch nicht einmal sichere Pläne. Ich wollte an die Natur heran, ans Leben und an die Wahrheit, ohne mich von den Forderungen des Tages, vom brennenden Stoff meiner Zeit zu entfernen. In ein paar Gedichten, mehr noch in Prosastücken, war mir schon geglückt, meinen eigenen Ton zu finden. Das mußte auch fürs Theater gelingen, dessen Essenzen ich fünf Jahre lang in mich eingesogen hatte.

Selten war ich so gut gelaunt wie in der Zeit, die jetzt folgte. Ich war wieder einmal stellungslos, die Verträge für Brecht und mich waren mit Abschluß der Saison nicht erneuert worden. Offenbar mußten die Reinhardt-Bühnen mit Briketts sparen. Aber es bekümmerte mich nicht. Es gibt Tage, an denen man im voraus weiß, daß man Glück haben, daß, was man anfaßt, gelingen wird. Es gibt Zeiten, in denen man die Gunst der Sterne geradezu körperlich spürt. Ich muß damals in einer solchen Strähne gewesen sein. Ich glaube, wenn ich in diesem Jahr nach Monte Carlo gefahren wäre, ich hätte die Bank gesprengt.

Eine etwas verrückte Dame, die in derselben Pension wohnte wie ich, legte mir eines Abends die Karten und schrie plötzlich auf: »Geld liegt dicht bei Hause, eine blonde Frau kommt auf Sie zu. Sie werden noch in diesem Jahr heiraten und über Nacht reich werden!«

Natürlich glaubte ich davon kein Wort.

Eine blonde Frau kam zwar gelegentlich auf mich zu, aber nicht um mich zu heiraten, denn von Geld konnte in meinem ›Hause‹ überhaupt keine Rede sein: ich war meiner Pensionswirtin, in deren ›Salon‹ das Kartenorakel stattfand, seit Monaten die Miete schuldig. Aber sie war eine rührende alte Jungfer, die außer ihrem zahnlosen Hund nur mich und Hindenburg liebte.

Der wurde, nach dem Tod Friedrich Eberts, in diesem Mai zum Reichspräsidenten gewählt. Ich stand mit Brecht in der Nähe der Siegesallee, an der Straße zum Großen Stern, unter der jubelnden Menge, als er, in einem grauen offenen Auto, seinen Einzug hielt.

Brecht sagte – ich erinnere mich an diesen Satz genau: »Am Ende des ersten Viertels im zwanzigsten Jahrhundert der Christenheit holten sie einen Mann in die Stadt und erwiesen ihm höchste Ehren, weil er noch nie ein Buch gelesen hatte.«

Dies ging auf eine, angebliche oder authentische, Äußerung des alten Herrn zurück, die Bibel und das Exerzier-Reglement seien die einzige Lektüre seines Lebens gewesen. Aber auch das konnte meine Hochstimmung nicht herabmindern.

Ein Vetter meiner Mutter, Dr. Ernst Goldschmidt aus Mainz, der in meiner Jugend eine entzückende Opernsoubrette des Stadttheaters geheiratet und sogar selbst Opernlibretti geschrieben hatte, mittlerweile aber als Bankier in Berlin sehr reich geworden war, ein ausgesprochener Theaternarr und Freund aller schönen Künste, hatte mich in diesem Sommer als Hausgast in ein von ihm gemietetes Schloß am Wannsee eingeladen.

Es war ein gräßlicher Kasten im Stil einer imitierten Ritterburg, aber es hatte einen Park mit Seegrund und ein großes, achteckiges Turmzimmer, von dem man einen prächtigen Ausblick über die Landschaft hatte. Dort, nahm ich mir vor, werde ich mein neues Stück schreiben. Ich hatte zwei Stoffe im Kopf, einen tragischen, nach einer Erzählung der Regina Ullmann, und einen heiteren, den ich mir als ›lyrisches Lustspiel‹ dachte, in meiner Heimat angesiedelt.

Der Hausherr, mein Gastfreund, durfte nicht ahnen, wie meine finanzielle Lage bestellt und daß ich auf seine Einladung angewiesen war. Ich kannte zu gut die Psychologie des reichen Mannes, um ihm die Chance zu geben, sich als meinen Wohltäter und mich als Pfründer zu empfinden. Im Gegenteil: ich machte ihm die Freude meines Besuchs, die er auch wirklich empfand, und ließ mich am Ende jeder Woche – nach einigem Überlegen, ob ich jetzt nicht doch in die Alpen oder ans Meer fahren solle – zögernd zu einer Verlängerung meines Aufenthalts herbei. Küche und Keller waren vorzüglich, die Zigarren standen offen zum Gebrauch, und mein Gastgeber war ein reizender Mensch, der außerdem jeden Morgen in die Stadt fuhr und erst gegen Abend zurückkam.

Wenn ich selbst einmal in die Stadt mußte, so lieh mir der Kammerdiener Paul, der mit dem Scharfblick der Domestiken sofort meine Lage erkannt hatte und – mit Recht – an eine Verzinsung seiner guten Taten noch in dieser Welt glaubte, das Fahrgeld. Auch versorgte er mich mit den von seinem Herrn nur einmal gebrauchten Rasierklingen, die er mir abschliff, und mit anderen notwendigen Artikeln. Äußerlich war mir nichts anzumerken – ich hatte sogar einer Berliner Photographin für ein Reklamebild in der ›Dame‹ Modell gestanden, unter dem es hieß:

»Der elegante Herr trägt im Sommer weißes Sporthemd mit langer Krawatte.«

Daß das Hemd unterhalb des Gürtels mit alten Taschentüchern angestückt war, da dieser Teil zur Erneuerung des Kragens hatte dienen müssen, war auf dem Bild nicht zu sehen.

Ich arbeitete mit Elan. Ich hatte mich, meiner Stimmung entsprechend, zu dem Lustspiel entschlossen, obwohl ich mir davon geringere Erfolgschancen versprach. Ich schrieb es in meiner heimatlichen Mundart – das galt damals nicht als modern. Aber ich mußte einfach so schreiben, es gab gar keine andere Wahl. Zum ersten Mal seit den Kriegsjahren erfüllte mich wieder ungetrübte Heiterkeit, und mit ihr war das Band zur Landschaft, zur Melodie und Welt meiner Jugendzeit aufs engste verknüpft. Daheim, dachte ich, in Mainz, Darmstadt oder Frankfurt, wird man es vielleicht spielen und verstehen, denn es lebte von der Verliebtheit in die rheinhessische Luft und war mit ihren Humoren durchtränkt. Man sagt, daß Komödien gewöhnlich mit verbissenem Ernst geschrieben werden, oft mag das auch stimmen. Ich lachte bei jedem Satz.

Mitten in dieser Arbeit, genau in der großen Pause zwischen dem zweiten und dritten Akt, lernte ich meine Frau kennen.

Daß sie das war und bleiben werde, stand nach kurzer Zeit außer Zweifel.

Die erste Begegnung fand in einem turbulenten Milieu statt.

Es war ein Nachtfest in der geräumigen Wohnung des jungen Schauspielers Hubert von Meyerinck – sie gehörte seiner Mutter. Das ganze Ensemble einer sensationellen Aufführung von Wedekinds ›Franziska‹ durch Karl-Heinz Martin, auch Tilla Durieux und ihr damaliger Gemahl, der Verleger Paul Cassirer, sowie eine Unzahl anderer Berliner Künstler waren eingeladen. Ganz ohne Laszivität oder Zynismus, nur aus Amüsement und Lebenslust, trug man sich bei solchen Anlässen unter Künstlern sehr locker. Es gab schon dazumal, allerdings nur in privatestem Kreis – bei Damen, die etwas sehen lassen konnten –, das ›Oben-Ohne‹. Es gab da auch Herrn, die in der Badehose, mit Smokingschlips um den Hals, erschienen.

Meine Frau aber erschien in einem einfachen, bis zum Hals geschlossenen Kleid – schon dadurch fesselte sie mich und durch ihre liebe, jugendliche Anmut, obwohl sie mir eigentlich viel zu mager war –, und sie dachte nicht daran, auch mir gegenüber, der ich sie sofort mit Aufmerksamkeiten überhäufte, sich zu der geringsten Intimität herbeizulassen. Im Gegenteil. Da das allgemeine Getöse sie offenbar langweilte und sie vermutlich einfach müde war, legte sie sich in einem kleinen Nebenzimmer in voller Bekleidung auf einem Sofa zur Ruhe, aus der ich sie nicht erwecken konnte, auch nicht mit Humor. Sie schlief.

Aber wir trafen uns wieder, liebten uns und beschlossen sofort, zu heiraten. Sie war vierundzwanzig, ich war knappe fünf Jahre älter.

Dieser Entschluß war keineswegs aus Leichtsinn geboren. Nie war mir etwas so ernst. Ich war von dem Bewußtsein durchdrungen, daß es mit der Libertinage ein Ende haben und ein richtiges, produktives Leben beginnen müsse. Zu einem richtigen Leben gehören Frau und Kind. Und eine andere Frau als diese konnte ich mir nicht mehr vorstellen. Ihr ging es ebenso. Ich war ganz sicher, daß mit der Familiengründung auch meine Kräfte und Fähigkeiten wachsen würden, sie zu meistern. Mehr Kapital war nicht nötig. Das alles hatte für uns beide nichts mit Spekulation auf Erfolg und Karriere zu tun.

Wir wußten einfach: das Glück ist da und muß gehalten werden.

Sie hieß mit Mädchennamen Alice Henriette Alberta Herdan-Harris von Valbonne und Belmont – abgekürzt in Alice von Herdan. Jetzt aber hieß sie schlichtweg Frau Frank. Denn auch sie hatte eine verfrühte Jugend-Ehe hinter sich, mit einem Mann namens Karl Frank, dessen sich die Überlebenden der Wiener ›Jugendbewegung‹ als eines ihrer mitreißendsten Anführer erinnern werden und dessen männliche Schönheit, von dunklem, alpenländischem Typus, ungewöhnlich war. Er hatte sich, aus Überzeugung, dem Kommunismus zugewandt, damals als Hauptberuf, und lebte mehr der Partei – von der er sich später trennte – als irgendwelchen anderen Rücksichten. Wir sind ihm noch heute freundschaftlich, fast verwandtschaftlich, verbunden. Aber die Ehe war schon in die Brüche gegangen, obwohl ihr eine Tochter, Michaela, damals zwei Jahre alt, entsprossen war.

Dieses Kind ›mitzuheiraten‹ gab es für mich kein Zögern. Es ist dann wie mein eigenes, das ein Jahr später erschien, bei uns aufgewachsen. Für mich war das kaum ein Unterschied, und ich betrachte sie auch heute noch als meine Tochter, ihren Mann als meinen Schwiegersohn, ihre Kinder als meine Enkel. Sie hatte eben zwei Väter, und das ist besser als keinen.

Meine Frau hatte keinen, er war früh verstorben, nachdem er sein Vermögen durchgebracht und nichts hinterlassen hatte. Ihre Mutter, aus einer bekannten norddeutschen Familie stammend, war Schauspielerin am Burgtheater in Wien, dort war Alice als Einzelkind aufgewachsen. Mehr aus Gründen des Lebensunterhalts als aus echter Neigung hatte auch sie den Theaterberuf ergriffen, sie spielte damals am Steglitzer Schloßparktheater, dann in der Volksbühne und soll als ›Annchen‹ in der ›Jugend‹ von Max Halbe bezaubernd gewesen sein. Ich habe sie nie auf der Bühne gesehen, sie wollte es nicht, auch als wir schon endgültig zusammenlebten. Der exhibitionistische Zug, der nun einmal zum Theaterspielen gehört, war ihr wesensfremd. Ihr eigentlicher Wunsch und ihre Hoffnung war, Medizin zu studieren, wobei das Element der vergleichenden Wissenschaft, nicht das praktisch-ärztliche, für sie ausschlaggebend war.

Ich versprach ihr, in dieser Zeit, in der ich außer meinen Schulden nichts in die Ehe mitbrachte und sie nichts als einen – allerdings sehr großen – Lampenschirm, ihr dieses Studium sehr bald im Rahmen einer gesicherten Existenz zu ermöglichen, und wir waren beide ganz fest überzeugt, daß es so kommen werde.

Vielleicht ist es deshalb so gekommen.

Jetzt fällt mir ein, daß sie außer dem Lampenschirm doch noch etwas besaß, ein für mich außerordentlich wichtiges Eigentum, nämlich eine alte, schon ziemlich wacklige Schreibmaschine der Marke ›Orga-Privat‹. Auf dieser schrieb ich mein mit der Feder begonnenes Lustspiel zu Ende, damit ich es gleich zur Einreichung bereit hätte, obwohl ich die Tippkunst damals nur mühsam und mit einem Finger jeder Hand ausübte. Ich schrieb es buchstäblich mit blutigen Fingern, denn die beiden Typen E und R, die im Deutschen besonders häufig gebraucht werden, waren verbogen und rissen mir bei jedem Anschlag die Haut auf. Außerdem funktionierte die Umschaltung nicht, so daß das ganze Manuskript, als sei es ein feierliches Gedicht von Stefan George, mit kleinen Anfangsbuchstaben geschrieben war.

So entstand ›Der fröhliche Weinberg‹.

Dieses Stück wurde zunächst, im Herbst 1925, von sämtlichen Berliner Bühnen abgelehnt. Keiner der Direktoren, kaum einer der Regisseure, außer Hilpert, der aber in Frankfurt engagiert war, glaubte an seine Chancen. Den einen war es zu gewagt, den anderen zu rustikal.

Obwohl ich jetzt einen Vertrag hatte, für den Propyläen-Verlag des Hauses Ullstein einen Roman zu schreiben, und dafür eine kleine Monatsrente bekam, wurde die materielle Situation bedrohlich und die Aussicht auf eine Aufführung immer schwächer.

Da kam mein Stück in die Hände des ›alten Elias‹. Es war reiner Zufall, daß ich Julius Elias, diesen Erzvater des Berliner Kunstlebens, nicht früher kennengelernt hatte. Jetzt aber geschah es genau im richtigen Moment.

Diesen Mann zu beschreiben, ist fast unmöglich, weil es niemand glauben würde. Denn es gibt wohl heute keine solche Erscheinung mehr. Ich wenigstens habe nie wieder jemanden getroffen, in dessen Person sich diese Fülle von Temperament, Geist, Wissen, Kultur mit dieser bedingungslosen Hilfsbereitschaft, dieser feurigen Leidenschaft zum Entdecken, Stützen, Vorwärtsbringen junger Talente, dieser vollkommenen Selbstlosigkeit, Gläubigkeit, Begeisterungsfähigkeit verband.

Klein, plattfüßig, mit einem chaplinesken Gang, dichtem schwarzgraumeliertem Haar, Schnurrbart, Augenbrauen und stets vor Eifer und Enthusiasmus blitzenden Augen, schoß er wie eine Rakete auf einen zu, wenn man sein Büro betrat, und wem er nur die Hand gab, der mußte an sich selber glauben, ob er wollte oder nicht.

»Brauchen Sie Geld?« war der Begrüßungssatz, den er mir bei meinem ersten Besuch entgegenschrie, und er beantwortete ihn sofort selbst: »Natürlich brauchen Sie Geld! Alle jungen Dramatiker brauchen Geld! Aber beruhigen Sie sich!« schrie er, obwohl ich noch gar nichts gesagt hatte und vor Staunen ganz still stand, »beruhigen Sie sich! Ihr Stück wird Millionen bringen! Millionen!« Er warf die Hände zum Himmel wie ein biblischer Prophet und ließ sie dann auf meine Schultern fallen, die er, väterlich an mir hinaufschauend, kräftig rüttelte. »Werden Sie nicht bequem nach dem Erfolg«, schnauzte er mich an, »kaufen Sie nicht gleich ein großes Haus und ein teures Auto! Das brauchen Sie nicht! Sie können ganz groß werden, wenn Sie vernünftig bleiben und arbeiten! Kaufen Sie Ihrer jungen Frau schöne Kleider, aber nicht zuviel Schmuck, sonst kriegt sie den Brillantenkoller und schmeißt Ihr Geld zum Fenster hinaus!«

»Vorläufig«, sagte ich bescheiden, »hat sie noch keinen Wintermantel, und das Stück ist überall abgelehnt.«

»Ach Unsinn«, unterbrach mich der ›Alte‹, »von heute ab sind Sie ein gemachter Mann.«

Ich war nicht so sicher. Aber wem Julius Elias etwas gesagt hatte, der konnte sich darauf verlassen, auch wenn es noch so phantastisch klang.

Er hatte Erfahrung. In den achtziger und neunziger Jahren war er Mitbegründer der ›Freien Bühne‹ gewesen, an der Gerhart Hauptmann seinen Aufstieg begann. Er hatte, gemeinsam mit Paul Schlenther und Georg Brandes, die erste Ausgabe von Ibsens gesammelten Dramen ins Deutsche übersetzt und redigiert. Die ersten Ausstellungen französischer Impressionisten waren von ihm veranstaltet worden, als die Leute noch mit Spazierstöcken und Regenschirmen auf ihre ›zersetzenden‹ Bilder losgingen. Die erste Monographie über den großen deutschen Maler Max Liebermann stammte von seiner Hand, und es gab kaum einen bildenden Künstler der jungen und jüngsten Generation, dem er nicht eine Zeitlang Amme und Nährvater gewesen wäre.

Jetzt war er Direktor des ›Arkadia-Verlags‹, der dem Haus Ullstein als Bühnenvertrieb angeschlossen war und zu dem auch Brecht, diesmal durch meine Mittlerschaft, bald überging.

Eine Woche, nachdem der alte Elias die Sorge für mein Stück übernommen hatte, teilte er mir mit, daß es von Direktor Saltenburg, der drei große Berliner Bühnen leitete, angenommen sei und noch vor Weihnachten aufgeführt werde. Er hatte das auf dem Weg der Erpressung erreicht. Saltenburg brauchte dringend, um seine Häuser mit Kassenschlagern und seine Schauspieler mit Rollen zu versorgen, die Aufführungsrechte der Pariser Theater-Erfolge, der leichten Boulevard-Komödien, mit denen nichts passieren konnte – und die waren fast alle im Besitz von Julius Elias, der sie auch zum Teil übersetzte. So kam eine Art Tauschgeschäft zustande. Elias versprach ihm vier erfolgsichere französische Stücke, um die sich auch andere Berliner Direktoren bemühten, nur unter der Bedingung, daß er den ›Fröhlichen Weinberg‹ herausbringe. Andernfalls drohte er ihm mit einem Boykott in der begehrten Ware.

In diesen Tagen hatte ich eine große, eine teuflische Versuchung zu bestehen.

Elias rief mich plötzlich an, ich möchte sofort zu ihm kommen, es sei eine schwierige Entscheidung zu treffen, bei der nur ich selbst das letzte Wort haben könne. Ich traf bei ihm Dr. Robert Klein, der damals Geschäftsführer bei Saltenburg war. Später übernahm er die Direktion der Reinhardt-Bühnen und leitete sie einige Jahre mit großem Erfolg.

Dieser gewitzte und theatererfahrene Mann machte mir einen Vorschlag.

Saltenburg, sagte er mir, glaube nicht an das Stück und werde die Aufführung, wenn überhaupt, mit gerade unbeschäftigten, zweitklassigen Schauspielern im ›Wallner-Theater‹ – in dem man »Possen mit Gesang« und dergleichen für ein populäres, billiges Volks-Abonnement spielte, und zwar immer höchstens einen Monat lang – herausbringen.

Das hieß, daß es für Berlin degradiert und unter den Tisch gefallen sei.

Er selbst, sagte er, habe auch große Bedenken, ob das Stück sich durchsetzen könne, aber er sei bereit, das Risiko zu übernehmen, denn ihm liege meine Arbeit und meine Zukunft am Herzen.

Jedoch müsse er dann auch mit dem Stück frei schalten und walten können, was unmöglich sei, falls er nicht alle Rechte in der Hand habe und natürlich auch die Chance hätte, seine Unkosten wieder hereinzubringen.

Er biete mir zwanzigtausend Mark, bar auf den Tisch, wenn ich ihm das Stück verkaufen und ihm Blankovollmacht für seine theatralische Produktion erteilen wollte. Das bedeute für mich Sicherheit, Unabhängigkeit von Erfolg oder Mißerfolg – für ihn ein Vabanque-Spiel, das er aber riskieren werde: vielleicht würde er das Stück zuerst in der Provinz herausbringen, dann ein gutes Berliner Theater pachten und es glänzend besetzen. Auf diese Weise könnte ich damit zum Durchbruch kommen – dafür sollten ihm die Einnahmen und die Rechte, auch für künftige Aufführungen, gehören.

Es war eine furchtbare Situation, die mir den Schweiß aus allen Poren trieb. Zwanzigtausend Mark waren für mich ein Vermögen. Es war eine Riesensumme, es bedeutete Sicherheit auf lange Zeit. Meine Rente bei Ullstein betrug dreihundert im Monat und lief nur noch bis zum Jahresende. Den Roman hatte ich kaum begonnen. Und ich hatte zweimal erlebt, wie eine Berliner Aufführung, sogar mit besten Schauspielern, danebengehen kann und am nächsten Tag verschwinden, ohne daß man auch nur einen Pfennig daran verdient hatte. Ich lebte mit meiner Frau und dem Kind Michaela in einer möblierten Wohnung, deren Miete allein ein Drittel meiner Rente fraß. Und was sollte werden, wenn die Rente erlosch?

Mit Robert Kleins Geld würde ich ein bis zwei Jahre auf dem Land leben und frei arbeiten können... das alles ging mir in Sekunden durch den Kopf, während es mir fast schlecht wurde.

Der Dr. Klein hatte Elias gebeten, mich mit ihm zu dieser Besprechung allein zu lassen, damit dieser nicht, was er bestimmt versucht hätte, mich durch Zeichen, Blicke und Augenzwinkern in meiner Entscheidung beeinflussen könne, und Elias hatte mir gesagte: »Ich kann es nicht verantworten, Ihnen da hineinzureden. – Es ist zu viel Geld.«

Der Versucher holte bereits sein Scheckbuch heraus. Im selben Augenblick kam ich zur Besinnung.

Wenn dieser Mann bereit ist, eine solche Summe auf Gedeih und Verderb zu zahlen, dann muß er, mindestens!, mit der doppelten als ziemlich sicherem Gewinn rechnen. Und überhaupt. Ich hatte mich nun viele Jahre lang riskiert. Dieses große Wagnis, diesen vollen Einsatz auf eine runde Zahl oder auf Zero, ließ ich mir nicht aus der Hand nehmen. Lieber noch eine Zeit des Kampfs und der Ungewißheit.

Ich lehnte ab.

»Sie werden es bereuen«, sagte Dr. Klein.

Elias wurde hereingerufen, fiel mir um den Hals und ließ eine Flasche Sekt kommen.

Als ich nach Haus kam, war ich erschöpft und zerrädert wie nach sechs Tagen Trommelfeuer.

Eine Woche später erhielt das noch ungespielte Stück den Kleist-Preis, aus der Hand von Paul Fechter, einem strengen und mir bisher keineswegs gnädig gesinnten Kritiker, der ihn in diesem Jahr zu vergeben hatte.

Es gab in dieser Zeit noch keine Literaturpreis-Inflation.

Man kannte nur zwei Preise von Bedeutung, die alljährlich verteilt wurden, den Kleist-Preis in Berlin und den Georg-Büchner-Preis in Darmstadt. Dazu kam noch der Goethepreis der Stadt Frankfurt, der nur alle drei Jahre, für ein dichterisches Gesamtwerk wie das von Stefan George oder Gerhart Hauptmann, zur Verteilung kam, und der staatliche Schillerpreis, der nur alle fünf Jahre fällig war und seiner hohen Anforderungen halber fast nie verliehen wurde.

Der Kleist-Preis galt als die höchste literarische Auszeichnung für junge Dramatiker. Sein Zweck war, womöglich noch unbekannte Anfänger zu ermutigen und der Öffentlichkeit zu präsentieren. Die Nominierung des Preisträgers wurde in den interessierten Kreisen jedes Jahr mit Spannung erwartet. Brecht hatte ihn zwei Jahre früher bekommen, auch Hanns Henny Jahnn, Bronnen, vorher in ihren Anfängen Unruh, Toller, Hasenclever – alle, die für die literarische Welt als eine Hoffnung galten. Ich selbst habe ihn, als ich sieben Jahre später zum Vertrauensmann der Stiftung gewählt wurde, an Ödön von Horváth verliehen. Er bestand, außer in einer Würdigung des preisgekrönten Werks, die von der gesamten deutschen Presse veröffentlicht wurde, in einer Geldsumme von fünfzehnhundert Mark. Meine Frau und ich wurden davon, durch viele Telefonanrufe, als es schon in der Morgenzeitung stand, vollständig überrascht. Der alte Elias – natürlich hatte er das Stück dem Preisrichter in die Hand gespielt – hatte dichtgehalten: ich ahnte nicht, daß ich überhaupt zur Wahl stand. Wir waren zuerst völlig erstarrt, als hätte uns ein Schicksalsschlag getroffen – dann tanzten wir mit dem Kind wie die Affen in der Wohnung herum. Mit der Zehnuhrpost kam in einem eingeschriebenen Brief der Scheck.

Sofort lösten wir ihn ein und begaben uns, mit dem Geld in der Tasche, auf einen Triumph- und Einkaufsbummel durch die Stadt. Von Kopf bis Fuß kleideten wir uns neu ein. Für mich wurde ein beigefarbener Anzug gekauft, für meine Frau ein Kostüm in der gleichen Farbe, dann, im besten Damenmodengeschäft, bei Braun Unter den Linden, ein Kleid, ein Schlafrock, ein seidenes Nachthemd. Wir gingen von Geschäft zu Geschäft. Wir brauchten Schuhe, Strümpfe, Mäntel. Auch Michaela bekam ein Kleidchen und Spielsachen. Am Abend hatte wir noch so viel, daß wir ganz groß essen gehen konnten. Dies gedachte ich mit einer Kavaliersgeste zu verbinden.

Im vorigen Winter hatte ich in einer stillen Seitenstraße des Berliner Westens ein intimes, freundliches Restaurant mit deliziöser Küche entdeckt, dessen Besitzer, ein Herr Hacker, Theater- und Kunstfreund war.

Ich war damals noch ›Dramaturg‹ bei Reinhardt und wurde gerade von der ›Jungen Bühne‹ gespielt, was dem progressiv gesinnten Herrn Hacker, trotz der blutigen Verrisse, großen Eindruck machte. Immer wieder war ich bei besonderen Gelegenheiten dort eingekehrt, hatte auch Freunde mitgebracht, und immer wieder hatte Herr Hacker mir ohne Murren die Zeche angeschrieben.

Als Krönung dieses Tages wollten wir dort feiern, und ich wollte vom Rest des Preisgeldes meine Schulden bezahlen.

Daß wir es an einem Tage durchgebracht hatten, schien uns selbstverständlich: diese fünfzehnhundert Mark waren ein Göttergeschenk, nicht dazu bestimmt, sparsam und kleinlich verwaltet zu werden, sie waren den Göttern zu opfern.

Wir bestellten im Restaurant Hacker alles, was wir uns sonst nicht leisten konnten, Vorspeisen, Rehrücken, herrlichen Wein, Dessert.

Als wir nicht mehr konnten, verlangte ich vom Kellner die Rechnung, und zwar für alles, was ich dem Lokal schuldig sei.

Statt dessen erschien Herr Hacker an unserem Tisch – von dem Preis war vorher kein Wort erwähnt worden –, verbeugte sich höflich vor meiner Frau und sagte dann zu mir: »Ein Herr, der den Kleist-Preis bekommen hat, hat keine Schulden.«

Damit zerriß er sämtliche von mir früher unterschriebenen Zettel, einschließlich der heutigen Rechnung.

Die Preiskrönung des Stückes machte es in den Augen des Direktors Saltenburg keineswegs besser. Für ihn war es, ganz im Gegenteil, dadurch mit einem noch schlimmeren Verdacht belastet. Sehr oft kam es vor, daß gerade derartige Vorschußlorbeeren die Kritik, die sich nicht vorschreiben lassen wollte, was gut oder schlecht sei und ohnehin vom Widerspruch lebt, zu besonders scharfer Ablehnung anspornte. Unter den ›alten Theaterhasen‹ ging ein bekannter Ausspruch von L'Arronge um:

»Je preiser ein Stück gekrönt wird, desto durcher fällt es.«

Auch jetzt noch versuchte er auf alle mögliche Weise seinen Kopf aus der Schlinge zu ziehen, aber Elias ließ nicht locker und tobte so lange wie ein Rasender in der Direktionskanzlei, bis es wirklich angesetzt wurde, und zwar – darum kam Saltenburg nach dem Kleist-Preis nicht herum – statt in dem drittklassigen Wallner-Theater in seinem besten Haus: dem ›Theater am Schiffbauerdamm‹.

Elias war siegestrunken. Er pflegte damals jeden Bekannten auf der Straße anzuhalten, ihn am obersten Rockknopf zu packen und in sein Ohr zu schreien: »Haben Sie schon von Zuckmayer gehört? Merken Sie sich den Namen!« Viele Knöpfe platzten dabei aus der Naht.

Für die Inszenierung – obwohl Fehling, Engel oder Karl-Heinz Martin zur Verfügung gestanden hätte – wurde ein Operettenregisseur bestimmt namens Reinhard Bruck, ein tüchtiger Bühnenpraktiker und umgänglicher Mensch, der mir – schon der ihm fremden Mundart wegen – die Hauptarbeit mit den Schauspielern überließ.

Die Besetzung war ungleichmäßig und keineswegs brillant, doch hatte ich den mannhaften Eduard von Winterstein für die Hauptrolle, den großartigen Julius Falckenstein für die entscheidende Komödienfigur, die süße Käthe Haack, den früheren Reinhardt-Komiker Hans Wassmann und eine junge Kraftnatur namens Hans Adalbert von Schlettow, der noch dazu aus meiner Heimat stammte, für den Rheinschiffer. Sodann ein paar für ihre Rollen ungemein glückliche Typen.

Und jetzt geschah etwas, was die alten Theaterleute mit tiefstem Mißtrauen erfüllte: von der ersten bis zur letzten Probe wurde gelacht.

Schon als ich, statt einer ›Leseprobe‹, den versammelten Schauspielern das ganze Stück vortrug, was sonst am Theater eher unbeliebt ist, herrschte das heiterste Einverständnis. Jeden Morgen gerieten alle in eine Stimmung, als hätten sie Champagner getrunken, ich durfte ihnen die Dialektsätze immer wieder vorsprechen, ohne daß einer die Geduld verlor, es gab nicht einen einzigen Krach, kurz, es geschah alles, was man beim Theater als schlechte Vorbedeutung betrachtet – sogar eine glänzende Generalprobe, bei der die Heiterkeit nicht abriß und in die Szenen hinein applaudiert wurde. Jeder auch nur etwas Abergläubische mußte dem Stück einen katastrophalen Durchfall voraussagen, und Saltenburg war noch immer davon überzeugt, daß der alte Elias ihm da eine Laus in den Pelz gesetzt habe, die ihm noch arges Jucken bescheren werde. Ich saß bei der Generalprobe hinter ihm und beobachtete, wie er bei jedem Lacher, bei jedem Zeichen von Beifall unter den Zuschauern schmerzlich zusammenzuckte. In der Pause hörte ich ihn zu seinem Bühnenmeister sagen: »Lassen Sie die Dekorationen vom letzten Stück bereitstehen! In drei Tagen haben wir es wieder.«

Es war drei Tage vor Weihnachten – meine Mutter kam von Mainz zur Premiere. Mein Vater hatte es diesmal aus Erinnerungsgründen nicht gewagt. Ich antichambrierte im Ullsteinhaus um einen kleinen zusätzlichen Vorschuß von hundert Mark, da ich meiner Mutter ein Geschenk kaufen wollte, aber man wies mich ab: mein Vorschußkonto sei schon hoch genug, ich möchte es am Tag nach der Premiere wieder versuchen.

Ich hatte meinen Eltern die Heirat, um jede Diskussion zu vermeiden, erst als vollendete Tatsache mitgeteilt, und sie waren natürlich nicht begeistert, daß ich in meiner Lage eine Ehe eingegangen war, noch dazu mit einer geschiedenen Frau samt Kind. Für eine Reise nach Mainz, um meine junge Familie vorzustellen, fehlten mir die Mittel.

So kam es jetzt zu einer ersten Begegnung, und wir sahen ihr mit leisem Bangen entgegen. Aber meine Mutter – nachdem ich sie mit einem Veilchensträußchen am Bahnhof Zoo abgeholt und in unsere Wohnung gebracht hatte – nahm einfach meine Frau in die Arme und küßte das Kind.

Als wir in einem Taxi zur Premiere fuhren, sagte ich zu meiner Mutter: »Wenn alles gutgeht, kriegst du ein paar Überschuhe mit Pelzbesatz.« Mehr wagte ich mir nicht vorzustellen.

Meine Frau trug ein prächtiges Abendkleid mit silbernen Schuhen, sie hatte sich alles von einer Freundin ausgeliehen, und ich hatte meinen auf Hochglanz gebürsteten alten schwarzen Anzug an, aber neu gekaufte Lackschuhe, die noch nicht bezahlt waren. Sie knarrten wie die Ochsenwagen der ersten Präriefahrer.

Als ich vor Beginn durch das bekannte Vorhangloch schaute, sah ich die gleiche geisterhafte Reihe der großen Kritiker sitzen wie damals, bei jenem Begräbnis im Staatstheater vor fünf Jahren. Sie waren fast alle noch da, nur wenige waren inzwischen an Altersschwäche verstorben.

Diesmal setzte ich mich nicht in eine Loge. Ich war zu aufgeregt, und ich gehörte zu denen auf der Bühne. Ich stand die ganze Vorstellung hindurch in einer Seitenkulisse und sprach – amüsierte Beobachter erzählten mir das später – jedes Wort aus lautlosen Lippen mit.

Nach den ersten Sätzen schon kam ein Ton aus dem Zuschauerraum, der mich erschreckte, es war wie das Knurren einer hungrigen Bestie und schwoll plötzlich zu einem schrillen, gellenden Gewieher. Ich hatte solche Töne noch nie gehört. Gleich darauf knatterte und prasselte es, als hagle ein Gewitterschauer auf ein Blechdach herunter.

Bruck, der Regisseur, stand plötzlich neben mir und kniff mich wie ein Krebs in den Arm. »Lachsalven«, flüsterte er, »Szenenapplaus!«

Mir war eiskalt. Ich hatte ein Gefühl wie bei der ersten Beschießung.

Wie der Abend vorbeiging, kann ich nicht beschreiben. Er ist in meiner Erinnerung ein einziges, orkanartiges Getöse. Ich gab es auf, die Schauspieler zu beobachten, ich hörte an ihren Stimmen, daß sie sich in immer größere Spielfreude steigerten und daß alles kam, besser als wir's geprobt hatten. Durch einen Sehspalt beim Feuerwehrmann, durch den man das Publikum beobachten konnte, erblickte ich eine wogende Brandung von Köpfen, Gesichtern, Hemdbrüsten – Schultern, die sich unablässig bogen und gleichsam wälzten vor Lachen –, aufgerissene Münder, aus denen es schrie und kreischte. Es war wie der Ausbruch einer ansteckenden Lachkrankheit, einer epidemischen Heiterkeits-Ekstase, eines mittelalterlichen Massenrausches, und wurde dann auch von den Teilnehmern, sogar von der Kritik, so beschrieben.

Inmitten all der Menschen, denen vor Lachen die Tränen herunterliefen und die Frackhemden knitterten – während fremde Leute sich gegenseitig auf die Schulter schlugen –, waren nur zwei Personen totenernst und verzogen keine Miene: das waren meine Frau und meine Mutter.

Für uns war das kein Spaß. Für uns war das ein lebenswichtiges Ereignis – es war die Entscheidungsschlacht, und wir wußten es.

Die beiden Frauen hatten sich ja erst am Vortag kennengelernt und noch gar keine Zeit gehabt, miteinander vertraut zu werden. Jetzt aber hatte die gemeinsame Herzensangst sie zusammengeschleudert. Sie saßen eng aneinandergepreßt wie verschreckte Hühner und hielten sich an den Händen.

Ihre Plätze lagen in der Kritiker-Reihe – gleich neben meiner Mutter saß der grimmige Kerr, der mich bisher so entsetzlich verrissen hatte.

Als der Pausenvorhang fiel, setzte ein Applaus ein, daß ich glaubte, der Kronleuchter müsse herunterstürzen, und ich hörte meinen Namen schreien, als werde ich von den Erzengeln zum Jüngsten Gericht gerufen.

Ich ging auf die Bühne hinaus, geblendet und wie in Trance, immer wieder, hinaus, zurück und hinaus – man erzählte, ich sei blaß und grabesernst gewesen, und meine unbezahlten Schuhe hätten sich noch einen Sonder-Lach-Erfolg erknarrt.

Auch meine Mutter, als ich sie in der Pause für eine Minute hinter der Bühne traf, war starr und bleich, und sie flüsterte nur mit verkrampften Lippen vor sich hin: »Kerr hat zweimal gelächelt.«

Es klang wie: der Scharfrichter ist erkrankt. Die Hinrichtung ist aufgeschoben.

Während des letzten Aktes stand ich wieder in der Kulisse und trank, ohne es zu merken, eine Flasche 21er Nackenheimer leer, die die Schauspieler mir geschenkt hatten.

Gegen Schluß hatte ich sogar noch selbst mitzuwirken: der Akt spielt in der Morgendämmerung, und an einer bestimmten Stelle sollte ein Hahn krähen. Da unser Inspizient, ein Kind der Großstadt, nicht so echt krähen konnte, wie es erwünscht war, und da es Tonbandaufnahmen noch nicht gab, hatte ich übernommen, wenigstens bei der Premiere, es selber zu tun. Trotz des 21er krähte ich aufs Stichwort und laut Ohrenzeugenberichten nicht schlecht. Am Schluß ging es zu wie bei einem Stierkampf. Damen warfen Buketts und Taschentücher auf die Bühne, der Vorhangzieher hatte einen steifen Arm, und ich wurde von so vielen Schauspielern umarmt und an die Brust gequetscht, daß mein alter schwarzer Anzug voll unheilbarer Schminkflecken war. Aber der konnte jetzt in Pension gehen.

Der alte Elias hatte Freudentränen in den Augen, als er hinter die Bühne kam, aber er war nicht mehr imstande, mir ein Wort zu sagen. Er hatte sich während der Aufführung heiser geschrien.

Plötzlich, wie das kam, weiß ich selber nicht, war eine improvisierte Feier im Gang, und zwar in der Stadtwohnung meines Großcousins, des Ritters vom Wannsee, in dessen Sommerschloß ich das Stück geschrieben hatte. Natürlich war er in der Premiere – aber die Einladung hatte er vorsichtshalber erst in der Pause arrangiert, und mit dem wachsenden Erfolg hatte er immer mehr Leute gebeten. Das war in dieser Zeit nicht schwierig, es gab ›Stadtküchen‹, wie Rollenhagen, die mitten in der Nacht auf telefonischen Anruf Kaltes Büfett für eine beliebige Anzahl von Personen lieferten.

Jetzt bewegte sich – nach Mitternacht – ›Tout Berlin‹ in seinen Räumen.

Jeder wollte in dieser Nacht dabeisein, und der Diener Paul, der mich im Sommer so ahnungsvoll begönnert hatte, reichte mit strahlendem Gesicht Champagner. Man reichte auch mich, wo immer ich gewünscht wurde, und ich konnte in meiner Benommenheit kaum fassen, was für Namen mir da entgegenklangen. Es waren die Namen höherer Gewalten, die sonst unsichtbar über den Wolken thronten und als normale Lebewesen gar nicht existierten. Das waren keine Menschen – das waren Häuser, Unternehmen, Ausgaben, Erscheinungen.

Wer hätte je, als junger Autor des Ullstein-Verlags, einen lebenden Ullstein gesehen? Hier waren gleich drei Brüder dieses Namens versammelt, Franz, Hermann, Louis – und sie hießen nicht nur so, sondern sie waren wirklich das ›Ullstein-Haus‹!

Jeder dritte Smoking, der einen Teller mit kaltem Lachs oder ein Glas Sekt in der Hand hielt, trug einen Zeitungskopf oder einen Buchrücken als Namen: hier ein Ullstein, dort ein Mosse, da ein S. Fischer, drüben ein Rowohlt, hüben ein Kiepenheuer. Man hätte sich nicht gewundert, wären die Horen des Horenverlages persönlich hereingeschwebt, um sich einen Courvoisier oder einen Whisky anbieten zu lassen.

Der alte Elias wirbelte in einem Grotesktanz, als habe er Chaplins Brötchen aus dem ›Goldrausch‹ statt Beine, von einer Verleger- und Theaterdirektorengruppe zur anderen, und da er noch immer nicht reden konnte, warf er nur alle zehn Finger in die Höhe. Jeder verstand, was er meinte. Man sprach von mir wie von einem jählings hochgeschnellten Aktienpaket, das man gestern noch hätte billig haben können.

Spät in der Nacht sah ich meine Frau, total beschwipst, zwischen zwei Brüdern Ullstein sitzen, denen sie begeistert erzählte, daß ich den Roman, den ich seit Wochen hätte abliefern sollen, bestimmt nie schreiben werde, und ich mußte sie abführen, damit sie nicht in ihrer Seligkeit alle meine Berufsgeheimnisse verriet.

Aber das war jetzt überholt. Jetzt konnte die Arbeit beginnen.

Am nächsten Morgen, es war der dreiundzwanzigste Dezember, ein klarer, sonniger Wintertag, erklärte mir der gleiche Geschäftsführer des Ullstein Verlags, der mir zwei Tage vorher hundert Mark verweigert hatte, er könne mir bis zu zehntausend jeden gewünschten Betrag auszahlen, mehr Bargeld sei vor den Feiertagen nicht im Hause, dann aber könne ich natürlich über größere Summen verfügen... Denn an diesem Vormittag hatten bereits, dank nächtlicher Blitzberichte, mehr als hundert Bühnen das Stück telegraphisch erworben.

Noch immer leicht betäubt, steckte ich ein Bündel Banknoten in die hintere Hosentasche.

Glück. Erfolg. Bei aller natürlichen Freude fühlte ich mich auch bedroht – wie von einer neuen, noch ungekannten Gefahr.

Die Berliner Presse war phantastisch. Die keuschesten Kritiker, mochten sie auch bis unter den Bart errötet sein, konnten die Explosivkraft des Abends nicht verschweigen. Notorisch kühle Beurteiler, wie Alfred Polgar, hielten mit ihrer Sympathie nicht zurück. »Beifallsstürme vom Parkett bis zu den Rängen, von den Rängen bis wieder ins Parkett hinunter«, so hatte Herbert Ihering triumphierend seine Rezension begonnen, »es gibt Entwicklungen, es gibt Talente!«

Aber das Unglaubliche geschah – auch Kerr lobte auf seine Weise das Stück und versuchte, mich sogar gegen seinen Erzfeind Ihering auszuspielen. War mir vorher der Aufenthalt zwischen den Fronten schlecht bekommen, so wurde ich jetzt von Griechen und Trojanern gemeinsam auf den Schild gehievt.

Reporter und Photographen riefen an, die UFA-Wochenschau, ausländische Korrespondenten... Ich war über Nacht der Mann des Tages geworden.

Direktor Saltenburg stelzte umher wie ein Hahn, der nicht nur die Henne besprungen, sondern auch das Ei selbst gelegt und ausgebrütet hat. Jetzt war er fest überzeugt, daß er es ›immer gewußt‹ und mich ›entdeckt‹ hätte. Vor der Kasse des Schiffbauerdamm-Theaters stauten sich Schlangen bis zum Bahnhof Friedrichstraße, und am ersten Weihnachtstag wurde ein Schild angebracht: ›Ausverkauft bis zum 10. Januar‹.

Saltenburg rechnete mit einer Laufzeit des Stückes für ein Jahr: es wurden zweieinhalb.

Doch hatte der ›Fröhliche Weinberg‹ höchst sonderbare Schicksale.

Auch in Frankfurt, wo Heinz Hilpert am Abend nach der Berliner Aufführung mit dem Stück herauskam, war es mit der gleichen stürmischen Begeisterung aufgenommen worden. Jetzt aber, als es seinen Weg durch die Provinzen begann, regte sich der ›gesunde Bürgersinn‹. Im Laufe des nächsten Jahres brachte es das Stück, das heute wohl recht harmlos erscheint, auf 63 Theaterskandale – sie wurden im Hause Ullstein genau registriert, da jeder einzelne die Aufführungsziffern und die Auflagen des Buchs erhöhte, in dem die Leute sich bereits die ›Stellen‹ anstrichen. Noch jetzt treffe ich immer wieder ältere Damen, die mir erzählen, wie sie als junge Mädchen trotz strengen Verbots heimlich in den ›Fröhlichen Weinberg‹ gegangen seien: Mir ist, als hätte ich eine Generation gesitteter Haustöchter indoktriniert und aufgeklärt.

Doch waren es nicht so sehr diese ›Stellen‹, Kraftausdrücke und Erotika, mit denen das Stück eine Art von ›Kulturkampf‹ entfesselte, sondern eine politische Reaktion, die ich in diesem Ausmaß nicht erwartet hatte.

»Zuckmayer schwingt keine Geißel«, schrieb Carlo Mierendorff, Januar 1926, in einer Kritik über den ›Fröhlichen Weinberg‹, »er begnügt sich, gewisse Zeitgenossen (unsterblich) lächerlich zu machen. Aber die Getroffenen brüllen auf vor Wut.«

Dieses Gebrüll hallte durch ganz Deutschland. Vor allem ging es von den damals schon wieder recht lautstarken Nationalsozialisten aus – sie fühlten sich in den komischen Figuren des Stücks, denen ich die alten und neuen, ›völkischen‹ und antisemitischen Phrasen in den Mund gelegt hatte, mit Recht porträtiert, der ›Völkische Beobachter‹ schäumte. Noch dazu waren sie empört, weil das Stück ihnen etwas wegnahm, was sie gepachtet zu haben glaubten: deutsche Landschaft, deutsches Volkstum ohne ›Blut-und-Boden‹-Geschwätz.

Befremdlicher war die Reaktion der Studentenschaft, die sich mit jenem Assessor ›Knuzius‹ identifizierte, in meinem Stück ein verkommener, verbummelter Mitgiftjäger, der sich vor den einfachen Leuten als ›Akademiker‹ aufspielt und in einer verkaterten Schlußrede, wenn er statt der reichen Weingutserbin die derbe Gastwirtstochter bekommt, seinen Kretinismus als ›Quell der Gesundung unseres Volkes im Hinblick auf seine Tugend, Wehrhaftigkeit, Sauberkeit, Pflichttreue und Rassenreinheit‹ anpreist. Mit diesem Kretinismus sollte ja keineswegs die akademische Jugend in corpore getroffen werden – aber sie fühlte sich getroffen! Von geschlossenen Corporationen wurde gegen das Stück demonstriert, Stinkbomben geschmissen, Sprechchöre aufgeboten, es kam zu Keilereien und Verhaftungen in den Theatern. Wer sich sonst alles getroffen fühlte, ist kaum aufzuzählen – die Gastwirte, die Schweinezüchter, die Kriegervereine, die Weinhändler, die Beamtenschaft, sogar die Juden. Ein Bischof steigerte sich zu lutherischer Sprachgewalt, als er von der Kanzel herab vor dem Stück warnte, in dem ›alle Teufel der Unzucht aus dem Weinfaß sprängen‹. In Stuttgart ließ man Schulkinder durch die Stadt marschieren, die Spruchbänder trugen: »Eltern bewahret Eure Reinheit, geht nicht in den Fröhlichen Weinberg!« (Sie gingen.)

Als ich in München der Erstaufführung in Falckenbergs ›Kammerspielen‹ beiwohnte, deren Premierenpublikum durch einige Pfiffe und Protestrufe zu verdoppeltem Beifall gespornt worden war, sammelte sich am Schluß ein Trupp wütender Studenten mit Stöcken und Knüppeln vor dem Bühneneingang, durch den ich mit Falckenberg und den Darstellern das Theater verlassen mußte. Die Taxichauffeure, die draußen auf uns warteten, um uns zu einer Feier zu fahren, kamen herein und boten sich als Schutztruppe an; sie hatten, berufshalber, Schlagringe bei sich. Inmitten dieser bajuwarischen Kraftgestalten schritt ich kampfbereit auf die Straße, die Theaterleute dicht hinterher. Rechts und links standen, wie ein Ehrenspalier, unsere Feinde. Erst als wir die Taxis bestiegen hatten, rief eine einzelne, dünne Fistelstimme: »Pfui!«

In Gera inszenierte ich auf Einladung des Erbprinzen Heinrich XIV. von Reuß das Stück selbst, gleich Anfang Januar, es war eine der ersten Aufführungen nach Berlin und Frankfurt. Der fürstlichen Familie war ein beträchtliches Vermögen verblieben, und sie nutzte es vor allem, um das hübsche ehemalige Hoftheater, jetzt Landestheater, zu einer modernen Bühne von Rang zu machen. Unter dem Intendanten Bruno Iltz, der von der Oper kam, war eine Reihe ungewöhnlicher Kräfte tätig: die junge Tänzerin Yvonne Georgi als Ballettmeisterin, Hans Schultz-Dornburg, gleichfalls sehr jung und begabt, als Opernregisseur, ein moderner Maler mit kühner Phantasie als Bühnenbildner, ein gediegenes Schauspiel-Ensemble. Selten habe ich in einer so guten, produktiven Theater-Atmosphäre gearbeitet, die vor allem dem Einfluß des künstlerisch ambitionierten Erbprinzen zu danken war. Ich wohnte als Gast auf dem etwas oberhalb der Stadt gelegenen, alten, aber mit allem Komfort eingerichteten Schloß Osterstein, vor dessen Toren jeden Morgen eine zweispännige Staatskarosse wartete, der Kutscher in betreßter Livree, um mich zur Probe zu fahren. Dann wartete sie wieder vorm Bühneneingang, auch wenn ich bis in die Nachmittagsstunden probte, und fuhr mich in schlankem Trab zum Schloß zurück, wo schon ein Kammerdiener mit dem warmen Essen bereitstand. In meinen Zimmern fand ich immer zwei Kristallkaraffen mit Wein, eine eisgekühlte mit Mosel, eine chambrierte mit Bordeaux. Ich war dort ganz ungestört und konnte mir auch Schauspieler zu Privatproben hinaufbestellen. Eine solche Nobelregie und eine so wahrhaft fürstliche Gastlichkeit hätte ich mir im Traum nicht vorgestellt: man fühlte sich traitiert wie der geheimrätliche Minister in Weimar. Manchmal, aber stets erst nach einer vorsichtigen Erkundigung, ob man auch nichts anderes vorhabe, wurde man von dem alten Fürstenpaar zum Tee oder Abendessen geladen, es waren anregende, beschwingte Stunden, wie unter sehr gebildeten, sehr kultivierten Leuten in Berlin. Nichts war da zu spüren von irgendwelchem Standesdünkel oder veraltetem Zeremoniell. Mit dem Erbprinzen verband mich bald eine legere, herzliche Freundschaft. Er geriet in Verlegenheit, wenn ihn der Intendant und dessen Frau, eine ehemalige Wagner-Sängerin, die sich den Hofknicks nicht nehmen ließ, mit Durchlaucht anredeten, und es machte ihm Spaß, wenn die Schauspieler ihn vertraulich ›Prinzi‹ oder ›Erbförster‹ nannten.

Aber auch hier fühlten sich das nationale Bürgertum und vor allem die Studenten des Technikums von dem Stück und meiner sehr freizügigen Aufführung schockiert, zumal der betrunkene Knuzius auf dem Misthaufen die Namen einiger angeblich von ihm entjungferter Fürstinnen zu nennen hatte, die mit dem Hause Reuß-Gera verwandt waren. Hetzartikel erschienen, vor der Premiere, in der Lokalpresse, und es ging das Gerücht von vorbereiteter Skandalisierung. Als der Pausenvorhang fiel, herrschte im Haus bedrohliches Schweigen, und alles schaute zur ›Hofloge‹ hinauf, in der die fürstliche Familie ihre Stammplätze hatte. Da beugte sich der alte Fürst weit über die Brüstung vor und begann laut und ostentativ zu applaudieren: der Abend war gerettet und endete mit unwidersprochenem Beifall.

Im selben Haus wurden damals Stücke von Brecht und anderen provokativen Autoren gespielt, die selbst in der Berliner ›Jungen Bühne‹ Widerstände und Ärgernis erweckt hatten. Es gehört zu den grotesken und grausamen Mißverständnissen unserer Zeit, daß nach dem Zweiten Weltkrieg der Erbprinz – seine Eltern waren inzwischen verstorben – von der Sowjetbesatzung in ein Lager verschleppt wurde, in dem er elend zugrunde ging.

Am schlimmsten ließ sich der Aufruhr gegen den ›Fröhlichen Weinberg‹ in meiner rheinhessischen Heimat an, der ich ein Liebeslied hatte singen wollen. Doch war ich daran nicht ohne

Schuld. In meinem Drang, der Natur nahzukommen, wozu vor allem, als poetische Substanz, die Echtheit des Sprachklangs gehörte, hatte ich unbefangen und unbedenklich Eigennamen benutzt, die es wirklich gab, die ich von meiner Kindheit her im Ohr hatte, deren Träger dort lebten und allgemein bekannt waren. Ich selbst kannte keinen davon persönlich, wußte nichts über ihre private Existenz, und nichts lag mir so fern, wie ›Modelle aus der Wirklichkeit‹ zu nehmen, tatsächliche Geschehnisse abzuschildern oder lebende Personen zu karikieren. Handlung und Figuren meines Stücks waren frei erfunden.

Aber den Namen ›Gunderloch‹ kann man nicht erfinden, den hat die Landschaft geprägt, er schien mir so einmalig und unverwechselbar wie die Rebhügel mit ihren Mäuerchen und ihren holprigen Wegen. Oft hatte ich den Namen, bei Gesprächen meines Vaters über Kapselbestellungen und dergleichen, gehört. Für mich waren solche Namen nicht anders als die heimatlichen Volkslieder, die ich in dem Stück verwendete, und zur ›Verfremdung‹ der Örtlichkeit glaubte ich schon genug getan zu haben, indem ich das Wirtshaus, in dem ein Akt spielt, ›Zur Landskrone‹ nannte: ein solches gab es nicht in meinem Geburtsort, sondern es stand und steht noch in Oppenheim.

Der wirkliche Gunderloch war ein hoch angesehener, ehrbarer Weingutsbesitzer von achtzig Jahren in meinem Heimatort Nackenheim.

Ich selbst glaubte, in meinem erfundenen Gunderloch einen Mann hingestellt zu haben, über dessen Namensvetterschaft sich kein Deutscher kränken könne. Aber der alte Herr, dem man von allen Seiten zutrug, daß er in einem ›schweinischen Stück‹ vorkomme, und der tatsächlich glaubte, er sei ›gemeint‹, kränkte sich.

Er regte sich so sehr darüber auf, daß er gesundheitlichen Schaden nahm. Mir war das, als ich es erfuhr, ehrlich leid, nie hatte ich derartiges vermutet, aber ich konnte es nun auch nicht ändern. Ich mußte den Zorn und die Empörung meiner Heimat auf mich nehmen.

Thomas Mann, den ich damals nach einer Lesung aus seinen

Werken in Mainz kennenlernte, sagte mir, das gehe jedem so, der sich unterfange, seine heimische Welt ohne Retusche darzustellen: die Menschen möchten sich nicht so sehen, wie sie sind, sondern wie sie zu sein wünschen. Er selbst sei fünfundzwanzig Jahre lang der ungeratene Sohn von Lübeck gewesen. Später werde man dann einmal zum Ehrenbürger ernannt.

So ist es schließlich auch gekommen.

Damals aber, als das Mainzer Stadttheater die Aufführung wagte, ging es wild zu. Die rheinhessischen Winzer veranstalteten Protestmärsche durch die Stadt, bei denen Schilder herumgetragen wurden mit aufreizenden Versen wie:

>»Carlche komm nach Nackenheim,
Du sollst uns hoch willkommen sein!
Wir schlagen krumm und lahm Dich all
Und sperrn Dich in de Schweinestall,
Denn da gehörste hi'!«

oder:

>»Nackenheim umkränzt von Reben
Mußt Dein letztes der Steuer geben,
Und zum Spott noch oben drauf
Führt man den ›Fröhlichen Weinberg‹ auf!«

Meine unschuldigen Eltern mußten die Rolläden herunterlassen, da zu befürchten war, man würde ihnen die Fenster einschmeißen. Viele Weinhändler hatten in der Kapselfabrik, die noch mit meinem väterlichen Namen verbunden war, die Bestellungen abgesagt. Es hieß auch, das Theater solle gestürmt werden, und alle Zugangsstraßen wurden von einem Polizeikordon abgeriegelt, den nur die Besitzer von Eintrittskarten passieren konnten: nicht ohne Stolz berichtete die Presse, seit dem Besuch des russischen Zarenpaares in Mainz im Jahre 1900 sei ein solches Polizeiaufgebot nie mehr gesehen worden.

Im Theater aber geschah nichts weiter, als daß eine Anzahl

von Leuten, die verschiedener Meinung waren, einander ohrfeigten. Eine Zeitlang konnte ich kaum ein Morgenblatt aufschlagen, ohne von einem neuen ›Krach um Zuckmayer‹ zu lesen. Auch ein Gotteslästerungsprozeß wurde mir, wegen eines in einer Zeitschrift abgedruckten Gedichtes, von einem evangelischen Konsistorium angehängt, den ich aber mit Glanz gewann: das Gericht erkannte, daß »der Naturlyrik des Autors religiöses Gefühl nicht abzusprechen und daß von einer Lästerungsabsicht keine Rede« sei. George Grosz, der solche Prozesse gewohnt war, ernannte mich zum Ehrenmitglied des ›Vereins gläubiger Gotteslästerer‹.

Das ging vorüber, der Frühling kam, wir bezogen als Mieter ein Häuschen auf der Insel Hiddensee, das uns natürlich der alte Elias verschafft harte. Dort hatte ich eine der großen Begegnungen meines Lebens.

Unser Garten grenzte an das geräumige Grundstück, auf dem Gerhart Hauptmanns damaliges Landhaus stand. Als wir nach Hiddensee kamen, war es geschlossen, er pflegte die frühe Zeit des Jahres in Italien oder im Tessin zu verbringen, und auch dann war es ungewiß, ob er an die Ostsee oder in sein heimisches Agnetendorf nach Schlesien gehen werde. Aber eines Tages wurden die Läden des Hauses aufgemacht, die Betten gelüftet, und im Wirtshaus von Kloster sagte der Gastwirt Gau, der stolz darauf war, daß sein Name mit kleiner Veränderung in der Komödie ›Schluck und Jau‹ vorkam: »Unser Hauptmann kommt.«

Das Wirthaus lag dem Landeplatz des Dampfers gegenüber, und ich saß dort gerade beim Abendschoppen, als er ankam. Es regnete, der Wind pfiff. Ich sah ihn durchs Fenster der Gaststube, wie er den Dampfer verließ, allein, während seine Frau und sein Personal sich noch um das Gepäck kümmerten, und mit großen Schritten in der Richtung zu seinem Haus davonging. Er trug einen weiten, capeartigen Mantel und hatte einen Schlapphut in die Stirn gezogen, der rechts und links seine weißen Haare freigab: eine mächtige Gestalt – man mußte unwillkürlich an die Asen der Edda, an den Wanderer Wodan denken.

Von der kleinen Veranda, auf der ich arbeitete, sah ich ihn

dann öfters in der Frühe auf der großen Wiese seines Grundstücks auf- und abgehen. Natürlich dachte ich nicht daran, mich ihm auf irgendeine Weise bemerkbar zu machen. Ich verlegte sogar meinen morgendlichen Badeplatz um einige hundert Meter bis hinter den nächsten Dünenhang – es gab um diese Jahreszeit fast keine anderen Leute am Strand –, um ihn nicht zu stören, wenn er, fast immer allein, in das noch herrliche kalte Meerwasser tauchte.

Dann aber lud uns die Besitzerin der bekannten Pension ›Seedorn‹, in der Hauptmann früher gewohnt hatte, gemeinsam zum Abendessen ein, wie sie sagte: auf seinen Wunsch.

Gerhart Hauptmann war damals dreiundsechzig – heute würde ich das recht jung finden, in dieser Zeit war er für uns ein sehr alter Herr.

Es ging auch etwas von ihm aus, was ihn für unsere Generation zunächst älter machte, als er war: bei aller Herzlichkeit, bei aller Natürlichkeit im Umgang und in der Haltung, eine enorme Distanz, als hause er einsam auf einem unzugänglichen Gipfel oder sei bereits den Unsterblichen zugesellt. Auch dies hatte nichts Unnatürliches, nichts Absichtsvolles, es war darin keine Spur von Pose, es gehörte zu ihm wie seine machtvolle Erscheinung und sein herrlicher Kopf, der ihn von allen anderen Menschen unterschied. Man sprach oft fälschlich von seinem ›Goethekopf‹ – ich glaube, Goethe sah ganz anders aus. Bei aller klassischen Schönheit seiner Züge hatte Hauptmann etwas von einem Rübezahl, einem Elementargeist, auch von einem apostolischen Märtyrer, der dem Rost und den Pfeilen entgangen war, sie aber schon verspürt hatte – von einem antiken Dämon, der seine Schatten mit Menschenblut nährt, einem stets von mystischen Wolken umbrodelten Magus, einem tragischen Dionysos – und noch dazu ein wenig von einem Schmierendirektor. Dieser letztere Zug war vielleicht sein menschlichster, sein liebenswertester, sein naivster, sein persönlichster, sein unvergeßlichster; denn er entsprang ganz und gar seiner ursprünglichen Natur und seiner durch keine intellektuelle Anstrengungen zu brechenden großartigen Einfalt. Wenn er so daherkam, zu einer Premiere, zu einer Feier, zu einer Zusammenkunft unter Freunden, war um ihn eine unprätentiöse Würde, aber auch immer, speziell zu später Nachtstunde, ein Hauch von jenem Hassenreuther aus den ›Ratten‹, auch eine Lust an dessen Habitus, Humor und Redensarten, wohinter er, was eigentlich in ihm vorging und ihn beschäftigte, mit souveräner Schauspielerei verbarg.

Für mich war und ist er die größte Dichtergestalt des Jahrhunderts, selbst wenn er nichts als die Monologe des ›Michael Kramer‹ geschrieben hätte. Das hatte ich erst begriffen, als ich aus dem Rauch der Nachkriegschaotik und des expressionistischen Überschwangs heraus zu einer klaren Wertsetzung gekommen war. Jetzt, zur Zeit dieser ersten Begegnung, empfand ich ihn als Erzvater und Legende, Mythos und brennende Wirklichkeit zugleich. Daß es in seinem Schaffen ein Auf und Nieder gab, Flachland, Untiefen und Hochgebirge, tat seinem königlichen Reichtum keinen Abbruch. Solche ›Dichter-Könige‹ werden heute mit einem abschätzigen Lächeln betrachtet, weil es sie nicht mehr gibt und wohl auch nicht mehr geben wird, bis die Zeit sie wieder fordert und hervorbringt. Schon damals war er einer teils sachlich begründeten, teils hämisch abwertenden Kritik konfrontiert, die sich auch auf seine Persönlichkeit bezog. Doch ich erinnere mich, wie Peter Suhrkamp, ein Mann von ganz verschiedener Wesensart, als in einer Literatengesellschaft über Hauptmanns ›fürstliche Hofhaltung‹ gemäkelt wurde, zurechtweisend sagte: »Aber er *ist* doch ein Fürst!«

Jetzt kam er mir, als wir zur festgesetzten Stunde eintraten, mit einem Glas Champagner in der Hand entgegen und begrüßte mich mit einer so ungezwungenen, großmütigen Kordialität, daß der Bann ehrfürchtiger Beklommenheit, mit der wir gekommen waren, sich sofort verflüchtigte.

Er liebte es, wenn er in Weinlaune war, von Begegnungen zu erzählen, die ihn in seinem Leben beeindruckt hatten: an diesem Abend entwarf er Gestalt und Eigenart Gustav Mahlers, mit einer solchen Plastik und Intensität, daß man glauben mußte, man habe ihn selbst gekannt. Tief in der Nacht holte er das

schmale Bändchen meiner damals gerade erschienenen Jugend-
gedichte, ›Der Baum‹, aus der Tasche und las zwei Stücke daraus
vor, die er zum Teil, das Buch senkend, auswendig sagte. Sein
sprachliches Gehör und Gedächtnis waren unerklärlich. Ein Gedicht, sagte er, muß man nach dem ersten Lesen, wenigstens
strophenweise, im Kopf haben, sonst ist es nichts wert.

Als wir in der Frühdämmerung zusammen heimgingen, empfand ich ihn nicht mehr als einen sehr alten, mich nicht mehr als
einen allzu jungen Mann. Er hatte, durch sein vitales Dasein, eine
Mitte geschaffen, in der sich die Generationen berühren konnten.

Später erhielt ich von ihm aus Agnetendorf einen Brief, der
mich mehr ermutigte als jeder äußere Erfolg; ich setze, zur Aus-
rundung seines Bildes, ein paar Zeilen daraus hierher:

»Lieber, verehrter Herr Zuckmayer,
Sie haben mich ganz gewonnen. Nicht nur durch das unmittel-
bare Leben, das in Ihren Gestalten pulst, sondern auch durch
Ihre kühnen Gedichte und Ihre glühende Eigenkraft.
– – –
Ich empfehle Sie dem besten Stern, der über dem Geschicke der
deutschen Dichtung leuchtet.

Seien Sie vielmals gegrüßt, mit wärmsten Wünschen für
Arbeit und Leben!
                                          Ihr Gerhart Hauptmann.«

Ermutigung konnte ich damals brauchen. Eine neue Phase des
Lebens und der Arbeit hatte begonnen – nicht die leichteste. Der
Lärm um den ›Fröhlichen Weinberg‹, den ich überschätzt, in
Lob und Tadel mit falschen Maßen gemessen fand, hatte mich
eher verstört als befriedigt. Jetzt galt es zu beweisen, mir selbst
vor allem, daß es sich nicht um eine ›Eintagsfliege‹, einen Zu-
fallstreffer gehandelt hatte – und ich wußte, daß man mit ge-
spitzten Pfeilen bereitstand, um mich von dem Hochsitz, auf
den ich mich gleichsam verflogen hatte, wieder abzuschießen.
Nichts ist schwerer für einen jungen Autor, als sich nach einem
Sensationserfolg zu behaupten.

Doch handelte es sich nicht nur um die Behauptung auf dem Theater und in der Literatur. Der Krach um den ›Fröhlichen Weinberg‹ war nicht einfach ein Schildbürgerkrawall gewesen, über den man sich hätte lustig machen können. Er hatte die bösen, unversöhnlichen Fratzen enthüllt, das verzerrte Gesicht einer nach Haß und Rache lüsternen Rückständigkeit, die im Begriff war, das deutsche Volk um seine beste und hoffnungsvollste Zeit zu betrügen, seiner freien Zukunft das Grab zu schaufeln. All das war schon damals im Gang – getarnt, verborgen, aber unablässig hetzend und wühlend. Wir spürten, wenn wir das auch noch nicht klar erkannten oder geglaubt hätten, daß wir auf Galgenfrist lebten, daß die gute Zeit, die jetzt vor uns lag, bedroht und bemessen war. Die Totenuhr tickte für die deutsche Republik, die gerade erst aus der Agonie des Notstandes erwacht war. Die schlimme Zeitflut war schon im Steigen – eines Tages würde sie uns bis zum Halse stehn. Um so dringlicher war es, was man jetzt machte, gut zu machen, und einen festen Stand zu gewinnen, bevor uns der Boden unter den Füßen weggespült würde. Jetzt hieß es, die Stunde zu nutzen und nichts zu vergeuden.

So arbeitete ich an meinem nächsten Stück, obwohl der Entwurf und die ersten Szenen mir fast zugeflogen waren, ein ganzes Jahr. Das Glück, das mir die materielle Unabhängigkeit in den Schoß geworfen hatte, mußte erobert werden. Saltenburg, der eine Option auf das neue Stück hatte, und der Verlag drängten mich: nach einem solchen Durchbruch müsse man rasch nachstoßen! Aber ich konnte nun einfach, selbst wenn ich es gewollt hätte, nichts Rasches und Handfertiges aus mir herausholen. Was ›Routine‹ ist, weiß ich noch heute nicht. Ich stehe mit jeder Arbeit vor einem neuen Beginn. Auch bin ich im Tierkreiszeichen des Steinbocks geboren: man sagt, ›Steinböcke‹ seien langsam, aber hartnäckig – ein gutes Gegengewicht gegen den mir gemäßeren Leichtsinn. Ich meißelte am Stoff meines ›Schinderhannes‹ herum – wohl wissend, daß ich mich mit meiner Hinwendung zum Volkston, auch zum Gefühl als einem legitimen Medium des Theaters, auf einen gefährlichen Weg begeben hatte – abseits von jeder als zeitgemäß anerkannten, literarischen Richtung.

Doch war mir kein anderer gangbar, und ich war zutiefst überzeugt, auf der für mich richtigen Fährte zu sein.

Im Herbst 1927 sah ich, in den Schlußszenen des ›Schinderhannes‹, die Leute weinen, wie sie im ›Fröhlichen Weinberg‹ gelacht hatten.

Aber es war kein rührseliges Heulen, es war Erschütterung: durch die unbeschreiblich lebenswarme, zarte, sublime und gerade im stillen Ausdruck rampensprengende Kunst der Schauspielerin Käthe Dorsch. Von ihr ging all das aus und durch sie wurde alles erfüllt, was mir von einer Menschengestalt auf dem Theater vorgeschwebt hatte – ihr Spiel war Volkslied und Kunstmusik zugleich, unwiderstehlich in Einfalt und Virtuosität. Dazu kam ein fraulicher Liebreiz, der sich mit einem Pandämonium an Temperament und Theaterblut verband. Ich weiß keine heutige Schauspielerin, mit der man sie vergleichen könnte. Die Arbeit mit ihr auf den Proben war anfangs schwierig, sie schaute mißtrauisch aus kurzsichtigen Augen, schien gehemmt und bockig. Sie wollte nicht überzeugt, sie wollte erobert werden. Dann gab sie sich hin, mit einer vehementen, rückhaltlosen Leidenschaft.

Eugen Klöpfer, der erste ›Johannes Bückler‹, war damals auf der Höhe seiner männlichen und künstlerischen Vollnatur. Schon durch dieses Darsteller-Paar war der Berliner Erfolg gesichert – bald ging das Stück über alle größeren deutschen Bühnen.

Diese Aufführung im Berliner Lessing-Theater, bei der ich wieder, von Reinhard Bruck technisch unterstützt, die eigentliche Regiearbeit übernommen hatte, war noch von einem zusätzlichen Reiz getragen:

Max Liebermann, achtzigjährig, Doyen der deutschen Malerei, machte – natürlich vom ›alten Elias‹ veranlaßt – die Bühnenbilder.

Er gab sich nicht viel mit szenischen Problemen ab, er malte Aquarelle, die dann auf große, gehängte Prospekte übertragen wurden. Wunderbar das Bild ›Im Kornfeld‹, das er in gold-braune und ockergelbe Farben getaucht hatte: die Luft eines rei-fen, ernteschweren Sommertags.

Die Zusammenkünfte und Besprechungen mit dem großen Alten, teils in seinem Landhaus am Wannsee, teils in seiner Stadtwohnung am Pariser Platz, gehören zu meinen heitersten Erinnerungen. Sein Berliner Witz und seine ungenierte Rede-weise waren sprichwörtlich. Ich habe davon erstaunliche Bei-spiele erlebt. Einmal, als ich ihn am Vormittag besuchte, bot er mir eine Flasche schweren Burgunder und eine riesige Partagas-Zigarre an.

»Sehnse«, sagte er, während er mir Glas um Glas eingoß, ohne selbst zu trinken, »det kann ick nich mehr. Früher hab ick ooch morgens gern jesoffen und jeraucht. Det is so um die ach-zich vorbei. Det einzige wat noch pariert wie immer«, – dabei schlug er sich mit Knall auf die Hose: »det Pieplein!«

»Könnse glooben« – fügte er hinzu, da ich ihn vielleicht etwas perplex angesehen hatte –, »erst jestern im Atelier. Det war sone Kunstenthusiastin ...«

Drei Monate vor der Uraufführung des ›Schinderhannes‹ starb Julius Elias an einer Lungenentzündung. Ich erhielt die Nach-richt in Henndorf. Ich fuhr nach Berlin, sprach an seinem Sarg, vor der Einäscherung – es war die erste Grabrede, die ich halten mußte. Das ganze künstlerische und geistige Berlin, über Gene-rationen hinweg, war versammelt, viele weinten, es war, wie wenn jedem ein Vater gestorben wäre. Ich glaube, ich war der Jüngste unter der Trauergesellschaft und bestimmt einer von de-nen, die am meisten verloren hatten.

Wir hatten uns inzwischen, außer der ›Wiesmühl‹ in Henndorf, eine Wohnung in Berlin eingerichtet; sie lag am Schöneberger Stadtpark, in einem Dachgeschoß, das der bekannte Architekt Firle für sich selbst ausgebaut, dann aber, da es ihm wohl zu klein war, uns abgetreten hatte. Für uns bot die Wohnung alles, was wir brauchten – ein Arbeitszimmer für mich, ein kleines Speisezimmer, zwei Schlafkämmerchen wie Schiffskabinen, durch einen Gang mit eingebauten Schränken verbunden, ein Kinderzimmer, Küche und Bad. Dazu einen großen Dachgarten, von dem man über die ganze Stadt, vom Funkturm bis zur Kuppel des Doms, hinwegsehen konnte. Wir teilten das Leben zwischen Berlin, dem Salzburger Land und vereinzelten Reisen. Gute Jahre. Böse Jahre. Gefährdete Jahre. Lebensjahre. Die zukünftige Gefährdung kannten wir noch nicht. Die gegenwärtige, persönliche, hatten wir zu bestehen. Ich hielt mich, als ich heiratete, mit noch nicht neunundzwanzig für einen erwachsenen Mann. Aber wer weiß, wann er erwachsen ist. Ich war zur Ehe, zur Häuslichkeit gewillt, aber ich war noch nicht domestiziert. Ich hatte vieles kennengelernt, aber ebensoviel noch zu erfahren. Unter anderem, daß die Ehe ein Wagestück ist, wie das Seiltanzen und das Stückeschreiben, und auch, wie beides, eine Arbeit. Das ist sie, nach mehr als vierzig Jahren geblieben – daher auch niemals langweilig oder stumpf geworden – und hat sich am besten bewährt, wenn das Wetter am schlechtesten war.

Neue Freundschaften schossen ins Kraut, mit Malern, Dichtern, Musikern, Zeitgenossen; auch war der alte Heidelberger Kreis, die ›Großfamilie‹, zum Teil nach Berlin übersiedelt: Carlo Mierendorff als Sekretär des Transportarbeiterverbands, dann als jüngster Reichstagsabgeordneter, Theo Haubach als Pressechef des preußischen Innenministers Severing, Joseph Halperin als Korrespondent der ›Neuen Zürcher Zeitung‹, Max Krell, der dem ›Tribunal‹ nahgestanden hatte, als Lektor des Ullstein Verlags – Goverts und die andern kamen zu regelmäßigen Besuchen und zu meinen Premieren. –

Im Spätherbst 1928 erschien in der ›Vossischen Zeitung‹, als Fortsetzungsroman, zu dessen Annahme man sich erst nach langen Palavern entschlossen hatte, ein Kriegstagebuch, das uns und dann Millionen von Lesern in der ganzen Welt erschütterte: ›Im Westen nichts Neues‹, von Erich Maria Remarque. Ich schrieb, für die ›Berliner Illustrierte‹, die damals die höchste Auflage einer deutschen Bilderzeitschrift hatte, die erste Rezension, die über das Buch erschienen ist. Ich kannte Remarque nicht, wußte nichts von ihm. Nach Wochen erst trafen wir zusammen, und es begann eine unendliche, unerschöpfliche Runde gemeinsamer Nächte, die sich dann über Österreich und die Schweiz bis nach Amerika fortgesetzt hat. Was dabei an alkoholischen Getränken aller Art konsumiert wurde, dürfte dem Kellereibestand eines großen internationalen Hotels mit Bar- und Restaurantbetrieb entsprechen. Das hatte vielleicht in gewisser Weise mit dem Krieg zu tun, den wir bei all unseren Gesprächen, ernsten und heiteren, nie erwähnten, dessen geheime Schattenlast aber doch immer vorhanden war. Auch mit Ernst Udet habe ich nie über den Krieg gesprochen, desto mehr getrunken. Man hatte über etwas zu schweigen, das man besser wegsoff. Aber man tat es auch gern, und wir dachten nicht daran, wenn wir debauchierten, das auf unser Schicksal als ›verlorene‹ (später hieß es ›geschlagene‹) Generation abzuschieben. Solche pompösen Phrasen, hinter denen sich alles oder nichts, höchste Begabung oder höchste Schwachköpfigkeit, verbergen können, waren mir damals so zuwider wie heute. Bei einer Gesellschaft im Hause des damaligen Staatssekretärs Graf Richthofen, dessen reizende Frau, Karin, aus Schweden und deren Schwester die großartige Sängerin Sigrid Johannsen war – sie hatte unter Kleibers Direktion die ›Marie‹ in der Uraufführung von Alban Bergs ›Wozzek‹, in der Berliner Staatsoper, kreiert –, kam ein Mann mit der Figur eines Meßbudenringkämpfers und einem kahlen, kugeligen Robbenkopf auf mich zu und sagte: »Du stinkst.«

»Du auch«, sagte ich ohne Überlegen, obwohl nichts dergleichen an ihm, gewiß auch nicht an mir, zu bemerken war. Wir waren alle im Frack, ich hatte sogar vorher gebadet.

»Du stinkst«, wiederholte der Mann immer wieder, sobald er meiner im Gedränge der Gäste habhaft wurde.

Langsam begann ich mich zu wundern. Ich fragte einige Damen, ob ich stänke, sie sagten: Keineswegs.

Plötzlich stampfte der Troll – ich begriff schon, daß das kein Mensch sei, sondern ein unmittelbar aus der Wildnis importiertes Urgeschöpf – mit einem Teller voll Hummersalat in der einen und einem Bierglas voll Aquavit in der anderen Hand auf mich und sagte: »Du bist jünger, aber mich legst du nicht auf die Schultern. «

»Wer weiß«, sagte ich.

Er packte meinen Oberarm, betastete den Bizeps.

»Nichts«, sagte er. Dann drehte er sich um, schlug die Frackschöße hoch und streckte mit seinen Hintern entgegen. »Hau da drauf«, sagte er.

Ich tat es glücklicherweise nicht allzu fest, sonst wäre es mir ergangen wie jenem bayrischen Maurerpolier, der sich beim ›Schinkenklopfen‹ anläßlich eines Richtfestes an diesem Popomuskel die Hand gebrochen hatte.

Es war, wie wenn man auf einen Felsblock haut.

Er drehte sich um und grinste.

»Du haust wie ein junges Mädchen«, sagte er.

Das war mir zuviel.

»Komm raus!« sagte ich.

»Raufen?« fragte er und strahlte über sein beglänztes Trollgesicht.

»Ja, wenn du willst. «

»Los!«

Ich hatte auch schon einiges getrunken, sonst wäre ich vielleicht nicht so leichtsinnig gewesen. Der Troll hatte Bärenkräfte.

Wir hatten, im Vorplatz des Hauses, unsere Fräcke abgeworfen und wälzten uns, nach einigen tastenden Griffen und Schlägen gegen die Brustkästen auf dem Boden, die Servierkellner und Hausmädchen hatten einen Kreis um uns gebildet. Wir packten einander im Genick, die steifen Kragen und Hemdbrüste zerknitterten, wir rissen einander die Oberschenkel hoch, stemmten uns gegenseitig die Knie in den Bauch, schmissen uns durch die ganze Diele hin und her, dabei rollten wir gemeinsam gegen einen säulenartigen Aufsatz, von dem etwas herunterfiel und – zum Aufschrei des Personals – in Scherben splitterte, später stellte sich heraus, daß es eine echte chinesische Vase war, aus der Ming-Periode.

Wie es kam, weiß ich selbst nicht, vermutlich war es die Wut, denn er war stärker als ich, aber plötzlich kniete ich auf seiner Brust und preßte mit aller Gewalt meines Oberkörpers seine Schultern in die zarten Porzellantrümmer. Ich keuchte und schwitzte, aber ich blieb oben, obwohl er mir von hinten seine Knie zwischen die Beine stieß.

Ein paar Gäste waren dazugekommen, und ich hörte, während das Blut in meinen Ohren sauste, den Schauspieler Albert Steinrück sagen:

»Olaf, gib auf, die Runde geht an Zuck.«

Da wußte ich plötzlich, woher ich den Trollkopf kannte: von den grandiosen Selbstkarikaturen, die Olaf Gulbransson manchmal im ›Simplizissimus‹ publizierte, von den genialen Strichzeichnungen seiner Ausstellungen. Wir rappelten uns hoch, ich streckte ihm die Hand hin, aber Olaf packte mich an den Ohren und küßte mich auf beide Wangen.

»Ich hab' dir gesagt, du stinkst«, brüllte er begeistert, »du stinkst nach Talent!«

Er riß mich liebevoll an den Ohren, daß ich dachte, sie müßten in seinen Fingern bleiben, und so hat er mich, viele Jahre hindurch, immer wieder begrüßt.

Andere Begegnungen ließen sich zivilisierter an. Da gab es die Sonntagnachmittage im Hause Solf, des ehemaligen Gouverneurs der deutschen Südseekolonie Samoa, des letzten Kaiserlichen Außenministers vor Kriegsende, im Kabinett des Prinzen Max von Baden. Er war auch viele Jahre lang deutscher Botschafter in Japan gewesen und einer der größten Sammler und

Kenner japanischer Kunst geworden. Wie das oft bei Menschen geht, die ihr Hauptinteresse einer fremden Kultur zugewandt haben, hatte sein an sich durchaus deutscher, graublonder Kopf etwas vom Wesen eines Samurai oder einer von Hokusai gemalten Dichtergestalt angenommen: ein Zug um den Mund, wenn er lächelte, eine Neigung der hohen Stirn, ein Schimmer in seinen klugen, nachdenklichen Augen. Er und seine Frau Hanna versammelten an diesen Sonntagen, zu denen wir manchmal geladen waren, um die Teezeit einen besonderen Kreis von in- und ausländischen Diplomaten, von Künstlern, Schriftstellern, Gelehrten in ihrer Wohnung, es waren Stunden voller Anregung, ohne irgendwelche lähmende Konvention – es war das, was man sich unter einem ›Salon‹ kultivierter Epochen vorstellt, wie es ihn im damaligen Berlin schon kaum mehr gab, vielleicht noch in Rom oder Paris – also ein Kreis, ein Cercle – keine ›Gruppe‹, keine Clique, kein Set. Es wurde da nicht ›geplaudert‹, sondern gesprochen, über Kunst, Literatur, Theater, auch über Politik; und je mehr sich das Gesicht der Zeit ins Bedrohliche und Extreme verzerrte, desto ernster wurden diese Gespräche, die doch immer durch ihre geistige Souveränität einen ermutigenden Charakter behielten. Der alte Geheimrat Solf hat die Zeit der deutschen Schande nicht mehr oder nur noch sehr kurz erleben müssen, aber der Solf-Kreis blieb bestehen, bis er schließlich durch die Gestapo und die Bomben des Zweiten Weltkriegs auseinandergesprengt wurde: Frau Hanna Solf und ihre Tochter mußten grausame Jahre im Konzentrationslager Ravensbrück durchmachen, aus dem sie erst das Kriegsende erlöst hat.

Dort, im Hause Solf, lernte ich den Dr. Ferdinand Mainzer kennen, einen bekannten Berliner Chirurgen, der – nachdem eine Handverletzung ihn berufsuntauglich gemacht hatte – sich ganz dem Studium der lateinischen und griechischen Literatur widmete: er war an der Entdeckung der ›Atticus-Briefe‹ des Cicero beteiligt – die die Zeit Cäsars, den Gipfel und die Wende der ›Goldenen Latinität‹, historisch und menschlich neu erschlossen haben –, und er hat, außer vielen Übersetzungen, ein aufsehenerregendes Buch über ›Clodia‹, die »Freundin bedeutender

Männer«, die vergötterte ›Lesbia‹ des Dichters Catull geschrieben, das ihm literarischen Ruhm einbrachte. Mich verbanden mit ihm, übers Literarische hinaus, zoologische Interessen, ich lernte bei ihm viel über Aquarienpflege und hatte meine Freude an seiner großen Voliere, in der er alle einheimischen Singvögel in möglichst naturgemäßer Umgebung hielt und züchtete. Und es war eine Lust zuzuhören, auch wenn man's nicht ganz verstand, wie er sich mit seinem besten Freund, dem katholischen Pfarrer Friedrich von Erxleben, in klassischem Latein oder Griechisch unterhielt, als sei das die tägliche Umgangssprache zwischen Spree und Havel.

Diesen Pfarrer Erxleben, dann unser lieber Freund ›Petrus‹ oder ›Onkel Friedrich‹ für die Kinder, traf ich gleichfalls bei einem jener Sonntagnachmittage im Hause Solf. Er trug keine Soutane, auch nicht die kurze, sondern einen dunklen Rock und eine hochgeschlossene Weste, aber man hätte ihm den katholischen Priester auch im Hemd oder in der Badehose angesehen – nicht etwa durch eine zur Schau getragene Würde oder einen Zug von Askese und Entsagung (den spürte man erst heraus, wenn man ihn sehr gut kannte), sondern durch eine Art von immer lebendiger Gottesheiterkeit – ich weiß dafür kein anderes Wort. Sie strahlte aus seinen tiefblauen Augen, war um seinen redelustigen Mund und seine klare, ruhige Stirn, die rechts und links von silbrigweißem Haar gerahmt war – der Scheitel war frühzeitig kahl geworden. Er war damals wohl noch nicht fünfzig, aber er wirkte alters- und zeitlos: einerseits wie das Bildnis eines alten und weisen Erzabtes, andererseits wie ein Mann von jugendlichem Feuer. Ebenso gedoppelt, nicht gespalten, waren Temperament und seine Lebensart. Nie habe ich einen Menschen getroffen, in dem sich naive Frömmigkeit, echter, unbeirrbarer Kinderglaube, so sehr mit hoher Intelligenz und geistiger Aufgeschlossenheit verbanden, ohne daß man je einen Bruch oder Zwiespalt bei ihm empfand. Er stammte aus Koblenz, seine Sprache hatte den singenden, moselländischen Tonfall; in seiner Jugend war er Opernsänger gewesen, und er hatte als ›Tristan‹ auf der Bühne gestanden. Was ihn dann dazu bewogen hatte, der Kunst und der Musik zu entsagen, die seine höchste Passion waren, und die Weihen zu nehmen, war sein persönliches Geheimnis.

An diesem Nachmittag bei Solf kam er mit einem vollen Römer auf mich zu und sagte: »Also Sie haben den ›Fröhlichen Weinberg‹ geschrieben, gegen den hat man gepredigt. Aber ich behaupte« – und dabei fiel er in seine Mundart – »soviel Lebensfreude, dat is 'n Daseinsbeweis Gottes! Dat is'n frommes Stück!« – So etwas hatte mir noch kein Theologe gesagt.

Früher hatte er in Rom gelebt, als Professor für alte Sprachen im Jesuitenkolleg, jetzt bewohnte er ein einstöckiges Häuschen im Norden Berlins, in einer friederizianischen Siedlung, die einst für altgediente Offiziere des Preußenkönigs gebaut worden war und in der es eine kleine katholische Kirche gab. Er versah keine Pfarrgemeinde, sondern er lebte dort als Privatgelehrter und amtierte als Seelsorger für die katholischen Angehörigen der Berliner Schutzpolizei. Dieses Amt brachte ihn später in schwere Konflikte, in denen er sich mit großer Tapferkeit bewährte: denn er hatte, nach 1933, in der ersten Zeit der Nazi-Tyrannei, Zutritt zu den Polizeispitälern und Lazaretten, in denen man die von der damals als ›Hilfspolizei‹ eingestellten SA zusammengeschlagenen und grauenvoll zugerichteten Opfer verwahrte. Das waren meistens Leute, die man ohne Gerichtsverfahren oder legalen Haftbefehl nachts aus ihren Betten geholt hatte. Viele hat er in dem Zustand gesehen, in dem sie nach ›Vernehmungen‹ eingeliefert wurden, vielen von ihnen hat er bei ihrem qualvollen Sterben beigestanden, viele Polizisten der alten, anständigen Beamtenschaft haben ihm ihr Herz ausgeschüttet.

Daß ein Mann, der so viel wußte und noch dazu den Mund weder halten konnte noch wollte, auf die Dauer nicht frei herumlaufen durfte und selbst zum Verurteilten wurde, lag auf der Hand. Auch er hat die letzten Kriegsjahre im KZ Ravensbrück durchlitten, und Frau Solf erzählte mir später, daß er jeden Morgen beim ›Wecken‹ mit lauter Stimme, die durch einen großen Teil des Lagers gehört werden konnte, das ›Gloria‹ sang, den brutalen Prügeleien und Quälereien trotzend, die er dafür täglich auszuhalten hatte. Er überlebte die Lagerzeit, aber er war dann ein schwerkranker, körperlich gebrochener Mann. In seiner seelischen Haltung, in seinem Glauben, in seiner Welt- und Menschenliebe, in seiner Gottesheiterkeit blieb er ungebrochen bis zu seinem Tod, ein Jahrzehnt nach dem Zusammenbruch von 1945. Eine Zeitlang verwaltete er noch eine kleine Pfarrei in einem Moseldörfchen, ich besuchte ihn dort manchmal gemeinsam mit dem Bundespräsidenten Theodor Heuss, mit dem ihn eine warme Freundschaft verband. Dann zog er sich in eine Alterswohnung bei Freunden am Rhein zurück. Ich verbrachte mit ihm, ganz allein, die Silvesternacht 1954/55 in seinem stillen, freundlichen Zimmer. Er kochte für uns beide, wir vertranken, verrauchten, verredeten die Nacht. Irgendwann in den Abendstunden drehte er das Radio auf, es kam ein leichter, beschwingter Mozart, von Bruno Walter dirigiert. »Nein«, sagte er nach einigen Minuten, »das macht mich zu traurig. Beim Mozart muß ich immer an den Tod denken.« Dann legte er das Klavierkonzert in e-Moll von Chopin aufs Grammophon. »So'n Berufsmelancholiker wie der Chopin«, sagte er, »der macht mich wieder lustig.«

Acht Tage später fand man ihn tot auf seinem Bettrand hokkend, die erloschene Brasilzigarre war ihm aus dem Mund gefallen, sein alter Dachshund ›Seppel‹ schlief zu seinen Füßen.

Mut, Leidensbereitschaft, Heiterkeit – das war sein Vermächtnis.

Als ich im Jahr 1928 mein Volksstück ›Katharina Knie‹ schrieb, dem ich den Untertitel ›Ein Seiltänzerstück‹ gab, schöpfte ich wieder aus der Jugenderinnerung – und wieder kam ich mit einem Namen in Konflikt. Diesmal ereignete sich der Zusammenstoß schon vor der Premiere.

Für mich war der Name ›Knie‹ so überzeitlich und vom Persönlichen abgelöst wie der des ›Till Eulenspiegel‹ im Volksbuch (der ja auch das Seiltanzen verstand). Wenn in den rheinhessischen Dörfern eine Seiltänzergruppe einzog, um auf dem

Marktplatz ihre ›offene Arena‹ aufzuschlagen und vom Giebel des Gemeindehauses zum Kirchturm das hohe Seil zu spannen, dann rannten die Kinder hinter der kleinen Karawane her und riefen:

»Der Knie kimmt!« – ganz gleich, was für ein Name auf dem Wagenschild des Prinzipals aufgemalt war. ›Knie‹ stand einfach für Seiltänzer oder Freiluftakrobaten, jeder war für uns ›ein Knie‹. Ich selbst hatte als Bub noch den ›alten Knie‹ gesehen, der diesen Namen so populär gemacht hatte, wie er mit seinem weißen Bart, in der historischen Seiltänzertracht – Escarpins, blauem Samtbolero und Federbarett – bei schwelendem Fackelschein die Strickleiter hinaufturnte: ein seiltanzender König Lear! »Fest anziehn! Fest anziehn!« hörte man ihn mit der Stimme eines Dreimasterkapitäns im Orkan den Bauernburschen zurufen, die zu Klumpen geballt an den Trossen hingen, um das Seil straffzuspannen – schon dieser hallende Kommandoruf und dann das plötzliche Verstummen der Musikanten, die bei seinem Auftritt stets in gedämpften Tönen die ›Donauwellen‹ spielen mußten, bei seinen Übergängen aber einen leise anschwellenden Trommelwirbel produzierten – all das war so atemberaubend, wie es jede echte Kunstproduktion sein sollte – und diese war echt bis zur Gefahr des Hals- und Beinbruchs, die von den Schauspielern immer noch vor einer Premiere rhetorisch beschworen wird. Zu seinen Bravourstücken gehörte das Backen von ›Appelpannekuche‹ über einem Spirituskocher, mitten auf dem Seil – und als Höhepunkt fuhr er dann seine Großmutter im Schubkarren hinüber, die er, nach einem lautstarken Disput der beiden Stimmen – er war auch Bauchredner – in einem gespielten Wutanfall, da sie immer widersprach, am Kragen packte und in großem Bogen hinunterwarf. Obwohl jeder wußte, daß es sich um eine lebensechte Stoffpuppe handelte, brach das Publikum in den rituellen Schreckensschrei aus, wenn sie mit fliegenden Röcken durch die Nachtluft wirbelte.

Diesen ›Papa Knie‹, der zwischen Basel und Koblenz, rheinauf rheinab, durch deutsches Land wanderte, der sechzehn Kinder hervorgebracht haben soll, die alle in seiner Arena

arbeiteten, und der so angesehen war wie heute kein Fernseh-
produzent, hatte auch Albert Bassermann, größter Schauspieler
der älteren Generation, damals hoch in den Fünfzigern, in seiner
Jugend bei Schwetzingen gesehen. Er übernahm mit Begeisterung die Rolle, zumal ich das Stück in der rheinpfälzischen
Mundart geschrieben hatte, die auch die seine war. Auch die
jugendliche Darstellerin der Titelrolle, Elisabeth Lennartz,
stammte aus meiner Heimat.

Soweit ging alles gut. Das Stück war vollendet, wurde auch in
den anderen Rollen glänzend besetzt, Karl-Heinz Martin führte
Regie, die Proben hatten begonnen, die Premiere war für den
22. Dezember festgelegt.

Da erhielt ich aus Zürich den Brief eines Advokaten, der sich
in knappen und barschen Worten als Rechtsvertreter des
›Schweizer Nationalzirkus‹ und der ›Dynastie Knie‹ vorstellte –
in seinem Schreiben war immer nur von der ›Dynastie‹ die Rede
– und der gegen die Benutzung des Namens Knie in einem Theaterstück Protest einlegte, noch dazu von einem Autor, der als
»moralisch nicht einwandfrei« gelte. Die Dynastie befürchtete
eine Schädigung ihres Ansehens, und der Anwalt drohte mit
gerichtlichen Schritten, um das Verbot des Stückes herbeizu-
führen.

Das war ein Keulenschlag. Es gab zwar in Deutschland noch
diese oder jene kleine Freiluftarena, die den Namen Knie in
irgendeiner Kombination auf dem Schilde trug den ›Stey-Knie‹
in Baden, die Truppe ›Eichel vormals Knie‹ in Österreich. Von
solchen hätte mir keine Gefahr drohen können. Daß aber der
Urvater der ›Dynastie‹, ein Friedrich Knie, Sohn des Leibarztes
der Maria Theresia – nachdem er vor Napoleon einen Rück-
wärtssalto über zehn gesattelte Pferde geschlagen hatte –, in die
Schweiz übersiedelt und Bürger von Burgdorf geworden war,
daß es auch dort, in der Schweiz, einen ›alten Knie‹, ein Vater-
Imago für die jüngere Generation gegeben hatte (er war ein Bruder des bei uns am Rhein bekannten), daß seine Söhne schon vor
längerer Zeit den ›Schweizer Nationalzirkus‹ gegründet hatten,
eines der bedeutendsten europäischen Zirkusunternehmen, und

reiche Leute geworden waren, jeder mit seiner eigenen Villa in Rapperswil am Zürichsee – das alles war mir unbekannt. Ich war zwar sonst in Zirkusdingen gut beschlagen und versäumte keinen, den ich sehen konnte, war aber seit dem Krieg nicht mehr in der Schweiz gewesen, und der ›Schweizer Nationalzirkus‹ gab damals noch wenig Auslandsgastspiele. Den Namen Knie einfach durch Hand, Fuß, Kopf oder Steiß zu ersetzen, schien mir unmöglich, und ein Prozeß oder eine einstweilige Verfügung vor der Premiere wäre eine Katastrophe gewesen, hätte die Absetzung des Stückes zur Folge gehabt.

Doch lag dem Kanzleischreiben des Anwalts ein kleiner Zettel bei, von der Hand des damaligen Pressechefs beim ›Zirkus Knie‹: seine Prinzipale, schrieb er mir, seien gar nicht so schlimm, ich solle mich, über den Advokaten hinweg, mit ihnen persönlich ins Benehmen setzen, aber ihn, den Pressechef, ja nicht verraten.

So schrieb ich sehr höflich an die Herrn Propriétaires des ›Schweizer Nationalzirkus‹ – denn ein Manuskript wollte ich ihnen, da Einzelstellen immer zu Mißdeutungen führen können, nicht schicken – und machte den Vorschlag, ob nicht vielleicht einer der Herren selbst nach Berlin kommen könne, um sich auf einer Probe zu überzeugen, daß das Stück ihrem Namen und Stand keinen Abbruch tun, sondern vielleicht sogar Ehre machen werde. Sehr nervös wartete ich auf Antwort.

Statt dessen kam eines Tags ein Anruf: die Brüder Knie seien da, alle viere, und sie erwarteten mich zu einer ›Verhandlung‹ am nächsten Vormittag um zehn im Hotel ›Central‹ am Bahnhof Friedrichstraße, wo prominente Artisten und Prinzipale gern abzusteigen pflegten. Der Portier, ein ehemaliger Entreeclown des Zirkus Busch, wies mich in die Halle. Was dort in einer Ecke beisammen saß, in gewichtigen Lederfauteuils, in die sie knapp hineingingen, war ein bedrohlicher Anblick.

Das schienen mir keine vier Männer zu sein, sondern vier Goliathe, vier Giganten, vier Riesen in soignierten Anzügen, gegen die ich mir selbst, obwohl ich damals in meinen frühen Dreißigern gute neunzig Kilo wog, vorkam wie der zierliche Page am

Hof eines Rokokofürsten. Da war der mächtige Frédéric, die Haare tief in die breite Stirn gescheitelt – er trug als einziger noch die kleinen Goldblättchen der alten Zunft in den Ohrläppchen und arbeitete im Zirkus mit Tigern und Eisbären –, da waren seine gleichfalls spektakulären Brüder Charles (Elefanten), Rudolf (Pferde und artistisches Programm), Eugène (Geschäftliches). Sie hatten in ihrer Jugend, alle noch unter freiem Himmel, im bunten Trikot, auf dem Turm- und Sprungseil, als Akrobaten, Trapezkünstler, Trampolinspringer und Menschenpyramide gearbeitet, jetzt trugen sie die Finger voller Ringe und hatten schwere, goldene Uhrketten mit kostbaren Berlocken über die wohlausgefüllten Westen gespannt.

Sie schauten mir prüfend und mißbilligend entgegen, wie einer noch nicht manegereifen Nummer, und lupften bei der Begrüßung, wohl um die herablassende Distanz zu einem unwürdigen Gegner anzudeuten, kaum die Hintern. Doch erklärten sie sich schließlich, vor allem mit Rücksicht auf den großen Namen Bassermann, bereit, am nächsten Tag einer Stückprobe beizuwohnen. Mir gegenüber zeigten sie immer noch, obwohl ich alle mir verfügbare Liebenswürdigkeit spielen ließ, ein deutliches Mißtrauen.

Eine sogenannte ›Durchlaufprobe‹, bei der nicht unterbrochen und einmal bereits wie vorm Publikum gespielt werden sollte, war im gegenwärtigen Stadium der Inszenierung dem Regisseur und den Darstellern sehr willkommen. Ich beschwor die Schauspieler, die schon ziemlich textsicher waren, lieber einen Satz, der ihnen im Augenblick nicht genau einfalle, dem Sinn nach zu improvisieren, damit das Ganze in einem Zug zu Gehör kommen könne. Natürlich gab es noch keine Dekoration und keine Kostüme, aber die gab es bei den Vormittagsproben in einem Zirkus auch nicht, und ich glaube, daß das leere Haus und die leere Bühne mir den paar angedeuteten Versatzstücken auf die Brüder Knie eher einen anheimelnden, metiergerechten Eindruck machte.

Wir komplimentierten die vier Gewaltigen in eine der vorderen Parkettreihen hinein – Karl-Heinz Martin und ich zogen uns nach hinten ins verdunkelte Haus zurück und überließen die Spieler ihrem Spielerglück.

Im ersten Akt, in dem die Armut und das harte Leben der kleinen Artistentruppe geschildert wird und in der die Tochter des Prinzipals, die junge Katharina, für ihr hungerndes Eselchen und auch aus geheimeren Gründen beim Gutsbesitzer drei Säcke Hafer stiehlt (gegen so etwas sind die Artisten in ihrer traditionellen Ehrbarkeit fast überempfindlich), herrschte da vorne, wo die vier Brüder Knie saßen, noch beklemmendes Schweigen. Aber im zweiten, in dem das Stück, ohne für echte Artisten und Zirkusleute romantisch oder unwirklich zu sein, empfindsam wird – wenn der Vater Knie von seiner Tochter Abschied nimmt, damit sie in der Landwirtschaft ein besseres Leben und bessere Ernährung findet –, und dann im dritten, in dem er nach ihrer Rückkehr zum letzten Mal das hohe Seil besteigt, bevor er sich zum Sterben niederlegt (»Was ein richtiger Seiltänzer ist, stirbt im Bett!«), hörte man aus der Reihe, in der die Goliathe saßen, sonderbare Töne. Es klang wie das Schnauben von See-Elefanten, wie das Prusten wasserspeiender Pottwale, wie das Todesröcheln der letzten Saurier. Martin und ich schauten uns erschrocken an – dann sagte Martin leise: »Ich glaube, sie weinen.«

Sie weinten nicht nur. Sie heulten. Es war ein gigantisches Schluchzen und Schnauben ausgebrochen, dem sie sich wie Kinder, laut und ohne Hemmung, hingaben. Teils hatten sie die Arme über die vordere Sitzreihe gehängt und die Wangen auf die Plüschlehne geschmiegt, teils hielten sie gegenseitig ihre Schultern umschlungen, und immer wieder hörte man den einen oder anderen mit brechender Stimme ausrufen:

»S'isch der Babbe! S'isch der Babbe, wie er leibt und lebt!«

Am Schluß wurden mir die Hände gedrückt, daß sie noch drei Tage schmerzten, und mit einer mystischen Ehrfurcht ließen sich die großen Herren dem Schauspieler Bassermann vorstellen: sie konnten kaum glauben, daß er ihren Vater nicht gekannt habe, dessen Porträt er für sie bis zu Tonfällen und Gesten so ergreifend zurückgerufen hatte. Der letzte Einwand, daß die

Knies ja längst keine armen Leute mehr seien, als die sie hier gezeigt würden, ließ sich bei einem Frühstück im Hotel ›Prinz Friedrich Karl‹ beheben, indem wir ihnen zusicherten, daß im Programmheft ihr heutiger Besitzstand und die Bedeutung des ›Nationalzirkus‹ an erster Stelle erwähnt werden sollten.

Das Stück und die Aufführung waren gerettet, wir wurden Freunde – und wie manche gute Stunde habe ich seitdem in einem ihrer mit Mahagonimöbeln und Perserteppichen ausgestatteten Wohnwagen verbracht! Die Silvesternacht des kommenden Jahres, 1929/1930, feierten wir mit der ganzen Familie Knie in Wien, wo ihr Zirkus im Prater gastierte, und um Mitternacht führte mich Charles in den Elefantenstall, unter dessen Zeltplane es angenehm nach Heu und Dickhäutermist roch, während dann und wann leises Kettenklirren oder das Aufplatschen eines der großen schweren Füße erklang, sonst herrschte da jene fast feierliche Stille, die von schlafenden oder ruhenden Tieren ausgehen kann. Nur die ›Rosa‹ schien nicht zu ruhen, die als ein besonders gelehriges, aber – gegen Fremde – nicht allzu gutartiges Elefantenweibchen galt, ihre kleinen Äuglein funkelten wachsam – und gerade ihr sollte ich eines der langen drahtigen Haare aus dem Schwanz ziehen, aber dann rasch wieder zurückspringen, da sie sofort mit dem kräftigen Rüssel einen Schlag nach hinten führen werde, was sie dann auch tat: ein solches Elefantenhaar, in der Stunde des Jahreswechsels ausgerissen, bringe Glück. Ich besitze es heute noch.

Sechs Jahre später, zu einem Jubiläum des Zirkus Knie, wurde in Zürich am Bellevueplatz unterm großen Zelt, mitten in der Manege, vor einer Kopf an Kopf gedrängten Menschenmenge, meine ‹Katharina Knie›, wieder mit Albert Bassermann in der Hauptrolle, aufgeführt. In den Zwischenakten produzierte sich die damals jüngste Generation der ›Dynastie‹, der heutige Direktor Freddy, neunjährig, mit langen blonden Locken, als Schulreiter, seine Cousine Eliane Knie, noch jünger, als elfenhaft graziöses Seiltänzermädchen auf dem ›schlappen Draht‹. Als am Schluß der Beifall nicht enden wollte, wurde ich in die Manege gerufen, und Charles Knie erschien im Kostüm eines indischen Maharadscha, in dem er seine Elefanten vorzuführen pflegte, mit jener mir schon bekannten ›Rosa‹ – auf sein Kommando kniete sie mit den Vorderbeinen nieder und hob den gefährlichen Rüssel zu einer wiegenartigen Beuge nach oben.

»Keine Angst«, flüsterte mir Charles zu, »in der Arbeit ist sie brav!«

Damit schloß er seine Hände zu einem Steigbügel, in den ich den Fuß setzte, und schwang mich auf den Rüssel hinauf: »Nur ruhig am Stirngeschirr festhalten, den anderen Arm spreizen«, sagte er, während die ›Rosa‹ sich gelassen zu ihrer vollen Größe erhob. Ich glaube nicht, daß je ein anderer Dramatiker auf einem Elefantenrüssel vorm Publikum erschienen ist.

Auch das Theaterschicksal des Stücks war erstaunlich. Es wurde bei der Uraufführung trotz eines lauten Premierenerfolgs von der gesamten Berliner Presse in Grund und Boden verrissen, selbst von meinen bisherigen Gönnern, mit Ausnahme von Kerr, der – nun schon aus Opposition gegen die andern – doch noch ein gutes Elefantenhaar dran ließ und mit gewissem Recht fand, daß eine solche Glanzrolle für Bassermann (er spielte sie noch mit achtzig und hinterließ, in seinem letzten Lebensjahr, eine Aufzeichnung davon im Radio Basel) sich nicht von selber schreibt. Sonst war es ein großes Halali und ein einziges Gemetzel, das von vielen Provinzblättern nachgedruckt wurde. Bernhard Diebold, der den ›Weinberg‹ und den ›Schinderhannes‹ über den grünen Klee gelobt hatte, kündigte in der ›Frankfurter Zeitung‹ mein vorzeitiges Ende an.

Aber nun geschah etwas, was heute in diesem Ausmaß und vielleicht überhaupt nicht mehr möglich wäre: das Stück nahm, völlig unbehindert durch das kritische Verdikt, einen veritablen Siegeslauf über die Bühnen. In Berlin kam es mit Bassermann zur hundertsten Aufführung, kein Mensch – außer den Kritikern – erinnerte sich noch daran, daß es eigentlich durchgefallen war. In den großen Provinzstädten und auch in Wien (wo Bassermann gastierte) war es dann auch bereits ein Presseerfolg – und es blieb jahrelang auf dem Spielplan all der vielen deutschen Bühnen (wir hatten damals einige hundert selbständige Stadt- oder Landestheater mit eigenem Ensemble, was es niemals in irgendeinem anderen Land gegeben hat). Man konnte also, wenn man gutes Theater machte, auch über die mächtige Kritik triumphieren. Doch war dadurch mein Ehrgeiz, Besseres zu machen, erst recht angespornt. Im nächsten Sommer bekam ich den Georg-Büchner-Preis und den ›Dramatikerpreis der Heidelberger Festspiele‹.

Es gab damals ebensowenig eine Festspiel- wie eine Literaturpreis-Inflation. Es gab Bayreuth, es gab Salzburg. Im übrigen ließ man alte Burgruinen und Kirchenportale noch in Frieden. Nur in Heidelberg wurden, von Gustav Hartung inspiriert, in den späteren zwanziger Jahren Sommerfestspiele veranstaltet, die einen modernistischen Qualitätscharakter hatten: erste Berliner Schauspieler der damals führenden Generation, George, Klöpfer, Pallenberg, Gerda Müller und viele andere traten dort in kühnen Inszenierungen auf, zu denen der geräumige Schloßhof und der prächtige ›Bandhaus-Saal‹ den idealen Raum hergaben. In kurzer Zeit hatten diese ›Heidelberger Festspiele‹, die sich ganz auf Schauspiel beschränkten, den Ruf einer ungewöhnlichen, progressiven Veranstaltung und wurden von den Senioren der deutschen Literatur, wie Thomas Mann und Gerhart Hauptmann, gefördert, besucht und durch Ansprachen eingeleitet.

Vorläufig beschränkte man sich dort auf Glanzinszenierungen großer Dramen der Weltliteratur, man sah einen phantastischen ›Sommernachtstraum‹, Musik von Ernst Křenek, mit Heinrich George als wildem, panisch röhrendem Oberon, einen ›Florian Geyer‹, gleichfalls mit George, von Rudolf Rittner inszeniert, der den ›Geyer‹ einst unter Brahm gespielt hatte und von Lovis Corinth in dieser Rolle gemalt worden war, man sah ›Schluck und Jau‹ in einer köstlichen Aufführung durch Hartung mit Klöpfer und Pallenberg. Dann aber wollte man an neue Literatur und Uraufführungen heran, nur fehlten die dafür passenden Stücke, so wurde ein finanziell ziemlich hoch bemessener ›Anregungspreis‹ der ›Heidelberger Festspiele‹ gestiftet, mit dem keine Verpflichtung, aber der Wunsch verbunden war, die Preisträger möchten ein dort spielbares Stück verfassen. Er kam nur einmal zur Verteilung, im Sommer 1929, und zwar gleichzeitig an René Schickele, Max Mell und mich. Ein Heidelberger Festspiel ist dabei nicht herausgekommen.

Ich hatte die ernsthafte Absicht, den Wunsch der generösen Spender zu erfüllen – mir schwebte als Stoff ein ›Eulenspiegel‹ vor, den ich mir als eine poetische Kasperle- oder Wurstl-Komödie in gereimten Versen dachte, und Werner Krauß als den Hauptdarsteller, der sich in zwölf Bildern zwölfmal verwandeln sollte... Ein Jahr lang plagte ich mich mit dieser Konzeption (während ich gleichzeitig ein Kinderstück, ›Kakadu-Kakada‹, für Gustav Hartungs ›Deutsches Künstlertheater‹ in Berlin, eine Bearbeitung des amerikanischen Kriegsstücks ›What Price Glory‹ von Anderson und Stallings für Piscator und das Drehbuch zum ›Blauen Engel‹ für Erich Pommer, den Schrittmacher der UFA und besten deutschen Filmhersteller, schrieb). Aber der Stoff wollte sich mir nicht ergeben. Das Kinderstück wurde wochenlang von Berliner Schulklassen bejubelt, das amerikanische Kriegsstück kam unter dem Titel ›Rivalen‹ heraus und verführte die Bühnen-Rivalen Kortner und Albers zu einem theaterhistorisch gewordenen Faustkampf hinter der Szene, der ›Blaue Engel‹, dessen Szenario und Dialoge meine Allein-Arbeit waren, während Friedrich Holländer seine heute noch unvergessenen Chansons dafür schrieb, zeigte Jannings auf seiner schauspielerischen Höhe und machte Marlene Dietrich, durch Josef von Sternbergs Regie, zum Weltstar: das alles waren Handwerksarbeiten, Fingerübungen, Etüden. Aber der ›Eulenspiegel‹, den ich als meinen dramatischen Hauptplan betrachtete, kam nicht vom Fleck. Er scheiterte, mußte scheitern, an der Diskrepanz zwischen dem Vorwurf des alten Volksbuchs, an das ich mich zu halten versuchte, und der Zeitnähe, dem Gegenwartsgehalt, der lebendigen Wirklichkeit, die ich erstrebte. Ich war schon im Begriff, den ganzen Entwurf wegzuschmeißen und mich an eine Tragikomödie des Vormärz, ›Das Hambacher

Fest‹, zu machen, da wurde mir, mitten im Sommer, die Anregung zu einem Stoff zuteil, an den ich vorher nicht gedacht hatte: der ›Hauptmann von Köpenick‹. Sie kam von Fritz Kortner, meinem alten Freund, der sich meine Bewunderung und Zuneigung durch nichts verscherzen kann.

Kortner dachte zunächst an einen Film, den er inszenieren wollte, mit dem in dieser Zeit von seinem Stammpublikum ebenso wie von Literaten und Künstlern verhimmelten Erich Carow, einem originellen Vorstadt-Komiker, der im Berliner Norden seine ›Lachbühne‹ betrieb. Vom ›Hauptmann von Köpenick‹ wußte ich nicht mehr als jeder – die Anekdote von seinem Geniestreich im Köpenicker Rathaus, und daß er dann, nach kurzer Gefängnishaft vom Kaiser begnadigt, durch die deutschen Städte reiste und signierte Postkarten mit seinem Bild in Uniform verkaufte: so hatte ich ihn selbst bei einer Mainzer Fastnacht im Jahr 1910 gesehen. Noch zögernd ließ ich mir von meinem Verlag die alten Zeitungsberichte und Prozeßakten über den vorbestraften Schuster Wilhelm Voigt beschaffen – und plötzlich ging mir auf: *das* war mein ›Eulenspiegel‹, der arme Teufel, der – durch die Not helle geworden – einer Zeit und einem Volk die Wahrheit exemplifiziert.

Denn wenn auch die Geschichte mehr als zwanzig Jahre zurücklag, so war sie gerade in diesem Augenblick, im Jahre 1930, in dem die Nationalsozialisten als zweitstärkste Partei in den Reichstag einzogen und die Nation in einen neuen Uniform-Taumel versetzten, wieder ein Spiegelbild, ein Eulenspiegel-Bild des Unfugs und der Gefahren, die in Deutschland heranwuchsen – aber auch der Hoffnung, sie wie der umgetriebene Schuster durch Mutterwitz und menschliche Einsicht zu überwinden.

Entschlossen, das Stück zu schreiben, machte ich mich von jeder mir vorgeschlagenen Zusammenarbeit frei – Kollaboration und Kollektivwerk haben mir nie gelegen –, auch war mir klar, daß ich den Stoff nur auf meine Art bewältigen könne, nicht »die Geißel schwingend«, sondern das Menschenbild beschwörend – und zog mich zur Arbeit ins ländliche Henndorf zurück. Von der ursprünglichen Eulenspiegel-Idee blieb der Märchengedanke. Eine Geschichte, auch im Komödienton, märchenhaft zu erzählen, schien mir der Weg, sie über den Anlaß hinaus mit überzeitlichem Wahrsinn zu erfüllen. Auf langen Spaziergängen, manchmal von meinem Freund Albrecht Joseph begleitet, mit dem ich alle meine Stückpläne besprach, baute ich mir die Szenenfolge zusammen. Aber als ich Anfang September einen Abend mit Max Reinhardt und Helene Thimig, ohne andere Gäste, im Schloß Leopoldskron verbrachte, existierte von dem Stück noch kein niedergeschriebenes Wort. In der Nacht fragte mich Reinhardt, woran ich jetzt arbeite, und plötzlich fing ich an, das Stück zu rezitieren, oder vielmehr: ich spielte es, stundenlang, mit allen Szenen und Figuren, oft von meinen eigenen Einfällen blindlings überrascht, es entstanden noch ungeplante Situationen, Dialoge, Aktschlüsse – das Stück war da. Es hatte, durch Reinhardts magisches Zuhören, mit dem er Menschen in eine Trance der Produktivität steigern konnte, Gestalt angenommen.

Am nächsten Tag erhielt ich von Reinhardts Berliner Direktion, mit der er telefoniert hatte, ein Telegramm: ich möchte sofort das Manuskript schicken, das Stück solle baldmöglichst in Szene gehen. Ich depeschierte zurück, ich müsse es erst noch schreiben...

Das geschah ohne Hast, aber auch ohne Stocken, in den nächsten zwei Monaten. Ich war allein in der herbstlichen Landschaft, meine Familie war nach Berlin vorausgefahren, im November folgte ich mit dem fertigen Manuskript.

Die Aufführung, in Heinz Hilperts meisterhafter Regie, war wieder im letzten Moment fast von einer Katastrophe bedroht. Die Premiere war auf den 5. März 1931 angesetzt. Am Vorabend war das ›Deutsche Theater‹ geschlossen, um für eine ›öffentliche Generalprobe‹ verfügbar zu sein, zu der die Angehörigen der Schauspieler – in diesem Fall eine stattliche Anzahl – sowie Kollegen und Fachleute Zutritt hatten. Solche öffentlichen Generalproben können ihr Gutes und ihr Schlechtes haben. Sie geben den Schauspielern Gelegenheit, bereits eine Publikumsreaktion zu erleben – doch ist sie häufig nicht die des normalen Abendpublikums. Auch sitzen unter diesen Zunftgenossen nicht nur Freunde, sondern auch Lästermäuler, und man weiß nie, was für ein Vorgeschwätz dann die Stadt durcheilt und die entscheidende Erstaufführung ihrer Jungfernschaft beraubt.

Diese Generalprobe wäre um ein Haar gar nicht zustande gekommen. Eine Stunde vor ihrem Beginn erhielt Hilpert von Maria Bard, seit einem Jahr mit Werner Krauß verheiratet, einen verzweifelten Telefonanruf, und zwar – aus dem Ratskeller von Köpenick. Krauß (der auf den Proben als erster Wilhelm Voigt mit wunderbarer Disziplin und Spielfreude gearbeitet hatte) sei am Nachmittag auf die Idee gekommen, dorthin zu fahren, um an Ort und Stelle noch ›Atmosphäre zu atmen‹.

Was das hieß, wußte Hilpert sofort. Er warf sich in ein Taxi und raste nach Köpenick. Dort fand er Krauß in den Armen eines alten Kellners, der seinerzeit, im Jahre 1906, dem echten ›falschen Hauptmann‹, während er auf die Kassenabrechnung wartete, eine halbe Flasche Rotspon serviert hatte. Krauß ließ es nicht bei einer halben bewenden. Er war in einem Zustand temporärer Bewußtlosigkeit, in den ihn, außer dem Phantasieerlebnis der Örtlichkeit, jene fast krankhafte Premierenangst versetzt hatte, die gerade die großen Schauspieler manchmal wie ein Wahnsinn überfällt. Er brauche keine Generalprobe, erklärte er lallend, er käme morgen zur Premiere, bis dahin bleibe er beim Wein in Köpenick, und er forderte Hilpert auf, das gleiche zu tun: die sollten ihre Generalprobe allein spielen.

Wie Hilpert es schaffte, ihn aus dem Ratskeller weg, ins Taxi, ins Theater zu transportieren, ist kaum begreiflich – Maria Bard erzählte, er habe sie teils an die Tierbändiger der alten Schule erinnert, die ihre Bestien in ›wilder Dressur‹ mit Eisenstange, Peitsche und Schreckpistole in die Manege trieben, teils an einen rohrstockschwingenden Oberlehrer, teils an einen Kriminalpolizisten. Es sei da von Humor gar keine Rede gewesen, nur von Brachialgewalt, und er habe den taumelnden Krauß über die Stufen des Ratskellers hinaufgezerrt, als sei er durch Handschellen mit ihm verbunden. In der Garderobe wurde er dann mit kaltem Wasser übergossen und mit heißem Mokka angefüllt, bis er tatsächlich in Kostüm und Maske auf der Bühne erschien. Und nun geschah etwas Erschreckendes, Unheimliches: er spielte die Riesenrolle, mehr als drei Stunden lang, wie eine lebende Marionette, so als sei er selbst gar nicht dabei, nur seine Rollenfigur – er versäumte keinen Auftritt, keine Stellung, kein Stichwort, keinen Satz, doch offenbar ohne zu wissen, was er tat und sagte, er agierte so, wie man sich einen Zombie, einen vom Wuduzauber lebendig gemachten Toten vorstellen mag – bewußtlos. Und wenn er sprach, kamen ihm nur die Vokale aus dem Mund, diese allerdings genau im Rhythmus, Tempo und Tonfall der gelernten Sätze – die Konsonanten fielen vollständig aus. Hatte er da droben zu sagen: »Haben Sie gedient?« so hörten wir da drunten nur etwas wie: »AA – ii – ii – ?« – und nicht nur wir, sondern das fast volle Haus der ›öffentlichen Generalprobe‹ hörte nichts anderes. Eine Lähmung verbreitete sich unter den Zuschauern, als ob auf der Bühne ein Gespenst umginge. »Seltsames Stück«, sagte Pallenberg, der mit seiner Frau, Fritzi Massary, gleich hinter mir saß, mit einem halb mitleidigen, halb schadenfrohen Grinsen.

Hilpert hatte Gesicht und Arme auf das vor seinem Sitz angebrachte Regiepult gelegt und das kleine Schreiblämpchen ausgeknipst, er schaute gar nicht mehr auf die Bühne. »Ich schäme mich«, knirschte er von Zeit zu Zeit durch die Zähne. Er war völlig gebrochen. Für ihn war künstlerische Werktreue das höchste Gesetz, hier schien es ihm mit Füßen getreten, und die herrliche Arbeit von vielen Wochen vertan, das Stück geschmissen.

Ich selbst war merkwürdigerweise ganz unbesorgt. Ich zweifelte keinen Augenblick daran, daß Werner Krauß nach diesem wahnwitzigen Exzeß zu sich selbst kommen und am Premierenabend alles wieder gutmachen werde. Als sich das Generalprobenpublikum nach einem schütteren Schlußapplaus, der wie Hohn klang, verzogen hatte, überredete ich Hilpert, mit uns zu Krauß in die Garderobe zu gehen: man dürfe ihn jetzt nicht allein lassen und entmutigen. Widerwillig und mit zusammengekniffenen Lippen ging er mit, seine lange Nase bebte vor Zorn. »Sei nett zu ihm«, sagte ich noch auf dem Gang vor der Garderobentür. Aber kaum waren wir drinnen, da schoß er auf den noch immer leicht betäubten Krauß zu und fuhr ihn an: »Mit dir red ick nie mehr ein Wort!« Dann lief er wieder hinaus. (Zwei Jahre lang hat er wirklich nicht mehr mit ihm geredet!) Aber Werner Krauß hatte ihn gar nicht bemerkt. Er sah nur meine Mutter, die wir mit zu ihm genommen hatten, weil sie dem großen Schauspieler die Hand drücken wollte. Ihr war vor Aufregung und vor Begeisterung über mein Stück und die ganze Aufführung sein Zustand und seine totale Konsonantenabsenz gar nicht aufgefallen. Krauß liebte sie auf den ersten Blick, »die Mutter Zuck«, sagte er immer wieder ganz verzückt – und mit dem Händedrücken wurde es umgekehrt: bei dem Versuch, sich höflich vor ihr vom Stuhl zu erheben, ergriff er ihre Hand und hielt sie mit solchem Eisengriff fest, daß sie alle Beherrschung zusammennehmen mußte, um nicht aufzuschreien. Tagelang noch hatte sie die Eindrücke eines Rings, den er ihr bei diesem endlosen Handhalten ins Fleisch gepreßt hatte, als roten Fleck auf der Haut.

Am nächsten Abend spielte er die Premiere mit einer Sicherheit, einer Präzision, einer suggestiven Gewalt, wie ich das fast nie von einem anderen Schauspieler erlebt habe. Es wurde einer der größten Triumphe seiner Laufbahn. Als ich ihn in der Pause kurz aufsuchte, saß er – nun vollkommen ruhig und nüchtern – in seiner Garderobe und fragte nur: »Bin ich gut?«

Dann erzählte er, daß er den ganzen Tag geschlafen und gegen Abend – eine Stunde vor Premierenbeginn – zwei Veronal genommen habe!

»Damit ich nicht übertreibe«, sagte er.

Die Wirkung des ›Hauptmann von Köpenick‹ war tiefer und nachhaltiger als die des ›Fröhlichen Weinberg‹. Das Stück wurde, von Freund und Feind, als das Politikum begriffen, als das es gemeint war. Und bis jetzt waren die Freunde, wenigstens unter dem Teil der Bevölkerung, der überhaupt ins Theater geht oder liest, noch in der Überzahl. Gerade daß hier auch die ›Gegenseite‹, das Militär vor allem, nicht blindlings verdammt und verteufelt, sondern mit dem Versuch zu dramatischer Gerechtigkeit dargestellt wurde, machte das Stück und sein Anliegen glaubwürdiger und ließ nicht das Mißtrauen und den üblen Nachgeschmack aufkommen, den betonte, einseitige Tendenz oder ›Propaganda‹ immer verursacht. Es gab keine Theaterskandale, doch wütende Beschimpfungen von seiten der Nazipresse, vor allem in dem jetzt von Goebbels redigierten Berliner ›Angriff‹, der mir, im Hinblick auf eine Szene im Zuchthaus, verkündete, ich werde bald Gelegenheit haben, ein preußisches Zuchthaus von innen kennenzulernen. Auch wurde mir schon damals – für die kommende Machtergreifung – mit Ausbürgerung, Landesverweisung oder schlichtweg mit dem Henker gedroht. Schmähbriefe kamen – ich warf sie in den Papierkorb und hielt mich an die anderen, die zustimmenden und bestärkenden, die bis zum Schluß in der Überzahl waren. »Seit Gogols ›Revisor‹ die beste Komödie der Weltliteratur«, hieß es in einem spontanen Brief von Thomas Mann, den er mir nach dem Besuch der Aufführung geschrieben hatte. Das war für uns noch die Stimme Deutschlands – nicht das hysterische Geschrei der Hetzredner im Sportpalast.

Einer erstaunlichen Zuschrift muß ich gedenken, sie kam auf rosa Papier und war mit einer kindlichen Hand geschrieben, ein vergilbtes Foto lag bei, das eine starke Dame mit hoher Turmfrisur und Sonnenschirm zeigte. »Werter Verfasser«, begann es, »gestern habe ich im Deutschen Theater den Hauptmann von Köpenick gesehen, ich kann Ihnen nicht sagen, wie mir zumute war, als unser liebes, altes Sitzcafé, das National, auf der Bühne erschien!«

(Man muß dazu wissen, daß das ›Café National‹, in dem eine Szene des Stückes spielt, vor und bis kurz nach dem Ersten Weltkrieg das Stammlokal der Berliner besseren ›Halbwelt‹ war, die nicht auf den Strich ging, sondern sich ihre Kundschaft ebendort ersaß.)

»Tränen der Rührung«, hieß es weiter, »liefen mir über die Wangen. Auch mit der Plörösenmieze« – diesen Namen glaubte ich erfunden zu haben! – »war ich gut befreundet, wie viele idyllische Stunden haben wir zusammen verlebt. War ich doch selbst die bekannte Goldfisch-Anna, da ich einen sehr vollen Busen besaß und sich die Herrn vergnügten, mir lebende Goldfische aus dem großen Bassin mit Springbrunnen in den stets dekolletierten Busenschlitz schlüpfen zu lassen, die sie dann aus meinem Corsett wieder herausfischten, wobei ich zu ihrem Spaß laut quietschte. Wie manchen Taler habe ich mir damit ehrlich verdient! Goldene Zeiten! Dank Ihnen, werter Meister, daß Sie diese Erinnerung an die glücklichsten Tage meines Lebens auf das Theater gebracht haben,

Ihre ›Goldfisch-Anna‹.«

Werner Krauß spielte die Rolle hundertmal in Berlin, dann wurde sie von Max Adalbert übernommen, einem unendlich liebenswerten, verkauzten, schrulligen Volksschauspieler, der – ähnlich wie Buster Keaton – selbst niemals lachte und dadurch seine stupenden Humorwirkungen erzielte.

Er spielte den Voigt auch in der bald darauf folgenden, ersten Verfilmung. Es gab kaum ein Provinztheater, selbst wenn ein Teil des Opern- und Operettenpersonals für die vielen kleineren Chargen aushelfen mußte, in dem das Stück nicht gegeben wurde. Direktoren und Intendanten spielten mit Vorliebe den Hauptmann selbst – so Gustav Lindemann in Düsseldorf, Gatte der ehrwürdigen Theaterfürstin Luise Dumont. Diese Aufführungen liefen in ganz Deutschland weiter, fast zwei Jahre lang, bis zum Ende des Januar 1933. Wenn man das Lachen und die Zustimmung des Publikums in den immer ausverkauften Häusern hörte, konnte man fast vergessen, was draußen auf der Straße vorging und was sich im Reich zusammenbraute. Dort gab es nichts mehr zu lachen. Wer durch Berlin fuhr, sah in jedem Bezirk, besonders in den östlichen und nördlichen Stadtteilen, lange Schlangen von Männern anstehen, die elend aussahen, in abgerissener Kleidung, die Gesichter fahl und gedunsen, ungesund, unterernährt. Das waren die ›Stempelbrüder‹, deren Schar mit der Zeit immer größer, deren Anblick immer erbärmlicher wurde. Sie warteten vor den ›Arbeitsämtern‹, in denen ihnen der Schein für die – von der Regierung durch erhöhte Steuern, Kürzung der Beamtengehälter und andere unpopuläre Maßnahmen zusammengekratzte – Erwerbslosenunterstützung abgestempelt wurde: ein Betrag, der das Existenzminimum eines Menschen oder gar einer Familie nie ganz erreichte. Dort standen sie im Sommer und Winter, in Regen und Kälte, die Kragen der alten Joppen hochgeschlagen, die klammen Hände in den Taschen geballt.

Es waren trostlose Haufen, denen mit dem Brotbelag und den Kohlen der ›Berliner Humor‹ längst ausgegangen war und die kaum mehr die Kraft zum Schimpfen oder zu einem Krawall aufbrachten, wenn so ein Amt wegen Überlastung vorzeitig schloß, oder wenn sich herumsprach, daß die Kartoffelpreise wieder gestiegen waren, während sie auf ihren Hungersold warteten. Und wie in Berlin standen sie in ganz Deutschland, vor den Arbeitsämtern, vor den Auszahlkassen, vor den Konsumvereinsläden, vor den Fabriken, die nur noch eine Teilschicht beschäftigen konnten, vor gesperrten Kohlenzechen, stillgelegten Gruben. Mehr als sechs Millionen standen in den Jahren 1931–33 so in Deutschland herum, Arbeitslose, zum Nichtstun und Warten verdammt, und allmählich zur Hoffnungslosigkeit, unzufrieden mit allem, mit der Welt, in der sie lebten, mit dem Staat, der sie mühselig und knapp am Leben hielt, mit sich selbst und ihrer Geduld.

Die Wohlstands- und Aufschwungsperiode der Deutschen Republik hatte kaum vier Jahre gedauert, bis zum Versiegen der ausländischen Kapitalzufuhr, die hauptsächlich aus den Vereinigten Staaten kam, bis zur amerikanischen Wirtschaftskrise, die ganz Europa in ihren Sog hineinzog, bis zu dem ›Schwarzen Freitag‹ der New Yorker Börse, dem 25. Oktober 1929, der auch drüben, im ›reichsten Land der Welt‹, über Nacht Millionen brotlos machte. Aber während sich dort, in Amerika, noch ein Teil der um Ersparnisse und Einkünfte Betrogenen ins unermeßliche Farmland retten konnte, wo es immer wieder die Möglichkeit gab, durch Arbeit sein Leben zu fristen, gab es in Deutschland auch eine Landwirtschaftskrise: der Großgrundbesitz war verschuldet und versuchte, die öffentliche Hand für seine Interessen zu mobilisieren, und die Kleinbauern versuchten, durch Aufstände gegen die ›Steuerschraube‹ oder passive Resistenz die Autorität des verhaßten ›Staates‹ lahmzulegen. Aller Zorn, aller Haß, alle Empörung richtete sich gegen diesen ›Staat‹, von rechts als ›Judenrepublik‹, von links als ›Kapitalistenhofstaat‹ angeprangert. Die ›Notverordnungen‹, mit denen die Regierung versuchte, den Extremismus auf beiden Seiten zu beschwichtigen, erreichten das Gegenteil. Kommunisten und Nazis bekämpften sich untereinander bis aufs Messer: es gab kaum eine Nacht, in der es nicht zu blutigen Gefechten und Schießereien kam. Am verhängnisvollsten wirkte sich die Verelendung des ›unteren Mittelstandes‹ aus. Trotz der Hochkonjunktur, die nach der Inflation eingesetzt und eine Zeitlang so etwas wie einen allgemeinen Wohlstand vorgetäuscht hatte, war es nie zu einer Aufwertung der in der Billionenzeit weggeschmolzenen Renten, Versicherungen, Spareinlagen gekommen. Die ›kleinen Leute‹, denen es in der Kaiserzeit verhältnismäßig gut gegangen war, hatten an dem ›Aufschwung‹ keinen Teil gehabt und waren verbittert gegen alles, was ›oben‹ saß, gegen die ›Bonzen‹ der herrschenden Parteien, welche die Demokratie repräsentierten, ebenso gegen die immer noch in Wohlstand und Luxus lebenden Finanzkreise, die ihre geheime Angst mit der Hoffnung auf eine ›neue Konjunkturwelle‹ betäubten. Aus diesen Mittelstandsschichten, die sich nicht ›proletarisieren‹ lassen wollten und es als Schande empfunden hätten, ›rote Sozialisten‹ zu sein, wuchsen den braunen, den Nationalsozialisten, die sich als deutsche Arbeiterpartei, deutsche Volksbewegung proklamierten, die ungeheuren Mitglieder- und Mitläufermassen zu. Selbst Vater Hindenburg, der im Frühjahr 1932 noch die Wiederwahl zum Reichspräsidenten mit beträchtlicher Mehrheit gegen Hitler gewonnen hatte, vermochte nicht mehr, das Volk mit wirklicher Zuversicht zu erfüllen: mit Recht, denn der noble Greis, der jahrelang fest zu seinem demokratischen Kanzler Brüning gestanden hatte und den »böhmischen Gefreiten« – so bezeichnete er Hitler – nicht im Haus haben wollte, war – ohne es zu bemerken – selbst zum Spielball divergierender ökonomischer und politischer Kräfte geworden. Schwerindustrie und ›Reichslandbund‹, die Organisation des hauptsächlich im deutschen Osten angesiedelten Großagrariertums, standen einander feindlich gegenüber, und durch die Lücke zwischen diesen verhärteten Fronten schlüpfte Adolf Hitler wie ein Aal zur Macht.

Eine besondere Tragik lag darin, daß kurz vor der sogenannten ›Machtergreifung‹, gegen Ende des Jahres 1932, der steile Aufstieg der Nazipartei den Gipfel überschritten zu haben schien und sich ein deutliches Absinken der Popularität bemerkbar machte. Ich erinnere mich an den Neujahrsaufmarsch der Braunhemden, am 1. Januar 1933, nahe bei unserer Wohnung in der Schöneberger Hauptstraße. Er war trübselig und lau, wie das Wetter; die Passanten schauten kaum hin, sie waren mit Heilrufen und Sturmgesängen übersättigt, und die Mehrheit der Bevölkerung hoffte – wenigstens in Berlin –, daß die Bemühungen des Kanzlers Kurt von Schleicher, des ›sozialen Generals‹, um eine Gewerkschaftsfront von rechts bis links Erfolg hätten. Damit wäre den Radikalisten beider Färbungen der Wind aus den Segeln genommen worden, und alle die Maßnahmen, mit denen Hitler einige Monate später den Grund zum Erfolg und zur Festigung seines Regimes legte – vor allem die Erfassung der Arbeitslosen zu gemeinnütziger Tätigkeit – stammten nicht von ihm, sondern waren von klugen und freiheitlich gesinnten Köpfen schon vorgeplant. Doch es war um eine historische Minute zu spät.

Als Gerhart Hauptmann am 15. November 1932 seinen siebzigsten Geburtstag in Berlin feierte, geschah das Groteske, daß zwei preußische Regierungen einander das Recht abstritten, ihn ehren zu dürfen: eine (von einem Leutnant mit zehn Mann, unter Duldung des Reichspräsidenten) abgesetzte, die sich aber immer noch als geschäftsführend betrachtete, und eine ›kommissarische‹, die sich mit einer dubiosen Wortbildung als ›autoritär‹ bezeichnete.

Ich selbst hatte das Glück, damals gerade halb so alt wie Gerhart Hauptmann, in einer Massenversammlung in den ›Autohallen‹ am Kaiserdamm die Festrede für ihn halten zu dürfen: es war eine durchaus politische Rede, in der ich das »wahre Deutschland des Rechtes, der Freiheit, der Menschenwürde« beschwor, wie es in Hauptmanns Frühwerk postuliert und vorgezeichnet war. Tausende schienen dem Klang solcher Worte zuzustimmen. Sie verhallten im Marschtritt der Millionen.

Als ich Mitte Juli 1931 aus irgendeinem beruflichen Grund für ein paar Tage von Henndorf nach Berlin gekommen war und bei meiner Bank etwas Geld abheben wollte, fand ich die Schalter geschlossen und die Berliner Bankgebäude von aufgeregten, schimpfenden oder jammernden Leuten umdrängt, die um ihre Ersparnisse bangten. Kein Wunder, daß Schlagworte wie die ›Brechung der Zinsknechtschaft‹, im Programm der Nationalsozialisten phrasenhaft proklamiert, von diesen verstörten Menschen begierig aufgesogen wurden. In dem enormen Appetit der Naziführer nach Macht und Gewalt schien für die Durchschnittsdeutschen, die sich von allen Seiten im Stich gelassen fühlten, etwas Gesundes und Kraftvolles zu stecken, das einen Schimmer von Hoffnung auf bessere Zeiten verhieß: sie wußten nicht, daß sie einem neuen, ärgeren Betrug zum Opfer fallen würden – daß anstelle ehrlicher, wenn auch schwächlicher Bemühung ein skrupelloses Hazardspiel treten sollte.

In der Zwischenzeit ging für uns alles weiter wie bisher: das Leben, die Arbeit. Ich machte mit Heinz Hilpert eine Dramatisierung des Romans ›In einem anderen Land‹ (A Farewell to Arms) von Ernest Hemingway, hauptsächlich weil Käthe Dorsch die Gestalt der ›Kat‹ verkörpern wollte – Hilpert und ich hatten eine heitere Werkstättenzeit in meinem Henndorfer Haus, wir arbeiteten mit vorsichtiger Hand wie Instrumentenbauer, nahmen alle Dialoge und überhaupt fast jeden Satz aus dem ursprünglichen Buch. Das Stück wurde im Deutschen Theater gespielt, Hemingway kam zur Premiere – aus Paris, wo er sich damals aufhielt – nach Berlin. Er war schon bei der Ankunft betrunken, trug eine flache Whiskyflasche in der Rocktasche, die er von Zeit zu Zeit an den Mund setzte, dann kniff er die Augen zusammen, als wolle er Ziel nehmen, schaute halb abwesend, halb unternehmungslustig. Hilpert brachte ihn ins Hotel Eden, wo er sich sofort in die Bar begab und Champagner bestellte. In der Aufführung hatte er wieder die flache Whiskyflasche mit. Wenn er nicht daran nippte, schien er zu dösen. Er verstand kein Deutsch, und es blieb unklar, ob die Szenen, die sich auf der Bühne abspielten, ihn an etwas aus seinem Buch oder überhaupt an irgend etwas erinnerten. In der Pause wurde er in die Garderobe von Käthe Dorsch geführt, er quetschte ihre Hand und fragte laut und deutlich, wieviel diese Frau (»that girl« sagte er) für eine Nacht koste. Da sie kein Englisch verstand, glaubte sie, er habe ihr ein Kompliment über ihr Spiel gemacht, lächelte und nickte ihm huldvoll zu. Daraufhin bot er ihr einen Schluck aus der flachen Flasche an, was sie durch Zeichensprache ablehnte. Man brachte ihn auf dezente Art wieder aus der Garderobe hinaus, nachdem er ein festes Angebot von ‹hundert Dollar und keinen Cent mehr› gemacht hatte. Auch das wurde zum Glück von ihr nicht verstanden. Er wußte natürlich, daß man eine Schauspielerin nicht für eine Nacht kaufen kann, aber in seinem Rausch machte es ihm Spaß, den primitiven amerikanischen ›Hillbilly‹ zu spielen. Am Schluß des Abends, der ein großer Theatererfolg wurde, war die flache Flasche leer, und Hemingway mußte von den Regie-Assistenten in ein Taxi verfrachtet werden. Den Rest der Nacht versoff er im Hotel Eden, dann fuhr er, im gleichen Zustand, in dem er gekommen war, wieder nach Paris zurück.

Hemingway war ein Mann, der schön aussah, auch wenn er betrunken war, oder vielleicht dann um so mehr: nicht in der Art jener Supermaskulinität, die man gern aus seinen Geschichten und seinen Abenteuern herausliest. Er war schön wie ein noch nicht ganz erwachter Flußgott. Mächtig, mit schweren Wimpern. Gewillt, strömend zu leben, doch im Erwachen schon dem anderen Schlaf ganz nah. Ferndunstverhüllt. Von Schilf umhangen. Ich weiß nicht, ob es von ihm eine Toten- maske gibt. Man sah sie in seinem Gesicht, lange vor seinem Tod.

Die meisten von uns lebten in diesen letzten Jahren vorm Ende der Weimarer Republik wie Bauern, die Heu machen oder Ge- treide mähen, während sich am Horizont die Wolken eines Un- wetters auftürmen. Die Luft steht still. Man weiß nicht, ob das Wetter kommen oder sich wieder verziehen wird. So mäht man weiter – bis der erste Windstoß heult.

Doch ist eine politische Bewegung, welche die Existenz eines Staates bedroht, kein Wetter. Sie wird von Menschen gemacht und kann von Menschen bekämpft werden. Haben wir in der Zeit, bevor uns die Macht dazu genommen wurde, genug getan, um das Schicksal zu wenden? Ich glaube nicht.

»Too little and too late«, sagte man in Amerika zu Beginn des Zweiten Weltkriegs über die Anstrengungen der Westmächte, Hitlers Machtgier zu dämmen. Zu wenig und zu spät, so scheint es mir, war auch das, was wir, die deutschen Intellektuellen die- ser Zeit, versucht haben. Zwar zerrieben sich meine politischen Freunde, besonders Haubach und Mierendorff, in den letzten Jahren der Republik durch einen unausgesetzten, aktiven Kampf gegen die Hitlerei, der ihnen kein Privatleben, kaum Schlaf, keine freie Stunde mehr ließ – und man hat sich dafür später aufs grausamste an ihnen gerächt. Doch als im Dezember 1931 die ›Eiserne Front‹ gegründet wurde, unter maßgebender Beteili- gung von Haubach, der Zusammenschluß der Gewerkschafts- jugend und des demokratischen ›Reichsbanners Schwarz-Rot- Gold‹, bestand schon die viel stärkere ›Harzburger Front‹ der Nationalsozialisten mit dem ›Stahlhelm‹-Bund und den Deutschnationalen.

Wir haben versäumt, als unsere Zeit und unsere Stunde war,

ihnen zuvorzukommen. Als Carlo Mierendorff das Symbol der drei Pfeile erfand, mit dem junge Sozialisten nachts die Hakenkreuze übermalten, war es zu spät, um sie noch zum Symbol jener großen Volksteile werden zu lassen, die sich seit Jahren verlassen und ausgeschaltet fühlten. Den Massen der Arbeitslosen waren Worte und Symbole egal, nicht aber die warme Suppe, die in den ›Verkehrslokalen‹ der SA ausgegeben wurde. Daß das Geld hierfür von der gleichen Großindustrie gespendet wurde, die sie ausgesperrt und abgebaut hatte, bedachten oder wußten sie nicht.

Ich selbst wurde Mitglied der ›Eisernen Front‹ – die einzige politische Organisation, der ich je angehört habe –, und ich sprach in einer großen Versammlung im ›Preußischen Herrenhaus‹ gegen die politische Zwangszensur, als der Remarque-Film ›Im Westen nichts Neues‹ von den Goebbels-Leuten skandalisiert und dann ›zum Schutze der öffentlichen Ordnung‹ verboten worden war. Ich griff Goebbels mit dem Spott an, den er selbst für seine Gegner bereit hatte, und zog für eine halbe Stunde die Lacher auf meine Seite. Es war zu spät und zu wenig.

Viel zu lange hatten wir uns damit begnügt, über den OSAF – (Abkürzung für ›Oberster Sturm-Abteilungs-Führer‹), den ›Anstreicher‹ Hitler, zu lachen und zu witzeln. Man fand, er sähe aus wie ein Friseur, ein Heiratsschwindler, ein Vorstadtkellner. Millionen deutscher Frauen und Jugendlicher, die in der ›freiesten Republik‹ das Wahlrecht hatten, fanden, er sähe aus wie ein Edelmann oder gar wie ein Filmschauspieler, was damals schon höher im Kurs stand. Wir verlachten sein schlechtes Deutsch, machten uns über seine geschwollenen Phrasen lustig und waren überzeugt, daß ein solches Unmaß an Halbbildung in Deutschland, im Volk der Doktoren, Professoren, Gelehrten niemals ernstgenommen würde oder eine Führungschance hätte. Millionen führungsloser Deutscher nahmen ihn ernst, sie hörten von ihm die Sprache, die sie verstanden, und die Doktoren, Professoren, Gelehrten waren – mit rühmlichen, aber nicht zahlreichen Ausnahmen – bereit, als er zur Macht aufstieg, sich ihm anzupassen und sein vulgäres Rotwelsch in das ihre, das akademisch-verbrämte, hochtrabende, mystagogische zu übersetzen und umzudeuten.

War auch die Nazibewegung in ihren Anfängen von üblen, rachsüchtigen, nichts als machtlüsternen Elementen getragen, so wäre es völlig falsch, ungerecht, abwegig, die große Menge von Deutschen, die Anfang der dreißiger Jahre dem Nationalismus zuströmten, in Bausch und Bogen zu verdammen.

Denn jetzt kamen zu den Hoffnungslosen die Hoffnungsvollen, die ›Idealisten‹, die Gläubigen, die sich wunschhaft unter dieser angeblich elementaren ›Volksbewegung‹ (in Wahrheit war sie raffiniert aufgezogen) etwas Anständiges, Ethisch-Hochwertiges, Positives vorstellten und deren wesentlicher Fehler darin bestand, daß sie unpolitisch waren. Unpolitisch, wie das Volk von 1914 in den Krieg gegangen war – politisch unvorbereitet, wie es vom Zusammenbruch und von der Revolution überrascht wurde, zu politischem Denken nicht erzogen und nicht gewillt –, so verfiel ein großer Teil der Deutschen der Scharlatanerie und der Gewaltherrschaft, nur allzugern bereit, sich unter der ›nationalen Erhebung‹ eine echte und wahre Erneuerung, auch im sittlichen Bereich, die Abkehr von Parteienhader, den sozialen Ausgleich, die Rückkehr zu sauberen, festen Gesellschafts- und Lebensformen zu erträumen. Ein Programmwort wie ›Das Dritte Reich‹ übte einen mystischen Zauber aus, dem wir Deutschen so leicht erliegen, es hatte den Klang einer prophetischen Verheißung. Viele junge Menschen, von denen sich manche später im Widerstand gegen die Tyrannei geopfert haben, wie die Geschwister Scholl, kamen zunächst – im Bewußtsein, daß etwas ›faul im Staate‹ sei und unser öffentliches Leben einer Reinigung bedürfe – guten Glaubens zur Hitlerjugend. Eine Reihe jüngerer Reichswehroffiziere, ich habe einige davon persönlich gekannt, die im Zug eines damals üblichen Ausbildungs-Austauschs in Rußland gewesen waren und zur ›ethischen Bindung‹ des Kommunismus neigten, empfanden dann im Nationalsozialismus – die meisten nur vorübergehend – die Möglichkeit einer solchen Bindung in einer der deutschen Tradition angepaßten Form: Wechselwirkung von Auslese und Gemeinschaft. Man bildete sich vielfach ein, daß in einem ›Dritten Reich‹ der christliche Gedanke, auch die Nächstenliebe, dominieren, daß dem ›Materialismus‹ ein Ziel gesetzt werde. Kaum einer dieser Leute glaubte, daß die Judenverfolgung, wie sie etwa in den ›Boxheimer Dokumenten‹ vorgezeichnet war, wirklich ernst gemeint sei, selbst viele Juden hielten die wüste antisemitische Hetze der Nazis für einen ›Propaganda-Trick‹, den sie, einmal zur Regierungsgewalt gelangt und mit der öffentlichen Verantwortung betraut, modifizieren und wieder abbauen würden.

Damit wird nichts entschuldigt – nicht das ‹Wegsehen›, die Selbsttäuschung, das Nichtsehenwollen, als es zum Schlimmsten kam. Doch liegt hier die menschliche Erklärung für jene Abtrift eines großen Volksteils ins Kritiklose und Irrationale, die für andere Völker, auch für die später Geborenen, so schwer verständlich ist.

Wir, die wir berufen gewesen wären, dem rechtzeitig entgegenzuwirken, haben zu lange gezögert, uns mit dem profanen Odium der Tagespolitik zu belasten, wir lebten zu sehr in der ›splendid isolation‹ des Geistes und der Künste: und so tragen wir, auch wenn wir dann zu Opfern der Gewalt oder zu Heimatvertriebenen wurden, genauso wie alle Deutschen an jener Kollektiv-Scham, die Theodor Heuss dem sinnlosen Anathema einer ›Kollektiv-Schuld‹ entgegengesetzt hat.

Die Gesichter der Menschen, der deutschen Jugend vor allem, hatten sich in diesen letzten Jahren vor dem Ende der Republik verändert. Es waren nicht mehr die gleichen, die ich in meiner frühen Berliner Zeit gesehen hatte. Die Extremisten beider Seiten bildeten ihren eigenen, körperlichen Typ heraus, man konnte sie physiognomisch erkennen.

Viele, unter den Jung-Nationalisten, hatten nah zusammenstehende, tiefliegende Augen, eine gut geformte, aber etwas zu schmale oder enge Stirnpartie mit stark eingebuchteten Schläfen, und um Kinn und Wangen eine gewisse Weichheit, oft sogar Zartheit, die durch einen krampfhaft gestrafften Ausdruck überdeckt wurde. Bei den Linksradikalen war dieser Ausdruck mehr ein permanent ironischer Zug um die Mundwinkel, der besagte, daß man alles schon voraus wisse, was auf der Welt geschehen könne, und auch durch den Eintritt des Gegenteils vom Gegenteil nicht zu überzeugen sei. Die Rechtsradikalen jedoch zeigten durch fest zusammengekniffene Lippen, ein entschlossen vorgestemmtes Kinn und senkrechte Stirnfalten, daß ihr Wille zur Vernichtung ihrer Feinde unerbittlich sei, auch wenn sie sich diese Feinde erst mit Gewalt schaffen müßten. Die feuerfesten Dogmen und Theorien schienen das Lachen aus den Gesichtern verbannt zu haben, die Heiterkeit verscheucht und die Lebensfreude wegen Hochverrats zum Tode verurteilt. Nichts machte diese Leute so gefährlich, so unselig, so selbstzerstörerisch wie ihr vollständiger Mangel an Humor.

Unter der älteren Generation der Oberklasse aber herrschte mehr und mehr der Typus des ›Herrenklub‹-Mitgliedes vor, wie er durch Franz von Papen und seinen Kreis vertreten wurde, elegante Reiterfiguren mit den Gesichtszügen einer vergangenen Nobilität, die durch echte oder gespielte Nonchalance anzudeuten schienen, daß sie sich dem Chaos der Parteiung und dem Strudel des Zeitgeschehens politisch und menschlich überlegen wüßten und, im rechten Moment, das Kind schon schaukeln würden. Sicherlich glaubten sie das, versuchten es auch, und waren aufs peinlichste überrascht, als das Kind (Hitler) sie dann seinerseits schaukelte und ihnen, nachdem sie ihm den Bügel gehalten hatten, ganz ungeniert in den Hintern trat und auf den Kopf spuckte.

Wir selber hofften bis zum letzten Moment, und auch dann wollten wir noch nicht recht glauben, daß es wirklich der letzte gewesen sei. Für uns war dies der ›Berliner Presseball‹, am 29. Januar 1933.

Der Presseball war das bedeutendste gesellschaftliche Ereignis der Berliner Wintersaison, und obwohl ich persönlich keine besondere Leidenschaft für Bälle und offizielle Veranstaltungen hatte, bei denen man sich gewöhnlich so lange langweilen mußte, bis man gegen Morgen mit ein paar Freunden in einer Kutscherkneipe landete, pflegten wir ihn regelmäßig zu besuchen, als Gäste meines Verlags, der uns die teuren Eintrittskarten zuschickte und seine Autoren in eine besondere Ehrenloge einlud: alle Theater-, Film-, Presseleute kamen hin, man traf da eine Menge guter Bekannter, schöner Frauen, interessanter Persönlichkeiten aus aller Welt – und es war, wenn ich nicht gerade Premiere hatte, der gegebene Anlaß für meine Frau, ein neues Abendkleid zu tragen (die schönsten wurden dann sogar im ›Modebericht‹ erwähnt), und für mich, ihr eins zu schenken.

Man ging spät hin, aß vorher in irgendeinem guten Restaurant und war entschlossen, auch in Frack und großer Toilette, sich trotzdem zu amüsieren. An diesem Abend begleitete uns meine Mutter, die gerade für eine Woche bei uns zu Besuch war. Sie hatte noch nie einen Berliner Ball mitgemacht und war sehr aufgeregt. Auch sie trug ein neues Kleid, das ich ihr zu Weihnachten geschenkt hatte – silbergrau, mit einem Spitzeneinsatz.

Die Stimmung, die an diesem Abend in den überfüllten Sälen herrschte, war die merkwürdigste, die ich je erlebt habe: Jeder spürte, was in der Luft lag, keiner wollte es ganz wahrhaben.

Die Regierung Schleicher war an diesem Nachmittag zurückgetreten, die Regierungsumbildung war im Gang – mehr wußte man nicht. Die Menschen bewegten sich in einer Mischung von beklommenem Ernst und hektischer Lustigkeit, gespenstisch und makaber.

In der ›Ullstein-Loge‹, die gleich neben der ›Regierungs-Loge‹ lag, trafen wir Freunde: Ernst Udet, Bruno Frank, Max Krell, andere kamen und gingen. Von den Brüdern Ullstein war keiner erschienen, die Honneurs machte der Verlagsdirektor Emil Herz; er ließ uns fortgesetzt die Gläser füllen und wiederholte dazu: »Trinken Sie, trinken Sie nur – wer weiß, wann Sie wieder in einer Ullstein-Loge Champagner trinken werden!«

Im Grunde wußten wir alle: nie mehr.

Udet und ich, die sich zwischendurch Kognak geben ließen,

waren bald in dem Zustand, in dem man kein Blatt mehr vor den Mund nimmt.

»Schau dir die Armleuchter an«, sagte Udet zu mir und deutete in den Saal, »jetzt haben sie alle schon ihre Klempnerläden aus der Mottenkiste geholt. Vor einem Jahr war das noch nicht à la mode.«

Tatsächlich sah man in vielen Knopflöchern und auf vielen Fräcken die Bändchen und Kreuze der Kriegsdekorationen, die früher kein Mensch auf einem Berliner Presseball getragen hätte.

Udet band sich seinen Pour-le-Mérite, den er immer zum Frack unter der weißen Krawatte trug, vom Hals und steckte ihn in die Tasche.

»Weißt du was«, schlug er mir vor, »jetzt lassen wir beide uns die Hosen runter und hängen unsere nackten Hintern über die Logenbrüstung.«

Um meine Frau zu ängstigen, die uns der Ausführung eines solchen Vorhabens für fähig hielt, steigerten wir uns hinein bis zum Lösen der Hosenträger. In Wahrheit war uns keineswegs humoristisch zu Mute.

Die Regierungsloge, sonst auf diesem Ball von Ministern, Staatssekretären, Diplomaten beschwärmt, war leer. Unbeschäftigte Kellner standen da herum, ungeöffnete Sektflaschen ragten aus den Eiskübeln.

Nur einmal erschien für eine Minute der breite Krottenkopf des Staatssekretärs Meißner, eines Beamten, der sich fouchéhaft durch alle Regierungen von der Republik über die Diktatur bis zum Zusammenbruch auf seinem Posten gehalten hatte und der damals als besonderer Verbindungsmann zu Hindenburg galt. Er spähte kurz in den Saal und in die anderen Logen und verschwand wieder. Es blieben die Kellner, die leeren Plüschsessel, die vollen Flaschen.

Irgendwann in der Nacht sprach sich herum, Hitler sei zum Reichskanzler ernannt worden. Dies wurde zum Teil mit gezwungenen Scherzen, zum Teil mit optimistischen Illusionen (»Der schlauste Schachzug Papens, um ihn kaltzustellen«. »Er wird der Gefangene seines Kabinetts sein« und so weiter), größtenteils gar nicht kommentiert. Desto mehr wurde getrunken und getanzt.

Wir verließen das Fest mit Udet, der die Eigenschaft hatte, ganz plötzlich wieder nüchtern zu werden, und sich auf charmanteste Weise meiner Mutter annahm. »Kein Wort mehr von Hitler«, hatte er mir zugeflüstert, »die alte Dame soll eine schöne Ballnacht haben.«

Sie hatte eine der schönsten ihrer älteren Jahre. Wir fuhren zu Udet, meine Frau und ich weigerten uns, mit ihm in seinem Rennwagen zu fahren, meine Mutter war nicht davon abzubringen, er charmierte sie so sehr, daß sie keine Furcht kannte und uns dann ganz begeistert sagte: er sei gar nicht gefahren, sondern ›geflogen‹.

Wir saßen in seiner kleinen ›Propeller-Bar‹, bis der Morgen graute, er unterhielt meine Mutter mit Anekdoten aus seinem Abenteurerleben – ich glaube, sie hat in dieser Nacht wirklich nicht mehr an Hitler gedacht –, ich nahm seine alte Gitarre von der Wand und sang meine Cognac-Lieder, wie oft zuvor.

Am nächsten Abend wälzte sich der endlose Fackelzug von SA- und SS-Formationen zur Reichskanzlei, von deren Balkon der neue Führer des deutschen Volkes seine Mannen grüßte.

In diesen beiden Monaten, Januar-Februar 1933, liefen von mir in Berlin drei Stücke in den Spielplänen der Theater: eine Neuinszenierung des ›Schinderhannes‹ unter Heinz Hilpert an der ›Freien Volksbühne‹, mit Attila Hörbiger, eine neue Inszenierung des ›Hauptmann von Köpenick‹ in Berlins volkstümlichem ›Rose-Theater‹ – eine ›Schulaufführung‹ der ›Katharina Knie‹, gleichfalls neu inszeniert, im staatlichen Schiller-Theater. Mit Ludwig Berger plante ich für die TOBIS einen Märchenfilm nach Wilhelm Hauffs Schwarzwaldgeschichte ›Das Kalte Herz‹. Meine kurz vor Weihnachten vollendete Erzählung ›Eine Liebesgeschichte‹ war in der ›Berliner Illustrierten‹ in Fortsetzungen angelaufen und wurde als Buch vorbereitet. Ich arbeitete an einem neuen Stück, ›Der Schelm von Bergen‹, auf dessen Regie Hilpert, auf dessen Rollen die Dorsch, Krauß, Klöpfer,

Kayßler warteten. Mehr konnte Berlin einem Autor nicht bieten. Mehr konnte einem Menschen in seiner besten Arbeitszeit nicht genommen werden.

In den ersten paar Wochen lief das alles noch wie eine mechanische Welle funktionell weiter. Die Gewaltherrschaft brauchte Zeit, sich zu formieren, ihre Reihen zu schließen, ihre Maßnahmen zu treffen. Max Reinhardt inszenierte, als ob nichts wäre, im ›Deutschen Theater‹ das ›Große Welttheater‹ von Hofmannsthal.

Als meine Frau mit Hanna Solf zur abendlichen Generalprobe fuhr, es war am 27. Februar, blieb ihr Wagen in einem Menschenauflauf stecken, der Himmel flackerte rot – »Der Reichstag brennt!«

Das Reichstaggebäude, unweit vom Brandenburger Tor, ging in Flammen auf. Wer hatte es angezündet?

»Die Kommunisten«, hieß es.

Das war Grünes Licht.

Am nächsten Tag setzten die rabiaten Verfolgungen ein, das Verbot der gesamten Linkspresse, die erste große Verhaftungs- und Verschleppungswelle.

Während ich beim Ullstein Verlag in einer furiosen Attacke durchsetzte, daß die aus schierer Angst vorzeitig abgebrochenen Fortsetzungen meiner ›Liebesgeschichte‹ wieder aufgenommen wurden – das offizielle Verbot meiner Arbeiten kam erst später heraus –, mehrten sich die Anzeichen der direkten, persönlichen Gefährdung. Goebbels wurde zum Propagandaminister ernannt. Viele meiner Bekannten waren bereits verschwunden. Meine Frau konnte keine Nacht mehr schlafen – sie erwartete das harte Pochen an unserer Tür, sooft sie den Hauslift gehen hörte. Warnungen kamen von allen Seiten, selbst von solchen früheren Freunden, die sich auf den neuen Kurs eingestellt hatten, aber uns doch eine Art von Treue hielten. Die meisten Menschen, die man verehrte, hatten Deutschland bereits verlassen. Reinhardt und Jessner mußten zurücktreten. Heinrich und Thomas Mann, Bruno und Leonhard Frank, Arnold Zweig, Döblin, viele andere waren nach den verschiedensten Richtungen unterwegs. Jüdische ›Prominente‹ wie Kortner und Deutsch mußten über Nacht packen und abreisen, nachdem man einige ihrer Kollegen aus den Garderoben heraus verhaftet hatte. Brecht, der etwa um dieselbe Zeit wie ich wieder geheiratet hatte, und zwar eine Jugendfreundin meiner Frau, die fulminante Schauspielerin Helene Weigel, floh mit ihr und seinen Kindern nach Dänemark.

Die meisten jener Freunde und Bekannten, vom Theater, vom Film, von der Literatur, die keine persönliche Verfolgung zu fürchten hatten und daher in ihrem Land bleiben konnten, hielten zu uns, den Verfemten, und ließen uns auf alle mögliche Weise wissen, daß es zwischen uns keine Trennung gäbe. Einige wenige, sehr wenige, wurden in dieser Stunde zu Nutznießern, Denunzianten und Verrätern. Arnolt Bronnen, Brechts alter Freund, dessen Vater Bronner hieß, ein jüdischer Gymnasialprofessor aus Wien, der in seiner Jugend unter dem Pseudonym Franz Adamus selbst Dramen geschrieben hatte, verschaffte sich eine eidesstattliche Aussage seiner Mutter, daß sie ihren Mann mit einem ›Arier‹ betrogen habe und er also nicht der Sohn jenes Israeliten Bronner sei, sondern ein rassenreiner Fehltritt. Das verschaffte ihm eine zeitweilige, beschämende Duldung unter den Nationalsozialisten, denen seine Werke, in der ›Judenrepublik‹ mit emphatischen Erfolgen überhäuft, viel zu ›entartet‹ waren. Es half ihm auch nicht viel, daß er antisemitische Artikel publizierte: in einem Aufsatz im ›Berliner Lokalanzeiger‹ über die ›Säuberung des Deutschen Theaters‹ leistete er sich den Satz (wörtlich): »Jetzt aber nicht mehr Reinhardt, sondern rein und hart!« Er verschwand in ruhmloser Versenkung und tauchte nach dem Zusammenbruch des Tausendjährigen Reiches wieder auf: als kommunistischer Redakteur.

Von Hanns Johst, der wie ich bei Pfemferts linksradikaler ›Aktion‹ angefangen hatte, wußte man längst, daß er – aus Talentmangel – Nazi geworden war. Jetzt wurde sein ungutes ›Schlageter‹-Drama vom Staatstheater gespielt, in dem er der Welt den Satz hinterließ: »Wenn ich das Wort Kultur höre, entsichere ich meinen Revolver.«

Das war keine Enttäuschung. Das Mittelmaß kann nicht enttäuschen. Von denen, die durch Talent und Charakter über das Mittelmaß hinausragten, hatte jeder seine eigene, ganz persönliche Entscheidung zu treffen. Sehr wenige haben versagt – und niemand kann genau wissen, wie er an der Stelle eines anderen gehandelt hätte.

Als ich selbst schließlich, wie jedes Jahr im Frühling, mit meinem zahmen Dompfaffen im Reisekäfig, meinen Manuskripten und meiner Gitarre, nach Henndorf fuhr, wollte ich noch nicht begreifen, daß es für immer war. Wir behielten unsere Berliner Wohnung, ich gab den Schlüssel an Haubach, damit sie notfalls als Versteck benutzt werden könne.

Drei meiner sozialistischen Freunde, Haubach, Mierendorff und der hessische Innenminister und Gewerkschaftsführer Leuschner, waren in diesen Tagen aus der Schweiz, wo sie einer Sitzung des Internationalen Arbeitsamtes in Genf beigewohnt hatten, trotz aller Warnungen wieder nach Deutschland zurückgekehrt: sie wollten die deutsche Arbeiterschaft jetzt nicht im Stich lassen – obwohl sie ihr nicht mehr helfen konnten. Nach kurzer Zeit verschwanden sie alle hinter Stacheldraht.

Auch ich hatte vor, sobald sich die Lage geändert hätte (noch hielt man auch in unseren Kreisen einen ›Umschwung‹, ein rasches Abwirtschaften der Nazis, eine Gegenwirkung für möglich), wieder zurückzukehren.

Ich wollte kein Emigrant werden. Ich wurde es, weil mir nichts anderes übrigblieb.

Berlin und die Berliner verhielten sich in den ersten Jahren des Hitler-Regimes zurückhaltend, abwartend, distanziert, zum Teil sogar deutlich und furchtlos ablehnend, im vollsten Sinne menschlich.

Von keinem Ort Deutschlands (einschließlich der rheinhessischen Heimat) war es so schwer, sich zu trennen. Die Hälfte unseres Lebens blieb dort zurück.

1939–1954   Abschied und Wiederkehr

Die Fahrt ins Exil ist ›the journey of no return‹. Wer sie antritt und von der Heimkehr träumt, ist verloren. Er mag wiederkehren – aber der Ort, den er dann findet, ist nicht mehr der gleiche, den er verlassen hat, und er ist selbst nicht mehr der gleiche, der fortgegangen ist. Er mag wiederkehren, zu Menschen, die er entbehren mußte, zu Stätten, die er liebte und nicht vergaß, in den Bereich der Sprache, die seine eigene ist. Aber er kehrt niemals heim.

›You can't go home again‹ – ›Es führt kein Weg zurück‹ – ist der Titel eines Buches von dem selbst-exilierten amerikanischen Dichter Thomas Wolfe. Du kannst nicht ins Land der Kindheit zurück, in dem du noch ganz zu Hause warst – auch nicht in ein Land, aus dem du ausgewandert bist; denn du möchtest es so finden, wie es in dir lebt, und so ist es nicht mehr.

> »Alles wird anders sein.
> Wenn Du auch krank vor Heimweh bist
> und Dein Herz verdorrt,
> immer, wenn einer fortgeht, ist
> er für immer fort.«

Das las ich, tief erschrocken und zum erstenmal wissend, daß es so ist und auch für mich so sein wird, in einem Gedicht von Alexander Lernet-Holenia, das er mir – etwa ein Jahr vor unserer Auswanderung – zuschickte, in einer Zeit, in der ich noch nicht daran glauben wollte, daß sie mir bestimmt sei. Es heißt ›Die Weissagung des Teiresias‹. Er schickte es mir damals, mit anderen Gedichten, die er gerade geschrieben hatte, in seiner schönen Handschrift, die völlig der Form und dem Gehalt seiner Dichtungen entspricht. Es war keine besondere Absicht dabei. Wir schickten uns oft gegenseitig unsere neuen Arbeiten. Ich las es auf dem Holzbalkon meines Hauses in Henndorf, und ich las weiter:

>»Träumtest Du auch vor Dich hin
über dem Wellenschlag,
wie daheim die Wiese im
Sommernachmittag
weht, und daß der Birnbaum hoch
hängt darüber her,
ach, die Wiese ist ja doch
längst die Wiese nicht mehr,
ach, der Wald nicht der Wald mehr, ach
nicht Dein Haus mehr Dein Haus!
Leise weinet nur der Bach,
Wind geht ein und aus –«

Unter den Planken des Holzbalkons hörte ich, während ich las, den Bach; ich sah die Wiese, von einem Westwind gerillt, ich sah den Waldrand; und der Birnbaum – es war Frühling – hing in voller Blüte über den Zaun.

>»Wär's nicht besser, Du bliebest von dem
allen weiter getrennt?
Willst Du zurück, bloß daß Dich auf dem
Hof nur der Hund erkennt?«

Ich schloß die Augen und sah, für einen Moment, mein Schicksal. Dann schüttelte ich es ab und legte das Gedicht in eine Mappe zu anderen Handschriften von Lernet, die ich nicht mehr habe. Sie sind vermutlich mit all den in meinem Haus beschlagnahmten ›Schriften‹ in irgendeinem Aktenschrank der Geheimen Staatspolizei verbrannt oder verschimmelt.

Auf dem holländischen Dampfer ›Zaandam‹, mit dem wir überfuhren, gab es nur eine Klasse. Wir bewohnten eine Kabine zu viert, meine Frau und ich, die Tochter Winnetou, damals elf (die ältere, Michaela, war in England in einer Mädchenschule geblieben, in der sie noch ein Jahr zu absolvieren hatte), und ein sechzehnjähriger kleiner Hund namens Mucki, zahnlos und blind, den meine Frau, als er schon fünfzehn war, von einer in Wien verstorbenen makabren Tante geerbt hatte. Er war an die Erbschaft, die aus Tafelsilber, Schmuck und Pelzen bestand, bedingungsweise gekoppelt, meine Frau mußte sich verpflichten, ihn zu sich zu nehmen und bis zu seinem Ableben zu pflegen, andernfalls wäre die Erbschaft samt Hund an den Tierschutzverein gefallen. Als wir Österreich verlassen mußten, war das Tafelsilber im Büfett, der Schmuck in einem Safe zurückgeblieben und die Pelze in einem Schrank, denn wir konnten schon, der Verhaftungsgefahr wegen, nicht mehr auf die Bank und durften uns nur mit geringstem Gepäck belasten; so wurde die ganze Erbschaft von der Gestapo beschlagnahmt und war verloren – aber der Hund ging mit.

Meine Frau hatte ihn inzwischen ins Herz geschlossen und er sich so sehr an sie attachiert, als sei sie die wiedergeborene Tante; ich pflegte zu sagen, es müsse da eine Ähnlichkeit des Geruchs vorliegen, was meine Frau ungern hörte. Meine eigenen Hunde, Abkömmlinge jener prachtvollen Springer-Spaniels, die mir einst Stefan Zweig geschenkt hatte, und einen zweijährigen Bernhardiner, hatten wir in Henndorf lassen müssen, wo sie von unserer treuen Ederin, der Hausmeister- und Totengräberfrau, vor ›Abschaffung‹ durch die Gestapo geschützt und bis zum Ende versorgt und gepflegt wurden, obwohl ich ihr aus dem Ausland keinen Groschen für ihren Unterhalt schicken durfte.

Dieser, das Erbstück, das uns ins Exil begleitete, sah aus wie eine Kreuzung zwischen Fledermaus, Schakal und Erdferkel; ein solches Geschöpf gehört wohl zur Ausstattung einer Emigrantenfamilie. Er wurde seekrank, wir mußten die Kabine reinigen, bevor der Steward zum Aufräumen kam, er knurrte und kläffte besonders Zoll- und Bahnbeamte an, er war eine Pest bei Straßenübergängen, denn er wollte partout immer in die andere Richtung – aber er machte alle Fahrten mit und ist dann, mit achtzehn, im Staate Vermont friedlich entschlafen.

Außer diesem Hund besaßen wir nichts mehr als die geringe Dollarsumme, die man bei der Einreise in Amerika nachweisen muß, und die war uns von Freunden geliehen worden.

In der Passagierliste des Schiffs waren viele Namen zu finden, die auf ähnliches Schicksal deuteten: Flüchtlingsfamilien aus Wien, aus Prag, aus Deutschland. Wir machten keine Bekanntschaften. Wir wollten uns nicht in die unvermeidlichen Gespräche über das Vergangene und Verlorene verstricken, wir wollten den Staub des alten Kontinents von unseren Sohlen schütteln und neu anfangen. Wir spürten, daß man nur weiterleben kann, wenn man sich nicht an die Erinnerung klammert. Die meisten dieser Auswanderer hatten ihre eigenen Sorgen und suchten keine Gesellschaft, nur gab es da zwei Brüder Violin, die immer gemeinsam das Sonnendeck abwanderten und den Eindruck machten, als wollten sie sich, wenn sie meiner ansichtig wurden, auf mich stürzen – vielleicht kannten sie meinen Namen. Wir hatten als Warnsignal ausgemacht, die ersten Takte des Doppelkonzerts von Bach zu pfeifen (für zwei Violinen), wenn einer von uns sie bemerkte, um uns in Sicherheit zu bringen.

Doch wir reisten nicht allein. Mit uns hatte sich die amerikanische Schauspielerin Peggy Wood eingeschifft, eine kluge, rotblonde Frau, die eine Leidenschaft für extravagante Hüte besaß – auf einem waren nicht weniger als sechs blaue Phantasievögel montiert, womit sie sogar in Paris und London Aufsehen erregte. Wir hatten uns kennengelernt, als sie ein Jahr zuvor, während ich in London eine Filmarbeit für Korda machte, die Hauptrolle in einer Operette von Noël Coward spielte und sang.

Peggy Wood verstand etwas Deutsch, und wir hatten zusammen an der Übersetzung meines Stückes ›Bellman‹ gearbeitet, dessen weibliche Hauptrolle, die ›Ulla Winblad‹, sie gern am Broadway spielen wollte – es ist nie dazu gekommen.

Auf der Reise studierte sie mit mir ›Amerikanisch‹, eine Sprache, von der ich – da ich bisher nur in England gewesen war – kaum ein Wort verstand. Sie war schon vorher auf der ›Zaandam‹ gefahren und machte uns mit dem Kapitän bekannt, an dessen Tisch wir die Mahlzeiten nahmen.

Dieser holländische Kapitän Stamperius war ein sympathischer Mann mit rundem, bartlosem Gesicht und nachdenklichen, oft etwas melancholischen Augen. Mit ihm verband mich ein gemeinsames Interesse – er war Ornithologe aus Liebhaberei, hatte in seiner Kajüte eine reichhaltige Fachbibliothek und wußte viel über die geheimnisvollen Wanderflüge der Zugvögel. Einmal rief er mich ganz aufgeregt auf die Brücke, weil er Schwärme von ›Golden Plovers‹ gesichtet hatte – Goldregenpfeifer, deren Zug sie von der Arktis bis nach Mexiko, Hawaii und Argentinien führt, Stamperius sagte: um die halbe Welt. Wir beobachteten sie mit den Ferngläsern, solang der Blick ihnen folgen konnte. Der Kapitän schien beglückt, als habe er ein besonderes Geschenk erhalten.

»Sehen Sie«, sagte er, »man ist auf See nicht so einsam, wenn man Vogelschwärme entdeckt.«

Dann gingen wir in seine Kajüte, wo er genaue Eintragungen machte: Goldregenpfeifer, Familie der Limikolen, zu der auch Kiebitz, Brachvogel, Sandregenpfeifer gehören; Datum, Tageszeit, Länge und Breite, Wetter, Flugrichtung, Flughöhe, Fluggeschwindigkeit soweit schätzbar...

»Wenn ich in Pension gehe«, sagte der Kapitän verträumt, »werde ich versuchen, ein Buch über Vogelzüge zu schreiben.«

Das war ihm nicht vergönnt. Die ›Zaandam‹ wurde während des Krieges, in dem sie mit amerikanischen Transporten auf große Fahrt ging, von einem Unterseeboot torpediert, Kapitän Stamperius starb den Seemannstod, und seine ornithologischen Bücher und Aufzeichnungen liegen wohl irgendwo auf dem Meeresgrund.

Mitten auf hoher See erhielten wir ein Kabel von unserer Freundin Dorothy Thompson aus New York, die für eines der beiden ›Affidavits‹ gebürgt hatte, wie man sie zum Einreisevisum in die USA benötigt. Dorothy, damals noch mit Sinclair Lewis verheiratet, galt als die einflußreichste politische Journalistin Amerikas, ihr Name war überall bekannt.

»Erwarte Euch als Gäste in meiner Wohnung 88 Central Park West, laßt alle Gepäckstücke auf meine Adresse umschreiben.«

Die Bedeutung dieser Nachricht begriffen wir noch nicht. Wir freuten uns nur, bei ihr unser erstes Quartier nehmen zu können, statt in dem kleinen Westside-Hotel, in dem ein bereits emigrierter Freund für uns ein Zimmer reserviert hatte. (Hätten wir eine Ahnung von der Trostlosigkeit und Schäbigkeit dieses Hotels gehabt, so hätten wir uns noch mehr gefreut.) Was für eine Rolle dieses Kabel für unseren Eintritt in die ›Neue Welt‹ spielen sollte, ging uns erst auf, als wir sie erreichten.

Denn wir reisten, genaugenommen, mit ungültigen Pässen und Papieren, obwohl darin das Besuchervisum der Vereinigten Staaten mit allen notwendigen Stempeln und Bestätigungen eingetragen war. Aber kurz vor der Abreise aus Europa war im ›Reichsverordnungsblatt‹ der Berliner Regierung unsere endgültige Ausbürgerung aus dem deutschen Staatsverband veröffentlicht worden, und zwar nicht nur auf meine Frau und mich, sondern auch auf unsere elfjährige Tochter bezogen, die darin namentlich aufgeführt war. Das hatte mit dem ›Enteignungsgesetz‹ zu tun, nach dem der gesamte Besitz ausgebürgerter Personen dem Staat zufiel. Unser Haus in Henndorf hatte man längst ›beschlagnahmt‹. Es wurden also auch die erbberechtigten Kinder, die sich gewiß noch nicht gegen die nationalsozialistische Weltanschauung vergangen hatten, auf alle Fälle mit ausgebürgert. Nach den rechtlichen Grundlagen fragte ohnehin kein Mensch.

Unsere deutschen Pässe waren, dem Datum nach, noch nicht abgelaufen, und wir mußten sie, auch wenn sie keine Rechtsgültigkeit mehr besaßen, wohl oder übel als Reisedokumente benutzen, andere hatten wir nicht; zwar gab es, theoretisch, für ausgebürgerte Flüchtlinge den sogenannten ›Nansenpaß‹, doch die Einreichung, Bewilligung, Ausstellung eines solchen hätte viele Monate dauern können, und unsere ganze, bis ins kleinste

Detail (auch finanziell) mühsam vorbereitete Überfahrt wäre damit ins große Wasser gefallen.

Daß dies eine prekäre Situation bedeutete, wußte ich wohl, doch ich hatte keine Ahnung, wie gefährlich sie war. Ich nahm nicht an, daß die amerikanischen Behörden ein nur sechs Wochen altes deutsches ›Reichsverordnungsblatt‹ schon zur Kenntnis genommen hätten, und wir alle konnten uns nicht vorstellen, mit welcher Gründlichkeit diese Behörden die Personalien jedes einzelnen Ankömmlings, auch wenn er nur als ›Visitor‹ und noch nicht als Einwanderer kam, untersuchten. Wir hatten keine Erfahrung mit amerikanischer Bürokratie. Wir kannten nicht den absoluten Legalismus des amerikanischen Beamten, dem nichts als der Buchstabe des Gesetzes gilt, und zwar genau bis aufs Haar. Wir hatten uns noch nicht klargemacht, daß es nur dadurch, durch diese unbrechbare, pedantische Gesetzesstrenge, gelungen war, eine halbwilde Gesellschaft von Westwanderern, Ansiedlern, Glücksrittern, Abenteurern aus allen Ländern und Rassen zu domestizieren und überhaupt zu einem Staatsvolk zusammenzufügen – daß es sich hier um eine Tradition der Rechtlichkeit handelte, welche nicht die geringste Unkorrektheit oder Umgehung dulden kann, ohne ihre Grundlagen in Frage zu stellen.

Wir fanden es komisch, daß wir auf den behördlichen Fragebogen eidesstattlich versichern mußten, wir seien weder geisteskrank, leprös, syphilitisch noch lebten wir von der Prostitution und hätten nicht die Absicht, den amerikanischen Präsidenten zu ermorden. Das war ein veraltetes Schema. Aber das Schema der exakten Legalität kann nicht veralten. Es kann nur verjüngt werden durch das Verständnis für eine besondere Situation; dieses besondere Verständnis hatten wir von den ›Immigration-Officers‹, den harten, abgebrühten Exekutoren der alltäglichen Paßkontrolle, nicht zu erwarten, und unsere Freundin Peggy Wood war recht besorgt, wie sich unsere Ankunft im Lande der Freiheit gestalten werde.

Gewiß wußten wir, daß die Baracken von Ellis Island kein KZ seien, aber als ein Sanatorium stellte man sich, mit Recht, ein solches Massenquartier hinter Schloß und Riegel auch nicht vor. Und von all den damit verbundenen Peinlichkeiten abgesehen, hätte eine Sistierung unserer Papiere und Personen (vom Hunde ganz zu schweigen) eine ziemlich ausweglose Situation ergeben und eine Kette kaum lösbarer Probleme nach sich gezogen.

Am Tag vor der Ankunft gab es hohen Seegang, wir sahen eine Flotte von kleinen Fischkuttern mit Sturzwellen kämpfen und erfuhren später, daß einer davon, ein portugiesischer Thunfischdampfer von Cape Cod, gekentert und mit der ganzen Mannschaft untergegangen sei. Gegen Abend kam man in stillere Gewässer, das Feuerschiff vor der Küste von Long Island war zu sehen, ferne Lichter flimmerten: Amerika.

Um vier Uhr früh – es war der sechste Juni 1939, der Geburtstag meiner Mutter – fuhr die ›Zaandam‹ in die Hafenbucht von Manhattan ein. Wir standen fröstelnd auf Deck, sahen die Freiheitsstatue, die uns sehr an die Bavaria auf der Münchner Festwiese erinnerte, sahen die berühmte ›Skyline‹, die Umrisse der phantastischen Bauten von New York, in einem fahlen Dämmer, dahinter stieg eine runde, glutrote Sonnenscheibe auf. Dreimal brüllte die Dampfsirene des Schiffs, von einem noch fernen Kai her hallte die Antwort. Da die Boote der ›Holland-Linie‹ nicht am Hudson-Pier, sondern in dem westlichen Hafen von Hoboken anlegten, glitt das Schiff in langsamer Fahrt, mit gedrosselten Maschinen, also fast lautlos, an der gesamten Stadt vorbei. Man sah jetzt, bei immer stärkerem Tageslicht, in die Straßen der ›City‹, zwischen den riesenhaft hohen Häusern des Börsenviertels, hinein. Sie wirkten, von der Sonne noch nicht erreicht, wie enge, finstere Schluchten und machten auf mich einen unheimlichen, beklemmenden Eindruck. Ich merkte, daß ich Angst hatte vor dieser Stadt, vor der Fremde, vor allem, was kommen werde. Allmählich wurde es heiß. Man schwitzte, als man sich – viele gewiß bangen Herzens – vor dem Salon des Schiffs in Schlange stellte, in dem die mit einem Hafenboot an Bord gekommenen Einwanderungsbeamten an verschiedenen Tischen Platz genommen hatten.

Unsere Pässe hatten wir vorher mit den ausgefüllten Zoll-

und Fragebogen abgeliefert, jeder hatte eine Nummer bekommen, mit der er aufgerufen wurde. Ich versuchte, während wir den Aufruf erwarteten, mich in eine zuversichtliche Stimmung oder wenigstens Haltung zu versetzen, was mir auch einigermaßen gelang. Ich dachte an meine Flucht aus Österreich, jene Nacht unter den Braunhemden an der Grenze, die kaum fünfzehn Monate zurücklag, und wurde ruhig. Damit verglichen, war alles, was jetzt drohen konnte, gering.

Plötzlich hörte ich von einem der Tische, auf denen Pässe und Papiere aufgehäuft lagen, meine Nummer rufen, dazu ein mir völlig unverständliches Wort: das war mein Name. Es klang wie: Mister Ssackmähr.

Hinter dem Tisch saß ein viereckiger Mann mit viereckigem Gesicht, er hielt unsere Pässe in der Hand und noch ein anderes, mir unbekanntes Schriftstück. Ich trat zu dem Tisch und zeigte meine Nummer vor. Ich erwartete Fragen, Kreuzverhör. Ich repetierte im Geist die vorbereiteten Antworten.

Aber der Mann streckte mir die Pratze entgegen, sein breites, hartkantiges Polizistengesicht strahlte in einem freundlichen Grinsen.

»How d'you do, Sir«, sagte er und schüttelte mir die Hand, »Sie sind Gast von Miß Dorothy Thompson?«

Er sprach den Namen mit einer Art von Ehrfurcht aus – wie wenn jemand in England sagen würde: ›Sie sind von der Königin eingeladen?‹

»Yes, Sir«, sagte ich, wie ich's von Peggy Wood gelernt hatte. (Zu jedem Polizeimann in Amerika: *immer* ›Yes, Sir‹.)

Ohne weitere Fragen gab er mir die abgestempelten Pässe und Papiere. »Okay«, sagte er, »everything allright!«, und hob zur Bestätigung das andere Schriftstück: »Sie haben eine besondere Empfehlung von Präsident Roosevelt. Sie können sofort an Land gehen.«

Er winkte einem Kollegen, man machte uns Platz, wir schritten zur Gangway. Es war das Märchen ›Sesam öffne dich‹.

Das Zauberwort hatte Dorothy gesprochen. Durch einen Freund hatte sie von unserer Ausbürgerung erfahren, sie wußte auch, daß das ominöse ›Reichsverordnungsblatt‹ bereits in Umlauf war. Da sie selbst gerade wegen einer Filmverhandlung hatte nach Hollywood fliegen müssen und uns nicht persönlich abholen und in Schutz nehmen konnte, hatte sie doppelte Vorsichtsmaßnahmen getroffen: erstens uns durch ihre ›Adresse‹ gesichert, was vielleicht schon genügt hätte, zweitens hatte sie auf dem Flug nach dem Westen in Washington eine Unterbrechung eingelegt und war ins Weiße Haus gefahren. Sie hatte nur eine Stunde Zeit zwischen zwei Flugzeugen und ging, wie sie uns später erzählte, ohne vorherige Anmeldung direkt ins Büro des Präsidenten hinein – das wäre in Europa nicht einmal beim Präsidenten einer Filmgesellschaft möglich gewesen. In fünf Minuten hatte sie ein von Roosevelt unterzeichnetes Schreiben an die Einwanderungsbehörde: wir seien ›willkommene Gäste‹ in den USA, man möge uns Formalitäten ersparen.

Und am Pier erwartete uns eine zweite Überraschung. Neben unserem aufgeregt winkenden Freund Franz Horch, der mit mir die letzten Tage von Wien durchlebt hatte und jetzt schon in New York eine ›literarische Agentur‹ betrieb, stand ein Koloß von einem Mann, den ich noch nie gesehen hatte, und winkte mit. Er war von so mächtiger Gestalt, daß die Freiheitsstatue neben ihm wie eine grazile Miniatur gewirkt hätte. Er sah aus, als ob in seinen Anzug zwei Janningse und alle vier Brüder Knie hineingingen. Der Panama-Hut, den er trug, mußte für seine Kopfnummer aus dem Stroh für mehrere Riesenhüte angefertigt sein. Das war Hendrik Willem van Loon. Dieser Name war damals auch in Europa weit bekannt, in Amerika berühmt. In Holland geboren, war er schon als sehr junger Mann nach Amerika gekommen und hatte sein gesamtes Lebenswerk in englischer Sprache geschrieben. Viele seiner Bücher, die er alle in einer ungemein originellen, ingeniösen Art selbst mit Tuschzeichnungen oder Aquarellskizzen illustrierte, waren in Deutschland erschienen und hatten dort hohe Auflagen, bis seine entschiedene Stellungnahme gegen Hitler ihn auf den nazistischen Index brachte. Sie waren zum großen Teil populärwissenschaftlichen Charakters, sie umfaßten Welthistorie und Erdkunde, sie beschäftigten sich mit ungewöhnlichen Themen und Gestalten der Kunst- und Kulturgeschichte, und sie waren so geschrieben und bebildert, daß jeder intelligente Gymnasiast sie verstehen und aus ihnen lernen, daß jeder gebildete Mensch von ihnen inspiriert und bereichert werden konnte. Auch hatte er ein ungemein lebendiges Rembrandt-Buch publiziert, das ich als erstes von ihm kennengelernt habe. Er war ein Polyhistor par excellence und eine Persönlichkeit von kaum beschreiblicher Eigenart: So wie seine gewaltigen Gliedmaßen und Hände mit dem zarten, subtilen Strich seiner Zeichnungen, so kontrastierte seine innere Vornehmheit, seine menschliche Wärme mit dem oft grobianischen Stil seiner Ausdrucksweise und seiner Umgangsformen. Er war ein hypersensibler, introvertierter Künstler und zugleich ein glänzender ›Verkäufer‹ seiner Hervorbringungen. Er schimpfte, wenn man bei ihm zu Gast war, hemmungslos über die Störung durch den Besuch und die Last, die ihm die Emigranten verursachten, bis man fast aufgestanden und fortgegangen wäre, aber er zögerte nicht, alles nur irgend mögliche für die Rettung und den neuen Lebensbeginn dieser Emigranten zu tun. Er konnte der anregendste und liebenswürdigste Gesellschafter sein, aber auch der mürrischste und verdrossenste Tischgenosse, besonders wenn er einen aufs dringlichste eingeladen hatte. Im Grunde seines Wesens war er ein Grandseigneur mit einem liebevollen, ja zärtlichen Herzen, das aufzuschließen er sich genierte.

Im Jahr 1938 war er in Stockholm gewesen, da er Studien über den Dichter Carl Michael Bellman machen wollte, über den er später ein Buch mit Übersetzungen seiner Lieder und bezaubernden Zeichnungen herausbrachte. Dort, in Stockholm, hatte er meinen Verleger Bermann Fischer kennengelernt und von ihm erfahren, daß ich gerade ein Bellman-Stück geschrieben hatte. Er las es, er beschaffte sich andere Stücke von mir, und eines Tages bekam ich, noch in der Schweiz, einen wunderbar persönlichen und kameradschaftlichen Brief von ihm, in dem er mir nahelegte, baldmöglichst nach Amerika zu kommen, und mir anbot, als einer der beiden ›Affidavit-Geber‹ für mich zu fungieren. Da er drüben, auch in Regierungskreisen, großes Ansehen genoß, war das natürlich ein hochwillkommenes Angebot. Dieses ›Affidavit‹ bedeutet, daß die Person, die es ausstellt, sich nicht nur für die moralische Führung und den Charakter ihres Schützlings verbürgt, sondern auch im Notfall verpflichtet ist, für seinen Unterhalt oder seine Rückreisekosten aufzukommen, falls der Betreffende drüben nicht reüssiert. Das wird im allgemeinen nur als eine Formalität aufgefaßt und von den Empfängern solcher Bürgschaften in den seltensten Fällen ausgenutzt, aber es gehört schon eine besondere Großzügigkeit und Generosität dazu, dies einem Fremdling, den man persönlich nicht kennt, bedenkenlos anzubieten.

Inzwischen hatte auch er, Hendrik Willem, durch unseren besorgten Freund Horch von der Ausbürgerung erfahren, und jetzt stand er in aller Morgenfrühe am Pier von Hoboken, um uns, die er noch nie gesehen hatte, zu empfangen und nötigenfalls aus der Klemme zu helfen. Da er draußen auf dem Land in Connecticut lebte und zwei Stunden Autofahrt bis zum New Yorker Hafen brauchte, hieß das, daß er, dessen Gesundheit schon damals recht fragil war, mitten in der Nacht hatte aufstehen müssen. Die meisten Menschen würden das höchstens für ihre nächsten Verwandten tun. Aber das ist das Merkwürdige bei einer Ankunft in Amerika – im Unterschied zu allen anderen Ländern: Man befindet sich sofort unter Verwandten. Unter Leuten, die einmal selbst oder deren Vorfahren als Auswanderer angekommen sind und die daher eine große Familie bilden. Dies bedeutet keinerlei Überbewertung. Verwandtschaft und Familie sind ja nicht immer angenehm, manchmal sogar eine Pest, und es ist eine andere Sache, von ihnen begrüßt zu werden, als mit ihnen zu leben. Aber zunächst empfindet man Anschluß, Kontakt, eine ungezwungene Zugehörigkeit.

Van Loon verliebte sich auf den ersten Blick in unseren scheusäligen Emigrationshund Mucki. Ähnlich wie unser toter Freund Egon Friedell, mit dem er überhaupt einige Züge teilte, hatte er eine Vorliebe für rassenlose Köter, besonders wenn sie klein und häßlich waren. Der Hund spürte das sofort, er zeigte ihm gegenüber nichts von der Bösartigkeit, die er sonst an jedem Unbekannten ausließ, er versuchte ihn nicht einmal in den Finger zu beißen, wenn er ihn streichelte. Und während wir uns mit der langwierigen Zollabfertigung befaßten, die selbst der höchste Amts- und Würdenträger Amerikas keinem Ankommenden, nicht einmal seiner Frau, ersparen kann, trug der riesige Hendrik Willem den kleinen Unhund auf seinen Armen herum und sprach ihm Trost zu, wenn meine Frau sich wegen der Durchforschung eines Kleiderkoffers von ihm entfernen mußte und er in sein heiseres Jammergeheul ausbrach. Zum Schluß, nachdem all unsere Habseligkeiten einschließlich meiner Gitarre als Privateigentum, nicht zur Handelseinfuhr bestimmt, freigemacht worden waren, wandten sich die Zöllner dem Hund zu. Es gibt zwar in Amerika keine Gesundheitsquarantäne wie in England, wenn man für einen Hund die nötigen Atteste vorweist, aber er wird, da man ihn ja verkaufen könnte, auf seinen Einfuhrwert geschätzt – wenigstens war das damals noch der Fall. Nachdem sie sich ihn aber eine Zeitlang genau angeschaut hatten, schrieb der federführende Beamte in unser Deklarationspapier: »1 dog, object of no value«. Gegenstand ohne Wert. Das war er keineswegs für van Loon. Als er uns zum erstenmal in sein Haus nach Connecticut einlud, erhielten wir von ihm ein Telegramm, das – ins Deutsche übersetzt – lautete: »Einlade Mucki für Wochenende Samstag bis Montag. Ihr dürft ihn begleiten.«

Die erste Zeit in New York verging in einer Art von Rausch oder Trance. Es waren nur zwei bis drei Wochen, und in diesen war man von der unerschöpflichen Eindrucksfülle dieser Stadt, die eine Welt von kleineren Städten verschiedenartigster und vielfältigster Prägung umschließt – auch von der Gastlichkeit, mit der man zunächst von allen Seiten traktiert wurde –, so überwältigt, daß man kaum zum Nachdenken kam. Selbst die tropisch-feuchte Glut einer Hitzewelle, in der Manhattan gerade dampfte und schmolz, hatte durch ihren ungewohnten, exotischen Charakter etwas Stimulierendes: so hatte man ›Hitze‹ noch nicht gekannt, als eine Tag und Nacht andauernde Backofentemperatur, die den harten Asphalt wie Lehm ungepflasterter Straßen aufweichen ließ. Klimaanlagen waren damals in Privatwohnungen noch nicht gebräuchlich, so ließ man immer alle Fenster offenstehen zwecks ›crossventilation‹, trotz jener verdächtigen Feuerleitern, die an den Rückseiten aller Häuser im Zickzack vom Hof bis zum Dach hinaufführen, um unsportlichen Einbrechern das Fassadenklettern zu ersparen, und man sah mit Staunen durch die gleichfalls offenen Fenster der vielen rückwärtigen Wohnungen zur Nachtzeit lauter völlig unbekleidete Menschen, die erschöpft auf Schaukelstühlen hingen, an Schreibtischen hockten oder in der Küche hantierten, als wäre New York eine einzige Kolonie für Nacktkultur. Aber bald schaute man einer allgemeinen Konvention gemäß, auch aus ästhetischer Selbstschonung, nicht mehr hin, und wenn man einmal der sich niemals lindernden Treibhausluft wegen stöhnte, sagte Dorothys ›Maid‹, maternalprophetische Schottländerin namens Emily Carter: »Das spürt man nur im Anfang. Wenn man länger in Amerika lebt, dann verdünnt sich das Blut, und dann merkt man das gar nicht mehr. Wir Europäer«, sagte sie, »wir haben überhaupt viel zu dickes Blut.«

Wir waren in Dorothys großer Wohnung fürstlich untergebracht. Sie selbst war noch im Westen, Sinclair Lewis wohnte damals schon nicht mehr mit ihr zusammen und besuchte sie nur gelegentlich auf dem Land. Sie beschäftigte drei Sekretärinnen, die sich – wenn sie nicht gerade im Büro die Post erledigten oder telefonische Aufträge entgegennahmen – aufs freundlichste um unsere Eingewöhnung kümmerten, sowie ein für amerikanische Verhältnisse ungewöhnlich zahlreiches Hauspersonal. Ihr zehnjähriger Sohn Michael aus der Ehe mit Sinclair Lewis war schon in ihrem Landhaus in Vermont, wir hatten die Wohnung ganz für uns allein, und ihre ›Adresse‹ verschaffte uns überall einen unerwarteten Respekt. Sie galt in dieser Zeit als die ›first Lady‹ des amerikanischen Schrifttums, und es ging, mehr scherzhaft, aber kennzeichnend für ihre Stellung, die Rede, daß sie bei der nächsten Wahl als erster weiblicher Präsident kandidieren werde.

Wir wurden, als Neuankömmlinge, immerfort eingeladen und durch die interessantesten Stadtteile geschleift, zu den Negern in Harlem, ins Chinesenviertel, von den Spaniern und Italienern zu den Künstlerkneipen von Greenwich-Village, kurz ›The Village‹ genannt – es war eine kolossale Völker- und Menschenparade auf ›Manhattan's popular pavements‹, wie's bei Walt Whitman heißt. Die eminenten Gegensätze zwischen den eleganten Straßen wie der Fünften und der Park Avenue mit ihren damals noch nicht umgebauten, opulenten Millionärshäusern aus der amerikanischen ›Gründerzeit‹, und der wüsten und schmutzigen Dritten, durch die noch die lärmige Hochbahn ratterte, zwischen kühn aufgetürmten Wolkenkratzern, denen zum Teil eine monumentale Schönheit eignet, den altmodischen Braunsteinhäusern und den durchwimmelten Quartieren der kleinen Leute – das alles übte eine täglich neue Faszination aus. Mir stieg die Hitze zuerst wie ein euphorisches Fieber durch den Kopf, zehnmal am Tag benutzte ich Dorothys gläsernen Duschraum für ›kalte Schauern‹, und in der Nacht, in der man ohnehin nicht schlafen konnte, zog ich unermüdlich in der Stadt umher, sog die vulgären Laute, den Popcorngeruch am Times-Square, die plötzliche hohle Stille in den Seitenstraßen, das Lichtergetaumel, Kreischen von Autobremsen und ferne Heulen von Schiffssirenen wie ein Elixier der Fremdheit in mich ein, dem eine neue, vitalisierende Frequenz innewohnte. Hier, fühlte ich, darf man nicht müde, nicht alt, nicht krank werden. Also erhalte dich jung, gesund und frisch – solang du kannst.

Aber auch die Gefährlichkeit dieser Stadt, von der man sofort Nachdrückliches erfuhr, weckte kein Angstgefühl, sondern eher eine erregende Neugier. Der treffliche Bürgermeister La Guardia ließ damals jeden Tag eine Warnung übers Radio ergehen: Wer nicht ermordet, geschändet und beraubt werden wolle, möge nach Einbruch der Dunkelheit die Wege durch den Central Park meiden (an dem Dorothys Wohnung lag). Alles war Sensation.

An einem der ersten Abende ging ich mit Ruth Yorck-Landshoff, der Gesellschaft und literarischen Welt des vorhitlerischen Berlin wohlbekannt, durch die übelbeleumdete ›Sixth Avenue‹, eine der Hauptverkehrsadern, und wurde von einem zweifelhaften Subjekt ohne Kragen in unverständlichem Slang, aber mit deutlicher Zeichensprache um eine milde Gabe angesprochen. In europäischer Arglosigkeit zog ich ein europäisches Portemonnaie aus der Tasche, um ihm einen ›Quarter‹, einen Vierteldollar, zuzustecken – sofort versuchte der Kerl mir die kleine Geldbörse (mit dem größten Teil meiner Barschaft) zu entreißen; ich hielt sie fest und stieß ihn vor die Brust, worauf er weglief, vermutlich nur, weil gerade ein ›Cop‹, ein bewaffneter Polizist, um die Ecke schlenderte. Meine Begleiterin, die New York schon kannte, war entsetzt – ohne diesen ›Cop‹, sagte sie, könne ich jetzt sehr leicht ein Messer im Bauch haben. Nie bei einem Fremden stehenbleiben, auch nicht mitten im Verkehr! Nie eine Börse oder Brieftasche ziehen! Nie Geld sehen lassen, und sich nie wehren!

Aber das alles gab uns das Gefühl, in einem wilden Erdteil gelandet zu sein, in dem man sich ganz auf Abenteuer und eine neue Art von Selbsterhaltung, auf das Überraschende, Unerwartete, Ungewohnte einzustellen habe und immer noch an der ›frontier‹, der Grenze zwischen gesetzloser Wildnis und hochgetriebener Zivilisation, lebte – im Grunde stimmte das auch. Ebenso stimmte die amerikanische Redensart, welche besagt, daß die ersten tausend Dollar sehr leicht zu verdienen seien, die nächsten hundert sehr schwer. Meine ersten tausend kamen von dem gescheiten, menschenfreundlichen Ben Hübsch, dem Leiter des ›Viking Press‹-Verlags, als Vorschuß für ein Buch, das nie geschrieben wurde, und das mit den nächsten hundert oder fünfzig oder auch zehn habe ich später auf harte Weise erfahren. Denn dem Jubel des Empfangs, der großen Herzlichkeit der Aufnahme folgte sehr bald die noch größere Kühle und die funktionelle Sachlichkeit des täglichen Lebens: Jetzt bist du da, man hat dir die Hand zum Willkomm gereicht, dich auf die Schulter geschlagen, dich aufgenommen – nun sorge für dich selbst.

Noch aber war die sommerliche Stunde der Ankunft, des Staunens, der Freundschaft, des Vertrauens, des Wiedersehns – mit vielen, die man in den letzten Jahren hatte entbehren müssen. Meine größte Beglückung war das Wiedersehn mit dem Freunde Hans Schiebelhuth, wenn auch durch seine von einem Herzleiden bedrohte Gesundheit etwas getrübt. Aber ich ahnte damals nicht, auch er selbst nicht, daß er den Tod schon in sich trüge. Wir glaubten beide fest, daß er genesen werde, und planten von Jahr zu Jahr eine gemeinsame Wanderung nach Kanada hinauf – wie einst am Main, am Neckar, im Salzburger Land –, und jedes Jahr sagte er: Nächst Jahr bin ich soweit! – bis es kein nächst Jahr mehr gab.

Er war schon einige Jahre früher nach Amerika gekommen, nicht um endgültig auszuwandern, sondern da seine Frau Amerikanerin war und sich an Ort und Stelle um ihre Finanzlage kümmern mußte. Sie war früher einmal sehr wohlhabend gewesen, hatte dann in der ›Depression‹ (1931) den größten Teil ihres Vermögens verloren und operierte nun mit den restlichen Aktien und Papieren so geschickt, daß beide ein erträgliches Auskommen hatten. Von seiner Lyrik konnte Hans Schiebelhuth ebensowenig leben wie Gottfried Benn, der einmal festgestellt hat, er habe mit seinen Gedichtbänden in zehn Jahren 925 Mark verdient, und Schiebelhuths meisterhafte Übersetzungen der Romane von Thomas Wolfe, die Rowohlt publizierte, versorgten ihn zwar mit jahrelanger, aufreibender Arbeit, denn er mühte sich um jedes Wort, aber nicht mit einem zureichenden Einkommen. So wurde Amerika für ihn eine Art von Asyl oder Austrag, und er hatte das Land lieben gelernt. Doch hoffte er immer, wenigstens auf Besuch, einmal zurückzufahren, um seine Mutter und Schwester, die Freunde, die Heimat wiederzusehn. Erst verhinderte es seine Erkrankung, dann der Krieg. Sein Herzleiden ging auf den Ersten Weltkrieg zurück, in dem er es sich in den Dolomiten durch die Überanstrengung des Hochgebirgskampfs und schwere Verwundungen zugezogen hatte. Aber das hatte sich früher nur durch seltene leichte Anfälle geäußert. Wirklich ausgebrochen war es erst in Amerika, und zwar, wie die Ärzte glaubten, nach dem Genuß ungeschälten Obstes, das mit einem Insektizid gespritzt war. Die daraus folgende Vergiftung hatte sich auf den Ort des geringsten Widerstands, bei ihm den Herzmuskel, ausgewirkt. (Ich esse seitdem nie mehr ungeschältes Obst, obwohl ich glaube, daß das Herz genau dann Schluß machen wird, wann es will und soll.) Nun hatte seine Frau ein kleines Haus mit großem Garten erworben, in der ländlichen Umgebung des Ortes Easthampton auf Long Island, dessen Klima durch die Meeres- und Golfstromnähe für ihn besonders günstig war, und dort verlebte er seine letzten Jahre – dichtend, auch wenn er nicht schrieb, dichtend, auch wenn er nur atmete oder Gartenarbeit machte, denn in ihm, das könnte ich von keinem andern sagen, den ich kannte, war Dichtung mit dem Nervengespinst und dem körperlichen Lebenshauch eins geworden; und nicht nur die Weisheit, auch das konkrete Wissen um Ursprung, Vorgang, Stoff und Gesetz der menschlichen Sprachformung, das er mit ins Grab nahm, wurde kaum von einem der Gelernten und Gelehrten je erreicht.

Wir schwelgten in einer Trunkenheit des Wiederbeisammenseins. Nichts hat mich in der Zeit der Verfinsterung, die dann kam, so bestärkt und ermutigt wie sein Dasein, nichts hat mich so geschlagen und beinah der Fassung beraubt wie sein Verlust im Anfang des düsteren Jahres 1944.

Am Tag nach unserer Ankunft kam er schon nach New York, aus dessen feuchtheißer Stickluft er schleunigst wieder fliehen mußte, dann besuchten wir ihn in seinem vom Seewind umwehten Haus am Südostende von Long Island, nächtigten dort. Seine Frau, Alice, von ihm mündlich und schriftlich ›Aellys‹ genannt, sie nannte ihn ›Sheeby‹ (Schiebi), besaß alles das, was man gemeinhin bei einer Amerikanerin nicht voraussetzt: eine große, weltoffene Seele, ein Herz von unbegrenzter Wärme und Liebesfähigkeit, sogar Talent für fremde Sprachen – sie war für ihn ebenso eine musische wie eine menschliche Gefährtin –, und er, da sie keine Kinder hatten, war ihr Kind, ihr Mann und ihr Vater. Sie belastete ihn nicht mit der Sorge um seine Gesundheit, sie half ihm einfach. In allen praktischen Dingen hatte sie etwas vor den Frauen des alten Landes voraus, sie tat sie gelassen, besonnen, klug und ohne viel Aufhebens. Europäer beiderlei Geschlechts müssen das drüben erst lernen. Er lebte mit ihr im Glück der Geborgenheit, sie lebte mit ihm im Glück der Verehrung. Vom Fenster des Gastzimmers aus, in dem wir wohnten, sah ich die beiden in der frühesten Morgenstunde, in der ich zufällig erwachte, im Schimmer des ersten Lichtes, das sich im Osten erhob, vor ihr Haus treten und schweigend den Sonnenaufgang erwarten. Das war seine Art von religiösem Ritus. Dann schlief er, gestillten Herzens, noch einmal ein. Auf der Rückfahrt im Auto, das sie chauffierte, hielten wir bei dem schlichten Holzhaus, in dem Walt Whitman geboren war. Rechts und links von dem Haus standen eine Fichte und ein großer Ahorn.

»Den Ahorn«, sagte Sheeby, »hat er als Kind noch gekannt, der ist älter als er. Die Fichte wächst rascher, die war vielleicht damals noch nicht da oder sehr klein.« Wir schwenkten die Hüte, grüßten den großen ›Camarado‹.

Bald darauf kam Dorothy Thompson von Hollywood zurück, und wir folgten ihr nach dem kleinen Ort Barnard am ›Silbersee‹ in dem Waldstaat Vermont, der später unsere amerikanische Heimstatt werden sollte.

Heimatlich war uns dort vom ersten Tag an zumute. Es ist notorisch, daß in Amerika sehr viele Neusiedler die Landschaft suchen oder, wie wir, durch Glücksfall finden, die für sie vertrauten Charakter hat. Dieser Kontinent schließt alle Landschaften der Erde in sich ein. Wo van Loon lebte, am Sund bei Stamford in Connecticut, keine hundert Kilometer von New York, sah es aus wie an den Ufern der Zuidersee. Eine Windmühle am Horizont hätte genügt, und man wäre in Holland gewesen.

Wo Schweden und Finnländer sich ansiedelten, sieht es gewöhnlich aus wie in Schweden und Finnland. Die ›Amish‹, jene Pennsylvania-Deutschen, die seit dem achtzehnten Jahrhundert dort siedeln und bis heute ihre eigene, auf hessischem Dialekt gegründete Volkssprache erhalten haben, errichteten ihre Bauernhöfe, häufig Fachwerkhäuser, im heimischen Stil – in einer Gegend, die dem Vogelsberg, der Rhön, der oberen Wetterau, dem ›Blauen Ländchen‹ nördlich des Mains erstaunlich ähnelt. In Vermont sah meine Frau den Wienerwald, ich sah den Taunus oder den Melibokus an der Bergstraße, wir beide sahen die Waldgebirge des Salzburger Alpenvorlandes, nur alles ins Überdimensionale vergrößert: zehnmal Taunus, zwanzigmal Hunsrück, fünfzigmal Odenwald oder Wienerwald, in unendlicher Weite unter dem großen Himmel gewellt. Auch gab uns die freundschaftliche Verbundenheit mit Dorothy ein Gefühl von Nachbarschaft und eine hoch sommerliche Ruhepause, bevor das ruhelose Hin und Her von fast zwei Jahren amerikanischer Gehversuche und die harte Zeit des Existenzkampfes begann.

Wir hatten Dorothy schon im Jahre 1925, noch vor dem Erfolg meines ›Fröhlichen Weinbergs‹, kennengelernt – es war ein kurzes Zusammensein in einem Berliner Restaurant, in das uns die verehrte Lehrerin meiner Frau, Dr. Eugenie Schwarzwald aus Wien, gemeinsam eingeladen hatte. Dorothy war noch von ihrem ersten Mann begleitet, einem ungarischen Journalisten, von dem sie sich bald darauf trennte. Ich glaube, daß sie damals eine sehr schwere Zeit hatte. Obwohl in ihrem Leben dreimal verheiratet, gehörte sie nicht zu den Frauen, die sich leicht oder leichtfertig scheiden lassen und wieder verbinden. Sie nahm die Ehe ernst, und es war eine Folge von unglücklichen Umständen, die sie erst in reifen Jahren die wahre Lebensgemeinschaft finden ließ.

Sie machte dann, nach der Premiere des ›Fröhlichen Weinbergs‹, ein Interview mit mir für die amerikanischen Provinzblätter, als deren Korrespondentin sie damals in Deutschland lebte, und ich besuchte sie öfters in ihrer Wohnung, die im Dachgeschoß eines schönen Hauses im ›alten Westen‹ Berlins lag. Die Art, wie sie fließend, aber fehlerhaft deutsch sprach, war ungemein lustig und blieb es auch, als sie die deutsche Sprache in Lektüre und Korrespondenz bis in Nuancen beherrschte. Zuerst hatte sie noch besondere Schwierigkeiten mit der im

Englischen unbekannten Unterscheidung von Du und Sie, sie verwechselte das immer, und als sie den Reichskanzler Stresemann zu einem Interview besuchte, errang sie einen besonderen Heiterkeitserfolg damit, daß sie ihn mit Du und seinen Hund mit Sie anredete. Die unbefangene Frische und der Charme ihrer Persönlichkeit waren unwiderstehlich. Sie wirkte in ihren späten Zwanzigerjahren wie eine Neunzehnjährige, von fabelhafter, fast robuster Gesundheit, ihr Gesicht sah immer aus, als wäre sie gerade durch einen guten, kräftigen Seewind gelaufen, und ihre hellen, klaren Augen blitzten und leuchteten, sei es im Eingriff, sei es im Einverständnis, von Eifer und Enthusiasmus. Sie liebte es, auch als ihre schöne, wohlproportionierte Gestalt schon ein wenig zur Fülle neigte, sehr helle, fast mädchenhafte Kleider zu tragen, die ihr vorzüglich standen, besonders wenn sie von einer großen bunten Schleife geziert waren. Nichts erinnerte bei ihr an den Typ der Karriereweiber, der intellektuell überanstrengten oder von Erfolgssucht gehetzten, die keine Zeit haben für sich selbst und dadurch den anderen so sehr auf die Nerven gehen. Dorothy hatte Zeit, sie nahm sich Zeit, um neben all ihrer beruflichen Aktivität zu leben, Frau und Mensch zu sein, sie konnte lachen, sie liebte die Heiterkeit und den Genuß der einfachen Freuden. Sie kochte gut, sie konnte jede Art und jedes Maß von Alkohol vertragen – das einzige, worin sich ihre verborgene Nervosität lästig und schädlich äußerte, war das unablässige, hastige, unkontrollierte Zigarettenrauchen. In diesem gierigen Lungenzug, flüchtigen Ausstampfen halbgerauchter und sofortigen Anzünden neuer Zigaretten sah ich ein Zeichen von innerer Rastlosigkeit, die sie sonst, wie alles Schwierige, Komplizierte, auch Tragische in ihrem Leben, in sich verschloß.

Ohne Geldmittel, mit einem kleinen, schlecht bezahlten Zeitungsvertrag, war die anglikanische Pastorentochter und jugendliche Evangelistin direkt vom College weg Anfang der zwanziger Jahre nach Europa gekommen, nicht nur aus Reise- und Unternehmungslust, sondern im Bewußtsein, daß sich hier, besonders in Deutschland, Krisen vorzeichneten, die die Grundlagen der Welt erschüttern würden. Dieses Gespür für

Krisenluft, der unbestechliche Blick für Tatsachen und die Kühnheit ihrer stets leidenschaftlichen, heute würde man sagen: leidenschaftlich engagierten Stellungnahme verliehen ihren Berichten die ungewöhnliche Anziehungskraft, die ihr bald internationale Geltung verschafften. Ihre steile Erfolgskurve war, gegenläufig, mit dem Aufstieg Hitlers und des Nationalsozialismus zusammengefallen, dessen weltbedrohende Gefahr sie von Anfang an erkannte, verkündete und bekämpfte – in einer Zeit, in der die Welt noch darüber die Achseln zuckte.

Früh im Jahr 1926 lud mich Dorothy eines Abends in ihre Berliner Wohnung ein, dort traf ich einen Mann mit langen Beinen und hoher, magerer, schlaksig vornüber geneigter Gestalt, dessen Gesicht, in grotesker Verlängerung und gleichzeitiger Verkürzung der Stirn- und Kinnpartien, das interessanteste aller häßlichen Gesichter war, die ich je gesehen habe. Er zog seine Hand aus der Rocktasche und schnellte mir zur Begrüßung einen künstlichen, halbmeterlangen Finger entgegen, wie man ihn mit eingebauter Sprungfeder in sogenannten Zauberläden zu kaufen bekam. Das war Sinclair Lewis, im Freundeskreis seiner irländisch-roten Haare wegen ›Red‹ genannt, dessen Romane ›Arrowsmith‹, ›Mainstreet‹, ›Babbit‹, ›Elmer Gantry‹ und andere eine Epoche der amerikanischen Literatur bezeichnen. Er konnte kein Deutsch, ich damals kaum etwas Englisch, aber wir verstanden uns gut; erst dolmetschte Dorothy, dann der Wein, und wir verbrachten auch bei seinen späteren Berliner Besuchen immer wieder lange Nächte zusammen. Er wollte Dorothy, als er sie zum erstenmal sah, sofort heiraten, sie ihn vermutlich auch, aber ein weiblicher Warninstinkt trieb sie in die Flucht, sie flog nach Moskau, er flog hinterher, und nachdem sie diese Flugjagd eine Zeitlang fortgesetzt hatten, heirateten sie wirklich.

Sinclair Lewis war ein ebenso faszinierender wie schwieriger und schwer erfaßbarer Mensch, er war Choleriker und Hypochonder, später steigerten sich diese Züge bei ihm bis zur Unerträglichkeit, damals waren sie noch von skurrilem Humor und unvermittelter, unvermuteter Herzlichkeit gemildert. Eine

Zeitlang schienen die beiden ein ideales Paar – zwei selbstbezogene Junggesellen, die sich in ihren Sonderbarkeiten ergänzten oder gegenseitig entspannten. Als wir nach Amerika kamen, war die Ehe bereits gescheitert, teils an der Gegensätzlichkeit, teils an der zu großen Verwandtschaft ihres Wesens.

Dorothy hatte uns einige Male in unserem Henndorfer Haus besucht und später – in einem Aufsatz, mit dem sie mir in Amerika einen niemals geglückten ›Start‹ geben wollte – darüber geschrieben:

»Das Haus hatte den betörenden Geruch, den alle wirklich guten Häuser haben, nach altem Holz und Holzfeuer und Lederschuhen, von denen der frische Schnee schmilzt, und nach Äpfeln und warmem Brot.«

Dann, wenn sie uns während der Kriegsjahre in unsrem Vermonter Farmhaus besuchte, sagte sie immer: »Es riecht wie in Henndorf.«

Ich glaube, so roch es auch, und so riecht es auch jetzt in Saas-Fee. Als in Europa der Krieg ausbrach, am 1. September 1939, waren wir noch bei Dorothy in Vermont, wohnten in einem kleinen Häuschen, das sie für unseren Sommeraufenthalt gemietet hatte. Man saß am Radio, verstört und beklommen, schon seit die Nachricht von jenem unheimlichen Pakt zwischen Hitler und Stalin, Molotow und Ribbentrop den ersten Schock ausgelöst hatte. Man konnte noch deutsche Kurzwellensendungen hören, in denen die Goebbels-Propaganda versuchte, die amerikanische Öffentlichkeit zu beeinflussen und die Deutschamerikaner gegen ihre Regierung aufzuhetzen – Dorothy Thompson wurde darin mit besonderer Heftigkeit angegriffen und als eine ›Feindin Deutschlands‹ bezeichnet. Das traf sie ins Herz. Sie kam – fast weinend – zu mir, den sie auch in der Emigration immer als einen unwandelbaren (meine Frau sagte: unverbesserlichen) Deutschen empfand: »*Du* weißt es doch, daß ich Deutschland liebe! Daß ich nie gegen die Deutschen, nur gegen die Nazis war!« Ich wußte es. Und ich hatte in ihr, durch die ganze Kriegszeit hindurch, eine Verbündete im Verständnis für das andere Deutschland und seine Not.

Hatten Männerfreundschaft und Frauenliebe bisher meinen Lebensweg begleitet, so erwies sich nun Freundschaft, in voller, aktiver Bewährung, als übergeschlechtlich. Zwei Frauen waren es, Lady Yvonne Rodd-Marling, englische Diplomatentochter schottisch-irländischer Abstammung, schön, geistvoll, begabt, die seit meinen ersten Londoner Tagen bis heute zu den mir liebsten Menschen gehört, und Ingrid Warburg, aus der bekannten Hamburger Familie, die uns damals von einer schweren Sorge befreiten: um die in England zurückgebliebene Tochter Michaela. Es ging um Tage, fast Stunden, sonst hätten wir sie während des ganzen Kriegs schwerlich wiedergesehen und einem ungewissen Schicksal in England überlassen müssen. Vielleicht können überhaupt nur Frauen die Energie und Improvisationskunst aufbringen, mit der Yvonne ihr, gegen alle Regeln, ein amerikanisches Blitzvisum besorgte, mit dem die Warburgs ihr eine letzte Passage auf einem fahrplanmäßigen schwedischen Dampfer verschafften. Sie erreichte Amerika ungefährdet, bevor noch die Nordsee von Minengürteln gesperrt und der Atlantik von Zerstörern und U-Booten durchpflügt war.

Es kam eine Zeit, an die ich mich nur wie an einen wüsten, verworrenen Traum erinnere oder nicht anders erinnern will. Ich ging nach Hollywood, zunächst allein, ein Agent hatte mich hinberufen mit der Zusicherung, mir dort einen ›job‹ zu verschaffen. Das Flugzeug, mit dem ich New York verlassen hatte, geriet in ›electrical storms‹, schwere Gewitterböen, es tanzte und sprang wie ein bockendes Bronco-Pferd über den Wolken herum, ein Kind bekam Ohrenschmerzen und Schreikrämpfe, in Utah wurde der Flug unterbrochen wegen Tornadogefahr. Ich sah die Mormonenstadt, wurde von einem befreundeten Filmstar im Auto abgeholt, kam durch die Salzwüste und durch die Steppen von Nevada. Wir mußten, der langen Strecke wegen, an der Grenze von Nevada in einem Motel übernachten. Nach Einbruch der Dunkelheit hörte ich ein schrilles, jammerndes Jaunern aus der Steppe, bald nah, bald fern. Ein schweigsamer Mann, der das Kaminfeuer unterhielt, sagte: »Kajotis«. Das waren die Coyoten, Präriewölfe, unserer Wildwestbücher. Am nächsten Morgen wurde ich wach und glaubte, ich hätte von der Schulzeit geträumt. Ich hörte ein komisches Geheul, wie wir es als Buben ausgestoßen hatten, wenn wir Indianer spielten. Als ich hinausschaute, sah ich Indianer, es war da in der Nähe eine Reservation der einstmals stolzen Shoshones, und sie vollführten, dreimal am Tag, für die Touristen, die ihre Autos bei den Motels geparkt hatten, einen ›Kriegstanz‹, um ein paar Geldstücke zu verdienen. Sie tanzten, von einem Fuß auf den anderen hüpfend, im Kreis herum, genau wie wir das auf dem Mainzer Schulhof gemacht hatten – als hätten sie's von uns gelernt.

Ich sah die kleine Stadt Reno mit ihren Luxushotels, von Millionärinnen und Filmdiven bevölkert, die sich gerade rasch einmal scheiden ließen und sich in den Spielkasinos die Langeweile vertrieben, weil beides, Glücksspiel und Scheidung, im Staate Nevada vom Gesetz nicht behindert, sondern begünstigt ist, und ich glaubte, es werde da ein Film gedreht, weil plötzlich ein Trupp wildwestlich gekleideter Cowboys mit Riesenhüten zwischen den Chryslers und Oldsmobiles dahergaloppierte: es waren aber echte, die zwischen zwei Roundups und Viehtriften einen Silberdollar im Roulette setzen wollten.

Ich sah den herrlichen Lake Tahoe an der Grenze von Nevada und Kalifornien, der mich in seiner Farbe und mit seinen bewaldeten Ufern an den See von Sils-Maria erinnerte, ich kam durch die Sierra Nevada, deren Wildnis ich später auf einem langen Ritt im ›Western Saddle‹ kennengelernt habe, ich kam durch das Tal des Sacramento, in dem noch ein paar Holzkreuze an jene rabiaten Goldgräber erinnern, die im Jahr 1849 die Felder des Schweizer Generals Sutter verwüstet haben, ich fuhr im Abendschein über die zauberlange ›Golden Gate Bridge‹, die mit ihrem zarten Gestänge zwischen Himmel und Wasser zu schweben scheint, nach San Francisco, ich schwamm im Pacific an der grünen Steilküste bei den alten Missionssiedlungen Carmel und Montherey. Ich war betrunken vom Abenteuer der Landschaft, ich spürte den Taumel, den Rausch der Weite, wie ihn – vor nicht viel mehr als hundert Jahren – die Männer verspürt haben mögen, die sie zum erstenmal sahen. Jeder Blick, jede Rast war

Entdeckung. Doch ich verspürte auch den panischen Schrecken, das Gefühl des Verlorenseins an diese ungeheure, unbarmherzige Weite. Hier, im Westen, war mir nicht heimatlich zumute wie in den Wäldern von Vermont, die mich noch freundlich ansprachen, wenn ich mich in ihrem weglosen Dickicht verirrte. Hier, wußte ich, werde ich kein Haus bauen, keine Bleibe finden.

Freunde erwarteten und umarmten mich in Hollywood, es war des Wiedersehens kein Ende. Albrecht Joseph, der Gefährte meiner Kieler, Berliner, Henndorfer Jahre; Bruno Frank und seine Frau Liesel, Tochter von Fritzi Massary, die ihre erste Station nach der Flucht aus Deutschland bei uns im Salzburgischen gemacht hatten. Marlene Dietrich mit ihrer prachtvollen, warmherzigen Camaraderie. Remarque hatte im Park des Beverly Hill's Hotels, in dem ich ein Zimmer bezog, einen hübschen Bungalow gemietet, wir saßen da nächtelang zusammen, tranken Rum oder Wodka und taten, als säßen wir bei Herrn Waizenbluth im alten ›Neva-Grill‹ am Berliner Wittenbergplatz oder in Henry Benders Künstler-Club. Die deutschen Filmregisseure Lubitsch, Dieterle, Fritz Lang luden mich in ihre Häuser und zu ihren Partys ein, bei denen man wieder andere Bekannte aus Deutschland, Österreich, Ungarn, Frankreich, England traf – sie kannten meine Stücke und Schriften, aber sie konnten sie für den amerikanischen ›Markt‹ nicht verwenden und brauchten für ihre Drehbücher versierte Hollywoodianer. Auf dem Sunset-Boulevard, mitten im Stoßverkehr, sah ich – selbst in einem Wagen meines Agenten mit Chauffeur sitzend – Helene Thimig, allein, am Steuer ihres Autos, sie sah mich auch, und sie wird sich erinnern, daß es fast einen Straßenunfall gab, weil ich dem Chauffeur ins Lenkrad fiel und sie gleichzeitig hart auf die Bremse trat. Im nächsten Moment saß ich, des wütenden Hupens der anderen ungeachtet, neben ihr im Wagen. Ich sah Max Reinhardt wieder und Berthold Viertel und dessen Frau Salka, die damals noch die Drehbücher für Greta Garbos Filme schrieb, während Berthold sich zornig und kompromißlos, daher auch gewöhnlich ohne ›job‹, mit den Gewaltigen der Filmindustrie herumstritt. Ich traf Curt Goetz, den elegantesten, geistreichsten Komödienschreiber und -spieler der zwanziger Jahre, jetzt der kameradschaftlichste und hilfsbereiteste unter allen bessergestellten Kollegen, und seine liebe und kluge Frau, die Schauspielerin Valerie von Martens. Ich traf den großen Albert Bassermann, der – schon um die siebzig –, von seiner Frau Else abgehört, wie ein fleißiger Schulknabe Englisch lernte, das dann in seinem Mund genauso mannheimerisch klang wie sein Deutsch und der es gelassen auf sich nahm, vor einem Filmstab, von dem niemand je seinen Namen gehört hatte, zum Vorsprechen und zu Probeaufnahmen anzutreten. Ich traf, im Vorzimmer der Warner-Brothers-Studios halbverhungert auf eine Chance wartend, den jungen Ernst Häussermann aus Wien, bis vor kurzem Direktor des Burgtheaters, und konnte ihm, da ich gerade aus dem Büro des Chefs kam und dort meinen Vertrag bekommen hatte, seine Chance verschaffen.

Man traf auch vereinzelte Amerikaner – mächtige, allgewaltige, die Könige eines Weltreichs auf tönernen Füßen –, zu denen ich durch meinen Agenten und meine Freunde Zutritt erhielt und die sich, zunächst, einem als ›Erfolgsautor‹ im alten Land etikettierten Ankömmling gegenüber sehr entgegenkommend zeigten; sie rechneten damit, daß man sich anpassen, umstellen, in ihren Betriebsprozeß und Arbeitsstil einfügen werde, und ich bekam jenen berüchtigten ›siebenjährigen Vertrag‹, der in meinem Fall mit der beträchtlichen Summe von siebenhundertfünfzig Dollar die Woche begann, dafür den Vertragsnehmer bedingungslos seiner Firma verpflichtete, diese jedoch jederzeit zur Kündigung und Entlassung innerhalb einer Wochenfrist berechtigt. Man hatte in diesen Verträgen eine Klausel zu unterschreiben, die lautete: »Ich erkläre und bestätigte, daß der Begriff des sogenannten geistigen Eigentums innerhalb dieser Vertragsbindung nicht existiert.« Das heißt: Was immer man im Auftrag des Studios schrieb, gehörte, wie eine abgelieferte Ware, dem Produzenten, er konnte damit machen, was er wollte, es benutzen, wegwerfen, umschreiben lassen, abändern, ohne irgendwelches Einspruchs- oder Mitspracherecht von seiten des eigentlich Produzierenden. Ich saß im ›Schreiberhaus‹, so nannte ich ›The Writer's Building‹, einem weiträumigen Gebäude, in dem es viele große, wohleingerichtete Büros für die Filmschreiber gab. Auch mir wurde ein solches Büro zugeteilt, mit einem Überfluß an Schreibzubehör jeder Art und einer Sekretärin im Vorzimmer, mit der ich nichts anfangen konnte, als sie freundlich zu begrüßen und sie dann ihrer Coca-Cola-Flasche zu überlassen, da ich noch nicht imstande gewesen wäre, auf englisch auch nur einen Brief zu diktieren. Ich war nicht gewohnt, in einem Büro zu arbeiten, ich erledigte dort meine Privatpost und mühte mich an dem Drehbuch, das man mir zugewiesen hatte, abends und nachts in meinem Hotelzimmer. Von Zeit zu Zeit ging in meinem Büro das Telefon, und die Stimme der Chefsekretärin des Studiochefs fragte: »How is your work going on?« – »Wie steht's mit Ihrer Arbeit?« – »Very well«, sagte ich – »Thank you«, sagte sie. Sonst kümmerte man sich wenig um mich, und die erfahrenen Schicksalsgenossen sagten mir: die Hauptsache sei, dort gesehen zu werden, zum Beispiel beim Lunch in der Prominentenkantine. Im übrigen solle man sich ja nicht überanstrengen.

Auch in Hollywood wurde man im Anfang viel eingeladen, doch war im Gegensatz zu New York das Leben hier sehr kostspielig: Man mußte, um etwas zu gelten, in einem teuren Hotel wohnen oder seine eigene repräsentative Wohnung haben, man mußte, um sein Dasein unter Beweis zu stellen, in den teuren Restaurants der oberen Film-Zehntausend verkehren, man mußte, wollte man auf die Dauer ›dazugehören‹, auch selbst Einladungen geben, man mußte so tun, als sei man reich und glücklich – nirgends habe ich das Wort ›happy‹ so oft gehört wie in der Vorhölle Hollywood –, und da man es nicht war, kam man, auch wenn kaum dazu aufgelegt, ins Trinken und versumpfte in einem lustlosen, humor- und anregungslosen Nachtleben.

Etwa drei Wochen, nachdem ich so ›happy‹ war, einen Vertrag zu besitzen und jeden Montag einen Check kassieren zu können, sagte ich auf einer Sonntagnachmittagsgesellschaft im Hause Max Reinhardts, bei der fast die ganze ›deutsche Kolonie‹

anwesend war: »Hier bleib ich nicht lange. Das ist kein Leben für mich.« Es erhob sich ein schallendes Gelächter. Jeder, belehrte man mich, habe das nach den ersten drei Wochen gesagt, jeder, der hier sitze, aber jeder sitze noch hier – mancher schon viele Jahre. Der Check... wo sonst in Amerika könne man überhaupt auf so komfortable Weise sein Leben fristen? Da war zwar etwas Wahres daran, aber es tröstete mich nicht, denn ich hatte gesehen, daß das, was man da fristete, kein Leben war. Wie ein Lauffeuer ging es in der ›Kolonie‹ herum, wenn der Check eines dieser Studio-Hörigen erhöht oder vermindert worden war. Nach dem Check wurde man eingestuft. Ich fand das nicht zum Lachen. Auch Max Reinhardt lachte nicht mit. Er hatte die ›rauhe Seite‹ Hollywoods kennengelernt, so wie früher die frisch eingetroffenen Refugianten die der Schweiz. Es war ihm passiert, was in Hollywood nicht passieren darf: daß sein – im schwelgerischen Stil seiner barocken Frühzeit angelegter – Sommernachtstraum-Film mehr Geld gekostet hatte, als er einbrachte. Die Industrie hatte ihn fallenlassen, denn wessen Arbeit keinen Profit einspielt, der taugt nichts, mag er in seinem Bereich der größte Künstler sein. Auch am Broadway hatte seine vornehme, nur auf Qualität bedachte Regiekunst das ›Box-Office‹ nicht befriedigt, keine Kasse gemacht. Nun leitete er in Hollywood eine Theaterschule und veranstaltete mit den Begabteren seiner Schauspieleleven gelegentlich Aufführungen, die nur von Kennern, Fachleuten und Europäern besucht wurden. Er selbst wußte nicht und hat es wohl nie erfahren, daß diese Theaterschule und ihre Aufführungen insgeheim, auf diskreteste, taktvollste Weise, von dem klugen, gebildeten, zartfühlenden Gert von Gontard finanziert wurden, einem Enthusiasten der Künste und der Humanität, den auch ich später zu meinen besten Freunden zählte. Aber Reinhardt wußte, daß Hollywood kein ›Garten Allah's‹ war, wie eines seiner prominentesten Künstlerhotels sich nannte, daß er, dem vor wenigen Jahren die internationale Theaterwelt und Gesellschaft zu Füßen lag, in seinen späten Sechzigern noch einmal dem Kampf um Geltung und Existenz ausgesetzt sein werde.

Mich machte Hollywood, trotz des Checks, trotz des Wohlwollens von Frauen und Freunden, nicht ›happy‹. Nie habe ich so sehr die Nebel der Depression kennengelernt wie in diesem Reich des ewigen Frühlings, in dessen künstlich bewässerten Gärten mit ihren gechlorten Swimming-pools und neohispanischen Schlössern, an den Hängen der höher gelegenen Canyons angesiedelt, das kurzlebige Glück zu Hause ist, während in der Tiefe eine trostlose, mörderische Häuserwüste gähnt: die Stadt Los Angeles, eine der brutalsten und häßlichsten Großstädte der Welt.

In Europa war Krieg, eine seltsame Art von Krieg. Polen war längst verloren, seine Ostgebiete zwischen Hitler und Stalin kollegial geteilt. Deutsche Ost-Emigranten wurden, wenn sie Pech hatten, von der sowjetischen an die nazistische Schreckenspolizei zurückgeliefert.

Im Westen gab es nichts Neues – monatelang. Es hatte noch nicht einmal den Versuch einer aktiven Unterstützung des überfallenen Polen gegeben. Man sprach in Amerika vom ›phoney war‹, dem unechten, nur vorgetäuschten Krieg, in Frankreich sagte man ›drôle de guerre‹. Bierbank- und Cocktailbarstrategen verkündeten, es werde auch zu etwas anderem gar nicht kommen, zwischen Hitler und England würden insgeheim die Modalitäten für einen Friedensschluß und die Verteilung der Einfluß- und Machtsphären ausgehandelt. Dem Durchschnitt der Amerikaner war das damals noch ziemlich gleich, wenn nur Amerika selbst nicht hineingezogen würde. Dorothy Thompson hatte eine Blitzreise nach Frankreich gemacht und mit einer Journalistengruppe die Maginot-Linie besucht, wo man sie in einem Lift wie dem eines Grandhotels viele Stockwerke unter die Erde fuhr und sie dort, bomben- und granatensicher, in einer eleganten Offiziersmesse mit einem Diner von sechs Gängen samt allen dazugehörigen Getränken bewirtete. Bei Kaffee und Likör waren die meisten ihrer Kollegen überzeugt, die Maginot-Linie sei uneinnehmbar und Frankreich das sicherste Land der Welt. Sie selbst war nicht so sicher. In Wirklichkeit wußte man gar nichts und verspürte nur, wenigstens mir ging es so, das unabwendbare Unheil wie ein Vibrieren des Bodens unter den Sohlen vor einem Erdbeben.

In dieser Zeit erhielt ich einen Brief von Peter Suhrkamp, mit dem ich seit seiner Darmstädter Dramaturgenzeit, 1919, befreundet war. Er hatte, Mitte der dreißiger Jahre, Annemarie Seidel, die ›Mirl‹, geheiratet, und unsere Freundschaft hatte sich dadurch vertieft. Auch hatte er, von den Erben S. Fischers eingesetzt, die als ›Nichtarier‹ in Deutschland nicht mehr tätig sein durften, den dort verbliebenen Teil des Fischer Verlags übernommen, dessen Autor ich noch vor dem Verbot meiner Bücher geworden war, und ihn durch die ganze Kriegszeit hindurch treuhänderisch verwaltet. Der Brief kam aus Amsterdam, die Adresse war: Hotel Schiller, das Datum der 12. Oktober 1939. Da heißt es:

»Lieber Carl – ich bin für drei Tage hier und benutze den Aufenthalt, um Dir zu schreiben. Selbstverständlich auch für Mirl. Wir sind sehr froh, daß Ihr dort seid, wo Ihr seid. Hoffentlich hast Du keine Anwandlungen und meinst, Du müßtest jetzt bei uns sein.« (Ich hatte sie.) »Dieser Krieg ist in keiner Weise mit 1914 zu vergleichen. Alle Welt lebt im Dunkeln, nicht nur nachts. Man weiß gerade, was in der eigenen Nachbarschaft vorgeht. Wartet und wartet auf irgendein Ereignis, das man nicht kennt und von dem man keine Vorstellung hat; macht sich Gedanken, um festzustellen, daß alle Gedanken falsch sind. Die Menschen sind blaß und in sich gekehrt. Dann wieder sitzen sie und wiederholen einander das letzte Propagandawort. Die täglichen Sorgen sind wie Ameisen. Die Beschränkungen vergrößern die Bedürfnisse. Vorgestern war um 11 Uhr verbreitet, die englische Regierung sei zurückgetreten und ein zehntägiger Waffenstillstand geschlossen. Während der Stunde, die das Gerücht bestand, fielen sich die Menschen in Läden und auf Märkten weinend und lachend in die Arme.

Laßt Ihr Euch bitte durch die Presse nicht durcheinanderbringen. Die Auslandspresse ist genauso falsch wie die unsere. Es stimmt einfach nichts mehr. So gibt es also auch draußen, oder außer uns, uns und Euch, nichts mehr, woran man sich halten kann...

Ich selbst bin natürlich vom Verlag gefressen, der jetzt besonders schwer zu steuern ist. Außerdem kann ich damit rechnen, daß ich noch eingezogen werde. Persönlich wäre mir das nicht unangenehm. Auf den Tod bin ich seit einigen Jahren eingestellt. Und ich möchte am Ende lieber in der Armee stehen – Du wirst verstehen weshalb. Das wäre noch ein Ende, bei dem man sauber bleiben kann. Denn das Ende mit Kommunismus liegt mir nicht, und ich glaube, daß dies die andere Alternative sein wird: das Geschenk der Russen an uns. Aber ich darf Mirls wegen doch nichts dazu tun, daß ich wegkomme. Sie hält sich ganz großartig; aber sie ist doch eigentlich solchen Zeiten nicht gewachsen. Ich mache mir große Sorgen ihretwegen. Daß sie sich von innen her verzehrt...

Carlchen – ich fühle immer mehr, daß ich Euch doch nichts erzählen kann. Aber gegrüßt haben wollte ich Euch. Und Mirls Grüße sagen. Innigste Grüße.

Denkt zuweilen an uns, aber führt ein gutes Leben mit heißen Herzen. Seid gegrüßt und umarmt. Sorgt Euch nicht. Das hat alles keinen Wert.

Dein Peter.«

Dem Brief lag noch ein Blatt bei, in dem er mir von meinen Eltern berichtete, die bislang noch vom Krieg unberührt in Mainz lebten, und mir zusicherte, daß er sich, sollte es zu Notständen kommen, stets um sie kümmern und bemühen werde.

Von den Eltern konnten wir nur selten, über einen Freund in der Schweiz, Nachricht bekommen. Solche Briefe von drüben, so froh man über jedes Lebenszeichen war, zerrissen uns das Herz. Am liebsten wäre ich dort gewesen, hätte das Schicksal meiner Freunde geteilt.

Statt dessen mußte ich, mitten aus meiner ersten Hollywood-Check-Fron heraus, aber weiterhin unter Vertrag, nach New York, um unsere endgültige Einwanderung zu betreiben. Zu diesem Zweck mußte man noch einmal aus den Vereinigten Staaten heraus, um sie dann mit einem legalen Quotavisum wieder zu betreten. Wir waren der Eile halber auf Besuchervisum gekommen, und ich war nach legalen Gesichtspunkten nicht berechtigt, in Amerika eine bezahlte Arbeit anzunehmen. In Hollywood machte man Ausnahmen, aber nicht auf die Dauer. Jetzt lernten wir zum erstenmal New York von seiner ›rauhen Seite‹ kennen. Man rannte von Amt zu Amt, stand in einer Menschenschlange vor Konsulaten. Man geriet an bösartige Polizeibeamte, die einen beim Nehmen der Fingerabdrücke wie einen Verbrecher behandelten, anbrüllten, auf die ›verdammten Fremden‹ schimpften, mit ihrer Bewunderung für den ›starken Mann‹ Hitler und ihrer Verachtung für die von ihm Exilierten nicht zurückhielten: auch das gab es hier. Solchen Leuten machten die Empfehlungen, die ich von Thomas Mann bis Hemingway, von Dorothy Thompson bis Marlene Dietrich, von Thornton Wilder bis Einstein zur Verfügung hatte, keinen Eindruck; die meisten, mit Ausnahme der Dietrich, waren ihnen unbekannt. Hier war man ein trüber Fleck in einer trüben Masse, halb schon zum Nichts, zur Null geworden. Hast, Herumhetzen, quälende Ungewißheit. Schließlich gelang es uns, die Einwanderung über Kuba zu vollziehen – auch das war ein Glücksspiel –, bis zum letzten Moment wußten wir nicht, ob wir durchkommen oder mittellos in Havanna, damals dem beliebtesten Ausflugsort für amerikanische Luxusreisende und eine Stätte des Elends für Flüchtlinge, hängenbleiben würden.

Wir kamen durch, um jene Haaresbreite, die wir so oft in dieser Zeit als Realität begreifen lernten. Ich mußte nach Hollywood zurück, um meine Arbeit fortzusetzen. Die Töchter kamen in Landschulheimen unter, die ihnen Freistellen gewährten, Michaela in Connecticut, Winnetou bei dem tapferen Ehepaar Gertrud und Max Bondy, die schon in Deutschland ein bekanntes Landschulheim geleitet und nun mit Dorothy Thompsons

Beistand, den wir ihnen vermitteln konnten, eine neue, fortschrittliche Schule in Vermont gegründet hatten.

Meine Frau begleitete mich nach dem Westen. Viertägige Bahnfahrt, durch ganz Florida zuerst, dann ein Aufenthalt in New Orleans, wir sahen die alte Franzosenstadt, standen an der seebreiten Mündung des Mississippi, der eine träge gelbliche Flut ins Meer wälzt, sahen die graugrünen Flechten, das ›Spanish Moss‹, von riesigen Bäumen wehen, deren Stämme im Sumpfwasser stehen. Weiter durch Texas, New Mexico, Arizona, phantastische Ausblicke durch die Zugfenster auf endlose Steppen, auf die grotesken Felspyramiden und baumhohen Kaktusgewächse der Ödländer, über Schluchten, auf ferne Bergzüge hin. In Yuma, am lehmigen Colorado-Fluß, wo der Zug hielt, saßen schwere, massige Indianerfrauen an den Gleisen entlang, um ›Souvenirs‹ zu verkaufen, hauptsächlich Amulette in Gestalt von Kaninchenpfoten, mit kleinen Türkisperlen besetzt. Sie boten sie nicht feil, hoben kaum die Hände, um das Geld zu empfangen, lächelten nicht, schauten nicht auf. Sie machten den Eindruck einer unmenschlichen Traurigkeit. Meine Frau fuhr weiter bis San Francisco, wo wir Freunde hatten und das Leben für sie allein weniger kostspielig war, als es für uns gemeinsam in Hollywood gewesen wäre. Ich bezog wieder mein Hotelzimmer und mein verchromtes Büro im Schreiberhaus. Ich wollte die Arbeit, die ich übernommen hatte, zu Ende führen, noch ein paar Checks kassieren, etwas Geld sparen und dann wohin? Es lag alles im Dunkel. Nur daß ich hier nicht bleiben wollte, war mir gewiß. Ich suchte, wie ein frisch eingefangener Vogel, verzweifelt nach einer Lücke zwischen den Gitterstäben. Da kam mir die höchste Gewalt, nämlich das Studio, die Filmfirma selber, zu Hilfe. Ich arbeitete an einem interessanten Stoff, der mich ernsthaft beschäftigte: einer geplanten Verfilmung des Romans ›Der Streit um den Sergeanten Grischa‹ von Arnold Zweig. Das Buch erzählt die Geschichte eines russischen Bauern und Soldaten, der im Ersten Weltkrieg fälschlich in den Verdacht der Spionage oder Sabotage gerät und, obwohl niemand an seine Schuld glaubt und er der Liebling seiner Bewachungsmannschaft wird, zwischen den Mahlsteinen einer unter sich zerstrittenen Bürokratie zugrunde geht.

Mitten aus dieser Arbeit heraus wurde ich in einen Vorführraum gerufen, in dem man mir – ohne daß ich wußte, weshalb – einen recht lächerlichen alten Don-Juan-Streifen aus der Stummfilmzeit zeigte, und dann ins Büro des Studio-Gewaltigen, Hal Wallis. Den ›Grischa‹, sagte er mir, indem er mir eine Zigarre und ein Glas Whisky anbot, möchte ich vergessen, man habe sich entschlossen, den Stoff aus politischen Gründen abzusetzen. (Die Russen führten damals ihren Krieg gegen Finnland, das durch pünktliche Zahlung seiner Staatsschulden in Amerika ein besonderes Ansehen genoß: in allen Radios hörte man nur noch Musik von Sibelius. Da schien es nicht am Platze, einen Film mit der Hauptfigur eines ›sympathischen Russen‹ herauszubringen.) Statt dessen solle ich einen Don-Juan-Film für Errol Flynn schreiben, romantisch, melodramatisch, mit recht viel Zweikampf- und Liebeshandlung und Renaissance-Milieu, Florénz, die Medici... Ich wandte ein, daß die Don-Juan-Legende in Spanien und nicht in Florenz beheimatet sei. Das sei ganz gleich, wurde mir bedeutet, die Medici (er meinte die Borgia) seien attraktiv, der Höhepunkt müsse eine Affäre Don Juans mit der berühmten schönen Giftmischerin sein, und so etwas wäre doch für einen europäischen Autor das Geeignete. Ja oder nein? Ich möchte ihm bis morgen meine Entscheidung mitteilen. Mit einer zweiten Zigarre und nach einem zweiten Glas Whisky war ich entlassen.

Am Abend traf ich den Regisseur Fritz Lang, erzählte ihm die Geschichte und sagte ihm, ich sei entschlossen, diesen Stoff abzulehnen. Mit dem Grischa wäre ich gerade im besten Zug gewesen, auf eine solche triviale Kinderei könne ich mich nicht umstellen. Denn es sei ja ganz klar, daß man weder einen balladesk-poetischen noch einen Mozart-Don-Juan von mir wolle, auch kein Märchen, sondern einen gigantischen Kintopp-Schmarren, dazu hätte ich weder Lust noch Talent. Fritz Lang, der es gut mit mir meinte, war entsetzt. In Hollywood sagt man nicht nein, niemals, ganz gleich, was von einem verlangt wird.

Eine Ablehnung bedeutet Hinausschmiß. Und was könne mir Besseres passieren als dieses Angebot? Damit würde ich jahrelang zu tun haben, ein so kostspieliger Kostümfilm käme nicht so rasch zustande, ich könne damit meine ganze Vertragszeit abdienen, die von Jahr zu Jahr eine Erhöhung des Wochen-Checks vorsah, ich solle mir ein hübsches Haus mieten und ein Filippino-Ehepaar zur Bedienung und einen Wagen auf Abzahlung kaufen und meine Familie herholen und ›happy‹ sein, außerdem hätte ich ja drei Urlaubsmonate im Jahr, in denen ich dann meine eigenen Arbeiten schreiben könne, ich solle vernünftig sein und um Gottes willen ja sagen, sonst sei ich in Hollywood erledigt.

Das aber war es, was ich erstrebte. Ich wußte, daß ich hier bequem leben könne, aber auf Kosten meiner inneren Unabhängigkeit und meiner Produktivität. Daß die drei Urlaubsmonate, nach neun Monaten der Verstumpfung, niemals zu richtiger, freier Arbeit, zu einer Werkvollendung führen könnten, zeigten mir die Beispiele ringsumher. Ich fühlte, daß ich in diesem goldenen Käfig eingehen würde: jetzt sah ich die Lücke zwischen den Gitterstäben. Am nächsten Morgen lehnte ich den Don-Juan-Auftrag ab. Am Montag danach fand ich auf meinem Nobelschreibtisch den berühmten ›pink slip‹, den vorgedruckten rosa Zettel, der das Schreckgespenst aller dort um ihr Leben Fronenden bedeutet. Er enthält die lakonische Kündigung mit Ende der laufenden Woche. Für mich war er die Erlösung. Ich kassierte meinen letzten Check und ging mich besaufen.

Auch meine Frau war glücklich, daß ich mich von Hollywood losgemacht hatte, bevor es mich hätte verschlingen und meinen Lebensnerv lähmen können. Wir waren hinübergekommen, um frei zu sein. Wie wir uns das erkämpfen würden, wußten wir nicht. Aber alles war besser, als sich freiwillig einem saturierten Absterben hinzugeben. Dazu war man den Vernichtungslagern der Nazis nicht entronnen.

Es war die Weihnachtswoche. Ich sah Hollywood noch einmal in seinem ganzen Graus. Künstliche Christbäume mit elektrischen Kerzen in allen erdenklichen Farben, hauptsächlich rosa, orangen und silberblau, standen vor allen Häusern. Im Beverly Hill's Hotel wurde eine Advent-Party gegeben, zu der ich eingeladen war: Man hatte künstlichen Schnee auf eine Rutschbahn geschüttet und fuhr, in Badehosen, die Damen in Seidentrikots, auf Skiern herunter, direkt ins Cocktail-Zelt. In allen Gärten blühten riesige grellrote Christrosen. Mir war übel vom Hinschauen. Ich nahm Abschied von den Freunden und fuhr nach San Francisco zu meiner Frau.

Wer Hollywood kennt, der weiß (und wer es nicht kennt, soll wissen), daß dies eine völlig subjektive Darstellung ist. Das persönliche Erlebnis, die Eindrücke, der Entschluß eines einzelnen, für den dort kein bekömmliches Klima herrschte. Eine Verallgemeinerung, ein Urteil, läßt sich daraus nicht ableiten und wäre ungerecht. Vielen anderen hat diese abartige Simultanwelt aus künstlichen und künstlerischen Fragmenten, aus Geschäft und Phantasie, aus Leerlauf, Betriebsamkeit und hohem Ehrgeiz über die schwersten Jahre hinweggeholfen und sie am Leben erhalten. Viele großartige Erzeugnisse, man darf getrost von Kunstwerken sprechen, wurden und werden dort geschaffen – damals in hartnäckigem Kampf mit der Monster-Industrie, heute mehr von wagemutigen, unabhängigen Produzenten. Doch braucht es dazu eine Überzeugung: daß man den Film als seine entscheidende Lebensaufgabe betrachtet, eine vollständige Hingabe an dieses Medium, an die guten und schlechten Seiten des Produktionsbetriebes, ja eine Besessenheit von diesem Metier – oder aber, um dort eine friedliche und menschenähnliche Existenz zu führen, eine Resignation, die sich mit den technischen Hilfsaufgaben begnügt. Beides kam für mich nicht in Frage.

Wir verlebten die Weihnachtstage in San Francisco – einer der schönsten Städte Amerikas, auf vielen Hügeln gebaut, zwischen Meer, Vorgebirge und Bucht gelegen –, in der es damals noch die pittoreske alte ›China-Town‹, das ›International Settlement‹ mit den originalen Kneipen aus der Goldgräber- und Pionier-Zeit, den bunten italienischen Fischerhafen gab. Es war die verlassenste, verlorenste Weihnachtszeit unseres Lebens. Meine

Frau hatte ein billiges Quartier gemietet, eine Krippe aufgebaut, ein paar Tannenzweige mit Lichtern besteckt. Am Heiligen Abend saßen wir in einem italienischen Kellerlokal und versuchten, nicht von zu Hause zu sprechen. Dann ging es zurück nach New York.

Dort bekam ich eine Anstellung durch Erwin Piscator, der in der von fortschrittlichen Amerikanern gegründeten und unterstützten ›New School for Social Research‹, auch ›Universität im Exil‹ genannt, einer Theaterschule vorstand, ›Dramatic Workshop‹ war das Wort dafür. Sie umfaßte von Schauspielunterricht, Szenenbildnerei, Bühnenmusik, Kostümkunde bis zur Dramaturgie alle Zweige der theatralischen Ausbildung. Ich sollte dort eine Vorlesungsreihe mit Diskussionen und Seminar übernehmen, für die ich mir das Thema ›Humor im Drama‹ gewählt hatte. Ich glaubte, davon etwas zu verstehen, doch machte ich bald die Entdeckung, daß es mir leichter gefallen wäre, ein halbes Dutzend Komödien zu schreiben, allerdings deutsche, als einen einzigen theoretischen Satz darüber hervorzubringen. Wenn ich an meine Antrittsvorlesung denke, bricht mir noch heute der Schweiß aus. Mühevoll verfaßte ich das Manuskript, und meine Übersetzerin, Elizabeth Norman-Hapgood, die Deutsch und Russisch wie ihre Muttersprache beherrschte und alle Schriften Stanislawskis ins Englische übertragen hat, brauchte nicht weniger Mühe, meine Wort- und Satzbildung in ein halbwegs sprechbares Amerikanisch umzumodeln. Dann studierte sie mit mir die Aussprache und versah mein Manuskript mit allen möglichen Akzenten und Zinken fürs richtige Ablesen, so daß es ausschaute wie ein komplizierter altgriechischer Dichtertext, über den jemand das Versmaß gezeichnet hatte. Den Gedanken, es auswendig zu lernen, verwarf ich, weil mir das papageienhaft erschien. Als ich mich dann zu diesem ersten, anderthalbstündigen Kolleg einfand, wurde mir von den amerikanischen Leitern der Schule, die meinem Jungfernauftritt beizuwohnen wünschten, bedeutet, keinesfalls ein Manuskript zu benutzen. Es sei hier üblich und werde von den Studenten erwartet, daß der Vortragende frei und zwanglos zu ihnen spreche. Die Worte ›frei‹ und ›zwanglos‹ haben seitdem eine fragwürdige Bedeutung für mich.

Aber die Studenten waren liebenswürdig und menschenfreundlich, sie taten so, als ob sie nicht merkten, wenn ich mich falsch ausdrückte, oder sie lachten bei besonders komischen Schnitzern auf eine Weise, daß ich selbst mitlachen konnte. Trotzdem war diese Tätigkeit eine Riesenplage. Einmal in der Woche mußte ich Vorlesung halten, hinterher wurden mir mit amerikanischer Freimütigkeit und Naivität die absurdesten Fragen gestellt, zweimal in der Woche hatte ich eine sogenannte ›Playwright-Class‹ zu leiten, ein Seminar für Leute, die das Stückeschreiben lernen wollten, hauptsächlich ehrgeizige Frauen. Auch hier wurden mir fürchterliche Fangfragen gestellt, denen ich hilflos gegenüberstand, zum Beispiel: Aus wieviel Worten muß eine gute ›Curtain-Line‹, der Satz eines Aktschlusses, bestehen; oder: Nach wieviel Minuten muß in einem Stück der ›love-‹ oder ›sex-interest‹ einsetzen, das Liebes- und Sexualmoment. Ich hatte nur zwei Schüler, mit denen ich überhaupt reden konnte, der eine war ein Neger, der es dann auch zum erfolgreichen Stückeschreiber gebracht hat, die andere eine enragierte Kommunistin, die ein auf marxistischer Dialektik aufgebautes Drama über den heiligen Paulus und das Urchristentum schreiben wollte. Ein Mann kam zu mir, der auf penetrante Weise nach Chemikalien roch, und wollte bei mir Privatstunden in Humor nehmen. Er war Apotheker und erklärte, die besten Ideen für Komödien zu haben, mit denen man Millionen verdienen könne, aber absolut keinen Humor. Wenn er seiner Frau beim Frühstück seine lustigsten Einfälle erzähle, verziehe sie keine Miene. Er habe gehört, ich hätte in Europa vor allem durch den Humor meiner Stücke Erfolg gehabt, das solle ich ihm nun beibringen, für fünf Dollar die Stunde. Obwohl die fünf Dollar verlockend waren, lehnte ich ab – sie waren für den Apothekergeruch zuwenig.

Auch war mir selbst der Humor fast ausgegangen. So etwa

am Zehnten jeden Monats hatte ich nur noch ganz wenig, am Letzten, an dem die Miete fällig war, gar keinen mehr. Die ›New School‹, die eine Menge von Ausländern beschäftigte, konnte nur sehr kleine Gehälter zahlen. Obwohl ich mich unablässig um Nebeneinnahmen bemühte, durch Aufsätze für Zeitschriften und dergleichen, die ich unter Qualen zustande brachte, hatten wir nie genug Geld. Meine Frau hatte ein hübsches kleines Apartment gefunden und mit Hilfe unserer Freunde Eleonora und Francesco von Mendelssohn, die damals noch ein Haus in einer Seitenstraße der oberen Fifth Avenue besaßen und uns ein paar Möbelstücke liehen, wohnlich eingerichtet. Die Fenster gingen auf den mächtigen Hudsonstrom hinaus, man sah den imposanten Bogen der George-Washington-Brücke und gegenüber die schroffen Felsklippen der ›Pallisades‹, die den Fluß wie eine steile Barriere abgrenzten. Ich konnte über die Brücke hinüber, an den Steilklippen entlang, dann nach Überquerung des Stroms mit einer Fähre durch den großangelegten ›Fort Tyron Park‹ zurück, stundenlang laufen. Weiter oben auf dem Fluß waren Hunderte von Schiffen aller Nationalitäten verankert, die des Kriegszustands wegen Amerika nicht verlassen durften. Ich sah im Winter über treibende Eisschollen weißköpfige Adler schweben, die sonst nur im Innern des Landes, in unbegangenem Gebirge hausen, und nach Fischen herabstoßen. Ich sah im Frühling, wenn bestimmte Fischsorten, vor allem der ›Shad‹, eine Spielart des Seebarschs, den Fluß hinaufschwimmen, um in seinem Oberlauf abzulaichen, die Fischer in schmalen Ruderbooten ihre Fangnetze spannen – nicht anders, wie man sie wohl gespannt hatte, als New York noch New-Amsterdam hieß. Der Hudson wurde mein Rhein, mein ›Old Man River‹, er besänftigte mein Herz, wenn sein scharfer Wasserduft nachts durch die offenen Fenster meines Schlafzimmers drang.

Aber die finanzielle Lage war katastrophal. Wir mußten nicht hungern, es gab die Geschäfte in der Nachbarschaft, bei denen man eine Monatsrechnung anstehen lassen konnte, und wir bewirteten immer unsere Freunde so, daß sie nicht auf den Gedanken an Not oder Armut kamen. Meine Frau, die in unserer guten

Zeit drüben keinen Kochlöffel angerührt hatte, einfach weil die Köchin das alles besser konnte, entwickelte sich zu einer Meisterin, Künstlerin europäischer Kochkunst. Dies hatte etwas mit dem Heimweh und seiner Überwindung zu tun. Wenn man so aß, wie man's zu Hause gewohnt war, dann war man nicht ganz von der Fremde verschlungen und verzehrt. Hans Jaray, der Wiener Schauspieler und Komödienautor, war zu Tränen gerührt, als er bei uns einen echten Tafelspitz, ›bröseliges‹ Rindfleisch mit eingebranntem Kohl bekam. Aber die Monatsrechnungen mußten bezahlt werden, jedesmal ein Griff an den Hals. Eine Zeitlang unterstützte uns der aus Italien emigrierte Professor Max Ascoli, der später Direktor der ›New School‹ wurde, aber auch damit kam man nur knapp über die Runden. Zu einer Fahrt in die Stadt konnten wir nicht mehr den schnelleren Autobus benutzen, der zehn Cents kostete, sondern einen immer überfüllten, der doppelt so lang brauchte, für fünf Cents. Wir konnten keinen Film und kein Theater mehr besuchen – Freikarten gibt es nicht in New York. Mit der Zeit wird das Leben in einer Stadt, die von einem Leben braust und vibriert, an dem man nicht teilhaben kann, demoralisierend. Meine Frau trug, jahrelang, die abgelegten Kleider von Dorothy Thompson, die sie sich zurechtschneiderte. Man fühlt sich herabgekommen und beschämt, wenn man seiner Frau kein Kleid, keine Schuhe mehr kaufen kann. Anderen ging es schlechter. Wir sahen die Emigranten, die mit Musterköfferchen treppauf, treppab rannten, um sich in einer fremden Sprache hinausschmeißen zu lassen. Daheim waren sie begüterte Kaufleute gewesen. Wir sahen die Frauen, die sich als Putzweiber verdingen mußten, damit ihr Mann, der drüben ein bekannter Arzt gewesen war, noch einmal sein Studium und alle Prüfungen nachholen konnte, wie es in Amerika verlangt wurde. Wir kannten alte Herren, die sich ihren schäbigen Unterhalt als Nachtwächter in einem Warenhaus verdienten. Wir hielten uns gerade noch eine Stufe über der Verelendung. Ich ließ mich von Fritz Kortner – der sich in dieser Zeit als einer der besten Freunde bewährte und auch Deutschland gegenüber immer eine gerechte, vornehme Gesinnung bewies – zu einer gemeinsamen dramatischen Arbeit verleiten, es schien ein Rettungsanker, aber es wurde ein Wechselbalg, der klang- und ruhmlos versank: ich konnte mich ebensowenig darauf einstellen, ›für den Broadway‹ zu schreiben wie für die Filmindustrie in Hollywood. Mit synthetischen Literaturerzeugnissen und künstlerischen Halbheiten, das wurde mir bei diesem Versuch endgültig klar, konnte ich weder zu innerer Befriedigung noch zu äußerem Erfolg gelangen. Es gab da für mich keine Hoffnung und keinen Kompromiß.

Dazu kam die Kriegslage in Europa, die immer deprimierender, immer trostloser wurde. Die trügerische Stille des ›Phoney War‹ hatte mit Blitz- und Donnerschlägen geendet. Norwegen und Dänemark, Holland und Belgien waren Hitler zum Opfer gefallen. Seine Armeen drangen in Frankreich vor, die Engländer mußten sich, soweit sie nicht aufgerieben wurden, fluchtartig übers Meer retten. Die deutschen Bomber zerschmetterten die Stadt Coventry, es war wie das Vorspiel zu einer möglichen Zerstörung Londons. Noch glaubte man an einen Gegenschlag durch die französische Armee, an eine feste Abwehrfront, wie es sie im Ersten Weltkrieg gegeben hatte. Jeden Morgen drehten wir das Radio an, um die letzten Nachrichten vom vergangenen Tag zu hören. Sie kamen über eine Reklamesendung, die immer zuerst mit den in anregendem Tonfall gesprochenen Worten begann:

»Better to have it and not to need it than to need it and not to have it« – »Besser du hast es und brauchst es nicht, als du brauchst es und hast es nicht!« – das war die Einladung zur rechtzeitigen Erwerbung eines Grabes auf dem idyllisch gelegenen King David's Friedhof, mit lieblicher Aussicht auf das Hudsontal, dem Hörer zur Beruhigung seiner Hinterbliebenen freundlichst empfohlen. Dann hörte man, daß Paris gefallen war.

Jede Aussicht auf Rückkehr schien für immer versperrt, und die Aussicht, die man in New York hatte, außer der von König Davids Friedhof, war trüb und düster.

Hier, im Bereich der fremden Sprache und Mentalität, gab es nicht, wie einst in Berlin, die Chance des Durchbruchs, des plötzlichen Umschwungs nach oben. Es konnte nicht besser, es konnte nur schlechter werden. Es gab keine Illusionen mehr. Man mußte aufgeben, um nicht zu versinken. Man mußte aufgeben und ganz neu beginnen.

»VOICI LES VERTS MONTS!« – »Da seht – die grünen Berge!« soll der französische Entdecker und Eroberer Samuel de Champlain ausgerufen haben, als er – im frühen siebzehnten Jahrhundert – in Begleitung eines katholischen Priesters, einiger indianischer Scouts und ›Coureurs de Bois‹ von Kanada über den nach ihm genannten großen See hinüberkam und als erster weißer Mann die endlosen Wellen der bewaldeten Hügel und Bergketten sah. Daher hat Vermont seinen Namen, und deshalb wird er auf der zweiten Silbe betont, nicht auf der ersten, wie es im Englischen korrekt wäre.

Trotz der Autostraßen, die das Land durchziehen, dann und wann einen Paß überqueren, aber hauptsächlich seinen Tälern und Flußläufen folgen, trotz einiger mittelgroßer Städte, die mit der Zeit entstanden sind, hat sich das Bild der ›Grünen Berge‹ bis heute nicht wesentlich verändert. Wenn man von unserer Farm, die auf einem grasigen Hügel zwischen den Wäldern lag, nur zehn Minuten auf einen anderen, etwas höher gelegenen Hügel ging, über Wiesen und offenes Weideland – wir nannten ihn ›die Alm‹ –, sah man von dort nichts als ein Meer von Waldgebirgen, die sich nach allen Himmelsrichtungen bis zum Horizont ausdehnten. Kein Haus war da zu sehen, obwohl man Hunderte von Meilen überblickte, auch nicht der Rauch von einem Haus – die nächsten Farmen lagen ebenso isoliert und waldversteckt wie die unsere. Nur im Vorfrühling stiegen aus den Wäldern in großen Distanzen vereinzelte dünne Rauchsäulen in den Himmel, die kamen von den abgelegenen Hütten der ›Zuckermacher‹, in denen um diese Jahreszeit Tag und Nacht große Feuer unter mächtigen Kesseln unterhalten werden, um den Saft des für das nordöstliche Amerika charakteristischen, in Europa unbekannten Zuckerahorns zu Sirup und Karamel einzukochen – einer der einträglichsten Erwerbszweige des Vermonter Waldfarmers. Da sah man fern im Norden die Kuppe des Mount Mansfield, der höchsten Erhebung des Landes, näher im Süden den runden Buckel des Mount Ascutney, Berggipfel zwischen tausend und fünfzehnhundert Metern. Die Farm lag etwa sechshundert Meter hoch, die umliegenden Hügel stiegen bis zu achthundert und tausend.

Der Himmel über dem welligen Waldland ist unendlich weit ausgespannt, wie er sonst nur über der offenen See oder über Steppen- und Heideland erscheint, die Luft von einer wunderbaren, kristallklaren Reinheit und Frische. Auch im heißen Sommer wird es nachts fast immer recht kühl. Der Atem der Wälder spendet einen reichen, schweren Tau, der in der Frühe wie geschmolzener Schnee auf den Wiesen liegt, das Gießen und Spritzen von Gärten oder Feldern ist fast unbekannt. Der Winter dauert fünf bis sechs Monate lang und begräbt das Land, oft bei sibirischen Kältegraden und schneidenden Nordwestwinden, unter einer Schneelast, wie sie nur mit der in unseren Hochgebirgen vergleichbar ist. Drei bis fünf Meter Schnee sind nach Sturmverwehungen keine Seltenheit, das Thermometer sinkt manchmal bis zu minus vierzig Grad Celsius. Dann, nach der Schmelze, treibt die durchtränkte Erde und die jählings ausbrechende Sonnenkraft alles Wachstum zu erstaunlicher Üppigkeit. Wald und Unterholz wuchern so dicht, daß ein Fußpfad, der nicht jedes Jahr neu gerodet wird, nach einem Sommer kaum noch zu finden ist. Wilde Beeren, Apfelbäume strotzen in Fruchtbarkeit. Wo im Winter armdicke Eiszapfen von der Dachrinne bis zum Erdgeschoß herabhingen, schwirren im Sommer die grünschillernden, rotbrüstigen Kolibris an den Blumen des Hausgartens. Mais und Getreide, Kürbisse, Tomaten und fast alle anderen Erdfrüchte gedeihen trotz der späten Pflanzzeit zu voller Reife. Der Boden ist hart und steinig, Graben und Pflügen ist eine schwere Last, erratische Blöcke und langgestreckte Felszüge, immer nordsüdlich gelagert, zeugen von den Gletscherwanderungen der Eiszeit, aber die Wiesen geben ein süßes, kräftiges Heu. Vermont ist ein ideales Land für Viehzucht und Ackerbau, aber alles in einer für amerikanische Verhältnisse kleinen Dimension; es gibt zwischen den Waldbergen keinen Raum für ausgedehnte Felder oder große Weiden. Der Farmer ist dort recht eigentlich noch ein Bauer, die Landwirtschaft nur in geringem Maße technisiert, das häufig steil auf- und absteigende Land macht die Arbeit mit Pferden oder Ochsen handlicher als mit Traktoren und Mähmaschinen. Gerade darin besteht für den Europäer, der ›aufs Land‹ will, der Reiz und die Anziehungskraft dieser Gegend, auch wenn sie dem kleinen Siedler wenig Aussicht auf materiellen Ertrag bietet.

Der kanadische Einstrom ist nicht nur unter den Wildtieren, von denen viele über die nahe Grenze wechseln, sondern auch unter der Bevölkerung immer noch lebendig. Namen wie Lamountain, Lafontaine, Bordeaux, Charland und ähnliche sind häufig, obwohl man sie längst amerikanisch ausspricht, doch es gibt Farmer, die sich untereinander noch im kanadischen Französisch mit seinem rollenden R unterhalten – und wenn es irgendwo um einen großen Waldschlag geht, kommen die Holzfäller durchweg aus dem französischen Kanada herüber und richten für einen Sommer mitten in der Wildnis, möglichst nah bei einer Quelle oder einem Bach, ihre ›Camps‹ aus primitiven Rindenhütten auf, nicht anders als vor zweihundert Jahren. Von Montag bis Freitag sind diese Leute solide, freundliche Waldarbeiter, mit denen man sich gern in ihrer Mittagspause unterhält oder abends eine Stunde ans Feuer setzt; von Freitag bis Montag ist es besser, ihnen nicht zu begegnen, denn dann vertrinkt ein Teil von ihnen seinen Wochenlohn und verwandelt sich in eine wüste Horde von unberechenbarer Wildheit.

Die einheimische Bevölkerung zeichnet sich durch einen auch für Amerika ungewöhnlichen Hang zu Freiheit, Eigenleben und Unabhängigkeit aus, der aus ihrer Geschichte und Tradition erwachsen ist. Das Land wurde erst im achtzehnten Jahrhundert planmäßig besiedelt, vorher gab es da nur vereinzelte Außenforts und Handelsposten. In der frühen Zeit hatte man sich gegen die Franzosen, die das Land schlucken wollten und unter deren Patronage die kanadischen Indianer zu Plünderungszügen und Brandschatzungen einfielen, zu wehren, dann gegen die

Engländer, welche die franzosischen Festungen am Lake Champlain übernommen hatten und Vermont für sich reklamierten. Kaum in einem anderen amerikanischen Gebiet wurde der Befreiungskrieg gegen die britischen Kolonialherrn mit solcher Erbitterung und Hartnäckigkeit geführt, und als man sich von diesen freigemacht hatte, begann ein ebenso leidenschaftlicher Freiheitskampf gegen die ›Yorker‹, den Staat New York, der dem Land seine eigene Staatshoheit verweigern wollte und Grundherrn mit Freibriefen für Siedlungs- und Bodenrechte einsetzte. Diese wurden von den ›Green Mountain Boys‹, einer Partisanengruppe, die vorher unter der Führung des legendären Ethan Allan, eines vermontischen Wilhelm Tell, gegen die Engländer gekämpft hatten, auf rauhe Weise vertrieben. Jahrelang haben die Vermonter nach der Befreiung Amerikas von der britischen Krone ihren eigenen Freiheitskampf für die Unabhängigkeit ihres Waldstaates geführt, der in manchen Zügen an den der Schweiz gegen ihre österreichischen Fronvögte erinnert: Es gab da sogar eine gemeinverbindliche Eidesformel, mit der sich die Vermonter auf Tod und Leben verschworen, ein einig Volk von Brüdern zu sein. Sie sind es geworden und geblieben. Im Jahre 1777 deklarierte sich Vermont als eigener, unabhängiger Staat, aber erst 1791 wurde Vermont als vierzehnter, damals letzter Staat in den Verband der amerikanischen Union aufgenommen. Noch heute wird ein Fremder dort leichter und freundlicher akzeptiert, wenn er aus einem fernen Land, ganz gleich ob Austria oder Australia, Österreich oder Australien, kommt, was man dort gern verwechselt, als einer aus New York, gegen das der alte Groll nie ganz abgestorben ist.

In seiner ersten Verfassung, 1777, deklarierte Vermont bereits die Abschaffung der Sklaverei und die Gleichberechtigung aller Rassen und Religionsbekenntnisse. Bei aller Strenge des Traditionsbewußtseins gab es dort immer dessen Sprengung durch persönliche Gedankenkühnheit. So hat jener Ethan Allan, in seiner Jugend ein ›Mann der langen Büchse‹, der den Briten das Fort Ticonderoga weggenommen hatte und nach seinem mißglückten Ansturm auf Montreal in harter Gefangenschaft nach

England verschleppt worden war, in seinen späteren Jahren unterm Einfluß der europäischen Aufklärung und der Französischen Revolution ein Buch geschrieben mit dem Titel: ›Vernunft – das einzige Orakel des Menschengeschlechts‹, das ihm den Bannfluch von allen puritanischen Kanzeln einbrachte. Im Bürgerkrieg gegen die Sklavenbarone der Südstaaten haben die Vermonter in großer Zahl mitgekämpft – es gibt fast keine eingesessene Farm, über deren Kamin nicht eines jener alten Gewehre mit rostigem Bajonett zur Erinnerung an einen Großvater oder -onkel, der dabei war, aufgehängt ist. Ich selbst habe noch zwei verharschte Männer mit langen weißen Haaren am Gedenktag den rituellen ›Reel‹ tanzen sehen, mit dem sie damals den Sieg feierten.

Was heute in Vermont, in dem es viele verlassene, langsam zerfallende und wieder vom Wald überwucherte Farmen gibt, noch auf seiner Heimstätte lebt, das sind die Nachkommen jener ursprünglichen Siedler, die zu eigensinnig und landverbunden waren, um den Aufbruch nach dem Westen, die große Völkerwanderung nach ›besseren Weidegründen‹, mitzumachen. Daher eignet diesen Leuten ein Zug von Starrsinn und Hartnäckigkeit, auch von Verkauztheit, der Europäern leichter verständlich ist als vielen Amerikanern. Ein sonderlich abgeschlossenes Volk mit einem schrulligen, oft etwas maliziösen Humor, nonkonformistisch bis in die Knochen, eigenwillig bis zur Eigenbrötelei, doch niemals ohne die natürliche Bindung in der Gemeinde, die selbstverständliche, phrasenlose Bereitschaft zu gegenseitiger Hilfe. Um einer der ihren zu werden, bedarf es keiner Formalitäten; jede Art von Anbiederung oder gar Bestechung wäre bei ihnen vergeblich. Um einer der Ihren zu werden, über kurz oder lang, braucht es nichts, als sich, in ihren Augen, wie einer der Ihren zu bewähren. Der stolze Sinn für Freiheit und Nachbarlichkeit hat sich bis in die junge Generation erhalten. Einem Vermonter, auch einem Stallbuben, kann man nichts befehlen, selbst wenn man ihn noch so gut bezahlt; er wird die beste Stellung aufgeben, wenn ihm das Dienstverhältnis nicht zusagt. Aber man kann sich auf ihn verlassen, sobald er den andern als

Freund empfindet, und er wird keine Zeit und Mühe scheuen, um einem Nachbarn Hilfe zu leisten, wenn er sie braucht – die alte Tugend der Hinterwäldler. Man kann mitten in der Nacht einen Farmer, den man kaum kennt, herausklopfen, wenn man mit seinem Wagen im Schnee steckengeblieben ist, er wird ohne Murren Ketten holen und seine Karre oder seine Gäule vorspannen, um ihn herauszuziehen; und er wäre verletzt, wenn man ihm dafür Geld anbieten wollte. Aber er wird ohne weiteres das gleiche von jedem anderen erwarten. Das alles haben wir erst gelernt und erfahren, als wir selbst Vermonter Waldfarmer geworden waren.

Im Frühjahr 1941 hatten wir uns endgültig entschlossen, die New Yorker Wohnung aufzugeben und das Wagnis des Farmerlebens zu beginnen. Wir hatten nicht die Illusion, daß dies ein Weg zum Wohlstand sei, aber er erschien uns als die letzte und einzige Möglichkeit, unser Dasein durch freie, selbstgewählte Arbeit zu fristen. Für mich empfand ich das als eine Rettung aus einer unwürdigen und ausweglosen Existenz, und ich kann fast sagen, daß es eine Lebensrettung wurde. Von den Härten des Alltags, der uns erwartete, hatten wir noch keine Vorstellung, aber wir wußten, daß wir dort finden würden, was uns nirgends anders mehr vergönnt war: ein Heim.

Zweimal waren wir, als Besucher und Sommergäste, in Vermont gewesen. Zu den wenigen ›Eingeborenen‹, die wir kennengelernt hatten, fühlten wir uns mehr hingezogen als zu den Städtern – Literaten, Journalisten, Politikern, Künstlern –, die in der Ferienzeit Dorothy Thompsons Haus umschwärmten.

Ich hatte in tagelangen Wanderungen, immer allein, nur von Dorothys großem zottigen Farmhund ›Bongo‹ begleitet, die Wälder durchstreift, die Tiere, Pflanzen und Gewässer kennengelernt. Ich wußte, wo der alte, kaum noch kenntliche ›Appalachian-Trail‹ zwischen vermoosten Felsen, durch Gestrüpp und Bachschluchten lief, auf dem die Indianer vom südwestlichen Georgia bis zum nordöstlichen Maine gezogen waren, ich kannte die heute noch ungefällten ›Späherbäume‹, riesige Nadelhölzer auf isolierten Kuppen, von deren Wipfeln sie das Land überschauten. Ich hatte in versteckten Teichen Biber bei ihrem Dammbau beobachtet, war in einem mannshoch verwachsenen Himbeerschlag einer großen Bärin mit zwei Jungen begegnet – keine sehr ratsame Begegnung, denn wenn man den Jungen zu nah kommt, werden die sonst scheuen und harmlosen Bären manchmal gefährlich. Mich lockten die Wälder und das Abenteuer ihrer Weglosigkeit (denn es gibt dort keine Wege für Spaziergänger, nur Nutzwege von Farm zu Farm, zu einer Weide, zu einem Holzschlag). Die Einsamkeit war für mich eine Schutzhülle, eine Zuflucht, ein Trost.

Von Landwirtschaft verstand ich nichts, aber ich war gewiß, daß ich das leichter erlernen könne als irgendeine technische Arbeit in der Stadt – es war die einzige praktische Tätigkeit, zu der ich ein gewisses Talent und vor allem Neigung verspürte. Ich war gesund und kräftig, und in Amerika ist es nichts Ungewöhnliches, daß jemand auch in reiferen Jahren mit einem Beruf beginnt, den er vorher nie ausgeübt hat. Warum sollte uns nicht gelingen, womit sich viele Menschen, die in der Krisenzeit um Vermögen und Stellung gekommen waren, am Leben erhalten hatten?

Unsere europäischen Freunde schüttelten den Kopf, aber die Amerikaner nickten uns aufmunternd zu. Ihnen, in deren Erbmasse immer noch der Geist der alten ›Pioneers‹ vorherrschend ist, erschien das als eine gute, tapfere und vernünftige Lösung. Natürlich brauchten wir, für den Anfang, etwas Kapital, wenn auch nur ein geringes. Eine amerikanische Freundin (nicht Dorothy Thompson, die jetzt mit der Rettung unzähliger Flüchtlinge aus dem kriegsüberschwemmten Europa in jeder Art, auch finanziell, überlastet war) bot uns aus eigener Initiative eine Anleihe an, ohne daß ich sie darum gebeten hätte – nur weil ihr unser Vorhaben gefiel. Der Verleger Alfred Harcourt, der mich in vieler Hinsicht, in seiner Originalität und menschlichen Einfachheit an den alten Samuel Fischer erinnerte, übernahm meinen unerfüllten Vertrag von der ›Viking Press‹ und zahlte mir noch einen anständigen Vorschuß dazu, obwohl er nicht annahm, daß ich mich zu einem amerikanischen Erfolgsautor entwickeln werde, sondern gleichfalls nur, weil ihm unser Vorhaben gefiel. Weil es ihn freute, daß ein in seinem Beruf erfolgloser Emigrant auf andere Weise versuchen wollte, in diesem Land Wurzeln zu schlagen: nämlich auf die ursprünglich amerikanische, mit seiner Hände Arbeit und ganz auf sich selbst gestellt.

So hatten wir gerade genug, knapp genug, um anzufangen, den geeigneten Platz zu suchen, den ersten Winter, in dem die Farm noch nichts eintragen konnte, zu überdauern, den ersten Grundstock von Farmtieren und die nötigsten Gerätschaften – diese größtenteils auf Abzahlung bei einem Versandhaus – anzuschaffen. Auch die Winterausrüstung, schweres Schuhwerk, Wollsachen, geflochtene Schneeschuhe und Skier, ohne die man oft nicht bis zur nächsten Straßenecke kam, wurde auf Abzahlung gekauft, deren Raten sich über zwei Jahre verteilten. Meine Frau fuhr in einem erstaunlich billig erworbenen, aber gleichfalls abzustotternden gebrauchten Wagen im Land umher, um sich Farmen anzusehen, die im Lokalblättchen, dem ›Vermont Standard‹, zur Verpachtung oder zum Verkauf annonciert waren. Immer kehrte sie ergebnislos zurück, die meisten waren zu teuer, hätten zu viel Einrichtungskosten erfordert oder waren ungünstig gelegen.

Ich ging eines Sommertags einen vergrasten Waldpfad entlang, etwa drei Meilen von dem kleinen Ort Barnard entfernt, nur um herauszufinden, wo er mich hinführen würde; plötzlich öffnete sich der Wald, ich sah einen großen Teich, der von einem aus dem Waldgelände herabfließenden Bach gespeist wurde, und dahinter, in geringer Entfernung auf einem freien Hügel gelegen, ein einsames Farmhaus mit altersgrauem Schindeldach und geschindelten Außenwänden, dessen Form und Proportionen mich entzückten. Es war, mit einer großen, angebauten Scheune, einem abseits stehenden, schon etwas baufälligen Stallgebäude und einer auf Steinsockeln errichteten Kornscheuer, die an die Stadel oder ›Mazots‹ im Wallis erinnerte, völlig zweckbedingt und gerade dadurch von einer eigenartigen, absichtslosen Schönheit. Man sah auf den ersten Blick, daß es unbewohnt war, die meisten Fenster mit Holzläden verschlossen, die steinerne Türschwelle vermoost, kein bebautes Feld, kein Vieh weit und breit.

Aber auf dem offenen Rasenstück zwischen einigen Ulmen und Eschen vor dem Haus, an dem der schmale Weg vorbei und dann wieder hügelab durch den Wald führte, war ein alter Mann damit beschäftigt, das hoch emporgewucherte Gras mit einer Sense zu mähen. Er war, wie sich dann herausstellte, erst sechzig, sah aber viel älter aus, mittelgroß, hager, glattrasiert, mit Glatze und wenigen grauen Haaren am Hinterkopf, schmalen Lippen und einer Drahtbrille vor den klaren, scharfblickenden Augen: Viele Vermonter Waldfarmer haben solche Gesichter, die auf den Fremden eher wirken wie die von Bahn- oder Postbeamten.

Sie könnten auch Ingenieure oder Buchhalter oder Glasermeister sein – etwas versponnene vielleicht –, aber sie sehen nicht aus, wie ein Filmschauspieler einen Mann am Rande der Wildnis darstellen würde. Nicht nach Romantik und Abenteuer. Eher nach den Feldsteinen des Vermonter Ackerbodens, nach den schmucklosen Holzfronten ihrer Puritanerkirchen. Solche Gesichter haben oft einen asketischen Zug, geprägt von einfacher, bedürfnisloser Lebensführung, die ihnen aber auch den Ausdruck einer gelassenen Selbstsicherheit verleiht, einer inneren Heiterkeit, mit etwas versteckter Ironie gesalzen.

Der Mann trug einen Overall aus verblichenem Leinen, der die Spuren vieler handwerklicher Tätigkeiten zeigte – Gras- und Erdflecken, ein wenig Ölfarbe, Baumharz –, mit langen Hosen, die Träger über die Schultern gezogen, darunter ein gestreiftes Hemd mit aufgekrempelten Ärmeln. Der Wetzstein für das Sensenblatt steckte in einer Außentasche, in der anderen ein kleiner Hammer zum Ausklopfen von Scharten. Ich sah, daß auf einem alten Sägebock neben der Scheunentür ein einfacher Straßenanzug mit weißem Hemd und Kragen lag, in dem er wohl hergekommen war. Er schaute mich an, ich schaute ihn an. Dann sagten wir beide: »How d'you do.« Denn hier war New-England, wo sich Fremde nicht mit ›Hello!‹, ›Hey‹ oder ›Howdy!‹ begrüßen.

»Haben Sie Durst?« fragte der Mann, da er wohl die Schweißtropfen auf meiner Stirn sah.

»Ja«, sagte ich.

»Kommen Sie herein«, sagte er, »trinken Sie. Es ist das beste Quellwasser im ganzen Land.«

Er öffnete eine Seitentür neben der Scheune, die direkt in die ebenerdige Küche führte. Das war ein riesiger, langgestreckter Raum, ich schätzte die Tragbalken der Decke auf mindestens zwanzig Meter und sah sofort, daß sie sehr alt sein müßten, noch mit der Hand behauen. Die Küche war völlig leer bis auf einen Holzstuhl und einen rußgeschwärzten Feuerherd, einen sogenannten Glenwood-Stove, der mit Holz oder Kohle geheizt werden kann. In der Ecke beim rückwärtigen Fenster kam ein gebogenes Bleirohr aus der Wand, aus dem ein starker, klarer Wasserstrahl floß, und in die Bohlen des Fußbodens war ein Faß eingelassen, in dem sich das Wasser wie in einem Becken sammelte und vermutlich durch ein anderes Rohr unter dem Boden wieder abströmte. Dies war, wie ich dann erfuhr, die einzige Wasserversorgung im Haus.

Er nahm eine große Porzellantasse, die an einem Haken neben dem Wasserrohr hing, spülte sie aus, ließ sie vollaufen und reichte sie mir. Dabei nahm sein Gesicht einen Ausdruck von Stolz an, wie wenn ein ›Encaveur‹, ein Weinbauer im Rhônetal oder im Waadtland, einen Besucher von seinem besten Jahrgang kosten ließe.

Ich trank – und ich glaubte ernstlich, glaube es heute noch, nie in meinem Leben ein so gutes, reines, erquickendes Wasser getrunken zu haben, erdkalt und waldesfrisch.

»Gute Quelle«, sagte der Mann, »hat mein Großvater gefaßt, dreihundert Fuß höher, im Wald droben. Hat genug Druck, läuft Sommer und Winter gleich stark.«

»Und kann das Faß nicht überlaufen«, fragte ich, »und die Küche überschwemmen, wenn sich einmal das Abflußrohr verstopft?«

Er lachte.

»Das verstopft sich nicht«, sagte er, »ist weit genug und im

Boden abgeschrägt, wie man's früher gemacht hat. Geht in einen Steinkanal, zehn Fuß tief, der nicht einfrieren kann, wenn es läuft.«

»Wie man's früher gemacht hat.« – »How they used to do in the olden days«, wie oft habe ich ihn das später noch sagen hören!

»Sie leben nicht hier?« fragte ich ihn.

»Nein«, sagte er, »aber ich hin hier geboren.«

Wieder war eine Art von bescheidenem Stolz in seiner Stimme, als spräche jemand von seinem Stammschloß, aber ich glaubte auch eine geheime Betrübnis herauszuhören. »Wollen Sie sich so ein altes Farmhaus ansehen?« fragte er. »Steht hier seit 1783. Hat sich nicht viel verändert.«

1783! Das war, für Amerika, frühes Mittelalter. Das Haus war, wie die meisten der alten Ansiedlungen, um einen gewaltigen, aus Natursteinen aufgemauerten ›chimney‹ herumgebaut, einen viereckigen Hauskamin und Rauchfang mit einem Durchmesser von vielen Metern, dessen Sockel tief unten im Keller stand und dessen breiter Schornstein oben aus dem Dach ragte. Er war der Abzug für drei offene Feuerstellen, und man konnte, wie sich später herausstellte, ohne weiteres noch zwei große Öfen daran anschließen. Die offenen ›fireplaces‹, wir würden ›Kamine‹ sagen, lagen in den drei Räumen, die es außer der Küche im Erdgeschoß gab.

Der größte Kamin, im Raum neben der Küche, schien mir ganz ungewöhnlich, ich hatte, auch in englischen oder schottischen Landhäusern, derartiges nie gesehen. Er war sehr hoch und wurde von einem einzigen, kolossalen Granitstein in seiner ganzen Breite überdacht, von dem man sich nicht vorstellen konnte, wie Männer ohne mechanisches Hebezeug ihn jemals auch nur bis zur Kniehöhe hatten aufstemmen können, und der Innenraum des Kamins hatte eine so geringe Tiefe, daß man nicht zwei Holzscheite nebeneinander, nur aufeinander legen konnte.

Ich fragte, ob dieser ›fireplace‹ nicht zu flach sei, um den Rauch abziehen zu lassen, ob der Rauch des Kamins, besonders bei seiner großen Öffnungsweite, nicht ins Zimmer schlagen müsse.

Wieder dieses kauzige, gutmütig-spöttische Lachen. »Die in der alten Zeit«, sagte der Mann, »die haben gewußt, wie man einen Abzug baut. Die haben das nicht berechnet, die haben's einfach gewußt. Wenn man den richtig heizt, riechen Sie den Rauch nicht einmal in der Stube. In meiner Kindheit, im Winter, haben wir alle hier geschlafen und in der kältesten Nacht nicht gefroren. Natürlich, einer muß immer aufstehen und nachlegen.« Mit diesem letzten Satz zeichnete er, noch bevor ich es ahnte, mein Schicksal für viele kommende Winter voraus.

Der Raum war noch viel größer als die Küche und mit noch viel längeren, handbehauenen Deckbalken versehen. Er hatte etwas Imposantes, Grandioses, wie eine Halle im Schloß Chillon, doch es ging ein freundliches, wohnliches Behagen von ihm aus, zumal er durch sechs Fenster Licht bekam. Er war völlig leer, bis auf einen gebrechlichen Schaukelstuhl und einen kleinen, wackligen Tisch. In einer Ecke sah ich eine Drahtmatratze, auf der eine Wolldecke und ein flaches Kissen ohne Überzug lagen. Ich dachte mir, daß der seltsame Mann auf diesem spartanischen Lager manchmal übernachten würde, und so war es auch. Ein paar altertümliche große Betten im Nebenraum waren unbenutzt.

Das ganze Haus, mit Ausnahme des Kaminbaus und des gewölbten Kellers, war aus Holz. Eine steile Holztreppe führte zu einem oberen Stockwerk hinauf, dessen Mitte von der mächtigen Steinpyramide des ›chimney‹ beherrscht war, es gab dort viel leeren Raum, aber nur ein einziges, von Wänden abgegrenztes Zimmer. »Wäre da droben nicht Platz für ein paar andere Zimmer?« fragte ich.

»Platz genug«, sagte der Mann, »haben sie nicht gebraucht.«

»Das ist ein schönes Haus«, sagte ich.

»Das schönste, das ich kenne«, sagte er.

Wir verließen das Haus durch die angebaute Scheune, die sehr geräumig war, ich dachte mir, daß man sie als Garage und Geräteraum benutzen und außerdem noch eine Unmenge Feuerholz da aufstapeln könne. An der Wand lehnten eine zweite Sense, ein

Spaten und eine Hacke, eine große und eine kleinere Axt, eine Säge, auch eine Angelrute, wie man sie zum Forellenfischen benutzt. Ein Schleifstein stand in der Ecke, der mit einer Handachse zu drehen war. Unter dem hohen Dach gab es einen Heuboden. Ich sah einen kleinen, nach außen an die Scheunenwand angebauten Raum, es war ein Holzabort mit zwei Sitzlöchern nebeneinander, wie man das in vielen alten Farmhäusern findet. In manchen gibt es noch ein drittes, kleineres Sitzloch in der gleichen Bank, für ein Kind, so daß die Familie in Notfällen nicht aufeinander zu warten braucht. Es hing dort eine Petroleumlampe, auch in der Küche hatte ich eine solche gesehen, und ein paar hölzerne Kerzenständer – sonst gab es keine Beleuchtungskörper im Haus.

Wir gingen in die Sonnenhelle hinaus, setzten uns auf die Steinstufe vor der Küchentür. Mich überkam ein kaum erklärliches Wohlbehagen, fast etwas wie Glücksgefühl, für das es keine andere Ursache gab als den Anblick der Landschaft, die das alte Haus umfriedete. Nach Osten stiegen die Wälder an, sie waren so dicht, als ob man sie gerodet hätte. Man sah viel Zuckerahorn, Roteichen, Eschen und Buchen, Weißbirken und gelbe Birken, deren Rinde eine bronzeglänzende Haut besitzt, dazwischen eingesprengt tiefdunkelgrüne Fichten- und Kiefernbestände. Auch nach den anderen Himmelsrichtungen schloß sich der Wald zu einem großen Rahmen. Dicke, alte Baumstämme und frisches Jungholz. Der leichte Mittagswind bewegte die Wipfel. Im Süden, fern, die blaue Kuppe des Mount Ascutney. Ein paar Vogelstimmen, das Murmeln des Bachs, der auf der anderen Seite des Wegs durch einen tiefen, umbuschten Einschnitt floß. Großer, weitgewölbter Himmel.

Der Mann zog ein Päckchen Zigarren aus der Tasche, bot mir eine an, wir rauchten.

»Wieviel Land gehört zu der Farm?« fragte ich dann.

Er zeichnete mit dem Finger den Horizont ab.

»Alles, was Sie da sehen. Hundertachtzig Acres. Nach rückwärts ein Stück offenes Land, wo wir früher die Felder und Weiden hatten, dann wieder Wald, bis zur Gulf-Road hinunter.«

Das war die ungepflasterte Fahrstraße von Woodstock nach Barnard, die dort durch einen ›Gulf‹, eine tief eingeschnittene Waldschlucht, führt.

»Das möchte ich gern einmal umgehen, dieses Gebiet«, sagte ich.

Er lachte.

»Dazu brauchen Sie mehr als drei Stunden«, sagte er, »wenn Sie ein guter Waldgänger sind. Viel Felsen und Unterholz.«

»Und das gehört alles Ihnen?«

»Ja«, sagte er, »mir allein. Ich habe zwar einen älteren Bruder, aber den hab' ich ausgekauft. Wollte das alte Ding selbst behalten.«

»Und warum betreiben Sie die Farm nicht mehr?«

Er brummte etwas vor sich hin und kniff die Lippen zusammen.

»Geschäft in Woodstock«, sagte er dann, »Frau, Kinder. Habe kaum etwas Zeit, um manchmal raufzukommen, bißchen Gras vor der Tür wegmähen, nachschauen, daß nichts verfällt.«

»Und der Teich drüben«, fragte ich, »der ist fast wie ein kleiner See, gehört der auch dazu?«

»Den haben wir vor fünfzig Jahren gemacht«, sagte er und hellte sich wieder auf, »Bach abgestaut, Steinmauer, Weidengeflecht, mit Lehm verstopft. Sieht jetzt aus, als wär's immer so gewesen.«

»Ja«, sagte ich, »es sieht aus wie ein Naturteich.«

»Voller Forellen«, sagte er, »aber ich fische nicht mit der Fliege. Nehme Heuschrecken, die zappeln auf dem Wasser, dann beißen sie besser.«

»Haben Sie je daran gedacht«, fragte ich nach einer Weile, »diesen Platz zu vermieten oder zu verpachten?«

Er schaute mich eine Zeitlang an, prüfend, auch etwas erstaunt. »Bis jetzt noch nicht«, sagte er dann langsam. »Aber ich könnte daran denken.«

Wir schwiegen wieder, ich begann nachzudenken.

»Ich suche eine solche Farm«, sagte ich, »aber es wird nicht gehen.«

»Warum?« fragte er.

»Nun – ich müßte oben noch zwei bis drei Zimmer haben. Und elektrischen Strom. Und ein Badezimmer mit Wasserklosett, eine Wasserleitung im Haus, einen Boiler für heißes Wasser. Ich habe eine Frau und zwei Töchter, die in ihren Ferien hier mit uns leben müßten. Ich denke daran, es mit Farmen zu versuchen. Da muß auch der Stall da hinten in Ordnung sein. Das kostet viel Geld, soviel habe ich nicht.«

Er schaute mit einem merkwürdig versonnenen Blick vor sich hin. »Sie kommen von drüben«, sagte er dann.

»Ja, ich bin geborener Deutscher und komme aus Österreich.«

»Haben Sie dort schon gefarmt?«

»Nein. Aber ich denke, ich könnte es lernen.«

Er kaute an seiner Zigarre.

»Die Kosten für die Einrichtung«, sagte er plötzlich, »würde ich übernehmen, wenn Sie mit mir einen Pachtvertrag machen wollen – sagen wir: auf zwei Jahre zunächst. Würde noch ein paar Öfen stellen und den Stall herrichten. Müßte auch Kanalisation gemacht werden, Sickergrube, für Bad und Klosett. Wann möchten Sie einziehen?« Er war auf einmal ganz lebhaft geworden.

»Am liebsten heute«, sagte ich. »Wieviel würden Sie für die Pacht verlangen?«

»Fünfzig Dollar im Monat«, sagte er, ohne nachzudenken, »dafür haben Sie das Haus und die Landnutzung, können auch im Wald Ihr Brennholz schlagen, ist genug da.«

Es verschlug mir für einen Augenblick die Sprache. Ein Pachtpreis von fünfzig Dollar im Monat, für dieses Haus und dieses große Gelände, war fast geschenkt, wenn der Besitzer auch noch die Installationskosten tragen wollte. »Wäre schön«, sagte er hoffnungsvoll, »wenn der alte Platz wieder bewohnt und bebaut würde. Habe nie daran gedacht. Wäre schön. Falls Sie es ernst meinen.«

»Ja«, sagte ich, »ich meine es ernst. Aber Sie kennen mich gar nicht...«

»Doch«, sagte er, »seit zehn Minuten, und Sie mich genauso lang.

Abgemacht?«

Er streckte mir die Hand hin, ich nahm sie, er schlug mit der Linken den Griff der beiden Hände durch.

»Abgemacht.«

»Und wann wollen wir Vertrag machen?« fragte ich. »Soll ich einen Notar verständigen?«

»Wozu?« sagte er. »Sie schreiben mir einen Brief, zwei Jahre, fünfzig Dollar im Monat, das genügt. Alles andere, wegen der Einrichtung, besprechen wir dann. Vielleicht kommen Sie mal nach Woodstock, nächster Tage, ich bin Joseph Ward, Eisenhandlung und landwirtschaftliche Maschinen, auch American Express Station, Maynes & Ward, Main-Street. Bin von acht bis zwölf und von zwei bis sechs immer da. Können jederzeit kommen.«

»Gern, Mister Ward«, sagte ich und nannte ihm meinen Namen.

»Komischer Name«, sagte er gutgelaunt.

»Soll ich Ihnen den Namen und meine Adresse in Barnard aufschreiben?«

»Nicht nötig. Werde ihn schon lernen, mit der Zeit. Ich sehe Sie dann in Woodstock.«

Wir schüttelten uns nochmals die Hände, ich ging.

Am übernächsten Tag saß ich mit meiner Frau, der ich vorher die Farm gezeigt hatte – als wir kamen, schöpften gerade zwei Hirsche aus dem Teich –, in Mister Wards mit allen möglichen Geräten, Werkzeugen, Farmzubehör vollgestopfter Eisenhandlung.

Als wir sie verließen, waren wir Pächter der ›Backwoods-Farm‹.

Backwoods-Farm. Der Hof hinter den Wäldern.

Mir ist, als hätte ich mein halbes Leben dort verbracht. Mir waren mancherlei Orte vertraut gewesen, ans Herz gewachsen –

die alte Stadt Mainz, die rheinhessischen Hügel, die Henndorfer Wiesmühl, das ländliche Gasthaus in Chardonne. Dieser war uns zugefallen wie ein Geschenk – von Mister Ward, vom Himmel, von allen guten Geistern –, und wir mußten ihn uns erobern wie keinen anderen zuvor oder später. Es war, als seien wir dort als Kinder ausgesetzt, noch unfähig, uns selbst zu ernähren, und es kam keine Wölfin und keine weiße Hindin, uns zu säugen.

Doch es kam Mister Ward, der in dieser Zeit unseres Lebens durchaus die Rolle des lieben Gottes spielte. Indem er half wie dieser, wenn Er helfen will – indem er verschwand und unsichtbar wurde wie dieser, wenn es Ihm richtig scheint, Seine Kinder allein zu lassen.

Zunächst kam er täglich und schuf uns das Heim, das wir erträumt hatten – nicht durch Zauberei oder durch ein Wunder, sondern durch eine kaum vorstellbare Arbeitsleistung. Die aber war für ihn Erholung, Sommerfrische. (Wir haben die Erfahrung gemacht, daß für die meisten Amerikaner Erholung, Sommerfrische, nicht darin besteht, kontemplativ zu leben, in der Sonne zu liegen, zu träumen, zwecklos spazierenzugehn wie für uns Europäer, sondern: etwas zu tun, sich praktisch, handwerklich zu betätigen, auch wenn sie es keineswegs nötig hätten, das harte Leben ihrer Vorväter für ein paar Wochen nachzuspielen – ein von dem unseren völlig verschiedenes Feriengefühl.)

Mister Ward hatte sich für den ganzen Monat August und noch für eine Septemberwoche von seinem Geschäft freigemacht – er hatte einen Partner und eine unverheiratete Schwester, die aushalf –, und er verbrachte diese ganze Zeit, seinen einzigen Urlaub im Jahr, damit, die Farm für uns bewohnbar zu machen. Wir selbst lebten noch in dem kleinen möblierten Häuschen in Barnard, das Dorothy Thompson schon früher für uns gemietet hatte. Jeden Tag lief ich den weiten Weg zur ›Backwoods-Farm‹, um – soweit ich das konnte – bei den Arbeiten mit anzupacken. Mister Ward war immer schon da, ganz gleich, wie früh ich am Morgen erschien – er hatte einen Mann dabei, der einen alten verbeulten Fordwagen besaß, dazu einen Wolfsrachen, aus dem kaum verständliche Heul- und Lalltöne erschallten, aber er war ein gelernter Klempner und ein Schul- oder Jugendfreund von Mister Ward, der immer nur mit solchen alten ›pals‹ arbeitete, selbst wenn sie – im Gegensatz zu seiner eigenen totalen Abstinenz – Säufer waren. Es verstand sich von selbst, daß solche alten Freunde von ihm nur einen Bruchteil des Arbeitslohnes verlangten, den er einem anderen Facharbeiter hätte zahlen müssen.

Mister Ward war bei aller Großzügigkeit und Generosität, die er uns gegenüber bewies, keineswegs ein Verschwender – er war in allen Dingen, auch in seiner eigenen Lebenshaltung, von einer peniblen Sparsamkeit. Sein Mittagsmahl bestand aus zwei zusammengeklappten Scheiben des üblichen vorgeschnittenen Weißbrots, wie man es drüben in Hüllen aus Wachspapier zu kaufen bekommt – nicht beim Bäcker, sondern von Fabriken geliefert in jedem Lebensmittelgeschäft. Aber ein besseres Brot von einer Spezialbäckerei, wie sie da und dort von Italienern, Deutschen, Russen betrieben werden, wäre ihm zu teuer gewesen und als Luxus erschienen. Zwischen diese Brotscheiben, die weich wie Watte waren und auch nicht mehr Nährwert besaßen, hatte er ›Peanut-Butter‹ gestrichen, ein gleichfalls sehr billiges und süßliches Geklebsel, das aus Erdnüssen hergestellt und von Kindern gerne verzehrt wird. Ein Apfel im Herbst war das Äußerste, was er sich an Zutat leistete, und dann eine billige Zigarre. Zum Trinken hatte er sein gutes Quellwasser und ließ sich höchstens einmal von meiner Frau zu einer Tasse Kaffee verleiten. Sonst wollte er nie an unseren Mahlzeiten teilnehmen, auch als es dann später in der Küche nach Paprikahuhn oder Schweinebraten (aus unserer eigenen Zucht) zu riechen begann. Dabei war er durchaus kein Vegetarier, aber er liebte die Enthaltsamkeit und fühlte sich wohler dabei.

Auch das mit der geringen Pacht war von ihm so berechnet, daß er dabei zwar nichts verdiente, aber auch nichts verlor. In zwei Jahren, für die ich mich zur Zahlung verpflichtet hatte – es wurden sechs daraus –, brachte das zwölfhundert Dollar, und sehr viel mehr brauchte er, bei den damaligen Materialpreisen, nicht hineinzustecken. Aber in diesem Punkt war er nicht kleinlich. Die Tatsache, daß da droben in seinem Geburtshaus wieder Menschen wohnten, die es schön fanden und liebten wie er, daß wieder Tiere in den Stall kommen sollten und Felder bebaut werden und Brennholz geschlagen, erfüllte ihn mit einer tiefen Befriedigung – vielleicht war es die größte Freude seiner älteren Tage, zumal er sich selbst dann immer etwas in seiner alten Heimstatt zu schaffen machen konnte. Die Röhren für die Wasserleitung nahm er aus seinem eigenen Geschäft, sie waren um einen Zentimeter zu eng, und es machte mir in der Winterszeit, besonders in der Nordwestecke des Hauses, wo sie durch einen Hohlraum zwischen zwei Wänden gelegt waren, viel Mühe, sie vorm Einfrieren zu bewahren; auch die beiden großen Eisenöfen kamen aus seiner Handlung, ebenso der Tank und das Abflußrohr für die Kanalisation. Dieses war nun wieder zu weit: ein unförmiger, schwarzgestrichener Rohrkoloß, den er vom oberen Stock an der Innenwand des schönen großen Wohnraums herunterführte, direkt gegenüber dem prächtigen alten Steinkamin. Wir waren ganz entsetzt, als wir das sahen, denn es verschandelte den Raum, aber meine Frau hatte sofort die Idee, mit ein paar dunkelgestrichenen Brettern eine Art Bibliothek drum herum zu bauen, in der wir alles, was wir an Büchern besaßen und ergattern konnten, aufstellten, so daß der Anblick des Raumes gerettet war. Badewanne und Wasserspülungsklosett verschaffte ihm sein Klempner-Freund mit dem Wolfsrachen zu ermäßigten Preisen, und die elektrische Stromleitung, auch der Telefon-Anschluß, zunächst das größte Problem, ließen sich – obwohl dies eigentlich gegen die Vorschriften war – an den Masten einer in der Nähe vorbeiführenden Telegraphenleitung anbringen (auch die Elektriker und Telegraphen waren alte ›pals‹, Kumpels, von Mister Ward), so daß wir nur noch zwei Masten dazu aufstellen mußten: das Holz kam aus seinen eigenen, jetzt unseren, Waldbeständen.

Außer dem Wolfsrachen hatten wir für die ganze Einrichtung, auch für das Einziehen der Zimmerwände im oberen Stock, die Reparatur des Stalldachs und so weiter, keine Hilfe. Wir arbeiteten mit Spitzhacke, Säge, Hammer und Axt – auch ich, der ich früher nicht einen Nagel hätte gerade einschlagen können –, und wir hatten bei aller Mühe und Plage viel Spaß dabei. Denn Mister Ward war, trotz seiner Temperenz und Sittenstrenge, mitnichten ein langweiliger Mensch. Er hatte Humor, er erzählte, wenn man abends nach der Arbeit auf der Hausstufe saß, gern amüsante Geschichten, auch ernste, auch tragische, aus den ›alten Tagen‹ und aus der Welt des heutigen Farmerlebens, er kannte jedes Haus, jede Familie im Umkreis von fünfzig Meilen, auch die Schicksale solcher Häuser, von denen nur noch mit Dornicht überwucherte Kellerhöhlen in der Wildnis bestanden, und solcher Geschlechter, deren Namen nur auf den schlichten Grabsteinen der im Land verstreuten offenen Hausfriedhöfe zu finden waren. Die schwere körperliche Arbeit, in der er von früh bis spät unermüdlich war, schien sein Lebensgefühl zu steigern, obwohl er dabei immer magerer und hagerer wurde. Die fast einhundertsechzig Jahre alte Steinpyramide des ›chimney‹ war so gewaltig und solide gebaut, daß wir im oberen Stockwerk, ohne dem Kaminabzug Schaden zu tun, mehr als einen Meter des harten Gemäuers weghacken konnten, um Platz für den großen Eisenofen zu schaffen, der dann sämtliche Räume, das Bad und vier kleine Schlafzimmer, mit Wärme versorgen mußte. Es war eine bestialische Arbeit, von der ich mir nie vorstellen konnte, daß sie jemals fertig würde – wir vernagelten neue Wände, sägten Türen aus, brachten Scharniere an, setzten Fenster ein, und es gab täglich etwas anderes, woran man noch nicht gedacht hatte. Dieses ›Do-it-Yourself‹ ist heute ein gewisser Sport geworden, wozu die Warenhäuser präfabriziertes Material liefern. Für den Farmer im abgelegenen Bergwald war es eine nackte Notwendigkeit – nicht nur in den ›alten Tagen‹. Hätte man warten wollen, bis da ein Handwerker hinaufkam, um eine vom Sturm abgerissene Stalltür, ein zerbrochenes Fenster, einen Schaden am Ofenrohr oder an der Wasserspülung zu reparieren, so wären die Tiere im Stall und man selbst längst erfroren und verkommen. Meine Frau wurde Spezialistin in der Klosettreparatur und führte später noch, besonders während der ersten Nachkriegsjahre in Deutschland, immer ein Werkzeugtäschchen in ihrem Gepäck, womit sie an einem Ostersonntag in Hamburgs bestem Hotel, zum Entsetzen des Zimmermädchens, auf der Brille stehend die unablässig rauschende Spülung instandsetzte. Ich hatte, nicht nur während der ersten Zeit, sondern in all den Jahren auf der Farm, immer blutige Finger, schmerzende Muskeln, die oder jene kleinere Verletzung und sank abends todmüde ins Bett, um dann im Winter mitten in der Nacht wieder aufzustehn und die Öfen nachzuheizen – nicht so sehr um unserer eigenen Erwärmung willen, sondern um die Wasserröhren vorm Einfrieren zu schützen, die wir ohnehin im Herbst mit Isolationsstoff und Wolle umwinden mußten, so daß sie aussahen wie die Gliedmaßen frisch Verletzter in Notverbänden.

Abends todmüde ins Bett – morgens in aller Frühe an die Arbeit, auf die man alle Gedankenkraft konzentrieren mußte, um sie zu bewältigen, um durchzukommen, um zu überleben – es war das Beste, was man sich in dieser Zeit wünschen konnte. Denn es war Kriegszeit, und man wußte nicht, wie sie enden werde, man wußte nichts von den Eltern und den Freunden in der Heimat – man wußte nur, daß täglich Menschen getötet wurden, Unerträgliches erleiden mußten und daß die Welt einer immer tieferen Verfinsterung erlag. Schmerzten mir auch der Rücken vom Holzhacken und die Hände vom Melken, so tat ich das alles doch als freier Mann, um des Lebens willen! – eines Lebens, das mir einen ungeahnten Zustrom an Erfahrung und Anschauung schenkte.

In der ersten Septemberwoche des Jahres 1941 bezogen wir die Farm. Wir hatten in New York von einem deutschen Emigranten, der auf komfortablere Weise hatte auswandern können als wir, ein paar prächtige alte Möbelstücke erstanden – für wenig Geld, da er keine Verwendung dafür hatte –, darunter der Refektorientisch eines elsässischen Klosters, der genau in einen der unteren Farmräume paßte, einen großen dunklen Renaissanceschrank, darin die gesamte Hauswäsche Platz fand, und einen bayerischen Bauerntisch mit langgestreckter Platte, an dem ich wunderbar hätte arbeiten können, wenn ich dazu gekommen wäre. Mister Ward, irischer Abkunft und Vorsteher der katholischen Gemeinde in Woodstock, dem zentralen Einkaufsort für alle umliegenden Farmen und kleinen Gemeinden, lieh uns die alten, holzgedrechselten Bänke, die man aus der Pfarrkirche ›St. Mary of the Snows‹ entfernt hatte, um sie durch unschöne Fabrikationsprodukte zu ersetzen. Ich schlief auf einem schmalen Bettgestell, unter vielen Wolldecken, auf dem ich mich kaum umdrehen konnte, aber ich schlief fest und tief, fast ohne Träume. Meine Frau schlief in einem jener mächtigen Holzbetten, in dem die früheren Farmersfrauen geschlafen hatten, geboren hatten, gestorben waren.

An einem Septemberabend, an dem er uns tagsüber beim Möbelschleppen geholfen hatte – es war einer jener durchdringend klaren, sprühenden Vorherbsttage gewesen, wie sie in Vermont häufig sind –, stand er mit mir bei einbrechender Dunkelheit auf der Hügelkuppe neben dem Haus, und wir beobachteten, wie sich aus einem grünlich flackernden Halbkreis am Himmel ein gewaltiges Nordlicht gebar – eine Vielzahl von Nordlichtern, deren gebündelte Strahlen teils wie die Streifen von Scheinwerfern, teils wie das Wehen und Fluten einer ungeheuren, bleichen Feuersbrunst nach allen Richtungen übers Firmament zuckten.

Nordlichter sind in dieser Gegend nicht selten, zu bestimmten Jahreszeiten alltäglich. Dieses aber, das man im ganzen östlichen Amerika sehen konnte – auch mein Freund Schiebelhuth beobachtete es um dieselbe Stunde in Long Island –, hatte etwas völlig Ungewöhnliches, gleichsam Übernatürliches.

»Habe in meinem Leben nie so ein Nordlicht gesehen«, sagte Mister Ward, und er fügte, sonst jedem Aberglauben abhold, nachdenklich hinzu: »Hat vielleicht etwas zu bedeuten. Sieht wie ein Vorzeichen aus.«

Ich mußte an das Nordlicht denken, das im Februar 1938 vor dem Ende Österreichs dort erschienen war. Was für ein Ende – oder was für ein Anfang – stand jetzt bevor?

Zu Beginn dieses Sommers, am 22. Juni, waren die Truppen Hitlers in Rußland eingefallen. Fast alle unsere Bekannten, Dorothy Thompson und ihr Kreis, auch meine Frau, waren überzeugt, daß dies für Hitler der Anfang vom Ende sei, daß er sich in der russischen Weite totsiegen werde. Ich bezweifelte das. Ich hatte einen schwer zu erschütternden Glauben in die Voraussicht und Klugheit des deutschen Generalstabs. Ich konnte mir nicht denken, daß diese durchtrainierten Gehirne, diese strategisch und taktisch geschulten Köpfe, sich – nach der Erfahrung von 1914/18 – auf einen Zweifrontenkrieg einlassen würden, wenn sie nicht sicher seien, ihn mit ihrer Blitztechnik, durch die Überlegenheit ihrer Panzer- und Luftwaffen, siegreich durchführen zu können. Ich konnte mir nicht vorstellen, daß diese Männer einem besessenen Abenteurer und seiner ›Intuition‹ hörig geworden seien. Das Schicksal Napoleons schien mir für den Ausgang eines modernen Feldzugs nichts zu beweisen. Ich sah die Ohnmacht Englands, das allein nicht daran denken konnte, den europäischen Kontinent wieder zu erobern und eine ernste Gefahr in Hitlers Rücken zu werden, wenn er gegen Moskau vorstieß. Man wußte von der mangelnden Rüstung und von der Kriegsunwilligkeit Amerikas. Ich hielt es für wahrscheinlich, daß es zum Ende Rußlands kommen werde, wie es zum Ende Frankreichs gekommen war. Daß es keine Macht mehr gäbe, die dem Siegeslauf Hitlers Einhalt gebieten könne. Ich hatte unrecht. Aber diese Gedanken, die ich selbst in meiner nächsten Umgebung kaum aussprechen durfte, verdüsterten und beschwerten mich. Und der Konflikt, die Niederlage des eigenen Volkes wünschen zu müssen, damit es von seiner Tyrannei befreit werde, erfüllte mich mit Verzweiflung. Ich wünschte den Untergang Hitlers und seiner Schreckensherrschaft, aber kein zerstörtes, niedergeworfenes Deutschland. Doch wurde es immer deutlicher, daß das eine ohne das andere kaum denkbar sei. Ich fühlte mich in einem Zwiespalt verstrickt, von dem ich mich nicht befreien konnte. Und die Möglichkeit, diese Befreiung in einer dichterischen Arbeit, durch die Katharsis der Tragödie zu versuchen, war mir noch nicht erschienen. Ich hatte aufgehört, ans Schreiben zu denken, und wenn ich es tat, dann mit Abscheu und Widerwillen. Desto leidenschaftlicher warf ich mich in alle die vielfältigen Aufgaben und Abenteuer, die das Leben auf der ›Backwoods-Farm‹ mit sich brachte. Ich konnte darüber nichts vergessen, aber ich konnte, was mir in der Stadt unmöglich gewesen wäre, durch das tätige Leben, durch die lebendige Berührung mit der Natur, die Wolken der Verzweiflung zerstreuen, den Tiefdruck der Seele überwinden. Mich begleiteten durch diese Jahre zwei Sätze, ein unerbittlicher, ein aufrichtender, des Predigers Salomo: »Es ist alles ganz eitel und ein Haschen nach Wind.« Der andere: »Wo Leben ist, da ist Hoffnung.«

Die ersten zwei Jahre nach unserem Einzug habe ich die Farm nicht einen Tag verlassen, höchstens einmal für ein paar Stunden zu einer Fahrt in einen der nahegelegenen Einkaufsorte. Es gab keine Land-, Wald- oder Hausarbeit, die ich in diesen Jahren nicht lernte. Zur Hilfe hatte ich einen vierzehnjährigen Jungen, der vormittags, zu Fuß durch den Wald und dann mit einem Bus, zur Schule mußte und erst nachmittags wiederkam. Meine Frau besorgte Haus und Küche, später auch das Geflügel. Im Frühling bauten wir, mit Hilfe eines Nachbarn, ein zweites Stallgebäude, das für einen größeren Bestand an Hühnern, Enten, Gänsen eingerichtet war. Man kaufte die kleinen Küken geschlechtsbestimmt und zog sie dann teils zum Legen, teils zur Schlachtung groß. Enten, Gänse und ein Teil der Hühner vermehrten sich durch eigene Brut.

Zufällig hatte ich einen Arzt kennengelernt, der, eine Fahrstunde von der Farm, eine Klinik leitete. Er klagte darüber, daß es in der näheren Umgebung keine Ziegenfarm gäbe, denn er war, wie viele amerikanische Ärzte, der Meinung, Ziegenmilch sei die einzige, ebenso bekömmliche wie nahrhafte Diät für Magenkranke – und durch das dauernde Hinunterschütten von Eisgetränken, auch durch den übertriebenen Genuß von Obstsäften, gewöhnlich gleichfalls eisgekühlt, wuchern da drüben die Magengeschwüre wie Waldschwämme nach einem Sommerregen. Er versprach mir für einen Liter Ziegenmilch das Fünffache des Preises, der damals für Kuhmilch gezahlt wurde, und er hatte Privatpatienten, die sogar noch mehr zahlen würden. Ich überlegte seinen Vorschlag, er erschien mir günstig. Die Anschaffung und Haltung von Kühen ist ungleich teurer als die von Ziegen – eine Kuh gibt für den Gebrauch eines Haushalts zu viel und für den Verkauf zu wenig Milch, man muß drüben mit einer Herde von mindestens zwölf Stück anfangen, damit sich eine Rinderfarm rentiert, dazu braucht man elektrische Melkmaschinen, waschbaren Stallboden, besondere Tränkeinrichtungen für den Winter und Hilfspersonal – für all das hatte ich kein Geld. Ziegen kann man auf einem alten, mit Stroh beschütteten Bretterboden halten, aus dem Holzbottich oder Wassereimer tränken, und sie brauchen ein Fünftel der Futtermittel, die man für eine Kuh benötigt, zumal es im Sommer soviel freies Weideland gab, daß ich oft zu den Geißen sagte: »Ihr habt ganz Amerika zur Verfügung, bleibt mir aus meinem Gemüsegarten!« So entschloß ich mich, Geißenbauer zu werden. Wir erstanden die Tiere von einem Ziegenvater, der in einem mehrere Stunden entfernten Ort lebte, und mußten sie auch in unserem alten Oldsmobile, der dann völlig ausgeräumt und mit Zeitungspapier ausgekleidet wurde, dorthin transportieren, wenn sie zum Bock sollten: einen solchen wollten wir nicht halten, da seine Ausdünstung den reinen Geschmack der Milch verdirbt. Meine Geißenmilch war so rein wie Mister Wards Quellwasser. Das bedeutete, außer dem morgendlichen und abendlichen Melken, eine enorme Arbeit, um alle Geschirre immer vollständig sauber und geruchfrei zu halten. Ich hatte nie gemolken, aber ich lernte es, merkwürdigerweise, in einem Tag. Nach zwei bis drei vergeblichen Versuchen bekam ich plötzlich das Gespür in die Finger, wie man die schweren Euter in Fluß bringen muß, dann brauchte ich sie nur anzurühren, und die Milch schoß aus den Zitzen. Bald war ich mit den Geißen so vertraut, daß sie von selbst auf das Melkbrett sprangen, wenn ich sie bei ihrem Namen rief. Für unsere Besucher in der Zeit der Sommerferien war es ein besonderer Spaß, mit mir hinüberzugehen, wenn ich abends im Stall melkte, und meinem Ziegenzirkus mit freiem Eintritt beizuwohnen. Ich lernte die Ziegen behandeln, wenn sie zuviel nasses Gras gefressen hatten und Blähbäuche bekamen, denn der nächste Tierarzt war schwer erreichbar und über-beschäftigt. Einmal gelang es mir im tiefen Winter, eine Geiß, die zwei tote Zicklein im Bauch hatte und am Verenden war, kunstgerecht auszuräumen, so daß sie überlebte. Als der Veteri-när zwei Tage später kam, wollte er nicht glauben, daß ich das selbst gemacht und nicht einen anderen Tierarzt dabeigehabt hatte. Ich merkte jetzt, daß mein Kindheitstraum, Direktor eines zoologischen Gartens zu werden, gar nicht so unvernünf-tig gewesen war – ich konnte mit Tieren umgehen, vom ersten Farmtag an, als hätte ich nie etwas anderes getan. Was ich nicht liebte, war das Schlachten des Geflügels, doch es gehörte zu mei-nen unumgänglichen Pflichten – manchmal sogar in großer An-zahl, zum Verkauf. Ich gab unseren Schlachthähnen häßliche Namen, um mir die Sache seelisch zu erleichtern, wir hatten Ribbentrops, mehrere Himmlers, zwei Brüder Goebbels (Paul und Joseph), aber ich hätte auch diese nicht gern selbst ge-schlachtet. Wenn die Schweine, die ich aufgezogen hatte, abge-holt wurden, um von einem Fachmann abgestochen zu werden – das wenigstens brauchte ich nicht selbst zu tun –, waren mir jedesmal die Tränen nah, obwohl ich sie oft verflucht hatte, wenn sie mir beim Stallreinigen zwischen die Beine fuhren.

Ich bekam, im ersten Jahr, von einer Dame in Woodstock aus einem Wurf junger Wolfshunde zwei kleine Welpen geschenkt, sie wurden riesengroß und sahen wirklich aus wie wilde, grau-gelbe Wölfe – für mich die treuesten und freundlichsten Gefähr-ten, für ungebetene Gäste eine massive Abschreckung, für meine Frau und die Töchter, wenn sie allein waren, ein sicherer Schutz.

Ich fand am Waldrand eine ausgewachsene Hirschkuh, die in einem alten, von Unterholz überwucherten Viehdraht hängen-geblieben war und sich das linke Hinterbein, zwischen Knöchel und Knie, gebrochen hatte. Ich schleppte sie auf dem Rücken heim, und es gelang mir, ihr den schon brandig gewordenen

Fußstumpf abzuhacken und die Wunde zu heilen. Jahrelang lebte sie, mit dreieinhalb Beinen, zahm auf der Farm, die Wolfshunde spielten mit ihr. Ich hielt frischgebrütete flaumgelbe Entenküken in der Hand wie pochende Herzen. Ich lernte unbekannte Tierspuren kennen – die gespensterhaften, fingerartigen Pfoteneindrücke der Racoons (Waschbären), die nachts am Teich Ochsenfrösche fingen, die große Krallenfährte von Wildkatzen, die größere des kanadischen Luchses, die man im Schnee an den zwischen den Krallen abgezeichneten Haarbüscheln erkennt; einmal schrie und fauchte mich ein solcher Luchs erschreckend von einem haushohen Granitfelsen an der Seite des Waldwegs an, den ich in der Dunkelheit eines frühen Winterabends mit Post und Paketen hinaufstapfte. Als ich mit der Taschenlampe den Felsen anleuchtete, sah ich zwei phosphoreszierende Augen, dann flutschte ein Schatten weg. Am nächsten Tag verfolgte ich mit einem Nachbarn, der Holzhändler, Holzfäller und im Nebenberuf Trapper war, die Fährte im leichten Neuschnee, bis sie sich in den Wäldern verlor.

Wir erlebten den ersten Herbst in Vermont, der die ›grünen Berge‹ in ein flammendes Feuermeer verwandelt. Noch nie, in keinem der Laubwälder Europas, hatte ich solche Herbstfarben gesehen. Der Höhepunkt lag in der ersten Oktoberwoche, wenn es nachts schon friert und die Sonne durch Frühnebel bricht, dann schreien Zuckerahorn und Roteiche in einer wahnsinnigen, verzückten Leuchtkraft. Es kommt der ›Indian Summer‹, Nachsommer, eine frühlingshaft milde Witterungsperiode, die Blätter fallen, die Bäume werden kahl, der Wald enthüllt ein fremdes, verändertes Gesicht. Am Morgen, aus der Haustür tretend, sah ich auf der anderen Seite des Bachs, im ansteigenden Jungwald, einen Mann stehen, eine dunkle Männergestalt, und unentwegt, unbeweglich zur Farm herüberstarren. Es dauerte lang, bis ich herausfand, daß es ein Baum sei, eine junge magere Fichte, die bisher von den Laubmassen der Ahornbäume verhängt war. Jetzt breitete sich eine ungeheure Stille und Einsamkeit um unser Haus. Der Wald begann zu ersterben. Man ging durch eine hohe, oft kniehohe Schicht gefallener Blätter, von denen die obersten morgens mit Reif bedeckt waren, während die untersten schon zu faulen begannen. Man spürte, wenn man die Hand hineingrub, die Wärme des Bodens wie den Hauch von verglimmender Asche.

»The slow smokeless burning of decay«, heißt es in einem Herbstgedicht des amerikanischen Lyrikers Robert Frost. Das langsame, rauchlose Brennen der Verwesung.

Die Nächte wurden kalt, ich mußte kräftig heizen, und ich vernarrte mich in diese Tätigkeit. Ich liebte das Gefühl der schweren, rindigen Holzklötze in meiner Hand, bevor ich sie in die Öfen schob und mit dem Schürhaken aufrichtete, ich liebte das Wehen und Ziehen des aus der angeblasenen Asche auflodernden Feuers, bevor ich die Klappen schloß, um es kleinzuhalten. Ich liebte das Knistern der Kohlen im Herd, wenn ich die Asche ausgeräumt hatte und neu aufgeschüttet, bis dann die blauen Flämmchen aus dem kaltschwarzen Glanz hervorbrachen und ihn langsam zur Rotglut verwandelten. Am meisten liebte ich das Feuermachen in den offenen Kaminen – auf englisch sagt man: »Ein Feuer bauen« –, und es brauchte dazu eine bestimmte Architektur des Aufschichtens der meterlangen, gespaltenen Birkenhölzer, deren Rinde zuerst hell aufbrennt, bevor die Flamme, durch Anfeuerholz von unten gespeist, allmählich an den hochgetürmten Scheiten hinaufleckt. Ich setzte meinen Ehrgeiz drein, nicht nur das Haus warm zu halten, sondern ein Heizkünstler zu werden und die Holzstöße in den Kaminen so vorzubauen, daß ein einziges Streichholz genügte, um eine Glut zu entfachen, die viele Stunden lang anhielt. Meine Frau erfand für mich das Wort: ›Pyromantiker‹.

Der schmale steile Waldweg von der Hauptstraße zur Farm hinauf, der auch sommers mit dem Auto nur in tollkühner Fahrt mittels eines Balanceakts zu bewältigen war, da er von tiefen feuchten Rinnen gefurcht und von noch tieferen Abflußgräben gesäumt wurde, begann zu vereisen, man mußte den Wagen in Barnard einstellen und brauchte eine Wegstunde, um ihn zu holen, wenn man in den nächsten Ort fahren wollte. Lebensmittel und andere Vorräte trug ich zu Fuß, dann auf Skiern oder kanadischen Schneeschuhen hinauf, in einem Tragkorb, der manchmal mit vierzig bis fünfzig Pfund beladen war.

Im November erschien der Mann von der Electric Company, der jeden Monat kam, um den Zähler zu messen, recht bleich und zittrig: Auf dem Weg, den auch er jetzt zu Fuß machen mußte, sei ihm ein Bär begegnet und habe ihn angebrummt. Von jetzt ab, sagte er, möchten wir doch unseren Zähler bitte selbst ablesen und den Stromverbrauch auf einer Postkarte an die Company melden, ihm sei es hier zu wild. Der Bär grub sich dann zur Hibernierung unter einer zerfallenen Scheune dicht neben dem Weg ein und störte uns nicht, wir ihn auch nicht, und man bekam ihn nie zu Gesicht, nur im Vorfrühling roch man ihn, wenn der Wind von Südwesten wehte. Dann sagte man: Es gibt Regen, unser Bär stinkt.

In der Nacht vom 6. zum 7. Dezember 1941 kam der große Schnee.

Am Nachmittag schon hatte es zu schneien angefangen, die ganze Nacht hindurch hörte man das leise Orgeln des Sturms, zugleich schienen die Wälder, wenn man hinauslauschte, von einer tiefen Lautlosigkeit erfüllt. Immer höher türmte sich der flaumige Schnee ums Haus, schon waren die Fenster des unteren Stockwerks bis zur Rahmenhöhe verweht, es war, als würde man wie die Baumstrünke und die Felsblöcke im Wald begraben. Sonderbare fremdartige Geräusche weckten uns manchmal aus dem Schlaf, die Tragbalken schienen zu ächzen, und von Zeit zu Zeit kam vom inneren Raum unterm Dachfirst her ein lauter Knall, wie ein Pistolenschuß – ich kletterte hinauf, konnte aber keine Ursache dafür entdecken und sagte zu meiner Frau: »Die einzige vernünftige Erklärung sind Klopfgeister.«

Doch es waren die langen Holznägel, sagte uns dann Mister Ward, mit denen die Kreuzbalken des Dachs zusammengefügt waren und die sich bei Winteranfang, wenn von innen die Wärme aufsteigt und von außen die Schneekälte durch die Sparren dringt, immer ein wenig bewegen. Sie könnten, sagte er, noch hundert Jahre so weiterknallen, ohne daß der feste Bau gelockert würde.

Am nächsten Morgen waren Strom und Telefon unterbrochen, irgendwo waren die Leitungen von der Schneelast gestört. Es schneite immer noch weiter, ich mußte durch die Fenster steigen und die Haustür ausschaufeln, bevor man sie öffnen konnte. Die Scheune, in der das Brennholz bis zum Dach aufgestapelt war (wir verbrauchten fünfzehn bis zwanzig Klafter in einem Winter), konnte ich direkt durch die Küche erreichen, ich heizte die Öfen, wir hatten Vorräte im Haus und fanden uns damit ab, von der Welt abgeschnitten zu sein, bis der Schneepflug der Farmgemeinde durchkommen und unseren Weg freimachen würde. Wir wußten noch nicht, daß das immer zwei Tage dauerte, denn es gab nur einen altmodischen Schneepflug für sämtliche Farmen der Umgebung, und daß er, mit höllischem Fauchen und Knattern, immer mitten in der Nacht erschien. Der Sturm hatte sich gelegt, die Holznägel knallten nicht mehr, das Feuer prasselte in den Öfen und Kaminen, sonst war es totenstill. Es war Sonntag, der 7. Dezember.

Gegen Abend ging plötzlich das Telefon wieder, unser Rufzeichen ertönte. Unser Freund Gottfried Bermann Fischer, mein früherer deutscher Verleger, der es auch heute wieder ist, rief an, aus New York.

»Was sagt ihr dazu?«

»Wozu?«

»Pearl Harbor...!«

In der Frühe dieses Sonntags, in der uns nichts als der Schnee beschäftigte, war die amerikanische Flotte in Hawaii durch den japanischen Großangriff zerstört worden. Am nächsten Tag hörten wir am Radio – einem Geschenk jener Freundin, die uns die Anleihe für das Farmunternehmen gewährt hatte – die Kriegserklärung Präsident Roosevelts an Japan. Es stand außer Zweifel, daß dies auch den Krieg Amerikas mit Deutschland nach sich ziehen würde. Es folgten beklommene Tage. Wir waren allein, wir hatten, außer Mister Ward und ein paar Nachbarfarmern, die man erst flüchtig kennengelernt hatte, keinen Bekannten weit und breit. Unser Schicksal war ungewiß. Wir waren die einzigen Deutschen in dieser Gegend und galten, trotz der Ausbürgerung, nach Hitlers Kriegserklärung vorm Gesetz als ›feindliche Ausländer‹. Wir wußten nicht, wie man sich zu uns verhalten werde. Die Engländer hatten alle Deutschen, auch die Flüchtlinge und die Heimatvertriebenen, in Haft genommen und zum größten Teil in Anhaltelager nach Kanada geschafft, wo sie – wie mein Freund Graf Albert Montgelas – gemeinsam mit den wildesten Nazis eingesperrt und deren Schikanen und Mißhandlungen ausgesetzt waren. Was würde Amerika tun? Würde man uns auf der Farm belassen, auf der wir gerade begannen, uns heimisch zu fühlen – würde man uns erlauben, als freie Menschen in diesem Land zu leben? Und wie würden uns die Einheimischen anschauen, deren Söhne nun gegen unser Geburtsland in den Krieg ziehen mußten! Ich kämpfte mich auf Schneeschuhen nach Barnard durch, um im ›General Store‹, dem einzigen Kaufladen des kleinen Farmerdörfchens, ein paar Besorgungen zu machen; man kannte mich dort, schon von den früheren Jahren. Ich bemerkte im Verhalten der Leute keine Veränderung, sie schauten mich an wie immer, man sprach übers Wetter, über den Schnee, über die Kälte – kein Wort vom Krieg. Man war gleichmütig und freundlich, trotzdem hatte ich ein Gefühl von Unheimlichkeit. Vielleicht wollte man nur mit mir nicht über die Ereignisse reden, vielleicht betrachtete man mich insgeheim schon als einen Feind? Aber wir fanden bald heraus, daß es in Vermont zum guten Ton gehörte, nicht vom Krieg zu sprechen. Er war nun da, er mußte bestanden werden, man hatte seine Pflicht zu tun und machte weniger Aufhebens davon, als wenn es auf einer Nachbarfarm ein Feuer gegeben hätte. Man war weder ›begeistert‹, noch war man haßerfüllt – höchstens gegen die Japaner, weil sie die Angreifer waren und – über die westlichen Meere – eine nähere Gefahr. Aber auch davon wurde nicht geredet.

Wir hatten uns, einer durchs Radio und die Zeitungen angekündigten Bestimmung gemäß, auf der nächsten Polizeistation in Woodstock als ›enemy aliens‹, feindliche Ausländer, schriftlich anzumelden.

Ein paar Tage später kam der Sheriff von Woodstock mit einem Polizeibeamten durch den Schnee zu unserer Farm heraufgestapft.

Er hieß Mister Shonfield und sah – im Gegensatz zu Mister Ward und seinesgleichen – genauso aus, wie der Sheriff in einem Wildwestfilm auszusehen hat, ein großer starker Mann mit dem Revolver im Ledergurt und dem bekannten Stern auf dem Rockaufschlag. Er hatte den Ruf, ein Schrecken für die Gesetzesbrecher zu sein. Wenn's eine Rauferei oder Schießerei unter betrunkenen Holzfällern gab, ging er, erzählte man, einfach mitten zwischen die Kämpfenden, schlug ihnen die Waffen aus der Hand, packte sie im Genick und stieß ihnen die Köpfe zusammen, dann brachte er sie in aller Ruhe in Gewahrsam. Wenn man seine Gliedmaßen und seinen Stiernacken sah, zweifelte man nicht an diesen Geschichten. Die beiden streckten ihre Beine mit den hohen Schaftstiefeln an meinem Feuer aus und machten keine Umstände, als ich ihnen etwas zu trinken anbot. Ich zeigte dem Sheriff unsere Einwanderungspapiere und erzählte ihm kurz von meiner Ausbürgerung aus Hitlerdeutschland. Er hörte schweigend zu und nickte von Zeit zu Zeit. Dann schaute er sich interessiert unsere Einrichtung an und fragte nach Einzelheiten unserer Farmpläne – nichts anderes. Er lachte, als ich ihm sagte, ich wolle Geißenzüchter werden. »Keine dumme Idee«, sagte er, »aber Sie werden viel Arbeit haben auf dem alten Platz. Glauben Sie, daß Sie das schaffen?« – Ich sagte, ich sei dazu entschlossen – wenn ich als ›feindlicher Ausländer‹ hier unbehindert leben könne. »Warum nicht«, sagte er, »wenn Sie die Gesetze halten. Dann sind Sie so gut wie jeder andere.« Er schlug mir auf die Schulter. »Meine Voreltern sind auch aus Deutschland gekommen und haben, soviel ich weiß, keinen gebissen. Na ja – es wird vor Spionen gewarnt, die sich als Flüchtlinge tarnen. Aber was können Sie hier schon spionieren? Wieviel Grad Kälte herrscht und wieviel Skunks um euere Abfallgrube schleichen, wird diesen Skunk nicht interessieren.« (Der Skunk ist das amerikanische Stinktier, das, wenn erschreckt oder angegriffen, einen Saft ausspritzt, der wie tausend faule Eier duftet – und mit ›diesem Skunk‹ war Hitler gemeint.)

Unseren Radioapparat, sagte er, müßten wir nach Woodstock schaffen, um den Kurzwellenteil herausmontieren zu lassen, dann könnten wir ihn wiederhaben. Kurzwellenempfänger, Kameras und Feuerwaffen dürften ›enemy aliens‹ nicht besitzen, auch mußten wir für jede Reise über zwanzig Meilen von unserem Wohnsitz aus eine besondere Erlaubnis einreichen, die dann stets ohne Schwierigkeit zu erhalten war. Eine Kodak besaß ich sowieso nicht, und Mister Wards doppelläufige Flinte mit etwas Munition behielt ich trotzdem durch die ganze Kriegszeit in einem Winkel, für alle Fälle.

»Viel Glück für die Farm«, sagte der Sheriff, während er seine Pelzjacke anzog, »und wenn ihr da droben erfroren oder verhungert seid oder von einem Landstreicher ermordet worden, dann ruft mich an, damit ich zur Leichenschau komme.«

Das war seine Art von Humor.

Die Jahre rollten hin.

Nach der Schneeschmelze des ersten Frühlings begann ich die Felder anzulegen. Mais, Kartoffeln, Sojabohnen als zusätzliches Futtermittel, viel Gemüse und Kräuter für den Hausgebrauch. Aber was wäre aus meinen Feldern geworden ohne den Nachbarn Williamson, der mir mit seinem Paar Ackergäulen gegen geringes Entgelt beim Pflügen geholfen hatte! Als ich am nächsten Morgen um vier mit der Aussaat beginnen wollte, kam er – obwohl bei ihm selbst gerade gesät wurde – auf einem seiner schweren Gäule durch den Wald getrabt, um mir zu sagen, was er am Vortag vergessen hatte: daß ich die Saatkörner erst in einer bestimmten, fürs Wachstum unschädlichen Teerlösung wälzen müsse, die sie klebrig machen, sonst würden sie alle von den Waldvögeln aus dem Boden gepickt, und ich werde kein Hälmchen besehen. Einen Eimer davon hatte er gleich mitgebracht. Und womit man die Setzkartoffeln einreiben müsse, um sie vor dem Kartoffelkäfer zu schützen. Dann trabte er, ohne auch nur eine Tasse Kaffee anzunehmen, wieder davon. Ob das ein europäischer Bauer getan hätte – nur um einem unbekannten Neuling behilflich zu sein? Vermutlich hätte der sich eher die Hände gerieben und gegrinst, wenn der ahnungslose Anfänger dann vor seinen kahlen Äckern gestanden wäre. Es kam Old Mister Morgan, ein anderer Nachbar, auf dem Bock seines Leiterwagens, der von zwei riesigen Ochsen gezogen wurde; die sahen aus wie Urwaldgeschöpfe und ließen sich in der alten Ochsensprache der Waldfarmer mit den Rufen ›Hooooh‹ und ›Tschiiiiih!‹ für rechts und links fast ohne Seil und Zügel dirigieren. Er half beim Stallbau, beim Materialtransport, beim Holzziehen, und lehrte mich im Frühling die Kunst des ›Zuckermachens‹. Im tiefen, noch verschneiten Wald werden die Ahornbäume angezapft und große Eimer an den Spund gehängt, in die der steigende Saft gegen Mittag, wenn die Sonne den Nachtfrost aufgetaut hat, bis zum Abend hineintropft: das klingt wie leise spröde Glocken, der ganze Wald beginnt weithin zu läuten.

Die Farm kam in Gang. Wir verkauften Ziegenmilch, mehrere Dutzend Eier die Woche, von Zeit zu Zeit eine größere Anzahl von Schlachtgeflügel für die Gefrieranlagen, Gänse, hauptsächlich nach New York an begüterte Emigranten, die sie gegen Weihnachten dem landesüblichen Truthahn vorzogen. Es war keine ›praktische‹ Farm, keine Eierfabrik mit Hennen auf Drahtgestell oder im Massengefängnis, das hätte uns nicht gelegen, es war ein altmodischer Bauernhof im Stil der Ansiedlerzeit. Unsere Tiere hatten freien Auslauf und natürliche Weide, die wir durch Aussäen bestimmter Gras- und Kleesorten, Alphalpha und Ladino-Clover, verbesserten. Die Hunde paßten auf, daß die Tiere nicht vom Fuchs oder anderem Raubzeug geholt wurden. Die Arbeit war hart, der Ertrag war gering, aber wir konnten leben und die Wintermonate überstehn. Hätte ich meine Frau und die Töchter in Hühnerfedern und Ziegenhaare kleiden können, so wären wir autarke Selbstversorger gewesen. Dafür reichte es nicht, und gewisse Rechnungen wurden zu quälenden

Problemen. Wie wir sie gelöst haben, ist mir kaum noch begreiflich. Manchmal hatten wir plötzlich einen Haufen Gäste im Haus, wenn im Sommer bei Dorothy Thompson die Prominenz eingekehrt war – ihr Landhaus lag, einige Meilen entfernt, auf der anderen Seite des Bergwalds. Für diese Besucher war ein Ausflug zur Backwoods-Farm und deren Besichtigung eine Art von ›Zurück-zur-Natur‹-Erlebnis. Dann fischte ich Forellen aus dem Teich, oder es wurde, falls wir eine Flasche Weißwein hatten, aus dem Vermonter Bergkäse eine Schweizer Fondue bereitet, oder wir machten Würste, wenn gerade ein Schwein geschlachtet worden war, auch hatten wir in einer Gefrieranlage in Woodstock einen Tiefkühlraum gemietet, in dem immer ein kleiner Vorrat an Fleisch, auch Wildbret und herbstgeschossene Fasanen, lagen – wir tischten auf, was die Farm hergab, und den Alkohol brachten die Gäste mit, gewöhnlich mehr, als getrunken wurde, so daß wir hinterher noch ein paar bessere Abende hatten. Dann, wenn der Sommer zu Ende ging, wurde es wieder still und einsam bei uns. Wochen- und monatelang sah man kaum einen Menschen.

Die Jahre rollten hin, im Wandel der Jahreszeiten. Wer nur auf dem Lande, nicht vom Lande gelebt hat, weiß nicht, was der Wechsel der Jahreszeiten bedeutet. Holzschlagen im Frühling, damit es übern Sommer in der Luft trocknen kann. Säzeit, Heuzeit. Mister Ward lehrte mich, wie man die Sense führt, damit sie das Gras dicht überm Boden schneidet, ohne mit der Spitze ins Erdreich zu fahren. Hügelauf, hügelab mit der Sense, an heißen Tagen, von Fliegen und Stechmücken umsurrt. Die Sense zischt durch die Gräser, Schlag um Schlag, die Gräser sinken mit einem leisen Seufzen zu Boden. Herbstarbeit, Mais- und Kartoffelernte, die großen Kürbisse werden als Schweinefutter eingekocht, die feineren kommen auf den Tisch, Äpfel werden gesammelt, in der Mostpresse eines Nachbarn wird der bräunliche, herb duftende ›Cider‹ gekeltert. Mister Ward hatte mir gezeigt, wie man verwilderte Apfelbäume mit den Zweigen besserer Sorten okuliert. In kleinen Holzfäßchen ließ man den Most zu Apfelwein vergären. Die Vermonter Farmer brennen und destillieren aus der Apfelmaische einen harten Schnaps, ›Apple-Jack‹ genannt, der, wenn man ihn in Eichenholz reifen ließe, eine Art von Calvados ergäbe. Aber man hält ihn in Krügen und trinkt ihn jung und roh im gleichen Winter als Medizin gegen die beißende Kälte, er beißt in der Gurgel wie die Kälte im Gesicht, aber er wärmt das Gebein. Wintervorbereitung, Holzspalten, sägen, schichten, das Haus wird mit Nadelzweigen, Moos und welkem Laub umhäuft, nachdem die unteren Holzteile, bis zu den Fensterrahmen des Erdgeschosses, mit Dachpappe und Packpapier verkleidet worden sind. Ich bekam Muskeln wie ein Ringkämpfer, meine Hände waren schwielig, ich konnte Zentnersäcke auf der Schulter über die Bodenleiter hinauftragen. Ich war, bis auf eine bei der Arbeit gebrochene Rippe und eine Lungenentzündung, die ich mir aber bei einem Stadtbesuch geholt hatte, in dieser Zeit niemals krank. Im Sommer morgens vor dem Melken durch das taunasse Gras zum Teich, Schwimmen im kalten Wasser, in dem man die getupften Forellen stehen sah. Im Winter sprang ich morgens nackt in den tiefen Schnee, rollte mich darin, ließ mich dann an dem glühenden Kohlenofen trocknen – eine Art von vereinfachter Sauna. Dann kamen die ersten Sonnenstrahlen über den Waldrand, die Bäume warfen rosige und zartblaue Schatten auf den Schnee. Wenn ich um die Mittagszeit eine freie Stunde fand, fuhr ich auf Skiern über die Hügel. Da gab es nichts als meine eigene Spur, höchstens die Fährte eines Tieres.

Jahre vergingen, neue Freundschaften schossen ins Kraut. Manchmal kam Joachim Maaß, der sich als Deutschlehrer in einer Mädchenschule in Massachusetts durchbrachte, las uns aus seiner neu entstehenden Prosa vor, blieb über Nacht. Dies war stets eine Feier, vertieft durch die unausgesprochene gemeinsame Trauer und Sorge um Deutschland, um die Welt. Es kam Johannes Urzidil, wir streiften durch die Wälder und untersuchten die Mineralien der Felsenzüge – noch heute steht auf dem Wandsims meines Arbeitszimmers eine Messingschale mit kleinen, fünfeckigen Granaten, die wir mit Hämmerchen und Taschenmessern aus dem basaltenen Urgestein gebrochen haben, wie ›Goethe in Böhmen‹. Annette Kolb, zu Gast bei Dorothy Thompson, besuchte uns häufig, ich stellte ihr einen Stuhl auf die Wiese, und sie sagte: »Hier ist noch ein Ort, da kann man zu Hause sein.«

Dorothy Thompson hatte einen deutschen Emigranten, Hermann Budzislawski, vorher Herausgeber der ›Weltbühne‹ im Exil, als beratenden Mitarbeiter für ihre dreimal die Woche erscheinenden Kommentare in den Zeitungen engagiert, er half ihr viel mit seiner genauen Kenntnis politischer und ökonomischer Verhältnisse in Europa und mit seiner klugen Analyse der Weltlage. Daß er Kommunist war, schien sie erst später zu merken, aber man war ja damals mit Sowjetrußland verbündet und hatte nichts gegen die ›Linken‹. Er kam mit Frau und Tochter in Dorothys Ferienzeiten nach Vermont, wir verbrachten viele Abende in herzlicher Freundschaft miteinander, auch wenn wir politisch nicht übereinstimmten. Sonst hatte ich mit politischen und literarischen Emigranten wenig Kontakt, von vielen wurde ich scheel angesehen, meines hartnäckigen Bekenntnisses zu einem anderen Deutschland wegen, zum wahren Deutschtum, das man, nach meinem Begriff, nicht mit der Nazijauche gleichsetzen und ausschütten dürfe. Die Amerikaner hatten Verständnis und Respekt dafür, wenn man auch als Vertriebener und Verbannter zu seiner Heimat, zu den guten Kräften in seinem Volke hielt. Doch hatte sich, wie es in einem langen Krieg kaum vermeidlich ist, ein Vorurteil gegen die Gesamtheit der Deutschen herausgebildet, das schon früher in manchen Völkern bestand, auch noch heute besteht und in gewissen Zügen dem Antisemitismus ähnelt. Viele empfanden jetzt so, aber man ließ es mich nicht fühlen. Wir hatten, außer mit den Farmern, Holzfällern, Handwerkern, Kontakt mit einigen besonderen Leuten von Kultur und Bildung gefunden, der sich zu festen, beständigen Verbindungen von Lebensdauer erhärtete. Da waren Sven und Harriet Gundersen, er von norwegischer Abstammung, Chefinternist der Universitätsklinik in Hanover, sie die Tochter eines College-Direktors, eine Frau von großem Charme und besonderer Klugheit; in ihrem Haus und in ihrer Gesellschaft war man fast in Europa. Da war Bill Storey, der aussah wie der Riese Paul Bunyan aus der amerikanischen Frühlegende, er stammte aus der Bostoner Gesellschaft und war von Beruf eigentlich Jurist. Jetzt während des Krieges betrieb er nicht weit von uns eine Kräuterfarm, und als wir zum erstenmal bei ihm eintraten, um bestimmte Kräutersamen zu kaufen, und die Begegnung mit einem einfachen Landmann erwarteten, fanden wir in seiner Bibliothek die gesamte damals moderne Literatur, einschließlich der deutschen, soweit sie übersetzt und in Amerika verlegt war. Wir machten Skitouren zusammen über unbegangene Berghöhen, wo ein Mann allein sehr leicht hätte verlorengehen oder im Fall eines kleinen Unfalls hilflos liegenbleiben und erfrieren können. Bei solchen Abenteuern, bei denen sich einer auf den anderen verlassen können muß, verbrüdert man sich ohne viel Worte. Später wurde ich Taufpate seines ersten Sohnes, Charley. Julia und John McDill, das war – soweit man davon in Amerika reden kann – eine Art von eingesessener Vermonter Aristokratie. Sie sah aus wie eine englische Herzogin, hochgewachsen und schlank, und auf den ersten Blick schien sie auch so kühl und so distanziert. Lernte man sie kennen, so strahlte sie eine Wärme und Herzlichkeit aus, wie man sie in der ganzen Welt nur bei ungewöhnlich lebensvollen, geistvollen und menschlichen Personen findet. Er, durch die Verantwortung für eine große, wirtschaftlich bedeutende Farm und seine Familie immer wieder von der ihm eigentlich gemäßen literarischen Arbeit abgelenkt, brachte uns fremden Leuten ein spontanes, alle Konvention überschreitendes Verständnis entgegen.

Bei ihnen wurde man dann und wann zu einer ›Thanksgiving‹-Feier, dem traditionellen Ernte- und Jahresdankfest der Amerikaner in der herbstlichen Zeit, eingeladen, und wir bewunderten die Schlichtheit und Noblesse ihrer traditionellen Lebensführung und ihre liberale, freizügige Gesinnung.

Immer mehr wurde man von der Nachbarbevölkerung als einer der Ihren betrachtet, wir wurden Mitglieder der ›Grange‹, zu deutsch ›Die Kornscheuer‹, der über ganz Amerika verbreiteten Farmergemeinschaft, die in ihrem traditionellen Gehaben gewisse freimaurerische Züge trägt, aber vor allem, wie es auch die europäischen Freimaurer waren, eine Gesellschaft zur gegenseitigen Hilfe und zur nachbarlichen Lebensführung ist. Wir nahmen an ihren Meetings teil, lernten die kindlich-heitere, einfache Art ihrer Geselligkeit kennen und auch jene Männer – da es eine alte Regel ist, daß bei solchen Zusammenkünften nichts Alkoholisches getrunken wird –, welche heimlich die in ihren draußen geparkten Autos versteckten Whisky- oder Applejack-Flaschen leerten und einander rasch ein paar dreckige Sexualwitze erzählten. Die Mehrheit war freundlich, naiv, von simpler, herzhafter Integrität. Wir suchten ihre ›Barn-Dances‹, die Scheunen-Tänze, bei denen sich je zwei Paare zu einem ›square‹, einem Viereck, aufstellten, lernten die vielfältigen Formen, Schritte und Wendungen ihrer alten, volkstümlichen Quadrillen.

Ein Freudenfest in diesen gedämpften Zeiten wurde die Hochzeit Dorothy Thompsons mit dem Prager Maler Maxim Kopf, der schon vorher, wenn er noch als Sommergast bei ihr weilte, für uns zu den liebsten Farmbesuchern gehörte: eine männliche Natur von ursprünglichem, originalem Humor. Nie werde ich vergessen, wie Dorothy, damals schon eine reife Frau, bei der Heiratszeremonie in der schlichten Holzkirche von Barnard ihr Jawort gab, mit einer hellen, mädchenhaften Stimme: »– bis der Tod uns scheidet.«

Sie blieben verbunden, bis sein Tod sie nach glücklichen Jahren trennte, und sie folgte ihm bald. –

In der kleinen Universitätsstadt Hanover, dem Dartmouth-College an der Grenze von Vermont und New Hampshire, wo meine Frau in regelmäßigen Abständen die Bibliothek besuchte, gewann ich einen neuen Freund, dessen Persönlichkeit, Wissen und Weisheit mir unendlich viel bedeutete: den Professor Eugen Rosenstock-Huessy, zu Beginn der Hitlerzeit aus Deutschland ausgewandert, wo er zu den Männern gehört hatte, die vor dem Ende der Republik sich um neue Gemeinschaftsformen, um die organische Verbindung von produktiver Intelligenz und schaffendem Volk bemühten. Jedes Zusammensein mit diesem großartigen, tapferen, kühn und unabhängig denkenden Mann, über dessen Lebenswerk zu schreiben ein eigenes Buch erfordern würde, brachte mir einen Gewinn und Zuwachs an geistiger Frequenz, mehr, als es die Lektüre von vielen Büchern vermocht hätte. Zu Lektüre hatte ich wenig Zeit, zum Schreiben fast gar nicht. Anfang September 1943 fuhr ich zum erstenmal von der Farm weg nach New York, um Max Reinhardts siebzigsten Geburtstag im Kreis seiner nächsten Freunde zu feiern. Ich mußte allein fahren, ohne meine Frau – gemeinsam konnten wir die Farm nie verlassen. Reinhardt schien an diesem Abend gesund und lebensvoll, er kam von einer Erholung am Meer, sein Gesicht war straff, bronzefarben, seine Haare wie eine Kappe von Silber. Wenige Wochen später mußte ich wieder nach New York, zu seinem Begräbnis. Der Tod hatte ihn plötzlich, unerwartet, nach zwei Schlaganfällen und kurzer, grausamer Leidenszeit ereilt.

Wenn ich damals, auch in den späteren Kriegsjahren, für ein paar Tage nach New York kam, so wurde mir das durch meinen Freund Gert von Gontard erleichtert und verschönt, dessen Name als Inspirator und Leiter des deutschen Gastspieltheaters in Amerika seit Kriegsende bei beiden Völkern hohe Geltung besitzt. Er hatte in seiner New Yorker Wohnung eine mit bedeutender Kenntnis angelegte umfassende Goethe-Bibliothek, auch fand man dort fast den gesamten Bestand großer deutscher Lyrik, Prosa, Dramatik. Wohl wissend, wie es um meine Verhältnisse stand und was ich gemeinhin entbehren mußte, veranstaltete er während dieser Besuche kleine Feste und Feiern für mich, bei denen man mit den alten Freunden aus Berlin zusammentraf: Karl Vollmöller, der nach einer irrtümlichen Sistierung als angeblicher ›Nazi‹ (er war nichts dergleichen) und einer brutalen Haft in kalifornischen Gefängnissen in New York ein zurückgezogenes Leben führte – gesundheitlich und seelisch gebrochen; Remarque, und vor allem George Grosz, der sich die Attitüde zugelegt hatte, wie ein Vollblutamerikaner zu reden und zu agieren, aber mehr unter der Entfremdung von Deutschland litt als die meisten anderen: Er wurde aus einem uneingestandenen, verdrängten Heimweh, auch aus einem apokalyptischen Entsetzen über den Lauf unserer Welt heraus, mehr und mehr zum Alkoholiker, der nicht aus Lust, sondern aus innerer Unrast und Verzweiflung trinkt; er trank, obwohl er es schon damals nicht mehr vertrug und manchmal nach einem ›Zazzarak‹, einer Mischung aus Absinth und Bourbon-Whisky, fast bewußtlos wurde, und er starb nach seiner späten Rückkehr in Berlin eines tragischen Todes.

Die Jahre rollten hin, sie glichen den Wellen der grünen Berge in Vermont, mit ihrem Gleichmaß, mit ihrer unendlichen Weite. Man dachte nicht an Rückkehr. Die Ereignisse in der Heimat brachen wie plötzliche Blitzschläge über uns herein. Eines Abends kam übers Radio die Nachricht: die Stadt Mainz bombardiert. Kurz, lakonisch, wie von vielen anderen Städten. Es legte sich wie eine kalte Lähmung auf unser Herz. Dann war in der ›New York Times‹ eine Luftaufnahme der gebombten Stadt, die Umgegend des Bahnhofs schien ausradiert. Dort, fünf Minuten vom Bahnhof, stand mein Elternhaus. Es war das erste Bombardement von Mainz und galt vor allem dem Bahnhof und den Brücken. Das zweite, 1945, zerstörte die Stadt fast vollständig. Erst nach vielen Monaten erfuhren wir durch eine Nachricht des Suchdienstes vom Roten Kreuz, daß meine Eltern die Ausbombung, den Brand ihres Hauses, überlebt hatten und von unseren Freunden Moritz und Eva Noack nach Oberstdorf ins Allgäu gebracht worden waren. Mein Vater war damals fast achtzig, die Mutter fünf Jahre jünger. Solche Nachrichten durchs Rote Kreuz, die nichts als ein paar Worte enthielten, waren ein halbes Jahr alt, wenn sie uns erreichten, die Antworten dauerten noch länger. Man hoffte auf ein Wiedersehen, obwohl man nicht mehr daran zu glauben wagte. Man versuchte, sich das Leben in der entfernten, versunkenen Welt unserer Heimat, das Leben der Angehörigen, der Freunde, der Kämpfer des Widerstands, der Soldaten im Heer vorzustellen, aber man wußte nichts davon.

Mein eigenes Leben in dieser Zeit, je mehr mir die Härten seiner Realität zu schaffen machten, wurde immer unwirklicher, abseitiger, verwunschener. Ich wußte nicht, was in mir abgestorben war, was schlief, was lebte. Ich sah Zeichen im Schnee, in den Wolken, am Nachthimmel. Manchmal sah ich, mit schlafschweren Augen, in der Dämmerfrühe einen Stern, von dem ich glaubte, ihn nie zuvor gesehen zu haben: groß wie eine Faust funkelte er drohend oder verheißungsvoll. Einmal, allein im einsamen Bergwald, wo ich geeignete Bäume für den Holzschlag anzeichnete, erlebte ich ein Wunder: Ich stieß mit dem Fuß an einen lockeren Stein, und unter dem Stein sprang, mit einem gurgelnden Laut, der fast einem Anruf glich, eine Quelle hervor. Sie war klar und rein, ich tauchte die Hände hinein, kühlte mein Gesicht. In diesem Augenblick wußte ich, daß ich erlöst war. Bald danach begann ich wieder zu schreiben.

Im Dezember des Jahres 1941, nicht lange vor dem Eintritt der Vereinigten Staaten in den Krieg, war in den amerikanischen Zeitungen eine kurze Notiz erschienen: Ernst Udet, Generalluftzeugmeister der deutschen Armee, sei beim Ausprobieren einer neuen Waffe tödlich verunglückt und mit Staatsbegräbnis beerdigt worden. Sonst nichts. Es gab keine Kommentare, keine Mutmaßungen über seinen Tod. Verunglückt, Staatsbegräbnis.

Immer wieder mußte ich daran denken. Immer wieder sah ich ihn, wie ich ihn bei meinem letzten, leichtsinnigen Besuch in Berlin gesehen hatte: 1936. Wir trafen uns zum Essen in einem kleinen, wenig besuchten Lokal. »Nicht bei Horcher«, hatte er gesagt – das war früher unser Treffpunkt gewesen –, »da hocken jetzt die Bonzen.«

Er trug Zivil, aber er war schon ein hoher Offizier der Luftwaffe. »Schüttle den Staub dieses Landes von deinen Schuhen«, sagte er zu mir, »geh in die Welt und komm nie wieder. Hier gibt es keine Menschenwürde mehr.«

»Und du?« fragte ich.

»Ich«, sagte er leichthin, fast beiläufig, »bin der Luftfahrt verfallen. Ich kann da nicht mehr raus. Aber eines Tags wird uns alle der Teufel holen.«

Wir sprachen nicht mehr davon. Wir tranken uns an, umarmten uns zum Abschied.

Jetzt, an einem Spätherbstabend im Jahre 1942, ein Jahr nach Udets Tod, stieg ich mit meinem Tragkorb den Weg zur Farm hinauf.

Die beiden Wolfshunde begleiteten mich und sprangen manchmal an dem Korb in die Höhe, weil ein paar Kilo Fleisch darin waren. Auf einmal blieb ich stehen. »Staatsbegräbnis«, sagte ich laut.

Das letzte Wort der Tragödie.

Was in Wirklichkeit vorgegangen war, wußte ich nicht, und es kümmerte mich nicht.

Die Tragödie stand mir vor Augen – lückenlos.

Wenn nicht meine Tochter Winnetou zu den Weihnachtsferien 1942 gekommen wäre und einen Schulfreund mitgebracht hätte, wenn nicht diese beiden jungen Menschen drei Wochen lang, bis Mitte Januar 1943, für mich die Abendarbeit im Stall, das Holztragen und Ofenheizen übernommen hätten, wäre das Drama ›Des Teufels General‹ nie begonnen worden.

So schrieb ich in den Abendstunden, zwischen sechs und neun, wie in einer Trance den ersten Akt, an dem ich nie mehr ein Wort geändert habe, und den Entwurf des letzten.

Meine Frau wußte nicht, was ich da droben in meinem kleinen Schlafzimmer wie ein Besessener heruntertippte. Ich wußte selbst nicht, wenn ich morgens die Ziegen melkte, was ich abends schreiben würde. Ich mußte schreiben. Das war eine wiedergeschenkte Gnade. In einer eiskalten Nacht, Ende Januar 1943, las ich meiner Frau den ersten Akt und den Entwurf des gesamten Stückes vor. Sie war bis an die Nase in Wolldecken eingehüllt, denn der Nordwestwind blies. Wir tranken dabei alles Bier und den Rest von Whisky, der noch im Hause war. »Das ist mein erstes Stück«, sagte ich, »das ich für die Schublade schreibe. Es wird nie gespielt werden, aber ich muß es tun.«

Die Katastrophe von Stalingrad war damals im Gang, aber noch nicht bekannt, sie entschied sich erst Anfang Februar. Daß ein solches Stück jemals in Deutschland zu Gehör kommen könnte, schien unwahrscheinlich. Und für die anderen Länder gab es darin zu viele ›sympathische Deutsche‹, besonders Offiziere. Es war eine aussichtslose Arbeit, aber sie begeisterte uns beide bis zu einer Art von Ekstase.

»Ja«, sagte meine Frau, »so ist es. So muß es sein.« In dieser Nacht fiel ich halbtot, berauscht, beglückt, verzweifelt ins Bett und vergaß – es war das einzige Mal in all diesen Wintern – die Öfen nachzuheizen.

Am nächsten Tag war das Wasser eingefroren, ich arbeitete sechsunddreißig Stunden, neben der Farmtätigkeit, um es wieder in Gang zu bringen. Wir mußten Schnee kochen. Meine Frau, der die Kälte im Haus einen schweren Ischiasanfall eingetragen hatte, wurde mit dem Rücken zum Kaminfeuer, mit Decken umwickelt, auf einen Stuhl gesetzt wie auf einen Thronsessel, das zwei Tage lang ungespülte Geschirr und ein großer Kessel mit geheiztem Schneewasser zum Abwaschen vor ihr aufgebaut.

Für den ersten Akt und den Entwurf des letzten hatte ich knappe drei Wochen gebraucht. Für den Mittelakt und zur Vollendung des Ganzen brauchte ich mehr als zwei Jahre. Wochenlang kam ich durch die tägliche Arbeit nicht zum Schreiben. Aber ich lebte mit dem Stück, ich lebte mit Deutschland. Und als der Krieg zu Ende ging, war auch das Stück vollendet. Einer der ersten Briefe, die ich später, ein Jahr nach dem Kriegsende, darüber erhielt, als das Manuskript des Stückes schon drüben in Umlauf war, kam von Lernet-Holenia. Er schrieb: »Du bist nie fort gewesen.«

Das finsterste Jahr war das Jahr 1944. Gegen Ende Januar starb mein Freund Schiebelhuth in den Armen seiner Frau ›Aellys‹ in Easthampton. Zwei Tage darauf erhielt ich die Nachricht, daß Carlo Mierendorff im Dezember 1943 in Leipzig von einer Fliegerbombe getötet worden war. Zwei Jahre vorher, im Frühling 1942, hatte sich Stefan Zweig in Brasilien das Leben genommen. Ein Jahr später starben in Hollywood Franz Werfel und Bruno

Frank. Max Reinhardt war tot. Man war von Toten umgeben, man fühlte sich von dem großen Sterben bedrückt.

Am 12. März hielt ich in New York, in einer öffentlichen Trauerfeier für Carlo Mierendorff, die Totenrede. Ich sagte darin:

»Wenn ein Carlo Mierendorff in Deutschland gelebt, sein Leben lang für das deutsche Volk gewirkt hat und ihm in Not und Leiden treu geblieben ist – dann ist dieses Volk nicht verloren, dann ist es wert zu leben, dann wird es leben! Und während ich dieses Wort ausspreche und niederschreibe – *leben* –, trifft es mich mit der ganzen Gewalt, daß Carlo wirklich tot ist, daß mit ihm ein Stück unseres eigenen Lebens dahin ist, daß wir alle seinen sinnlosen Tod in unseren Herzen mitgestorben sind.

Aber aus der Erkenntnis des Todes erwächst uns das Lebensbild. Nur aus der Totenmaske erhebt sich das wahre Angesicht, nur aus dem Grab die Auferstehung, nur aus der Vergängnis das Zeichen der Ewigkeit.

Deutschland, Carlos und unser Vaterland, ist durch eine Tragödie gegangen, die so tief und so schaurig ist wie der Tod. Deutschlands Schicksal erinnert an jenes dunkle Christuswort von dem Ärgernis, das in die Welt kommen muß – aber wehe dem, der es in die Welt gebracht hat. Deutschland ist schuldig geworden vor der Welt.

Wir aber, die wir es nicht verhindern konnten, gehören in diesem Weltprozeß nicht unter seine Richter. Zu seinen Anwälten wird man uns nicht zulassen. So ist denn unser Platz auf der Zeugenbank, auf der wir Seite an Seite mit unseren Toten sitzen – und bei aller Unversöhnlichkeit gegen seine Peiniger und Henker werden wir Wort und Stimme *immer für das deutsche Volk erheben.* «

Zwei Beamte des amerikanischen Geheimdienstes, die deutsch verstanden, saßen bei dieser Trauerversammlung dabei und hinderten mich nicht, in der härtesten Kriegszeit, solche Worte zu sprechen. Am 20. Juli 1944 kam durchs Radio die Nachricht von dem verzweifelten, todesmutigen, hoffnungslosen Aufstand der deutschen Offiziere und der Männer des

Widerstands. Dann begann das große, erbarmungslose Morden, dem viele meiner persönlichen Freunde zum Opfer fielen: Haubach, Leuschner, Graf Moltke. Das aber erfuhren wir erst später, nach dem Krieg. Doch waren wir uns der Schwere, auch der Größe des tragischen Geschehens bewußt. Wir lebten in Furcht und Trauer.

Es gab hellere Stunden. Eines Sommernachmittags kam ein Mann allein durch den Wald, meine Tochter Winnetou kam vom Stall herein, wo sie zwei vorübergehend von uns übernommene Kühe versorgt hatte, und sagte: »Da streicht einer ums Haus, der ist ganz unheimlich. Ein abgerissener Kerl, vielleicht einer von den kanadischen Holzfällern.«

Ich ging hinaus und sah einen Mann mit Lederkappe, schlecht rasiert, und mit einer lose um die Schultern hängenden Lederjacke. Das war Brecht.

Wir hatten damals für Elisabeth Bergner in der Nähe von Woodstock ein Sommerhaus auftreiben können, in dem sie mit ihrem Mann Paul Czinner die Ferien verbrachte, sie hatte Brecht eingeladen, damit er ihr bei der Bearbeitung eines elisabethanischen Stückes, ›Die Herzogin von Malfi‹, das sie in New York zu spielen vorhatte, helfen sollte; unweit von uns hatten wir Berthold Viertel und seine neue Frau Liesl Neumann für einen Sommeraufenthalt untergebracht. Von dort hatte er den Weg zu unserer Farm gefunden.

»Bert!« rief ich. Wir schauten uns an und mußten zunächst sehr lange lachen. Wir lachten noch, als wir uns in der Stube gegenübersaßen.

»Mit dir«, sagte Brecht, »kann man lachen, auch wenn es gar nichts zu lachen gibt.«

Dann saßen wir ein paar Stunden und redeten miteinander, als seien wir gestern noch an der Isar spazierengegangen, ernst und heiter. Er schaute sich alles genau an in unserem Haus.

»Das hat Heimcharakter«, sagte er einige Male, »ja, das hat Heimcharakter.«

Es kam der Frühling des Jahres 1945, ein harter Frühling mit späten Schneestürmen. Morgens und abends saß man am Radio, in banger Sorge. Die Nachrichten widersprachen einander. Einige verkündeten die baldige Kapitulation Deutschlands, von dessen Zerstörung und Jammer man nur eine schwache Vorstellung hatte, andere stellten die Behauptung auf, daß Hitler sich mit einem Teil seiner noch intakten Streitkräfte in der ›Alpenfestung‹, dem südlichen Bayern und dem westlichen Österreich, verschanzen werde und daß dort die letzte Entscheidungsschlacht ausgekämpft werden müsse. Meine Eltern in Oberstdorf – wir hatten seit Monaten keine Nachricht von ihnen, wir wußten nicht, ob sie noch lebten –, das geliebte Salzburger Land, es war ein Alptraum, daß es dort, zum Schluß, noch einen Kriegsschauplatz geben, daß Tod und Verwüstung auch dort noch Einzug halten würden.

In diesen letzten Kriegswochen, in der täglichen Bangnis um dieses letzte Stück Heimat und das Schicksal meiner Eltern, schrieb ich zwei kleine Bücher, mit denen ich das brennende Heimweh und die nagende Sorge wenigstens bei der Arbeit überwand: den heiteren ›Seelenbräu‹, in dem das verlorene Paradies Henndorf beschworen wurde, und eine Schrift über die Brüder Grimm, ein ›deutscher Beitrag zur Humanität‹, zu der meine Frau mich aus der Bibliothek des Dartmouth-College mit Material versorgte.

Anfang Mai erfuhr man vom mutmaßlichen Tode Adolf Hitlers. Am 5. Mai 1945 meldete das Radio die deutsche Kapitulation. Der Krieg in Europa war zu Ende.

Alles Durchlebte brach noch einmal über uns herein. Jetzt schien es mehr, als man ertragen kann.

Am 6. Mai erhielt ich, aus der Schweiz, ein Kabel meines Freundes Henry Goverts, der sich im letzten Moment vor der Verhaftung durch die Gestapo hatte retten können: »Eltern am Leben.«

Ich weiß, ich werde alles wiedersehn,
Und es wird alles ganz verwandelt sein.
Ich werde durch erloschne Städte gehn,
Darin kein Stein mehr auf dem andern Stein.
Und selbst wo noch die alten Steine stehen,
Sind es nicht mehr die altvertrauten Gassen.
Ich weiß, ich werde alles wiedersehen,
Und nichts mehr finden, was ich einst verlassen.

Der breite Strom wird noch zum Abend gleiten,
Auch wird der Wind noch durch die Weiden gehn,
Die unberührt in sinkenden Gezeiten
Die stumme Totenwacht am Ufer stehn.
Ein Schatten wird an unsrer Seite schreiten,
Und tiefste Nacht um unsre Schläfen wehn.
Dann mag erschauernd in den Morgen reiten,
Wer lebend schon sein eignes Grab gesehn.

Ich weiß, ich werde zögernd wiederkehren,
Wenn kein Verlangen mehr die Schritte treibt.
Entseelt ist unsres Herzens Heimbegehren,
Und was wir brennend suchten, liegt entleibt.
Leid wird zu Flammen, die sich selbst verzehren,
Und nur ein kühler Flug von Asche bleibt –
Bis die Erinn'rung über dunklen Meeren
Ihr ewig Zeichen in den Himmel schreibt.

Dieses Gedicht hatte ich im Jahr 1939 geschrieben, bevor noch
eine Bombe auf Deutschland gefallen war. Ich schrieb es damals
in Hollywood, zu Beginn des Krieges – in einer Zeit, in der mir
das ›Elend‹, in der ursprünglichen Wortbedeutung nicht anders
als das Aus-Land, in das man vertrieben ist, die Fremde, das
Exil, bewußt wurde, ein unabänderliches Schicksal.

›ELEGIE VON ABSCHIED UND WIEDERKEHR‹ nannte ich das Gedicht. Ich zeigte es nur meiner Frau und wenigen, vertrauten
Freunden.

Dann habe ich viele Jahre kein Gedicht mehr geschrieben.

Jetzt nahte die Stunde der Wiederkehr, aber sie wurde noch durch eine lange Wartezeit verzögert – und jetzt hatte das Heimbegehren sich neu beseelt, in Furcht und in Hoffnung.

In manchen deutschen Mundarten, auch hier im schweizerischen Ober-Wallis, wo ich jetzt zu Hause bin, sagt man: mir war, oder mir ist ›die Zeit lang‹ – die Trennungszeit –, auch wenn es sich nur um eine kurze Abwesenheit handelt, etwa ein paar Wochen Militärdienst in einem anderen Kanton. »Ich hab schon die lange Zeit gehabt nach euch«, hörte ich eine Frau sagen, als sie nach drei Tagen von einer Reise zu ihrer Familie zurückkam.

Jetzt, nach all den Jahren ohne Verbindung mit der Heimat und fast ohne Hoffnung auf Wiederkehr, begann für uns recht eigentlich ›die lange Zeit‹.

Denn es war in den ersten Nachkriegsjahren fast unmöglich, nach Deutschland zu kommen, wenn man nicht zu den Truppen der Besatzungsmächte gehörte oder von diesen in einem besonderen Auftrag zugelassen war. Deutschland und Österreich waren unterm Besatzungsstatut von der Welt abgeschlossen, es konnte nur in den seltensten Fällen und unter schwierigen Bedingungen jemand von dort aus- oder dorthin einreisen. Zunächst gab es noch keinen normalen Reiseverkehr von Amerika nach Europa, außerhalb des militärischen. Post- und Paketsendungen nach Deutschland waren verboten, es dauerte eine geraume Zeit, bis solche hilfreichen Institutionen wie ›Care‹ eingerichtet wurden, durch die man in bestimmten Abständen wenigstens einige der notwendigsten Lebensmittel an Angehörige schicken konnte. Man war darauf angewiesen, unter Umgehung der offiziellen Vorschriften, an persönliche Bekannte in der Besatzungsarmee Briefe und Päckchen zu senden, mit der Bitte, sie den deutschen Adressaten zu übermitteln. Viele gingen dabei verloren, weil sich zwischen Absendung und Ankunft der Standort und die Adresse des Mittelsmannes verändert hatte. Für uns kam dazu die Geldlosigkeit. Mir blieb im ersten Nachkriegsjahr, bis zum Spätsommer 1946, nichts übrig, als die Farm weiter zu betreiben, die kaum das Nötigste zur Fristung des eigenen Lebens einbrachte. Ich habe in dieser Zeit das Rauchen und Trinken aufgegeben, sofern mich nicht jemand dazu einlud, ich habe, mit großer Mühe, auf englisch Kurzgeschichten und Aufsätze geschrieben und manchmal bei Zeitschriften angebracht, um auch die kleinste Summe, die man zusammenkratzen konnte, für Lebensmittelpäckchen an die Eltern zu verwenden; meine Frau stellte sie mit liebevoller Sorgfalt zusammen, und es war zum Verzweifeln, wenn sie dann trotzdem nicht ankamen.

Als wir im Sommer 1946 erfuhren, daß mein Vater, schon im zweiundachtzigsten Jahr, lebensgefährlich erkrankt sei, schickten wir an einen unweit von Oberstdorf stationierten amerikanischen Offizier Penicillin, das es in Deutschland noch lange nicht gab – höchstens für amerikanische Militärpersonen. Durch diese Sendung wurde mein Vater zwar gerettet, aber der hilfsbereite Offizier und meine Eltern gerieten, da eine Postkontrolle stattgefunden hatte, in den Verdacht des ›Medikamentenschmuggels‹ und entgingen nur mit knapper Not der Verhaftung durch die amerikanische Militärpolizei.

Solange Krieg war, mußte man sich ins Unvermeidliche fügen, und wir hatten versucht, auch angesichts des furchtbaren Geschehens, die Fassung zu bewahren. Jetzt wurden wir von Ungeduld verzehrt – und von der Angst, die Eltern könnten an Hunger und mangelnder Pflege zugrunde gehen, bevor man bei ihnen sein und die Sorge für sie übernehmen dürfte. Auch mein Bruder, der gemeinsam mit Paul Hindemith im Jahre 1935, zum Aufbau des Musikschulwesens in der Türkei, nach Ankara berufen worden war, wo er noch heute, mit sechsundsiebzig Jahren, eine führende Stellung innehat und künstlerisch tätig ist – auch mein Bruder hatte keine Möglichkeit, nach Deutschland zu reisen, zumal er selbst deutscher Staatsangehöriger war. Wir, meine Frau und ich, hatten in dieser Zeit die amerikanische Staatsbürgerschaft erworben, nicht aus praktischen Gründen, sondern weil wir uns dem Land, das uns so lange beherbergt hatte und zur zweiten Heimat geworden war, in Dankbarkeit verbunden fühlten. Jetzt bewarb ich mich um einen Zivilposten bei der amerikanischen Regierung, in der Hoffnung, in kulturellem Auftrag nach Deutschland geschickt zu werden – die einzige Möglichkeit, überhaupt in absehbarer Zeit mein Geburtsland wieder zu betreten. Denn wenn man in Deutschland geboren war, unterstand man auch als amerikanischer Bürger einem besonders strengen Verbot der privaten Einreise, das im Lauf der Besatzungsjahre erst allmählich gelockert wurde. Und ich dachte, daß man auf diese Weise der Verständigung der beiden Völker, denen man sich zugehörig fühlte, dienen könne, daß es eine gute Aufgabe sei und das Gebot der Stunde, dort mitzutun, wo sich die Geister versöhnen wollten.

Diese Bewerbung führte zunächst zu einem langwierigen und aufreibenden Papierkrieg. Ich glaube, in sechs Monaten habe ich mehr Fragebogen ausgefüllt, gewiß nicht weniger, als ein Gefolgschaftsführer der Hitlerjugend in den ersten vier Besatzungsjahren. Es war ein amerikanischer Offizier von hohem Rang und Ansehen, Pare Lorentz, der mir schließlich die Einstellung als Zivilbeamter für spezielle Deutschlandfragen ermöglichte. Er hatte sich, bevor er zur Armee ging, durch die Produktion ungewöhnlicher Dokumentarfilme von künstlerischer Prägung einen Namen gemacht und war jetzt, nach einer ebenso ungewöhnlichen Karriere als Pilot und Geschwaderkommandeur im Fernen Osten, Chef einer Auslandsabteilung des Kriegsministeriums, in der ich die Deutschland-Sektion übernahm.

Die Verbindung zu Pare Lorentz war durch seine Frau Elizabeth entstanden, die ich, lange vor ihrer Verheiratung, in London kennengelernt hatte. Sie besuchte uns damals in unserem Henndorfer Heim, wir wurden Freunde, und sie blieb uns in Amerika eng verbunden. Durch sie kamen wir ins Haus ihrer Eltern in Washington, Eugene und Agnes Meyer, Menschen von einer ganz außergewöhnlichen Art und Haltung, wie man sie in Europa selten findet. Er, Eugene Meyer, wirkte wie ein Gelehrter, Schriftsteller, Diplomat, vielleicht auch wie ein ›königlicher Kaufmann‹ – aber durchaus nicht so, wie man sich einen amerikanischen ›Selfmademan‹ vorstellt, der sich aus kleinsten Verhältnissen zu einer führenden Stellung im wirtschaftlichen und politischen Leben des Landes heraufgearbeitet hat. Neben seinen anderen Funktionen war er Besitzer und Herausgeber der ›Washington Post‹, die unter ihm eine der bedeutendsten liberalen Zeitungen Amerikas geworden war. Nach dem Krieg bekleidete er das Amt des Weltbankpräsidenten.

Agnes Meyer, noch in ihrem hohen Alter eine Frau von fast unbegreiflicher Lebenskraft und geistiger Frische, ist heute den literarisch interessierten Kreisen Deutschlands durch ihren Briefwechsel mit Thomas Mann bekannt, dem sie in seinen – keineswegs bequemen oder leichten – Exiljahren mit ihrer Freundschaft zur Seite stand. Durch ihre deutsche Abstammung war sie mit deutscher Sprache und Literatur von Kind auf vertraut und im weitesten Sinne mit dem europäischen Geistesleben. Auch der französische Dichter Paul Claudel gehörte zu ihren engsten Freunden. Wir bewunderten und verehrten die beiden, Eugene und Agnes, die – sozial und human gesinnt, doch ohne jede Pose humanitärer ›Wohltätigkeit‹ – von einem nie erlahmenden Eifer für das Wohl ihrer Mitmenschen und ihres Volkes beseelt waren.

Ohne den Beistand und die Fürsprache dieser Freunde, die mein Anliegen auch im Sinne ihres eigenen Landes als ein gutes und richtiges verstanden, hätte ich kaum einen solchen Posten bekommen, wie man ihn sonst nur Angehörigen der Armee oder Kriegsteilnehmern vorbehielt.

Anfang Juli 1946 trat ich meinen Dienst an, der mich zunächst in ein Büro in einem Hochhaus der Madison-Avenue, einer der belebtesten Geschäftsstraßen New Yorks, verschlug. Ich mußte da die Berichte der von der Besatzungsarmee in Deutschland eingerichteten Kontrollbehörden für kulturelle, künstlerische, publizistische Angelegenheiten studieren, was ich als eine ziemlich unnütze Tätigkeit empfand: Aus der Ferne war nichts zu beurteilen oder zu verbessern. Was ich dort kennenlernte, war das Leben und Treiben in einem New Yorker Bürohaus, von unzähligen Angestellten, Beamten, Managern, Sekretärinnen bevölkert, die sich um sechs Uhr nachmittags wie ein halbverdurster Geflügelschwarm, auch mit dem entsprechenden Schnattern, in die umliegenden Cocktail-Bars stürzten, um sich vor der Heimfahrt in den überfüllten Untergrundbahnen und Omnibussen durch einen ›Drink‹ zu stärken. Ich stärkte mich auch und segnete jeden Tag, den ich in den vergangenen Jahren unter echtem Geflügel und fern von der Großstadt verbracht hatte.

Dieses echte Geflügel hatte ich vor meinem Dienstantritt, der mich auf ein Jahr verpflichtete, bis zu dem für den Hausgebrauch notwendigsten Bestand reduziert, aber die Farm weiterhin in Pacht behalten. Meine Frau war, aus Spargründen, vorläufig dortgeblieben, mit unserer Tochter Winnetou, die zwar bereits die Universität in Kalifornien besuchte, aber lange Sommer- und Herbstferien hatte. Die Tiere, an denen man persönlich hing, wurden später einem Farmer in Pension gegeben, von dem wir wußten, daß er sie gut behandeln werde. Ich bildete mir damals noch ein, daß ich meine Frau bei meiner Entsendung nach Deutschland mitnehmen könne, was aber den Bestimmungen entsprechend nur möglich war, wenn man der Armee angehörte und einen langfristigen militärischen Besatzungsposten übernahm. Diese Komplikationen und Schwierigkeiten des bürokratischen Betriebs lernten wir erst nach und nach kennen. Jetzt mußte ich all meine Energie darauf verwenden, um überhaupt selbst hinüberzukommen und nicht in dem New Yorker Regierungsbüro hängenzubleiben. Man hatte mir für September eine befristete Orientierungsreise nach Deutschland in Aussicht gestellt, aber es verging Woche um Woche, ohne daß die Genehmigung dafür eintraf. Ich mußte nach Washington fahren, um die Sache selbst bei den vorgesetzten Behörden des Kriegsministeriums zu betreiben.

Dies geschah im ›Pentagon‹, jenem sagenhaften fünfeckigen Gebäude, in dem sich Weltschicksale entscheiden. Mir erschien dieser Bau als die Ausgeburt einer abstrusen Phantasie. So etwas hätte sich ein Regisseur wie Fritz Lang für einen surrealen Zukunftsfilm ausdenken können, in dem er das Grauen einer entpersönlichten Welt symbolisieren wollte. Immer wieder verlief ich mich in den endlosen, gleichförmigen Fluren der vielen gleichförmigen Stockwerke, deren Wände zur Orientierung mit verschiedenfarbigen Linien, Buchstaben und Ziffern bedeckt waren, immer wieder geriet ich in einen falschen Aufzug und in ein falsches Büro. Auf den Gängen begegnete man rasch dahinschreitenden Uniformierten, die weder Zeit noch Lust hatten, einem verwirrt umherirrenden Zivilisten Auskunft zu geben – oder aber auch weiblichen Chargen in knappgeschnittener, popo- und busenstraffer Uniform, die gleichfalls eiligen Schrittes immer zu zweit gingen und immer über irgend etwas zu giggeln hatten. Diese ließen sich zwar ansprechen und gaben freundliche Auskunft, die aber fast nie stimmte, so daß man weiter ohne Ariadnefaden im Labyrinth umherirrte. Ich mußte da von Oberst zu General, von Sergeant zu Sergeantin, zu allen möglichen Indoktrinations-Stellen, zu politischer Personalkontrolle, zur körperlichen Untersuchung – es dauerte drei Tage, bis man mir schließlich die ›travel order‹, den offiziellen Marschbefehl nach Deutschland, für Ende Oktober versprach. Mein Auftrag lautete: die größeren Städte in der amerikanischen Besatzungszone Deutschlands und Österreichs zu besuchen – auch solche in den anderen Zonen – und einen ausführlichen Bericht über den Stand aller kulturellen Institutionen sowie Vorschläge für deren Verbesserung und zur Aktivierung des geistigen Lebens in den besetzten Ländern zu machen. Es war ein guter Auftrag, er belastete mich nicht mit Diskrimierung oder Verboten, er hatte nichts mit politischer Bevormundung und Investigation zu tun, nur mit dem Versuch des Brückenschlags zwischen Deutschland und der Welt – und er gab mir Gelegenheit, in manchen Fällen, in denen Unrecht geschehen war, aufklärend und helfend einzugreifen. Für die Reise war eine Zeit von fünf bis sechs Monaten vorgesehen, in der ich, was Transportmittel, Verpflegung, Unterkunft anlangte, der amerikanischen Armee unterstand, ohne jedoch einer Armeeformation anzugehören. Ich blieb Zivilist, brauchte keinen militärischen Rang zu bekleiden und keine Uniform zu tragen, aber mein Gehalt war dem eines amerikanischen Obersten angeglichen, so daß ich die

Möglichkeit sah, auch materiell zu helfen. Daß man dazu nicht sosehr Geld, sondern vor allem Zigaretten brauchte, das einzige wertbeständige Zahlungs- und Tauschmittel in der Hungerszeit, erfuhr ich erst drüben.

Jetzt aber, vor dem Nachtflug über das Meer, kam ein Abschied, von dem ich nicht gewußt hatte, wie schwer und wie schmerzlich er sein werde. Ich konnte, zum letzten Wochenende, noch einmal nach Hause fahren. Nach Hause – das war die Farm. Es war Oktober. Die Wälder brannten in ihrer vollen, herbstlichen Glut. Ich ging allein umher, ums Haus, um die Ställe, zum Teich hinüber – die Stille summte mir in den Ohren. Dort war ein Zaun aus ungeschälten jungen Birkenstämmen, dort ein anderer aus grobgesägten Holzpfeilern und Draht. Ich erinnerte mich an jeden Hammerschlag, mit dem ich sie zusammengehauen, an jeden Spatenstich, den ich in ihrer Umfriedung getan hatte. Dort ging der schmale, selbstgerodete Waldsteg hinauf, zum Hang, an dem ich Brennholz geschlagen hatte. Ich schloß die Augen, sog den abendlichen Würzgeruch der Wälder ein, in den sich immer ein leiser Duft von Holzrauch mischt, aus dem Kamin eines der einsamen Farmhäuser. Der Abend wurde kalt, ich heizte noch einmal meinen Herd und die Feuerstellen. Meine Augen tränten – ich konnte behaupten, daß es vom Rauch sei.

Der Bestimmungsort meiner Marschorder hieß: Berlin. Wenn ich das Wort in den Papieren las, packte es mich wie ein heißkalter Schauer: ähnlich dem, mit dem wir die Radioberichte über die Bombennächte und die Zerstörung der deutschen Städte gehört hatten. Drei Tage später landete das Flugzeug, das mich direkt von Paris nach Berlin-Tempelhof hätte bringen sollen, auf dem Flughafen Rhein-Main. Es war ein trüber Nachmittag, feuchter Nebel braute sich zusammen, bald rieselte es aus tiefstreichenden Wolken, an Weiterflug war nicht zu denken.

Am gleichen Abend ging ich durch die Stadt Frankfurt – die erste große Stadt, die ich als Kind gesehen hatte. Ich hörte vorübergehende Leute deutsch sprechen, in ihrer heimatlichen Mundart, jedesmal zuckte ich zusammen. Ich ging durch die zerstörte Altstadt, stand auf den Trümmern des Römerbergs, wie in einem Alptraum, aus dem man nicht erwachen kann. Ich kannte in dieser Stadt, in der viele meiner Freunde gelebt hatten, keinen Menschen mehr, wußte keine Adresse, von den meisten nicht, ob sie noch lebten. Die Theater waren zerstört, ich wußte nicht, ob und wo man jetzt spielte, auch nicht, ob es da noch einen der mir bekannten Schauspieler und Regisseure gab. Ich ging über knirschenden Schutt und war allein.

Dann aber, in dem kleinen, von den Amerikanern beschlagnahmten Hotel, in das man mich für die Übernachtung eingewiesen hatte, ereignete sich etwas völlig Unerwartetes. Als ich meinen Quartierschein vorwies, auf dem mein Name stand, starrte mir der alte, verhungert aussehende Portier ins Gesicht. Und dann sagte er, im schönsten Frankfurterisch: »Ei sin Sie womöschlich der vom Fröhliche Weinbersch?«

Und als ich nickte, packte er meine Hände.

»Ei was e Freud«, sagte er immer wieder, »ei was e Freud, daß Sie haamkomme sin! Wissese was? Sie krische e weiß Handtuch ins Zimmer, das gewwe mir nämlisch sonst net, die Herrn lasses als mitgehe. Awwer Sie krische e Handtuch un zwei Kisse!«

Das war meine Begrüßung in der Heimat.

In der nächsten Nacht fuhr ich nach Berlin, in einem Militärzug, denn alle Flughäfen waren des Nebels wegen gesperrt. Er hielt in einer kleinen Außenstation, da alle größeren Bahnhöfe zerstört waren. Von dort wurde man in einem Autobus zum Sitz der Militärregierung in Dahlem gefahren. Diese Ankunft, die Fahrt durch die Ruinen, am kahlgeschlagenen Tiergarten entlang – die alten Bäume waren längst zu Brennholz gemacht, sogar die Strünke ausgerodet, es war da nur noch ein riesig ausgedehnter Kartoffelacker, über den man hinblickte wie über eine Wüste –, von einem Trümmerfeld zum anderen. Die erste Zeit in der frierenden Hungerstadt. Wenn ich das niederschreibe, weiß ich nicht, ob ich es wirklich erlebt habe. Das liegt alles hinter einem grauen, wolkigen Schleier. Man kann ihn wegreißen, wie einen Rauch zerblasen, aber auch dann bleibt etwas Trübes, Verschwommenes, Dunkles vorm Gesicht. Aufgehellt, erleuchtet vom Erlebnis des Wiedersehns mit den Freunden. Aber dennoch, als sei man im Hades gewesen, in den man nicht zurückblicken darf. Daher kommt wohl auch jenes unerklärliche Vergessen, das mich heute immer wieder bei vielen Menschen in Deutschland überrascht. Als hätten sie in dieser Notzeit gar nicht wirklich gelebt, als wären sie wie Schlafwandler durch diese jammervollen Jahre gegangen.

Es war der kälteste Herbst und Winter der Nachkriegszeit, es war der Tiefpunkt des Mangels, der sich erst jetzt, nachdem er zum Dauerzustand geworden, nachdem der unmittelbare Kriegsschrecken vergangen war, mit voller Härte fühlbar machte. Außer den wenigen von Bomben verschonten Außenvierteln, wie Dahlem, einem Teil von Grunewald und Lichterfelde, welche die westlichen Alliierten durchweg für sich beschlagnahmt hatten – es hieß, man hätte solche Bezirke vorsätzlich zu diesem Zweck, als Hauptquartiere der geplanten Besatzung, verschont –, gab es in der großen Stadt kaum eine unzerstörte Straße oder Häuserflucht. Wo Häuser noch ganz oder zum Teil bewohnbar waren, sah man aus jedem Fenster etwas wie schwarze Schneckenhörner herausragen, das waren die Rohre der in den Zimmern aufgestellten Kanonenöfchen, denn mit Ausnahme der stets bis zur Unerträglichkeit überheizten Besatzungsquartiere gab es in der ganzen Stadt keine Zentralheizung mehr und auch nur so wenig Heizmaterial, daß die Notöfchen bestenfalls einige Stunden am Tage brennen konnten. Auch dann erwärmten sie nur einen kleinen Teil des Raums, in dem sich die Bewohner und Besucher zusammendrängten, während in der anderen Ecke, nach den Fenstern zu, die Eiskristalle an der Wand glitzerten.

So habe ich in vielen Städten mit vielen Freunden viele

Abende verbracht, um das langsam erlöschende Öfchen versammelt, dann in Mänteln, mit hochgestelltem Kragen. Jeden Morgen in diesem Winter sah man in Berlin vor den von den Amerikanern eingerichteten Nothydranten lange Schlangen von Frauen mit Wassereimern stehn, denn fast überall und fast immer war die Wasserleitung eingefroren. Die Frauen trugen dicke, wollene Männerhosen, vielfach an den Knöcheln mit Lappen umwickelt, und ein Schuhwerk, das von Skistiefeln aus vergangenen Winterfrischen bis zu Filzschuhen und Holzpantinen ging. Fast an jedem Abend gab es Stromsperre, und man saß bei einem blakenden Stearinstummel. Alte Leute und Kinder starben, wenn sie krank wurden. Soweit es für die Deutschen überhaupt Spitäler gab, waren sie überbelegt und hatten weder genügend Medikamente noch Pflegepersonal. Berlin, das einstmals von Leben durchbrauste, war eine Totenstadt geworden. Daran wurde durch den tobenden Lärm, der in den wenigen, für die Besatzung eingerichteten Vergnügungslokalen herrschte, nichts geändert. An einem Abend, nach Einbruch der Dunkelheit, stand ich allein in der Nähe der Kaiser-Wilhelm-Gedächtniskirche, von deren Ruine ein geborstener Turm in die Luft ragte. Hier war der Kreuzungspunkt von Tauentzienstraße und Kurfürstendamm, die Hauptverkehrslinie der Stadt zwischen dem Bahnhof Zoo und dem gesamten Westen, hier hatten die großen Kinopaläste gestanden, hier war früher am Abend alles in grelles Licht getaucht, vom Tosen eines nie abreißenden Auto- und Passantenstroms erfüllt. Jetzt war, bis auf eine trübe Notbeleuchtung an den Straßenecken, alles stockfinster und grabesstill. Man sah weit und breit keinen Menschen, hörte keinen Laut. Bis hinunter zum ausgebrannten Kaufhaus des Westens, bis hinauf zur Kreuzung der Joachimsthaler Straße, schien alles ausgestorben. Nur da und dort, wo in den Häusertrümmern ein halbes Stockwerk wie ein Schwalbennest hängengeblieben war, flackerte Kerzenlicht. Plötzlich ein Geräusch: ein Ächzen und Klappern. Quer über die Straße, auf der um diese Zeit kaum ein vereinzelter amerikanischer Dienstwagen vorüberglitt, zerrte ein Junge in abgerissenen

Kleidern einen kleinen Handkarren hinter sich her, mit Sparren- holz beladen, das er wohl irgendwo aus den Trümmern heraus- geklaubt hatte. Seine Holzschuhe klapperten laut auf dem rissi- gen Pflaster, ich hörte sie noch lange, während er seinen Karren in der Richtung zum Wittenbergplatz davonzerrte. Sonst hörte man nichts. Das war im November 1946 – vor kaum zwanzig Jahren.

Am ersten Tag in Berlin, der mit der Vorstellung bei den ver- schiedenen Dienststellen ausgefüllt war, hatte ich Mirl und Peter Suhrkamp verständigt. Sie wohnten jetzt in einem Haus in Zeh- lendorf, in das auch die Reste des ehemaligen S. Fischer Verlags gerettet worden waren, den Suhrkamp bereits neu aufbaute. Ge- gen Abend fuhr ich mit der Untergrundbahn zu der mir von Mirl angegebenen Station. Sie stand, blaß, mager, in einem armseligen Mantel, droben am Ausgang des Treppenschachtes und streckte mir die Hände entgegen. Lange konnten wir nicht sprechen, während wir durch die stille Seitenstraße zu ihrer Wohnung gingen.

Peter Suhrkamp lag bleich, hohläugig, im Bett, das Zimmer war kalt. Er war an einem Rückfall der schweren Lungen- und Rippenfellentzündung erkrankt, die ihm, außer anderen unheil- baren Gesundheitsschäden, seine lange Haft in einem der schlimmsten Konzentrationslager eingebracht hatte. Wenn man ihn anschaute, glaubte man einen Sterbenden zu sehen, doch waren seine Wolldecken von Manuskripten, Korrekturbögen und Korrespondenz behäuft, er hielt einen Bleistift in den abge- magerten, klammen Händen. Wenn ich je ein Beispiel erlebt habe, daß der Geist den Körper beherrschen kann, dann war es das seine. Mirl hantierte im Mantel, mit dicken Wollstrümpfen, in der Küche. Das einzige, was sie ihm auf einem Spirituskocher bereiten konnte, war eine dünne, aber heiße Kartoffelsuppe, kraft- und fettlos. Derartiges war damals, und noch zwei Jahre lang, die Hauptnahrung der meisten Deutschen. Höchstens Schwerarbeiter erhielten eine knappe Sonderration zugeteilt. Studenten und Intellektuelle mußten mit einem Minimum an ›Kalorien‹ für einen ganzen Monat auskommen, einer Ration, die heute in der Bundesrepublik kaum den Bedarf für einen Tag decken würde.

Peter Suhrkamp hatte trotz seines geschwächten Zustands kaum ein Bedürfnis nach Essen, aber nach Alkohol, der ihn erwärmte und dessen Nährgehalt seine Energien steigerte. Ich hatte noch keine Gelegenheit gehabt, an diesem ersten Tag Lebensmittel zu besorgen, aber ich hatte, noch aus Amerika, eine Flasche Whisky und eine Flasche Kognak mitgebracht. Damit verbrachten wir die Nacht. Mein geheiztes Zimmer im Harnack-Haus, wo man Besucher mit amerikanischem Regierungsauftrag unterbrachte, blieb leer.

Das erste, was Peter tat – bevor wir auch nur ein paar Worte gewechselt hatten –, war: eine Telefonverbindung zu meinen Eltern in Oberstdorf anzumelden. Ich hatte das schon am Vormittag, gleich nach meiner Ankunft, vom amerikanischen Hauptquartier aus versucht, aber man hatte mir bedeutet, daß die offiziellen Fernleitungen nur für dienstliche Gespräche zur Verfügung stünden. Nach Stunden bekamen wir die Verbindung, sie wurde immer wieder unterbrochen, die Verständigung war schwach. Ganz fern und leise hörte ich die Stimme meiner Mutter, die man in der kleinen, bescheidenen Pension, in der die Eltern lebten, aus dem Bett geholt hatte. Sie konnten nicht begreifen, daß ich nicht sofort zu ihnen kommen durfte, daß ich ›im Dienst‹ war und warten mußte, bis mich mein Auftrag nach München führte und man mir dort einen Wochenendurlaub ins Allgäu genehmigte. Noch war die ›lange Zeit‹ für uns nicht vorüber. Aber ich war im Lande, und man konnte die Tage zählen.

In dieser Nacht erzählte mir Peter Suhrkamp, oft von Hustenanfällen unterbrochen, in einer fiebrigen Unermüdlichkeit und dennoch mit einer großen, distanzierten Ruhe, als berichte er Vorgänge aus historischen Zeiten, die Geschichte ihres Überlebens – sie waren viermal ausgebombt worden, immer nur mit knapper Not davongekommen, hatten all ihre Habe verloren – und von seiner Verhaftung, der schändlichen Denunziation, durch die sie erfolgt war, der furchtbaren Leidenszeit im KZ. Er müsse das, sagte er, alles einmal aussprechen, gleichsam um vor einem Zeugen sich selbst Rechenschaft abzulegen. Dann nahm er mir das Wort ab, von den Einzelheiten seiner Erlebnisse, von den Grausamkeiten, die er im Konzentrationslager mit ansehen mußte und denen er selbst unterworfen war, nie anderen zu erzählen und vor allem niemals darüber zu schreiben. Die Schilderung von Grausamkeiten, meinte er, schrecke nicht ab, sondern errege den im menschlichen Unterbewußtsein vorhandenen Trieb zur Grausamkeit, die geheime Lust an ihrer Vorstellung, im Tun und im Erleiden, und damit würden die bösen Geister wieder aufgerührt und neu gerufen. Ähnlich sei es mit Kriegsbüchern, auch wenn sie gegen den Krieg gerichtet seien. Ich habe dieses Wort gehalten, weil ich glaube, daß er recht hatte. Hier ist Schweigen kein Verschleiern, sondern ein Überwinden. Die Phantasie ist eine ebenso abgründige wie erlösende Gewalt. Man tut gut, das Teuflische, das in ihren Tiefen schlummert, nicht zu wecken, sondern nach ihren lichteren Sphären zu streben, ihrer vox coelestis zu lauschen, ihre vox humana zu beschwören.

Diesem ersten Wiedersehen, das im Zeichen einer – durch die jahrelange Existenz auf getrennten Ufern nicht veränderten – ungebrochenen, lückenlosen Gemeinschaft stand, folgten unzählige andere, auch neue Begegnungen, welche die gleiche Zusammengehörigkeit enthüllten. Jedesmal war es wie ein Funkenschlag, es brauchte keine Leitung gelegt, keine Verständigungsbrücke gebaut zu werden. Es gab keine Fremdheit, keine trennende Kluft. Die Jahre zählten nicht mehr, in denen man nichts voneinander gehört hatte – man hatte dennoch zutiefst voneinander gewußt. Man hatte sich nie verloren. Fast keinen gab es in Deutschland, am wenigsten in Berlin, der noch da wohnte, wo man ihn zuletzt behaust wußte. Die meisten hatten Heim und Habe verloren, waren vielfach verschlagen und umgetrieben worden. Uns war das früher und in anderer Spielart ebenso ergangen. Wir standen im gleichen Schicksal, und es war völlig sinnlos, ohne menschliche Bedeutung, die beiderseitigen Tränenmeere zu messen und abzuwägen, wer mehr gelitten hatte: die geblieben waren, die fort gemußt hatten. Die Stunde des großen Ausgleichs schien gekommen, die Hinwendung zu einer neuen, aus dem Erschrecken der Menschen vor sich selbst geborenen Menschlichkeit. So empfanden damals viele, besonders in dem mit Scham belasteten und noch lange von der Not und den Nachwehen des Krieges gestraften deutschen Volk.

Auch war da etwas wie ein geistiger Heißhunger ausgebrochen, ein kaum stillbares Verlangen nach Klärung und Erkenntnis, ein Durst nach innerer Erneuerung, Auferstehung, eine chiliastische Hoffnung, die tiefer ging und weitere Kreise ergriffen hatte als nach dem Ersten Weltkrieg. Es war, bei allem Jammer, auch eine großartige Zeit. Was an geistiger Nahrung von ›draußen‹ kam, Theaterstücke, Bücher, Berichte, jede Art von künstlerischer und intellektueller Äußerung, von Sartre bis Eliot, auch alles während der Schreckensherrschaft im Land Unterdrückte, wurde mit leidenschaftlicher Begierde aufgesogen.

Immer und überall waren die ungeheizten Theater überfüllt, von Menschen, die oft stundenlang hatten laufen müssen, um sie zu besuchen, von Menschen in ärmlicher Kleidung und mit der gelblichfahlen Hungerfarbe im Gesicht, aber mit brennenden Augen, zu voller Aufgeschlossenheit, zu Erschütterung wie zum Denken bereit. So saß ich im Berliner Hebbeltheater in Thornton Wilders Stück ›Wir sind noch einmal davongekommen‹, das ich in New York vor einem literarisch versierten, ästhetisch verwöhnten Publikum hatte spielen sehen: hier waren die Menschen im Zuschauerraum die gleichen wie auf der Bühne, welche die Eiszeit und die Sintflut um Haaresbreite überstanden hatten – selbst noch von allen Schauern der Bedrohnis erfüllt, von ihrem eigenen Schicksal ergriffen.

Die Russen und Amerikaner verkehrten damals noch miteinander als gleichgestellte Alliierte, wenn auch mit einem fühlbaren Unterton von Mißtrauen. Aber man begegnete sich, man konnte ungehindert die Grenzen der Stadtsektoren überschreiten. Noch war es für Zivilisten nicht ratsam, im Russensektor bei Dunkelheit auf die Straßen zu gehen, noch versteckten sich die Frauen, wenn ein uniformierter Russe an die Tür pochte. Aber die Russen hatten, in ihrem kindlichen Enthusiasmus für ›Kultura‹, als einzige Besatzungsmacht ein Klublokal für deutsche Künstler, Schauspieler, Schriftsteller eröffnet, die ›Möwe‹ in der Neuen Wilhelmstraße, in dem die Mitglieder gegen geringes Entgelt Borschtschsuppe und Würstchen, Bier, Wodka haben konnten. Dort traf sich die gesamte Kunstwelt Berlins, dort wurde auch für mich, von den russischen Kulturoffizieren veranstaltet und in Abwesenheit der anderen alliierten Vertreter, der erste ›Empfang‹ gegeben, zu dem die deutschen Theaterleute aller Sektoren eingeladen waren. Die erste Begrüßung nach meiner Ankunft hatte im Berliner Rundfunk Herbert Ihering gesprochen, der jetzt im ›Deutschen Theater‹ auf der Ost-Seite als Dramaturg tätig war. Noch konnte man sich eine Trennung der Stadt, eine Teilung Deutschlands, nicht vorstellen.

Mein Weg von Berlin führte mich zunächst wieder nach Westen. Ich sah das zerschmetterte Darmstadt, stand am Grab meines Freundes Carlo Mierendorff. Ich ging, halb betäubt, durch die Trümmer meiner Vaterstadt Mainz, stand vor dem Schutt meines Elternhauses, konnte meinen Schulweg nicht mehr finden. Ich sah die herzzerreißenden Suchzettel in den Bahnhöfen, wändehoch, einer neben dem andern angeschlagen, von all den Menschen, die einander verloren hatten. Ich sah diese unheimlichen Bahnhöfe, voll von Harrenden, von Hoffenden und Hoffnungslosen, von Ungeheuern und Mördern, von Krüppeln, Flüchtlingen, von zermürbt und gebrochen heimkehrenden Kriegsgefangenen, von Schwarzhändlern, Hungrigen, Strichjungen und -mädchen bevölkert und von Besatzungsleuten, die solche Beute jagten oder von ihr geködert wurden.

Ich lernte in Stuttgart Theodor Heuss kennen, in Ulm die Familie Scholl, die Eltern der Geschwister, die sich im Widerstand geopfert hatten, und ihre Schwester Inge und deren Verlobten Otl Aicher, die mit dem großen, feurigen Herzen einer notgeprüften Jugend das Neue, die neue Welt erschaffen wollten – beglückende Freundschaft erwuchs aus diesen Begegnungen. Ich kam nach München, das im kalten Novemberregen einer nassen, verwahrlosten Jammerstätte glich. Immer standen große Haufen von Menschen in ihrer erbärmlichen Kleidung an den Haltestellen der Straßenbahn, die selten kam, klammerten sich in Trauben auf die Trittbretter der überfüllten Wagen, wurden von den Gummiknüppeln der MPs, der amerikanischen Militärpolizisten mit ihren strammsitzenden Hosen und ihren weißen Gamaschen, heruntergefegt. Immer lungerten Scharen von hungrigen Kindern, auch solchen, denen die Bomben ein Bein weggerissen hatten und die auf einem Stumpf hüpften, vor den amerikanischen Hotelquartieren herum, in der Hoffnung auf etwas Schokolade, Kaugummi oder Kekse, die ein mitleidiger Soldat ihnen zuwerfen mochte. Immer fiel in diesen Tagen der schwarze Regen. Ich sah Soldaten, am häufigsten Negersoldaten, die solche Kinder aufhoben, fütterten und küßten. Ich sah andere, die sich einen Spaß daraus machten, deutsche Krüppel nach hingeschleuderten Zigaretten rennen zu lassen. Das Scheußlichste, das Schönste, wohnte auch da dicht nebeneinander – so wie im deutschen Volk.

Wir wußten, die Mörder waren noch unter uns. Desto enger schlossen sich die Freunde zusammen.

Hier in München sah ich Erich Kästner wieder, der das Feuilleton der von den Amerikanern herausgegebenen ›Neuen Zeitung‹ betreute, und den Freund aus frühen Münchener Tagen, Erich Engel, der damals Intendant der ›Kammerspiele‹ war. Und endlich, am letzten Sonntag im November, gelang nach manchen Schwierigkeiten die Fahrt nach Oberstdorf, zu den Eltern.

In dieser Zeit erfuhr ich zweierlei Glück. Das eine: helfen zu können, Not zu lindern. Das andere – vielleicht das größte und gnadenvollste, das mir in meinem ganzen Leben beschieden war:

Nicht hassen zu müssen.

Ich weiß nicht, wie ich empfunden hätte, wäre mir die Mutter ermordet worden, wäre mein Vater, der – fast erblindet – nicht ohne sie hätte weiterleben können und wollen, in Kummer und Not zugrunde gegangen. Aber sie lebten, ich konnte sie wiedersehn, und meine Mutter hatte sogar von einem ›Nazi‹ – auch das kam vor! – Gutes erfahren, dem Ortsgruppenleiter von Oberstdorf, der ihre ›nichtarische‹ Abkunft, als sie sich nach der Mainzer Ausbombung hier anmelden mußte, in den Papieren vertuschte, um sie vor einer möglichen Verfolgung oder Demütigung zu bewahren. Ein unbekannter Mensch, in der Maske des Bösen Feindes, hatte meinen Eltern Gutes getan, und meine Freunde, die von Deutschlands Henkern Gehenkten, waren für die gute Sache in den Tod gegangen, hatten ein großes Beispiel gesetzt.

Ich brauchte nicht zu hassen.

Als wir fort mußten – mir war, als läge ein Jahrhundert dazwischen –, hatten wir eine gewisse Vorstellung, wie es wäre, wenn man wiederkommt. Sie war falsch, und wir wußten, daß sie falsch war. Auch klammerten wir uns, aus Gründen der Selbsterhaltung, nicht an solche Gedanken, man verbannte sie aus dem Kopf, aus den Gesprächen, sogar aus den Träumen – um da, wo wir nun waren, leben zu können. Dennoch hatte man eine geheime Vorstellung davon, wie das sei: wiederzukommen – und in dieser spielte für mich die Stadt Zürich eine besondere Rolle.

Denn in Zürich, da war das Theater. Damals das einzige freie Theater von Format im deutschen Sprachgebiet. Dort hatte ich, im Jahr 1938, meine letzte Uraufführung erlebt. Dort sollte ich jetzt erleben, woran ich nicht mehr geglaubt hatte.

Meine Frau war inzwischen mit einem Holland-Boot, einem Schwesterschiff dessen, auf dem wir ausgewandert waren, herübergekommen, und – da ihr Deutschland verschlossen war – sofort in die Schweiz gefahren. Hier wurde sie von Freunden erwartet und umhegt. Gleich nach dem Kriegsende erhielten wir

645

von Pierre und Françoise Pelot, in deren ›Hotel Belle-Vue‹ wir das letzte Jahr vor der Überfahrt verbracht hatten, aus Chardonne ein Kabel:

»Toujours invités venez vite!« Immer hier eingeladen – kommt bald!

In Zürich lebte Josef Halperin, der schon zu meinem Heidelberger Freundeskreis gehört hatte, lebte Kurt Hirschfeld, Dramaturg und Vizedirektor des Schauspielhauses, gab es die einzigartige Lily Reiff, deren Gastfreundschaft, besonders Künstlern, Musikern, Schriftstellern gegenüber, Legende geworden ist. Aber vor allem: Heinz Hilpert war da, mit seiner Nuschka, die er unterm Zwang der ›Nürnberger Gesetze‹ nicht hatte heiraten dürfen. Er hatte sie damals, bevor ihr als Jüdin das Schlimmste geschehen wäre, in die Schweiz retten können. Hier waren sie nach Jahren vereint, sie wurde bald seine Frau. Er selbst war von der Kriegszeit hart mitgenommen – sein einziger Sohn aus erster Ehe, an dem er unendlich gehangen hatte, ein begabter junger Cellist, war noch kurz vor der Kapitulation gefallen. Doch Hilpert war von ungebrochener Arbeitskraft – und jetzt probte er im Schauspielhaus mein Stück: ›Des Teufels General‹.

Die Premiere war für die zweite Dezemberhälfte angesetzt, mit einem Schauspieler in der Hauptrolle, dessen Namen ich nie gehört hatte, weil sein Aufstieg in die Zeit unseres Fernseins gefallen war: Gustav Knuth. Jedermann in Deutschland, der eine Ahnung vom Theater hatte, sagte mir: Knuth – großartig! Und Hilpert, der Freund, als Regisseur, der die besten Aufführungen meiner Stücke gemacht hatte. Ich mußte hin!

Noch aber lag zwischen Zürich und mir ein Wall von Hindernissen.

Zwar war in meinem Dienstvertrag ein Weihnachtsurlaub vorgesehen, aber keine Ausreise aus dem besetzten Deutschland. Ich hatte nicht geahnt, daß ich dazu eine besondere Genehmigung brauchte, um die ich erst hätte in Washington einkommen müssen. Was das hieß, stand außer Zweifel: das Gesuch würde bewilligt werden, und die Bewilligung würde frühestens in drei Monaten eintreffen, wenn ich vermutlich schon wieder auf dem Rückflug nach Amerika war. Noch waren die Landesgrenzen gesperrt, und selbst um innerhalb Deutschlands die Grenzen der verschiedenen Besatzungszonen zu überschreiten, brauchte es jedesmal besondere Erlaubnis und Formalitäten. Ich saß in München und war der Verzweiflung nahe: es war drei Tage vor der Premiere. Da führte mich der Zufall meinem alten Freund Günther Stapenhorst in die Arme, einem ehemaligen deutschen Marine-Offizier, später Produktionsleiter bei der UFA, der freiwillig, aus Ekel und Abscheu, schon zu Beginn der Naziherrschaft emigriert war. Jetzt war er im Auftrag eines Filmverleihs mit einem Schweizer Wagen für einen Tag nach München gekommen. Am selben Abend war ich mit ihm unterwegs.

Es wurde ein Hindernisrennen, denn ich reiste ›illegal‹, wie ein Flüchtling im Krieg. Zwar hatte ich vom schweizerischen Konsulat ein Einreisevisum erhalten, doch ich hatte nicht bedacht, daß wir bei Bregenz ein paar Kilometer durch die französische Besatzungszone Österreichs fahren mußten, und dort wollte man mich nicht durchlassen. Nur der Umstand, daß ich auf französisch schimpfen konnte, bewegte das Herz eines jungen Grenzoffiziers.

Plötzlich spürte man in der Dunkelheit, daß wir im Land des Friedens waren. Man verspürte es körperlich: das Land roch anders. Daran merkte man es zuerst – bevor man der asphaltierten Straßen, der getrosten Ordentlichkeit hell erleuchteter Ortschaften mit ihren kleinen, sauberen Wirtschaften gewahr wurde.

Eine Stunde vor Mitternacht sahen wir die Lichter von Zürich. Es war der Traum einer Stadt – einer unveränderten, europäischen Stadt –, denn Paris hatte ich auf der Durchreise von Amerika nach Deutschland noch vom Nachkrieg verdüstert, bedrückt und verwahrlost gesehen. Ich war so aufgeregt, daß ich nicht gleich in das kleine Hotel fahren wollte, in dem meine Frau – ohne zu wissen, ob und wann ich eintreffen werde – mich erwartete. Ich mußte erst begreifen, wo ich war...

Ich bat meinen Freund, am Restaurant ›Kronenhalle‹ zu halten, es war kurz vor Lokalschluß, aber ich bekam da noch ein Pilsener und einen dreifachen ›Chrüter‹. Die Kellnerinnen wirkten auf mich wie freundliche Krankenschwestern. Ich fühlte mich gepflegt und geborgen. Selbst die ›Aufstuhlung‹ um die Polizeistunde hatte etwas von gesicherter Normalität.

Friede.

Am nächsten Morgen ging ich mit meiner Frau auf die Probe. Niemand wußte, daß ich kommen werde. Ich ging langsam durch die winterlich besonnte Stadt, blieb oft stehen, bei den Schwänen am Quai, dort, wo man in der Ferne eine verschneite Gebirgskette mit dem Mythen sieht – »das große stille Leuchten« von Conrad Ferdinand Meyer –, dann blieb ich vor der Buchhandlung von Oprecht in der Rämistraße stehen, schließlich an der Ecke des ›Pfauen‹. Ich brauchte immer noch Zeit, Besinnung – es war wie eine Wanderung durch die Stadien der Vorgeburt, die neun Monate dauert... Denn jetzt, hier, sollte ich neu geboren werden. Mir war, als müßte ich ein Stoßgebet sprechen, als ich über den Hof vom Zeltweg zum Bühneneingang ging. Ganz leise öffnete ich eine mir bekannte Tür in den hinteren Zuschauerraum, auf Zehenspitzen trat ich ein. Im selben Augenblick hörte ich die Stimme meines Freundes Hilpert, unverändert berlinernd:

»Ja, ja, Gustav, ick weess, det hat mehr Text als der Lear, aber jetzt mußt'n doch mal können!«

Ich war zu Hause.

Im nächsten Augenblick drehte Hilpert, der vorn an der Rampe gestanden hatte, sich um, als spüre er etwas in seinem Rücken, und sagte zu den Schauspielern: »Moment mal.« Dann lagen wir uns in den Armen.

Diese Tage in Zürich waren ein einziger Rausch, ein Fest, eine Olympiade der Freundschaft. Alle waren da, die man überhaupt nur erwarten konnte, viele, die man nicht gehofft hätte, hier zu sehen. Caspar Neher, Brechts Jugendgefährte, auch mit mir von der Münchner und Berliner Zeit her befreundet, machte im Schauspielhaus die Bühnenbilder, ich hatte ihn gleich auf diesem ersten Probenbesuch wiedergetroffen, ebenso Heinrich Gretler und seine Frau Marion, die meine erste Ulla Winblad, Elisabeth Lennartz, die meine erste Katharina Knie gewesen war, jetzt war sie Frau Knuth. Alexander Lernet-Holenia war mit seiner Frau Eva, die wir noch nicht kannten, aus Wien gekommen, er trug die kurze Pelzjacke seines ehemaligen Kavallerie-Regimentes, denn einen zivilen Wintermantel besaß er noch nicht, und sah aus wie der letzte Überlebende des höchst aristokratischen k. u. k. Offizierskorps. Franz Theodor Csokor war plötzlich da, noch in der Uniform der amerikanischen Truppen, zu denen er nach einer unwahrscheinlichen Odyssee über Polen, Ungarn, Rumänien, Jugoslawien, immer knapp vor den deutschen Panzern her, schließlich in Italien gestoßen war. Henry Goverts war da, wir saßen bei Halperin und sprachen von den toten Freunden Theo und Carlo, Haubach und Mierendorff – auch sie lebten mit uns in diesen Tagen, man hätte sich kaum gewundert, wäre einer von ihnen plötzlich zur Tür hereingekommen. Es war alles nicht ganz wirklich, und es war alles Gegenwart. Die Fäden verknüpften sich zu einem Gewebe, das keine Zeiten kennt. Ich hatte ein langes Telefongespräch mit Gräfin Freya von Moltke, der Witwe meines Freundes Helmuth, der den ›Kreisauer Kreis‹, die bedeutendste zivile Gruppe des deutschen Widerstands, gegründet hatte, genannt nach seinem Gutshof, auf dem man zusammentraf, und der von den Nazis gehenkt worden war. Sie war auf der Durchreise in Genf, konnte nicht nach Zürich kommen, aber sie sprach zu mir von seinen letzten Tagen, von seiner Verteidigung vor Freislers ›Volksgerichtshof‹, von seinem tapferen Sterben. Ich hatte sie nie gesehen, aber ich sah sie durch ihre Stimme. Alle Freunde waren mit uns, die lebendigen und die toten. Bei der Premiere saßen mit uns in der Loge Schicksalsgenossen aus dem Hollywood-Exil: Curt Goetz und Valerie von Martens.

Von dieser Premiere kann ich nicht erzählen. Ich erlebte sie nicht in einem Rausch oder einer Trance, sondern in ernster, gesammelter Wachheit, ich folgte jedem kleinsten Zug dieser herrlichen Aufführung mit gespanntester Intensität. Aber es gibt Empfindungen und Erfahrungen, die sich der Beschreibung entziehen. Wenn einer scheintot begraben worden wäre und dann wieder ausgebuddelt und zum Leben erweckt, könnte er vermutlich auch nicht viel davon reden.

Neue Fäden spannen sich an. Da war Max Frisch, von dem ich ein aufrührendes Stück gelesen hatte: ›Nun singen sie wieder‹. Seine Persönlichkeit berührte uns noch viel stärker als das, was er bislang geschrieben hatte. Ein kommender Mann? Mehr! Ein Mensch, mit dem man verbündet war, eh man ihn gekannt hatte – in der geheimen Brüderschaft, welche die Wahrheit liebt und das reine Wort.

Am Tag nach der Premiere, von deren Erfolg und Nachhall wir noch ganz benommen waren, sagte mir mein Freund Goverts, ein Mann möchte mich kennenlernen, der das Stück gesehen habe und mir gern einiges darüber sagen wolle. Das war Carl Jakob Burckhardt. Ich hatte noch nichts von ihm gelesen – sein Briefwechsel mit Hofmannsthal war damals noch nicht erschienen, und seine Rede über Regina Ullmann, seinen ›Richelieu‹ und die kleinen Erzählungen las ich erst später. Ich wußte nur, wer er war: Großneffe des großen Jacob Burckhardt, Hochkommissar in Danzig vor dem Krieg, Präsident des Internationalen Roten Kreuzes nach dem Kriege – und welchen Geistes ein Mann war, der solche Positionen zu verwalten hatte, wie er es tat, welche Haltung er einnahm, sprach sich in dieser Zeit der politischen Hellhörigkeit unter den Betroffenen und Vertrauten rasch herum. Wir trafen uns in der Wohnung von Freunden, Ruth und Wilhelm Meister, in der damals so manche erregende Begegnung stattgefunden hat. Mehr als jede zustimmende Kritik bestätigte und beglückte mich die Zustimmung dieses Mannes, der wie kein anderer die Problematik der Deutschen in der jüngsten Vergangenheit miterlebt und erkannt hatte. Er sagte mir als erster, was ich nachher von unzähligen Menschen in Deutschland hörte: So wie in diesem Stück – so ist es gewesen. Und es sei jene Wahrheit, die nicht dokumentiert, die nur gedichtet werden kann und nicht mit Haß, nur mit Liebe ausgesprochen. Diese erste Begegnung legte den Grund zu einer späteren Freundschaft, eine der reichsten und dankenswertesten meines Lebens.

Zu Silvester war ich – mit eingeschmuggelten Schweizer Kostbarkeiten, Schokolade, Büchsenmilch, Tauschzigaretten für den unvermeidlichen Schleichhandel beladen – wieder bei meinen Eltern in Oberstdorf, für einige Tage; dann ging die ›Dienstreise‹ weiter. Sie wurde für mich, trotz vielen Wiedersehens, immer schwieriger: nicht nur deshalb, weil ich kaum noch zum Schlafen kam, denn bei Tag hatte ich mit amerikanischen Dienststellen zu tun, am Abend besuchte ich die Theater, die Nächte verbrachte ich mit meinen Freunden in Deutschland und Österreich. Doch verstrickte mich meine Stellung in einen kaum lösbaren Zwiespalt.

Vom ersten Augenblick an, in dem ich deutschen Boden betreten hatte – seit der ersten Wiederbegegnung mit Menschen, die deutsch sprachen, von der ersten Stunde ab, in der ich durch eine zerbombte deutsche Stadt gegangen war, wußte ich, daß ich kein Amerikaner bin, obwohl ich in Amerika ein Heim und, draußen in Vermont, eine echte Zugehörigkeit gefunden hatte. Ich empfand immer stärker, daß ich nicht zu denen gehörte, die mich hierher berufen hatten und mich als einen der Ihren betrachteten, sondern zu dem Volk, dessen Sprache und Art die meine war, in dem ich geboren wurde, aufgewachsen bin. Aber auch in Deutschland waren wir nicht mehr wirklich zu Hause. Da war ein Schatten, den man nicht überschreiten konnte, auch der nicht, dem jede ›schreckliche Vereinfachung‹, jede Kollektivanklage fremd war: der Schatten eines grauenhaften Verbrechens, das auch bei anderen Völkern denkbar und möglich gewesen wäre – aber bei dem unseren *war* es geschehen, und gerade bei diesem, wie wir es liebten und weiterlieben, hätte es nicht geschehen dürfen. Ich gehörte nicht zu den ›Siegermächten‹, aber auch nicht zu den Besiegten. Jetzt, nach der Wiederkehr, war ich erst wirklich heimatlos geworden und wußte nicht, wie ich je wieder Heimat finden sollte.

›Des Teufels General‹ wurde in Deutschland erst ein Jahr nach der Züricher Uraufführung gespielt. Bis dahin war es von den amerikanischen Kontrollbehörden verboten (obwohl ich selbst diesen Behörden zeitweise zugeordnet war), aus unklaren Gründen: Teils befürchtete man eine ›rückschrittliche‹ politische Wirkung, das Aufkommen einer ›Generals- und Offizierslegende‹, teils Widerspruch, Unruhen, Krawall. Es paßte nicht in das sogenannte ›Umerziehungsprogramm‹, das ohnehin vergeblich war, denn kein Volk kann ein anderes erziehen, am wenigsten durch eine Armee.

Die Premiere fand Ende November 1947 in Frankfurt statt. Ich war inzwischen, zur Erstattung meiner Berichte, noch einmal in Amerika gewesen, hatte meinen Dienst quittiert und kam nun auf eigene Faust, diesmal mit meiner Frau, nach Überwindung der immer noch beträchtlichen Einreiseschwierigkeiten zur ersten Aufführung. Hilpert inszenierte ebenso grandios wie in Zürich, mit Martin Held in der Hauptrolle.

Gespielt wurde in dem als Behelfsbühne eingerichteten ehemaligen Frankfurter Börsensaal. Die Schauspieler waren alle mit einem brennenden Eifer bei der Sache, obwohl manche vor Hunger dem körperlichen Zusammenbruch nah waren. Wir mußten sie während der letzten Proben mit Schweizer Konserven, Nescafé, und mit Sandwiches, die wir aus amerikanischen Kantinen herausschmuggelten, bei Kräften halten. Der Abend der Erstaufführung stand unter dem Zeichen einer ungewöhnlichen, fast unheimlichen Spannung. Überall wurde schon seit den Schweizer Aufführungen von dem Stück geredet. Wie würde das deutsche Publikum es aufnehmen? Viele Kontrolloffiziere der Besatzungsmächte saßen an diesem Abend dabei, mißtrauisch und skeptisch. Doch sie erlebten wie wir den Ausbruch einer allgemeinen Erschütterung, wie sie nur selten von einem Theaterstück erregt werden kann. Die Menschen erkannten sich selbst im Spiegel ihrer Zeit. Viele, die dieser Premiere beiwohnten, waren im KZ gewesen, in Strafbataillonen, im Widerstand oder auch einfach im Heer. Sie konnten nicht begreifen, daß dieses Stück, von dem man sagte, daß es bis in Einzelheiten der Wirklichkeit entsprach, fern im Ausland geschrieben wurde, von einem, der nicht dabeigewesen war, der an dieser

Zeit nicht selbst teilgenommen hatte. Doch war das wohl überhaupt nur aus der Distanz, einer örtlichen oder zeitlichen, möglich gewesen, nicht unter dem nie abreißenden Einsturm neuer Ereignisse. Und wer einmal deutscher Soldat gewesen war, wenn auch im Ersten Weltkrieg, wußte, wie ein deutscher Soldat spricht und empfindet – wer die Nazis gekannt hatte, wenn auch vor ihrer Machtentfaltung, wußte, wer sie waren.

Zwei Tage später, nach einer weiteren Aufführung im Börsensaal, hielt ich die erste Diskussion mit jungen Deutschen über das Stück, von Peter Suhrkamp veranlaßt. Fragen wurden gestellt, Bekenntnisse abgelegt, von einer spontanen Offenheit, die uns alle überwältigte. Das Herz dieser Jugend schien aufgerissen. Selbst die Gestalt des ›Saboteurs‹ Oderbruch, vielleicht die einzige ›abstrakte‹, nicht ganz menschgewordene Figur des Stückes, weil sie für mich mehr ein Symbol der Verzweiflung als eine handelnde Person gewesen war – selbst diese schwer begreifliche Gestalt gab Anlaß zu produktiver Erregung und Auseinandersetzung.

Von da ab kannte ich meine Aufgabe.

Zwei Jahre habe ich darangesetzt, in Studenten- und Schülerversammlungen, bei Jugendtagungen, bei jungen Intellektuellen und bei der Gewerkschaftsjugend der Ruhrkumpels, überall, wo man mich wollte, sogar bei den jungen Leuten der ehemaligen Waffen-SS im Anhaltelager Dachau, der deutschen Jugend, die ratlos aus dem Zusammenbruch hervorgegangen war, Rede und Antwort zu stehen.

»Glauben Sie mir«, rief mir bei einer überfüllten Versammlung im Münchener Rathaus ein ehemaliger junger Offizier zu, »wir sind alle keine Nazis mehr, die meisten von uns schon lange nicht mehr – aber nicht jeder hat einen General Harras gefunden, der ihm den Weg zeigte! Jetzt sind Sie gekommen, jetzt helfen Sie uns, neu anzufangen!«

Ich erhielt einige hundert Briefe, die damit begannen: »Ich bin Ihr Leutnant Hartmann...« Das war in meinem Stück der junge Offizier, der als begeisterter Anhänger der Hitlerjugend, an Ideale glaubend, in den Krieg gegangen war und durch das Erlebnis des Terrors und der Gemeinheit zur Umkehr, zum Widerstand gelangte. Mag es auch nicht bei jedem dieser jungen Menschen genauso gewesen sein, so empfand ich es doch als das Zeichen eines großen Erwachens, einer tiefgreifenden inneren Wandlung, daß sie es jetzt so begreifen wollten.

Ich selbst empfand eine ungeheure Verantwortung, der ich mich nicht entziehen konnte und wollte. Und in ihrem Vollzug gehörte ich wieder, wenn auch nicht mehr dort beheimatet, zu meinem Volk. Wochen- und monatelang reiste ich umher, von Versammlung zu Diskussion – es gibt andere, die darüber berichten können, die sich erinnern.

Dieses Leben ging über die menschliche Leistungskraft. Am Ende des Jahres 1948, nach einer Diskussions- und Versammlungsreise durchs Rheinland und Ruhrgebiet, bei der ich mich nur noch mit Schnaps aufrechterhalten hatte, brach ich mit einem Herzinfarkt zusammen.

Ich war erst Anfang der Fünfzig, ich wurde geheilt. Ich erholte mich in dem Sanatorium ›Stillachhaus‹ bei Oberstdorf, das von dunklen Tannenwäldern umgeben ist, indem ich lange Wege durch das Bergland machte und ein neues Stück schrieb: ›Der Gesang im Feuerofen‹ – eine andere Auseinandersetzung mit dem Geschehen der furchtbaren Zeit, auf metaphysischer Ebene, wenn auch im realen Milieu der deutschen Frankreichbesetzung und der französischen Résistance.

Dort, in Oberstdorf, war ich in der Nähe meiner Mutter. Dort war, ein Jahr vorher, kurz nach der Frankfurter Erstaufführung von ›Des Teufels General‹, deren großen Widerhall er noch freudig erlebte, mein Vater gestorben. Am Abend vor seinem Tod waren meine Frau und ich bei den Eltern in Oberstdorf gewesen, zu einem kurzen Besuch, denn unser Visum für das besetzte Deutschland war abgelaufen, und wir mußten am nächsten Morgen in die Schweiz zurück. An diesem Abend hatte ich zwei sehr merkwürdige Erlebnisse. Das eine schien wirklich die Begegnung mit dem Tod zu sein. In einer kleinen Pension, in der meine Eltern immer noch in ihren zwei Zimmern lebten, da es eine andere Unterkunft nicht gab, trat ich nach Einbruch der

Dunkelheit aus ihrem Wohnzimmer auf den Flur hinaus. Es mußte an Strom gespart werden, die elektrischen Birnen auf dem Flur waren ausgeschraubt. Da stand ich plötzlich der Gestalt des Todes gegenüber, wie man sie auf alten Totentanzbildern sieht. Eine hohe weiße Gestalt, ein bleicher Schädel mit großen, dunklen Augenhöhlen. Als ich meine Taschenlampe anknipste, sah ich, daß es ein katholischer Geistlicher im langen weißen Chorhemd war, mit einem schönen, grauhaarigen Kopf, der nur im Finstern wie ein bleicher Schädel geschimmert hatte. Es war der verehrungswürdige Pfarrer Rupp, der – noch wußten wir es nicht – wenige Tage später meinen Vater einsegnen sollte; er war hier, um eine kranke alte Frau mit den Sterbesakramenten zu versehen, und hatte auf dem dunklen Flur nach der Tür gesucht. Später bin ich ihm noch oft begegnet, habe viele Stunden in seinem Pfarrhaus verbracht. Damals aber war er für mich die Erscheinung des Todes, dessen Nähe ich in diesem Augenblick körperlich verspürte. Doch ich glaubte, es sei der Tod der alten Frau Schmidt, die er versehen ging.

Wir verbrachten diesen letzten Abend mit meinem Vater in heiterer Laune, er selbst war der heiterste von uns. Meine Mutter war besorgt, da sich bei ihm die Anzeichen eines beginnenden Bronchialkatarrhs bemerkbar machten und er für Erkrankungen der Atmungsorgane besonders empfänglich war. Ihn schien das nicht zu kümmern, obwohl seine Stimme sich immer mehr belegte. Am Nachmittag, als wir gekommen waren, hatten wir ihn ziemlich erschöpft in seinem Sessel gefunden – er sprach fast nicht und trommelte mit seiner rechten Hand in einem seltsamen Rhythmus auf den Tisch. »Warum trommelst du denn so?« hatte meine Mutter gefragt. – »Ich höre Trommeln«, sagte er.

Jetzt, am Abend, hatten wir ein für damalige Verhältnisse extravagantes Mahl hergerichtet, meine Frau hatte alle möglichen Köstlichkeiten für die Eltern aus der Schweiz mitgebracht, lauter Dinge, die in Deutschland schon während der Kriegszeit sagenhaft geworden waren, eine Büchse Hummer unter anderem. Sie kochte auch ein warmes Essen auf einem Spiritusbrenner zusammen, ich glaube, es gab Schildkrötensuppe und Kalbs-ragout – ein Fest für Menschen, die seit Jahren jämmerlich er-nährt waren. Ein Fest sollte es sein, ein Fest des immer noch nur sporadischen Wiedersehens. Meine Eltern liebten meine Frau wie eine Tochter – sie, die ohne Vater aufgewachsen und deren Mutter lange verstorben war, hatte in ihnen die Eltern ihres Lebens gefunden.

Schon seit meiner ersten Wiederkehr war es mir gelungen, meine Eltern von Zeit zu Zeit mit Wein zu versorgen, der im besetzten Deutschland zwar hervorgebracht, aber ›beschlag-nahmt‹ oder verschoben wurde und kaum zu bekommen war. Nun hatte ich aus Frankfurt zwei Flaschen Champagner mitge-bracht, es war ein besonderer Wunsch meines Vaters gewesen. Er hatte sein Leben lang nie unmäßig, aber regelmäßig getrun-ken, und der Mangel an Wein war ihm, dem Rheinhessen, schwerer geworden und hatte ihn körperlich mehr geschwächt als der Mangel an anderer Nahrung. Wir tranken aufs Wieder-sehn, wir tranken auf das Glück, wieder vereinigt zu sein, wir tranken auf das Wohl meines Bruders, der noch nicht hatte kom-men können, wir tranken auf ein neues, erlöstes Deutschland. Ich hatte meinem Vater eine Importzigarre mitgebracht – meine Mutter wollte sie ihm seiner fortschreitenden Halsverschlei-mung wegen verbieten, aber er bestand darauf, sie zu rauchen: »Sie schmeckt mir noch«, sagte er. »Wer weiß wie lang?« Er war dreiundachtzig Jahre alt.

Spät am Abend hielt er meiner Frau sein Glas hin und fragte: »Ist noch was da?« Sie schenkte ihm ein, was in der Flasche ge-blieben war, und sagte – mit ihm anstoßend und auf den Rest in der Flasche bezogen: »Der letzte Schluck.«

Ich wußte, als meine Frau diese Worte sagte, daß ich meinen Vater nicht mehr wiedersehen werde.

Wir mußten in der Frühe wegfahren, als die Eltern noch schliefen.

Mein Vater starb am nächsten Tag, von einer Ärztin betreut, die ihm das letzte Ringen erleichterte und mit der wir heute noch innig verbunden sind.

Ich erhielt die Nachricht durch ein Telegramm, während ich im ›Zürcher Schauspielhaus‹ in der Aufführung eines Stückes von Gorki saß, das Berthold Viertel inszeniert hatte und in dem Therese Giehse die Hauptrolle spielte. Mit uns in der Loge saßen Brecht und seine Frau. Nie habe ich Brecht so zart und liebevoll gesehen. Er wußte, was mir der Vater war. »Da könntest du ruhig weinen«, sagte er. Aber ich weinte nicht. Ich war mit nichts anderem beschäftigt, als es zu schaffen: daß ich sofort zu der Mutter zurückkehren, ihr zur Seite sein könne.

Es gelang, auf einem jener phantastischen, nicht mehr ganz glaubhaften Wege, wie sie sich uns damals oft eröffneten. Ich mußte allein fahren, meine Frau bekam keine Erlaubnis, sie war etwas später, um die Weihnachtszeit, als ich dann wieder keine Erlaubnis hatte, bei meiner Mutter.

Ich hatte gefürchtet, meine Mutter völlig gebrochen und hilf-los zu finden – sie war es nicht. Hier erwies sich die Überwin-dungskraft einer echten Ehe, einer Lebensgemeinschaft, der keine andere gleichkommt. Sie war von einer Gefaßtheit, die alles Rührselige abwies. Viele Jahre lang hatte sie für den fast erblindeten Mann gesorgt. Nun ließ sie sich die letzte Sorge nicht nehmen. Sie bettete den Toten, sie kleidete ihn in sein Ster-behemd, wie man ein Kind versorgt: ohne Tränen. Es war da-mals ein Problem, wie man ein Grabkreuz bekommen konnte. Wir lösten es mit amerikanischen Zigaretten. Wir begruben ihn in einer Ecke des Waldfriedhofs von Oberstdorf, unter den dunklen Tannen, die er so sehr geliebt hatte. Ich hatte gefürch-tet, daß meine Mutter, nach einer fast sechzigjährigen Ehe, nun mit dem Alleinsein nicht fertig werden könne. Das Gegenteil war der Fall, denn sie war nie allein. Der Mann war für sie nicht gestorben, nur verwandelt: in was? wohin? darüber machte sie sich keine Gedanken. Für sie war er immer da, allgegenwärtig wie Tod und Leben. Sie konnte in ihren letzten Jahren heiter mit uns zusammensein, und wir wußten, er ist immer für sie dabei.

Mir gelang es dann, sie im ›Stillachhaus‹, dem Sanatorium, dem ich selbst meine Wiedergenesung verdankte, als Dauergast unterzubringen, ich wußte sie dort, auch wenn wir auf längere

Zeit in unsere zweite Heimat, nach Vermont, reisten, in bester Pflege.

Der Tod war so gnädig zu ihr wie das Leben. In einer Nacht im August des Jahres 1954 schlief sie ein und wachte nicht mehr auf.

Ihr Gesicht, als wir am nächsten Tag an ihrem Totenbett standen, war so still und friedlich wie das Gesicht eines schlafenden Kindes. Drei Monate vorher hatten wir ihren fünfundachtzigsten Geburtstag mit lieben Freunden gefeiert, zu denen Peter Suhrkamp, in den sie sich in ihren letzten Lebensjahren fast verliebt hatte und der ihr eine unvergeßliche Zärtlichkeit erwies, zu denen Gertrud von Le Fort, mit der sie sich in ihren letzten Jahren in Oberstdorf innig befreundet hatte, gehörten.

Als wir sie zu Grabe trugen, um sie an die Seite ihres Mannes zu betten, ging Gertrud von Le Fort, die größte Dichterin der Transzendenz in unserer Zeit, an meiner Seite. Das Grab war, obwohl der Herbst schon vor der Türe stand, von hellen, leuchtenden Blumen bedeckt. Wie das Grab eines jungen Mädchens.

1966   Die Hohe Stiege

Als wir, meine Frau und ich, an einem Juliabend des Jahres 1938 mit unseren Rucksäcken den Kapellenweg von Saas-Grund nach Saas-Fee hinaufwanderten, wußten wir nicht, daß wir heimgingen.

Wir gingen diesen Weg zum erstenmal, in einer kaum erklärlichen, wachsenden Bewegtheit, wie man sie sonst bei Ausflügen, auch in einer neuen, erregenden Landschaft, selten empfindet – als hätten wir ein Vorgefühl, daß uns dort oben etwas ganz Ungeahntes, Wunderbares erwarte.

Das war vier Monate nach unserer Austreibung aus Österreich – zehn Monate vor unserer Ausfahrt nach Amerika.

Am Genfer See, in den Weinbergen von Chardonne, wo wir damals Zuflucht gefunden hatten, war es sehr heiß geworden, wir wollten uns in den Bergen des Wallis nach einer erschwinglichen Unterkunft in gutem Sommerklima umschauen, da ich eine schwierige Arbeit vor mir hatte. An die Suche nach einer festen Wohnstatt dachten wir nicht.

Von Saas-Grund, das in der Talsohle, etwa 1600 Meter hoch, gelegen ist, nach dem Höhenort Saas-Fee gab es damals noch keine Fahrstraße – nur einen Saumpfad, auf dem Post, Gepäck, Material, Hotelbedarf, auch gehschwache Besucher mit Maultieren hinaufgelangten, und dann den Kapellenweg, in steilen Kehren an einer tief eingeschnittenen Schlucht entlang, durch welche der Fee-Bach, von Gletscherwassern gespeist, zu Tal braust.

Es war ein alter Wallfahrtsweg, von vierzehn kleinen Steinkapellen gesäumt, deren jede, durch die weite Vorderöffnung sichtbar, eine Station aus dem Leidensweg des Heilands darstellt, in holzgeschnitzten Gruppen aus dem siebzehnten Jahrhundert, Figuren von hart ausgeprägter, primitiver Realistik, besonders was die Folterknechte, die Geißler, die Soldaten und

Spötter anlangt. In manchen dieser Gruppen ist Jesus klein wie ein Kind, während die Gestalten der Mächtigen, denen er sich unterworfen hat, fast überlebensgroß erscheinen. Die Jungfrau und Mutter ist immer von einer sanften, bäuerlichen Schönheit.

Wir begegneten keinem Menschen auf diesem Weg – es war schon Essenszeit; er führte uns immer wieder an den Rand der Schlucht heran, deren wild abstürzende Granitwände noch den Blick auf die höheren Berge versperrten, über alten Gletscherschliff, durch lichten Jungwald und an kleinen, mit Kartoffeln und Gerste bepflanzten ›Äckerlein‹ vorüber, die oft hart über dem Absturz der steilen Wände an den Hang geklebt schienen.

Mich entzückten die Steine und Felsbrocken, wie sie überall verstreut waren, blauer Basalt und grün durchbänderter Serpentin, mattgrauer Gneis, tiefroter Porphyr, schimmernder Quarz, der auf das Vorkommen von Kristallen deutet, und breit gelagerte Schichten von Glimmerschiefer.

Noch immer sah man die hohen Berge nicht, nur dann und wann das Wehen eines blauen Eisschimmers, das Aufblenden einer Schneekuppe, das in der nächsten Kehre wieder verschwand. Der Wald rückte dichter zusammen und tat sich auf einmal zu einer lichten, grasigen Anhöhe auf, die von vereinzelten, uralten, mächtigen Lärchenbäumen mit rötlich gekerbter Rinde bestanden war. Um einen besonders starken war eine Steinbank rundherum gebaut, mit abgeglätteten Felsplatten belegt. Und an die seitlich aufragende Wand geschmiegt, fast in sie eingebaut, stand jene Wallfahrtskirche, die man ›Maria zur Hohen Stiege‹ nennt, mit gewölbter Tür, über der die Jahreszahl 1661 eingegraben ist, von einem zierlichen Glockentürmchen aus ockerfarbenem Tuffstein gekrönt. Über ihr zweifach geschachteltes Dach weg und durch die von der Luft leicht bewegten Kronen der Lärchenbäume hindurch blickte man in einen ungeheuren Glanz, ein überweltliches Strahlen, vor dem man fast die Augen schließen mußte. Es war das Abendleuchten von den Gipfeln der Viertausender.

Wir standen geblendet und im Herzen aufgerührt über die

ernsthafte Stille, die Umschlossenheit, die anspruchslose Würde dieser letzten Station vor dem letzten Anstieg nach Saas-Fee.

Dieser, die ›Hohe Stiege‹, nach der die Kirche genannt ist, besteht aus einem Steilpfad von neunzig steinernen Stufen, der hinter der Kirche eng in die Wand gehauen ist. Wieder sieht man nichts als die Wände der Schlucht. Dann biegt man, schon auf der Höhe der Ortschaft, um eine Felsenecke und steht ganz plötzlich vor einem Anblick, wie er mir nie und nirgends begegnet ist. Man steht am Ende der Welt und zugleich an ihrem Ursprung, an ihrem Anbeginn und in ihrer Mitte. Gewaltiger silberner Rahmen, im Halbrund geschlossen, nach Süden von Schneegipfeln in einer Anordnung von unerklärlicher Harmonie, nach Westen von einer Kette gotischer Kathedralentürme. Zuerst kann man nur da hinaufschauen, es verschlägt einem den Atem. Dann sieht man vor sich den Ort Saas-Fee, damals noch ein Bergbauerndorf von 468 Seelen, durch ein paar Hotels aus der ›Engländerzeit‹ kaum in seiner Einheitlichkeit gestört, in weit ausschwingende Matten eingebettet, von ansteigenden Lärchen- und Arvenwäldern gesäumt und von soviel Himmel überwölbt, daß man – ähnlich wie auf der offenen See – nach allen Seiten Freiheit und Weite verspürt. Dieser Himmel blühte jetzt, am Abend, in einem tiefen, fast violett getönten Dunkelblau, während es auf den Schneefirnen noch blitzte und wetterte vom Widerstrahl der schon gesunkenen Sonne.

Überall von den Bastionen der Gletscher ziehn sich die schaumweißen Bänder der Bergbäche hinab, deren Rauschen und Läuten die Luft erfüllt und die Stille vertieft. Und überall, bis fast zu den Gletscherzungen und den Steilwänden hin, an den Waldrändern, ins freie Weideland eingeschnitten, die kleinen quadratischen oder länglichen Vierecke der ›Äckerlein‹, getreidebraun und krautiggrün, die uns anschauten wie die Gesichter alter Leute, wenn sie sich still von der Arbeit heben.

Wir konnten, nach dem ersten heiligen Schreck, mit dem uns dieser Anblick durchfuhr, noch lange nicht sprechen, nur tief atmen. Die Luft war von Heu durchsüßt und von einer prickelnden, eisgeborenen Reinheit.

»Hier«, sagte dann einer von uns – »wenn man hier bleiben könnte!«

Zwanzig Jahre später, im Juli 1958, bezogen wir hier unser Haus, das schönste und – wenn es uns vergönnt ist – letzte Haus unseres Lebens.

Auch dieses habe ich nicht gesucht, sondern es ist mir, wie die Farm in Vermont, zugefallen. Oft war ich daran vorübergegangen und hatte seine prachtvolle Bauart bewundert, die in der ursprünglichen Form und Proportion der alten Saaser Höfe gehalten ist, und das umliegende, von immergrünen Arven, Bergkiefern und Fichten abgeschirmte Grundstück. Aber wir wußten nicht, daß die Erbauer verstorben waren, daß es keine Erben gab, die es halten wollten, daß der jetzige Besitzer im Begriff war, es zum Verkauf anzubieten. Eine beiläufige Begegnung machte uns mit alledem vertraut.

Wir waren inzwischen, nach dem Zweiten Weltkrieg, vierzehnmal in Saas-Fee gewesen, es zog uns immer wieder hierher. Ich hatte am Seil und in der guten, schweigsamen Gesellschaft eines älteren Bergführers, bei dem wir auch wohnten, die Berge bestiegen, ich kannte die alten Geißenpfade und Schafalmen der Umgebung so gut wie die Holzfällersteige und Wildwechsel in Vermont oder die Bauernwege und Hochwälder bei Henndorf.

Wir hatten, wie man das nennt, Land und Leute kennengelernt, doch ich muß es mir versagen, über Land und Leute im Ober-Wallis zu schreiben. Dazu müßte ein neuer Jeremias Gotthelf geboren werden, der von Kind auf die Sprache dieses Volkes spricht und in seinen Bräuchen aufgewachsen ist. Für mich aber, der ich diese Sprache nicht sprechen kann, sondern – lebenslänglich – nur die rheinhessische, für mich war die Ansiedlung in Saas-Fee dennoch eine Rückkehr ins deutsche Sprachgebiet. Denn hier höre ich Deutsch. Hier spricht man, auch für andere Deutschschweizer oft schwer verständlich, das alte Alemannisch aus der Zeit Karls des Großen. Was hier gesprochen wird, ist dem Althochdeutschen wohl näher verwandt als jede andere deutsche Mundart. Hört man zwei Leute auf dem Feld oder auf der Gasse miteinander reden, besonders wenn es zwei alte Frauen sind, so versteht man kein Wort, sondern glaubt in Island zu sein. Aber es ist ein überraschendes Abenteuer, in die Grammatik und Inflexion dieser Sprache einzudringen. Vielfach enden die Deklinations-, auch die Verbalformen wie im ältesten Deutsch auf ›iu‹ oder ›u‹. Die Leute heißen hier die ›Litu‹. Und der Plural von Frau, ›Fruwe‹, heißt ›Frowini‹. Wie gern bin ich in einem Land, in dem ich die Frauen ›Frowini‹ nennen kann! Schon die Monatsnamen klingen wie ein althochdeutsches Gedicht:

»Jener, Hornig, Märtz, Aprellu, Meiu, Brachu, Jeiwu, Eugschtu, Herbschtmanund, Wymanund, Wintermanund, Chrischtmanund.«

Ich hatte geglaubt, einiges von Holz zu verstehen, von Hartholz und Weichholz, wovon ich mir in Vermont viele Splitter in die Finger gezogen hatte. Was aber ein rechtes Bauholz ist, lernte ich erst hier kennen, an den mächtigen alten Lärchenbalken, aus denen unser Haus errichtet ist: zweiundsiebzig mal einundachtzig Traghölzer, immer in der Neunzahl angeordnet, die außen durch Luft und Feuchte eine fast schwarze Patina ansetzen, innen an den Wänden stets ihren warmen, rötlichen Glanz behalten. Wir haben an der Grundform des Hauses nichts geändert, da mir die alte Giebelstruktur als die nobelste erscheint, aber wir mußten eine durchs Dachgewicht gesunkene Seite heben, Stützbalken einziehen, neue Verschalung anbringen, die Holzbeuge unterm Dachfirst erneuern, was man hier natürlich nicht, wie in Amerika, selber tut, das gäbe Dilettantenwerk, sondern von Fachleuten machen läßt, wie dem unvergeßlichen, zu früh verstorbenen Zimmermannsmeister Schnydrig, einem Künstler in seinem Reich, dessen Jungarbeiter und Hilfsleute auch alle etwas von dem ernsthaften Enthusiasmus begabter Kunstschüler an sich hatten.

Alle Holzbalken dieses Hauses, dessen Untergrund aus

grauem Gneis aufgemauert und dessen Dach mit den schweren Steinplatten des einheimischen Glimmerschiefers belegt ist – all diese Balken sind aus dem Kernholz der Lärche ausgesägt; und ich lernte, daß das Mark des Holzes, auch wenn der Baum längst gefällt ist, nicht stirbt, sondern immer noch weiterlebt und von seinem Kern her unmerklich arbeitet. Das Holz wehrt sich ächzend und knarrend wider den Balkenzwang, es sprengt seine Jugendringe mit der knochigen Kraft einer Greisenfaust, es reißt um seinen Kern lange Wunden, nie vernarbende, blitzzackig wilde Risse, aber der Kern bleibt heil, und die Haltbarkeit des Aufbaus wird durch das einberechnete ›Arbeiten‹ des Holzes verstärkt. Diese Risse gewähren dem Unsichtbaren Eintritt, der tragkräftigen Luft. Vierkant, Kreuzschnitt, Überschwall, Unterzug, die ›lichte Weite‹, der ›tote Raum‹ zwischen Traggebälk und Schrägdach, das unsichtbar Wehende zwischen Vorbau und Stütze, der rechte Winkel aus Kantbalken und Auftrakt, all das läßt immer Luft in leeren Räumen, und ich lernte: nicht der Stein und das Bauholz, sondern die Luft in den leeren Räumen, das Verhältnis der leeren Räume zueinander trägt ein Haus.

So, glaube ich, ist es mit allen haltbaren Werken bestellt.

Daß ich mich hierher zurückgezogen habe, ist keine ›Weltflucht‹. Nirgends fühle ich mich so sehr inmitten der lebendigen Welt.

Da gibt es ein paar vereinzelte, knorrige Lärchenbäume, oberhalb der Waldgrenze auf der Hannig-Alp, die ihre sechshundert bis tausend Jahre alt sind, manche sturmverkrümmt, von den Schneelasten der Winter gebeugt, einer vom Blitz gespalten und dennoch hochragend und aufrecht. Im Herbst verfärben sie sich zu Van-Goghschem Ocker und Orange, dann vergilben die Nadeln und fallen ab, aber in jedem Frühling bedecken sich die Zweige dieser biblischen Greise wieder mit dem zartesten, lichtesten Jugendgrün, von kleinen, rosenfarbenen Pollenansätzen durchsprenkelt. Jedesmal, wenn ich an einem dieser Kerle vorbeikomme, ziehe ich meinen Hut. Wem könnte man mehr Respekt entgegenbringen?

Vielleicht jener Hochgebirgsalge, der man in ihrem Fortpflanzungsstadium, im Spätsommer und Herbst, an flachen Felsen begegnet: einem tief dunkelblauen, manchmal violetten Fleck, wie von einem ausgelaufenen Füllfederhalter. Algae sind wohl die ältesten organischen Lebewesen auf der Erde. ›Oh, daß wir unsre Ururahnen wären‹, singt Gottfried Benn. Vielleicht brauchen wir bald wieder Urahnen, falls die heutigen Geschlechter einander abschaffen sollten. Mir ist, als begegne ich in solchen Algenflecken den Großvätern unserer ungeborenen Enkel und unsren eigenen zugleich.

Ich schaue ins Tal, dort laufen die Wege zusammen, die vielfach verschlungenen, die ich gegangen bin, und ich hebe meine Augen auf zu den Bergen: dahinter ist die Unendlichkeit, welche durch alle Weltraum- und Kernforschung nie ganz ergründbar sein wird, so wie der Tod, der Austritt aus dem bewußten Leben, der große Übergang, durch alle Findung der Biologie und Genetik nie seines letzten Geheimnisses entkleidet.

Ich schaue aus dem Fenster meines Arbeitszimmers, unter dem Giebel, in die Mondnacht und weiß: Solange ich hier stehe und atmen kann, solange mich keine Unbilden des Alters oder des Zeitgeschehens von hier vertreiben, bin ich ein mächtiger Mann. Mächtiger als die Reichen oder die, welche Macht ausüben. Ich werfe meinen Schatten, Mondschatten, über den Hang, er bedeckt ihn ganz, bis hinüber zur klassischen Pyramide des Almageller Horns – und was mein Schatten bedeckt, ist mein.

Dieses Haus ist nicht so alt wie die Wiesmühl in Henndorf, die dreihundert Jahre vor unserem Einzug dort stand, nicht so alt wie die Farm in Vermont, die von den ersten Siedlern gebaut wurde. Es stammt aus diesem Jahrhundert, doch ist es betagt genug, um seine Stimmen zu haben. Ich höre sie sprechen, in den Winternächten, wenn das Holz knackt und seufzt, ruft und flüstert. Es sind die Stimmen, die weitersprechen, wenn die unseren verstummt sind. Sie beschwichtigen meine Träume, sie erfüllen mich mit Ruhe und Vertrauen.

Ich habe Nachbarn, ich habe Freunde gewonnen in diesem Ort, und ich weiß in der ganzen Welt meine Freunde und ihre Gräber.

Wo diese sind, bin ich zu Hause. Hier und überall.

Ich beschließe dieses Buch mit einem Satz, den ich nicht geschrieben habe, sondern meine Mitbürger in der Gemeinde Saas-Fee, als sie mich durch ein Dokument in ihre Mitte aufnahmen. Es trägt den Namen:

BÜRGERBRIEF

»Ewige Rechte und ewige Freundschaft soll man bestätigen und befestigen mit Schrift, weil im Laufe der Zeit vergangener und vergänglicher Dinge bald vergessen wird.«

In diesem Satz liegt der Sinn meiner Erzählung.

Verzeichnis der Werke Carl Zuckmayers
(Soweit im Text erwähnt)

Verzeichnis der Personen und ihrer erwähnten Werke

677

Carl Zuckmayer
Gesammelte Werke in Einzelbänden

Herausgegeben von Knut Beck
und Maria Guttenbrunner-Zuckmayer

Aufruf zum Leben
Porträts und Zeugnisse aus bewegten Zeiten
Band 12708

Ein Bauer aus dem Taunus
Erzählungen 1914-1930
Band 12702

Die Fastnachtsbeichte
Erzählungen 1938-1972
Band 12708

Eine Liebesgeschichte
Erzählungen 1931-1937
Band 12706

Salwàre oder Die Magdalena von Bozen
Roman 1935. Band 12701

Vermonter Roman
Roman 1943. Band 12717
(in Vorbereitung)

Fischer Taschenbuch Verlag

fi 193 / 15 a

Carl Zuckmayer

Der fröhliche Weinberg
Theaterstücke 1917-1925
Band 12703

Katharina Knie
Theaterstücke 1927-1930
Band 12705

Der Hauptmann von Köpenick
Theaterstücke 1931-1938
Band 12704

Des Teufels General
Theaterstücke 1947-1949. Band 12707

Der Gesang im Feuerofen
Theaterstücke 1950-1953. Band 12710

Das kalte Licht
Theaterstücke 1955-1961
Band 12711

Die langen Wege
Betrachtungen. Band 12712

Ein voller Erdentag
Ansprachen und Aufsätze
Band 12715

Fischer Taschenbuch Verlag

fi 193 / 1 b